BANK- UND FINANZWIRTSCHAFTLICHE FORSCHUNGEN   BAND 135

Institut für
Schweizerisches Bankwesen
der Universität Zürich

Schweizerisches Institut für
Banken und Finanzen
an der Hochschule St. Gallen

Theorie und Praxis des modernen Portfolio-Managements

2., vollständig überarbeitete und ergänzte Auflage

von
Dr. Christoph Auckenthaler

Verlag Paul Haupt Bern · Stuttgart · Wien

Die Deutsche Bibliothek – CIP-Einheitsaufnahme

Auckenthaler, Christoph:
Theorie und Praxis des modernen Portfolio-Managements /
von Christoph Auckenthaler. – 2., vollst. überarb. und erg. Aufl. –
Bern ; Stuttgart ; Wien : Haupt, 1994
(Bank- und finanzwirtschaftliche Forschungen ; Bd. 135)
Zugl.: Zürich, Univ., Diss., 1991
1. Aufl. u.d.T.: Auckenthaler, Christoph: Trust-Banking
ISBN 3-258-04971-8
NE: GT

Alle Rechte vorbehalten
Copyright © 1994 by Paul Haupt Berne
Jede Art der Vervielfältigung ohne Genehmigung des Verlages ist unzulässig
Dieses Papier ist umweltverträglich, weil chlorfrei hergestellt
Printed in Switzerland

**Meinen Eltern
in Dankbarkeit**

Vorwort zur zweiten Auflage

Mit der *Portfolio-Theorie* hat sich seit den 1950er Jahren eine Wissenschaft mit beeindruckender Geschwindigkeit entwickelt: Dazumal zeigte *Harry Markowitz*, wie mit Renditen und Risiken von Kapitalanlagen methodisch umgegangen werden sollte. In den frühen 1960er Jahren folgte die Entwicklung des Capital Asset Pricing Model durch *William Sharpe*, *John Lintner* und *Jan Mossin*. *Fischer Black* und *Myron Scholes* entwickelten in den 1970er Jahren ein Modell zur Optionenbewertung. Seit Mitte der 1980er Jahren publiziert *Stephen Ross* seine Forschungsresultate zur Arbitrage Pricing Theory.

Blieb die Portfolio-Theorie in der Vergangenheit wenig beachtet, erfuhr dieselbe von den Vereinigten Staaten herkommend in Europa seit einem Jahrzehnt einen ungeahnten Aufschwung. Die Entwicklungen an den Finanzmärkten - Marktregulierung (Deregulierung und Reregulierung), Technologie, Globalisierung, Securitization, Kreditbesicherung und Financial Engineering - haben das ihrige dazu beigetragen und die Akteure zum Handeln gezwungen. Es wird allmählich erkannt, dass die 'Tools' der Modern Portfolio Theory (MPT) nicht nur *faszinierend* sind, sondern bei entsprechender Anwendung auch noch *gewinnbringend* eingesetzt werden können. Die an der Zahl kaum zu überblickende Literatur einerseits sowie die in der Theorie und Praxis geführten Dispute anderseits sind Beweise dafür, wie sehr sich die Finanzwelt mit den Methoden des Portfolio-Managements auseinanderzusetzen begonnen hat, um im harten, weltweiten Wettbewerb bestehen zu können.

Gegenüber der ersten Auflage habe ich in der vorliegenden zweiten Auflage Aenderungen in zweifacher Hinsicht vorgenommen. *Inhaltlich* wurden sämtliche Kapitel aktualisiert und durch neue Erkenntnisse erweitert:

- Das zweite Kapitel zeigt neu das Umfeld - die Finanzmärkte, die Finanzinstrumente und die Marktteilnehmer - des Portfolio-Managements auf.
- In den Kapiteln vier, fünf, sechs und sieben wurden verschiedene ergänzende Erklärungen angebracht. Insbesondere der Ermittlung des optimalen Portfolios - einer in der Praxis nicht leicht zu lösenden Aufgabe - wurde vertiefte Beachtung geschenkt.
- Das Kapitel acht erfuhr vor allem in den Bereichen der internationalen Asset Allocation sowie dem passiven Portfolio-Management Ergänzungen.
- Die Kapitel drei und neun wurden aktualisiert und soweit nötig ergänzt.

Aufgrund *didaktischer Ueberlegungen* folgen jedem Kapitel eine Zusammenfassung, eine Auflistung der wichtigsten verwendeten Begriffe in der Reihenfolge ihrer Einführung sowie Hinweise auf die weiterführende Literatur. Zwischen dem Text plazierte Konzept-Fragen ermöglichen dem Leser einerseits eine Vertiefung in die Materie und anderseits eine Verständniskontrolle. Die Lösungen zu den Konzept-Fragen finden sich am Ende des entsprechenden Kapitels.

Sämtliche Aktualisierungen und Erweiterungen erfolgten unter Einbezug der neuesten Literatur. Darüber hinaus durfte ich von zahlreichen Gesprächen mit Spezialisten aus dem In- und Ausland profitieren. Die daraus gewonnenen Erkenntnisse finden ihren Niederschlag ebenfalls im Text.

Es ist mir ein grosses Bedürfnis, meinem Vater *Dr. Jörg Auckenthaler* für die sorgfältige Durchsicht des Manuskriptes sowie meiner Frau *Susanne* für ihre vorbehaltlose Unterstützung herzlich zu danken.

Meilen, im Juli 1994   Christoph Auckenthaler

Vorwort zur ersten Auflage

Das Trust Banking hat in den letzten Jahren zunehmend an Bedeutung gewonnen. Bedingt durch rasche strukturelle Veränderungen an den Finanzmärkten und damit einhergehend auch zahlreichen neuen Finanzmarktprodukten ist das Beratungsbedürfnis der Investoren sprunghaft angewachsen. Wie die zunehmenden Schwankungen von Wertpapierkursen, Zinsen und Devisenkursen belegen, sind auch die Risiken der Investoren gestiegen. Eine *qualitative* Beurteilung einzelner Anlagemedien oder ganzer Portefeuilles - wie dies das in der Schweizer Praxis weitverbreitete *traditionelle* Portfolio-Management vornimmt - ist daher nicht mehr ausreichend. Im *modernen* Portfolio-Management gehen die Bestrebungen deshalb dahin, in *Ergänzung* zum traditionellen Portfolio-Management eine *quantitativ* erfassbare Beziehung zwischen Risiko und Rendite einzelner Anlagemedien und ganzer Portefeuilles in den Vordergrund der Betrachtungen zu stellen.

Allerdings bekunden Anlageberater, Vermögensverwalter und Investoren in der Schweiz mit der Denkweise des modernen Portfolio-Managements noch häufig Mühe. Die Nobelpreisvergabe 1990 für Nationalökonomie an die Professoren *Harry Markowitz*, *William Sharpe* und *Merton Miller* (für wissenschaftliche Arbeiten auf dem Gebiet der Finanzmarkttheorie) dürfte daher ein genügender Ansporn sein, sich mit dieser Materie vertieft auseinanderzusetzen.

Die Erarbeitung und Verfassung des vorliegenden Werkes erforderte die Mithilfe zahlreicher Personen, welchen ich zu grossem Dank verpflichtet bin. Meinem akademischen Lehrer *Prof. Dr. E. Kilgus* danke ich ganz besonders für seine umfassende Unterstützung. Durch seine zahlreichen Anregungen und sein stetes Interesse an meiner Arbeit wurde ich immer wieder angespornt.

Danken möchte ich ebenfalls den zahlreichen Vertretern der Bankpraxis, die mir in ausführlichen Gesprächen einen Eindruck von der Praxis des Trust Banking ermöglichten.

Meinem Vater *Dr. Jörg Auckenthaler* sowie meiner Kollegin *Dr. Sabine Kilgus* danke ich für die sorgfältige Durchsicht des Manuskriptes.

Meinen grössten und herzlichsten Dank verdient - last but not least - meine Frau *Susanne*. Mit ihrer vorbehaltlosen Unterstützung hat sie die wichtigste Voraussetzung zur Vollendung dieser Arbeit geschaffen.

Meilen, im Januar 1991　　　　　　　　　　　　　　　　Christoph Auckenthaler

Inhaltsübersicht

Teil I:	**Grundlagen des Portfolio-Managements**	1

1 Einleitung 3
   1.1 Problemstellung und Zielsetzung 3
   1.2 Das Portfolio-Management beeinflussende Entwicklungen an den Finanzmärkten 5
   1.3 Aufbau der Arbeit 7

2 Finanzmärkte, Finanzinstrumente und Marktteilnehmer 9
   2.1 Die Finanzmärkte 10
   2.2 Die Finanzinstrumente 21
   2.3 Die Marktteilnehmer 55

3 Das traditionelle Portfolio-Management 63
   3.1 Die Finanzanalyse 65
   3.2 Das Anlagekonzept 83
   3.3 Portfoliobildung und -analyse 96

Teil II:	**Modernes Portfolio-Management in der Theorie**	115

4 Die Elemente der modernen Portfolio-Theorie 117
   4.1 Die Nutzenanalyse 117
   4.2 Die Risikoanalyse 129
   4.3 Der Diversifikationseffekt 137

5 Ansätze zur Portfoliogestaltung in der Theorie 152
   5.1 Das Markowitz-Modell 153
   5.2 Das Capital Asset Pricing Model (CAPM) 182
   5.3 Die Arbitrage Pricing Theory (APT) 196

6 Portfolio-Insurance und Zinsimmunisierung 210
   6.1 Absicherung von Aktienportfolios mit Optionen 211
   6.2 Absicherung von Aktienportfolios mit Futures 236
   6.3 Absicherung von Portfolios festverzinslicher Anlagen mittels Zinsimmunisierung 246

Teil III: Portfolio-Management in der Praxis   265

7 Beurteilung des traditionellen und modernen Portfolio-Managements   267
    7.1 Das traditionelle Portfolio-Management   269
    7.2 Die These der Markteffizienz   275
    7.3 Das moderne Portfolio-Management   291

8 Portfoliogestaltung in der Praxis   316
    8.1 Die Datenermittlung   317
    8.2 Die Asset Allocation   327
    8.3 Portfolioüberwachung und -revision   344

9 Die Performance-Messung   354
    9.1 Grundgedanken zur Performance-Messung   355
    9.2 Performance-Kennzahlen in der Theorie   361
    9.3 Die Performance-Messung in der Praxis   372

Zusammenfassende Schlussfolgerungen   383

Literaturverzeichnis   386

Stichwortverzeichnis   422

Inhaltsverzeichnis

Teil I: Grundlagen des Portfolio-Managements	1
1 Einleitung	3
1.1 Problemstellung und Zielsetzung	3
1.2 Das Portfolio-Management beeinflussende Entwicklungen an den Finanzmärkten	5
1.3 Aufbau der Arbeit	7
2 Finanzmärkte, Finanzinstrumente und Marktteilnehmer	9
2.1 Die Finanzmärkte	10
2.1.1 Die Aufgaben der Finanzmärkte	11
2.1.2 Gliederung der Finanzmärkte	12
2.1.3 Der Basismarkt	14
2.1.3.1 Der Geldmarkt	15
2.1.3.2 Der Kapitalmarkt	18
2.1.4 Der Markt für Derivate	19
2.2 Die Finanzinstrumente	21
2.2.1 Geldmarktinstrumente	22
2.2.1.1 Geldmarktinstrumente der öffentlichen Hand	23
2.2.1.2 Geldmarktinstrumente privatwirtschaftlicher Unternehmen	26
2.2.2 Fremdkapitalbezogene Kapitalmarktinstrumente	28
2.2.2.1 Finanzinstrumente mit verschiedener Zinsgestaltung	30
2.2.2.1 Finanzinstrumente mit verschiedener Tilgung	34
2.2.2.3 Finanzinstrumente mit verschiedener Laufzeit	36
2.2.2.4 Finanzinstrumente mit verschiedenem Emissionspreis	37
2.2.2.5 Warrants	38
2.2.2.6 Finanzinstrumente mit verschiedener Sicherstellung	40
2.2.2.7 Finanzinstrumente verschiedener Märkte	43
2.2.3 Eigenkapitalbezogene Kapitalmarktinstrumente	44
2.2.3.1 Die Stammaktien (Common Stocks)	45
2.2.3.2 Vorzugsaktien (Preferred Stocks)	46
2.2.3.3. Fondszertifikate	48
2.2.4 Finanzderivate	50
2.2.4.1 Financial Futures	50
2.2.4.2 Optionen	51

	2.2.4.3 Swaps	53
	2.2.4.4 Structured Assets	54
2.3	Die Marktteilnehmer	55
	2.3.1. Die Nachfrager im Finanzsystem	56
	2.3.2 Die Anbieter im Finanzsystem	57
	2.3.2.1 Die Rolle der Anbieter im Finanzsystem	57
	2.3.2.2 Die Finanzinstitutionen im Ueberblick	58

3 Das traditionelle Portfolio-Management 63

3.1	Die Finanzanalyse	65
	3.1.1 Die Aktienanalyse	65
	3.1.1.1 Die Fundamentalanalyse	67
	3.1.1.2 Die technische Analyse	71
	3.1.2 Die Analyse verzinslicher Anlageinstrumente	76
	3.1.2.1 Die verzinslichen Anlageinstrumente	77
	3.1.2.2 Beurteilungsgrundlagen verzinslicher Anlageinstrumente	78
	3.1.3 Die Analyse weiterer Anlagemedien	82
3.2	Das Anlagekonzept	83
	3.2.1 Die Ziele eines Investors	83
	3.2.1.1 Das Rentabilitätsziel	84
	3.2.1.2 Das Sicherheitsziel	85
	3.2.1.3 Das Liquiditätsziel	86
	3.2.2 Anlagevorschriften des Investors	87
	3.2.2.1 Finanzielle Faktoren	87
	3.2.2.2 Gesetzliche Rahmenbedingungen	88
	3.2.2.3 Persönliche Wünsche	93
	3.2.3 Die Anlagepolitik	94
3.3	Portfoliobildung und -analyse	96
	3.3.1 Aktive Management-Techniken für Aktien	97
	3.3.1.1 Das Timing	97
	3.3.1.2 Die Selektion und Gruppenrotation	100
	3.3.2 Aktive Management-Techniken für verzinsliche Wertpapiere	101
	3.3.2.1 Die Zinssatzantizipation	101
	3.3.2.2 Die Titelselektion und das Bondswapping	105
	3.3.3 Die Portfolioüberwachung	108

Teil II: Modernes Portfolio-Management in der Theorie 115

4 Die Elemente der modernen Portfolio-Theorie 117

- 4.1 Die Nutzenanalyse 117
  - 4.1.1 Das Renditestreben als Anlageziel 118
    - 4.1.1.1 Das Renditestreben bei sicherer (bekannter) Zukunft 119
    - 4.1.1.2 Das Renditestreben bei unsicherer (unbekannter) Zukunft 122
  - 4.1.2 Die Nutzenfunktion 124
- 4.2 Die Risikoanalyse 129
  - 4.2.1 Zum Begriff Risiko 130
  - 4.2.2 Quantifizierung des Risikos 132
    - 4.2.2.1 Die Standardabweichung bzw. Varianz als Risikomass 133
    - 4.2.2.2 Die Normalverteilung der Renditen 134
- 4.3 Der Diversifikationseffekt 137
  - 4.3.1 Theoretische Ueberlegungen zur Diversifikation 137
    - 4.3.1.1 Mass des Zusammenhangs zweier Anlagerenditen 139
    - 4.3.1.2 Rendite und Risiko eines Portfolios 140
    - 4.3.1.3 Theoretische Grenze des Diversifikationseffektes 142
  - 4.3.2 Die Diversifikation am Markt 144

5 Ansätze zur Portfoliogestaltung in der Theorie 152

- 5.1 Das Markowitz-Modell 153
  - 5.1.1 Voraussetzungen des Modells 154
  - 5.1.2 Die Efficient Frontier 155
    - 5.1.2.1 Portfolios bestehend aus zwei Anlagen 156
    - 5.1.2.2 Herleitung der Efficient Frontier im Standardmodell 159
    - 5.1.2.3 Herleitung der Efficient Frontier in erweiterten Modellen 162
  - 5.1.3 Das optimale Portfolio 168
    - 5.1.3.1 Graphische Ermittlung des optimalen Portfolios 168
    - 5.1.3.2 Analytische Ermittlung des optimalen Portfolios unter Berücksichtigung der Nutzenfunktion 169
  - 5.1.4 Das Index-Modell (Faktor-Modell) 171
    - 5.1.4.1 Das Ein-Index-Modell (Einfaktor-Modell) 172
    - 5.1.4.2 Das Multi-Index-Modell (Multifaktor-Modell) 179
- 5.2 Das Capital Asset Pricing Model (CAPM) 182
  - 5.2.1 Voraussetzungen des Modells 182

	5.2.2	Herleitung des klassischen CAPM	183
		5.2.2.1 Die Capital Market Line	184
		5.2.2.2 Die Security Market Line	186
		5.2.2.3 Anwendbarkeit des Modells der Security Market Line	189
	5.2.3	Modellerweiterungen	190
		5.2.3.1 CAPM unter Berücksichtigung der Nichtexistenz einer risikolosen Anlagemöglichkeit und unter Einführung unterschiedlicher Zinssätze für Kapitalanlage und Kapitalausleihung	191
		5.2.3.2 CAPM unter Einführung heterogener Erwartungen und nicht marktfähiger Anlagen	193
		5.2.3.3 CAPM unter Berücksichtigung von Steuern und Transaktionskosten	194
5.3	Die Arbitrage Pricing Theory (APT)		196
	5.3.1	Voraussetzungen der APT	196
	5.3.2	Herleitung der APT	197
		5.3.2.1 Der Arbitrageprozess	199
		5.3.2.2 Erklärung der APT	201
	5.3.3	Die Aussagekraft der APT verglichen mit jener des CAPM	203

6 Portfolio-Insurance und Zinsimmunisierung 210

6.1	Absicherung von Aktienportfolios mit Optionen		211
	6.1.1	Eigenschaften und Anwendungsmöglichkeiten von Optionen	212
		6.1.1.1 Eigenschaften von Optionen	212
		6.1.1.2 Anwendungsmöglichkeiten von Optionen	219
	6.1.2	Die Bewertung von Optionen und deren Einsatz in der Portfolio-Insurance	221
		6.1.2.1 Grundgedanken des Black-Scholes-Modells	221
		6.1.2.2 Die Black-Scholes-Formel zur Bewertung von Optionen	223
		6.1.2.3 Der Einsatz von Optionen in der Portfolio-Insurance	224
		6.1.2.4 Beurteilung der Portfolio-Insurance mit Optionen	227
	6.1.3	Die dynamische Absicherung	228
		6.1.3.1 Der Grundgedanke der dynamischen Absicherung	229
		6.1.3.2 Die Constant Proportion Portfolio-Insurance (CPPI)	232
		6.1.3.3 Beurteilung der dynamischen Portfolio-Insurance	235
6.2	Absicherung von Aktienportfolios mit Futures		236

6.2.1	\multicolumn{2}{l	}{Eigenschaften und Anwendungsmöglichkeiten von Aktienindex-Futures}	236

      6.2.1 Eigenschaften und Anwendungsmöglichkeiten von
               Aktienindex-Futures   236

6.2.1 Eigenschaften und Anwendungsmöglichkeiten von Aktienindex-Futures		236
6.2.1.1 Eigenschaften von Aktienindex-Futures		237
6.2.1.2 Anwendungsmöglichkeiten von Aktien-index-Futures		238
6.2.2 Die Bewertung von Aktienindex-Futures und deren Einsatz in der Portfolio-Insurance		240
6.2.2.1 Die Bewertung von Aktienindex-Futures		240
6.2.2.2 Der Einsatz von Aktienindex-Futures in der Portfolio-Insurance		242
6.2.3 Beurteilung der Portfolio-Insurance mit Futures		245
6.3 Absicherung von Portfolios festverzinslicher Anlagen mittels Zinsimmunisierung		246
6.3.1 Die Durationanalyse		246
6.3.1.1 Entwicklung und Darstellung der Duration-Kennzahl		248
6.3.1.2 Die Anwendung der Duration-Kennzahl		250
6.3.2 Die Zinsimmunisierung unter Anwendung der Duration-Kennzahl		251
6.3.2.1. Die unbedingte Zinsimmunisierung		252
6.3.2.2. Die bedingte Zinsimmunisierung		254
6.3.3 Beurteilung der Zinsimmunisierung		255

Teil III: Portfolio-Management in der Praxis   265

7 Beurteilung des traditionellen und modernen Portfolio-Managements   267

7.1 Das traditionelle Portfolio-Management	269
7.1.1 Grundgedanken des traditionellen Portfolio-Managements	269
7.1.2 Stärken und Schwächen der Analysemethoden	270
7.1.2.1 Die Fundamentalanalyse	271
7.1.2.2 Die technische Analyse	272
7.1.3 Stärken und Schwächen der Management-Techniken	273
7.2 Die These der Markteffizienz	275
7.2.1 Die schwache Form der Markteffizienz	276
7.2.1.1 Empirische Ueberprüfung	278
7.2.1.2 Beurteilung der Resultate	281
7.2.2 Die halbstarke Form der Markteffizienz	283
7.2.2.1 Empirische Ueberprüfung	284
7.2.2.2 Beurteilung der Resultate	286

7.2.3	Die starke Form der Markteffizienz	288
7.2.3.1	Empirische Ueberprüfung	288
7.2.3.2	Beurteilung der Resultate	289
7.2.4	Schlussfolgerungen aus der These der Markteffizienz	290
7.3	Das moderne Portfolio-Management	291
7.3.1	Grundlagen des modernen Portfolio-Managements	291
7.3.2	Beurteilung der verschiedenen Modellansätze	293
7.3.2.1	Das Markowitz-Modell	293
7.3.2.2	Das Capital Asset Pricing Model (CAPM)	295
7.3.2.3	Die Arbitrage Pricing Theory (APT)	299
7.3.3	Schlussfolgerungen für die Praxis	302
7.3.3.1	Die Ermittlung des optimalen Portfolios aufgrund des Ausfallrisikos	303
7.3.3.2	Die Rolle des Anlagezeithorizontes	307

8 Portfoliogestaltung in der Praxis   316

8.1	Die Datenermittlung	317
8.1.1	Prognosen aufgrund historischer Daten	317
8.1.1.1	Voraussetzungen zur Anwendung von Prognoseverfahren, die auf historischen Daten basieren	318
8.1.1.2	Die Trendextrapolation als Beispiel eines auf historischen Daten basierenden Prognoseverfahrens	320
8.1.2	Prognosen aufgrund von Szenarien	322
8.1.2.1	Die Bestimmung der Szenarien	322
8.1.2.2	Auswirkungen der Szenarien auf die zu prognostizierenden Grössen	324
8.1.3	Beurteilung der Prognoseverfahren	326
8.2	Die Asset Allocation	327
8.2.1	Grundgedanken der Asset Allocation	327
8.2.1.1	Passives versus aktives Portfolio-Management	329
8.2.1.2	Die Nachbildung eines Indexes im Rahmen des passiven Portfolio-Managements	330
8.2.1.3	Der Asset Allocation-Prozess	331
8.2.2	Die internationale (globale) Asset Allocation	334
8.2.2.1	Renditen und Risiken internationaler Anlagen	334
8.2.2.2	Der Nutzen internationaler Asset Allocation	338
8.2.2.3	Probleme der internationalen Asset Allocation	341
8.2.3	Beurteilung der Asset Allocation	343
8.3	Portfolioüberwachung und -revision	344

8.3.1	Die Portfolioüberwachung	344
8.3.2	Die Portfoliorevision	346
8.3.2.1	Die Bestimmung eines neuen Portfolios	346
8.3.2.2	Der Einbezug von Transaktionskosten	348

9 Die Performance-Messung 354

9.1	Grundgedanken zur Performance-Messung	355
9.1.1	Die eindimensionale Performance-Messung	356
9.1.1.1	Die kapitalgewichtete Renditeberechnung	357
9.1.1.2	Die zeitgewichtete Renditeberechnung	358
9.1.2	Die zweidimensionale Performance-Messung	360
9.2	Performance-Kennzahlen in der Theorie	361
9.2.1	Die Ansätze von Sharpe und Treynor	362
9.2.1.1	Das Reward-to-Variability-Verhältnis	362
9.2.1.2	Das Reward-to-Volatility-Verhältnis	364
9.2.1.3	Beurteilung der Ansätze von Sharpe und Treynor	366
9.2.2	Die Differential Return-Kennzahl	368
9.2.2.1	Der Ansatz von Jensen	368
9.2.2.2	Beurteilung der Differential Return-Kennzahl	370
9.2.3	Weiterentwicklung der Performance-Kennzahlen	371
9.3	Die Performance-Messung in der Praxis	372
9.3.1	Die Anforderungen an eine geeignete Benchmark	373
9.3.2	Die Performance-Analyse	374
9.3.2.1	Die Abkehr von der Performance-Messung mittels Benchmark	374
9.3.2.2	Die Analyse der Performance-Struktur	378

Zusammenfassende Schlussfolgerungen 383

Literaturverzeichnis 386

Stichwortverzeichnis 422

Teil I:
Grundlagen des Portfolio-Managements

Kapitel 1

Einleitung

> *Nach dem Studium dieses Kapitels sollte der Leser*
> - *die Grundgedanken der Entscheidungstheorie verstehen;*
> - *die Entwicklungen an den Finanzmärkten, welche das Portfolio-Management beeinflussen, kennen;*
> - *die Begriffe Marktregulierung, Globalisierung, Securitisierung und Financial Engineering erklären können.*

1.1 Problemstellung und Zielsetzung

Unter dem Begriff *Portfolio-Theorie* hat sich seit den 1950er Jahren mit beeindruckender Geschwindigkeit eine Wissenschaft entwickelt, die ihresgleichen sucht. Eines der prägenden Merkmale dieser Forschungsrichtung ist die selten auf einem Gebiet der Oekonomie feststellbare intensive Beeinflussung zwischen Theorie und Praxis. Dass die Portfolio-Theorie - oder wegen deren Praxisrelevanz besser als Portfolio-Management bezeichnet - eine grosse Bedeutung erlangte, liegt wohl daran, dass sich alle auf dem Finanzmarkt befindlichen Akteure immer wieder mit Entscheidungen hinsichtlich der Verteilung des Konsums über die Zeit zu befassen haben. In den seltensten Fällen stimmen die erwirtschafteten Einkommen (beispielsweise der Lohn privater Investoren, Einnahmen von Unternehmen) mit den gewünschten Konsumausgaben überein: in Abhängigkeit des individuellen Nutzens unter- oder überschreiten die Konsumausgaben die Einkommen.

Uebersteigen die Einkommen die gegenwärtigen Konsumausgaben, tendieren die Investoren zum Sparen des Ueberschusses: Mittels geschickter Kapitalanlage wird dann versucht, ein höheres zukünftiges Kapital und damit einen grösseren zukünftigen Konsum zu erreichen. Gegenwärtiger Konsum wird gegen zukünftigen höheren Konsum getauscht [vgl. Reilly 1989, S. 20]. Die Differenz zwischen dem gegenwärtig investierten Kapital und dessen zukünftigem Wert entspricht, eine Investition in eine risikolose Anlage vorausgesetzt, den Opportunitätskosten, auch als *Time Value of Money* bezeichnet [vgl. bspw. Petty/Keown/Scott/Martin 1993, S. 64]. Demzufolge ergeben sich für eine risikolose Kapitalanlage von Fr. 1'000 und deren Wert nach einem Jahr von Fr. 1'060 ein Time Value of Money von Fr. 60 bzw. eine effektive Rendite von 6% [= (1'060/1'000 - 1)·100]. Umgekehrt verhält es sich, wenn die Konsumausgaben die Einkommen übersteigen. In diesem Fall hat die Aufnahme eines Kredites zu erfolgen. Beträgt dieser Fr. 944 und ist nach einem Jahr (inkl. Zinsen) zu Fr. 1'000 zurückzuzahlen, entspricht der Time Value of Money Fr. 56 bzw. einer Verzinsung von 6% [= (1'000/944 - 1)·100].

Wird von *zwei* jährlich gleich hohen, *sicheren* Einkommen ausgegangen, kann gezeigt werden [vgl. bspw. Elton/Gruber 1991, S. 3ff], dass es von den Vorstellungen und Präferenzen eines Investors abhängig ist, ob und in welchem Ausmass während des ersten Jahres Kapital gespart und in eine sichere Anlage investiert oder zwecks Konsumausgaben ein Kredit aufgenommen wird. Entsprechend kann im zweiten Jahr ein grösserer Konsum erfolgen oder aber es ist der Kredit zurückzuzahlen. Von den bestehenden Möglichkeiten - es wird von einem *Opportunity Set* gesprochen - wird diejenige ausgewählt, deren *Nutzen* für den Investor am höchsten ist[1]. Während dieses bewusst einfach gewählte Beispiel zu einem überblickbaren Opportunity Set führt, ist intuitiv klar, dass mit der Berücksichtigung eines grösseren Zeithorizontes, in der Höhe unsicherer Einkommen sowie Investitionen in risikobehaftete Anlagen das Opportunity Set an Komplexität zunimmt.

Die meisten Investitionen in Anlagen sind aufgrund der nicht vorhersehbaren zukünftigen Wertschwankungen mit Risiken verbunden. Den Anreiz zur Investition in derartige Anlagen bildet dabei eine potentiell höhere erwartete Rendite (sog. *Risiko-Rendite Trade-off*). Die geeignete Auswahl unter allen möglichen Anlagen hat nun entsprechend den Gedanken des *Portfolio-Managements* derart zu erfolgen, dass ein den Rendite-, Risiko- und Liquiditätsvorstellungen und damit letztlich auch den Konsumpräferenzen des Investors entsprechendes Portfolio erreicht wird. Dabei hat sich in der Vergangenheit verschiedentlich gezeigt, dass ein allein auf Intuition basierendes Vorgehen unzureichend ist. Die den Anlagen inhärenten Risiken sind in die Betrachtungen des Portfolio-Managements explizit einzubeziehen.

Für die vorliegende Schrift ergibt sich damit eine dreifache Zielsetzung:
1. Das vermehrt auf intuitivem Vorgehen basierende traditionelle Portfolio-Management ist aus theoretischer und praktischer Sicht zu beleuchten.
2. Es sollen Methoden und Modelle gezeigt und diskutiert werden, welche die Risiken in die Betrachtungen eines Investors explizit miteinbeziehen.
3. Vor dem Hintergrund der beiden ersten Ziele sollen Schlussfolgerungen für die Praxis eines zeitgemässen Portfolio-Managements gezogen werden.

---

1 Vgl. dazu Abschnitt 4.1.

Sozusagen als den erwähnten Zielen übergeordnet wird mit dieser Schrift zudem der Zweck verfolgt, das Verständnis für die an den Finanzmärkten beobachtbaren Vorgänge und Zusammenhänge sowie das komplexe analytische und konzeptionelle Instrumentarium des Finanztheoretikers und -praktikers zu fördern.

1.2 Das Portfolio-Management beeinflussende Entwicklungen an den Finanzmärkten

Seit den 1970er Jahren sind verschiedene das Portfolio-Management massgeblich beeinflussende Entwicklungen an den Finanzmärkten erkennbar. Marktregulierung, Technologie, Globalisierung, Securitization, Credit Enhancement und Financial Engineering sind dabei nicht nur Schlagworte sondern vielmehr die logische Konsequenz von Nachfrage- und Angebotskräften, welche zu spezialisierten aber dennoch eng zusammenhängenden Märkten sowie zu einer kaum überblickbaren Zahl von Anlageinstrumenten führten und weiter führen werden.

Die *Regulierung der Finanzmärkte* kann aus sich selbst heraus (Selbstregulierung) oder durch gesetzliche und gesetzesähnliche Rahmenbedingungen erfolgen. Wird auf gesetzliche Massnahmen bzw. staatliche Kontrollen verzichtet, kann daher nur beschränkt von *Deregulierung* dagegen aber von *Liberalisierung* gesprochen werden. Der Abbau hoheitlichen Zwangs und behördlicher Aufsicht ist seit Beginn der 1980er Jahre auf verschiedenen Finanzmärkten zu beobachten, was typischerweise zur *Beseitigung* von Marktzutrittsbarrieren, Mindesttarifen, Verwaltungsvorschriften, Organisationsvorschriften, Aufsichtsbehörden und Zwangsmitgliedschaften führt [Caytas 1992, S. 32]. Die Auswirkungen der *Liberalisierung* führen zu einem verstärkten Wettbewerb unter den Marktteilnehmern, deren Zahl aufgrund des freien Marktzutrittes mindestens vorübergehend zunimmt.

Die Fortschritte in der *Technologie* sind als Voraussetzung zur Uebertragung und Verarbeitung auch grosser Datenmengen zu betrachten. Zentrale Aspekte sind dabei die Kapazität, die Zuverlässigkeit, die Verarbeitungs- und Uebertragungsgeschwindigkeit sowie die Betriebskosten. Erst der Einsatz leistungsfähiger Computer ermöglichte und ermöglicht die Verbreitung von Informationen ohne Verzögerung, die Durchführung quantitativer Analysen und damit die Einführung verschiedener komplexer Finanzinstrumente, die Automatisierung von Transaktionen sowie des Handels von Finanzinstrumenten.

Zweifellos wurde die *Globalisierung* durch die technologischen Entwicklungen gefördert. Wirtschaftliche wie auch politische Ereignisse haben dank der mit grosser Geschwindigkeit zu verbreitenden Informationen weltweit und fast zeitgleich ihre Auswirkungen. Eine dauernde Marktpräsenz und damit verbunden auch die Notwendigkeit, 24 Stunden an 365 Tagen im Jahr den Handel mit Finanzinstrumenten aufrecht zu erhalten, sind deshalb erforderlich, um rasches Reagieren jederzeit zu gewährleisten. Darüber hinaus wird die Globalisierung durch die Liberalisierung der Märkte begünstigt, was die Tendenz, weltweit Investitionen zu tätigen, verstärkt.

Die *Securitization* hat die Palette bestehender Finanzinstrumente entscheidend erweitert. Es mag vielleicht paradox erscheinen, dass in der Zeit, wo Bestrebungen im Gange sind, das klassische Wertpapier zum Verschwinden zu bringen, eine starke Tendenz zur Verbriefung von Forderungen (Hypotheken, Automobilfinanzierungen, Kreditkartenforderungen, Leasingforderungen usw.) auszumachen ist[2]. Allerdings geht es nicht darum, neue Wertpapiere zu schaffen; vielmehr steht die *Handelbarkeit* von Forderungen im Vordergrund. "Es ist also gerade die Abstraktion oder Entkörperlichung des Wertpapieres zum Buchungsposten (und damit die vereinfachte Handelbarkeit, Anm. des Autors), die den Durchbruch zur Securitization ermöglichte" [Caytas 1992, S. 33]. Es braucht kaum betont zu werden, dass die Liberalisierung und damit einhergehend eine rasche (und formlose) Uebertragung von Wertpapieren sich nachhaltig auf die Tendenz zur Securitization ausgewirkt hat und weiterhin auswirken wird.

Während in der Vergangenheit Unternehmen, welche sich nicht in bester finanzieller Lage befanden, Mühe bekundeten, einen Kredit zu erhalten, steht denselben heute die Möglichkeit des sog. *Credit Enhancement (Kreditbesicherung)* zur Verfügung. Das kreditsuchende Unternehmen sucht sich ein in finanziell bester Verfassung befindliches Unternehmen, welches bereit ist, gegen Bezahlung einer Kommission mit seiner Kreditfähigkeit für das kreditsuchende Unternehmen einzustehen. Letzteres erhält damit die Möglichkeit, eine Anleihe mit einem *Enhanced Credit Rating* zu emittieren.

Das *Financial Engineering* befasst sich mit dem *Bundling* (Replicating) und *Unbundling* (Stripping) von Finanzinstrumenten. Ziel des Bundling ist es, durch das Zusammenführen verschiedener Finanzinstrumente eine gewünschte Risikoposition zu erreichen. Demgegenüber wird mit dem Unbundling die Zerlegung einer Risikoposition in Teilpositionen angestrebt. Sowohl das Bundling wie das Unbundling führen zu Erscheinungsformen, welche von sehr liquiden (handelbaren) bis hin zu äusserst spezialisierten Produkten reichen [vgl. bspw. Marshall/Bansal 1992]. Ausfluss des Financial Engineering sind unter anderen die Derivate der ersten (Optionen, Futures) und zweiten Generation (Exotic Options, Multiperiod Options) sowie die verschiedenen Swapprodukte [vgl. Smith 1989, S. 49ff][3].

---

2   Vgl. dazu Abschnitt 2.2.2.6.
3   Vgl. dazu Abschnitt 2.2.4.

KAPITEL 1: *Einleitung*

Die aufgezeigten Entwicklungen verdeutlichen, dass das Umfeld, in welchem sich das Portfolio-Management befindet, laufenden Veränderungen unterworfen ist. Professionelles Denken und Handeln werden damit unabdingbar sein, will ein Investor ein effizientes und erfolgreiches Portfolio-Management vornehmen können.

1.3 Aufbau der Arbeit

In einem *ersten, grundlegenden Teil* werden erstens die Finanzmärkte und -instrumente diskutiert. Zweitens soll ein Ueberblick zum traditionellen Portfolio-Management gegeben werden. Dieses versucht, mittels verschiedener Analyse- und Prognosetechniken Anlagemedien wie Aktien, Bonds, Geldmarktpapiere, Derivate, Edelmetalle usw. oder ganze Portfolios *qualitativ* zu beurteilen.

Wie zu zeigen sein wird, vollzieht sich das traditionelle Portfolio-Management in drei Schritten: die Finanzanalyse, die Erarbeitung des Anlagekonzeptes und die Portfoliobildung bzw. -überwachung. Während die Finanzanalyse in der Entwicklung sehr weit fortgeschritten ist, bereiten die Erarbeitung des Anlagekonzeptes unter Einbezug des Risikos und die Portfoliogestaltung verschiedentlich noch Mühe.

Inhalt des *zweiten Teils* bilden daher die Elemente der modernen Portfolio-Theorie sowie die in der heutigen Zeit am meisten diskutierten Ansätze zur Portfoliogestaltung. Im Mittelpunkt der Betrachtungen steht dabei unumstritten die Frage nach der Ermittlung und Handhabung des Risikos bzw. in Ergänzung zum traditionellen Portfolio-Management die Beziehung zwischen Risiko und Rendite einzelner Anlagemedien und ganzer Portfolios.

Im *dritten Teil* erfolgt zunächst eine Beurteilung des traditionellen und modernen Portfolio-Managements. Eine zentrale Rolle wird dabei die Frage nach der Effizienz der Anlagemärkte (Aktienmärkte, Bondmärkte, Geldmärkte, Derivate-Märkte etc.) spielen. Auf der Beurteilung des traditionellen und modernen Portfolio-Managements aufbauend, werden die für den Erfolg wichtigsten Schritte eines in der Praxis anwendbaren Portfolio-Managements - die Datenermittlung, die Asset Allocation und die Portfolioüberwachung sowie deren Revision - dargelegt. Schliesslich ist zu zeigen, wie der Erfolg eines Portfolio-Managements - die Performance - gemessen werden kann.

Zusammenfassung

Immer wieder haben sich die an den Finanzmärkten auftretenden Akteure mit Entscheidungen hinsichtlich der Verteilung des Konsums über die Zeit zu befassen. In

Abhängigkeit des individuellen Nutzens wird ein Investor mehr oder weniger Konsumausgaben tätigen als seine Einkommen es zulassen. Uebersteigen die Konsumausgaben die Einkommen, ist ein Kredit aufzunehmen. Umgekehrt versucht der Investor bei einem die Konsumausgaben übersteigenden Einkommen mittels geschickter Kapitalanlage ein höheres zukünftiges Kapital und damit einen grösseren zukünftigen Konsum zu erreichen.

Obschon die meisten Kapitalanlagen mit Risiken verbunden sind, werden dieselben getätigt, da die Inkaufnahme höherer Risiken mit potentiell höheren erwarteten Renditen verbunden ist. Die Zusammenstellung des Portfolios hat nun derart zu erfolgen, dass den Rendite-, Risiko- und Liquiditätsvorstellungen und damit auch den Konsumpräferenzen des Investors entsprochen wird.

Verschiedene das Portfolio-Management beeinflussende Entwicklungen sind an den Finanzmärkten erkennbar. Marktregulierung, Technologie, Globalisierung, Securitization, Credit Enhancement und Financial Engineering führten und führen zu spezialisierten aber dennoch eng zusammenhängenden Märkten sowie zu einer kaum überblickbaren Vielfalt von Anlageinstrumenten. Will ein Investor erfolgreich sein, kann er wegen der raschen Entwicklungen auf ein professionelles Vorgehen im Portfolio-Management nicht mehr verzichten.

Wichtige Begriffe

Portfolio-Theorie	Deregulierung
Portfolio-Management	Liberalisierung
Entscheidungstheorie	Technologie
Opportunity Set	Globalisierung
Nutzen	Securitization
Präferenzen	Credit Enhancement
Risiko-Rendite Trade-off	Financial Engineering
Marktregulierung	

Ausgewählte Literatur

Caytas, I.: "Moderne Finanzinstrumente", Stuttgart 1992, insbesondere S. 16-37.

Wasserfallen, W.: "Die Finanzmarkttheorie - Eine Uebersicht", in: Finanzmarkt und Portfolio Management, Nr. 2/1986, S. 21-27.

Kapitel 2

Finanzmärkte, Finanzinstrumente und Marktteilnehmer

> Nach dem Studium dieses Kapitels sollte der Leser
> - die Aufgaben der Finanzmärkte verstehen;
> - die Funktionsweise des Basismarktes sowie des Marktes für Derivate kennen;
> - die verschiedenen Finanzinstrumente (fremdkapital- und eigenkapitalbezogene Instrumente sowie Finanzderivate) überblicken;
> - die Marktteilnehmer (Nachfrager und Anbieter) kennen und deren Rolle im Finanzsystem verstehen.

Der materielle Wohlstand einer Gesellschaft ist von der Produktivität von deren Volkswirtschaft abhängig[1]. Dabei ist die Produktivität ihrerseits eine Funktion der realen (Land, Immobilien, Maschinen usw.) und menschlichen Ressourcen (*Human Capital*). Diesen auch als *Realaktiva* oder *Realanlagen* bezeichneten Ressourcen stehen die *Finanzaktiva* oder *Finanzanlagen* wie Aktien, Anleihen usw. gegenüber. Während die Realanlagen der Generierung von Einkommen und damit Wohlstand dienen, wird dieser unter den Investoren entsprechend ihrem Engagement in die Finanzanlagen aufgeteilt [vgl. auch Bodie/Kane/Marcus 1993, S. 1]. Investoren haben sich entsprechend ihren Präferenzen zu entscheiden, ob sie auf den gegenwärtigen Konsum zugunsten eines zukünftigen Konsums verzichten wollen. Der Anreiz eines Aufschubs des gegenwärtigen Konsums - auch als *Sparen* und damit als Investition in Finanzanlagen bezeichnet - wird durch den *höheren* zukünftigen Konsum, welcher durch die produktive Nutzung der Realanlagen entsteht, geschaffen. Finanzanlagen dienen demzufolge einerseits dem Halten von Ansprüchen an den Realanlagen. Anderseits ist es dank den Finanzanlagen möglich, Tauschgeschäfte nicht zu einem bestimmten Zeitpunkt sondern innerhalb einer Zeitspanne vorzunehmen. Somit kann von Transaktionen zwischen der Vergangenheit (der Gegenwart) und der

---

1 Das Kapital 2 wurde adaptiert von *Auckenthaler, C.:* "Theorie und Praxis des Investment Banking", in Bearbeitung.

Zukunft gesprochen werden: "The surplus accumulated from past enterprise, and stored in the form of money (oder anderen Finanzanlagen, Anm. d. Autors), is made available to new ventures with the promise of future rewards" [Chorafas 1992, S. 37].

Aus einer hochentwickelten Volkswirtschaft ist das *Finanzsystem* nicht mehr wegzudenken, erfüllt dieses doch hauptsächliche Funktionen[2]. Kapitaltransaktionen und die Koordination von Ersparnissen und Investitionen sind dabei die wohl Wichtigsten. Aktivitäten wie die Bezahlung von Produkten und Dienstleistungen, das Sparen, das Borgen und Leihen von Kapital sowie das Investieren werden innerhalb des Finanzsystems abgewickelt, wobei der Rahmen desselben durch die Finanzmärkte, die Finanzinstrumente sowie die Finanzinstitutionen gegeben ist [vgl. auch Cooper/Fraser 1993, S. 3]. Während die *Finanzmärkte* als Arenen, wo Finanzinstrumente gehandelt werden, zu betrachten sind, stellen die *Finanzinstitutionen* die Akteure dar, welche die Finanzinstrumente kreieren und handeln sowie den Kapitalfluss unter den Marktteilnehmern steuern.

Im folgenden wird auf die wesentlichsten Elemente des Finanzsystems eingegangen. Dabei wird sich zeigen, dass Finanzmärkte, Finanzinstrumente und Finanzinstitutionen sich als Antwort auf die Wünsche der nachfragenden Marktteilnehmer, die Technologie, und die gesetzlichen Rahmenbedingungen entwickeln.

2.1 Die Finanzmärkte

Als Finanzmarkt wird ein Markt bezeichnet, an welchem Finanzanlagen bzw. Finanzinstrumente gekauft und verkauft, also gehandelt werden können. Während zeitliche und örtliche Gebundenheiten für einen Markt *keine* Voraussetzungen sind, bilden die Kommunikation zwischen Käufer und Verkäufer hinsichtlich der wesentlichen Aspekte der gehandelten Güter und Dienstleistungen die Basis[3]. Ziel eines Marktes soll es denn auch sein, Anbietern wie Nachfragern von Gütern und Dienst-

---

2   In einer Volkswirtschaft wird häufig der *Güterfluss* und der *Finanzfluss* unterschieden. Beim Kauf eines Gutes (oder einer Leistung) erhält der Käufer physisch das entsprechende Gut gegen eine vereinbarte Bezahlung. Während die Uebertragung des Gutes einen Güterfluss darstellt, ist die vereinbarte Bezahlung Bestandteil des Finanzflusses. Im Gegensatz zu den heutigen modernen Volkswirtschaften steht das sog. Bartersystem, wo Güter gegen andere Güter getauscht werden und damit auf den Finanzfluss verzichtet werden kann.

3   Je besser die *Kommunikation* zwischen den Marktteilnehmern ist, desto leichter wird es sein, Angebot und Nachfrage in ein Gleichgewicht zu bringen und damit den markträumenden Preis zu bestimmen.

leistungen den Transfer derselben derart zu erleichtern, dass beide Seiten von der Existenz des Marktes profitieren [vgl. Reilly 1989, S. 74f].

2.1.1 Die Aufgaben der Finanzmärkte

Ein *gut funktionierender* Finanzmarkt weist vier Charaktere auf: Informationsverarbeitung, Liquidität, geringere Transaktionskosten (interne Effizienz[4]) und Markteffizienz (externe Effizienz). Aufgrund dieser Charaktere sind neben der Kapitalallokation die *Aufgaben eines Finanzmarktes* in

- der Preisbestimmung,
- der Aufrechterhaltung der Marktliquidität,
- der Reduktion der Transaktionskosten sowie
- der Kontrolle der Realanlagen (Ressourcen)

zu sehen [vgl. Fabozzi/Modigliani 1992, S. 11 [5]]. Durch Angebot und Nachfrage wird der *Preis* einer gehandelten Finanzanlage bzw. deren in *Abhängigkeit des Risikos* erforderliche Rendite bestimmt. Mit anderen Worten entscheidet der Markt über den Preisbildungsmechanismus, in welche Finanzanlagen investiert wird, und übernimmt damit gewissermassen die Koordinationsfunktion von Angebot und Nachfrage nach Kapital. Da der Preis einer Finanzanlage von dessen Risiken abhängig ist[6], bieten die Finanzmärkte demzufolge die Möglichkeit, "volkswirtschaftliche *Risiken* zu verteilen bzw. umzuverteilen" [Zimmermann/Bill/Dubacher 1989, S. 12].

Die *Marktliquidität* ist deshalb von grosser Bedeutung, da diese über die Kaufs- und Verkaufsaktivität der Investoren entscheidet. Eine hohe Marktliquidität ist dem Informationsgehalt der Marktpreise und damit der *Informationsleistung* der Finanzmärkte förderlich. Ist letztgenannte zu beurteilen, muss das Konzept der *Markteffizienz* genauer betrachtet werden [vgl. dazu Fama 1970, S. 383ff, Fabozzi/Modigliani 1992, S. 250ff].

---

4   Die interne Effizienz wird auch als *allokative Effizienz* bezeichnet und ist von der Möglichkeit abhängig, Angebot und Nachfrage rasch und direkt zusammenzuführen.

5   Allerdings sind da nur die ersten drei Aufgaben erwähnt. Die in der Literatur verschiedentlich erwähnten Volumen-, Fristen- und Raumtransformation werden als Teile der Allokationsfunktion betrachtet, weshalb diese nicht explizit zu erwähnen sind.

6   Der Preis einer Finanzanlage entspricht dem Present Value sämtlicher erwarteter Cash Flows (in Form von Dividenden, Zinszahlungen, Kapitalrückzahlungen usw.), wobei diese nicht mit Sicherheit bekannt und daher mit Risiko behaftet sind.

Bei der Reduktion der *Transaktionskosten* sind zwei Arten von Kosten zu unterscheiden: Informations- und Suchkosten. *Informationskosten* werden dank der Tatsache, dass die Erwartungen[7] der Investoren in den Preisen der Finanzanlagen enthalten sind, gesenkt. *Suchkosten* nehmen durch den verringerten Zeitaufwand bei der Suche nach einem Gegenpart sowie durch den Wegfall von Nachfrage- und Angebotsausschreibungen ab.

Vor allem in den Vereinigten Staaten von grosser Bedeutung ist schliesslich die Aufgabe, die *Kontrolle* an den Realanlagen (reale und menschliche Ressourcen) über den Marktmechanismus zu regeln. Diese Aufgabe hat ihren Ursprung darin, dass "mit Wertpapieren nicht nur Vermögens-, sondern auch Beteiligungsrechte gehandelt werden" [Zimmermann/Bill/Dubacher 1989, S. 12].

2.1.2 Gliederung der Finanzmärkte

Die Gliederung der Finanzmärkte kann nach verschiedenen Aspekten erfolgen (vgl. Abbildung 2/1). Eine *instrumentale* Gliederung liegt vor, wenn der Basismarkt und der Markt für Derivate unterschieden werden. Während der *Basismarkt* entsprechend der Fristigkeit der gehandelten Instrumente in den Geld- und Kapitalmarkt unterteilt werden kann, umfasst der *Markt für Derivate* Instrumente wie Futures, Optionen und Swaps[8].

Häufiger als die instrumentale Gliederung wird eine Unterteilung in den Primärund den Sekundärmarkt, also eine *funktionale Gliederung*, vorgenommen. Der *Primärmarkt* dient der Ausgabe und Inverkehrsetzung von Finanzinstrumenten (Aktien, Anleihen usw.) und im Falle von Basismarktinstrumenten der Einbringung von Kapital in Unternehmen oder staatliche Institutionen. Am *Sekundärmarkt* können die zuvor am Primärmarkt ausgegebenen Finanzinstrumente gehandelt werden. Standardisierte Finanzinstrumente eigenen sich für den Handel an einer Börse (Aktienbörse, Börse für festverzinsliche Wertpapiere, Optionen- und Futuresbörse), während nicht standardisierte Finanzinstrumente *Over the Counter (OTC)*, also gewissermassen über den Bankschalter, gehandelt werden.

---

7   Gemeint sind Erwartungen hinsichtlich des Gesamtmarktes (Zinsen, Inflation, Konjunktur usw.) wie auch der Unternehmen (Gewinne, Dividenden, Stimmrechte usw.).
8   In den Abschnitten 2.1.3 und 2.1.4 wird auf die einzelnen Märkte näher eingegangen.

KAPITEL 2: *Finanzmärkte, Finanzinstrumente und Marktteilnehmer*

Abbildung 2/1: Funktionale und Instrumentale Gliederung der Finanzmärkte

Instrumentale Gliederung \ Funktionale Gliederung	Primärmarkt	Sekundärmarkt	
		Börse	OTC
Basismarkt			
→ Geldmarkt	X		X
→ Kapitalmarkt			
→ Fremdkapital	X	X	X
→ Eigenkapital	X	(X)	X
Markt für Derivate			
→ Futures		X	X
→ Optionen *		X	X
→ Swaps	X		X
→ Structured Assets	X		X
*) Von den Optionen zu unterscheiden sind die Warrants (vgl. Abschnitt 2.2.2.5).			

Sodann kann zwischen dem *Inland-, Ausland- und Euromarkt* unterschieden werden. Der Inlandmarkt umfasst Finanzinstrumente, welche von inländischen Emittenten lautend auf die inländische Währung ausgegeben werden. Finanzinstrumente, welche von ausländischen oder internationalen Emittenten auf die inländische Währung lautend ausgegeben werden, sind dem Auslandmarkt zuzuordnen. Ein für Emittent wie Investor sehr attraktiver Markt ist der Euromarkt, wo Finanzinstrumente ausländischer Emittenten auf eine ausländische Währung lautend (häufig US$, £, DM und hfl) in einem Drittland ausgegeben werden.

Schliesslich sind in Abhängigkeit der *Organisation* des Handels vier Arten von Märkten zu unterscheiden [vgl. Bodie/Kane/Marcus 1993, S. 23]: freier Markt, Vermittlermarkt, Dealermarkt und Auktionsmarkt.

Der *freie Markt* - im Angelsächsischen als *Direct Search Market* bezeichnet -, wo sich Käufer und Verkäufer direkt beispielsweise über Inserate in der Tagespresse suchen müssen, weist den geringsten Organisationsgrad auf. Sporadische Teilnahme, tiefe Preise und nicht standardisierte Handelsgüter charakterisieren den freien Markt.

Ein *Vermittlermarkt* wird sich da entwickeln, wo die *Economies of Scale*[9] es wertvoll erscheinen lassen, dem Vermittler (Makler, *Broker*)[10] für seine Tätigkeit eine Gebühr zu entrichten. Der Primärmarkt ist das anschaulichste Beispiel eines Vermittlermarktes: von Unternehmen, staatlichen Organisationen usw. neu emittierte Wertpapiere werden dem Publikum von Investment Banken, welche die Rolle des Brokers übernehmen, zum Kauf angeboten[11].

Als Beispiel eines *Dealermarktes* sei der Over the Counter Markt (OTC) erwähnt. Im Unterschied zum Vermittlermarkt, kaufen und verkaufen *Dealers* auf eigene Rechnung, wobei die Einnahmen aufgrund des sog. Bid-Ask-Spreads (Unterschied zwischen Kaufs- und Verkaufskurs) generiert werden.

Das höchste organisatorische Niveau eines Marktes ist im Falle des *Auktionsmarktes erreicht*. Alle Angebote und Nachfragen eines Gutes konzentrieren sich auf einem Markt, welcher örtlich und zeitlich definiert ist. Bestes Beispiel eines Auktionsmarktes ist die Börse (Zürcher Aktienbörse, New York Stock Exchange (NYSE) usw.) [vgl. auch Schwartz 1991, S. 22]. Allerdings treten auch hier anstelle der Investoren Vermittler (Brokers) auf[12]. Ein wichtiger Vorteil gegenüber dem Dealermarkt besteht darin, dass ein gemeinsam akzeptierter Kaufs- bzw. Verkaufspreis entsteht und somit der Bid-Ask-Spread eingespart werden kann [vgl. Bodie/Kane/Marcus 1993, S. 23].

2.1.3 Der Basismarkt

Am *Basismarkt* werden Geschäfte getätigt, deren Erfüllung unmittelbar nach Abschluss oder auf Termin (sog. Termingeschäfte) erfolgen muss. Da an den Finanzmärkten die Finanzinstrumente nicht unmittelbar gezeigt, übergeben oder bezahlt werden können, ist die Erfüllung des Geschäftes mit bestimmten Auflagen verbunden. Im Gegensatz zum Basismarkt liegen Abschluss und Erfüllung am *Markt für Derivate* getätigter Geschäfte *immer* auseinander. Zudem *basieren die Derivate auf*

---

9   Die *Economies of Scale* werden dann ausgenützt, wenn die durchschnittlichen Stückkosten bei zunehmender Produktion abnehmen.
10 Zum Begriff des Brokers vgl. *Schnyder* [Schnyder 1992, S. 14].
11 Handelt es sich lediglich um die Vermittlung von Käufern, wird von der kommissionsweisen Plazierung gesprochen.
12 Da sich der Berufsstand und Geschäftszweig von Brokers und Börsenagenten bislang noch nicht verselbständigt hat, wird in der Schweiz weniger von Brokern als vielmehr von Agenten gesprochen.

den Instrumenten des Basismarktes (Aktien, Anleihen usw.), weshalb die Art der Erfüllung der am Markt für Derivate getätigten Geschäfte von der zukünftigen Konstellation des *Basismarktes* abhängig ist.

Wird vom Basismarkt gesprochen, ist damit der Geld- und Kapitalmarkt gemeint. Die Unterscheidung dieser beiden Teilmärkte lässt sich allerdings oftmals nur schwer vornehmen. Als wichtigstes Merkmal wird häufig die *Fristigkeit* genannt. Während Kapital mit einer Fristigkeit von bis zu 12 Monaten dem Geldmarkt zugeordnet wird, gelten mittel- und langfristiges Kapital (Laufzeiten von mehr als 12 Monaten) als Bestandteile des Kapitalmarktes. Dass die Fristigkeit zwar ein weitverbreitetes aber unpräzises Kriterium ist, soll anhand zweier Beispiele verdeutlicht werden. Aufgrund der Laufzeit müsste eine *mittelfristige Anleihe* (Straight Bond) als Kapitalmarktanlage betrachtet werden. Sinkt deren Restlaufzeit auf unter 12 Monate, wird die Anleihe zur Geldmarktanlage. Das Kriterium der Laufzeit würde aber auch die Zuordnung einer *Floating Rate Note* (FRN)[13] erschweren. Aufgrund der Laufzeit (meistens fünf bis acht Jahre) wäre dieses Instrument eindeutig als Kapitalmarktanlage zu betrachten. Die Tatsache, dass die Verzinsung, welche in den häufigsten Fällen auf dem *6-Monats LIBOR*[14] basiert, alle sechs Monate einer Aenderung unterliegt, lässt die FRN eher als Geldmarktanlage erscheinen lässt.

Ein wesentlich besseres Unterscheidungskriterium ist daher dasjenige der *Motivation*[15]. Marktteilnehmer treten immer dann am Kapitalmarkt auf, wenn Kapital angelegt werden soll oder Investitionen zu finanzieren (Kapitalaufnahme) sind. Demgegenüber partizipieren am Geldmarkt diejenigen Marktteilnehmer, welche Liquidität ausgleichen wollen [vgl. Cooper/Fraser 1993, S. 409].

2.1.3.1 Der Geldmarkt

Da der Geldmarkt dem Ausgleich von Liquidität dient, müssen als Voraussetzung zu dessen Entstehung Liquiditätsdivergenzen zwischen den Marktteilnehmern bestehen. Die wohl häufigsten Marktteilnehmer sind dabei Geschäftsbanken, National- bzw.

---

13   Vgl. dazu Abschnitt 2.2.
14   LIBOR = **L**ondon **I**nterbank **O**ffered **R**ate (unter Banken gültiger und weltweit anerkannter Zinssatz für kurzfristige Geldaufnahmen über drei oder sechs Monate).
15   *Schmid* nennt neben der Fristigkeit und der Motivation noch die Marktteilnehmer und die Form der Abwicklung als Unterscheidungskriterien [vgl. Schmid 1988, S. 132ff]. Allerdings sind, wie der Autor festhält, beide mit Ausnahmen behaftet, weshalb dieselben hier nicht in die Betrachtungen einbezogen werden.

Zentralbanken und der Staat mit seinen Institutionen. Unternehmen spielen am *schweizerischen* Geldmarkt eher eine geringere Rolle[16]. Hingegen treten private Investoren im Zusammenhang mit den Geldmarktbuchforderungen[17] und den Treuhandanlagen[18] intensiv am Geldmarkt auf[19].

Der Geldmarkt kann weiter unterteilt werden, und zwar in den Markt für Geldmarktkredite und den Markt für Geldmarktpapiere[20]. Am *Markt für Geldmarktkredite* werden Tagesgeld (Overnight Money, Day-to-Day Money), tägliches Geld (Call Money) und Termingeld (Festgeld) gehandelt[21]. Während das Tagesgeld innert 24 Stunden rückzahlbar sein muss, ist das tägliche Geld, wie der Begriff vermuten lässt, täglich abrufbar. Die Laufzeit ist deshalb unbestimmt; allerdings können Kreditgeber wie Kreditnehmer unter Einhaltung einer 24- oder 48-stündigen Kündigungsfrist das Kreditverhältnis auflösen. Die Kündigung hängt von der Liquiditätssituation der beiden Vertragsparteien ab. Im Gegensatz zum Tagesgeld und täglichen Geld wird bei Termingeldern ein fester Rückzahlungstermin vereinbart, wobei die Laufzeit zwischen einer Woche und 12 Monaten beträgt.

Im Zusammenhang mit dem Tagesgeld und Termingeld müssen die vom Charakter her ähnlichen *Repurchase Agreements*, welche vor allem in den USA verbreitet sind, erwähnt werden. Dabei handelt es sich um den Verkauf eines Wertschriftenbestandes (vor allem Staatspapiere) mit der Verpflichtung des Verkäufers, die Wertschriften vom Käufer zu einem im voraus ausgehandelten Preis zu einem ebenfalls im voraus bestimmten Zeitpunkt zurückzukaufen[22]. Grundsätzlich handelt es sich

---

16 Dies im Gegensatz zu ausländischen Geldmärkten oder etwa dem Eurogeldmarkt.

17 Zu den Geldmarktbuchforderungen vgl. Abschnitt 2.2.1.2.

18 Bei den Treuhandanlagen handelt es sich um eine Besonderheit des schweizerischen Bankgeschäftes. Von einer Bank werden Gelder im eigenen Namen aber auf Rechnung und Gefahr des Kunden vorwiegend im Ausland angelegt. Im folgenden wird darauf nicht weiter eingegangen.

19 Der Geldmarkt ist im Vergleich zu ausländischen Finanzmärkten (gegenwärtig) unterentwickelt. Als Gründe dafür sind das geringe Volumen an Geldmarktpapieren oder ähnlichen Finanzinstrumenten (bspw. Geldmarktbuchforderungen) sowie damit verbunden das Fehlen eines ausgebauten Sekundärgeldmarktes zu nennen. Die Ursache ist unter anderem in der hohen steuerlichen Belastung (Eidgenössische Stempelabgabe) der Geldmarktpapiere zu sehen.

20 Als dritter Teilmarkt des Geldmarktes wäre der Devisenmarkt zu nennen. Auf Ausführungen zum Devisenmarkt wird aber im Rahmen dieses Werkes verzichtet [vgl. dazu bspw. Honeygold 1989, S. 174ff, Fabozzi/Modigliani 1992, S. 663ff].

21 Findet dieser Handel lediglich unter Banken statt, wird vom Interbankenmarkt gesprochen.

22 Die Repurchase Agreements sind vom sog. *Securities Lending and Borrowing* abzugrenzen, auch wenn beide der Effizienz von Finanzmärkten nützlich sind. Im Gegensatz zum Securities Lending and Borrowing erhält bei den Repurchase Agreements die Partei ein Entgelt, welche die

(Fortsetzung der Fussnote vgl. folgende Seite)

KAPITEL 2: *Finanzmärkte, Finanzinstrumente und Marktteilnehmer* 17

bei Repurchase Agreements, kurz *Repos* oder *RPs* genannt, um ein gedecktes Darlehen, wobei die Deckung in From von Wertpapieren erfolgt [vgl. Fabozzi/Modigliani 1992, S. 433f]. Analog der Unterscheidung von Tages- und Termingeld existieren *Overnight-* und *Term-Repos*[23].

Repos werden auf *Diskontbasis* gehandelt. Wird ein Repo beispielsweise über $ 100 Mio. Treasury Bills abgeschlossen, so erhält der Verkäufer bei einem Overnight-Zins von 7% p.a. $ 99.981 Mio. Am folgenden Tag kauft der Verkäufer des Repo die Treasury Bills zu $ 100 Mio. zurück[24].

Verschiedene Vorteile lassen die Repurchase Agreements für die Marktteilnehmer (Investment Banken, Dealers, Investoren, Unternehmen) attraktiv werden. Investoren wie auch Unternehmen haben die Möglichkeit, sehr kurzfristiges Kapital anzulegen ohne dabei ihrer Liquidität verlustig zu gehen oder einem Preisrisiko ausgesetzt zu sein. Zudem sind die in ein Repo involvierten Wertschriften von erster Qualität, was deren Rating anbelangt, womit das Kreditrisiko praktisch ausgeschlossen werden kann [vgl. Stigum 1990, S. 169]. Dass nicht der aktuelle Marktwert der Wertschriften sondern ein in Abhängigkeit der Bonität des Repo-Verkäufers tieferer Wert der Transaktion zugrundegelegt wird[25], wirkt sich für den Repo-Käufer zusätzlich risikomindernd aus. Der Anreiz des Verkäufers eines Repo ist darin zu sehen, dass die Repo-Rate geringer ausfällt als im Falle anderer Finanzierungsarten[26].

Mit der Möglichkeit, Liquiditätsdivergenzen unter den Marktteilnehmern mittels Geldmarktkrediten und Geldmarktpapieren[27] auszugleichen, spielt der Geldmarkt

---

Geldmittel bereitstellt. Ebenfalls sind die Repos von den *Report-* und *Deportgeschäften* zu unterscheiden. Diese dienen der Prolongation von Börsentermingeschäften.

23 Wird von *Reverses* oder *Reverse Repos* gesprochen, ist damit die gegenteilige Position der Repos gemeint. Es werden Wertschriften gekauft um dieselben 24 Stunden später (Overnight Revers) oder zu einem festgelegten Zeitpunkt in der Zukunft (Term Reverse) zu verkaufen.

24 Der Zins wird wie folgt berechnet:

Zins = Kapital · Repo-Rate · (Repo-Laufzeit / 360)

Es ist zu beachten, dass die Repo-Rate auf einer 360-Tage Basis ausgedrückt wird und von der *Qualität* der Wertschriften, der *Laufzeit* des Repo, der *Auslieferung* der Wertschriften sowie der *Liquidität* der Wertschriften abhängig ist.

25 Die Differenz zwischen aktuellem Marktwert und dem tieferen bonitätsabhängigen Wert wird als *Marge* bezeichnet und beträgt im Normalfall 1-3%, kann jedoch bis 10% und mehr ansteigen [vgl. Fabozzi/Modigliani 1992, S. 436].

26 Eine umfassende Darstellung der Repurchase Agreements hat *Rogg* vorgenommen [vgl. Rogg 1991, S. 238ff].

27 Auf die Geldmarktpapiere wird in Abschnitt 2.2 eingegangen.

eine entscheidende Rolle im Finanzsystem einer Volkswirtschaft und trägt viel zur Effizienz desselben bei.

2.1.3.2 Der Kapitalmarkt

Der Kapitalmarkt dient der mittel- und längerfristigen Kapitalbeschaffung bzw. -anlage. Während eine Zeitspanne von bis zu fünf Jahren als mittelfristig gilt, wird als langfristig eine Bindungsdauer von mehr als fünf Jahren bezeichnet. Als Marktteilnehmer sind Geschäftsbanken, der Staat mit seinen Institutionen, Unternehmen und private Investoren in die Geschehnisse involviert. Eine geringe Rolle spielen National- bzw. Zentralbanken. Diese haben vielmehr Ueberwachungsfunktionen zu übernehmen.

Obschon Geld- und Kapitalmarkt von einander unterschieden werden, sind *enge Beziehungen* zwischen den beiden festzustellen. Investoren wie Kapitalnachfrager sind in den überwiegenden Fällen auf beiden Märkten tätig, wenn auch über die Zeit betrachtet mit unterschiedlicher Intensität. So parkieren Investoren im Falle schlechter Konditionen auf dem Kapitalmarkt langfristige Gelder auf dem Geldmarkt. Umgekehrt verschulden sich Kapitalnachfrager am Geldmarkt selbst dann, wenn langfristiges Kapital gesucht ist, dieses aber nur zu ungünstigen Bedingungen aufgenommen werden kann. Bedingt durch die engen Beziehungen zwischen Geld- und Kapitalmarkt stehen auch die *Zinsstrukturen* der beiden Märkte in einem relativ engen Zusammenhang. Allerdings kann festgestellt werden, dass die Geldmarktzinssätze sensitiver und daher grösseren Schwankungen unterworfen sind als die Kapitalmarktzinssätze. Hingegen weisen die *Preise* der Kapitalmarktinstrumente (vor allem der risikokapitalbezogenen) gegenüber den Geldmarktinstrumenten eine deutlich höhere Volatilität auf.

Die wohl am häufigsten vorgenommene weitere Unterteilung des Kapitalmarktes erfolgt nach der Art der Instrumente. Demnach ist der Markt für *Risikokapital* (Eigenkapital) und derjenige für *Fremdkapital* zu unterscheiden. Die Instrumente des Marktes für Fremdkapital verpflichten den Emittenten (Schuldner) gegenüber dem Investor zur Zahlung von Zinsen an im voraus festgelegten Zeitpunkten sowie zur Rückzahlung des Kapitals ungeachtet des Geschäftsganges. Im Gegensatz dazu ist die Abgeltung für die Kapitalüberlassung im Fall von Instrumenten des Marktes für Risikokapital in Abhängigkeit des vom Emittenten erwirtschafteten Gewinnes vorzunehmen und zwar nach der Begleichung aller übrigen finanziellen Verpflichtungen. Zudem kann Risikokapital dem Emittenten nicht entzogen werden.

Eine *klare* Trennung zwischen Instrumenten mit Risikokapitalcharakter und solchen mit Fremdkapitalcharakter ist heute allerdings nur noch de jure, nicht aber de facto möglich. Klassische Beispiele für Mischformen, welche sowohl Risikokapital- wie auch Fremdkapitalcharakter aufweisen, sind Convertible Bonds (Wandelanleihen), Bonds with Warrants (Optionsanleihen) oder Preferred Stocks (Vorzugsaktien)[28].

2.1.4 Der Markt für Derivate

Der Markt für Derivate ist vor allem aus dem Bedürfnis heraus entstanden, den vielfältigen Risiken, welche bei der Kapitalaufnahme und -anlage entstehen, entgegenzutreten. Damit handelt es sich bei den Derivaten um Instrumente, welche in erster Linie dem *Risk-Management* dienen. Als Teilmarkt des Finanzmarktes erfüllt der Markt für Derivate eine kaum mehr wegzudenkende volkswirtschaftliche Funktion: Er ermöglicht eine effiziente und kostengünstige Allokation von Risiken unterschiedlichster Art.

Derivative Instrumente (abgeleitete Instrumente) sind solche, deren Wert sich vom Preis des zugrundeliegenden Basisinstrumentes ableiten lässt, wobei als Basisinstrumente Aktien, Devisen, Derivate, Rohwahren, Zinsen usw. dienen. Grundsätzlich lassen sich drei Kategorien von Derivaten unterscheiden: Futures, Optionen und Swaps. Häufig werden zusätzlich noch die Structured Assets erwähnt[29].

Eine Analyse des Marktes für Derivate erfordert die Unterteilung desselben in die börsengehandelten und die ausserbörslich, Over the Counter gehandelten Derivate. Wesentlich ist diese Unterscheidung deshalb, weil Marktliquidität und -transparenz sehr unterschiedlich ausfallen. Die *hohe Marktliquidität und -transparenz* werden bei den *börsengehandelten Derivaten* durch die Standardisierung der Kontrakte sowie deren Handelbarkeit an einem durch eine grosse Zahl von Marktteilnehmern zentral zugreifbaren Markt hervorgerufen. Als liquiditätserhöhender Faktor wirkt sich die Standardisierung deshalb aus [vgl. Zimmermann 1993, S. B3], weil diese eine ausgeprägte *Heterogenität* (Hedger, Investoren und Arbitrageure[30]) der Marktteilnehmer bewirkt. Neben hoher Marktliquidität und -transparenz verringert der

---

28 Zu den einzelnen Instrumenten vgl. Abschnitt 2.2.
29 Vgl. dazu Abschnitt 2.2.4.4.
30 Während der *Hedger* darauf bedacht ist, bestehende Positionen oder die Konditionen zukünftiger Anlagebedürfnisse mittels Derivaten gegen Risiken (Währungsrisiko, Zinsrisiko usw.) abzusichern, stellen Derivate für den *Investor* alternative Anlagemöglichkeiten dar. *Arbitrageure* versuchen vergleichbare Kursunterschiede zwischen Kontrakten oder zwischen Kontrakt und entsprechendem Basisinstrument auszunutzen.

Handel an organisierten Börsen sodann das *Gegenparteirisiko*, da das sog. *Clearing House*[31] und nicht der Kontrahent als Gegenpartei auftritt.

Wurden die aus der Standardisierung der Kontrakte hervorgehenden Vorteile erwähnt, müssen auch deren Nachteile betrachtet werden. Als wohl grösster Nachteil ist dabei die verlorene Flexibilität zu nennen. Speziellen Bedürfnissen der Käufer und Verkäufer derivativer Instrumente kann mit den börsengehandelten Derivaten - wenn überhaupt - nur noch annäherungsweise nachgekommen werden. Dem Wunsch nach Individualität von Seiten der Marktteilnehmer folgend, wurden zunehmend Transaktionen ausserhalb der Börsen, nämlich Over the Counter abgewickelt. Die *Over the Counter gehandelten Derivate* beseitigen den Nachteil der standardisierten Kontrakte dahingehend, dass den spezifischen Bedürfnissen der Marktteilnehmer besser entsprochen werden kann. Neben den ohnehin nur Over the Counter gehandelten Swaps stossen Optionen mit Laufzeiten von mehreren Jahren, frei wählbaren Ausübungspreisen, einer erweiterten Palette von Basisinstrumenten, komplexen Rendite-Risikostrukturen usw. auf grosses Interesse im ausserbörslichen Handel. Allerdings ist der Vorteil der Individualität mit den Nachteilen eines illiquiden und daher auch nur wenig transparenten Marktes zu erkaufen. Wurde eingangs dieses Abschnittes erwähnt, dass der Markt der Derivate einer effizienten und kostengünstigen Risikoallokation diene, muss hier präzisierend festgehalten werden, dass diese nur auf transparenten Märkten stattfinden kann. Andernfalls findet keine marktgerechte Entschädigung des übernommenen oder abgetretenen Risikos statt. Dies ist denn auch im Over the Counter Markt, wo Markt- und Gegenparteirisiko nur unzureichend genau eingeschätzt werden können, teilweise festzustellen.

Zu Beginn dieses Abschnittes wurde festgehalten, dass sich der Wert eines Derivates vom Preis des Basisinstrumentes ableiten lasse. Damit stehen aber der Markt der Basisinstrumente (Basismarkt) und derjenige der Derivate in einem engen Verhältnis und sind voneinander abhängig. Konkret stehen Optionen-, Futures- und Basismarkt in einer Gleichgewichtsbeziehung zueinander[32]. Wird das Gleichgewicht von Optionen-, Futures- und Basismarkt dahingehend gestört, dass beispielsweise ein Aktien-Future im Vergleich zur entsprechenden Aktie relativ billiger erworben werden kann, setzt *Arbitrage* ein: Der relativ billigere Aktien-Future wird so lange bei gleichzeitigem Verkauf der entsprechenden Aktie gekauft, bis durch den ansteigen-

---

31 Aufgrund der Einschussmargen der Marktteilnehmer weisen die Clearing Houses meistens eine bessere Bonität auf als ein durchschnittlicher Marktteilnehmer (vgl. dazu Kapitel 8).

32 Vgl. dazu die Preisbestimmung von Optionen und Futures in *Auckenthaler* [vgl. Auckenthaler 1991, S. 99ff].

den Futurespreis (ausgelöst durch die steigende Nachfrage) und den fallenden Aktienkurs (ausgelöst durch die rückläufige Nachfrage) die beiden Märkte wieder in Gleichgewichtsrelation zueinander stehen. Aufgrund dieser engen Beziehung haben Futures- und Optionenmärkte, unter der Voraussetzung dass es sich um liquide und transparente Märkte handelt, einen stabilisierenden Einfluss auf die Basismärkte.

2.2 Die Finanzinstrumente

Als Finanzinstrumente werden die in Geldwerten ausgedrückten Verpflichtungen eines Schuldners (Emittenten) gegenüber dem Investor (dem Besitzer des Finanzinstrumentes) bezeichnet. Sollen die den Finanzinstrumenten zugedachten Aufgaben,

- den monetären Transfer zwischen Kapitalanbietern und Kapitalnachfragern sowie
- die Uebertragung und Kontrolle von Risiken zu erleichtern,

erfüllt werden, haben die einzelnen Instrumente je nach Zweck verschiedene Eigenschaften aufzuweisen [vgl. Fabozzi/Modigliani 1992, S. 7ff]: rendite- oder ertragsorientiert, Risiko, Nominalbetrag und dessen Stückelung, Fristigkeit, Liquidität (Abtretbarkeit) und Kostenausgestaltung[33].

Wird der Versuch unternommen, die Finanzinstrumente nach deren Charakteren zu ordnen, bieten sich verschiedene Kriterien an [zu den im folgenden kurz aufgezeigten Gliederungskriterien vgl. Kuhn 1990 (1), S. 209ff]. Eine Gliederung im Dschungel der Finanzinstrumente dient dem Verständnis derselben, denn erst durch das Erkennen von deren Vor- und Nachteilen wird es möglich, Finanzinstrumente ihren Eigenschaften entsprechend einzusetzen. Aus der Sicht des Investors wäre beispielsweise das *Kriterium des Risikos* von grossem Interesse. Beginnend bei Finanzinstrumenten mit geringem Risiko (und entsprechend den kapitalmarkttheoretischen Vorstellungen mit geringer Rendite), wie dies etwa Treasury Bills sind, reicht eine derartige Gliederung über langfristige Anleihen der öffentlichen Hand, Wandelanleihen, Aktien erstklassiger Unternehmen und Edelmetallen bis hin zu verschiedenen Sammelwerten (Collectibles) [vgl. Gerber 1987, S. 3].

Die *Unterteilung nach Produkten* umfasst Kategorien wie Geldmarktinstrumente, Instrumente von Unternehmen, Instrumente der öffentlichen Hand, Beteiligungsinstrumente (Venture Capital), verbriefte Instrumente (Asset-Backed Securities),

---

33 Darunter sind Steuervorteile (für den Investor und/oder den Emittenten), Transaktionskostenvorteile usw. zu verstehen.

Absicherungsinstrumente und internationale Instrumente. Denkbar ist auch eine *Kategorisierung nach der Laufzeit*. Demnach kann zwischen Instrumenten mit fest vorgegebener Laufzeit, variabler Laufzeit, ewiger Laufzeit und verlängerbarer Laufzeit unterschieden werden. Werden die Finanzinstrumente entsprechend der *Auszahlungsmodalität* gruppiert, sind die folgenden Kategorien zu unterscheiden: Instrumente mit garantierter monetärer Entschädigung, Instrumente mit von bestimmten Erfordernissen abhängiger Entschädigung, Instrumente mit sich nach bestimmten Regeln ändernder Entschädigung, Instrumente mit wahlweiser Entschädigung und Instrumente ohne Entschädigung. Schliesslich würde eine *Gliederung nach den primären Charakteren* der Finanzinstrumente die folgenden Kategorien bilden: Festverzinsliche Instrumente, flexibel verzinsliche Instrumente, austauschbare Instrumente, Wandelinstrumente, partizipierende Instrumente, eigenkapitalbezogene Instrumente, Swap-Instrumente, zukunftsbezogene Instrumente, derivative Instrumente, synthetische Instrumente und steuerbegünstigte Instrumente.

Die Komplexität verschiedener Finanzinstrumente bringt es mit sich, dass oftmals eine unzweideutige Zuordnung aller Instrumente verhindert wird. Selbst eine noch so detailliert ausfallende Kategorisierung dürfte wenig hilfreich sein, birgt aber die Gefahr, dass eine solche nicht mehr dem Zweck dienlich ist. Wenn im folgenden eine Zuordnung der Finanzinstrumente aufgrund der in <u>Abbildung 2/1</u> gezeigten instrumentalen Gliederung vorgenommen wird, so erfolgt dies im Bewusstsein, dass auch hier Zweideutigkeiten nicht auszuschliessen sind.

2.2.1 Geldmarktinstrumente[34]

Obschon verschiedene Finanzinstrumente den Geldmarkt beleben, darf aufgrund deren *gemeinsamen Eigenschaften* festgestellt werden, dass es sich beim Geldmarkt um einen *relativ homogenen* Markt handelt. Geldmarktinstrumente zeichnen sich durch ihre *kurze Laufzeit* (bis zu einem Jahr) aus. Allgemein kann davon ausgegangen werden, dass die *Bonität* der Emittenten als gut, in den überwiegenden Fällen als sehr gut einzustufen ist. Sodann beweisen Geldmarktinstrumente eine hohe *Marktgängigkeit* selbst dann, wenn sie Over the Counter gehandelt werden. Die genannten Eigenschaften führen dazu, dass Geldmarktinstrumente eine substanzielle Preisstabilität und geringe Abweichungen im Rendite-Risiko-Profil aufweisen. Der Unterschied zwischen der Verzinsung verschiedener Geldmarktinstrumente beträgt in der

---

[34] Als Geldmarktinstrumente werden im folgenden *handelbare* Instrumente verstanden. Vgl. dazu auch Abschnitt 2.1.3.1.

Regel weniger als 100 Basispunkte (1%). In der Folge sind Geldmarktinstrumente in hohem Grade substituierbar.

Sind bis dahin verschiedene Gemeinsamkeiten der Geldmarktinstrumente aufgezeigt worden, geht es nachfolgend darum, deren Unterschiede festzuhalten. Nach der rechtlichen Stellung des Schuldners sind

- Geldmarktinstrumente der öffentlichen Hand und
- Geldmarktinstrumente privatwirtschaftlicher Unternehmen

zu unterscheiden.

2.2.1.1 Geldmarktinstrumente der öffentlichen Hand

Die in der *Schweiz* etablierten Geldmarktinstrumente der öffentlichen Hand umfassen die Schatzanweisungen des Bundes, Reskriptionen von Kantonen und Gemeinden sowie Geldmarktbuchforderungen von Bund und Kantonen. Der im Vergleich zum Ausland eher geringen Bedeutung wegen wird auf die ersteren nicht näher eingegangen[35]. Von Interesse sind dagegen die Geldmarktbuchforderungen.

Geldmarktbuchforderungen sind, wie der Name zum Ausdruck bringt, von Bund und Kantonen eingegangene SFr.-Schulden in Buchform und stellen - darin ist auch der Vorteil der Geldmarktbuchforderungen zu sehen - *keine* Wertpapiere dar[36]. Die Laufzeiten variieren zwischen einem und 12 Monaten. Die Zinsvergütung findet in Form eines Diskontabschlages statt und wird durch die Investoren im Tenderverfahren bestimmt. Der Betrag für eine Zeichnung (*Nominalbetrag*) beträgt Fr. 50'000.- oder ein Mehrfaches davon. Es besteht ein Sekundärmarkt, welcher von der Agentenbank[37] Over the Counter (Telephonhandel) aufrecht erhalten wird[38].

---

35 *Schatzanweisungen* bzw. *Reskriptionen* sind in der Form des Eigenwechsels ausgestellte Zahlungsversprechungen des Bundes bzw. der Kantone oder Gemeinden mit Laufzeiten von 3 bis 24 Monaten. [vgl. dazu bspw. Boemle 1991, S. 64ff].

36 Durch die Tatsache, dass der Schuldner keine verbriefte Schuldanerkennung abgibt, wird verhindert, dass die Geldmarktbuchforderungen der Stempelsteuer unterliegen.

37 Als Agentenbank wird die mit dem Geldmarktbuchforderungsprogramm betraute Bank bezeichnet [zum Ablauf bei Geldmarktbuchforderungsprogrammen vgl. Eggenberger 1991].

38 Die Uebertragung erfolgt durch Zession. Erleichtert wurde die Einführung des Sekundärhandels dadurch, dass die Geldmarktbuchforderungen nicht von der Stempelsteuer erfasst werden und im Falle der Abtretung der Geldmarktbuchforderungen durch einen Investor an die Bank (im Sinne des BaG Art 2) bis spätestens 10 Tage vor Verfall *keine* Verrechnungssteuer geschuldet wird.

Als Emittenten von Geldmarktbuchforderungen kommen nicht nur Bund und Kantone in Frage. Dieses Instrumentarium wird auch von privatwirtschaftlichen Unternehmen oder internationalen Institutionen benützt. Beispielsweise emittiert die Weltbank seit 1988 Schweizerfranken-Buchforderungen, welche in Anlehnung an die US$-Buchforderungen, den sog. *COLTS* (Continuously Offered Longer-Term Securities), als *COPS (Continuously Offered Payment Rights)* bezeichnet werden [vgl. Boemle 1991, S. 68].

Der Stellenwert der Geldmarktinstrumente der öffentlichen Hand ist im *Ausland* viel grösser. In den angelsächsischen Ländern (USA, Kanada, England) verschulden sich die Staaten kurzfristig über *Treasury Bills* (Schatzwechsel). Daneben steht aber auch den sog. Federal Agencies das Recht zu, am Geldmarkt kurzfristig Kapital aufzunehmen.

Treasury Bills sind durch den Staat gesicherte und emittierte kurzfristige Schuldverschreibungen in wechselähnlicher Form. Diese werden im Tenderverfahren mit Laufzeiten von 91 und 182 Tagen wöchentlich und mit einer Laufzeit von 364 Tagen jeden Monat ausgegeben. Der Nominalwert beträgt $ 10'000 und nicht wie bei den meisten von privatwirtschaftlichen Unternehmen ausgegebenen Geldmarktinstrumenten $ 100'000. Treasury Bills werden mit einem *Diskont* ausgegeben. Mit anderen Worten liegt der Ausgabepreis von beispielsweise $ 9'800 jeweils unter dem Nominalwert von $ 10'000. Ferner gilt es zu beachten, dass die Rendite der Treasury Bills (r_{TB}) auf der sog. *Bank Discount Basis* berechnet und publiziert wird:

$$r_{TB} = [(NW - P) / NW] \cdot 360 / \Delta t \qquad (2\text{-}1)$$

(wobei NW = Nominalwert, P = Preis zum Zeitpunkt t, Δt = (Rest-)Laufzeit).

Beträgt die Laufzeit des erwähnten Treasury Bill 182 Tage, lässt sich unter Anwendung von (2-1) eine Rendite auf Bank Discount Basis von *r_{TB} = 3.96%* errechnen. Aus zwei Gründen ist die Rendite auf Bank Discount Basis ein wenig aussagekräftiges Renditemass. Zum einen basiert die Berechnung auf dem Nominalwert und nicht dem tatsächlich investierten Betrag und zum andern findet eine Annualisierung der Rendite auf der Basis von nur für den Geldmarkt üblichen 360 Tagen und nicht der im Kapitalmarkt üblichen 365 Tage statt. Ein wesentlich besseres Renditemass wäre dagegen der sog. *Bond Equivalent Yield*, um einen Vergleich mit den Treasury Notes und Bonds, und die sog. *CD Equivalent Yield* (auch *Money Market Equivalent Yield* genannt), um einen Vergleich mit anderen Geldmarktinstrumenten zu ermöglichen [vgl. dazu bspw. Fabozzi/Fabozzi 1991, S. 181f]. Diese Renditemasse beruhen auf dem tatsächlich investierten Betrag und auf der Basis von 365 Tagen pro Jahr:

KAPITEL 2: *Finanzmärkte, Finanzinstrumente und Marktteilnehmer* 25

$$r_{BEY} = (365 \cdot r_{TB}) / (360 - \Delta t \cdot r_{TB}) \qquad (2\text{-}2)$$

$$r_{CDEY} = (360 \cdot r_{TB}) / (360 - \Delta t \cdot r_{TB}) \qquad (2\text{-}2)$$

wobei r_{BEY} = Bond Equivalent Yield, r_{CDEY} = CD Equivalent Yield)

Entsprechend (2-2) ergibt sich für den Bond Equivalent Yield des weiter oben genannten Treasury Bills r_{BEY} = *4.10%*, während der CD Equivalent Yield r_{CDEY} = *4.04%* beträgt. Allerdings gilt (2-2) nur für (Rest-)Laufzeiten von 182 Tagen und weniger. Wird der Fall von (Rest-)Laufzeiten über 182 Tage betrachtet, ist noch die Möglichkeit der Reinvestition von Couponszahlungen in die Betrachtung einzubeziehen:

$$r_{BEY} = [-(2 \cdot \Delta t/365) + 2 \cdot \{(\Delta t/365)^2 \\ - [(2 \cdot \Delta t/365) - 1] \cdot [1 - (NW/P)]\}^{1/2}] / [(2 \cdot \Delta t/365) - 1] \qquad (2\text{-}3)$$

Weist eine Treasury Bill mit einem Nominalwert von $ 10'000 und einem Diskont von $ 400 eine Laufzeit von 364 Tagen auf, beträgt entsprechend (2-3) der Bond Equivalent Yield r_{BEY} = *4.14%*. Dank dem permanenten Handel in grossen Volumina sind Treasury Bills sehr *liquide* Finanzinstrumente. Da die Regierung als erstklassiger Schuldner betrachtet und die Möglichkeit der Zahlungsunfähigkeit ausgeschlossen wird, darf eine Investition in Treasury Bills zudem als *risikolose Anlage* betrachtet werden. Schliesslich handelt es sich bei den Treasury Bills um von Einkommenssteuern befreite Anlagen. Aufgrund der erwähnten Vorteile wird klar, dass die Renditen der Treasury Bills geringfügig unter denjenigen anderer Geldmarktinstrumente liegen.

Neben der Regierung ist es auch verschiedenen Bundesinstitutionen erlaubt, direkt am Geld- oder Kapitalmarkt als Schuldner aufzutreten und sog. *Federal Agency Securities* zu emittieren. Ohne auf die Unterscheidung zwischen Bundesinstitutionen (Federal Agencies) und vom Bund unterstützte private Institutionen (Federal Sponsored Agencies) vorzunehmen, sollen hier Export Import Bank, U.S. Railway Association, Federal Farm Credit Bank System, Student Loan Marketing Association und die verschiedenen Home Mortgage Intermediaries erwähnt werden[39]. Im Bereiche des Geldmarktes bedienen sich erwähnte Institutionen zweier verschiedener Finanzinstrumente [vgl. Goodman/Jonson/Silver 1991, S. 211]: *Notes* werden mit einem Diskont im Tenderverfahren täglich emittiert. Deren Laufzeiten variieren in den meisten Fällen zwischen 30 und 270 Tagen. In Ausnahmefällen werden auch kürzere

---

39 Einen guten Ueberblick über die einzelnen Institutionen vermittelt *Stigum* [vgl. Stigum 1990, S. 212ff].

Laufzeiten festgestellt. *Kurzfristige Anleihen* mit einer Laufzeit von drei bis neun Monaten werden monatlich im Tenderverfahren ausgegeben.

Bei den Federal Agency Securities handelt es sich um sehr *liquide* Finanzinstrumente, welche dank dem Schutz (direkte Deckung oder Garantie) der Regierung auch nur ein *sehr geringes Kreditrisiko* bergen. Sodann sind die meisten Federal Agency Securities von der *Einkommenssteuer befreit*. Aufgrund der den Treasury Bills sehr ähnlichen Eigenschaften sind in der Rendite zwischen den beiden Instrumenten nur geringe Unterschiede auszumachen: Diese liegt bei den Federal Agency Securities geringfügig über der Rendite von Treasury Bills. Die stark anwachsende Verschuldung der Federal Agencies liess allerdings den Renditeunterschied ansteigen [vgl. Cooper/Fraser 1993, S. 423].

2.2.1.2 Geldmarktinstrumente privatwirtschaftlicher Unternehmen

Geldmarktinstrumente privatwirtschaftlicher Unternehmen wie Certificates of Deposit, Commercial Papers, Bankers' Acceptances usw. sind auf dem schweizerischen Geldmarkt bislang noch nicht aufgetaucht[40]. Hingegen spielen diese Instrumente eine wesentliche Rolle auf dem amerikanischen Geldmarkt sowie dem Eurogeldmarkt [zur Funktionsweise des Eurogeldmarktes vgl. Haindl 1991].

Certificates of Deposit (CDs) sind von Banken ausgegebene Schuldverschreibungen in Wertpapierform mit einem Nominalwert von mindestens $ 100'000. Im Gegensatz zu den übrigen Geldmarktinstrumenten werden CDs auf Zinsbasis gehandelt[41]. Dabei gilt es zu beachten, dass im Falle von Laufzeiten von weniger als 360 Tagen der Zins bei Rückzahlung zu entrichten ist und dass ein Jahr 360 Zinstage umfasst. Die Rendite eines CD (r_{CD}) ist demzufolge entsprechend (2-4) zu berechnen:

$$r_{CD} = [((1 + c \cdot L/360) / P) - 1] \cdot [360/\Delta t] \qquad (2\text{-}4)$$

---

40 Als hauptsächlicher Hinderungsgrund erwies sich bis 1993 das Bundesgesetz über die Stempelabgaben (StG) vom 27. Juni 1973. Demnach sind bei der Ausgabe von inländischen Urkunden - so auch bei Geldmarktpapieren - Emissionsabgaben, sowie bei der entgeltlichen Uebertragung derselben Umsatzabgaben zu entrichten. Entsprechend der Revision des StG und dessen Inkraftsetzung am 1. April 1993 werden die Geldmarktpapiere neu mit der Emissionsabgabe von 0.6 °/oo pro Jahr belastet, wobei diese Abgabe *pro rata temporis* berechnet wird. Die Umsatzabgabe entfällt gänzlich. Diese Neuerung soll zu einer Belebung des Geldmarktgeschäftes führen.

41 Anstelle festverzinslicher CDs sind auch *Floating-Rate CDs* möglich. Typisches Beispiel ist ein 6-Monate CD mit einer Anpassung des Zinssatzes alle 30 Tage entsprechend dem LIBOR. Die Zinszahlungen werden in diesem Fall alle 30 Tage vorgenommen.

(wobei c = Zinssatz, L = Laufzeit in Tagen, P = Kaufpreis, Δt = Restlaufzeit in Tagen).

Die Laufzeiten sind individuell wählbar, betragen aber in vielen Fällen zwei bis vier Monate [vgl. Cooper/Fraser 1993, S. 434]. Der Zinssatz liegt wegen des höheren Kreditrisikos, der Besteuerung und dem etwas dünneren Markt über demjenigen für Treasury Bills. Wegen der leichten Handelbarkeit (es besteht ein gut funktionierender Sekundärmarkt) und der relativ guten Sicherheit (Bank als Schuldner) sind CDs sehr beliebte kurzfristige Anlagen.

In Abhängigkeit vom Sitz der emittierenden Bank können drei verschiedene Typen von CDs ausgemacht werden. Handelt es sich beim Emittenten um eine amerikanische Bank und werden die CDs am heimischen Markt in US$ emittiert, handelt es sich um inländische CDs. Eine Emission der CDs in US$ aber ausserhalb des heimischen Marktes wird *Eurodollar CDs* genannt. Als *Yankee CDs* werden solche bezeichnet, welche in US$ am heimischen Markt von ausländischen Banken emittiert werden [zu den verschiedenen Typen vgl. bspw. Stigum 1990, S. 176f].

Bankers' Acceptances (BAs) sind von erstklassigen Banken akzeptierte Wechsel mit einer Laufzeit von 30 bis 180 Tagen. Typischerweise gehen BAs aus Import- und Exportgeschäften hervor und erleichtern diese Transaktionen. Der Nominalbetrag der BAs richtet sich nach dem Wert der zu finanzierenden Ware, während der Diskontsatz - BAs werden auf Diskontbasis gehandelt - dem aktuellen Geldmarktzinssatz zuzüglich einer Kommission der akzeptierenden Bank entspricht. Zwar hat der Markt für BAs bislang nicht das Ausmass des Marktes für CDs erreicht, doch weisen BAs, was das Verlustrisiko einer Investition in dieselben anbelangt, Vorzüge auf. Es kann nicht nur auf eine erstklassige Bank zurückgegriffen werden, vielmehr kann auch der ursprüngliche Schuldner belangt werden. Ueberdies sind BAs durch die finanzierte Ware gesichert.

Commercial Papers sind Eigenwechsel erstklassiger Industrie-, Handels- oder Finanzunternehmen mit einem minimalen Nennwert von $ 100'000 und einer Laufzeit von maximal 270 Tagen; längere Laufzeiten würden einen Eintrag bei der Securities and Exchange Commission erfordern, was mit zusätzlichen Kosten verbunden wäre. Die Zinszahlungen erfolgen durch Diskontabzug, wobei 360 Zinstage pro Jahr berechnet werden. Da Commercial Papers von privatwirtschaftlichen Unternehmen emittiert werden, der Einkommenssteuer unterliegen und die Liquidität derselben geringfügig unter derjenigen der Treasury Bills liegt, ist bei Commercial Papers mit einer höheren Rendite als bei Treasury Bills zu rechnen.

Lange wurden Commercial Papers nur von erstklassigen Unternehmen emittiert. Heute steht diese Art von Verschuldung aber auch kleineren und weniger bekannten

Unternehmen offen. Commercial Papers solcher Unternehmen werden mit zusätzlichen finanziellen Sicherheiten erstklassiger Firmen (*Credit-Supported Commercial Papers*) ausgestattet oder mit Vermögenswerten (*Asset-Backed Commercial Papers*) besichert.

Ebenso wie die Certificates of Deposit werden Commercial Papers ausserhalb der USA auf US$ lautend ausgegeben (*Eurodollar Commercial Papers*). Commercial Papers, die in US$ emittiert aber in einer anderen vom Investor bestimmten Währung zurückbezahlt werden, werden als *Multicurrency* oder *Universal Commercial Papers* bezeichnet.

Ein je nach Markterwartungen für den Investor oder den Emittenten interessanter Typ eines Commercial Paper sind die *Performance-Indexed Papers (PIPs)*. Die Verzinsung des Commercial Paper richtet sich nach einem spezifizierten Index (S&P 500, Goldpreis, Wechselkurs zwischen US$ und einer ausländischen Währung usw.), wobei häufig eine untere und obere Schranke festgesetzt werden.

2.2.2 Fremdkapitalbezogene Kapitalmarktinstrumente

Im Gegensatz zu den Geldmarktinstrumenten ist der Markt der fremdkapitalbezogenen Kapitalmarktinstrumente sehr *heterogen*. Für Emittenten wie Investoren geht es nicht mehr darum, *kurzfristig* Kapital aufzunehmen oder anzulegen. Vielmehr sollen Ersparnisse *mittel- bzw. langfristig* und *effizient* auf die Kapitalmarktinstrumente verteilt werden.

Die wohl einfachste und ursprünglichste Form der fremdkapitalbezogenen Kapitalmarktinstrumente ist die *Anleihe (Straight Bond, Plain Vanilla Fixed Bond)*. Diese ist eine auf einen bestimmten Nennbetrag (Nennwert) lautende verzinsliche[42] und rückzahlbare mit einer festen Laufzeit von in der Regel mehr als 8 Jahren versehene Schuldverschreibung, die in Wertpapierform ausgegeben wird. Nicht von Bonds sondern von *Notes* wird dann gesprochen, wenn eine mittelfristige (bis zu acht Jahren) Schuldverschreibung ausländischer Schuldner gemeint ist, welche nicht öffentlich plaziert und daher nicht an einer Börse kotiert wird. Die *Medium Term Notes (Kassenobligationen)* haben in den USA während der achtziger Jahre eine explosionsartige Entwicklung erlebt. Es handelt sich dabei um in kleineren Beträgen

---

[42] Zu unterscheiden sind nach der Zinszahlung die *Coupon Bonds*, bei denen der Investor jährlich bzw. halbjährlich (bei Fälligkeit der Zinszahlung) den entsprechenden Coupon an den Emittenten oder die von demselben bezeichnete Bank einzusenden hat, und die *Registered Bonds*, bei denen die Zinszahlungen automatisch erfolgen.

KAPITEL 2: *Finanzmärkte, Finanzinstrumente und Marktteilnehmer* 29

gesicherte oder ungesicherte und kontinuierlich oder sporadisch ausgegebene mittelfristige Schuldverschreibungen. Während in der Schweiz die Kassenobligationen nur von Banken und Finanzgesellschaften ausgegeben werden, sind im Ausland auch Emissionen von Industrieunternehmen keine Seltenheit.

Die Entwicklung neuer Finanzinstrumente auf dem Kapitalmarkt hat seit Mitte der 80er Jahre boomartig zugenommen. Es ist kaum zu übersehen, dass Emittenten wie Investoren versuchen, *wertsteigernde* Instrumente zu kreieren. *Wertsteigerung* kann dabei auf verschiedene Weise erreicht werden [Finnerty 1991, S. 24]:

- durch Umverteilung verschiedener Risiken (Zinsrisiko, Kreditrisiko, Wechselkursrisiko usw.) von Emittenten und Investoren auf Marktteilnehmer, welche besser in der Lage sind, Risiken zu tragen;
- durch Steigerung der Liquidität, was konsequenterweise in der Möglichkeit endet, Finanzinstrumente ohne Kursverlust und hohe Transaktionskosten verkaufen zu können;
- durch die Reduktion der sog. Agency Costs, welche aufgrund der Interessenkonflikte zwischen Management, Aktionären, Kreditgebern usw. entstehen;
- durch die Reduktion von Emissionskosten;
- durch die Reduktion der Steuerbelastung auf Seite des Emittenten wie des Investors;
- durch die Umgehung oft teurer regulatorischer Restriktionen oder anderen Bedingungen von Emittenten und Investoren.

Um einen oder mehrere der von *Finnerty* genannten Wertsteigerungseffekte ausnützen zu können, ist vom Emittenten die *Ausgestaltung der Finanzinstrumente* vorzunehmen, und zwar hinsichtlich des Zinses, der Tilgung, der Laufzeit, des Emissionspreises, der Verbindungen mit Warrants, der Sicherstellung sowie der Wahl des Marktes der Kapitalaufnahme (vgl. Abbildung 2/2 [vgl. Dufey/Chung 1990, S. 20 zit. nach Mason 1986[43]]).[44]

---

43   Die da aufgeführte Klassifikation wurde durch die Aspekte der Sicherstellung sowie die Wahl des Marktes der Kapitalaufnahme erweitert.

44   Obschon in den Abschnitten 2.2.2.1 bis 2.2.2.7 eine grosse Anzahl verschiedener Instrumente erwähnt wird, soll nicht der Anspruch auf Vollständigkeit erhoben werden. Vielmehr geht es darum, einen Eindruck von der Vielfalt der Instrumente zu vermitteln. Eine ausgezeichnete Uebersicht bietet *Rivett/Speak* [vgl. Rivett/Speak 1991, S. 11 - 156].

Abbildung 2/2: Ausgestaltung der fremdkapitalbezogenen Kapitalmarktinstrumente

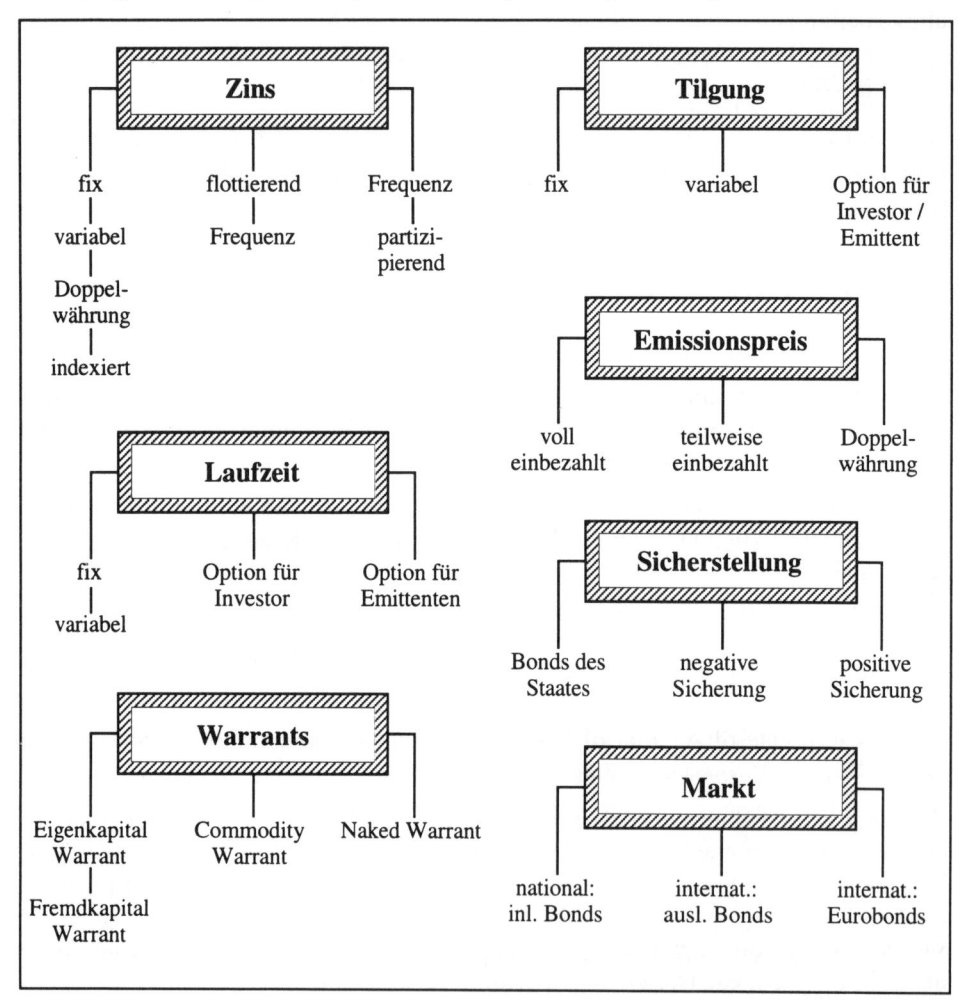

Zins
- fix
- variabel
- Doppelwährung
- indexiert
- flottierend
  - Frequenz
- Frequenz
- partizipierend

Tilgung
- fix
- variabel
- Option für Investor / Emittent

Emissionspreis
- voll einbezahlt
- teilweise einbezahlt
- Doppelwährung

Laufzeit
- fix
- variabel
- Option für Investor
- Option für Emittenten

Sicherstellung
- Bonds des Staates
- negative Sicherung
- positive Sicherung

Warrants
- Eigenkapital Warrant
- Fremdkapital Warrant
- Commodity Warrant
- Naked Warrant

Markt
- national: inl. Bonds
- internat.: ausl. Bonds
- internat.: Eurobonds

2.2.2.1 Finanzinstrumente mit verschiedener Zinsgestaltung

Werden Anleihen nach der *Zinsgestaltung* unterschieden, sind zunächst solche mit einem Zinscoupon und die *Zero Bonds* (ohne Zinscoupon) auseinander zu halten. Zero Bonds sind auf Diskontbasis ausgegebene Anleihen, weshalb deren Emissionspreis (E) von der Laufzeit (n) und dem Renditeniveau (r) abhängig ist:

$$E = NW / (1 + r)^n \tag{2-5}$$

(wobei NW = Nominalwert, welcher bei Zero Bonds mit dem Rückzahlungswert übereinstimmt).

Da in verschiedenen Ländern Kapitalgewinne im Gegensatz zu Zins- oder Dividendeneinnahmen steuerfrei sind und damit einen fiskalischen Vorteil aufweisen, werden Zero Bonds vom Emittenten mit einer geringeren Rendite als Straight Bonds versehen[45]. Darüber hinaus besteht kein Risiko, dass Zero Bonds vorzeitig zurückbezahlt werden. Als Nachteil gegenüber einem Straight Bond ist die höhere Volatilität des Kurses zu betrachten.

Vor allem in Zeiten hohen Zinsniveaus sind Zero Bonds äusserst begehrte Anlageinstrumente. Um die Nachfrage nach Zero Bonds decken zu können [zur Geschichte der Stripped Treasury Securities vgl. Fabozzi/Garlicki 1990, S. 134f], kreierten 1982 die bekannten amerikanischen Brokerhäuser Merrill Lynch und Salomon Brothers einen synthetischen Zero Bond, die sog. *Stripped Treasury Securities*. Straight Bonds des amerikanischen Schatzamtes - sog. *Treasury Bonds* - mit langen Laufzeiten wurden gekauft und bei einer Bank deponiert. Die Brokerhäuser trennten darauf hin Mantel und Couponbogen des Treasury Bond (*Coupon Stripping*) und emittierten für jeden einzelnen Coupon bzw. den Mantel einen Zero Bond unter Berücksichtigung des Zinssatzes, welcher dem Treasury Bond mit entsprechender Laufzeit zugrundeliegt. Für die Stripped Treasury Securities, deren Konstrukte auch von anderen Brokern- und Investmenthäusern nachgeahmt wurden, entstanden dann so klingende Namen wie *TIGRs* (Treasury Income Growth Receipts, Merrill Lynch), *CATS* (Certificate of Accrual on Treasury Securities, Salomon Brothers), *ZEBRAs* (Zero Coupon Eurosterling Bearer of Registered Accruing Securities), *LIONs* (Lehman Investment Opportunities Notes, Lehman Brothers), *COUGARs*, *DOGs*, *GATORs*, *EAGLEs*, *STARs* usw. Der *Zoo* von Zero Bonds liess sich äusserst erfolgreich verkaufen, weshalb das Treasury 1985 begann, mit eigenen Stripping-Programmen am Markt aufzutreten. Besitzer von Treasury Bonds konnten beim Treasury beantragen, die Bonds entsprechend den Coupons und dem Rückzahlungswert in Teile zu zerlegen. Die Bonität der unter einem *STRIPS*-Programm (Separate Trading of Registered Interest and Principal of Securities) kreierten Zero Bonds ist, bedingt durch die *direkte* Staatsgarantie, gegenüber den Stripped Treasury Bonds maximal. Während Stripped Treasury Bonds heute nicht mehr emittiert werden, erfreuen sich die STRIPS grosser Beliebtheit [zu den Treasury STRIPS vgl. bspw. Gregory/Livingston 1992, S. 68ff].

---

45   In der Schweiz wird der Kapitalgewinn bei Zero Bonds als Zins besteuert.

Von einem *Discount Bond* wird dann gesprochen, wenn ein im Vergleich zum Straight Bond tieferer Coupon mit einem entsprechend geringeren Emissionspreis (Discount) ausgeglichen wird. Zwar wird der fiskalische Vorteil dadurch teilweise aufgehoben. Allerdings weisen die Kurse eines Discount Bond im Vergleich zu denjenigen eines Zero Bond eine geringere Volatilität auf. Ein *Deep Discount Bond* weist gegenüber dem Discount Bond einen geringeren Coupon verbunden mit einem höheren Discount auf.

Increasing Rate Bonds und *Dual Coupon Bonds* sind von der Idee her, obschon deren Verzinsung ändert, den Anleihen mit fixer Couponzahlung zuzuordnen. Im Gegensatz zu den Floating Rate Bonds ändern die Zinssätze nicht in Abhängigkeit einer Basisgrösse. *Increasing Rate Bonds* (auch als *Staffelanleihe* bekannt) sind solche, deren Couponzahlungen in bestimmten, normalerweise gleichhohen Beträgen zu im voraus festgelegten Zeitpunkten zunehmen. *Aendert* sich die Höhe der Zunahme der Couponzahlung, so können *progressive* und *degressive* Increasing Rate Bonds unterschieden werden. Als *Dual Coupon Bonds* werden Anleihen bezeichnet, deren Couponzahlungen bis zu einem im voraus bestimmten Zeitpunkt fix sind und dann auf ein neues ebenfalls im voraus festgelegtes Zinsniveau angehoben (*Step-Up Coupon*) oder gesenkt (*Step-Down Coupon*) werden. Finden Zinszahlungen erst nach einer bestimmten Zeitperiode zu einem im voraus festgelegten Zinssatz statt, wird von *Zero-to-Full* oder *Deferred-Interest Bonds* gesprochen [vgl. Salomon Brothers Inc 1990, S. 720].

Werden Kapitalmarktinstrumente nach der Zinsgestaltung unterschieden, sind auch die den *Doppelwährungsanleihen* (*Dual Currency Bonds*) zugeordneten *Foreign Interest Payment Securities* (FIPS) zu erwähnen. Während die Emission und Tilgung in einer Währung erfolgen, werden die Zinszahlungen in einer fremden Währung vorgenommen. Allerdings wird die Rückzahlung häufig in bestimmtem Ausmass ebenfalls von dem dannzumal gültigen Fremdwährungskurs abhängig gemacht.

Weist eine Anleihe einen Zinscoupon auf, ist zwischen einer fixen und variablen Verzinsung zu unterscheiden. *Floating Rate Bonds* (wie auch Floating Rate *Notes*) sind Anleihen, deren Zinscoupons nach im voraus bestimmten Kriterien zu im voraus bestimmten Zeitpunkten in Abhängigkeit eines Basiszinssatzes, welcher die Marktentwicklung repräsentiert, verändert wird. Als Basiszinssätze vor allem ausländischer *Floaters* (Floating Rate Bonds, FRBs, Plain Vanilla FRBs) dienen häufig der LIBOR, LIBID oder LIMEAN[46] der entsprechenden Währung und zwar auf 3-

---

46 LIBOR = London Interbank Offered **R**ate; LIBID = London Interbank **Bid** Rate; LIMEAN = London Interbank **Mean** Rate (arithmetisches Mittel von LIBOR und LIBID).

oder 6-Monate Basis[47]. Als Vorteil der FRBs ist die Beschränkung des Zinsänderungsrisikos zu nennen. Kursverluste sind denn auch, im Gegensatz zu den mit einem fixen Zinssatz versehenen Anleihen, weitgehend selten und auf eine veränderte Bonität des Emittenten zurückzuführen.

Verschiedene Spielarten des Floating Rate Bond beleben den Markt. *Floaters mit einem Mindestzinssatz* (*Floored Floaters*) sichern dem Investor eine minimale Rendite. Dabei kann der Mindestzinssatz konstant oder zeitlich abgestuft werden oder der Mindestzinssatz hat nur während eines Teils der Laufzeit Gültigkeit. FRBs, welche mit einem maximalen Zinssatz ausgestattet sind, werden als *Capped Floaters* bezeichnet. Für den Emittenten hat dies die Beschränkung des Zinsänderungsrisikos zur Folge, was allerdings zum Nachteil des Investors wird. Eine Mischform aus Floater mit Mindestzinssatz und Capped Floater stellen die *Mini-Max Floaters* dar. Höchst- und Tiefstzinssatz werden fixiert. Innerhalb dieser Bandbreite sind die Zinsen den Marktzinsen (LIBOR, LIBID usw.) entsprechend anzupassen. Sodann sind *Drop-Lock Bonds* mit einer sog. *Trigger Rate* versehene FRBs. Sinkt der Basiszinssatz zuzüglich Aufschlag unter einen bestimmten Mindestzinssatz (Trigger Rate), wird der Drop-Lock Bond während des Rests der Laufzeit zu einem gewöhnlichen Straight Bond, welcher zur Trigger Rate verzinst wird. Schliesslich wird als *Mismatch Floater* eine Anleihe bezeichnet, deren Zinssatz jeden Monat angepasst wird, wobei ein Referenzzinssatz für sechsmonatige Anlagen die Basis bildet. In Abhängigkeit des Risikos des Emittenten bzw. desjenigen des Investors wird der Zinssatz des FRB über oder unter dem Basiszinssatz fixiert (beispielsweise LIBOR ± $^1/_{16}$%).

Anstelle der Couponzahlung in Anlehnung an einen Basiszinssatz können die Couponzahlungen von Bonds auch aufgrund einer *Indexentwicklung* vorgenommen werden. Als Indizes, welche diesen sog. *Index Bonds* zugrunde gelegt werden, können die Inflationsrate, Aktienindizes (Standard&Poor's 500, Swiss Market Index, Swiss Performance Index usw.), Commodities Indizes (beispielsweise für Gold), Lebenskostenindex usw. herangezogen werden.

Variieren die Couponzahlungen aufgrund des Gewinnes des Emittenten, können *Participation Bonds* und *Income Bonds* unterschieden werden. Während der Inhaber eines *Participation Bond* das Recht auf eine feste Verzinsung zuzüglich eines Anteils am Reingewinn (beispielsweise wird pro Dividendenprozent $^1/_8$% Zusatzzins ausbezahlt) sowie der Rückzahlung der Anleihe hat, beschränken sich die Ansprüche des

---

47 In der Schweiz ist als Basiszinssatz die durchschnittliche Rendite der Bundesobligationen verbreitet.

Inhabers eines *Income Bond* auf den vom Reingewinn abhängigen Zins und der Rückzahlung der Anleihe. Participation wie Income Bond übernehmen von den *Beteiligungspapieren* das Charakteristikum des vom Geschäftsergebnis abhängigen Ertrags. Beide Instrumente sind im Falle von Sanierungen zur Fremdmittelbeschaffung denkbar[48]. Allerdings sind damit auch gewisse Probleme verbunden. Zum einen ist der Reingewinn eines Unternehmens in bestimmtem Ausmass manipulierbar und zum andern werden die Gewinnansprüche der Aktionäre geschmälert, obschon es sich bei den genannten Bonds nicht um Risikokapital handelt.

Werden anstelle von Couponzahlungen die Zinsansprüche ganz oder teilweise in neuen Obligationen beglichen, wird von *PIKs* (*Pay in Kind Bonds*) gesprochen.

2.2.2.2 Finanzinstrumente mit verschiedener Tilgung

Hinsichtlich der Tilgung sind Instrumente mit im voraus fixierter Tilgung mit variabler Tilgung sowie mit Optionen für den Emittenten oder den Investor zu unterscheiden. Der *Plain Vanilla Fixed Bond* wird vielfach zu *pari* (zu 100%) zurückbezahlt, weshalb er bei den Instrumenten mit fixierter Tilgung einzuordnen ist. Anleihen, welche zu einem Zeitpunkt vollumfänglich zu tilgen sind, werden auch als *Bullet Bonds* bezeichnet. Als Gegenstück dazu sollen die *Annuity Bonds* erwähnt werden. Jede Zahlung seitens des Emittenten beinhaltet einen Zinsanteil und einen Tilgungsanteil.

Ist die Höhe der Rückzahlung einer Anleihe von einem Index (Oelpreis, Gold- und Silberpreis, Aktienindex usw.) abhängig, wird von einem *Indexed Bond* gesprochen. Für den Investor wird eine derartige Anleihe in Abhängigkeit seiner übrigen Anlagen zu einem Hedge- oder Spekulationsinstrument. Wie der Indexed Bond ist auch die Doppelwährungsanleihe (Dual Currency Bond) als Instrument mit variabler Tilgung zu betrachten. Bei der klassischen *Doppelwährungsanleihe* erfolgen Liberierung und Zinszahlung in einer Währung, während die Rückzahlung in einer zweiten Währung vorgenommen wird. Ein Beispiel soll dies verdeutlichen: Ein amerikanischer Emittent begibt am Schweizer Kapitalmarkt eine Doppelwährungsanleihe, wobei Liberierung und Zinszahlungen in SFr. und die Rückzahlung in US$ erfolgen. Damit trägt der Investor das Währungsrisiko hinsichtlich des Rückzahlungsbetrages, was mit einer gegenüber einer kongruenten SFr.-Anleihe höheren

---

48 In den USA werden Participation und Income Bonds auch dann ausgegeben, wenn keine Sanierung vorgenommen wird.

Verzinsung abgegolten wird. Dem Emittenten verbleibt das Währungsrisiko hinsichtlich der Zinszahlungen.

Als Varianten der Doppelwährungsanleihe sind die *Currency Linked Bonds* sowie die *Foreign Interest Payment Securities (FIPS)* zu betrachten[49]. Bei den *Currency Linked Bonds* übernimmt der Emittent das gesamte Währungsrisiko, indem die Zinszahlungen und die Rückzahlung in der für den Investor vorteilhafteren Währung erfolgen [vgl. Schweizerischer Bankverein 1986, S. 50].

Erhält der Investor aufgrund der Emissionsbedingungen das Recht, für die Zinszahlungen und die Rückzahlung zwischen zwei oder mehreren Währungen zu wählen, wird von einem *Multiple Currency Clause Bond* (Anleihe mit Währungsoption) gesprochen. Allerdings sind die Währungen, auf die sich das Wahlrecht des Investors beziehen, in den Emissionsbedingungen festgelegt. Ebenfalls sind die Umrechnungskurse für die ganze Laufzeit bestimmt [vgl. Löffler 1987, S. 248].

Schliesslich sind den Instrumenten mit verschiedener Tilgung solche zuzuordnen, die mit Optionen hinsichtlich der Tilgung versehen sind. Als wohl wichtigstes Instrument ist dabei die *Wandelanleihe* zu nennen[50]. *Wandelanleihen (Convertible Bonds)* sind in Wertpapierform verbriefte Schuldverschreibungen, "die mit einem Wandelrecht ausgestattet sind, wonach der Obligationär die Obligation in die in den Anleihebedingungen bestimmten Wertpapiere, meist Beteiligungspapiere (Aktien oder Partizipationsscheine), innerhalb einer bestimmten Frist (Wandelfrist) zu einem bestimmten Preis (Wandelpreis) wandeln kann" [Schweizerische Kreditanstalt 1985, S. 100]. Das Recht, die in den Anleihebedingungen bestimmten Wertpapiere zu erwerben, ist mit der Obligation *untrennbar* verbunden.

Der Begriff *Convertible Bond* wird aber nicht nur im Zusammenhang mit der soeben beschriebenen Wandelanleihe gebraucht. Vielmehr handelt es sich auch dann um Convertible Bonds, wenn aufgrund des Optionsrechtes von einer variablen Verzinsung zu einer fixen Verzinsung - oder umgekehrt - übergegangen wird.

Nicht von einem Convertible Bond sondern von einem *Exchangeable Bond* wird dann gesprochen, wenn die Anleihe in Aktien dritter Unternehmen gewandelt bzw. getauscht werden. In Abhängigkeit der Anleihensbedingungen können auch Aktien von mehreren verschiedenen Unternehmen zum Umtausch angeboten werden.

---

49 Zum FIPS vgl. Abschnitt 2.2.2.1.

50 Wandelanleihen wie auch die in Abschnitt 2.2.2.5 erwähnte Optionsanleihe werden als *Debt with Kicker* bezeichnet, da es sich um Fremdkapitalinstrumente mit zusätzlichem Nutzen (that give the kick) handelt.

2.2.2.3 Finanzinstrumente mit verschiedener Laufzeit

In bezug auf die Laufzeitgestaltung sind grundsätzlich drei verschiedene Anleihensarten zu unterscheiden: Anleihen mit festen Laufzeiten bzw. geregelter vorzeitiger Rückzahlung, Anleihen mit Optionsrechten für den Emittenten sowie solche mit Optionsrechten für die Investoren. Anleihen mit festen Laufzeiten, sog. *Noncall Life (NCL) Bonds*, können weder vom Emittenten vorzeitig gekündigt noch am Markt vorzeitig zurückgekauft werden. Auch dem Investor werden keine Rechte hinsichtlich der Veränderung der Laufzeit eingeräumt. NCL Bonds können mit einer Verpflichtung zur vorzeitigen Rückzahlung durch Auslosung bestimmter Seriennummern, durch Rückkauf am Sekundärmarkt oder durch Kombination derselben ausgestattet sein (sog. *Mandatory Specific Sinking Fund Bonds*).

In den Häufigsten Fällen handelt es sich aber nicht um NCL Bonds. Vielmehr wird sich der Emittent das Recht der *vorzeitigen Kündigung* und damit Rückzahlung vorbehalten[51]. Die vorzeitige Rückzahlung dieser sog. *Callable Bonds* kann - wie bereits erwähnt - durch jährliche oder halbjährliche *Auslosung gewisser Serien-Nummern*, durch den *Rückkauf am Sekundärmarkt* (sog. *Purchase Fund Bonds*), durch die *Kombination* von Auslosung und Rückkauf am Sekundärmarkt (sog. *Sinking Fund Bonds*) oder durch Rückzahlung des *gesamten Anleihensbetrages* erfolgen. Emittenten werden von ihrem vorzeitigen Kündigungsrecht immer dann Gebrauch machen, wenn sie in der Lage sind, sich zu einem tieferen Zinssatz neu zu verschulden. Vor allem in Zeiten raschen Zinsrückgangs wird das Recht der vorzeitigen Kündigung für den Investor problematisch. In der Schweiz hat sich aufgrund einer 1977 von der Bankiervereinigung erlassenen Empfehlung die Usanz gebildet, eine Kündigung frühestens nach zwei Dritteln der Laufzeit vorzusehen [vgl. Boemle 1991, S. 108]. In den angelsächsischen Ländern wird von *Nonrefundable Bonds* gesprochen, wobei zu beachten ist, dass der Kündigungsschutz nur für den Fall einer neuen, zu einem tieferen Zinssatz vorgenommenen, Verschuldung gilt [vgl. Fabozzi/Wilson/Sauvain/Ritchie 1991, S. 269].

Kann der Emittent im Falle von Callable Bonds Einfluss auf die Laufzeit nehmen, so werden bei der Ausgabe von *Putable Bonds* dem Investor bestimmte Rechte hinsichtlich der Laufzeitbeeinflussung zugestanden. Emittenten von *Retractable Bonds* räumen dem Investor das Recht ein, zu einem oder mehreren im voraus bestimmten Zeitpunkten die vorzeitige Rückzahlung der Anleihe zu verlangen. Im Gegensatz dazu hat der Investor bei *Extendible Bonds* das Recht, die Laufzeit der Anleihe zu

---

51 Das Recht auf vorzeitige Rückzahlung kann genereller Art oder in Abhängigkeit bestimmter Umstände sein. Häufig wird beispielsweise ein Kündigungsrecht aus *Steuergründen* vorgesehen.

einem oder mehreren im voraus bestimmten Zeitpunkten um eine bestimmte Frist zu verlängern. Schliesslich werden als *Poison Put Bonds* Anleihen bezeichnet, welche der Investor zu einem im voraus festgelegten Preis im Falle einer *Bonitätsrückstufung* oder einer *Aenderung in der Unternehmenskontrolle* (Uebernahme des Unternehmens) des Emittenten zurückgeben kann.

Sind die Laufzeiten bei den meisten Anleihen begrenzt, handelt es sich bei *Perpetual Bonds* um ewige Anleihen, das heisst solche, deren Laufzeiten unbegrenzt sind. Damit weisen Perpetual Bonds ein typisches Merkmal des Risikokapitals auf. Allerdings werden Perpetual Bonds häufig als Callable Bonds ausgegeben. Die Couponzahlung kann auf fixer oder variabler Basis vorgenommen werden; es sind auch Kombinationen derselben denkbar (fester Zinssatz während der ersten zehn Jahre und anschliessend variable Verzinsung). Wie ein Beispiel amerikanischer Banken 1986 verdeutlichte, ist auch eine Abhängigkeit der Verzinsung von den Dividendenzahlungen denkbar (vgl. auch die Participation Bonds).

2.2.2.4 Finanzinstrumente mit verschiedenem Emissionspreis

Der Emissionspreis stellt ein weiteres Unterscheidungsmerkmal dar. Wird der gezeichnete Anleihebetrag unmittelbar oder kurz nach Ablauf der Zeichnungsfrist *voll*, das heisst zum vereinbarten Emissionspreis, einbezahlt, handelt es sich um einen *Fully Paid Bond*. Es ist zu beachten, dass der vereinbarte Emissionspreis in den wenigsten Fällen mit dem Nominalbetrag übereinstimmt. Den Fully Paid Bonds sind Straight Bonds, FRB, Discount Bonds, Premium Bonds[52] usw. zuzuordnen.

Im Gegensatz zu den Fully Paid Bonds ist der Emissionspreis bei den *Partly Paid Bonds* nach Ablauf der Zeichnungsfrist nur teilweise einzuzahlen. Der Restbetrag ist zu einem späteren im voraus bestimmten Zeitpunkt fällig. Die Partly Paid Bonds spielen in bestimmten Situationen im Euromarkt eine Rolle [vgl. Tran/Anderson/Drayss 1990, S. 145]. Ist der Kurs der Anleihenswährung rückläufig, gewinnen Partly Paid Bonds für den Investor an Attraktivität.

Werden Anleihen nach dem Emissionspreis unterschieden, sind als dritte Kategorie die *Doppelwährungsanleihen* zu erwähnen. Für den Emittenten derselben weist die

---

52 Der *Premium Bond* ist als Gegenstück zum Discount Bond zu betrachten, wird zu einem Preis deutlich über pari ausgegeben (Prämie) und weist im Vergleich zum Straight Bond einen höheren Coupon auf.

Emission einer Anleihe in einer fremden Währung mit Zins- und Tilgungszahlung in der eigenen Währung einen Kostenvorteil auf.

2.2.2.5 Warrants

Bei den Warrants handelt es sich um *verbriefte Optionen*, welche im Zusammenhang mit Anleihen (Optionsanleihen) oder als sog. Naked Warrants emittiert werden. Von den Warrants zu unterscheiden sind die *unverbrieften Optionen*, welche als Kontrakte emittiert werden. In der Literatur wie in der Praxis wird anstelle von Warrants häufig von Optionen gesprochen, was zu Missverständnissen führen kann. Insbesondere der Begriff der *Stillhalteroption (Covered Warrant)* dürfte wesentlich zur Verwirrung beigetragen haben.

Als *Warrant* ist eine Option (oder besser: ein Optionsschein) zu bezeichnen, welche am Primärmarkt durch den Emittenten ausgegeben wird und von *vielen* Investoren erworben werden kann. Hingegen - und darin ist auch der Unterschied zu sehen[53] - findet im Falle einer *unverbrieften* Option (Call- und Put-Option) keine Emission statt, das heisst "es gibt gleich viele Käufer wie Verkäufer, die Calls und Puts gegen Prämie kaufen oder verkaufen" [Schulz 1993, S. 483].[54] Warrants werden im Zusammenhang mit Optionsanleihen oder als *Naked Warrants* ausgegeben (vgl. Abbildung 2/3).

Optionsanleihen (Bonds with Warrant) sind in Wertpapierform verbriefte Schuldverschreibungen, "die mit einem Optionsschein versehen sind, der dem Inhaber das Recht (Optionsrecht) verleiht, Beteiligungspapiere (Aktien oder Partizipationsscheine) innerhalb einer bestimmten Frist (Optionsfrist) zu einem im voraus festgesetzten Preis (Optionspreis) zu erwerben" [Schweizerische Kreditanstalt 1985, S. 107]. In Uebereinstimmung mit *Herzog* [Herzog 1991, S. 7] darf hier festgehalten werden, dass die derart definierten Optionsanleihen als *eigenkapitalbezogene Anleihen* (sog.

---

53 Allerdings wird entsprechend der angelsächsischen Literatur häufig die *Laufzeit* als Unterscheidungsmerkmal genannt [vgl. bspw. Marshall/Bansal 1992, S. 465]. Die Laufzeiten von Warrants betragen mindestens zwei Jahre, während unverbriefte Optionen eine solche von maximal 9 Monaten aufweisen. Eine derartige Abgrenzung ist aber dann problematisch, wenn eine Call-Option mit einer Laufzeit von bspw. 18 Monaten auf den Markt gelangt (vgl. bspw. die CS Call-Option auf einen CS Telecom Basket, Valor 195'468, 25.02.1994 - 11.08.1995).

54 Entsprechend dieser Definition handelt es sich bei der in Fussnote 90 erwähnten CS Call-Option auf einen CS Telecom Basket, Valor 195468, 25.02.1994 - 11.08.1995 um einen Warrant und nicht um eine Option.

KAPITEL 2: *Finanzmärkte, Finanzinstrumente und Marktteilnehmer*

Equity-Linked Bonds) aufzufassen sind[55]. Allerdings verlieren *Optionsanleihen* ihre Eigenkapitalbezogenheit dann, wenn sich das Optionsrecht auf andere Basiswerte wie Aktienindizes, Aktien anderer Unternehmen, Anleihen (*Debt Warrant*), Devisen (*Currency Warrant*), Edelmetalle (*Gold Warrant*) usw. bezieht. Von einem *Harmless Warrant* wird gesprochen, wenn dem Investor das Recht eingeräumt wird, eine Anleihe mit gleicher Laufzeit wie derjenigen der Optionsanleihe zu erwerben. Demgegenüber besitzt der Investor im Falle eines *Harmful Warrant* das Recht, eine Anleihe mit von der Optionsanleihe verschiedener Laufzeit zu kaufen.

Abbildung 2/3: Unterscheidung von Optionen und Warrants

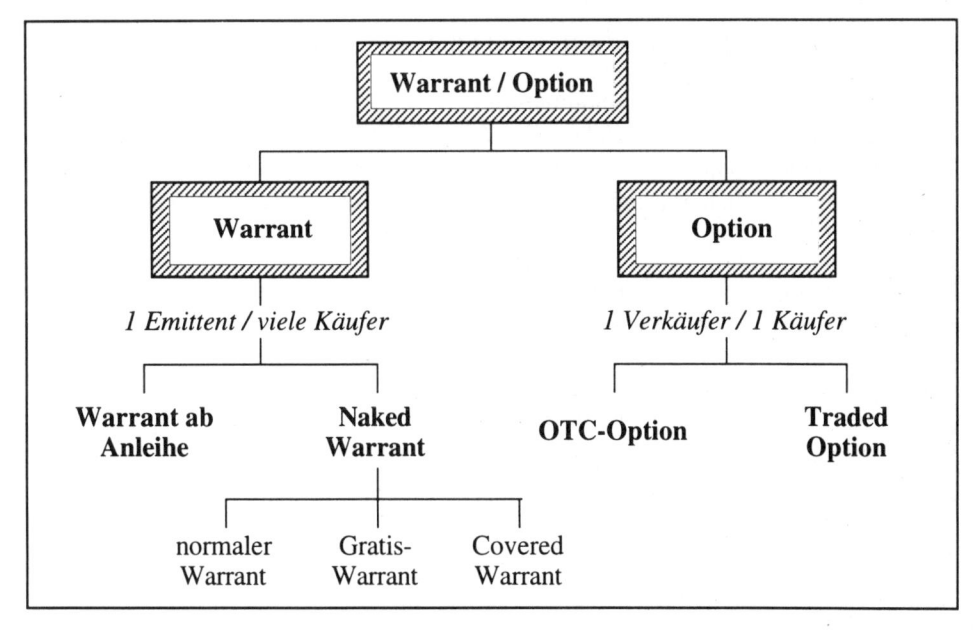

```
                          ┌──────────────────┐
                          │ Warrant / Option │
                          └──────────────────┘
                         /                    \
                ┌──────────┐            ┌──────────┐
                │ Warrant  │            │  Option  │
                └──────────┘            └──────────┘
           1 Emittent / viele Käufer   1 Verkäufer / 1 Käufer
            /            \              /            \
      Warrant ab      Naked        OTC-Option      Traded
       Anleihe       Warrant                       Option
                    /   |   \
            normaler  Gratis-  Covered
            Warrant   Warrant  Warrant
```

Abgesehen vom Entstehungsgrund sind *Naked Warrants* (*Snow White Warrants*) von den von einer Optionsanleihe abgetrennten Optionsscheinen nicht zu unterscheiden. "Auch die Naked Warrants berechtigen den Inhaber, gegen Bezahlung des Ausübungspreises Aktien (oder andere Finanzanlagen) zu beziehen" [Herzog 1991, S. 13]. Naked Warrants werden unter anderem von Banken oder Finanzinstituten zur Befriedigung der Marktnachfrage begeben. Bei den Basisinstrumenten handelt es

---

55 Ist die Wahrscheinlichkeit der Ausübung des Optionsrechts gross, wird von *Quasi Equity* gesprochen [vgl. Altman 1989, S. 23].

sich um Indizes, sog. Baskets (Aktienkörbe), Devisen usw. Bei Naked Warrants ist anstelle einer physischen Auslieferung des Basisinstrumentes häufig der sog. Barausgleich (Cash Settlement) vorgesehen. Als *Covered Warrants*[56] werden all jene Optionsscheine auf Aktien Dritter bezeichnet, bei denen die erforderliche Zahl von Basiswerten bei einer Depotbank zur Sicherstellung des Optionsrechtes hinterlegt ist [vgl. bspw. Tanner/Zimmermann 1992, S. 46, Ziemer 1990, S. 512]. Naked Warrants sind als *Gratis-Warrants*[57] zu bezeichnen, wenn sie als Entschädigung für Aktionäre, Management oder Emissionsbanken [vgl. Marshall/Bansal 1992, S. 465] ausgegeben werden (vgl. Abbildung 2/3).

2.2.2.6 Finanzinstrumente mit verschiedener Sicherstellung

Wird die Sicherstellung der Kapitalmarktinstrumente betrachtet, sind zunächst Kapitalmarktinstrumente der *öffentlichen Hand* und solche *privatwirtschaftlicher Unternehmen* zu unterscheiden. Unter den langfristigen Finanzinstrumenten weisen die Anleihen der öffentlichen Hand die *grösstmögliche Sicherheit in bezug auf das Kreditrisiko* auf.

Die *Instrumente der öffentlichen Hand* umfassen in der *Schweiz* im wesentlichen *Anleihen des Bundes, der Kantone* und *Gemeinden* sowie der *staatlichen Institutionen* (staatliche Elektrizitätswerke, Bundesbahnen usw.). Aehnliche Unterteilungen sind im Ausland auszumachen. So werden in den Vereinigten Staaten *Treasury Bonds, Agency Bonds* [vgl. Goodman/Jonson/Silver 1991, S. 211] und *Municipal Bonds* unterschieden[58]. Neben Straight Bonds sind aber auch Finanzinstrumente auszumachen, welche *nicht* einer gewöhnlichen Anleihe (Straight Bond) entsprechen. Als Beispiel soll eine von der Stadt Zürich emittierte *Optionsanleihe* (1994 - 2004) erwähnt werden, deren Optionsscheine zum Erwerb von Namen- und Inhaberaktien der Schweizerischen Bankgesellschaft berechtigen.

Sowohl in der Schweiz wie in den Vereinigten Staaten werden die Anleihen im Tenderverfahren ausgegebenen, weisen eine Laufzeit von über 8 Jahren (in den USA über 10 Jahren bei Notes und über 20 Jahren bei Bonds) auf und sind mit einem fe-

---

56 Der Covered Warrant wird auch als *Stillhalteroption* bezeichnet, was meines Erachtens mindestens eine unglückliche, wenn nicht falsche Bezeichnung ist (vgl. dazu die weiter oben gemachten Ausführungen zur Unterscheidung von Warrants und Optionen).

57 In der Literatur wird auch von *Gratis-Optionen* oder *Aktionärs-Optionen* [vgl. bspw. Zwyssig 1993, S. 19] gesprochen, was wie bereits erwähnt zu Missverständnissen führen kann.

58 In Grossbritannien werden die vom Staat emittierten Bonds *Gilts* genannt.

sten Zinssatz versehen. In der Schweiz werden neben den im Tenderverfahren emittierten Anleihen auch solche mit Laufzeiten von vier bis acht Jahren in der Form von *Privatplazierungen* begeben.

Während die *Treasury* und *Agency Bonds* und Notes lediglich der Bundes- nicht aber der Staats- oder lokalen Einkommenssteuer unterliegen, sind *Municipal Bonds* und Notes von jeglicher Einkommenssteuer befreit. Eine ähnliche Steuerbefreiung kennt die Schweiz nicht.

Kapitalmarktinstrumente privatwirtschaftlicher Unternehmen werden verschiedentlich mit zusätzlichen Sicherheiten ausgestattet[59]. Zu unterscheiden sind negative und positive Sicherstellungen (sog. *Covenants*). Zu den am meisten verbreiteten *negativen Sicherstellungen* sind die Negative Pledge-Klausel und die Pari Passu-Klausel zu zählen. Im Falle der *Negative Pledge-Klausel* verpflichtet sich der Emittent einer Anleihe, zukünftig zu emittierende Anleihen nicht mit besseren Sicherheiten zu versehen, es sei denn, dass er auch die mit der Negative Pledge-Klausel versehene Anleihe nachträglich mit zusätzlichen Sicherheiten ausstattet. Die *Pari Passu-Klausel* verpflichtet den Emittenten, die Anleihe mit allen anderen Anleihensschulden mindestens gleichrangig zu stellen. Darüber hinaus sind aber weitere Verpflichtungen des Emittenten möglich: bestimmte Fremdfinanzierungsquoten sind einzuhalten, Liquiditätsbestimmungen sind zu beachten, vor Dividendenausschüttungen sind Reserven zu bilden usw. Sodann soll auf die vor allem bei ausländischen Schuldnern zur Anwendung gelangenden Verzugsklausel (sog. *Default Clause*) hingewiesen werden. Diese ermöglicht dem Investor, unter bestimmten Voraussetzungen die vorzeitige Rückzahlung der Anleihe zu verlangen[60].

Von *positiven Sicherstellungen* wird dann gesprochen, wenn Personal- oder Realsicherheiten vorliegen. *Personalsicherheiten* in der Form von *Bürgschaften* oder *Garantien* (sog. *Guaranteed Bonds*) können dabei von einem dem Emittenten nahestehenden Unternehmen, von der Muttergesellschaft zugunsten einer Tochtergesellschaft oder von Staat, Kanton oder Gemeinde ausgesprochen werden. Als *Realsicherheiten* gelten Grundstücke, Wertpapiere, Zession von Einkünften usw. *Hypothekaranleihen* (*Mortgage Bonds*) bieten dem Investor den Schutz, die von seiten des Emittenten ausbleibenden Zins- und Kapitalrückzahlungen unter Verwertung der

---

59 Im Falle von ungesicherten Anleihen wird von *Debenture Bonds* gesprochen.
60 Genau das Gegenteil einer negativen Sicherstellung wird dann erreicht, wenn der Emittent eine *nachrangige Anleihe* (sog. *Subordinated Bond*) begibt. Die Ansprüche des Investors werden in diesem Fall erst nach denjenigen der übrigen Gläubigern befriedigt.

Anlagen zu kompensieren[61]. Eine sofortige Verwertung der Anlagen bleibt allerdings im Normalfall aus, da zunächst versucht wird, eine (finanzielle) Reorganisation des Emittenten vorzunehmen. Hier zeigt sich, dass der Investor bei Hypothekaranlagen den *Vorteil einer relativ starken Verhandlungsposition* geniesst. Anderseits ist aber zu erwähnen, dass eine hypothekarische Sicherstellung durch *schwer* verwertbare Anlagen *wenig* nützt. Ist ein Emittent nicht in der Lage, Hypothekaranleihen zu emittieren, kann eine Sicherstellung durch Verpfändung von Wertschriften erfolgen (sog. *Collateral Trust Bonds*). Die verpfändeten Wertschriften werden bei einem Treuhänder hinterlegt, wobei deren jeweiliger Marktwert über 100% der Anleihenssumme betragen muss.

Nicht mit Mortgage Bonds oder Collateral Trust Bonds zu verwechseln sind die *Mortgage-Backed Securities* und *Asset-Backed Securities*[62]. Zwar handelt es sich in beiden Fällen um erstrangige Finanzanlagen, welche mit besonderen Sicherheiten versehen sind, doch ist die Ursache der Entstehung bei den Mortgage- und Asset-Backed Securities eine ganz andere. Hypothekarforderungen werden von einer oder mehreren Banken (sog. *Originator*) in einem Pool (als *Special Purpose Vehicle* oder *Limited Purpose Finance Corporation* bezeichnet), welcher sich über Emissionen von *Mortgage-Backed Securities (MBS)* refinanziert, gebündelt. Die emittierten Wertpapiere werden dabei fast ausnahmslos mit Sicherungszusagen Dritter versehen. Als Garanten treten in den USA eine der drei vom Bund unterstützten Agenturen auf: GNMA (Government National Mortgage Association, *Ginnie Mae*), FNMA (Federal National Mortgage Association, *Fannie Mae*) und FHLMC (Federal Home Loan Mortgage Corporation, *Freddie Mac*), wobei die beiden letzteren gleichzeitig die Emissionen der MBS vornehmen. In Abhängigkeit der Art der Hypotheken, deren Verwendungszweck und des Garanten sind verschiedene MBS als sog. *Pass-Through Securities* entstanden: *GNMA-Midget, FHLMC Participation Certificates, FNMA MBS* und *Private Pass-Through Securities* [eine gute Uebersicht zu den einzelnen Instrumenten zeigen Sullivan/Collins/Smilow 1990, S. 128ff]. MBS können kurze, mittlere und lange Laufzeiten aufweisen und sind mit fixem oder va-

---

61 Auf den Namen der Gläubiger oder auf den Inhaber lautende Anleihen können in der Schweiz entsprechend ZGB Art 875 mit einem Grundpfand sichergestellt werden: (1) durch Errichtung einer Grundpfandverschreibung oder eines Schuldbriefes für die ganze Anleihe und die Bezeichnung eines Stellvertreters für die Gläubiger und den Schuldner; (2) durch die Errichtung eines Grundpfandrechtes für die ganze Anleihe zugunsten der Ausgabestelle und Bestellung eines Pfandrechtes an dieser Grundpfandforderung für die Anleihensgläubiger.

62 Obschon es sich bei den Mortgages (Hypotheken) um Assets handelt, werden Mortgage- und Asset-Backed Securities in der Literatur [vgl. bspw. Stone/Zissu/Lederman 1993] auseinander gehalten. Die Unterscheidung ist rein historisch bedingt.

riablem Zins, welcher in den meisten Fällen monatlich oder vierteljährlich ausbezahlt wird, versehen. In den USA wird zwischen den erstmals 1970 erschienenen securitisierten *privaten* Hypotheken (sog. *Home Mortgage-Backed Securities*) und den erst 1983 emittierten securitisierten *kommerziellen* Hypotheken (sog. *Commercial Mortgage-Backed Securities*) unterschieden [vgl. Salomon Brothers Inc 1990, S. 394ff].

Von den herkömmlichen MBS sind die *Collateralized Mortgage Obligations (CMOs)* zu unterscheiden. Die ebenfalls als *Pass-Through Securities* ausgegebenen COMs werden in der Regel analog den meisten Corporate Bonds halbjährlich verzinst, sind in Abhängigkeit der Fristigkeit in verschiedene Klassen bzw. Tranchen (*A-Class CMOs, B-Class CMOs* usw.) aufgeteilt. Mit aus den Hypotheken stammenden Kapitalrückzahlungen werden zunächst die A-Class CMOs getilgt, dann die B-Class CMOs usw. Das Risiko einer vorzeitigen Rückzahlung kann damit abgeschwächt werden.

Handelt es sich bei den securitisierten Forderungen nicht um Hypotheken sondern um Automobilfinanzierungen, Kreditkartenforderungen, Leasingforderungen usw., wird von *Asset-Backed Securities (ABS)* gesprochen. Die ersten ABS sind 1985 am amerikanischen Markt erschienen. Analog den MBS handelt es sich bei den ABS um Wertpapiere mit besten Ratings, was denselben zu einer sehr hohen Marktliquidität verhilft. Anstelle der Ausgabe von Pass-Through Securities können aber auch sog. *Pay-Through Securities* emittiert werden.

2.2.2.7 Finanzinstrumente verschiedener Märkte

Entsprechend der *Emissionswährung* wird der globale Anleihensmarkt unterteilt in *nationale (interne)* Märkte und *internationale (externe)* Märkte. Während an nationalen Märkten in der Währung des Emissionslandes operiert wird, gilt dasselbe nicht für internationale Märkte. Nach der Herkunft des *Emittenten* eines Finanzinstrumentes sind nationale Märkte weiter in Märkte für *Inlandanleihen (Domestic Bonds)* und solche für *Auslandanleihen (Foreign Bonds)* zu gliedern. Die Märkte für Inlandanleihen umfassen Bonds inländischer Schuldner in der jeweiligen Landeswährung. Im Gegensatz dazu handelt es sich bei den Auslandanleihen um solche gebietsfremder oder internationaler Emittenten aber analog den Inlandanleihen in der Währung des Emissionslandes. Verschiedentlich wurden die Auslandanleihen mit Uebernamen versehen. So werden Auslandanleihen in den USA als *Yankee Bonds*, in Japan als *Samurai Bonds*, in Grossbritannien als *Bulldog Bonds*, in den Niederlanden als *Rembrandt Bonds* und in Spanien als *Matador Bonds* bezeichnet.

Bonds, welche am internationalen Anleihensmarkt, welcher auch als *Off-Shore Bond Markt* oder *Eurobond Markt* bezeichnet wird, emittiert werden, weisen grundsätzlich vier Charaktere auf [vgl. Fabozzi/Modigliani 1992, S. 694]:

- sie werden von einem internationalen Konsortium (Syndikat) garantiert (*underwritten*),
- sie werden gleichzeitig an Investoren verschiedener Länder ausgegeben,
- sie werden ausserhalb des gesetzlichen Geltungsbereichs eines einzelnen Landes ausgegeben und
- sie werden in non-registered Form (also als Inhaberpapiere) ausgegeben.

Der Eurobond Markt ist wegen fehlenden nationalen Restriktionen und Kontrollen sozusagen *unreguliert* [vgl. Smith/Walter 1990, S. 377], was ihn auch für Emittenten wie Investoren sehr interessant macht. *Eurobonds* können in allen frei konvertierbaren Währungen ausgegeben werden. Die häufigsten sind US-Dollar, Kanadische Dollar, Yen, Pfund Sterling, Deutsche Mark und ECU. Der Schweizer Franken ist bislang am Eurobond Markt nicht vertreten [zur Begründung vgl. Gehrig 1987, S. 90].

Am Euromarkt sind die verschiedensten Formen von Bonds anzutreffen[63]. Während die Laufzeiten von Bonds zwischen fünf und dreissig Jahren schwanken, betragen diejenigen von *Euronotes* ein, drei oder sechs Monate. Verschiedene Typen von sog. *Euronotes Facilities* beleben den Markt [vgl. dazu Rivett/Speak 1991, S. 61f]: *Note Issuance Facilities* (NIFs), *Revolving Underwriting Facilities* (RUFs), *Revolving Acceptance Facilities by Tender* (RAFT), *Short Term Note Issuance Facilities* (SNIFs), *Multi Option Facilities* (MOFs) usw. Euronotes verhelfen dem Emittenten zu - im Vergleich zu Bankkrediten - billigerem Kapital. Da Euronotes garantiert (underwritten) sind, erhält der Emittent auch im Falle einer erfolglosen Emission das Kapital.

2.2.3 Eigenkapitalbezogene Kapitalmarktinstrumente

Eigenkapitalbezogene Kapitalmarktinstrumente verkörpern Eigentum an Unternehmen und stellen in dem Sinne eine Residualgrösse dar, während Fremdkapitalgeber für ihre Investition *vor* den Eigenkapitalgebern finanziell entschädigt werden. Während die Käufer von fremdkapitalbezogenen Instrumenten eine im voraus bestimmte

---

[63] Vgl. dazu die Abschnitte 2.2.2.1 bis 2.2.2.6.

Entschädigung erhalten, partizipieren die Käufer von eigenkapitalbezogenen Instrumenten an Erfolgen und Misserfolgen der Unternehmen und tragen damit ein deutlich höheres Risiko als Fremdkapitalgeber[64].

Wird von eigenkapitalbezogenen Kapitalmarktinstrumenten gesprochen, kann in Abhängigkeit des Emittenten eine Unterteilung in solche von Unternehmen und solche von Investment Fonds (sog. *Fondszertifikate*) vorgenommen werden.

2.2.3.1 Die Stammaktien (Common Stocks)

Die am weitesten verbreiteten eigenkapitalbezogenen Finanzinstrumente sind die *Stammaktien*, auch als *Common Stocks* (USA) oder *Ordinary Shares* (Grossbritannien) bekannt. Diese verkörpern neben Mitwirkungsrechten (allen voran das Stimmrecht[65]) und Schutzrechten auch das Recht auf finanziellen Nutzen (Vermögensrechte)[66]. Zu Unterscheiden sind *Inhaberaktien* (*Bearer Stocks*) und *Namenaktien* (*Registered Stocks*). Inhaberaktien weisen gegenüber den Namenaktien dank der einfachen Uebertragung - der jeweilige Inhaber gilt als rechtsmässiger Aktionär - eine höhere Marktliquidität auf. Eigentümer von Namenaktien sind - im Gegensatz zu den Inhaberaktien - in einem von der Aktiengesellschaft zu führenden Aktienbuch einzutragen. Nur im Aktienbuch eingetragene Aktionäre können ihre Rechte gegenüber der Gesellschaft vollumfänglich geltend machen. Während Namenaktien auf verschiedenen Märkten anzutreffen oder sogar die Regel sind, handelt es sich bei den *vinkulierten Namenaktien* um eine *schweizerische Besonderheit*, welche es der Aktiengesellschaft unter bestimmten Umständen ermöglicht (OR Art 685b), poten-

---

64 Im Falle eines erfolgreichen Geschäftsganges eines Unternehmens werden Inhaber eigenkapitalbezogener Finanzinstrumente aufgrund des *Wertzuwachses* der Titel sowie *Ausschüttungen* entschädigt. Im Falle von *Aktien* können Ausschüttungen (Dividenden) in *bar* (*Barausschüttung*), als *Stock Dividende* (unentgeltliche oder verbilligte Abgabe von Aktien), als *Alternativoder Optionsdividende* (der Aktionär hat die Wahl zwischen dem Bezug neuer Aktien oder einer Barausschüttung), als *Gratisoption* (als Beispiel diene die *Cash- oder Titel-Option* (*COTO*) [vgl. dazu Büttler 1990, S. 378ff]) oder in Form von *Automatic Dividend Reinvestment Plans* (Dividende wird automatisch in neue Aktien der Gesellschaft investiert [vgl. Wadsworth 1990, S. 515] vorgenommen werden.

65 In bezug auf die Stimmrechte ist auf die Verschiedenheit in deren Gestaltung hinzuweisen. Während in der Schweiz eine *Stimmrechtsaktie* dem Aktionär aufgrund eines geringeren Nominalwertes eine höhere Stimmkraft gewähren kann, ist im Ausland ein mehrfaches Stimmrecht (*Cumulative Voting Stock*) zulässig. Ebenfalls gibt es im Ausland die *stimmrechtslose Aktie* (*Non Voting Stock*), was in der Schweiz aufgrund des Gesetzes untersagt ist. Um dennoch stimmrechtslose eigenkapitalbezogene Finanzinstrumente zu emittieren, ist es den Unternehmen möglich, *Partizipationsscheine* (OR Art 656a) oder *Genussscheine* (OR Art 657) auszugeben.

66 Vgl. dazu die Bestimmungen in OR Art 620ff.

tielle Aktionäre abzulehnen. An der Börse liegen die Kurse von Inhaberaktien regelmässig über denjenigen der vermögensrechtlich gleichgestellten Namenaktien derselben Gesellschaft. Der festzustellende *Ecart* ist auf die - je nach Statuten auch nur marginale - erschwerte Handelbarkeit zurückzuführen.

Stammaktien werden häufig nach *Branchen* kategorisiert (Industrie, Transport, Energie, Versicherungen, Banken usw.). Aussagekräftiger ist allerdings die Unterteilung nach der zu erzielenden *Performance* in Growth Stocks, Cyclical Stocks und Defensive Stocks [vgl. auch Reilly 1989, S. 603ff]. *Growth Stocks* (*Wachstumsaktien*) sind Titel, welche überdurchschnittliche Kurssteigerungen erwarten lassen. Ist bei Growth Stocks ein spekulativer Einschlag auszumachen (zum Beispiel bei relativ jungen Unternehmen), wird von *Glamour Stocks* gesprochen. Ebenfalls der Kategorie der Growth Stocks sind die *High Flyers* (Aktien mit hohem Price-/Earnings Ratio) und die *Scaps* (Small Capitalized Stocks) zuzuordnen[67]. Als zweite Gruppe sind die *Cyclical Stocks* (*Zyklische Aktien*) zu erwähnen. Es handelt sich um Titel stark konjunkturabhängiger Unternehmen. Vor allem die Rohstoffe verarbeitenden Industrien sind dieser Kategorie zuzuordnen. Schliesslich werden als *Defensive Stocks* (*defensive Aktien*) solche Titel bezeichnet, welche konjunkturunabhängige Entwicklungen aufweisen (zum Beispiel Aktien der Nahrungsmittelindustrie). *Blue Chips* (Aktien grosser Unternehmen mit gesunder Finanzstruktur), *One Decision Stocks* (Qualitätsaktien, welche keiner Ueberwachung bedürfen), *Special Situation Stocks* (Aktien, bei deren Kursen Sonderbewegungen eintreten könnten) oder auch *Small Stocks* (*Kleinaktien*)[68] sind in allen drei Kategorien vorzufinden [vgl. Boemle 1991, S. 197f].

2.2.3.2 Vorzugsaktien (Preferred Stocks)

Vorzugsaktien (*Preferred Stocks*) weisen gegenüber den Stammaktien in bezug auf Gewinnbeteiligung, Stimmrechte oder Liquidationsrechte Vorteile auf, wobei im Vordergrund das *Vorrecht hinsichtlich der Gewinnbeteiligung* steht. Preferred Stocks erlauben dem Unternehmen, am Markt Kapital aufzunehmen, ohne dieselben

---

[67] Im Zusammenhang mit den Growth Stocks steht auch das sog. *Venture Capital*. Dabei handelt es sich um Investitionen in Unternehmen mit Wachstumsmöglichkeiten, wobei die Investoren Eigenkapital durch direkte oder indirekte (Optionen, Wandel- und Optionsanleihen) Aktienkäufe tätigen. Zudem übernimmt der Investor eine aktive Rolle im Management des betreffenden Unternehmens.

[68] Als *Small Stocks* werden Aktien mit geringem Nennwert und nicht solche kleiner Gesellschaften (sog. *Midget Stocks*) verstanden.

Risiken wie bei der Fremdkapitalaufnahme eingehen zu müssen. Da zudem in den USA 70% der aufgrund von Preferred Stocks erhaltenen Dividenden von der Bundessteuer befreit sind [vgl. Cooper/Fraser 1993, S. 496 [69]], akzeptiert der Investor einen geringeren Ertrag verglichen mit demjenigen eines entsprechenden Bonds. Häufig werden Preferred Stocks mit einem Rückkaufsrecht (*Redeemable* oder *Callable Preferred Stocks*) des Emittenten versehen. Wird dem Investor das Recht auf Nachzahlung von ausgefallenen Dividenden in späteren Jahren zuerkannt, handelt es sich um eine limitierte (Anspruch ist zeitlich begrenzt) oder unlimitierte *kumulative Vorzugsaktie* (*Cumulative Preferred Stock*).

Die Formen der Preferred Stocks umfassen Fixed-Rate Preferred Stocks, Adjustable-Rate Preferred Stocks und Auction-Rate Preferred Stocks [vgl. Finnerty 1991, S. 33ff]. *Fixed-Rate Preferred Stocks* (Vorzugsaktien mit fester Dividende) räumen dem Investor eine feste Dividende (angegeben in Prozenten) ein. Der verbleibende Teil des auszuschüttenden Gewinnes geht ausschliesslich an die Stammaktionäre, wobei diese in den Genuss einer die Vorzugsdividende übersteigende Gewinnausschüttung kommen können [vgl. Boemle 1991, S. 188]. Mit *Participatory Preferred Stocks* erhält der Investor eine zusätzliche Dividende, falls die Dividende der Stammaktie diejenige des Preferred Stocks überschreitet. *Convertible Preferred Stocks* erlauben dem Investor unter bestimmten Bedingungen den Umtausch in Stammaktien. Ist nach einer festgelegten Laufzeit ein Umtausch in Fremdkapital möglich, wird von *Exchangeable Preferred Stocks* gesprochen. Sodann ist die Kombination von Convertible und Exchangeable Preferred Stocks als *Convertible Exchangeable Preferred Stocks* zu bezeichnen.

Adjustable-Rate Preferred Stocks (*ARPS*) sind solche, deren Dividendenhöhe von einem (*Single-Index ARPS*) oder mehreren Benchmarks abhängig ist. Im Falle mehrerer Benchmarks wird in den USA häufig der 3-Monate Treasury Zinssatz, der 10-Jahres Treasury Zinssatz und der 20-Jahres Treasury Zinssatz berücksichtigt. Die Dividendenhöhe entspricht in diesem Fall dem höchsten Zinssatz (zuzüglich einem Spread) der genannten Benchmark, wobei häufig eine Bandbreite (Minimum- und Maximumdividende) bestimmt wird. Als Spielformen der ARPS sind die Convertible ARPS, die Multiple ARPS und die Price ARPS zu betrachten. *Convertible ARPS* berechtigen den Investor, zum Zeitpunkt der Dividendenausschüttung die ARPS in Stammaktien zu wandeln oder dem Unternehmen gegen Barzahlung zu-

---

[69] Wird davon ausgegangen, dass der Steuersatz der Unternehmen 34% beträgt, kann gefolgert werden, dass der *effektive Steuersatz* - im Gegensatz zu Stammaktien - ca. *10.2%* (30% der Dividenden multipliziert mit dem Steuersatz von 34%) beträgt [vgl. Teweles/Bradley/Teweles 1992, S. 35].

rückzugeben. Von *Multiple ARPS* wird gesprochen, wenn das Absinken der Aktienkurse unter ein bestimmtes Niveau eine automatische Dividendenerhöhung nach sich zieht. Im Falle von *Price ARPS* wird die Dividendenhöhe jeweils in Abhängigkeit einer Benchmark *und* des Aktienkurses festgesetzt.

Zwar handelt es sich bei den *Auction-Rate Preferred Stocks* wie bei den ARPS um Aktien mit variierender Dividende, doch im Gegensatz zu diesen wird die Dividendenhöhe nicht durch eine oder mehrere Benchmarks sondern mittels *Auktion* alle 49 Tage neu festgelegt. In den USA gelangt die sog. *Dutch Auction*, ein dem in der Schweiz bekannten Tenderverfahren ähnliches Vorgehen, zum Einsatz [ein gutes Beispiel zur Dutch Auction findet sich in Gallatin 1990, S. 478ff]. Analog den ARPS sind auch *Exchangeable Auction-Rate Preferred Stocks* (Umwandlung in Fremdkapital) und *Convertible Auction-Rate Preferred Stocks* (Umwandlung in Stammaktien) emittiert worden [vgl. Salomon Brothers Inc 1990, S. 727].

Als Kombination von Auction-Rate Preferred Stocks und ARPS erschienen 1987 erstmalig *Stated Term Rate Auction Preferred Stocks* (*STRAPS*). Im Zeitpunkt der Emission handelt es sich dabei um ARPS, welche später (in der Regel nach 5 Jahren) in Auction-Rate Preferred Stocks gewandelt werden[70]. Eine Weiterentwicklung der STRAPS stellen die *Flexible Auction-Rate Preferred Stock* (*FLEX*) dar. Neben dem aus den STRAPS hervorgehenden Nutzen ist der Emittent zudem berechtigt, die Zeitdauer zwischen den einzelnen Auktionen zu verändern[71].

2.2.3.3 Fondszertifikate

Fondszertifikate (*Mutual Fund* oder *Investment Fund Certificates*) sind vom Charakter her den *eigenkapitalbezogenen Finanzinstrumenten* zuzuordnen und können auf den Inhaber oder den Namen ausgestellt werden[72]. Im Gegensatz zu verschiedenen

---

70 Um analoge Instrumente handelt es sich bei den *Fixed-Rate Auction Preferred Stocks* (*FRAPS*) und den *Fixed Dividend/Market Auction Preferred Stocks* (*Fixed Dividend MAPS*).

71 FLEX-Instrumente sind die *Flexible Money Market Preferred Stocks* (*FLEXMMP*), die *Flexible Dutch Auction Rate Transferable Securities* (*FLEX DARTS*) und die *Changeable Horizon Auction Market Preferred Stocks* (*CHAMPS*) [vgl. dazu Gallatin 1990, S. 486].

72 Investment Funds sind nicht zu verwechseln mit *Investment Trusts in Gesellschaftsform*, sog. Investment Companies. Investment Companies investieren in Finanzinstrumente nach dem Grundsatz der Risikoverteilung. Als Gründe für deren Entstehung sind die in der Schweiz starren Vorschriften für Anlagefonds (vgl. das Bundesgesetz über Anlagefonds vom 1. Juli 1966) zu nennen. Dass sich Investment Companies - wie bspw. die Pharmavision oder Gasvision - in der Schweiz dennoch nicht stark verbreiteten, ist auf die aus dem Aktienrecht entstehenden

(Fortsetzung der Fussnote vgl. folgende Seite)

Arten von Aktien beschränken sich die Rechte des Inhabers neben verschiedenen Schutzrechten auf die Beteiligung am Fondsvermögen und an dessen Ertrag. Mitspracherechte sind demgegenüber ausgeschlossen.

In der Praxis lassen sich verschiedene Arten von Anlagefonds unterscheiden. Nach der *Kompetenz der Fondsleitung* werden Fixed Trusts und Flexible Trusts unterschieden [vgl. Spahni 1994, S. 37]. Im Falle von *Fixed Trusts* ist das Fondsvermögen hinsichtlich der Menge und Art von Finanzinstrumenten beschränkt. *Flexible Trusts* überlassen das Portfolio-Management der Fondsleitung. Hinsichtlich der *Rücknahmeverpflichtung* der Fondszertifikate sind *Open-End Funds* (auch nach der Erstemission werden laufend neue Zertifikate ausgegeben und alte zurückgenommen) und *Closed-End Funds* (nach der Erstemission oder bei Erreichen eines bestimmten Volumens werden weder neue Zertifikate ausgegeben noch alte zurückgenommen) zu unterscheiden. Je nach *Ausschüttungspolitik* wird zwischen *Distributive Funds* (Erträge werden jährlich bar an die Zertifikatsinhaber ausgeschüttet) und *Cumulative Funds* (Erträge werden fortlaufend reinvestiert) unterschieden.

Nach der *Art der Anlagen* können *Aktien-, Obligationen-, Immobilien-, Edelmetall-, Geldmarkt-* und *Rohstofffonds* und *gemischte Fonds* sowie solche für *Derivate* unterschieden werden. Die Unterteilung in *Growth-* (Wachstumsfonds), *Income-* (Renditefonds) und *Balanced Funds* entspricht der Systematisierung nach den *Anlagezielen*. Nach der *Asset Allocation* sind die *Länder-, Regionen-* und *international streuende Fonds, Branchenfonds* (investieren in eine bestimmte Branche), *Währungsfonds* (investieren in eine Währung), *Indexfonds* oder etwa sog. *Ethic Funds* (investieren nach moralischen Massstäben wie beispielsweise Oekofonds), *Junk Bond Funds, Tax Exempt Bond Funds, Umbrella Funds*[73] usw. zu unterscheiden.

Der Erwerb von Fondszertifikaten bringt dem Investor verschiedene Vorteile: Diversifikation und damit verringertes Risiko (bei gleichbleibender Rendite) gegenüber der Investition in ein einzelnes Finanzmarktinstrument, keine Nachteile bei kleinen Investitionsbeträgen, professionelles Portfolio-Management, jederzeitige Realisierbarkeit der Anlage (Rückgabe bei Open-End Funds, Verkauf über den Sekundärmarkt bei Closed-End Funds) und einfache Administrative Handhabung (Inkasso von Coupons, Dividenden usw.).

Nachteile zurückzuführen (Bewertungsvorschriften, Rücknahme eigener Aktien usw.). Investment Companies sind bspw. in den USA, in Grossbritannien und Luxemburg zu finden.
Gerade wegen gesetzlichen Schranken wurden und werden viele Investment Funds ausserhalb des hauptsächlichen Absatzgebietes angesiedelt. Es wird von *Off Shore Funds* gesprochen.

73 Unter einem *Umbrella Fund* ist ein Fonds zu verstehen, welcher in *derselben Rechtsstruktur* verschiedene Portfolios mit unterschiedlichen Anlagezielen und/oder Anlagemärkten vereint.

2.2.4 Finanzderivate

Finanzderivate existieren in der einen oder anderen Form bereits seit Jahrhunderten. Nach einer wechselhaften Entwicklung konnten sich die Finanzderivate erst mit den Eröffnungen des in Chicago domilizierten International Monetary Market (IMM) 1972 und der ebenda beheimateten Chicago Board Option Exchange (CBOE) 1973 etablieren und sind seither als Finanzinstrumente vom Markt nicht mehr wegzudenken. Das explosionsartige Wachstum des Marktes für Derivate ist auf verschiedene Faktoren zurückzuführen. Als *unternehmensexterne* oder *äussere Faktoren* sind eine erhöhte Volatilität der Preise, die Globalisierung der Finanzmärkte, bestehende Steuerungleichheiten, die Fortschritte in der Technologie, die Aenderungen der regulatorischen Rahmenbedingungen, der gesteigerte Wettbewerb und die existenten Transaktionskosten zu nennen. Als *unternehmensinterne Faktoren* werden die Liquidität, die Risikoaversion des Managements und der Aktionäre, die Agency Costs und das bessere Verständnis für die Quantifizierung bestimmter Probleme betrachtet [vgl. Marshall/Bansal 1992, S. 19f].

2.2.4.1 Financial Futures

Ein *Futures-Kontrakt* ist analog dem *Forward-Agreement* eine Vereinbarung zwischen zwei Parteien, ein bestimmtes Basisinstrument zu einem bestimmten *zukünftigen* Zeitpunkt zu einem ausgehandelten Preis zu kaufen oder zu verkaufen. Im Gegensatz zu den Forward-Agreements sind die Futures-Kontrakte an den Börsen handelbar. Dies setzt allerdings die Standardisierung wesentlicher Vertragselemente voraus. Das Basisinstrument, die Menge und der Preis desselben sowie der Fälligkeitstermin werden von der Börse vorgegeben. Ausgehandelt wird der Futurespreis und die Anzahl der zu kaufenden oder zu verkaufenden Kontrakte.

Dank dem börsenmässigen Handel der Futures erübrigt sich eine Bonitätsprüfung des (unbekannten) Kontrahenten. Als Vertragspartner tritt das *Clearing-House* auf, in aller Regel dank den einbezahlten Einschussmargen der Marktteilnehmer eine Institution mit sehr guter Bonität.

Je nach Art des Basisinstrumentes lassen sich die Futures-Kontrakte unterteilen in Commodity Futures und Financial Futures. Während den *Commodity Futures* Agrarprodukte (Mais, Soja, Weizen, Orangenkonzentrat, Baumwolle usw.) und Rohstoffe (Oel, Edelmetalle usw.) als Basisinstrumente zugrunde liegen, basieren die *Financial Futures* auf konkreten (Währungen, Zinssätze, Bonds, Treasury Bills) und abstrakten Finanzinstrumenten (Aktienindizes, Inflationsrate).

2.2.4.2 Optionen

Grundsätzlich sind zwei Arten von Optionen zu unterscheiden: Call-Optionen und Put-Optionen. Eine *Call-Option* ist ein standardisierter Kontrakt, welcher das Recht (nicht aber die Pflicht) beinhaltet, das zugrundeliegende Instrument zu einem bestimmten Preis (Ausübungspreis, Exercise Price, Strike Price) am oder vor dem Verfalltermin zu kaufen. Demgegenüber beinhaltet die *Put-Option* das Recht (nicht aber die Pflicht), das zugrundeliegende Instrument zum Ausübungspreis am oder vor dem Verfalltermin zu verkaufen. Im Gegensatz zum Future weist die Option ein einseitiges Gewinn-Verlust-Profil auf, da der Käufer einer Option maximal den bezahlten Optionspreis verlieren kann. Analog zu den Futures werden Commodity Options und Financial Options (Aktien, Indizes, Währungen, Zinssätze, Bonds oder Futures als Basisinstrumente) gehandelt.

Der Verkäufer einer Call-Option (als *Call* bezeichnet) oder Put-Option (als *Put* bezeichnet) ist in der *Stillhalterposition*, das heisst er hat die Pflicht, dem Käufer eines Call anzudienen bzw. vom Käufer eines Put das zugrundeliegende Instrument zum Ausübungspreis zu kaufen. Damit übernimmt der Stillhalter (auch als Optionsschreiber bezeichnet) ein unter Umständen unbeschränktes Risiko, das aber durch den *Optionspreis*[74] abgegolten wird.

Eine *American Option* (*American-style Option*) erlaubt dem Käufer, von seinem Recht während der Laufzeit Gebrauch zu machen. *European Options* (*European-style Options*) können hingegen nur am Verfalltag ausgeübt werden.

Neben den an den Börsen gehandelten Optionen in standardisierter Form besteht ein rasch wachsender ausserbörslicher Handel. Die ausserbörslich gehandelten Optionen (sog. *Over the Counter Optionen, OTC Optionen*) weisen zwar den Nachteil eines wenig transparenten und gering liquiden Marktes auf, haben aber den Vorteil einer grossen Flexibilität in deren Ausgestaltung. Erwähnenswert sind vor allem die Optionen der zweiten Generation, die sog. Exotic Options, und die Mehrperioden-Optionen (*Multiperiod-Options*).

Die *Exotic Options* heben sich durch komplexere Rendite-Risiko-Profile von den börsengehandelten Optionen ab. Beispiele derartiger Derivate sind [für einen guten Ueberblick vgl. UBS Phillips & Drew 1992 oder Hull 1993, S. 414ff]

---

74 Es ist zu beachten, dass der Optionspreis verschiedentlich mit der Optionsprämie verwechselt wird. Bei der Options*prämie* handelt es sich um den um die Differenz zwischen dem Preis des Basisinstrumentes und dem Ausübungspreis erhöhten Optionspreis [zu den verschiedenen Prämienbegriffen vgl. Auckenthaler 1994].

- *Lookback Options* (der Ausübungspreis wird als maximaler oder minimaler Preis des Basiswertes während der Laufzeit definiert),
- *Ladder Options* (beinhalten das zusätzliche Recht auf einen bestimmten Profit, falls das Basisinstrument einen bestimmten Wert während der Optionslaufzeit erreicht),
- *Barrier Options* (der Basiswert hat einen im voraus bestimmten Wert zu erreichen, um die Option zu aktivieren; ein Beispiel ist die *Knockout Option*),
- *Better off Options* (beinhalten das Recht, den Basiswert zum Ausübungspreis zu erwerben, welcher eine bessere Performance aufweist),
- *Chooser Options* (beinhalten das Recht, einen Call oder Put zu einem im voraus fixierten Preis innerhalb einer definierten Laufzeit zu erwerben),
- *Asian Options* (beinhalten das Recht auf die positive Differenz zwischen dem durchschnittlichen Preis des Basiswertes bis zum Verfall und dem Anfangskurs)
- usw.

Von den herkömmlichen Zinssatz-Optionen unterscheiden sich die *Mehrperioden-Optionen* oder anders ausgedrückt die Optionen auf Mehrperioden-Instrumente dahingehend, dass das kurze Ende der Zinskurve nicht nur einmalig für beispielsweise 3 oder 6 Monate sondern revolvierend während mehreren Jahren abgedeckt ist. Caps und Floors stellen dabei die grundlegenden Instrumente dar.

Der *Cap*, welcher für dessen Käufer eine Versicherung gegen steigende Zinssätze darstellt, ist eine *Serie von Zinssatz-Call-Optionen* (*Caplets*) des europäischen Typs [vgl. Abken 1989, S. 5]. Verkäufer und Käufer vereinbaren das Basisinstrument (3-Monate LIBOR US$, 6-Monate LIBOR SFr., Treasury Rate usw.), die Laufzeit (2 Jahre, 3 Jahre usw.), den Ausübungspreis (Cap Rate), den Basiswert (als *Face Value* bezeichnet), das Ausübungsdatum und den zu bezahlenden Preis. Der *Floor*, welcher für dessen Käufer eine Versicherung gegen sinkende Zinssätze darstellt, ist eine *Serie von Zinssatz-Put-Optionen* des europäischen Typs.

Werden Caps und Floors kombiniert, entstehen Collars, Corridors und Participation Caps. Während *Collars* aus dem Kauf eines Cap und gleichzeitigem Verkauf eines Floor mit tieferem Ausübungspreis bestehen, sind *Corridors* die Kombination aus gekauftem Cap und gleichzeitigem Verkauf eines Cap mit höherem Ausübungspreis. Analog den Collars bestehen *Participation Caps* aus gleichzeitigem Kauf eines Cap und Verkauf eines Floor, wobei beide denselben Ausübungspreis aufweisen, letzterer aber mit einem geringeren Basiswert (Face Value) ausgestattet ist. Schliesslich werden mit *Captions*, *Floortions*, *Swaptions* und *Compound Options* die Optionen auf einen Cap, einen Floor, einen Swap bzw. eine Option bezeichnet [zur Analyse der Instrumente vgl. bspw. Marshall/Bansal 1992, S. 365ff].

2.2.4.3 Swaps

Swaps sind eine Vereinbarung zwischen zwei Parteien, Cash Flows aus Kapitalaufnahmen auszutauschen. Während beim *Zinssatz-Swap* (*Interest Rate Swap*) fixe Zinszahlungen gegen variable Zinszahlungen ausgetauscht werden (basierend auf demselben Nominalbetrag), beinhaltet der *Währungs-Swap* (*Currency Swap*) den Austausch von Zinszahlungen und Nominalbetrag der einen Währung gegen Zinszahlungen und Nominalbetrag einer anderen Währung. Die Swap-Vereinbarung beinhaltet die Bestimmung des Nominalbetrages, die Festlegung der zu tauschenden Zinssätze (Zinssatz-Swap), die Festlegung der Währungen (Währungs-Swap) sowie die Laufzeit. Die Popularität des Swapmarktes - gegenwärtig der grösste aller OTC Märkte - ist den mit Swap-Transaktionen einzusparenden Kosten zu verdanken [vgl. Smith/Smithson/Wakeman 1988, S. 41].

Wird vom Verlustrisiko abgesehen, kann ein Zinssatz-Swap analytisch als Serie von Futures-Kontrakten bzw. Forward-Agreements betrachtet werden. Die Position der die variablen Zinsen zahlenden Partei entspricht einer Long-Position mit Futures-Kontrakten: steigende Zinsen haben einen Verlust und sinkende Zinsen einen Gewinn zur Folge. Umgekehrt verhält es sich im Falle der Position der die fixen Zinsen zahlenden Partei. Diese entspricht einer Short-Position mit Futures-Kontrakten.

Der Austausch von variablen und fixen Zinssätzen wird als *Fixed-for-Floating Swap* oder als *Plain Vanilla Swap* bezeichnet. Daneben existiert eine grosse Anzahl weiterer Swaparten [einen guten Ueberblick zu den verschiedenen Swaparten vermitteln Kapner/Marshall 1990, S. 274ff]. Beim *Zero Coupon-for-Floating Swap* nimmt die die fixen Zinsen zahlende Partei während der Laufzeit keine Zinszahlungen vor, erhält aber die vereinbarten variablen Zinsen. Bei Fälligkeit (zu Beginn) werden die aufgelaufenen Zinsen unter Einbezug der Zinseszinsen (die diskontierten Zinsen) bezahlt. Von einem *Floating-for-Floating Swap* (*Basis Rate Swap*) wird gesprochen, wenn variable Zinszahlungen auf der Basis verschiedener Zinssätze (beispielsweise LIBOR, Prime Rate, 6 Monate CD Zins, Treasury Bill Zins usw.) getauscht werden. Ein *Forward Swap* (*Deferred Swap*) ist ein Fixed-for-Floating Swap, dessen Zinssätze bereits fixiert sind, aber mit dem Tausch der Zinszahlungen zu einem späteren vereinbarten Zeitpunkt begonnen wird. Beim *Deferred Rate Setting Swap* (*Delayed Rate Setting Swap*) hat die die fixen Zinsen zahlende Partei *nach* einem im voraus vereinbarten Zeitpunkt das Recht, den Beginn des Zinszahlungstausches zu bestimmen.

Während bei den bis dahin erwähnten Zinssatz-Swaps der den Zinszahlungen zugrunde liegende Nominalbetrag während der Laufzeit unverändert bleibt, ändert sich derselbe im Falle von Amortizing Swaps, Accreting Swaps und Roller Coaster Swaps. Im Falle des *Amortizing Swap* wird der Nominalbetrag nach im voraus bestimmter Art laufend verringert. Gegenteilig verhält es sich beim *Accreting Swap*: der Nominalbetrag wird nach im voraus bestimmter Art laufend vergrössert. Verändert sich der Nominalbetrag von Periode zu Periode positiv oder negativ, wird von einem *Roller Coaster Swap* gesprochen.

2.2.4.4 Structured Assets

Unter den Begriff der Structured Assets fällt eine Vielzahl von Anlagen, welche aber von ihrem Konzept her gleich sind. *Structured Assets* sind solche, die sich aus einem Bond und einem oder mehreren Derivaten zusammensetzen (vgl. dazu Abbildung 2/4 [in Anlehnung an Morgan Stanley 1994).

Abbildung 2/4:   Die Konstruktion von Structured Assets

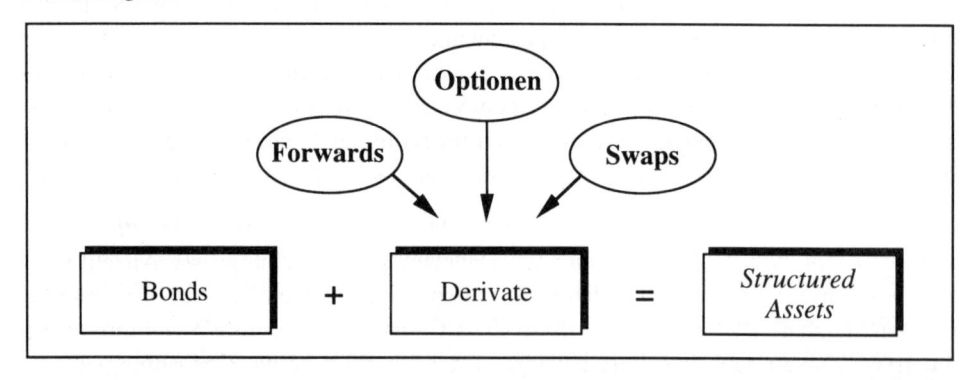

Neben den bereits weiter vorne erwähnten mit Optionen, Forwards oder Swaps versehenen Bonds[75] können unter den Structured Assets sodann derivative Produkte wie *Protected Bull Spreads* (*PBS*) und die *Protected Long Calls* (*PLC*) eingeordnet werden. Typische Beispiele von PBS sind das *Guaranteed Return on Investment* (*GROI*), die *Currency Linked Outperformance Unit* (*CLOU*), die *Index Growth Linked Unit* (*IGLU*) und die *Swiss Market Index Liierte Emission* (*SMILE*). Die

---

[75]   Vgl. dazu bspw. Dual Currency Bonds, Currency Linked Bonds, Yield Curve Notes usw. [vgl. Group of Thirty 1993, S. 29].

KAPITEL 2: *Finanzmärkte, Finanzinstrumente und Marktteilnehmer*

Protected Index Participation (*PIP*) und die *Protected Equity Participation* (*PEP*) sind typische Beispiele eines PLC.

Die erwähnten derivativen Produkte lassen sich in verschiedenster Form replizieren [vgl. Cavaleri/Planta 1992, S. 118ff]. Es lässt sich nachweisen, dass dabei der in Abbildung 2/4 gezeigte Gedanke immer wieder zum tragen kommt. *Beispielsweise* kann das GROI durch eine Geldmarktanlage (kurzfristiger Bond), einen long SMI-Put at-the-money, einen short SMI-Call out of-the-money und einen long SMI-Future dupliziert werden. Damit weist, wie die Bezeichnung bereits erkennen lässt, das GROI eine minimale Rendite aber auch ein beschränktes Gewinnpotential auf. Analoge Duplizierungsstrategien gelten für die PLCs, wobei es sich bei diesen um Anlagen handelt, welche bei einem unbeschränkten Gewinnpotential eine minimale Rendite aufweisen.

2.3 Die Marktteilnehmer

In einer *einfachen* Volkswirtschaft, die lediglich Haushalte (individuelle Investoren) und Unternehmen umfasst, haben die Kapital sparenden Haushalte die Wahl, die Ersparnisse einzubehalten oder in Finanzanlagen von Unternehmen (Aktien, Anleihen usw.) zu investieren. Der sich zwischen den beiden Marktteilnehmern abspielende Kapitalfluss ist in einer derartigen Volkswirtschaft ziemlich langsam, was grundsätzlich auf drei Gegebenheiten zurückzuführen ist [vgl. dazu Saunders 1993, S. 52f]:

- Um das Verlustrisiko des investierten Kapitals möglichst gering zu halten, müssen Haushalte die Unternehmen bzw. das Handeln von deren Managern überwachen. Die *Ueberwachung* ist allerdings mit hohen Kosten verbunden, da eine solche zum einen sehr zeitintensiv und zum andern das Sammeln von qualitativ guten Informationen relativ teuer ist. Aufgrund dieser Umstände sind die Haushalte bestrebt, die Ueberwachungsaufgaben anderen zu überlassen, was in der einfachen Volkswirtschaft dazu führt, dass dieselben kaum oder gar nicht mehr wahrgenommen werden und damit das Investitionsrisiko der Haushalte zunimmt.

- Aufgrund von *Liquiditätsüberlegungen* werden Haushalte das Halten von Cashpositionen gegenüber einer Investition in relativ langfristige Finanzanlagen bevorzugen. Dies dürfte vor allem dann der Fall sein, wenn in naher Zukunft die Ersparnisse zur Finanzierung des Konsums benötigt werden.

- Selbst wenn Haushalte die Finanzanlagen über den Finanzmarkt veräussern können, verbleiben ihnen das *Preisrisiko* sowie in Abhängigkeit der Funktionsfähigkeit des Sekundärmarktes mehr oder weniger hohe Transaktionskosten.

In der Folge sind Investitionen in die Finanzanlagen von Unternehmen unattraktiv und die Haushalte bevorzugen das Halten von Cashpositionen [vgl. dazu Saunders 1993, S. 53]. Die zentrale Aufgabe der *Finanzinstitutionen* in der *gegenwärtigen* Volkswirtschaft ist denn auch darin zu sehen, *den Kapitalfluss zwischen den Haushalten und den Unternehmen zu steuern.*

2.3.1 Die Nachfrager im Finanzsystem

Haushalte (Investoren) haben sich laufend hinsichtlich der Verteilung des Konsums über die Zeit Klarheit zu verschaffen, da nur in seltenen Fällen das erwirtschaftete Einkommen mit den Konsumausgaben übereinstimmt. Die Entscheidung, Kapital zu sparen, hängt allein von den Präferenzen der Haushalte ab, auf gegenwärtigen Konsum zugunsten zukünftigen Konsums zu verzichten, und weist keinen unmittelbaren finanziellen Charakter auf. Hingegen handelt es sich bei der Auswahl der Kapitalanlagen, welche unter Berücksichtigung der Renditen, der Risiken, von Liquiditätsüberlegungen und der Kostenausgestaltung (Steuern, Transaktionskosten usw.) derselben erfolgt, um eine Finanztransaktion. Die Individualität der Haushalte fördert dabei die Nachfrage nach *verschiedenen* Anlagemöglichkeiten.

Während Haushalte sich mit der Frage nach der Kapitalanlage auseinandersetzen, nehmen die *Unternehmen* die konträre Position ein und versuchen, zwecks Finanzierung ihrer Investitionen in die Realanlagen Kapital aufzubringen. Grundsätzlich stehen den Unternehmen dafür zwei Möglichkeiten offen: Kapital wird in Form eines Krediten von einer Finanzinstitution oder mittels Emissionen von Aktien und Anleihen direkt von den Haushalten ausgeliehen. Die Komplexität einer Emission von Eigen- oder Fremdkapital erfordert allerdings nicht zuletzt auch aus Gründen der Transaktionskosten die Einschaltung eines Spezialisten. Darüber hinaus decken sich die Wünsche der Unternehmen mit denjenigen der Haushalte hinsichtlich der Art und Ausgestaltung des nachgefragten bzw. angebotenen Kapitals in den wenigsten Fällen. Eine Finanzinstitution kann in diesen Fällen als Intermediator zwischen den Kapitalanbietern und Kapitalnachfragern auftreten [vgl. Bodie/Kane/Marcus 1993, S. 15].

Der *Staat* (Bund, Kantone und Gemeinden) ist der dritte grosse Nachfrager im Finanzsystem. Analog den Unternehmen muss sich dieser in den meisten Fällen über den Geld- oder Kapitalmarkt finanzieren, will er nicht durch Ausweitung des Papiergeldes die Inflation fördern. Gegenüber den Unternehmen kann der Staat für sich einen Vorteil in Anspruch nehmen: die Kapitalaufnahme erfolgt am Markt aufgrund der von der Steuerkraft herrührenden Kreditwürdigkeit zu minimalen Konditionen.

2.3.2 Die Anbieter im Finanzsystem

Den erwähnten Nachfragern[76] stehen verschiedene *Finanzinstitutionen* (auch als *Finanzintermediäre* bezeichnet) als Anbieter gegenüber. Zu unterscheiden sind insbesondere Banken, Finanzgesellschaften, Anlagefonds, Vermögensverwaltungsgesellschaften, Versicherungen und supranationale Organisationen.

2.3.2.1 Die Rolle der Anbieter im Finanzsystem

In Abhängigkeit der Institution übernehmen die Anbieter eine oder mehrere der nachstehenden Dienstleistungen [Fabozzi/Modigliani 1992, S. 14]:
- Transformation erworbener Finanzanlagen,
- Handel von Finanzanlagen im Auftrag Dritter,
- Handel von Finanzanlagen für eigene Rechnung,
- Beratung bei der Ausgestaltung und der Ausgabe von Finanzanlagen,
- Beratung hinsichtlich verschiedener Investitionen und
- Portfolio-Management für Dritte.

Insbesondere die Transformation erworbener Finanzanlagen steht im Vordergrund der Betrachtungen. Diese umfasst mindestens eine der vier folgenden ökonomischen Funktionen: Fristentransformation, Transformation der Cash Flows, Risikotransformation und Transformation von Informationen.

Die *Fristentransformation* impliziert für den Finanzmarkt, dass sowohl den Kapitalanbietern wie auch den Kapitalnachfragern hinsichtlich der Kapitalbindungsdauer mehrere Möglichkeiten zur Verfügung stehen, den Bedürfnissen entsprechend zu investieren bzw. sich zu verschulden.

Häufig sind Kapitalanbieter darauf bedacht, kurz- und mittelfristig zu investieren, während Kapitalnachfrager eine längerfristige Verschuldung anstreben, was dazu führt, dass Kapitalnachfrager nur mit der Bezahlung einer relativ hohen Entschädigung (Zinsen) von den Kapitalanbietern langfristiges Kapital erhalten. Die Intermediation eines Finanzinstitutes verhindert auf effiziente Weise ein zu weites auseinanderfallen zwischen kurzfristigen und langfristigen Zinsen.

---

76 Vgl. Abschnitt 2.3.1.

Mit der *Fristentransformation* eng in Verbindung zu bringen ist die Transformation der Cash Flows. Ein klassisches Beispiel dazu ist dasjenige der Stripped Treasury Securities: Finanzinstitutionen transformieren regelmässige Zinszahlungen in eine Auszahlung am Ende der Laufzeit.

Unter *Risikotransformation* ist die Uebernahme von Risiken gegen ein entsprechendes Entgelt zu verstehen. Je nach Risikoart kann dies *effizient* und damit auch *kostengünstig* erfolgen. Finanzinstitutionen sind in der Lage, dank der Diversifikation Finanzanlagen mit grossen Risiken in solche mit geringeren Risiken zu transformieren.

Mit der *Transformation von Informationen* ist die von den Finanzinstitutionen vorgenommene Aufbereitung und Weitergabe von Informationen an die Kapitalanbieter und -nachfrager angesprochen. Einer Finanzinstitution ist es möglich, Informationen bezüglich Märkten, Finanzanlagen, Marktteilnehmern usw. auf effiziente Weise zu beschaffen und zu analysieren. Für den individuellen Haushalt bzw. das einzelne Unternehmen werden dadurch die Informationskosten stark reduziert[77].

2.3.2.2 Die Finanzinstitutionen im Ueberblick

Obschon sich in der Schweiz wie im übrigen Europa das Universalbankensystem - im Gegensatz zu dem in den USA und Japan anzutreffenden Trennbankensystem - etabliert hat, wird an dieser Stelle aufgrund der Dienstleistungen und damit verbundenen den zu übernehmenden Funktionen zwischen Kommerzbanken und Investmentbanken unterschieden. *Kommerzbanken* tätigen einerseits das Kreditgeschäft (Ausleihen von Geldern) mit Privaten, (kommerziellen) Unternehmen und öffentlichrechtlichen Körperschaften und refinanzieren sich anderseits durch die Akquisition von Fremdgeldern in Form von Termin- und Sichtgeldern, der Ausgabe von Wertpapieren usw. Demgegenüber umfasst das Dienstleistungsangebot von *Investmentbanken* vor allem den Handel von Finanzanlagen, die Beratung bei der Ausgabe von Finanzanlagen (Emissionen von Wertpapieren, Financial Engineering), die Beratung

---

77 Die Reduktion der Informationskosten kann mit den *Economies of Scale* (Fixkosten können auf mehrere Produkte/Parteien verteilt werden) erklärt werden. Jedem einzelnen Kapitalanbieter und -nachfrager ist es grundsätzlich möglich, die für ihn notwendigen Informationen zu beschaffen. Allerdings wird das insbesondere für kleinere Marktteilnehmer teuer und führt dazu, dass die unter anderem aufgrund der Informationen erzielten Gewinne mindestens stark geschmälert werden. Demgegenüber kann eine Finanzinstitution die Informationskosten auf ihre Kunden verteilen, was dem einzelnen Marktteilnehmer nur noch geringe Kosten verursacht.

hinsichtlich verschiedener Investitionen (beispielsweise im Bereich von Firmenübernahmen) und das Portfolio-Management.

Bankenähnliche Funktionen übernehmend, positionieren sich *Finanzgesellschaften* häufig als Leasing-, Factoring-, Forfaitierungs-, Beteiligungs- und Venture Capital Gesellschaften. *Leasinggesellschaften* überlassen von ihnen gekaufte Wirtschaftsgüter zum Gebrauch den Leasingnehmern gegen ein periodisch zu zahlendes Entgelt. *Factoringgesellschaften* übernehmen oder bevorschussen die aufgrund von Warenlieferungen oder Leistungen entstandenen Forderungen ihrer Kunden. "Echtes Factoring liegt vor, wenn neben der Verwaltung der Forderungen auch Finanzierungsleistungen erbracht und das Delkredererisiko übernommen werden" [Büschgen 1989, S. 76]. Von einem unechten Factoring wird gesprochen, wenn das Kreditrisiko beim Kunden der Factoringgesellschaft verbleibt. *Forfaitierungsgesellschaften* übernehmen analog den Factoringgesellschaften Forderungen ihrer Kunden. Allerdings handelt es sich dabei um aus Exportgeschäften stammende Forderungen; die Forfaitierungsgesellschaft übernimmt zudem alle Risiken, vor allem auch das Delkredererisiko. *Beteiligungsgesellschaften* stellen vor allem kleineren und mittleren Unternehmen, je nach Zielsetzung aber auch grossen Unternehmen Risikokapital zur Verfügung. Gleiches nehmen *Venture Capital Gesellschaften* vor, allerdings mit dem Unterschied, dass es sich bei den Unternehmen nicht um etablierte sondern um junge, innovative Unternehmen mit überdurchschnittlichem Wachstumspotential handelt.

Anlagefonds poolen und managen das Kapital vieler individueller Investoren[78]. Für das einem Anlagefonds überlassene Kapital erhalten die Investoren ein Zertifikat, welches das Miteigentum am Vermögen sowie an den Erträgen des Fonds bescheinigt. Dem Investor wird damit die Möglichkeit geboten, ungeachtet der Höhe seines Vermögens, eine effiziente und kostengünstige Diversifikation seines investierten Kapitals vorzunehmen.

Vermögensverwaltungsgesellschaften betreiben hauptsächlich das Portfolio-Management und stehen somit in Konkurrenz mit den Investmentbanken. Da die Vermögensverwaltungsgesellschaften weder eine Handels- noch eine Verwahrungstätigkeit wahrnehmen und auf Rechnung des Kunden arbeiten, handelt es sich bei denselben nicht um Banken im Sinne des Bankengesetzes.

Versicherungen übernehmen gegen entsprechende Prämienzahlungen die verschiedensten Risiken von Haushalten (Individuen) und Unternehmen. Aufgrund des Ge-

---

78 Zu den verschiedenen Fondsarten vgl. Abschnitt 2.2.3.2.

setzes der grossen Zahl sowie durch die Investitionen der Prämienzahlungen ist es den Versicherungen möglich, die Uebernahme der Risiken verhältnismässig kostengünstig und effizient vorzunehmen. Versicherungen spielen als Finanzinstitutionen eine enorm wichtige Rolle und übernehmen verschiedene Funktionen der Banken: Versicherungen treten als Käufer von Staatspapieren und Wertpapieren privatwirtschaftlich orientierter Unternehmen auf, finanzieren Hypotheken (Pensionskassen), nehmen Spargelder (in der zu zahlenden Prämie quotenmässig enthalten) entgegen (Lebensversicherungen), übernehmen Bürgschafts- und Garantieleistungen und treten gewissermassen als eine Art Anlagefonds[79] auf.

Ohne auf deren Tätigkeiten einzugehen sind schliesslich die *National-* oder *Zentralbanken* sowie die *supranationalen Organisationen* wie die Bank für Internationalen Zahlungsausgleich, die Weltbank, der International Monetary Fund und die Europäische Bank für Wiederaufbau und Entwicklung als Anbieter verschiedener Finanzdienstleistungen zu nennen.

Zusammenfassung

An Finanzmärkten werden Finanzanlagen bzw. Finanzinstrumente ge- und verkauft, wobei nicht die zeitliche und örtliche Gebundenheit sondern vielmehr die *Kommunikation* zwischen Käufer und Verkäufer hinsichtlich der wesentlichen Aspekte der gehandelten Anlagen die Basis bilden. Neben der *Kapitalallokation* bestehen die Aufgaben eines Finanzmarktes in der *Preisbestimmung*, der *Aufrechterhaltung der Marktliquidität*, der *Reduktion der Transaktionskosten* sowie der *Kontrolle der Realanlagen*.

Neben der Unterteilung in *Inland-, Ausland- und Euromarkt* werden Finanzmärkte häufig funktional und instrumental gegliedert. Während die *funktionale Gliederung* eine Differenzierung in *Primär- und Sekundärmarkt* vornimmt, ist entsprechend der *instrumentalen Gliederung* zwischen *Basismarkt* und *Markt für Derivate* zu unterscheiden. Der Basismarkt umfasst den *Geld- und Kapitalmarkt*. Die Erfüllung der da getätigten Geschäfte erfolgt unmittelbar nach Abschluss oder auf Termin, im Gegensatz zu den am Markt für Derivate getätigten Geschäften, wo die Erfüllung der-

---

79 Dies ist dann ganz ausgeprägt der Fall, wenn ein Versicherer fondsgebundene realwertorientierte Lebensversicherungen anbietet (vgl. dazu bspw. die von der ZürichLeben angebotene *Real Value Lebensversicherung*).

selben von der zukünftigen Konstellation des Basismarktes abhängig ist und damit nie mit dem Geschäftsabschluss zusammenfällt.

Um die den Finanzinstrumenten zugedachten Aufgaben, den *monetären Transfer zwischen Kapitalanbietern und Kapitalnachfragern* sowie die *Uebertragung und Kontrolle von Risiken zu erleichtern*, erfüllen zu können, haben die einzelnen Instrumente je nach Zweck verschiedene Eigenschaften aufzuweisen. Entsprechend der Gliederung der Finanzmärkte können Finanzinstrumente des Geldmarktes, des Kapitalmarktes und des Marktes für Derivate unterschieden werden. Als *Geldmarktinstrumente* der öffentlichen Hand sind insbesondere Geldmarktbuchforderungen, Treasury Bills und Federal Agency Securities zu nennen. Certificates of Deposit, Bankers' Acceptances und Commercial Papers sind Geldmarktinstrumente privatwirtschaftlicher Unternehmen. Im Gegensatz zu den Geldmarktinstrumenten ist der Markt der *fremdkapitalbezogenen Kapitalmarktinstrumente* sehr heterogen. Neben der ursprünglichsten Form der fremdkapitalbezogenen Kapitalmarktinstrumente, der Anleihe (Straight Bond), können solche Instrumente mit Variationen hinsichtlich des Zinses, der Tilgung, der Laufzeit, des Emissionspreises, der Verbindung mit Warrants, der Sicherstellung sowie der Wahl des Marktes der Kapitalaufnahme unterschieden werden. *Eigenkapitalbezogene Kapitalmarktinstrumente* werden in Abhängigkeit des Emittenten bzw. der Ausgestaltung gegliedert nach Stammaktien, Vorzugsaktien (Emittent ist in beiden Fällen ein Unternehmen) sowie Fondszertifikaten (Emittent ist ein Investment Fonds). Schliesslich werden Financial Futures, Optionen, Swaps und Structured Assets als *Finanzderivate* bezeichnet.

Wird von den an den Finanzmärkten auftretenden Akteuren gesprochen, sind einerseits die Haushalte (Investoren), die Unternehmen sowie der Staat als *Nachfrager* und anderseits die Finanzinstitutionen oder Finanzintermediäre als *Anbieter* zu nennen. Die für das effiziente Funktionieren der Finanzmärkte verantwortlichen Finanzinstitutionen sind Kommerz- und Investmentbanken, Finanzgesellschaften (Leasing-, Factoring-, Forfaitierungs-, Beteiligungs- und Venture Captal Gesellschaften), Anlagefonds, Vermögensverwaltungsgesellschaften, Versicherungen und National- oder Zentralbanken sowie verschiedene supranationale Organisationen.

Wichtige Begriffe

Realanlagen	Kapitalmarkt
Finanzanlagen	Markt für Derivate
Finanzmarkt	Geldmarktinstrument
Marktliquidität	Anleihe (Bond)
Transaktionskosten	Aktie
Primärmarkt	Fondszertifikat

Sekundärmarkt
Over the Counter (OTC)
Euromarkt
Basismarkt
Geldmarkt
Repurchase Agreement

Finanzderivat
Financial Future
Option
Swap
Structured Asset
Finanzintermediär

Ausgewählte Literatur

Fabozzi, F./Modigliani, F.: "Capital Markets - Institutions and Instruments", Englewood Cliffs 1992.

Cooper, S./Fraser, D.: "The Financial Marketplace", 4. Auflage, New York 1993.

Marshall, J./Bansal, V.: "Financial Engineering - A Complete Guide to Financial Innovation", New York 1992.

Rivett, P./Speak, P.: "The financial jungle - a guide to financial instruments", 2. Auflage, London 1991.

Kapitel 3

Das traditionelle Portfolio-Management

> *Nach dem Studium dieses Kapitels sollte der Leser*
> - *die Finanzanalyse von Aktien und verzinslichen Anlageinstrumenten verstehen;*
> - *Aktien und verzinsliche Anlageinstrumente bewerten können;*
> - *die Vorgehensweise bei der Erarbeitung des Anlagekonzeptes erklären können;*
> - *die Zusammenhänge zwischen den Zielen der Investoren sowie die Auswirkungen von Anlagevorschriften auf dieselben verstehen;*
> - *die verschiedenen aktiven Portfolio-Management-Techniken für Aktien wie für verzinsliche Wertpapiere erklären können;*
> - *die Notwendigkeit der Portfolioüberwachung erkennen.*

Investoren mit verschiedenen Interessen einerseits, sowie eine riesige Palette von Anlagemöglichkeiten anderseits lassen das Portfolio-Management zu einer anspruchsvollen, vielseitigen und umfangreichen Aufgabe werden. Wie aus Abbildung 3/1 ersichtlich ist, vollzieht sich das Portfolio-Management in drei Schritten.

In einem *ersten Schritt* - auch als Vorbereitungsschritt bekannt - findet die *Finanzanalyse* statt, welche zur Aufgabe hat, die verschiedenen Anlageformen auf ihre Rendite- und Risikoeigenschaften zu untersuchen.

Die Erarbeitung des *Anlagekonzeptes*, der *zweite Schritt* im Ablaufprozess des Portfolio-Managements, ist von zentraler Bedeutung. Zum einen geht es darum, die *Investorenziele* zu erfassen und allfällige *Restriktionen* in bezug auf Gesetze, Steuern, Märkte, Währungen, Anlagekategorien, Wertschriften etc. festzulegen. Zum andern ist die *Anlagepolitik* unter Berücksichtigung der Ziele und Restriktionen zu formulieren. Es erfolgen die strategischen und operativen Entscheidungen hinsichtlich der Zuteilung der Anlagekategorien, Märkte, Währungen und Branchen. Hierzu werden neben den erwähnten Zielen und Restriktionen des Investors die Daten der Finanzanalyse benötigt.

Abbildung 3/1: Ablaufprozess im Portfolio-Management

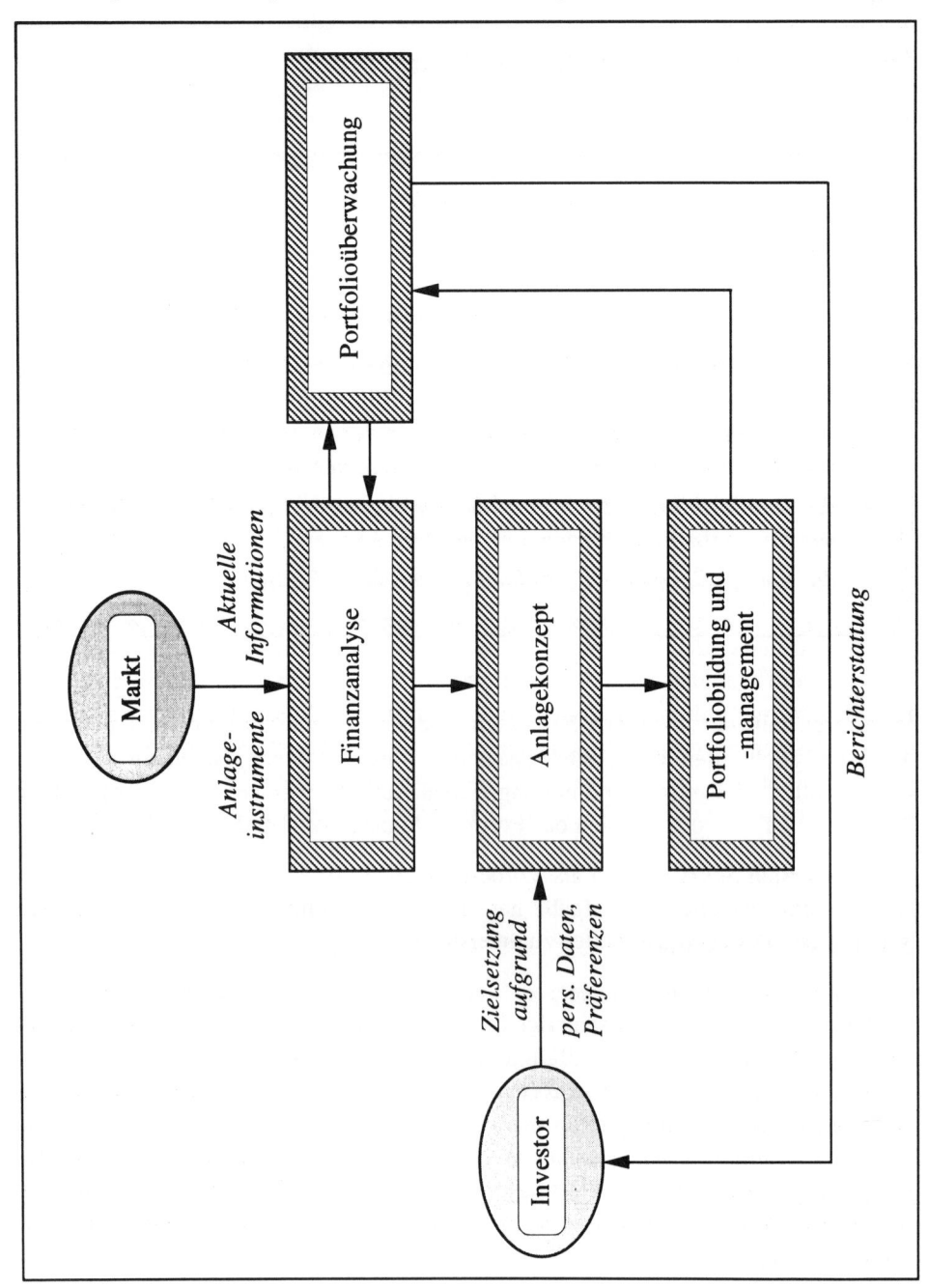

Der *dritte Schritt* besteht in der *Portfoliobildung* und dessen Management. Das in Schritt zwei erarbeitete Anlagekonzept wird verwirklicht. Allerdings hat eine dauernde *Ueberwachung des Portfolios* zu erfolgen. Wird das erwartete Ziel nicht erreicht, treten Veränderungen in der persönlichen Situation des Investors ein oder ändern sich die Marktverhältnisse, so ist eine *Portfoliorevision* angezeigt. Der Ablaufprozess des Portfolio-Managements beginnt wieder bei Schritt eins.

3.1 Die Finanzanalyse

Die aus der Finanzanalyse hervorgehenden Informationen bilden die Basis für die Auswahl einzelner Anlagemöglichkeiten. Analyse bedeutet nicht einfach 'Geschichte machen' und ausführen, was geschehen ist. Denn Gewinne werden nicht durch Rückblicke gemacht sondern dadurch, dass man Tief- und Höhepunkte einzelner Anlagemedien eruiert und derart ausnützt, dass Gewinne sichergestellt werden können. Mit anderen Worten: Die Zukunft spielt in der Finanzanalyse eine wichtige Rolle. Dass die Vorwegnahme zukünftiger Entwicklungen Schwierigkeiten bereitet, ist leicht einzusehen, doch arbeitet die Wissenschaft mit Verfahren, die "die vergangene und gegenwärtige Entwicklung - selbstverständlich mit den bereits erkennbaren Abweichungen - in die Zukunft projizieren" [Stützer 1968, S. 21].

Zentrale Anliegen der Finanzanalyse sind kurzfristige Konjunkturprognosen einerseits sowie die langfristige Projektion der wirtschaftlichen Entwicklung anderseits. Es gilt, künftige politische, Konjunktur-, Währungs-, Zinsänderungs- und Marktliquiditätsrisiken aufgrund vergangenheits- und gegenwartsbezogener Fakten zu erkennen und auszuwerten. Nebst der gesamtwirtschaftlichen Analyse sind Untersuchungen der verschiedenen Anlagemedien anzustellen. Basierend auf den Prognosen und den Anlagestudien sind schliesslich Anlageempfehlungen auszuarbeiten.

3.1.1 Die Aktienanalyse

Um künftige Kursentwicklungen von Aktien beurteilen zu können, stehen verschiedene Analysemethoden zur Verfügung. Ein *sicheres Verfahren* für die Vorhersage von Kursen gibt es zwar nicht, doch muss hier festgehalten werden, dass die im folgenden beschriebenen Methoden von Emotionen beeinflusste und daher meist falsche Anlageentscheide verhindern helfen. "Das Risiko *falscher* Entscheide kann nur vermindert werden, *wenn sich der Anleger Gedanken über seine mögliche Verhaltensweise macht,* das heisst im wesentlichen das Kurspotential und -risiko bestimmt" [Dexheimer/Schubert/Ungnade 1985, S. 72]. Das Ziel jeder Aktienanalyse ist es, die Kauf- bzw. Verkaufswürdigkeit von Aktien festzustellen, damit eine maximale Ren-

Abbildung 3/2: Die Methoden der Aktienanalyse

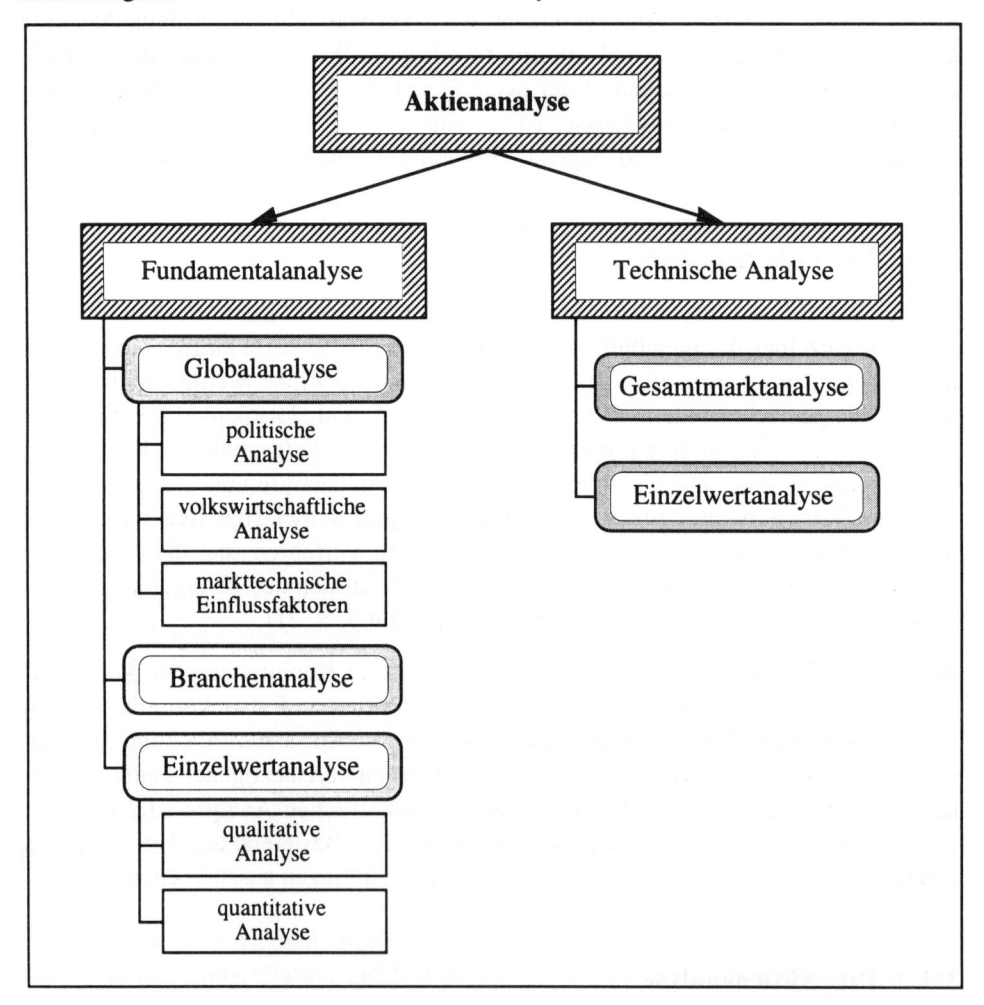

```
                        Aktienanalyse
                       /            \
           Fundamentalanalyse    Technische Analyse
           |                     |— Gesamtmarktanalyse
           |— Globalanalyse      |— Einzelwertanalyse
           |    |— politische Analyse
           |    |— volkswirtschaftliche Analyse
           |    |— markttechnische Einflussfaktoren
           |— Branchenanalyse
           |— Einzelwertanalyse
                |— qualitative Analyse
                |— quantitative Analyse
```

dite erzielt werden kann[1]. Um dieses Ziel zu erreichen, gelangen grundsätzlich *zwei* Methoden zur Anwendung (vgl. Abbildung 3/2):

- die Fundamentalanalyse und

---

1   Die Jahresrendite einer Aktie (r_t) wird aus der Kursveränderung und einer allfälligen Dividende errechnet (vgl. dazu auch Abschnitt 4.1.1.1):
    $r_t = [(P_t - P_{t-1}) + D_t] / P_{t-1}$
    (wobei P_{t-1} = Kaufpreis, P_t = Verkaufspreis, D_t = Dividendenausschüttung während der Betrachtungsdauer).

KAPITEL 3: *Das traditionelle Portfolio-Management* 67

- die technische Analyse.

Diese traditionellen Methoden der Aktienanalyse stellen Ansätze zur Prognose von Kursänderungen dar, welche die Behauptung enthalten, dass sich Kursbewegungen trotz der grundlegenden Unbestimmtheit vorhersehen lassen. Dem tritt die *Random Walk-Hypothese* entschieden entgegen. Sie geht davon aus, dass marktrelevante Vorkommnisse nach dem Zufallsprinzip anfallen und Aktienkursbewegungen somit auch zufällig sind. Aus der Reihenfolge vergangener Kurse seien keine Hinweise auf zu erwartende zukünftige Kurse zu gewinnen[2].

3.1.1.1 Die Fundamentalanalyse

Der Fundamentalanalyse liegt die Annahme zugrunde, "dass der Kurs einer Aktie durch interne und externe Unternehmensdaten und damit durch den *inneren Wert* (*Intrinsic Value*) des Unternehmens bestimmt wird, das sie repräsentiert" [Perridon/ Steiner 1993, S. 204]. Der innere Wert wird hierbei als absoluter Wertmassstab, unabhängig vom aktuellen Marktkurs aufgefasst. Bestimmt wird der innere Wert durch die Ertragskraft des zu analysierenden Unternehmens. Zu diesem Zweck werden Unternehmensgewinne prognostiziert, durch die Anzahl Aktien dividiert und das so erhaltene Resultat mit einem dem Risiko angemessenen Kapitalisierungsfaktor kapitalisiert:

$$IW = \sum_{t=1}^{n} G_{At} / (1 + k)^t \tag{3-1}$$

(wobei, IW = innerer Wert, G_{At} = Gewinn pro Aktie im Zeitpunkt t, k = Kapitalisierungsfaktor, n = Lebensdauer des Unternehmens, die als 'ewig' vorausgesetzt wird).

Die Ermittlung des Unternehmensgewinnes kann problematisch sein. Einen in der Praxis wohl besser umzusetzenden Ansatz stellt daher anstelle von (3-1) die Kapitalisierung der Dividenden dar:

$$IW = \sum_{t=1}^{n} D_t / (1 + k)^t \tag{3-2}$$

(wobei D_t = Dividendenzahlung im Zeitpunkt t).

---

2   Vgl. dazu Abschnitt 7.2.

In Ermangelung von genügend genauen Daten werden zukünftige Dividendenzahlungen entweder durch *Extrapolation aus der Vergangenheit* zu ermitteln versucht oder die *Dividenden als konstant* angenommen. Unter Berücksichtigung, dass ein Unternehmen ewig bestehen bleibt (die Fälle einer Akquisition oder Liquidation werden ausgeschlossen), führt letzteres zur Vereinfachung von (3-2):

$$IW = \sum_{t=1}^{\infty} D_t / (1 + k)^t = \sum_{t=1}^{\infty} D^* / (1 + k)^t = D^* / k \qquad (3\text{-}3)$$

(wobei mit '∞' angegeben wird, dass unendlich viele Dividendenzahlungen erfolgen, D^* = durchschnittliche Dividendenzahlung)

Ist die durchschnittlich zu erwartende Dividendenzahlung schwer prognostizierbar [vgl. Auckenthaler 1993, S. 94], wird aber eine mit zunehmender Dauer wachsende Rendite erwartet, gilt anstelle (3-3)

$$IW = D_1 / (k - g) \qquad (3\text{-}4)$$

(wobei g = konstante Wachstumsrate).

Hinsichtlich der Anwendung von (3-4) sind zwei Bemerkungen zu machen. Erstens kann der innere Wert nur dann mittels (3-4) ermittelt werden, wenn die Wachstumsrate g *geringer* als der Diskontsatz k ausfällt, und zweitens wird das Problem, die durchschnittliche Dividendenzahlung zu prognostizieren, nicht gelöst, sondern vielmehr auf die Prognose der Wachstumsrate verlagert [zur Prognose der Wachstumsrate sei auf die Speziallliteratur verwiesen; vgl. bspw. Ross/Westerfield/Jaffe 1993, S. 126ff].

Die Verwendung der Dividendenzahlungen anstelle des Unternehmensgewinnes kann allerdings auch problematisch sein. So ergibt sich entsprechend (3-3) bzw. (3-4) für Aktien von einem Unternehmen, welches keine Dividenden auszahlt, ein innerer Wert von Null. Ebenfalls wird argumentiert, dass Aktien von Unternehmen, welche lediglich eine geringe Dividendenzahlung vornehmen, einen zu geringen inneren Wert aufweisen. Deshalb seien trotz der Schwierigkeiten einer Gewinnermittlung nicht die Dividendenzahlungen sondern die Gewinne zu kapitalisieren. Hier darf allerdings nicht übersehen werden, dass ein sachlogischer Zusammenhang zwischen Dividenden und Gewinnen, die die unerlässliche Voraussetzung für Ausschüttungen an die Aktionäre sind, besteht. "Einbehaltene Gewinne erhöhen - absolut gesehen - die zukünftigen Dividendenzahlungen, wenn eine positive Verzinsung der zurückgehaltenen Beträge erzielt werden kann" [Perridon/Steiner 1993, S. 212]. Es kann gezeigt werden, dass unter bestimmten Voraussetzungen die Kapitalisierung der Gewinne zu demselben Ergebnis wie das in (3-4) gezeigte Dividendenwachstumsmodell führt.

KAPITEL 3: *Das traditionelle Portfolio-Management* 69

Ist der innere Wert ermittelt, wird derselbe mit dem aktuellen Börsenkurs verglichen. Liegt eine Unterbewertung durch die Börse vor (innerer Wert ist grösser als der aktuelle Börsenkurs), ist die Aktie kaufenswert, denn es wird davon ausgegangen, dass sich der Börsenkurs dem inneren Wert annähert.

Konzept-Frage 1	Angenommen, der Gewinn eines Unternehmens sei Fr. 50.- je Aktie und die Dividendenzahlung betrage Fr. 37.50 je Aktie. Wie gross ist der innere Wert je Aktie, wenn der Kapitalisierungssatz k = 8% und die Wachstumsrate g = 2% beträgt (der innere Wert ist sowohl mittels Kapitalisierung des Gewinnes als auch des Dividendenwachstumsmodells zu berechnen)?

Der Fundamentalanalyst hat sich permanent darüber zu informieren, wie sich der innere Wert und der aktuelle Aktienkurs entwickeln. Daher ist eine breite Datenbasis bestehend aus gesamtwirtschaftlichen (politischen, volkswirtschaftlichen und markttechnischen Einflüssen), branchen- und unternehmensspezifischen (qualitativer und quantitativer Art) Angaben zu analysieren (vgl. dazu <u>Abbildung 3/2</u> [vgl. Dexheimer/Schubert/Ungnade 1985, S. 74 und Schäfer 1983, S. 104]).

Die Analyse der gesamtwirtschaftlichen Gegebenheiten - die *Globalanalyse* - beginnt mit der *politischen Analyse*. Hier werden die politischen Rahmenbedingungen einzelner Anlageländer untersucht. Die Betrachtung der Entwicklungen wie politische Machtverhältnisse, Stabilität der Regierung, aussenpolitische Einstellung, Schutz des Eigentums, Konsens- und Kompromissfähigkeit verschiedener Interessengruppen, wirtschaftspolitische Entscheidungen usw. führen zu einer ersten Grobausscheidung von Anlagegebieten [vgl. dazu bspw. Stockner 1984, insbesondere S. 68ff].

Die *volkswirtschaftliche Analyse* stellt den zweiten Bereich der Globalanalyse dar. Diese kann unterteilt werden in eine Analyse der realwirtschaftlichen und eine solche der monetären Einflussfaktoren. Innovationskraft einer Volkswirtschaft, Wachstumsaussichten, Export- und Importstruktur, Investitionsneigung, Preis- und Lohnpolitik, Beschäftigungslage, Produktivität und schliesslich Ertragsperspektiven der Wirtschaft sind alles Variablen, auf welche sich die *realwirtschaftliche Analyse* konzentriert. Bei der *monetären Analyse* geht es vor allem um das Spannungsfeld Geldmenge - Liquidität - Zinssatz und Preise [vgl. Wirth 1982, S. 16]. Massgeblichen Einfluss übt hier die Nationalbank mit ihrem Instrumentarium.

Der dritte zu analysierende Bereich umfasst die *markttechnischen Einflussfaktoren*. Hier wird der Frage nach der gegenseitigen Abhängigkeit von Aktienbörsen nachgegangen. Anhand von Korrelationskoeffizienten kann gezeigt werden, dass beispielsweise die Börsen der Bundesrepublik Deutschland, der Niederlande, Belgiens und der Schweiz einen hohen Abhängigkeitsgrad untereinander aufweisen (Korrelationen über 0.6), während die Abhängigkeit mit Staaten wie Kanada, USA, Japan und Australien nicht ein solches Ausmass (Korrelationen zwischen 0.26 und 0.45) annimmt. Betrachtet man die Strukturen der einzelnen Volkswirtschaften, so scheint dies auch sehr plausibel zu sein [vgl. Solnik 1991, S. 44f; dort findet sich eine Matrix zu den Aktienkorrelationen zwischen 17 Ländern].

Nachdem in der Globalanalyse die politischen, volkswirtschaftlichen und markttechnischen Gegebenheiten beurteilt wurden, sind in einem weiteren Schritt mittels *Branchenanalyse* die Branchen herauszufiltern, welche die grössten Wachstumschancen haben. Die wichtigsten zu untersuchenden Faktoren sind Stabilität der Branche, Branchenstruktur, Stellung im Konjunkturzyklus, Konkurrenzdruck, Abhängigkeit von anderen Ländern (Einfluss von Wechselkursverschiebungen), Sicherheit allfälligen Rohstoffbezuges, technologische Aenderungen.

Mittels *Einzelwertanalyse* - auch *Unternehmensanalyse* genannt - wird schliesslich die Kaufwürdigkeit der einzelnen Aktien festgestellt. Sie umfasst sowohl qualitative wie auch quantitative Untersuchungen. Aufgrund der aus der Global- und Branchenanalyse erarbeiteten Erkenntnisse sind Vor- und Nachteile einzelner Aktien herauszuarbeiten.

Die *qualitative Analyse* erstreckt sich auf folgende Faktoren [vgl. Dexheimer/Schubert/Ungnade 1985, S. 83]:

- Managementqualitäten,
- Ruf des Unternehmens,
- Alter des Unternehmens (*Establishement*),
- Marktstellung (Konkurrenzverhältnisse),
- geographische Besonderheiten,
- Produktbesonderheiten,
- Forschung und Entwicklung und
- Wachstumsperspektiven.

Die Ermittlung dieser Daten ist für externe Betrachter aufwendig und der unterschiedlichen Auffassungen wegen subjektiv. Entsprechend vorsichtig muss bei Unternehmensbeurteilungen vorgegangen werden.

Grundlage der *quantitativen Einzelwertanalyse* ist der Geschäftsbericht. Dieser besteht im wesentlichen aus dem Jahresabschluss mit Bilanz, Erfolgsrechnung und

KAPITEL 3: *Das traditionelle Portfolio-Management* 71

eventuell Mittelflussrechnung, sowie Angaben zur Gesellschaft und Erläuterungen zur Geschäftstätigkeit. Die Aussagefähigkeit von Geschäftsberichten ist allerdings unterschiedlich. Selbst wenn die Unternehmen eine offene Publizität betreiben, bleibt ein Bewertungsspielraum innerhalb der legalen Grenzen.

Wie bereits früher dargelegt, ist die Ermittlung und Darstellung der Ertragskraft die zentrale Aufgabe der Unternehmensanalyse. Dazu müssen folgende Bereiche untersucht werden [vgl. dazu bspw. Fuller/Farrell 1987, S. 173ff]:

- Kapitalstruktur/Finanzstruktur,
- Liquidität,
- Ertrag/Rentabilität und
- Vermögensstruktur.

Die *aktuelle* Ertragskraft ist jedoch nur Ausgangspunkt der Betrachtung. Es darf sich um keinen Fall darum handeln, nur historische Daten darzustellen. Vielmehr ist die *künftige* Entwicklung der Ertragskraft[3] abzuschätzen; die Ertragswerte sind auf die Gegenwart zu diskontieren.

Neben dem ermittelten inneren Wert der Aktie wird häufig auch das *Kurs/Gewinn-Verhältnis* (*Price-Earnings-Ratio*) berechnet. Diese einfach ermittelbare Kennziffer besagt, wieviel mal der Gewinn pro Aktie im Kurs enthalten ist. Aktien mit einem niedrigen Kurs/Gewinn-Verhältnis (KGV) gelten entsprechend als preisgünstig und daher kaufenswert, während solche mit einem hohen KGV als teuer und daher verkaufenswert gelten. Isoliert betrachtet ist das KGV allerdings nutzlos. Erst im Zeitvergleich und/oder im Unternehmensvergleich liefert es eine brauchbare Hilfe.

Konzept-Frage 2   Sind das Dividendenwachstumsmodell und die Anwendung der P/E-Ratio miteinander vereinbar?

3.1.1.2 Die technische Analyse

Die technische Analyse befasst sich mit dem Studium der Preis- und Volumenentwicklung sowie dem Verhalten der Marktteilnehmer. "Im Mittelpunkt aller Ueberlegungen steht zum einen die Tatsache, dass alle börsenrelevanten Einflüsse in den

---

3   Zur Ermittlung der künftigen Ertragskraft sind verschiedene Ansätze entwickelt worden [vgl. dazu bspw. Elton/Gruber 1991, S. 449ff].

Aktienkursen zum Ausdruck kommen, und zum andern die Erfahrung, dass sich die Investoren in weitgehend gleichen Situationen nicht wesentlich anders verhalten als in der Vergangenheit" [Dexheimer/Schubert/Ungnade 1985, S. 137]. Als Begründer der technischen Analyse gilt *Charles Dow*. In seiner Trend-Theorie, der Dow-Theorie, geht er davon aus, dass die Kursentwicklung durch eine Ueberlagerung von kurz-, mittel- und langfristigen Trends bestimmt wird. Der Uebersichtlichkeit wegen werden Zahlenreihen wie Kursverläufe von Aktien, Branchen- oder Gesamtmarktindizes und Börsenumsätze graphisch in sog. *Charts* aufgezeichnet. Die gebräuchlichsten Formen der Chartdarstellung sind:

- Liniencharts,
- Barcharts,
- Point & Figure Charts und
- Equivolume Charts.

Aus den obigen Ausführungen ist ersichtlich, dass die technische Analyse auf eine Feststellung und Verarbeitung eventuell bestehender unternehmensspezifischer Einflussfaktoren auf den Aktienkurs verzichtet [vgl. dazu auch Kienast 1976, S. 106]. Vielmehr werden Kursveränderungen aus veränderten Bewertungskriterien der Investoren, welche sich in Transaktionsentscheidungen äussern, interpretiert, um so Kursverläufe von Aktien prognostizieren zu können. Dazu gibt es eine Vielzahl von Verfahren (vgl. Abbildung 3/3 [in Anlehnung an Schäfer 1983, S. 96]).

In der *Gesamtmarktanalyse* geht es zunächst darum, Trendbestimmungen des gesamten Marktes vorzunehmen. Dabei unterscheidet man einen Primär-, Sekundär- und Tertiärtrend. Eine Primärbewegung dauert im Durchschnitt etwa drei bis fünf Jahre und berücksichtigt daher Veränderungen der wirtschaftspolitischen Landschaft mit längerer Verzögerung. Interessanter ist der Sekundärtrend, welcher in seiner Länge etwa einem Konjunkturzyklus entspricht [vgl. Perridon/Steiner 1993, S. 226]. Hier ist zu beachten, dass sich Konjunktur- und Börsenzyklus nicht parallel bewegen. Die Börse geht der gesamtkonjunkturellen Entwicklung offensichtlich voraus. Die Ursachen werden in der Wirkung der Geldmenge und des Zinses gesehen [vgl. Dexheimer/Schubert/Ungnade 1985, S. 142, Perridon/Steiner 1993, S. 229]. Tertiärbewegungen schliesslich dauern von einigen Stunden bis zu mehreren Wochen.

Zur Prognose des Gesamtmarktverlaufes gelangen die folgenden Techniken zur Anwendung (vgl. auch Abbildung 3/3):

- Die *Dow-Theorie* beruht auf der Aussage, dass der gemittelte Kursverlauf ausgewählter Titel (Dow-Jones-Industrial-Index, Dow-Jones-Transportation-Index) eine Aussage über den Gesamtmarkt erlaubt. Erst wenn beide Indizes

KAPITEL 3: *Das traditionelle Portfolio-Management* 73

eine Trendänderung anzeigen, muss mit einer langfristigen Aenderung der Börsensituation gerechnet werden.
- Nach der *Elliott-Wave-Theorie* bewegen sich Börse und Aktien in mehr oder weniger regelmässigen Wellen. Im Gegensatz zur Dow-Theorie kann ein kompletter Zyklus zeitlich stark unterschiedlich ausfallen [Bank Vontobel, S. 4/5]. Ein kompletter Börsenzyklus wird in Zykluswellen, Primärwellen, Sekundärwellen und Tertiärwellen unterteilt.
- Die *Methode der gleitenden Durchschnitte* zeigt einen Trendumschwung des Gesamtmarktes an, wenn die Durchschnittslinie vom Aktienindex geschnitten wird.

Abbildung 3/3: Die Verfahren der technischen Analyse

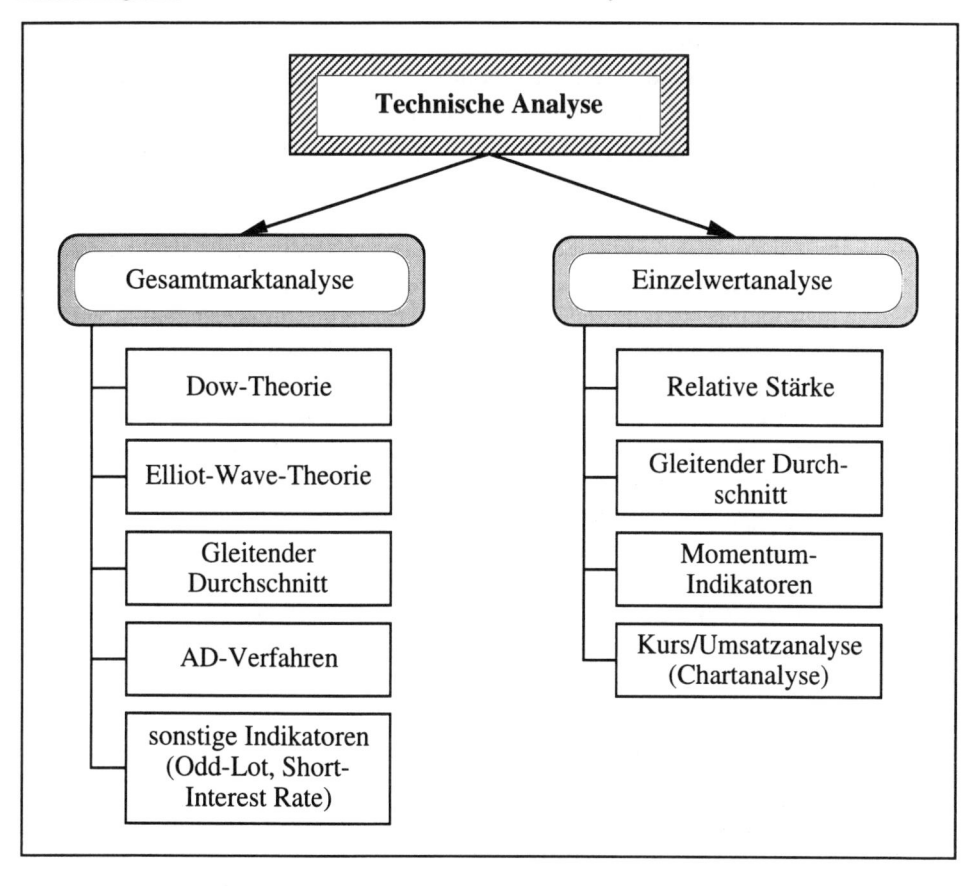

```
                    ┌─────────────────────┐
                    │  Technische Analyse │
                    └──────────┬──────────┘
              ┌────────────────┴────────────────┐
    ┌─────────────────┐                ┌─────────────────┐
    │ Gesamtmarktanalyse │             │  Einzelwertanalyse │
    └─────────┬───────┘                └─────────┬───────┘
              │                                  │
        ┌─────┴──────┐                    ┌──────┴──────┐
        │ Dow-Theorie │                   │Relative Stärke│
        └────────────┘                    └─────────────┘
        ┌────────────┐                    ┌─────────────┐
        │Elliot-Wave-│                    │Gleitender   │
        │  Theorie   │                    │Durchschnitt │
        └────────────┘                    └─────────────┘
        ┌────────────┐                    ┌─────────────┐
        │ Gleitender │                    │  Momentum-  │
        │Durchschnitt│                    │ Indikatoren │
        └────────────┘                    └─────────────┘
        ┌────────────┐                    ┌─────────────┐
        │AD-Verfahren│                    │Kurs/Umsatzanalyse│
        └────────────┘                    │ (Chartanalyse)│
        ┌────────────┐                    └─────────────┘
        │sonstige    │
        │Indikatoren │
        │(Odd-Lot,   │
        │Short-      │
        │Interest Rate)│
        └────────────┘
```

Diese der Ermittlung des Börsentrends dienenden Techniken genügen einer vollständigen Gesamtmarktanalyse nicht. Zusätzlich sind die Marktbreite, das Börsenklima und die Angebots-/Nachfrage-Situation zu analysieren.

Die Bestimmung der *Marktbreite* dient der Ermittlung des Börsenzustandes. Nicht nur die Kursbewegung als solche sondern die Breite der Bewegung muss betrachtet werden, da es oft vorkommt, dass zwar die Börse gesamthaft besser, die Mehrzahl der Titel jedoch rückläufig notiert. Das *Advance-and-Decline-Verfahren* - auch Fortschritt-Rückschritt-Verfahren genannt - behebt den 'Mangel' der unterschiedlichen Gewichtung ausgewählter Aktien eines Indexes. Mit Hilfe dieses Verfahrens wird eine Trendwende dann angezeigt, wenn die Mehrzahl gehandelter Aktien bereits rückläufige Notierungen aufweisen, während der Index (dank dem Anstieg stark gewichteter Aktien) auf hohem Niveau verharrt oder sogar noch steigt.

Die *Analyse des Börsenklimas* ist eine der wichtigsten Aufgaben der Aktienanalyse schlechthin, denn die Börse unterliegt Emotionen[4]. Nirgends so wie hier ist man der Massenpsychose (es wird auch vom 'Trittbrettfahren' gesprochen) ausgesetzt. Es wird beispielsweise behauptet, dass Kleininvestoren (als weniger börsenerfahrene und daher besonders gefährdete Gruppe) in grösserem Umfang Leerpositionen einrichten, wenn der Markt Tiefstwerte ansteuert [vgl. Trenner 1988, S. 238]. Der *Odd-Lot Short Sales Index* - eine Statistik über Leerverkäufe - zeigt dabei einen bevorstehenden Umschwung an. Um eine Baisse bzw. eine Hausse zu prognostizieren, betrachtet man häufig auch die *Short Interest Ratio* (Verhältnis der monatlich veröffentlichten Leerverkaufspositionen zum durchschnittlichen Tagesumsatz des betreffenden Monats). Wird ein Verhältnis von zwei zu eins erreicht, "so wird ein starker Bull-Market[5] erwartet, da sich sehr hohe potentielle Kaufkraft angesammelt hat (schnelle Eindeckung der Short-Engagements bei einer Verbesserung marktbeeinflussender Faktoren)" [Trenner 1988, S. 239]. Ein Verhältnis von eins zu zwei wird als Kehrtwende zu einem Bear-Market gedeutet.

Für eine Gesamtmarktbeurteilung ist zudem das Abschätzen der *Einflussfaktoren von Angebot und Nachfrage* wertvoll. So wird die Börse von der *Liquiditätslage institutioneller Investoren* stark beeinflusst. Hohe Barreserven signalisieren potentielle

---

4   Ein Beispiel des emotionalen Handelns ist der Minicrash vom 13. Oktober 1989 an der New York Stock Exchange. Die Zurückstufung des Marktes (um 7%) dürfte nicht allein auf die Tieferbewertung der amerikanischen Fluggesellschaft UAL (Scheitern einer Uebernahme) sondern mehr im *psychologischen* (teilweise auch im handelstechnischen) Bereich gesucht werden, denn seit dem Crash 1987 sind die Investoren (insbesondere die Kleininvestoren) viel hektischer und nervöser, allerdings auch vorsichtiger geworden.

5   Als Bull-Market (*Bull* der draufgängerische Bulle) wird eine haussierende Börsenphase bezeichnet. Ein Kurszerfall wird dagegen Bear-Market (*Bear* der vorsichtige Bär) genannt.

KAPITEL 3: *Das traditionelle Portfolio-Management* 75

Nachfrage nach Aktientiteln insbesondere dann, wenn der Anteil der Rententitel im Portfolio der Institutionellen hoch ist. Dann kann mit einer steigenden Kursentwicklung gerechnet werden. Auf den Kurs negativ wirkt sich ein *hohes Volumen an Aktienemissionen* aus. Besonders aufmerksam sollten daher Emissionsstatistiken und Optionsstatistiken (Anteil der Verkaufsoptionen) studiert werden.

Ist der Gesamtmarkt analysiert, gilt es, die Branchen, die sich besser als der Gesamtmarkt entwickeln, herauszufiltern und Aktien mit hohem Kurspotential auszuwählen. Mit der *Methode der relativen Stärke* soll festgestellt werden, welche Branchen bzw. Aktien sich im Vergleich zum Gesamtmarkt besser oder schlechter entwickeln. Dazu wird ein Index (Index der relativen Stärke) gebildet. Dieser misst den Anteil der Aufwärtstage an allen Tagen innerhalb eines bestimmten Zeitraumes (meist wird eine Zeitreihenlänge von 9, 11 oder 14 Tagen berücksichtigt).

<u>Abbildung 3/4</u>: Beispiele von Formationen typischer Kurs/Umsatzbilder

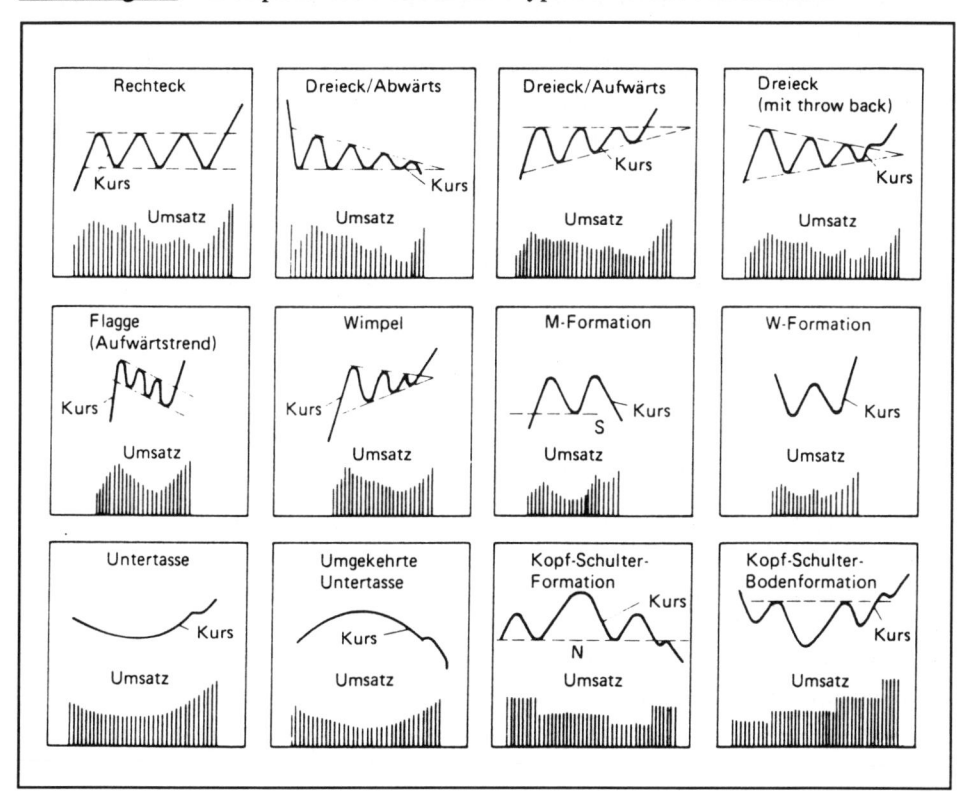

Die *Methode der gleitenden Durchschnitte* wird häufig auch auf einzelne Aktien angewendet. Dabei werden von vielen Anwendern ein kurzfristiger (4 Tage), ein mittelfristiger (9 Tage) und ein langfristiger (18 Tage) gleitender Durchschnitt errechnet. Steigen die 4-Tage-Durchschnittslinie und die 9-Tage-Durchschnittslinie über die 18-Tage-Durchschnittslinie hinaus *und* steigen dabei alle Durchschnittslinien, so ist dies als Kaufssignal zu werten. Verkaufssignale werden beim umgekehrten Fall geliefert. Der grosse Nachteil der Methode der gleitenden Durchschnitte ist, dass sie bei sprunghaften oder antizyklischen Märkten versagt.

Der *Momentum-Indikator* wird üblicherweise auf der Basis von 10 oder 25 Tagen errechnet und gibt die Differenz zwischen heutigem Preis und dem Preis vor 10 bzw. 25 Tagen an. Die Verbindung der täglich neu ermittelten Werte ergibt eine Kurve. Durchbricht diese die neutrale Null-Linie, wird eine Trendwende bestätigt [vgl. dazu auch Reilly 1989, S. 658ff].

Der umstrittenste und wohl am meisten belächelte Teil der technischen Analyse liegt bei den Formationen typischer Kurs/Umsatzbilder. Diese Formationen (vgl. Abbildung 3/4 [Trenner 1988, S. 247]) ermöglichen nach Auffassung der Chartisten "eine Charakterisierung des Kursverlaufs von Einzelaktien und werden von ihnen darüber hinaus zur Prognose der weiteren Kursentwicklung herangezogen" [Trenner 1988, S. 247].

Konzept-Frage 3   Welches ist die grundlegende Philosophie der technischen Analyse und worin ist der grösste Vorteil der technischen Analyse gegenüber der Fundamentalanalyse zu sehen?

3.1.2 Die Analyse verzinslicher Anlageinstrumente

Verzinsliche Anlagen (Geldmarktpapiere, Anleihen) galten früher als eine relativ risikoarme und daher oft (im Vergleich zu riskanteren Anlageformen) schlechter rentierende Anlage. Ihre Attraktivität lag in der regelmässigen, 'sicheren' Verzinsung und in der begrenzten Laufzeit. Vor allem steigende Zinsen und die in den letzten Jahren beobachteten Zinsschwankungen [vgl. Joehnk/Fabozzi 1991, S. 3] liessen verzinsliche Anlagen zu riskanteren aber auch besser rentierenden Anlagen werden. Ein dritter positiver Effekt ist in den steuerlichen Vorteilen bestimmter Titel zu sehen[6]. Sensibilisiert durch die Chancen einer Investition in verzinsliche Anlagen begannen Investoren mit der Analyse solcher Titel.

3.1.2.1 Die verzinslichen Anlageinstrumente

Der Markt für verzinsliche Anlagen umfasst eine grosse Zahl verschiedenartiger Instrumente. Aufgrund der Motivation, weshalb eine Investition vorgenommen (bzw. auf der Gegenseite eine Verschuldung eingegangen) vorgenommen wird[7], werden zwei Gruppen von Instrumenten unterschieden:
- Geldmarktinstrumente und
- Kapitalmarktinstrumente.

Während sich der Markt der Geldmarktinstrumente als recht *homogen* präsentiert, handelt es sich bei den Kapitalmarktinstrumenten um einen äusserst *heterogenen* Markt. Letzteres zeigt sich darin, dass die Ausgestaltung der Kapitalmarktinstrumente hinsichtlich des Zinses, der Tilgung, der Laufzeit, des Emissionspreises, der Verbindung mit Warrants, der Sicherstellung sowie der Wahl des Marktes der Kapitalaufnahme verschieden ausfallen kann[8].

Aufgrund der gegenüber anderen verzinslichen Anlageinstrumenten komplexeren Eigenschaften wird nachfolgend auf zwei spezielle Anlagen, die Wandelanleihe und die Optionsanleihe, näher eingegangen.

Die *Wandelanleihe* stellt für den Investor - dank der Verbindung eines festverzinslichen Wertpapieres mit einem unter Umständen sehr entwicklungsfähigen Wachstumspapier - eine attraktive Anlagemöglichkeit dar. Einem im Vergleich zur normalen Anleihe erhöhten Kursrisiko (das aber immer noch unter demjenigen einer Aktie liegt) steht die Gewinnchance einer Aktienanlage (Kapitalgewinn) gegenüber (erfährt die Aktie eine Höherbewertung, so steigt auch der Kurs der Anleihe). Als Nachteil ist der im Vergleich zur normalen Anleihe tiefere Zinssatz (im Normalfall 0.5% bis 1.5% unter dem Zinsniveau vergleichbarer Anleihen) zu erwähnen.

Die *Optionsanleihe* ist ähnlich der Wandelanleihe eine Kombination von Sicherheit einer festverzinslichen Anleihe und einer Kapitalgewinnchance. Letztere muss allerdings mit einem oft hohen Optionspreis bezahlt werden (für den Investor ergibt sich ein höherer Preis als beim direkten Aktienerwerb). Sinkt der Aktienkurs wäh-

---

6 In den USA gilt dies vor allem für Municipal Bonds [vgl. Joehnk 1991, S. 5].
7 Vgl. dazu Abschnitt 2.1.3.
8 Vgl. dazu Abschnitt 2.2.2, insbesondere auch Abbildung 2/2.

rend der Optionsfrist unter den festgelegten Optionspreis, so wird vom Optionsrecht kein Gebrauch gemacht und der Optionsbesitzer verliert seinen ganzen Optionseinsatz. Der Optionsschein als solcher wird damit zu einem reinen Spekulationspapier, das keinen laufenden Ertrag abwirft, sondern auf Veränderungen des Aktienkurses überproportional reagiert[9].

3.1.2.2 Beurteilungsgrundlagen verzinslicher Anlageinstrumente

Um Anleihen auf ihre Anlagefähigkeit hin beurteilen zu können, sind mehrere Kriterien zu beachten[10]:

- Schuldnerqualität,
- Laufzeit,
- Zinssatz,
- Rendite und
- Marktgängigkeit[11].

Die *Schuldnerqualität* drückt sich in der *Willigkeit* und *Fähigkeit* des Emittenten einer Anleihe aus, "die vereinbarten *Zinszahlungen und Rückzahlungen termingerecht* zu leisten" [Schweizerische Kreditanstalt 1983, S. 4]. Es ist die Aufgabe des Analysten, den Schuldner quantitativ und qualitativ zu beurteilen. Im Rahmen der *quantitativen Analyse* (im angelsächsischen Sprachraum als *Credit Analysis* bezeichnet) erfolgt die Beurteilung der *finanziellen Verhältnisse*. Es werden eine Reihe von Kennzahlen berechnet und deren Entwicklung im Zeitablauf studiert. Relevant sind dabei die folgenden Bereiche:

- Liquidität,
- Finanzierungskraft,
- Ertragskraft und
- Kapital- / Vermögensstruktur.

---

9   Der Grund für heftige Optionskursausschläge bei Veränderungen des Aktienkurses ist darin zu sehen, dass mit einem relativ kleinen Kapitaleinsatz im Vergleich zum Kurswert der Aktien absolut ein ebenso grosser Kursgewinn erzielt werden kann wie durch den Kauf der entsprechenden Aktie selbst [vgl. Löffler 1987, S. 199].

10 Es kann sich im folgenden nicht um eine Analyse sämtlicher verzinslicher Instrumente handeln. Im Vordergrund der Betrachtungen stehen Ueberlegungen zur normalen Anleihe (Straight Bond).

11 Ergänzend sind noch die Kriterien *Währung* und *Steuern* zu erwähnen [vgl. Schweizerische Kreditanstalt 1983, S. 4ff]. Auf die Steuerproblematik wird in Abschnitt 3.2.2.2 und auf die Beurteilung von Fremdwährungsanlagen in Abschnitt 8.2.2 eingegangen.

KAPITEL 3: *Das traditionelle Portfolio-Management* 79

Die *qualitative Analyse* hat die Managementqualitäten (Ausbildung, Erfahrung, Fähigkeit, Werdegang des Managements usw.), die Produkte (Qualität, Kundennutzen, Substitutionsmöglichkeiten, Zukunftsaussichten usw.) sowie die Marktstellung (Konkurrenz) zu untersuchen. Von wichtigster Bedeutung ist dabei die Beurteilung des Managements, da dieses für das Unternehmen lebenswichtige Steuerungs- und Ueberwachungsfunktionen wahrzunehmen hat.

Abbildung 3/5: Beschreibung der wichtigsten Bond Rating

Duff & Phelps	Fitch	Moody's	S & P	Ratingdefinition
1	AAA	Aaa	AAA	Aeusserst starke Fähigkeit zur Zinszahlung und Tilgung
2-4	AA	Aa	AA	Sehr starke Fähigkeit zur Zinszahlung und Tilgung
5-7	A	A	A	Starke Fähigkeit zur Zinszahlung und Tilgung
8-10	BBB	Baa	BBB	Angemessene Fähigkeit zur Zinszahlung und Tilgung. Ungünstige Verhältnisse führen zu einer schwächeren Fähigkeit der Zinszahlung und Tilgung
11-16	BB-CC	Ba-Ca	BB-CC	Spekulativer Grad mit Abstufung des Risikos bezüglich Zinszahlung und Tilgung
17	C	C	C	Hoher Spekulationsgrad, keine Zinszahlungen
18	D	D	D	Extrem hoher Spekulationsgrad, Zahlungsverzug

In den USA wird die Schuldnerqualität seit langem von *Ratingagenturen* (Standard and Poor's Corporation, Moody's Investor Service, Fitch's Rating Service, Duff and Phelps Investment Service usw.) professionell analysiert. Die Anlagen erhalten je nach Qualität eine Klassifizierung (sog. *Rating*). Dem Investor wird damit die Einschätzung möglicher Risiken erleichtert (vgl. Abbildung 3/5 [vgl. Reilly 1989, S. 357]). Allerdings muss betont werden, dass ein Rating nicht allein aufgrund der Schuldnerqualität und damit verbunden die Wahrscheinlichkeit eines Zahlungsverzuges festgelegt wird. Neben der Schuldnerqualität bilden die *Art* und *Ausstattung* einer Anleihe sowie der *Schutz* und die *Rangordnung* der Verbindlichkeiten *integrale* Bestandteile bei der Ratingvergabe, das heisst, fehlende Schuldnerqualität kann beispielsweise nicht durch eine bessere Besicherung wettgemacht werden.

Die *Laufzeiten* von Anleihen bereiten einem Investor im Falle von fest vereinbarten Rückzahlungsterminen keine besonderen Schwierigkeiten. Häufig ist die Rückzahlung aber komplizierter geregelt. Einer *Tilgungsanleihe* (Anleihe, deren Rückzahlung in bestimmten Teilbeträgen (Serien) vorgesehen ist) ist das Risiko inhärent, dass die Rückzahlung *bestimmter Serien* vor dem Endverfall erfolgt (durch Auslosung). Davon zu unterscheiden sind *Anleihen mit vorzeitigem Kündigungsrecht*. Bei solchen sind nicht nur einzelne Serien, sondern die *ganze* Anleihe mit dem Risiko einer vorzeitigen Rückzahlung behaftet. Die vorzeitige Rückzahlung (ob bestimmter Serien oder ganzer Anleihen) stellt insofern für den Investor ein Risiko dar, als erwartet werden kann, dass die Schuldner genau dann ihre Rechte auf vorzeitige Tilgung geltend machen, wenn sie sich günstiger verschulden können. "Dieser Umstand impliziert aber, dass Investoren das nun früher rückgezahlte Kapital nur zu schlechteren Bedingungen reinvestieren können" [Uhlir/Steiner 1986, S. 50]. Entsprechend der Rückzahlungsmodalität einer Anleihe und den Marktbedingungen ist mit einer Laufzeit auf Endverfall, mittleren Laufzeit, Laufzeit auf Kündigung usw. zu rechnen [vgl. Schweizerische Kreditanstalt 1983, S. 7].

Die Beurteilung des *Zinssatzes* (Coupon) hat immer unter Berücksichtigung der herrschenden Marktverhältnisse zu erfolgen. Häufig wird der Zins in seine Einflusskomponenten zerlegt [vgl. bspw. Uhlir/Steiner 1986, S. 62]:

Zins = Risikoloser Zinssatz + erwartete Inflationsrate + Risikoprämie

Der *risikolose Zinssatz* verkörpert für den Investor den Ertrag für den Verzicht auf sofortigen Konsum zugunsten eines vorgezogenen Konsums des Schuldners. Unter *vorgezogenem Konsum* ist die Investitionsmöglichkeit (mit Fremdkapital) zu verstehen, welche von der langfristigen Wachstumsrate einer Wirtschaft abhängig ist. Zum risikolosen Zinssatz wird die *erwartete Inflationsrate* addiert, um so die erwartete nominelle Verzinsung zu erhalten. In der *Risikoprämie* sind drei Komponenten enthalten: die Schuldnerbonität, die Laufzeit und die individuellen Faktoren wie besondere Sicherheiten, Kündigungsmöglichkeiten usw.

Die *Rendite* einer Anleihe (Straight Bond) wird vom Zinssatz, dem Kurs (bzw. dem Kapitalgewinn/-verlust) und der Laufzeit bestimmt. Sind Kaufpreis, Couponzahlungen, Rückzahlungswert und Laufzeit bekannt, kann die Rendite mittels (3-5) ermittelt werden:

KAPITEL 3: *Das traditionelle Portfolio-Management* 81

$$P_0 = \sum_{t=1}^{mn} (C_t/m) / (1 + r_A/m)^t + RW / (1 + r_A/m)^{mn} \qquad (3\text{-}5)$$

(wobei P_0 = Kaufpreis (Kurs), C_t = Couponzahlung im Jahr t, RW = Rückzahlungswert, r_A = Jahresrendite der Anleihe, n = Laufzeit in Jahren, m = Anzahl Zinszahlungen pro Jahr).

Es ist zu beachten, dass mit (3-5) lediglich die Rendite einer Anleihe unmittelbar nach einer Couponzahlung berechnet werden kann. Der Erwerb solcher Titel am Sekundärmarkt ist aber eher zufällig. Häufig ist die Zeit zwischen Erwerb und erster Couponzahlung kürzer als jene zwischen den folgenden Couponzahlungen. Wird mit Δt die Zeit zwischen der letzten Couponzahlung und dem Zeitpunkt des Erwerbs bezeichnet, gilt anstelle (3-5) [vgl. Auckenthaler 1991, S. 36f]:

$$P_T = (1 + r_A)^{\Delta t/360} \cdot [\sum_{t=1}^{mn} (C_t/m) / (1 + r_A/m)^t + RW / (1 + r_A/m)^{mn}] \qquad (3\text{-}6)$$

(wobei P_T = Kaufpreis (Kurs) in t = T, Δt = Anzahl Tage vom Zeitpunkt der letzten Couponzahlung bis zum Zeitpunkt T des Erwerbs der Anleihe).

Konzept-Frage 4   Eine Anleihe mit einer Laufzeit von 8 Jahren und einem jährlichen Coupon von 4% kann zu 99% am Kapitalmarkt erworben werden (Rückzahlung zu 100%). Wie gross ist die Rendite auf Verfall? Angenommen, die Anleihe wird nach $1^1/_2$ Jahren, also mit einer Restlaufzeit von $6^1/_2$ Jahren zu 101.75% *flat* erworben. Wie gross ist die Rendite auf Verfall und wieviel beträgt der Marchzins?

Je nach Marktverhältnissen wird eine *Rendite auf Verfall (Yield to Maturity)* oder eine *Rendite auf Kündigung* berechnet. Sinkt die Rendite auf Kündigung unter die Rendite auf Verfall, so muss mit einer Kündigung durch den Schuldner gerechnet werden [vgl. Schweizerische Kreditanstalt 1983, S. 18]. Dies ist dann der Fall, wenn der Kurs einer Anleihe über den Rückzahlungswert (meistens Nominalwert) steigt bzw. der Marktzinssatz unter den Anleihenszinssatz fällt. Im umgekehrten Fall oder wenn keine Kündigung möglich ist, wird die Rendite auf Verfall berechnet.

Mit der *Marktgängigkeit* ist die Möglichkeit eines Kaufs bzw. Verkaufs verzinslicher Wertpapiere, ohne spezielle Preiskonzessionen eingehen zu müssen, angesprochen. Die Marktgängigkeit wird von der Grösse der Anleihensemission, den Marktbedingungen (Marktgrösse, Transaktionsvolumen, psychologische Marktverfassung) und dem Substitutionsgrad einer Anleihe (welche Alternativen hat ein Investor auf dem Markt) bestimmt.

3.1.3 Die Analyse weiterer Anlagemedien

Neben Aktien und verzinslichen Wertpapieren gibt es für einen Investor noch weitere Investitionsmöglichkeiten: Edelmetalle (Gold, Silber, Platin), Anlagefondszertifikate, Immobilienanlagen, Bankeinlagen, derivative Instrumente[12] usw.

Eine Investition in *Edelmetalle* erfolgt mittels physischer Uebergabe des Edelmetalles oder in Form von Edelmetallkonten. Trotz des Vorzugs einer gewissen Wertbeständigkeit (vor allem auch in wirtschaftlichen und politischen Krisenzeiten) haftet dem Edelmetall der Nachteil an, dass - im Gegensatz zu den Aktien und verzinslichen Anlageinstrumenten - kein Kapitalzuwachs aus der Substanz heraus erfolgt. Ein Anlageertrag erfolgt allein aus einer möglichen Preissteigerung. Wie kaum ein anderes Anlagemedium sind Edelmetalle von gesamtwirtschaftlichen Gegebenheiten abhängig. Das Volumen des Edelmetallangebotes wird von Motiven wie Devisenbeschaffung, Ausgleich von Zahlungsbilanzen, Einfuhr begehrter Güter usw. bestimmt [vgl. Schweizerische Kreditanstalt 1982, S. 106[13]]. Die Edelmetallnachfrage wird durch Hortungskäufe, Käufe für industrielle Zwecke und Spekulationskäufe beeinflusst.

Neben der physischen Edelmetallanlage oder dem Edelmetallkonto besteht für den Investor beim Gold die Möglichkeit, Goldminenaktien, Goldfondstitel oder Goldanleihen zu erwerben [vgl. dazu Dexheimer/Schubert/Ungnade 1985, S. 183f]. Solche Anlagen dienen der Abschwächung des Verlustrisikos.

Bei der Analyse von *Anlagefondszertifikaten* ist zwischen Wertschriftenfonds (Aktien-, Obligationen-, Geldmarkt- und gemischten Aktien- und Obligationenfonds) Edelmetall-, Rohstoff- und Immobilienfonds sowie solche für Derivate zu unterscheiden. Wertschriften- und Rohstoffonds sowie Fonds für Derivate spiegeln in der Regel die Entwicklung an den Wertpapiermärkten wider. Die Renditen der Immobilienfondszertifikate bleiben dagegen relativ stabil [vgl. Spahni 1988, S. 145]. Allerdings sind auch Anlagefondszertifikate nicht nur aufgrund ihrer Rendite, sondern auch unter Berücksichtigung des Risikos zu beurteilen. Insbesondere müssen in die-

---

12   Auf die derivativen Instrumente wird (teilweise) in Kapitel 6 eingegangen. Vgl. dazu auch Abschnitt 2.2.4.

13   Die dort gemachten Ausführungen zum Gold dürften auch für Silber und Platin gelten, wenn auch in viel geringerem Masse.

sem Zusammenhang die Anlagepolitik des Fonds (Art der Fondsanlagen, Ausmass möglicher Kreditkäufe, Verteilung und Risikostreuung der Anlagen, Währungsrisiken usw.), die Portfoliostruktur des Fonds und die Konzentration der Investoren (ein breit gestreutes Investorenpublikum ist auf allfällige Rücknahmebegehren weniger anfällig) analysiert werden [vgl. auch Spahni 1988, S. 210ff].

Immobilienanlagen können in Form eines Liegenschaftenerwerbs oder eines Kaufs von Immobilienfondszertifikaten getätigt werden. Der Vorteil von Fondszertifikaten gegenüber einem Liegenschaftenerwerb ist zweifacher Natur. Zum einen ist keine Analyse des Immobilienmarktes erforderlich und zum andern wird das Verlustrisiko abgeschwächt. Trotzdem kann der Investor an den Entwicklungen des Immobilienmarktes partizipieren.

Bankeinlagen dienen vor allem der Anlage von Liquiditätsreserven. Ihre Rendite ist (abgesehen von *inversen* Zinslagen[14]) im Vergleich zu den übrigen Anlagen relativ gering. Das Risiko ist dem Bonitätsrisiko der entsprechenden Bank gleichzusetzen.

3.2 Das Anlagekonzept

Die Erarbeitung des Anlagekonzeptes hat zum Inhalt, eine den Vorstellungen des Investors entsprechende, in sich widerspruchsfreie Anleitung zur Kapitalanlage (sog. *Anlagepolitik*) zu formulieren. Dabei hat sich der Investor zunächst darüber Klarheit zu verschaffen, welches seine Anlageziele und -wünsche sind.

3.2.1 Die Ziele eines Investors

Grundsätzlich erwartet der Investor von einer Kapitalanlage die folgenden Eigenschaften:
- Rentabilität,
- Sicherheit und
- Liquidität.

Ohne näher darauf einzugehen, darf hier festgestellt werden, dass die Beziehungen zwischen diesen klassischen Anlagezielen nicht nur harmonischer oder neutraler Art

---

14 Von einer *inversen* Zinslage wird dann gesprochen, wenn die kurzfristigen Zinsen die langfristigen übersteigen.

sind[15]. So sind sehr rentable Anlagen oft risikobehaftet, sichere Anlagen umgekehrt weniger rentabel. Zwischen den Zielen Sicherheit und Liquidität bestehen dagegen eher Synergien, während zwischen Liquidität und Rentabilität wiederum Konflikte auftreten können. Derartige Beziehungen verhindern eine gleichzeitige Verwirklichung aller Ziele im höchsten Masse, was eine Gewichtung derselben bedingt.

3.2.1.1 Das Rentabilitätsziel

Das Hauptziel eines jeden Investors *muss* die Erhaltung seiner Vermögenssubstanz sein, ansonsten jeglicher Anreiz einer Kapitalanlage fehlt. Dieser gibt sich jedoch nicht mit der nominellen Werterhaltung zufrieden. Vielmehr wird eine inflations- und steuerbereinigte (reale) Erhaltung des Vermögens angestrebt. Darüber hinaus werden laufende Erträge in Form von Zinsen und Dividenden sowie Kapitalgewinne erwartet. Ist *ausschliesslich* die *Gesamthöhe* des monetären Erfolges für den Investor massgebend, das heisst ist dieser gegenüber dem *zeitlichen Anfall* der Erträge *indifferent*, so können laufende Erträge und Kapitalgewinne unter dem Begriff *Erfolg* bzw. *Ertrag* zusammengefasst werden [vgl. Kienast 1976, S. 42, Hielscher 1969, S. 117]. Der *Erfolg* bzw. *Ertrag* wird häufig relativiert, indem dieser im Verhältnis zum investierten Kapital gesehen wird. Diese Relation wird als *Rendite* bezeichnet.

In der Realität ist aber zu beobachten, dass das Renditeziel in die beiden Teilziele *Kapitalzuwachs* und *laufende Erträge* aufgespalten wird[16]. Die Zielsetzung des Kapitalzuwachses führt zu einer anderen Anlagepolitik als diejenige der laufenden Erträge. Ist ein Investor darauf bedacht, einen möglichst hohen Kapitalzuwachs zu erzielen, so wird er sich eher für eine Investition in Aktien entscheiden, da die Kursschwankungen derselben oft ein Vielfaches der laufenden Erträge (Dividenden) betragen[17]. Dagegen wird ein Investor, der hohe laufende Erträge erwirtschaften will,

---

15 Häufig spricht man vom *Magischen Dreieck* und meint damit das Spannungsfeld, das diese drei Eigenschaften umfasst.

16 Vgl. dazu bspw. die Vermögensverwaltungsverträge verschiedener Banken.

17 Für eine Investition in Aktien bestehen grundsätzlich zwei Alternativen: Aktien mit überdurchschnittlichen Kurssteigerungschancen und relativ geringer Ausschüttung und Aktien mit geringen Kurssteigerungschancen und überdurchschnittlicher Ausschüttung. Werte, welche die zuerst genannte Alternative betreffen, finden sich vor allem in Wirtschaftszweigen, die ausgesprochen gute Entwicklungsmöglichkeiten haben. In Unternehmen solcher Branchen herrscht ein hoher Investitions- und daher Kapitalbedarf vor, weshalb Gewinne eher im Unternehmen einbehalten werden. Der innere Wert dieser Aktien (vgl. Fundamentalanalyse in Abschnitt 3.1.1.1) steigt stärker. Die zweite Alternative beinhaltet Aktien, die eine relativ hohe Ausschüttung haben, wodurch der innere Wert und damit der Kurs nicht im selben Ausmass steigt, wie dies bei der erst genannten Alternative der Fall ist.

vorwiegend in verzinsliche Papiere investieren, welche häufig einer nur geringen Kursschwankung unterliegen, aber einen regelmässigen Zins einbringen.

Oftmals wird aber keines der beiden Teilziele *ausschliesslich* verfolgt sondern die gleichzeitige Verwirklichung bei unterschiedlicher Gewichtung angestrebt.

3.2.1.2 Das Sicherheitsziel

Dem Sicherheitsziel wird im Anlagesektor vor allem in neuerer Zeit[18] eine grosse Bedeutung beigemessen. Es wird versucht, das Risikopotential, welches einer Kapitalanlage inhärent ist, zu vermindern. Um dies erfolgreich zu tun, ist es notwendig, Klarheit zu schaffen, was das Risiko ist und wo dessen Ursprung liegt.

Unter Risiko ist die Gefahr bzw. die Möglichkeit zu verstehen, Schaden oder Verluste zu erleiden. Aufgrund des finanzanalytischen Datenmaterials[19] werden Prognosen über zukünftige Renditeentwicklungen einzelner Anlageinstrumente gemacht. Prognosen sind aber mit der Ungewissheit der Zukunft behaftet. Diese Ungewissheit ist denn auch der Ursprung des Risikos.

Risiken müssen bei jeder Kapitalanlage in Kauf genommen werden, da sie die unvermeidliche Kehrseite der *Chancen* sind. Deshalb vermag das Risiko isoliert betrachtet als Bewertungskriterium nichts auszusagen. Erst in Verbindung mit anderen Zielgrössen wie zum Beispiel der Rendite wird es sinnvoll. Der Investor muss sich dabei bewusst sein, dass die Wunschvorstellung einer hundertprozentigen Sicherheit bei einer hohen Rendite nicht erfüllbar ist; Sicherheits- und Renditeziel sind gegenläufig.

Eine zweite, weit schwierigere Aufgabe besteht darin, die *Risikotoleranz* eines Investors zu erkennen und zu erfassen. In der Theorie werden drei Verhaltensweisen von Investoren unterschieden [vgl. bspw. Copeland/Weston 1988, S. 85f]:

- risikofreudiges Verhalten,
- risikoindifferentes Verhalten und
- risikoscheues Verhalten.[20]

---

18 Vgl. die Abschnitte 4.1 und 4.2.
19 Vgl. Abschnitt 3.1.
20 Näheres dazu vgl. die Abschnitte 4.2 und 4.3.

In der Praxis spielt das risikoscheue Verhalten eine dominante Rolle. Der Investor versucht seine Risiken abzusichern, was auch den unverkennbaren Trend zur *Portfolio-Insurance*[21] erklärt.

Die persönliche Risikotoleranz eines Investors kann nur sehr ungenau bestimmt werden und endet oftmals nur in einer *punktuellen Risikoklassifizierung*. Hier tritt denn auch eine Schwäche jener Theorien auf, die davon ausgehen, es könne eine *Risikofunktion* ermittelt werden[22].

3.2.1.3 Das Liquiditätsziel

Unter Liquidität einer Kapitalanlage versteht man die Eigenschaft, diese ohne Zeitverzögerung in Bargeld umwandeln zu können [vgl. bspw. Dexheimer/Schubert/Ungnade 1985, S. 12, Kienast 1976, S. 49]. Demzufolge wird die Liquidität durch die Faktoren *Fristigkeit und Abtretbarkeit* bestimmt.

Unter den Kapitalanlagen besitzen Bonds, Geldmarktpapiere und Festgelder die Eigenschaft, sich selbst zu liquidieren. Das Kapital wird dem Investor nach einer im voraus vereinbarten Laufzeit zurückbezahlt. Je kürzer die Restlaufzeit ist, umso liquider ist die Anlage. Zusätzlich hat ein Investor die Möglichkeit, diese Anlagen am Markt (sofern ein solcher besteht) zu veräussern. Dagegen verfallen Aktien, Partizipationsscheine, Edelmetallanlagen etc. grundsätzlich nicht nach einer bestimmten Zeit. Deren Liquidität ist entsprechend allein von der Abtretbarkeit abhängig.

Die Abtretbarkeit (und damit die Liquidität) von Kapitalanlagen wird wesentlich von den Marktfaktoren bestimmt. Insbesondere spielen die herrschenden Marktverhältnisse, die Marktgängigkeit der Anlage sowie deren Marktenge eine gewichtige Rolle. Diese Faktoren schlagen sich alle mehr oder weniger im Preis (Kurs) nieder[23].

Das Anlageziel Liquidität wird oftmals - vor allem auch in theoretischen Modellen - missachtet. Doch ist nicht von der Hand zu weisen, dass auch diesem Ziel eine starke Beachtung geschenkt werden muss. So haben beispielsweise Investoren mit kurzfristigem Renditeziel alles Interesse daran, einen aktiven Markt vorzufinden [in gleichem Sinne Kienast 1976, S. 49].

---

21 Vgl. dazu Kapitel 6.
22 Vgl. dazu Abschnitt 4.1.
23 Hier liegt der Grund für die tiefere Notierung von Namenaktien gegenüber gleichwertigen Inhaberaktien in der Schweiz.

KAPITEL 3: *Das traditionelle Portfolio-Management*

3.2.2 Anlagevorschriften des Investors

Allein die Ermittlung der Investorenziele (Rentabilität, Sicherheit und Liquidität) genügt nicht, ein umfassendes Anlagekonzept zu erarbeiten. Ebenso hat ein Investor seine Anlagevorschriften und Wünsche zu berücksichtigen. Im wesentlichen geht es dabei um

- finanzielle Faktoren,
- gesetzliche Rahmenbedingungen und
- persönliche Wünsche.

3.2.2.1 Finanzielle Faktoren

Die finanziellen Anlagevorschriften umfassen in der Hauptsache die folgenden Faktoren:

- das Anlagevolumen und die Kapitalflüsse,
- die Liquidität des Investors und
- den Anlagehorizont.

Das *Ausmass* des anzulegenden Gesamtkapitals (Anlagevolumen), sowie der Umfang hinzufügbarem oder rückziehbarem Kapitals (Kapitalfluss) wird aufgrund der Einkommens- und Vermögensverhältnisse festgelegt. In diesem Zusammenhang muss ein *privater Investor* Ueberlegungen zur Verwendung seines Vermögens bzw. Einkommens anstellen. Den individuellen Präferenzen entsprechend dient dieses Konsumzwecken oder der Vorsorge (Altersvorsorge, finanzielle Sicherheit etc.).

Andere Voraussetzungen sind bei den *institutionellen Investoren* vorzufinden. Abhängig von der Institution stellen anfallende Beiträge und Zuwendungen *regelmässige* (voraussehbare) Kapitalzuflüsse dar (so bei Pensionskassen und öffentlichen Sozialversicherungen wie AHV, EO und ALV). Dagegen unterliegen Kapitalzuflüsse von Anlagefonds, Krankenkassen und Versicherungen, die auf einer mehr oder weniger freiwilligen Spartätigkeit beruhen, naturgemäss *grösseren Schwankungen*.

Nicht nur der Charakter der Kapitalzuflüsse ist für ein Anlagekonzept bedeutsam. Ebenso wichtig sind die Kapitalabflüsse. So gilt auch für den institutionellen Investor, dass er seine Zahlungsverpflichtungen jederzeit und fristgerecht erfüllen können muss. Die *Erhaltung der Zahlungsfähigkeit* (Liquidität) wirkt sich daher auf die *Art* und die *Dauer (Anlagehorizont)* der Kapitalanlage aus.

3.2.2.2 Gesetzliche Rahmenbedingungen

Private Investoren sind von gesetzlichen Auflagen weitgehend befreit. Erwähnenswert sind nur die steuerlichen Aspekte, die es im Sinne einer *optimalen Kapitalanlage* zu beachten gilt. Das Problem der Steuern lässt sich in zwei Gruppen teilen [für Details vgl. die einschlägige Literatur, so bspw. Zuppinger 1986, Höhn 1993, Blumenstein/Locher 1992, Höhn/Athanas 1993]:

- Besteuerung von Erträgen und Kapitalgewinnen und
- Verrechnungssteuer.

Erträge aus beweglichem Vermögen wie Zinsen, Einkünfte aus Forderungen (Zinsen aus Festgeldern) und Dividenden werden sowohl vom Bund wie von allen Kantonen bei natürlichen Personen (private Investoren) als Einkommen besteuert. Dagegen sind *Kapitalgewinne* aus beweglichem Privatvermögen - wie es beispielsweise ein realisierter Wertzuwachs (Kurssteigerung) bei einer Aktie darstellt - grundsätzlich von der Besteuerung ausgenommen [vgl. Blumenstein/Locher 1992, S. 153]. Diese Tatsache sollte bei der Festlegung des Anlagekonzeptes berücksichtigt und mit der Zielsetzung des Investors[24] abgestimmt werden.

Konzept-Frage 5	Angenommen Fr. 100'000 werden derart investiert, dass eine Rendite vor Steuerberücksichtigung von 6% erzielt werden kann. Wie gross ist die Rendite der Kapitalanlage nach Steuern, wenn es sich (a) um einen Kapitalgewinn und (b) um einen Ertrag (Zinsen oder Dividenden) handelt? Ausgegangen wird von einem steuerbaren Einkommen (ohne Ertrag) von 90'000, das Privatvermögen entspricht dem investierten Kapital, der Steuerfuss des Kantons Zürich ist 108% und derjenige der Stadt Zürich 130% der einfachen Staatssteuer.

Die *Verrechnungssteuer* (eine *Quellensteuer*) wird vom Bund erhoben und ist eine Sicherungssteuer [vgl. Höhn 1993, S. 404], welche direkt auf Einkünften aus *Kapitalerträgen* (Dividenden, Zinsen etc.) erhoben wird. Sie beträgt in der Schweiz 35%, kann aber vom Investor mit Wohnsitz in der Schweiz beim Vorlegen seiner Steuer-

---

24 Vgl. dazu Abschnitt 3.2.1.1. Dort wird festgehalten, dass das Renditeziel in die Teilziele 'Kapitalzuwachs' und 'laufende Erträge' aufgespalten wird.

KAPITEL 3: *Das traditionelle Portfolio-Management* 89

deklaration zurückgefordert werden[25]. Einem Investor mit Wohnsitz im Ausland ist es dank der *Doppelbesteuerungsabkommen* zwischen der Schweiz und anderen Staaten ebenfalls möglich, mindestens einen Teil der bezahlten Verrechnungssteuer zurückzufordern (vgl. Abbildung 3/6 [vgl. ISSA Handbook 1994, S. CH 63f]). Dabei darf aber nicht übersehen werden, dass die Rückzahlung der Verrechnungssteuer einige Zeit später erfolgt[26] und die so durch das gebundene Kapital entstandenen Opportunitätskosten[27] ebenfalls in die Renditeberechnung einbezogen werden müssen. Soll die Verrechnungssteuer umgangen werden, so bestehen grundsätzlich zwei Möglichkeiten: Es wird in Anlagen investiert, die keinen Kapitalertrag im Sinne der Verrechnungssteuer abwerfen (beispielsweise Aktien, die keine Dividenden zahlen, deren Kurs aber rasch anwächst), oder der Investor deckt sich mit verrechnungssteuerfreien Obligationen am Euromarkt ein. Die Verrechnungssteuer sollte bei der Festlegung des Anlagekonzeptes zwar mitberücksichtigt werden, darf aber nicht eine dominante Rolle spielen.

Institutionelle Investoren haben starke Reglementierungen zu beachten. Diese die Investitionstätigkeit einschränkenden Rahmenbedingungen dienen - entsprechend dem kollektiven und öffentlichen Charakter der Institution - dem Schutz des Investors bzw. Leistungsempfängers [vgl. Hämmerli 1986, S. 186]. Neben den steuerlichen Aspekten, die auch von den Institutionellen zu beachten sind[28], werden institutionellen Investoren von Gesetzes wegen Schranken auferlegt.

---

25 Werden die Erträge nicht als Einkommen deklariert, so verfällt die Steuer endgültig dem Bund und den Kantonen [vgl. Höhn 1993, S. 404].

26 Im Extremfall verstreichen in der Schweiz zwischen Steuerabgabe und Rückzahlung 18 Monate (wird der Zins einer Obligation anfangs Januar abgerechnet so findet die Rückzahlung der Verrechnungssteuer erst Ende Juni des folgenden Jahres statt). Allerdings besitzen institutionelle Investoren die Möglichkeit einer vorzeitigen Rückforderung der Verrechnungssteuer im Umfang von 75% des voraussichtlichen Steuerbetrages in drei Raten pro Jahr.

27 Die Zinskosten auf dem gebundenen Kapital betragen für eine Abgabe von Fr. 2'100.- (6% Zins auf einer Investitionssumme von Fr. 100'000.- ergibt Fr. 6'000.- und davon 35% Verrechnungssteuer) bei einem angenommenen Zins von 6% (ohne Zinseszins) Fr. 189.-. Die Obligationenrendite sinkt somit von 6% auf 5.81%.

28 Im Kanton Zürich sind unter anderem folgende Institutionen von der Steuerpflicht befreit: Sozialversicherungen und Ausgleichskassen wie Arbeitslosen-, Kranken-, Alters-, Invaliditäts- oder Hinterlassenenversicherungen, Stiftungen und Genossenschaften der beruflichen Vorsorge von Unternehmen mit Sitz oder Betriebsstätte in der Schweiz [vgl. Gesetz über die direkten Steuern im Kanton Zürich vom 8. Juli 1951, Art. 16]. Gestützt auf Art. 53 Abs. 1 der Verordnung zum Bundesgesetz über die Verrechnungssteuer vom 19. Dezember 1966 ist es den oben genannten Institutionen möglich, die Verrechnungssteuer zurückzufordern. Damit haben diese lediglich die Opportunitätskosten für das gebundene Kapital in ihre Renditeberechnungen einzubeziehen.

Abbildung 3/6: Rückforderungsansprüche der Quellensteuer entsprechend den Doppelbesteuerungsabkommen ausgewählter Länder

Empfängerland des Doppelbesteuerungsabkommens	Rückforderbare Quellensteuer von Zinsen	von Dividenden
Australien	25%	20%
Deutschland	35%	20/30%
Frankreich	25%	30%
Grossbritannien	35%	20/30%
Holland	30%	20/35%
Japan	25%	20/25%
Kanada	20%	20%
Singapur	25%	20/25%
USA	30%	20/30%

So sind dem *Bundesgesetz über Anlagefonds* vom 1. Juli 1966 (AFG) und der dazugehörigen *Verordnung* vom 20. Januar 1967 (AFV) unter anderem die folgenden *anlagepolitischen Bestimmungen* zu entnehmen[29]:

- Im gleichen Unternehmen dürfen, zum Verkehrswert im Zeitpunkt der Anlage gerechnet, nicht mehr als 7.5 Prozent des gesamten Vermögens des Anlagefonds angelegt werden; vorbehalten bleibt die Ausübung von Bezugsrechten [vgl. AFG Art. 7 Abs. 1].

- Die zu einem Anlagefonds gehörenden Beteiligungsrechte am gleichen Unternehmen dürfen nie mehr als 5 Prozent der Stimmen umfassen; stehen mehrere Anlagefonds unter der gleichen Fondsleitung oder unter miteinander verbundenen Fondsleitungen, so beträgt der Höchstsatz für sie insgesamt 10 Prozent der Stimmen [vgl. AFG Art. 7 Abs. 2][30].

- Das Fondsreglement hat über die Richtlinien der Anlagepolitik Auskunft zu geben [vgl. AFG Art. 11 Abs. 2a]. Die Art der Wertpapiere (Beteiligungsrechte, Forderungsrechte mit oder ohne Pfandsicherheit usw.) und die Länder oder Ländergruppen, in welchen investiert werden darf, sind festzule-

---

29 Die im folgenden gemachten Ausführungen beruhen auf dem AFG, welches gegenwärtig in Kraft ist (Stand: Juni 1994). Es ist zu beachten, dass sich das AFG in Revision befindet und das neue AFG voraussichtlich im Januar 1995 in Kraft tritt.

30 Diese Bestimmung beeinträchtigt die Freiheit der Fondsleitung in der Anlagepolitik, ist aber als Sicherung gedacht, die einen Missbrauch von Anlagefonds zu unternehmerischen Zwecken verhindern soll [vgl. Forstmoser 1972, S. 16].

KAPITEL 3: *Das traditionelle Portfolio-Management*

gen. Sodann kann eine Reihe von Anlagen nur getätigt werden, wenn das Fondsreglement sie ausdrücklich vorsieht (Wertpapiere, die nur im Ausland kotiert sind, nicht voll liberierte Aktien, Geschäftshäuser etc.) [vgl. AFV Art. 10][31].

- Nicht im Inland kotierte Wertpapiere sind auf 10 Prozent des Fondsvermögens zu beschränken [vgl. Schuster 1975, S. 133, Anmerkung zu AFG Art. 10 Abs. 2a].
- Es sind flüssige Mittel in angemessenem Rahmen zu halten [vgl. AFG Art. 6 Abs. 1][32].

In der *Privatassekuranz* bestehen lediglich Anlagevorschriften zur Bestellung des Sicherungsfonds[33] der Lebensversicherungen:

- Die Anlagemedien (Aktien, Obligationen, Hypotheken, Geldmarktpapiere, Festgelder etc.) werden vorgeschrieben [vgl. AVO Art. 12 Abs. 1].
- Festgelder des Bundes, der Kantone und öffentlich-rechtlichen Körperschaften, Festgelder von Banken und Privatunternehmen (deren Schuldverschreibungen oder Aktien mindestens vorbörslich gehandelt werden oder an denen der Bund, ein Kanton oder eine öffentlich-rechtliche Körperschaft beteiligt ist), Aktien, Genuss-, Partizipations- und Optionsscheine, Anteilscheine von Genossenschaften, Anteilscheine von Anlagefonds mit ausschliesslich schweizerischen Anlagen und nachrangige Obligationenanleihen dürfen je 6 Prozent des Sollbetrages nicht übersteigen. Nicht börsengängige Schuldverschreibungen von Privatunternehmen dürfen je 4 Prozent des Sollbetrages nicht überschreiten [vgl. AVO Art. 12 Abs. 3].
- Der Sicherungsfonds ist für die auf schweizerische Währung lautenden Verpflichtungen des schweizerischen Versicherungsbestandes in schweizerischen, auf schweizerische Währung lautende Werte zu bestellen. Für andere Verpflichtungen hat die Gesellschaft den Sicherungsfonds zu wenigstens 90 Prozent in Werten der gleichen Währung anzulegen, auf welche die Verpflichtungen lauten [vgl. AVO Art. 15 Abs. 1 und Abs. 2].

---

31 Den Anlagefonds wird dadurch eine gewisse Flexibilität in der Anlagepolitik untersagt.

32 AFG Art. 2 Abs. 3 gibt Auskunft, was unter flüssigen Mitteln zu verstehen ist: Kasse, Postcheckguthaben und Bankguthaben auf Sicht oder mit einer Laufzeit von höchstens drei Monaten.

33 Der Sicherungsfonds dient der Sicherstellung der Ansprüche aus abgeschlossenen Verträgen, wobei der Sollbetrag dieses Fonds im wesentlichen der Summe der auf die einzelnen Verträge entfallenden Deckungskapitalien entspricht.

Abbildung 3/7: Anlagerichtlinien gemäss der Verordnung 2 des BVG

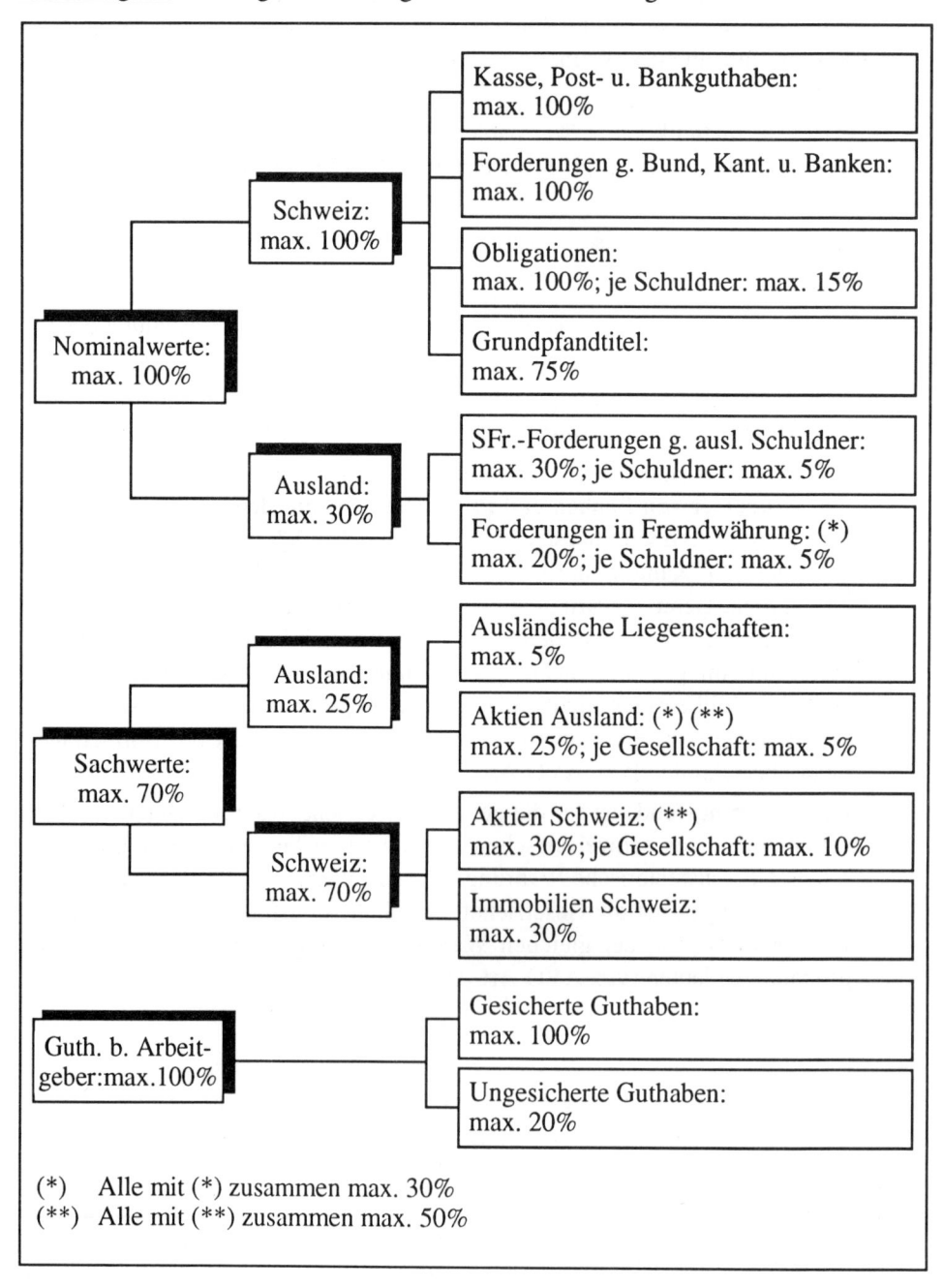

- **Nominalwerte: max. 100%**
  - **Schweiz: max. 100%**
    - Kasse, Post- u. Bankguthaben: max. 100%
    - Forderungen g. Bund, Kant. u. Banken: max. 100%
    - Obligationen: max. 100%; je Schuldner: max. 15%
    - Grundpfandtitel: max. 75%
  - **Ausland: max. 30%**
    - SFr.-Forderungen g. ausl. Schuldner: max. 30%; je Schuldner: max. 5%
    - Forderungen in Fremdwährung: (*) max. 20%; je Schuldner: max. 5%
- **Sachwerte: max. 70%**
  - **Ausland: max. 25%**
    - Ausländische Liegenschaften: max. 5%
    - Aktien Ausland: (*) (**) max. 25%; je Gesellschaft: max. 5%
  - **Schweiz: max. 70%**
    - Aktien Schweiz: (**) max. 30%; je Gesellschaft: max. 10%
    - Immobilien Schweiz: max. 30%
- **Guth. b. Arbeitgeber: max. 100%**
  - Gesicherte Guthaben: max. 100%
  - Ungesicherte Guthaben: max. 20%

(*) Alle mit (*) zusammen max. 30%
(**) Alle mit (**) zusammen max. 50%

KAPITEL 3: *Das traditionelle Portfolio-Management*

In der *Verordnung I über die Krankenversicherung* betreffend das Rechnungswesen und die Kontrolle der vom Bund anerkannten Krankenkassen sowie der Berechnung der Bundesbeiträge vom 22. Dezember 1964 sind unter anderem folgende die *Anlagepolitik der Krankenkassen* tangierende Bestimmungen zu finden:
- Den Kassen wird in einer abschliessenden Aufzählung vorgeschrieben, in welche Anlagemedien investiert werden darf [vgl. Verordnung I über die Krankenversicherung Art. 9 Abs. 1 und Abs. 2].
- Der Gesamtbetrag aus Forderungen gegenüber öffentlich-rechtlichen Schuldnern, Spareinlagen bei Banken (inkl. Kassenobligationen) und Pfandbriefen darf in der Regel 20 Prozent des Reinvermögens nicht übersteigen [vgl. Verordnung I über die Krankenversicherung Art. 9 Abs. 3].

Für sämtliche *öffentlichen Sozialeinrichtungen* (Arbeitslosenversicherung, AHV-Ausgleichskasse, AHV-Fonds, Invalidenversicherung, Erwerbsersatzordnung und Schweizerische Unfallversicherungsanstalt) bestehen relativ enge Anlagevorschriften [vgl. Verordnung über die Verwaltung des Ausgleichsfonds der AHV, IVG, EOG und AVIG]. Da die öffentlichen Sozialeinrichtungen auf der Basis des Umlageverfahrens arbeiten (die laufenden Einnahmen werden zur Finanzierung der fälligen Leistungszahlungen herangezogen), kann nur ein allfälliger Ueberschuss zu Anlagezwecken herangezogen werden. Es sind ausschliesslich Anlagen in Schweizerfranken und bei schweizerischen Schuldnern zu tätigen. Sodann sind nur Anlagen in Form festverzinslicher Darlehen, Pfandbriefe, Obligationen und Festgelder auserlesener inländischer Schuldner und Anlagen auf Spar-, Depositen- oder Einlageheften bei Banken erlaubt.

Die *Anlagevorschriften der Pensionskassen* sind im Bundesgesetz über die berufliche Alters-, Hinterlassenen- und Invalidenvorsorge vom 15. Juni 1982 (BVG) und speziell in der Verordnung 2 zum BVG (BVV 2) enthalten. Abbildung 3/7 zeigt, wie detailliert diese Anlagevorschriften sind. Dass durch solche Einschränkungen höhere Renditen verhindert werden, ist eine logische Folge und bedarf hier keiner näheren Ausführungen.

3.2.2.3 Persönliche Wünsche

Die persönlichen Wünsche bringen den Charakter und die Mentalität des Investors zum Ausdruck. Es ist wichtig zu wissen, welche Anlagen den Einstellungen und Ansichten des Investors entsprechen. Besondere Anliegen wie
- der Besitz bestimmter Anlagen (Anlagen aus einer Erbschaft, Wertpapiere sympatischer Gesellschaften, prestigeträchtige Anlagen),

- Anlagen, die aus ethischen Gründen nicht beschafft werden sollen, und
- der Rahmen von Auslandengagements

bilden gewissermassen eine Anlagephilosophie [Fritschi 1988 (1)], die bei der Erarbeitung des Anlagekonzeptes eine grundlegende Rolle spielt.

Betrachtet man die Anlageziele und -vorschriften des Investors, welche von den persönlichen Verhältnissen, dessen Charakter und Mentalität sowie den Einkommens- und Vermögensverhältnissen abhängen, so wird deutlich, dass ein Anlagekonzept eng mit den Plänen in anderen Lebensbereichen des Investors verbunden ist. Es muss als Teilplan in bestmöglicher Weise in einen Gesamtplan eingepasst und mit allen Rückwirkungen auf diesen gesehen werden.

3.2.3 Die Anlagepolitik

Basierend auf den ermittelten Anlagezielen und -vorschriften ist die Anlagepolitik zu erarbeiten. Dazu sind grundsätzlich zwei Ansätze möglich:
- Bottom-Up-Ansatz und
- Top-Down-Ansatz.

Beim *Bottom-Up-Ansatz* werden aufgrund fundamentalanalytischer Erkenntnisse Wertpapiere ausgewählt. Der Investor sucht nach Spezialsituationen und Titeln, die unterbewertet sind. Entsprechen diese den Zielen und Wünschen des Investors, werden sie unabhängig von der gegenwärtigen und zukünftigen Marktlage und ihrer Herkunft gekauft. Dieser Ansatz führt zu einem unsystematisch zusammengestellten Portfolio, welches nur wenig Rücksicht auf die einzelnen Märkte (Länder), Währungen und Branchen nimmt. Durch dieses (spekulative) *Stockpicking* versucht der Investor den Markt zu schlagen. Dass der Risikokomponente aber keine Beachtung geschenkt wird, spielt für den Investor keine Rolle.

Beim *Top-Down-Ansatz* lassen sich zwei Ebenen der Anlagepolitik unterscheiden:
- Strategische Anlagepolitik und
- Taktische Anlagepolitik.

Im Rahmen der *strategischen Anlagepolitik* hat sich der Investor zu überlegen, welche Anlagemedien sich für welches Investorenziel eignen (vgl. Abbildung 3/8 [vgl. Zürcher Kantonalbank 1985]). Den unterschiedlichen Charakteristiken und Gesetzmässigkeiten der einzelnen Anlagemärkte muss Rechnung getragen werden. So kann beispielsweise das Ziel 'laufender Ertrag' (Zinsertrag) vorwiegend mit verzinslichen Anlagen und Geldmarktanlagen erreicht werden, während das Ziel 'Kapitalzuwachs'

(Wertzuwachs) zur Hauptsache mit Aktien erreicht wird. In einem zweiten Schritt wird entschieden, wie gross die Anteile an Aktien, verzinslichen Kapitalmarktanlagen, Geldmarktpapieren, Edelmetallen und flüssigen Mitteln höchstens bzw. mindestens sein sollen. Zudem hat der Investor festzulegen, in welchen Ländern (Märkten) bzw. Fremdwährungen angelegt werden soll. Ausgangspunkt der strategischen Anlagepolitik ist die Einschätzung der wirtschaftlichen Entwicklungen sowie der langfristigen Tendenzen und Strukturen der Märkte.

<u>Abbildung 3/8</u>: Der Einsatz der Anlagemedien unter Berücksichtigung der Anlageziele

Anlageziel	Anlagemedium
Zinsertrag	Kapitalmarktpapiere (Bonds) ohne Wandel- und Optionsanleihen (inkl. Anlagen in Fremdwährung) Geldmarktpapiere (Treasury Bills, Commercial Papers, Bankers' Acceptances, Certificates of Deposit) Festgeldanlagen
Zinsertrag mit Nebenziel **Wertzuwachs**	min. 70% der Anlagen wie bei Anlagerziel 'Zinsertrag' max. 30% der Anlagen in Aktien, Wandel- und Optionsanleihen, Edelmetallen, Optionen auf vorhandenen Beständen
Zinsertrag gleichgewichtet **Wertzuwachs**	min. 40% und max. 70% der Anlagen wie bei Anlageziel 'Zinsertrag' max. 50% der Anlagen in Aktien, Wandel- und Optionsanleihen, Edelmetallen, Optionen auf vorhandenen Beständen
Wertzuwachs	max. 40% der Anlagen wie bei Anlageziel 'Zinsertrag' Aktien, Wandel- und Optionsanleihen, Edelmetalle, Optionen auf vorhandenen Beständen, Geldmarktpapiere

Ist das strategische Konzept bestimmt, geht es darum, die *taktische* Vorgehensweise festzuhalten. Es sind die Anlagebranchen zu bestimmen und quotenmässig festzulegen. Ebenso sind die einzelnen Titel auszuwählen und deren Kaufs- bzw. Verkaufszeitpunkte zu ermitteln. Es ist zu beachten, dass - in Anbetracht der tendenziell kurzfristigen Ausrichtung - die taktische Anlagepolitik regelmässig überprüft werden muss.

Im Gegensatz zum Bottom-Up-Ansatz gelangt der Investor mittels Top-Down-Ansatz zu einem systematisch zusammengestellten Portfolio. Dem Grundsatz der Diversifikation[34] wird genügend Rechnung getragen und damit intuitiv risikobewusster investiert. Auch können Anlagevorschriften des Investors in diesem Ansatz beachtet werden.

3.3 Portfoliobildung und -analyse

Die dritte Stufe im Ablaufprozess des traditionellen Portfolio-Managements besteht in der Bildung des Portfolios und dessen laufender Analyse. Grundsätzlich sind dazu zwei verschiedene Portfolio-Management-Techniken denkbar:

- passive Management-Techniken und
- aktive Management-Techniken.

Die *passiven Management-Techniken* basieren auf den Gedanken der modernen Portfolio-Theorien, weshalb auf ihre Erläuterung an dieser Stelle verzichtet wird[35].

Bei den *aktiven Management-Techniken* wird unterstellt, dass es möglich ist, Schwankungen der Wertpapierkurse wenigstens tendenziell vorherzusehen. Diese Techniken setzen Informationsvorteile gegenüber dem Markt voraus und unterstellen ineffiziente Kapitalmärkte[36]. Aktive Investoren legen ihr Schwergewicht auf höhere Renditen und nehmen daher ein höheres Risiko in Kauf, welches sie aufgrund ihrer Kenntnisse - sie meinen, die Wertpapierkurse prognostizieren zu können - tiefer einschätzen.

---

34 Auf die Diversifikation wird in Abschnitt 4.3 ausführlich eingegangen.
35 Vgl. dazu die Abschnitte 7.3 und 8.2.1.1.
36 Näheres zur Effizienz der Kapitalmärkte vgl. Abschnitt 7.2.

KAPITEL 3: *Das traditionelle Portfolio-Management* 97

3.3.1 Aktive Management-Techniken für Aktien

Wird aktives Portfolio-Management betrieben, so hat sich der Investor die Ursachen, welche zu höheren Renditen führen, zu vergegenwärtigen. Es sind dies
- die Marktverfassung,
- die Charakteristiken der einzelnen Aktien und
- der unterschiedliche Zustand verschiedener Marktsektoren bzw. Titelgruppen.

Daraus können drei aktive Techniken abgeleitet werden, welche aber meistens kombiniert zur Anwendung gelangen:
- das Timing,
- die Selektion und
- die Gruppenrotation.

3.3.1.1 Das Timing

Der Erfolg einer Anlage hängt unter anderem vom Zeitpunkt bzw. von der Zeitspanne ab, während der sie getätigt wird. Das Festlegen günstiger Kaufs- und Verkaufszeitpunkte setzt voraus, dass die Marktverfassung (Börsenverfassung) exakt beurteilt wird. Ist die Börsentendenz ermittelt, so hat sich der Investor für eine Verhaltensweise am Markt zu entscheiden. Grundsätzlich gibt es dafür zwei Möglichkeiten:
- die Trend-Methode und
- die Methode der Contrary Opinion.

Konzept-Frage 6   Die Erfolgsmöglichkeit eines perfekten Timing erklären *Bodie/Kane/Marcus* [vgl. Bodie/Kane/Marcus 1993, S. 778] anhand eines Beispiels. Demnach führte eine Investition von $ 1'000 in 30-Tage Commercial Papers bzw. Treasury Bills von 1927 bis 1978 zu einem Final Value von $3600. Wurde während derselben Zeit in den NYSE Index investiert, resultierte ein Final Value von $ 67'500. Wäre von 1927 bis 1978 ein perfektes Timing zwischen den beiden Märkten vorgenommen worden, hätte ein Final Value von $ 5.36 Mrd. resultiert. Wie gross war die jährliche Rendite der drei Strategien während der Zeit von 1927 bis 1978?

Der *Trend-Methode* liegt die amerikanische Börsenweisheit "the trend is your friend" zu Grunde. Wird nach ihr gehandelt, so kauft der Investor bei optimistischer Börse und verkauft bei pessimistischer Börse. Verluste sollen begrenzt und Gewinne laufen gelassen werden. Entsprechend diesem Vorgehen verbleibt der Investor im Markt (oder steigt erst ein), wenn andere der hohen Bewertung wegen bereits verkauft haben. Umgekehrt geht er aber auch nicht in den Markt, wenn die Aktien billig sind, sondern wartet, bis sich ein Aufwärtstrend etabliert [vgl. Fritschi 1988 (4)]. Durch das Handeln nach den an der Börse herrschenden Tendenzen wird auch der wichtige Einfluss berücksichtigt, den die Meinung und die psychische Verfassung der an der Börse tätigen Gemeinschaft ausüben.

Die *Methode der Contrary Opinion* baut auf der altbekannten Philosophie "kaufe niedrig - verkaufe hoch" auf. Mit zunehmenden Gewinnen werden viele Investoren optimistischer und kaufen dann zu hohen Kursen, während mit zunehmenden Verlusten Pessimismus verbreitet und zu tiefen Kursen verkauft wird. In der Folge *übertreibt* der Markt sowohl nach oben wie nach unten. Diese Emotionen versuchen die Contrarians[37] auszunützen, indem Aktien, deren Kurse übermässig gesunken sind, gekauft und solche, die im Kurs stark gestiegen sind, verkauft werden [vgl. Fritschi 1988 (3)]. Somit muss nicht erst ein deutlicher Aufwärtstrend bzw. Abwärtstrend für die Entscheidung Kauf bzw. Verkauf abgewartet werden. Dies bedeutet aber nicht, dass eine Aktie nur deswegen zu kaufen ist, weil sie billig wirkt. Der Grund einer niedrigen Bewertung muss nach wie vor bekannt sein, ansonsten der Investor Gefahr läuft, eine negative Auslese zu erhalten [Fritschi 1988 (3)]. Dieses antizyklische Verhalten des Investors, welches die Methode der Contrary Opinion propagiert, erfordert Mut und Hartnäckigkeit, da im Widerspruch zu den an der Börse herrschenden Tendenzen gehandelt werden muss. Es braucht eine grosse Portion Selbstsicherheit und Ueberzeugung.

Um die Methoden des Timings erfolgreich anwenden zu können, empfiehlt es sich, das Anlagevermögen auf verschiedene Anlagemedien zu verteilen. Nur so wird dem Investor eine volle Reaktionsmöglichkeit gesichert, welche ihm das Ausnützen von Marktschwankungen erlaubt. Es wird dann versucht, durch Umwandlung von Aktienbeständen in liquide Mittel, Geldmarktpapiere oder Obligationen - und umgekehrt - überdurchschnittliche Renditen zu erreichen [vgl. Farrell 1983, S. 191].

Fehlt dem Investor der nötige Mut, oder ist der Sinn für den günstigen Augenblick einer Transaktion nicht vorhanden, so kann er die Käufe bzw. Verkäufe gestaffelt vornehmen. Eine in diesem Sinne anwendbare Technik ist diejenige des *Formula*

---

37 Die Verfechter der Contrary Opinion-Theory werden *Contrarians* genannt.

KAPITEL 3: *Das traditionelle Portfolio-Management* 99

Plan. Der Idee der Contrary Opinion-Methode folgend, werden nach festen Regeln Aktienbestände in Kursanstiegsperioden verkauft und in Kursrückgangsperioden gekauft. Diese Transaktionen betreffen aber nur eine bestimmte Anzahl Aktien. Bei einem Rückgang des Marktindexes um beispielsweise 10 Punkte wird eine im voraus festgelegte Anzahl Titel gekauft, während bei einem Indexanstieg um 10 Punkte die gleiche Anzahl verkauft wird. In einem rückläufigen Markt werden somit zusätzliche Aktienbeträge fortlaufend bei den verschiedenen sukzessiv niedrigeren Kursständen gekauft bzw. bei Kursaufwärtsbewegungen verkauft (vgl. Abbildung 3/9). Es ist ersichtlich, dass die mechanische Vorgehensweise des Formula Plan auf bestimmten Annahmen hinsichtlich der zukünftigen Entwicklung am Markt basiert. Ausmass und Richtung einer Kursveränderung brauchen nicht im voraus bestimmt zu werden. Wesentlich ist aber die Voraussetzung, dass es auch in Zukunft am Aktienmarkt Auf- und Abwärtsbewegungen geben wird.

Die Technik der Formula Plans beinhaltet ein konservatives Vorgehen. Mittels mechanisch objektiven Entscheidungsregeln wird das Risiko der falschen Wahl des Anlagezeitpunktes reduziert. Zugleich wird aber der Anlageentscheidungsprozess subjektiven Einflüssen[38] entzogen. Durch die starren Anlagepläne wird das Ausnützen aktueller wichtiger Informationen verhindert. Es erstaunt daher kaum, dass Formula Plans keine überdurchschnittlichen Renditen ermöglichen.

Abbildung 3/9: Schematische Vorgehensweise des Formula Plan

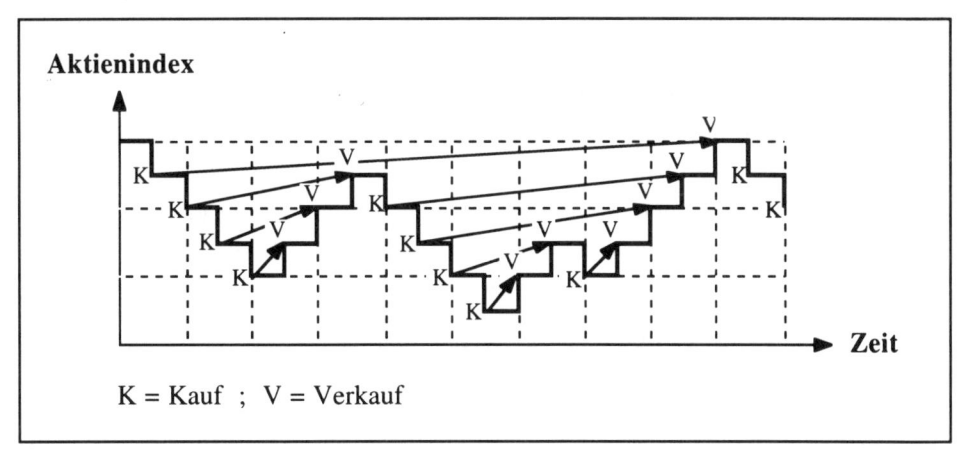

---

[38] Unter den subjektiven Einflüssen ist vor allem die Börsenstimmung zu erwähnen.

3.3.1.2 Die Selektion und Gruppenrotation

Kauf- und Verkaufsentscheidungen - auch *Selektion* genannt - werden aufgrund der Ergebnisse der Fundamentalanalyse gefällt. Demnach gelten Wertpapiere, deren innerer Wert über dem gegenwärtigen Kurs liegt, als attraktiv und werden - im Verhältnis zur Gewichtung im Marktindex - im Portfolio übergewichtet. Umgekehrt werden unattraktive Aktien nicht gehalten oder im Portfolio nur untergewichtet vertreten sein. Auf diese Weise versucht der Investor, eine überdurchschnittliche Rendite zu erzielen.

Typischerweise kann in der Praxis beobachtet werden, dass Investoren nicht nur in eine Aktie investieren (im Extremfall wäre dies nach dem beschriebenen Vorgehen denkbar), sondern mehrere verschiedene Titel im Portfolio halten. Diese Absicherung - unter dem Begriff *Diversifikation* bekannt - wird vorgenommen, da eine *sichere* Vorhersage über die zukünftige Kursentwicklung einer Aktie unmöglich ist. Bereiten einem Investor die Prognosen individueller Aktienkursentwicklungen Schwierigkeiten, so wird er dazu übergehen, den Marktindex nachzubilden und damit eine passive Anlagetechnik anzuwenden.

Eine aktive Management-Technik, welche nicht die einzelnen Titel sondern *Marktsektoren* betrachtet, wird als Politik der *Gruppenrotation* bezeichnet [vgl. Farrell 1983, S. 153]. Unter Marktsektoren sind hier nicht nur die Branchensektoren zu verstehen, sondern auch Gruppen[39] von Aktientypen, wie [vgl. Farrell 1983, S. 212 bzw. 223]

- Wachstumsaktien (*Growth Stocks*): Unternehmen, die ein überdurchschnittliches Wachstum aufweisen,
- zyklische Aktien (*Cyclical Stocks*): Unternehmen, deren Geschäftsverlauf in überdurchschnittlichem Ausmass den Konjunkturzyklen folgt,
- stabile Aktien (*Stable Stocks*): Unternehmen, deren Ertragskraft durch Konjunkturzyklen unterdurchschnittlich beeinflusst wird, und
- Aktien des Energiesektors (*Energy Stocks*).

Der Idee der Gruppenrotationstechnik folgend, werden Aktien von Branchen bzw. Gruppen in einem Portfolio übergewichtet, wenn diese in einer bestimmten Marktsituation eine überdurchschnittliche Rendite erzielen[40]. Durch den Wechsel von

---

39 In diesem Zusammenhang wird von der *Cluster Analysis* gesprochen [vgl. dazu bspw. Churchill 1991, S. 919ff].

40 Eine Untersuchung von *Farrell* hat gezeigt, dass je nach Gewichtung der Gruppen in bestimmten Marktsituationen sehr unterschiedliche Renditen erzielt werden können. Es wurden die Anlagetechniken buy-and-hold bezüglich dem Aktienindex S&P 500 und Gruppenrotation in der

(Fortsetzung der Fussnote vgl. die folgende Seite)

KAPITEL 3: *Das traditionelle Portfolio-Management* 101

einer Gruppe bzw. Industrie zur anderen wird versucht, eine überlegene Portfoliorendite zu erreichen.

Es wurde bereits erwähnt, dass die vorgestellten Management-Techniken selten *ausschliesslich* angewendet werden. Verhält sich ein Investor dennoch gegenüber diesen Techniken passiv, so wird er höchstens die Marktrendite erreichen. Diese kann übertroffen werden, indem die Selektions- bzw. Gruppenrotationstechnik berücksichtigt wird. Unter Anwendung aller drei Techniken - totales Aktiv-Management genannt - kann die höchst mögliche Rendite erzielt werden. Mit der höheren Rendite wird aber auch ein höheres Risiko in Kauf genommen.

3.3.2 Aktive Management-Techniken für verzinsliche Wertpapiere

Analog den Vorgehensweisen im Aktienportfolio-Management können im Portfolio-Management für verzinsliche Wertpapiere zum Erreichen einer überdurchschnittlichen Rendite drei aktive Techniken unterschieden werden [vgl. bspw. Fong 1991, S. 875ff]:

- die Zinssatzantizipation,
- die Titelselektion und
- das Bondswapping.

Die Technik der *Zinssatzantizipation* entspricht dem Timing am Aktienmarkt, die *Titelselektion* der Selektion von Aktientiteln und das *Bondswapping* ist mit der Technik der Gruppenrotation am Aktienmarkt vergleichbar.

3.3.2.1 Die Zinssatzantizipation

Die *Technik der Zinssatzantizipation* hat zum Ziel, Zinssatzänderungen derart auszunützen, dass eine überdurchschnittliche Rendite erzielt werden kann. Zu diesem Zweck müssen Richtung, Ausmass und Zeitpunkt der Zinssatzänderungen prognostiziert werden. Sind steigende Zinssätze zu erwarten, so wird der Investor festverzinsliche Titel mit kürzerer Laufzeit - beispielsweise kürzerfristige Kassenobligatio-

---

Zeit von Dezember 1970 bis Dezember 1977 verglichen. Im Dezember 1970 wurde in Growth Stocks investiert. Am 30. Juni 1971 wurde das Vermögen auf den Energiesektor und am 30. Juni 1973 in Cyclical Stocks umgeschichtet. Schliesslich wurde am 30. Juni 1974 zu den Stable Stocks gewechselt. Am 30. Dezember 1975 war es profitabler, in Cyclical Stocks anzulegen, und am 30. Dezember wurde der letzte Wechsel in den Energiesektor vorgenommen. Die Technik der Gruppenrotation brachte gegenüber der buy-and-hold-Technik einen Renditevorteil von 289.2% [vgl. dazu Farrell 1983, S. 215ff].

nen oder Geldmarktpapiere - in sein Portfolio aufnehmen. Dadurch wird dem Investor einerseits ein Mitgehen mit dem steigenden Zinssatz ermöglicht (vgl. Abbildung 3/10 [41]), anderseits kann aber auch schneller auf eine Wende in der Zinsentwicklung reagiert werden. Prognostiziert der Investor fallende Zinssätze, so hat er in festverzinsliche Titel mit längeren Laufzeiten zu investieren, um so den fallenden Zinsen zu entgehen.

Abbildung 3/10: Zinsentwicklung bei einer Investition in Obligationen bzw. in Commercial Papers

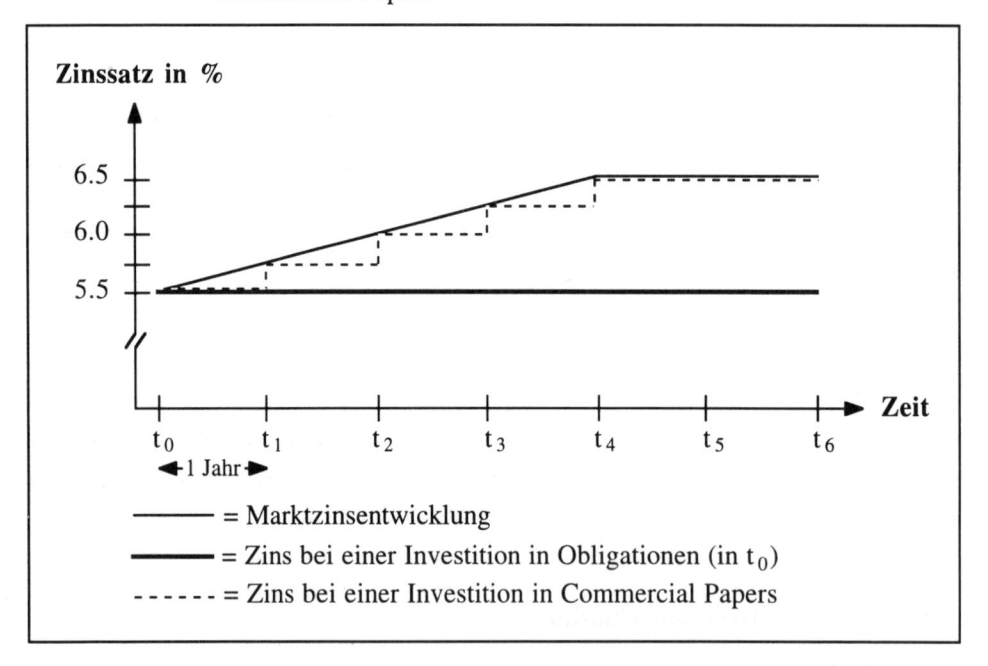

```
Zinssatz in %

6.5 ┤
6.0 ┤
5.5 ┤
       t₀   t₁   t₂   t₃   t₄   t₅   t₆   → Zeit
      ◄1 Jahr►

────── = Marktzinsentwicklung
────── = Zins bei einer Investition in Obligationen (in t₀)
------ = Zins bei einer Investition in Commercial Papers
```

Anhand von *Renditekurven* kann gezeigt werden, dass das *Risiko* eines unter Anwendung der oben beschriebenen Technik geführten Portfolios weitgehend eine *Funktion der Laufzeit* ist [vgl. Reilly 1989, S. 727, Leibowitz 1987 (1), S. 654ff]. Renditekurven zeigen die Renditestruktur von homogenen Gruppen[42] festverzinsli-

---

41   Es wird unterstellt, dass die Investition in Commercial Papers (Laufzeit ein Jahr) zum vorherrschenden Marktzinssatz laufend erneuert werden kann. Die Restlaufzeit des Obligationentitels (jährliche Verzinsung: 5.5%) beträgt 6 Jahre. Die Zinsen werden nicht reinvestiert.

42   *Homogen* im Sinne von qualitativ identisch.

KAPITEL 3: *Das traditionelle Portfolio-Management* 103

cher Wertpapiere in Abhängigkeit ihrer (Rest-)Laufzeit[43]. Die Form der Kurve (vgl. Abbildung 3/11 [vgl. Farrell 1983, S. 270]) ist von der *Liquiditätspräferenz* [vgl. Reilly 1989, S. 417, Fuller/Farrell 1987, S. 412f] *der Marktteilnehmer und deren Erwartungen über die Marktzinsentwicklung* abhängig. Unter der Annahme, dass die Investoren kurzfristige Anlagen (innerhalb einer homogenen Gruppe festverzinslicher Wertpapiere) bevorzugen (Liquiditätspräferenz), ergibt sich ein Nachfrageüberhang nach kurzfristigen Papieren, was zu einer Renditereduktion führt. Entsprechend ergibt sich eine ansteigende Renditekurve (vgl. Kurve A in Abbildung 3/11). Bei steigenden Marktzinsen wird sich der Nachfrageüberhang nach kurzfristigen Titeln verstärken, was die Renditekurve noch steiler ansteigen lässt. In der Folge gehen aber *im kurzfristigen Markt* substantielles Einkommen (niederigere Zinsen) und oft auch die Gelegenheit eines Kapitalgewinnes verloren [vgl. Reilly 1989, S. 727]. Sind dagegen sinkende Marktzinsen zu erwarten, drängen sich die Marktteilnehmer in den längerfristigen Markt, was zu einem Nachfrageüberhang und damit zu sinkenden Zinsen der langfristigen Papiere (reduzierte Couponzahlungen und damit reduziertes laufendes Einkommen) führt. Die Folge ist eine fallende Renditekurve (vgl. Kurve B in Abbildung 3/11). Zudem erfahren diese Papiere *bei einem unvorhergesehenen Zinsanstieg einen Kursrückgang*, was sich ebenfalls negativ auf die Rendite auswirkt. Stimmen die Zinserwartungen der Marktteilnehmer mit den heutigen Marktzinsen überein, so verläuft die Renditekurve horizontal (vgl. Kurve C in Abbildung 3/11). Komplizierte Formen mit nicht durchgehend ansteigendem bzw. fallendem Verlauf können sich ergeben, wenn die Angebots/Nachfrageverhältnisse in den verschiedenen Laufzeitbereichen sehr unterschiedlich sind.

Das Ausnützen von Zinssatzänderungen - wie dies die Technik der Zinssatzantizipation zum Ziel hat - hängt von den Möglichkeiten erfolgreicher Zinsprognosen ab [für Details vgl. Van Horn 1984]. Grundsätzlich gibt es zwei verschiedene Vorgehensweisen [vgl. auch Mäder/Planta 1989, S. 235]:

- die fundamentale Analyse und
- die technische Analyse.

Der *fundamentale Ansatz* versucht die auf den Zinssatz wirkenden ökonomischen Kräfte zu analysieren. Bruttosozialprodukt, Inflation, Finanzierungsbedürfnisse öffentlicher Haushalte, Investitionsbedürfnisse privater Haushalte etc. sind dabei entscheidende Zinsbestimmungsfaktoren.

---

[43] Bei dieser Betrachtung werden effiziente Märkte vorausgesetzt und allfällige Renditedifferenzen werden durch Arbitrage sofort zum Ausgleich gebracht.

Die *technische Analyse* versucht das Bild der Zinssatzentwicklung zu interpretieren. Damit wird der Hypothese gefolgt, dass jede Zinsentwicklung gewisse sich wiederholende Muster aufweist, die identifiziert und zur Prognose herangezogen werden können [vgl. Mäder/Planta 1989, S. 235].

Abbildung 3/11: Die Renditekurve eines Bond im Zeitablauf

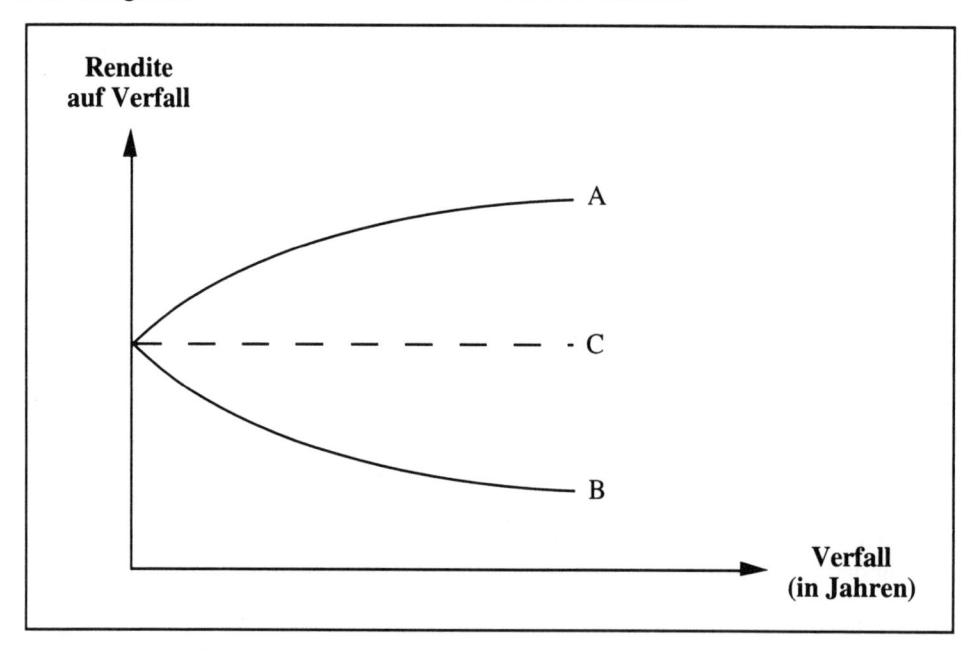

Erfahrungsgemäss sind erfolgreiche Zinsprognosen ein schwieriges und arbeitsaufwendiges Unterfangen. Auch die Ergebnisse ökonometrischer Modelle - wie sie sowohl bei der fundamentalen wie bei der technischen Analyse zum Einsatz gelangen - vermögen oft nicht zu befriedigen. Trotzdem ist der Investor auf Zinsprognosen angewiesen. In unsicheren Marktsituationen kann er sich mit der *Zinserwartungs-Szenario-Technik* behelfen[44]. Neben der prognostizierten Zinsentwicklung (Normal-Erwartung) werden eine *best-case-* und eine *worst-case*-Erwartung erarbeitet und mit Eintretenswahrscheinlichkeiten versehen. Diese Vorgehensweise ermöglicht eine Untersuchung der Extremsituationen, was die Wahl einer optimalen Rendite unter

---

44 Diese Technik wird von der BHF-Bank angewendet [vgl. dazu Wertschulte/Meyer 1986, S. 236ff].

beschränktem Risiko erleichtert [zum detaillierten Vorgehen vgl. Farrell 1983, S. 236ff].

3.3.2.2 Die Titelselektion und das Bondswapping

Bedient sich ein Investor der Technik der *Titelselektion*, so versucht er über- bzw. unterbewertete Papiere ausfindig zu machen. Zu diesem Zweck werden Renditekurven für jede Qualitätsstufe[45] bestimmter Marktsektoren gebildet. Die Renditen von zu beurteilenden Titeln müssen - bei aktuellem Marktkurs und bei gegebener Restlaufzeit - als Punkt in die graphische Darstellung der Renditekurve entsprechender Qualität eingetragen werden. Liegt der *Punkt unter der Kurve*, so ist das Papier *überbewertet*[46]. Ein Verkauf des Titels ist daher empfehlenswert. Befindet sich dagegen der *Punkt oberhalb der Renditekurve*, so ist der Titel *unterbewertet* und dessen Kauf ist anzustreben.

Eine in der Praxis häufig angewendete Portfolio-Management-Technik ist das *Bondswapping*. Ein Bondswap beinhaltet den gleichzeitigen Verkauf und Kauf zweier oder mehrerer Titel. Die Motivation für Tauschoperationen sind höhere laufende Erträge (Coupons), höhere Renditen, Veränderung der Laufzeiten, Veränderung der Bondqualitäten, Steuervorteile usw. [vgl. Reilly 1989, S. 734ff, Fuller/Farrell 1987, S. 439]. Daraus ist ersichtlich, dass der Investor mittels Bondswapping kurzfristige Anomalien auszunützen versucht[47]. Grundsätzlich können vier Arten von Bondswaps unterschieden werden [vgl. Seix 1987, S. 646ff[48]]:

- Intermarktdifferenzenswap,
- Substitutionsswap,
- reiner Ertragsswap und
- Steuerswap.

Mittels *Intermarktdifferenzenswap* kann eine Aenderung des Renditedifferenzenverhältnisses zwischen verschiedenen Marktsegmenten[49] ausgenützt werden. Erwartet

---

[45] Die Qualitätsstufen entsprechen sinnvollerweise den Ratingstufen (vgl. Abschnitt 3.1.2.2).

[46] Ist ein verzinsliches Papier überbewertet, weist es einen zu hohen Kurs auf, was auf die Rendite drückt. Damit sinkt aber die Rendite unter diejenige ähnlicher Papiere.

[47] Damit wird aber unterstellt, dass der Markt ineffizient ist. Zur Markteffizienz vgl. Abschnitt 7.2.

[48] Der dort erwähnte *Rate Anticipation Swap* beinhaltet die Idee des weiter vorne diskutierten Timings.

[49] Marktsegmente können aufgrund der Schuldnerqualität, des Schuldnertyps (Staatspapiere oder Papiere von Unternehmen), des Couponsatzes etc. gebildet werden.

Abbildung 3/12: Beispiel eines Intermarktdifferenzenswaps

> Es wird ein Treasury Bond gegen einen A-Rating Bond geswapt. Der Coupon des zu verkaufenden Treasury Bonds zahlt *14.875%* und hat einen gegenwärtigen Wert von *99.834* (die effektive Rendite beträgt daher *14.9%*). Der Coupon des zu kaufenden A-Rating Bonds zahlt *17%* und hat einen gegenwärtigen Wert (entspricht dem Kaufpreis) von *100.929* (die effektive Rendite beträgt daher *16.84%*). Es wird ein Zeithorizont von einem Jahr betrachtet. Aufgrund der Marktlage sinkt bis zum Ende des betrachteten Zeithorizontes der Coupon von Treasury Bonds auf *11.75%* und derjenige von A-Rating Bonds auf *13.38%* (was einen Kursanstieg der beiden bewirkt, vgl. die erwarteten Preise am Ende des Zeithorizontes).
>
> Die tieferen Coupons am Ende des betrachteten Zeithorizontes bewirken einen Rückgang der Differenz zwischen dem Treasury Bond und dem A-Rating Bond von *212.5 Basispunkten* (= 17% - 14.875%) auf *163 Basispunkte* (= 13.38%-11.75%). Durch den Swap vom Treasury Bond zum A-Rating Bond kann die ursprüngliche Differenz nicht nur beibehalten, sondern vergrössert werden:
>
> | | Treasury Bond | A-Rating Bond |
> |---|---|---|
> | Preis zu Beginn des Zeithorizontes | 99.834 | 100.929 |
> | Erw. Preis am Ende des Zeithorizontes | 116.952 | 118.645 |
> | Kapitalgewinn / Kapitalverlust | *17.118* | *17.716* |
> | Coupons | 14.875 | 17.000 |
> | Zinseszins (14%) auf Coupons (1/2 Jahr) | 0.521 | 0.595 |
> | Totaler Ertrag | *32.514* | *35.311* |
>
> Die Rendite des Treasury Bonds beträgt damit *32.57%* und diejenige des A-Rating Bonds *34.99%*, was einer Differenz von *242 Basispunkten* entspricht.

ein Investor, dass sich die Renditedifferenz zweier Bonds mit unterschiedlichem Rating vorübergehend *verkleinert*, so *kauft* er den *höher verzinsten Bond* (mit schlechterem Rating) und *verkauft* den *tiefer verzinsten Bond* (mit besserem Rating)[50]. Verändert sich die Renditedifferenz wie erwartet, so sinkt der Zins für Bonds mit schlechterem Rating (relativ zu den Bonds mit besserem Rating). Dadurch wird aber

---

50 Normalerweise sind schlechter geratete Bonds mit einem höheren Zins ausgestattet, was im Sinne einer Risikoprämie auch gerechtfertigt ist.

KAPITEL 3: *Das traditionelle Portfolio-Management* 107

der Kurs des gekauften Papieres steigen und es resultiert ein Kapitalgewinn, was die Rendite erhöht (vgl. Abbildung 3/12 [in Anlehnung an Seix 1987, S. 650]). Erwartet der Investor eine *Ausdehnung* der Renditedifferenz, so kauft er einen tiefer verzinsten Bond und verkauft den höher verzinsten Bond [vgl. Fuller/Farrell 1987, S. 443].

Von einem *Substitutionsswap* spricht man, wenn ein Investor in seinem Portfolio einen Bond durch einen substantiell identischen (gleiches Rating, gleiche Laufzeit, gleicher Coupon) aber zu einem - aufgrund eines *vorübergehenden* Marktungleichgewichtes - tieferen Kurs erhältlichen Bond ersetzt.

Im Gegensatz zum Substitutionsswap ist der *reine Ertragsswap* auf höhere Zinseinnahmen ausgerichtet. Der Investor hat weder Zinsprognosen zu entwickeln, noch versucht er, Renditedifferenzen zu ermitteln. Qualität und Laufzeit der Bonds bleiben die selben. Die Motivation liegt allein in den höheren Zinseinnahmen, wozu auch ein Kapitalverlust - sofern die Totalrendite nicht sinkt - in Kauf genommen wird [vgl. Reilly 1989, S. 734f].

Mittels *Steuerswap* versucht der Investor, Steuerabgaben zu reduzieren, indem hochverzinsliche Bonds kurz vor Fälligkeit gegen tiefverzinsliche Bonds getauscht werden [vgl. Fuller/Farrell 1987, S. 444]. Da die Kurse der Bonds gegen den Fälligkeitstermin ansteigen, fällt ein Kapitalgewinn - zugunsten eines Zinsertrages - an. Desgleichen resultiert aus den tiefverzinslichen Papieren. Kapitalgewinne werden häufig nicht[51] oder tiefer[52] besteuert als Zinserträge, weshalb ein Renditevorteil entsteht.

Die erfolgreiche Durchführung eines Bondswap bedingt, dass dessen Ertragsquellen - Couponerträge, Zinseszinsen und Kapitalgewinne - analysiert und dessen Risiken beachtet werden. Ein Ansatz dazu bietet die Technik der *Horizon Analysis* [vgl. dazu Leibowitz 1987 (2), S. 633ff]. Der Swapertrag wird zerlegt in eine Zeit-, eine Coupon-, eine Renditeveränderungs- und eine Zinseszinskomponente [vgl. Fuller/Farrell 1987, S. 440], welche von den fundamentalen Variablen des Bondmarktes - Zinssatzniveau, Renditekurven und Renditedifferenzenverhältnisse - abhängig sind. Aufgrund der Zeit- und der Couponkomponente kann der sichere (minimale) Ertrag ermittelt werden. Unsicher sind dagegen die Kapitalgewinne (Renditeveränderungskomponente) und die Zinseszinserträge.

---

51 Für die Schweiz vgl. Abschnitt 3.2.2.2.
52 In den USA erfahren Municipal Bonds Steuervorteile, wenn Kapitalgewinne und nicht Zinserträge anfallen [vgl. Feldstein/Fabozzi 1991, S. 432].

3.3.3 Die Portfolioüberwachung

Wie die beschriebenen Management-Techniken zeigen, ist der Ablaufprozess des traditionellen Portfolio-Managements mit der Portfoliobildung nicht beendet. Aus drei Gründen muss eine ständige Ueberwachung und Analyse des Portfolios erfolgen:

- Marktveränderungen,
- Veränderungen des Anlagekapitals und
- Veränderungen der Ziele und Anlagevorschriften des Investors.

Da sich im Zeitablauf die Marktverhältnisse ändern, ist das Portfolio auf seine Ziel- und Anlagevorschriftenkonformität zu prüfen. Stellt der Investor negative Zielabweichungen fest, hat er aufgrund der neuen aus der Finanzanalyse hervorgehenden Daten eine Portfoliorevision vorzunehmen.

Eine weitere wichtige Aufgabe besteht in der Ueberwachung der Kapitalströme. Sowohl eine *Veränderung* des anzulegenden Kapitals (ausgelöst durch den Investor) als auch die *Wiederanlage* von Kapital (Zins- und Dividendenerträge, freigesetztes Kapital aus sich selbst liquidierenden Anlagen wie Obligationen, Geldmarktpapieren etc.) können eine Portfolioumschichtung notwendig machen.

Mit der Portfoliorevision sind aber auch *Kosten* verbunden, die zu beachten sind. Es handelt sich um

- Transaktionskosten im engeren Sinne (Courtagen, Steuern, Börsengebühren etc.[53]) und
- Kosten, die durch Analysen entstehen.

Eine Portfolioumschichtung ist daher immer nur dann angezeigt, wenn unter Berücksichtigung aller Kosten der *Nutzen* eines Portfolios verbessert werden kann [vgl. Gerber 1987, S. 9].

Aus den obigen Ausführungen ist ersichtlich, dass die ständige Ueberwachung und Analyse des Portfolios wie auch eventuelle Aenderungen der Ziele und Anlagevorschriften des Investors wieder zum Anlagekonzept zurückführen (vgl. dazu auch Abbildung 3/1). Der Ablaufprozess des traditionellen Portfolio-Managements wird damit zu einem sehr dynamischen System.

---

[53] In der Schweiz sind neben der Courtage drei verschiedene Gebühren zu entrichten: die Eidgenössische Stempelabgabe, die kantonale Börsengebühr und die Börsenplatzabgabe.

Zusammenfassung

Das traditionelle Portfolio-Management vollzieht sich in drei Schritten: die Finanzanalyse, die Erarbeitung des Anlagekonzeptes und die Portfoliobildung und dessen Management.

Die Aufgabe der *Finanzanalyse* ist es, die verschiedenen Anlageformen rendite- und risikomässig zu untersuchen. In bezug auf *Aktien* sind die Fundamentalanalyse und die technische Analyse zu unterscheiden. Die *Fundamentalanalyse* geht davon aus, dass aufgrund globaler, branchen- und unternehmensspezifischer Analysen der innere Wert (sog. Intrinsic Value) einer Aktie ermittelt werden kann und sich dieser mittelfristig dem Aktienkurs anpassen wird. Damit werden Aktien mit einem unter dem aktuellen Börsenkurs liegenden inneren Wert gekauft und solche mit einem über dem aktuellen Börsenkurs liegenden inneren Wert verkauft. Demgegenüber befasst sich die *technische Analyse* mit dem Studium der Preis- und Volumenentwicklungen sowie dem Verhalten der Marktteilnehmer, da davon ausgegangen wird, dass alle börsenrelevanten Einflüsse in den Aktienkursen zum Ausdruck kommen.

Die Analyse *verzinslicher Anlagen* umfasst die Beurteilung der Schuldnerqualität, der Laufzeit, des Zinssatzes (Coupon), der Rendite, der Marktgängigkeit, der Steuern sowie im Falle einer Fremdwährungsanlage der Währung. Dabei gilt es zu beachten, dass die erwähnten Kriterien nicht isoliert zu betrachten sind.

Mit dem *Anlagekonzept* soll eine den Vorstellungen des Investors entsprechende, in sich widerspruchsfreie Anleitung zur Kapitalanlage formuliert werden. Zu berücksichtigen sind hierbei die Ziele (Rentabilität, Sicherheit und Liquidität) sowie die Anlagevorschriften des Investors in Form von finanziellen Faktoren (Anlagevolumen, Liquidität des Investors und Anlagehorizont), gesetzlichen Rahmenbedingungen (Steuern, Reglementierungen) und persönlichen Wünschen. Ausfluss des Anlagekonzeptes ist schliesslich die Anlagepolitik, welche grundsätzliche im Rahmen eines Bottom-Up- oder Top-Down-Ansatzes erfolgen kann und aufzeigt, in welche Anlagemedien und Märkte investiert werden soll.

Die dritte Stufe im Ablaufprozess des traditionellen Portfolio-Managements besteht in der *Bildung des Portfolios* sowie dessen *laufender Ueberwachung*. Wird nach der aktiven Management-Technik vorgegangen, können im Rahmen eines Aktienportfolios drei Techniken angewendet werden: das Timing, die Selektion und die Gruppenrotation. Analog dazu können im Falle eines Bondportfolios die Zinssatzantizipation, die Titelselektion und das Bondswapping unterschieden werden, wobei alle Techniken auf der Idee basieren, dass es wenigstens tendenziell möglich ist, die Schwankungen der Aktien- und Bondkurse vorherzusehen. Wurde ein Portfolio zusammengestellt, ist dasselbe wegen möglicher Marktveränderungen, Veränderungen des Anlagekapitals und Veränderungen der Ziele und Anlagevorschriften des Investors ständig zu überwachen und zu analysieren.

Wichtige Begriffe

Finanzanalyse
Fundamentalanalyse
innerer Wert (Intrinsic Value)
Dividendenwachstumsmodell
Globalanalyse
Branchenanalyse
Einzelwertanalyse
Price-Earnings-Ratio
technische Analyse
Dow-Theorie
Elliott-Wave-Theorie
Methode der gleitenden Durchschnitte
Bond Rating
Rendite auf Verfall (Yield to Maturity)
Rendite auf Kündigung
Anlagekonzept
Risikotoleranz
Liquidität
Anlagepolitik
Bottom-Up-Ansatz
Top-Down-Ansatz
passives Portfolio-Management
aktives Portfolio-Management
Timing
Titelselektion
Gruppenrotation
Zinssatzantizipation
Bondswapping
Portfolioüberwachung

Ausgewählte Literatur

Dexheimer, P./Schubert, E./Ungnade, D.: "Leitfaden durch die Anlageberatung", 2. Auflage, Stuttgart 1985.

Farrell, J.: "Guide to Portfolio Management", New York 1983, insbesondere S. 181-238 und 267-288.

Fong, H.: "Bond Management: Past, Current, and Future", in: *Fabozzi, F.:* "The Handbook of Fixed Income Securities", 3. Auflage, Homewood 1991, S. 875-881.

Fuller, R./Farrell, J.: "Modern Investments and Security Analysis", New York 1987, insbesondere S. 131-208.

Trenner, D.: "Aktienanalyse und Anlegerverhalten", Düsseldorf 1988.

KAPITEL 3: *Das traditionelle Portfolio-Management*

Lösungen zu den Konzept-Fragen

1.) Unter Berücksichtigung von (3-3), allerdings angewendet auf die Gewinnbetrachtung, ergibt sich für den inneren Wert der Aktie *IW = 625.-*. Die Anwendung von (3-4) führt zu demselben Resultat. Es darf allgemein festgehalten werden, dass wenn die Wachstumsrate (g) der Multiplikation aus Kapitalkostensatz (k) und Thesaurierungsquote (e) (diese beträgt im Beispiel 25%, da 75% vom Gewinn je Aktie als Dividende ausgeschüttet werden) entspricht, die Anwendung des Dividendenwachstumsmodells zu demselben Ergebnis wie die Kapitalisierung des Gewinnes führt. Dasselbe gilt hingegen nicht, wenn das thesaurierte Kapital zu einem höheren Zinssatz reinvestiert werden kann.

2.) Betrachtet wird das Beispiel der Konzept-Frage 1. Zudem wird unterstellt, der innere Wert entspreche dem Preis der Aktie. Wird davon ausgegangen, dass der Gewinn von Fr. 50.- je Aktie als Dividende ausgeschüttet wird, ergibt sich entsprechend (3-3) für den Preis der Aktie $P_0 = 625.-$. Ein substanzielles Wachstum ist deshalb nicht möglich, weil der volle Gewinn an die Aktionäre ausbezahlt wurde. Behält nun stattdessen das Unternehmen 25% des Gewinnes ein und kann dieser zu einem über dem Kapitalkostensatz liegenden Zins reinvestiert werden (beispielsweise zu einem Return on Equity (ROE) von 10%), kann die Wachstumsrate g berechnet werden (vgl. dazu die Beantwortung der Konzept-Frage 1):

$g = e \cdot REO$

(wobei e = Thesaurierungsquote, auch als *Plowback Ratio* bezeichnet).

Im Beispiel ergibt sich für die Wachstumsrate $g = 2.5\%$. Entsprechend ergibt sich unter Anwendung von (3-4) für den Preis der Aktie $P_0 = 682.-$. Der Unterschied zwischen dem Preis unter Berücksichtigung der Wachstumsrate von 2.5% und dem Preis im Falle der Ausschüttung des gesamten Gewinnes wird als Present Value der Wachstumsmöglichkeiten bezeichnet und beträgt $PV(W) = 57.-$. Für den Preis einer Aktie gilt daher:

$P_0 = G_{A1} / k + PV(W)$

und damit für das P/E-Ratio [vgl. Bodie/Kane/Marcus 1993, S. 551]

$P_0 / G_{A1} = (1 / k) \cdot [1 + (PV(W) / (G_A / k))]$ \hfill (*)

(wobei $(PV(W) / (G_A / k))$ dem Verhältnis zwischen dem Wachstumswert des Unternehmens und dem Wert des Unternehmens im Falle eines Nullwachstums entspricht).

(*) zeigt, dass im Falle eines Nullwachstums das P/E-Ratio den Wert 1/k annimmt. Mit zunehmendem Wachstum (PV(W)) steigt auch das P/E-Ratio an. Da PV(W) vom Return on Equity (ROE) beinflusst wird, ist auch klar, dass das P/E-Ratio mit zunehmendem ROE ebenfalls ansteigt. Zudem steigt (unter der Bedingung, dass e > k) das P/E-Ratio mit zunehmender Thesaurierungsquote (e).

3.) Die grundlegende Philosophie der technischen Analyse umfasst vier Ueberlegungen [vgl. Reilly 1989, S. 659]: (1) Börsenkurse werden allein durch Angebot und Nachfrage bestimmt; (2) Angebot und Nachfrage werden ihrerseits von verschiedenen Faktoren - sowohl rationalen, fundamental erklärbaren wie auch irrationalen (Börsenstimmung, Schätzungen usw.) - beeinflusst. Der Markt gewichtet die Faktoren automatisch und kontinuierlich; (3) ungeachtet kleiner Kursschwankungen bewegen sich Börsenkurse tendenziell in Trends, welche für eine einschätzbare Länge bestehen bleiben; (4) Trendänderungen werden durch Verschiebungen in der Angebots- und Nachfragestruktur hervorgerufen.

Der grösste Vorteil der technischen Analyse gegenüber der Fundamentalanalyse ist darin zu sehen, dass auch die Börsenstimmung als solche und damit verbunden irrationale Faktoren in die Analyse einbezogen werden.

4.) Entsprechend (3-5) kann für die Anleihe eine Rendite auf Verfall von $r_A = 4.15\%$ ermittelt werden (Laufzeit: 8 Jahre).

In (3-6) wird davon ausgegangen, dass die Anleihe 'flat', das heisst inklusive aufgelaufene Marchzinsen gehandelt wird. Ein derartiger Handel ist in angloamerikanischen Ländern in bestimmten Marktsegmenten anzutreffen. Für die Rendite auf Verfall ergibt sich entsprechend (3-6) bei einer Restlaufzeit von $6^1/_2$ Jahren $r_A = 4.04\%$.

Regelmässig gehandelte Anleihen notieren in der Schweiz den Usanzen entsprechend 'ex', das heisst exklusive aufgelaufene Marchzinsen. Die Marchzinsen (M) können dabei vereinfacht (lineare Betrachtung) mit

$$M = C \cdot (\Delta t / 360)$$

berechnet werden. Im Beispiel ergeben sich Marchzinsen von $M = 2$. Der **Kurs ex** wird daher bei **99.75** (= 101.75 - 2) notieren.

5.) Handelt es sich wie in (a) angegeben um einen Kapitalgewinn, beträgt die Rendite auch nach Steuern **6%**. Im Fall (b) sind die zu entrichtenden Steuern zu berechnen (es gelten die für das Jahr 1993 gültigen Tarife für Einzelpersonen):

- *Staats-, Gemeinde- und Kirchensteuer*

Steuerbares Einkommen inkl. Vermögensertrag	7'093.00
./. Steuerbares Einkommen ohne Vermögensertrag	<u>6'493.00</u>
Grenzsteuer auf 6'000	600.00
Grenzbelastung bei 100% einfacher Staatssteuer	10.00%
Steuerfuss des Kantons Zürich 108%	10.80%
Steuerfuss der Stadt Zürich 130% der einf. Staatssteuer	13.00%
Kirchensteuer (Annahme: 11% der einf. Staatssteuer)	<u>1.10%</u>
Total der Staats-, Gemeinde und Kirchensteuer	*24.90%*

- *Direkte Bundessteuer*

Steuerbares Einkommen inkl. Vermögensertrag	4'024.65
./. Steuerbares Einkommen ohne Vermögensertrag	<u>3'496.65</u>
Grenzsteuer auf 6'000	528
Grenzbelastung bei 100% einfacher Staatssteuer	*8.80%*

- *Total Steuern*

Staats-, Gemeinde- und Kirchensteuer	24.90%
Direkte Bundessteuer	<u>8.80%</u>
	33.70%

Für die Rendite nach Steuern im Fall (b) ergeben sich *3.98%*. In der höchsten Progressionsstufe steigt das Total der Steuern bis auf 46.32%; die Rendite sinkt somit von 6% auf *3.22%*.

6.) Unter Berücksichtigung von (3-5) ergeben sich (a) für eine Investition in 30-Tage Commercial Papers bzw. Treasury Bills eine jährliche Rendite von *2.49%*, (b) für eine Investition in den NYSE Index eine jährliche Rendite von *8.44%* und (c) für ein perfektes Timing zwischen den beiden Märkten eine jährliche Rendite von *34.71%*.

Teil II:
Modernes Portfolio-Management in der Theorie

Kapitel 4

Die Elemente der modernen Portfolio-Theorie

> *Nach dem Studium dieses Kapitels sollte der Leser*
> - *die Ermittlung historischer (sicherer) Renditen und zukünftiger (erwarteter) Renditen einzelner Anlagen kennen;*
> - *den Begriff 'Nutzen' sowie die Nutzenfunktion und die Indifferenzkurve erklären können;*
> - *wissen, was unter Risiko in der modernen Portfolio-Theorie verstanden wird und wie dasselbe für einzelne Anlagen zu berechnen ist;*
> - *sich der Bedeutung der Normalverteilung in der modernen Portfolio-Theorie bewusst sein;*
> - *die Gedanken der Diversifikation sowie deren Grenzen kennen;*
> - *in der Lage sein, Rendite und Risiko eines Portfolios zu ermitteln.*

Im ersten Teil wurde gezeigt, dass - entsprechend dem traditionellen Portfolio-Management - mittels verschiedener Analyse- und Prognosetechniken Anlagemedien oder ganze Portfolios *qualitativ* beurteilt werden. In *Ergänzung* zum konventionellen Vorgehen stellt die moderne Portfolio-Theorie die Risiko-Rendite-Beziehung der einzelnen Anlagemedien bzw. ganzer Portfolios in den Vordergrund der Betrachtungen. Wie zu zeigen sein wird, ist ein differenziertes Vorgehen erforderlich. Nicht nur die Renditen, sondern auch die Risiken sind zu *quantifizieren* und werden in eine gegenseitige Beziehung gebracht. Um die moderne Portfolio-Theorie und deren Ansätze zur Portfoliogestaltung[1] besser zu verstehen, werden in diesem Kapitel die Elemente *Nutzen*, *Risiko* und *Diversifikation* vorgestellt.

4.1 Die Nutzenanalyse

Wie bereits früher dargelegt, ist das Streben nach Rendite das wichtigste Anlageziel

---

1 Vgl. dazu Kapitel 5.

eines Investors[2]. Allerdings darf dieser nicht der Idee verfallen, die Renditen seiner Anlagen zu maximieren. Es wird zu zeigen sein, dass das Ziel einer *maximalen Rendite* zugunsten der *Sicherheit der Rendite* beschränkt werden muss. Die Ziele Rendite und Sicherheit sind gewöhnlich gegenläufig. Je grösser die erzielbare Rendite des investierten Kapitals, desto geringer ist auch die damit verbundene Sicherheit, das Kapital ohne Verlust zurückzuerhalten. Zwischen Renditeziel und Sicherheitsziel ist daher ein Kompromiss zu schliessen, der als *Nutzen* bezeichnet wird [vgl. Fritschi 1989 (1), S. 18][3]. Dieser ist von Investor zu Investor verschieden, was mit der individuellen Vorstellung über das Erreichen einer bestimmten Sicherheit bei einer vorgegebenen Rendite erklärbar ist. Wird unterstellt, wie dies in der Oekonomie allgemein üblich ist, dass Investoren *rational* handeln, so ist nicht die Rendite, sondern der *Nutzen zu maximieren*.

4.1.1 Das Renditestreben als Anlageziel

In der modernen Portfolio-Theorie wird der Spaltung des Renditezieles in die Teilziele *Kapitalzuwachs* und *laufende Erträge* nicht direkt Rechnung getragen[4]. Allerdings wäre dies über eine entsprechend formulierte Restriktion denkbar. Sodann wird unterstellt, dass die Investoren möglichst hohe Portfoliorenditen anstreben. Um dieselben zu erreichen, sind die verschiedenen Anlagemöglichkeiten renditemässig untereinander zu vergleichen.

Ist heute zu entscheiden, ob eine Investition getätigt werden soll oder nicht, geschieht dies aufgrund von prognostizierten Werten. Der Erfolg eines Investors steht und fällt demzufolge mit seiner Fähigkeit, die Zukunft richtig einzuschätzen (zu prognostizieren). In Anlehnung an die in Theorie und Praxis häufig gemachte Unterscheidung[5] zwischen

- Prognosen basierend auf historischen Daten und
- Prognosen basierend auf Szenarien

---

2   Vgl. Abschnitt 3.2.1. Zweifellos führen aber auch andere Motive zu einer Kapitalanlage, so beispielsweise das Interesse an einem Unternehmen, Prestigefragen, Spieltrieb usw. Es handelt sich dabei um Ziele, denen im weiteren keine Beachtung geschenkt werden.

3   Im allgemeinen wird unter Nutzen die Befriedigung, die ein Gut (hier das Kapital) beim Konsum (Kapital kann nur indirekt konsumiert werden) stiftet, verstanden.

4   Vgl. Abschnitt 3.2.1.1.

5   Vgl. dazu die Ausführungen in den Abschnitten 8.1.1 und 8.1.2.

KAPITEL 4: *Die Elemente der Portfolio-Theorie*

können Renditen einzelner Anlagen entsprechend auf der Basis historischer (sicherer) oder erwarteter (unsicherer) Daten ermittelt werden.

4.1.1.1 Das Renditestreben bei sicherer (bekannter) Zukunft

Die Rendite einer Anlage wird berechnet, indem sämtliche Zahlungsströme und der Verkaufspreis auf den Kaufpreis (Gegenwartswert, Present Value) diskontiert werden [vgl. bspw. Fuller/Farrell 1987, S. 7]:

$$P_0 = \sum_{t=1}^{n} CF_t / (1 + r_A)^t + P_n / (1 + r_A)^n \qquad (4\text{-}1)$$

(wobei P_0 = Kaufpreis, P_n = Verkaufspreis, CF_t = Cash Flow im Zeitpunkt t (bei Aktien die Dividendenzahlungen, bei verzinslichen Papieren die Couponzahlungen), n = Laufzeit (in Jahren, Monaten usw.), r_A = (durchschnittliche) Rendite der Anlage A während n).

Häufig sind Monats- oder Jahresrenditen (r_t) zu berechnen, so dass (4-1) vereinfacht wird:

$$P_{t-1} = CF_t / (1 + r_t) + P_t / (1 + r_t) \qquad (4\text{-}2)$$

Aus (4-2) folgt:

$$r_t = [(P_t - P_{t-1}) + CF_t] / P_{t-1} \qquad (4\text{-}3)$$

Die Berechnung der Jahresrenditen der Aktien A, B und C (vgl. Abbildung 4/1) zeigt, dass im ersten Jahr mit der Aktie B (r_{B1} = 33.33%) die höchste Rendite erzielt wurde, während im zweiten Jahr die Aktie A (r_{A2} = 36.67%) die höchste Rendite aufwies.

Abbildung 4/1: Mögliche Kurs- und Dividendenentwicklungen dreier Aktien

	Aktie A	Aktie B	Aktie C
Kurs zu Beginn des 1. Jahres	1'500	1'500	1'500
Dividende im 1. Jahr	250	0	0
Kurs zu Beginn des 2. Jahres	1'500	2'000	1'700
Dividende im 2. Jahr	250	0	0
Kurs zu Beginn des 3. Jahres	1'800	1'500	1'500

Anhand der gemäss (4-3) berechneten Renditen können Anlagemöglichkeiten von Periode zu Periode beurteilt und untereinander verglichen werden. Ein Vergleich über mehrere Perioden ist unter Berücksichtigung von (4-1) vorzunehmen. Allerdings gelangt (4-1) selten zur Anwendung. Um eine Mehrperioden-Investition trotzdem beurteilen zu können, wird entweder das *geometrische Mittel der Einperiodenrenditen*

$$r_A = \left(\prod_{t=1}^{n} [(D_t + P_t) / P_{t-1}] \right)^{(1/n)} - 1 \tag{4-4}$$

(wobei π bedeutet, dass über alle Klammerausdrücke [...] von $t = 1$ bis $t = n$ multipliziert wird; $(...)^{(1/n)}$ bedeutet, dass aus (...) die n-te Wurzel gezogen wird).

oder das *arithmetische Mittel der stetigen Einperiodenrenditen* berechnet[6]:

$$_k r_A = (1/n) \cdot \sum_{t=1}^{n} {}_k r_t \tag{4-5}$$

(wobei $_k r_A$ = arithmetisches Mittel der stetigen Einperiodenrenditen ($_k r_t$), n = Anzahl Perioden; Σ bedeutet, dass über alle $_k r_t$ von $t = 1$ bis $t = n$ summiert wird: $_k r_A = (1/n) \cdot [_k r_1 + {}_k r_2 + {}_k r_3 + ... + {}_k r_{n-1} + {}_k r_n]$).

Das *geometrische Mittel* unterstellt eine *Cash-Flow-Betrachtung*. Angenommen es werden 150 Aktien A zu Beginn des ersten Jahres zum vorgegebenen Kurs von 1'500 gekauft (vgl. Abbildung 4/1). Die am Ende des ersten Jahres ausbezahlte Dividende von 37'500 (150 Aktien à 250 Dividende) wird reinvestiert, indem 25 zusätzliche Aktien A zum Kurs von 1'500 (vgl. Abbildung 4/1) erworben werden. Demzufolge beträgt am Ende des zweiten Jahres das investierte Kapital 358'750, was einer Zunahme um 133'750 oder einer Zweijahresrendite von 59.44% entspricht[7]. Annualisiert ergibt sich somit eine Rendite von *26.27%* (vgl. (4-4)).

---

6   Die stetige Rendite ($_k r_t$) wird wie folgt berechnet:
    $$_k r_t = \ln [(P_t + CF_t) / P_{t-1}]$$
    (wobei ln der natürliche Logarithmus ist).
    Eine stetige Rendite ($_k r_t$) entspricht dem Zinssatz, mit dem ein investierter Betrag (P_{t-1}) kontinuierlich verzinst einen vorgegebenen Endbetrag ($P_t + CF_t$) und damit eine entsprechende Rendite (r_t) erreicht.
    Anstelle des arithmetischen Mittels der stetigen Einperiodenrenditen kann auch das geometrische Mittel der Einperiodenrenditen berechnet werden. *Keinesfalls* ist das *arithmetische Mittel* der Einperiodenrenditen zu berechnen.

7   Am Ende des zweiten Jahres beträgt der Wert der 175 Aktien 315'000. Zudem erhält der Investor eine Dividende im Umfang von 43'750.

KAPITEL 4: *Die Elemente der Portfolio-Theorie* 121

Im Gegensatz zum geometrischen Mittel der Einperiodenrenditen liegt beim *arithmetischen Mittel der stetigen Einperiodenrenditen* eine additive Verknüpfung vor. Dies mag vorerst als Vorteil erscheinen, darf aber nicht darüber hinwegtäuschen, dass es sich bei der gemäss (4-5) ermittelten durchschnittlichen Rendite um eine stetige Rendite handelt ($_kr_A$ = 23.33%, vgl. Abbildung 4/1), welche durch

$$r_A = \exp[_kr_A] - 1 \tag{4-6}$$

(wobei exp = Exponentialfunktion)

in eine einfache durchschnittliche Rendite (r_A = 26.27%, vgl. Abbildung 4/1) überzuführen ist[8].

Konzept-Frage 1	Zur Berechnung einer durchschnittlichen Rendite darf keinesfalls das arithmetische Mittel der Einperiodenrenditen angewendet werden. Welches unsinnige Resultat würde sich im Falle der Missachtung dieser Aussage für die durchschnittlichen Renditen der Aktien B und C (vgl. Abbildung 4/1) ergeben?

Angenommen, alle Investoren sind in der Lage, die zukünftigen Renditen im voraus aufgrund der *sicher (tatsächlich)* eintreffenden Zahlungsströme (CF_t) und des *sicheren (tatsächlichen)* Verkaufspreises zu berechnen. Der Idee der *Renditemaximierung* folgend, wird ausschliesslich in die Anlage mit der höchsten Rendite investiert. Dies führt zur *widersinnigen Situation*, dass alle übrigen Anlagen unberücksichtigt bleiben. Wie die Realität zeigt, müssen die ausstehenden Anlagen *in ihrer Gesamtheit* durch die Wirtschaftssubjekte gehalten werden.

Wird die Annahme der sicheren (bekannten) Zukunft beibehalten, so müsste dies dazu führen, dass die Preise der übrigen Anlagen so tief sinken, bis die Renditen derselben das Niveau der Anlage mit der höchsten Rendite erreichen. Nur so ist der realitätsnahe Zustand (jede Anlage im Besitz mindestens eines Investors) erreichbar. Ein solches Renditeverhalten ist allerdings am Markt nicht feststellbar, weshalb die Annahme, dass die Zukunft bekannt (sicher) ist, nicht zur Erklärung des Marktverhaltens herangezogen werden kann [vgl. Levy/Sarnat 1984, S. 94].

---

[8] Es kann leicht nachvollzogen werden, dass die entsprechend (4-5) und (4-6) ermittelten Resultate mit denjenigen aus (4-4) übereinstimmen.

4.1.1.2 Das Renditestreben bei unsicherer (unbekannter) Zukunft

Die Idee, die Portfoliorendite zu maximieren, basiert auf *sicheren Erwartungen*. Wäre die Zukunft bekannt und nicht risikobehaftet, so könnten Portfolio-Entscheidungen ohne weiteres anhand der Rendite beurteilt werden. Allerdings bewirkt die praktisch immer vorhandene Unsicherheit der Zukunft, dass zukünftige Ergebnisse selten einwertige, punktuelle Grössen verkörpern. Wird von *Unsicherheit der Zukunft* gesprochen, so denkt man unmittelbar an *Risiko*. Dieser Gedanke ist insofern richtig, als 'Unsicherheit der Zukunft' *Ungewissheit* in sich birgt und damit der Ursprung des Risikos ist. Allerdings werden die Begriffe Risiko und Ungewissheit in der Literatur auseinander gehalten.

Von *Risiko* wird dann gesprochen, wenn aufgrund der unsicheren Zukunft die Rendite einer Anlage *nicht* mit Sicherheit im voraus bekannt ist. Es sind aber die *möglichen Renditen* sowie deren *Eintretenswahrscheinlichkeiten* bekannt. Beide zusammen bilden eine Wahrscheinlichkeitsverteilung [vgl. dazu Bohley 1992, S. 337]. Diese Verteilung kann auf der Basis objektiver (aus empirischen Häufigkeitsverteilungen berechnet) oder subjektiver Wahrscheinlichkeiten aufgestellt werden [vgl. bspw. Perridon/Steiner 1993, S. 95ff, Levy/Sarnat 1984, S. 105f].

Ungewissheit ist ein Extremfall von Risiko, der dann eintritt, wenn den möglichen Renditen keine Wahrscheinlichkeiten zugeordnet werden können (weder objektiv noch subjektiv). Eine Anlageentscheidung bei völliger Ungewissheit ist natürlich unmöglich. Da aber subjektive Wahrscheinlichkeiten immer möglich sind (jeder Investor kann nach seinem Gefühl entscheiden), wird im folgenden auf die Trennung der beiden Begriffe verzichtet.

Aufgrund eingehender Analysen glaubt ein Investor, drei verschiedene ökonomische Umweltkonstellationen ausmachen zu können, welche ihrerseits die Ertragslage der Unternehmen nachhaltig prägen: ein boomartiges Wachstum bei sehr geringer Inflation, eine Rezession bei überdurchschnittlicher Inflation oder ein normales Wachstum (vgl. Abbildung 4/2). Aufgrund vergangener Beobachtungen werden deren Eintretenswahrscheinlichkeiten *geschätzt*. Um die in Abbildung 4/2 gezeigten Anlagen miteinander vergleichen zu können, muss ein Mass gefunden werden, das die Wahrscheinlichkeitsverteilung der möglichen Renditen[9] wiedergibt. Eine häufige Lösung liegt in der Berechnung der *erwarteten Rendite* einer Anlage, welche defi-

---

9   Die möglichen Renditen werden Zufallsvariablen genannt. Im folgenden handelt es sich um Wahrscheinlichkeitsverteilungen mit diskreten (im Gegensatz zu stetigen) Zufallsvariablen [zur Unterscheidung von diskreten und stetigen Zufallsvariablen vgl. Bohley 1992, S. 337ff].

niert ist als der gewichtete Durchschnitt aller in Betracht zu ziehenden Renditen, wobei die Gewichte die Wahrscheinlichkeiten sind[10]:

$$E(r_A) = \sum_{i=1}^{n} p_i \cdot r_i, \text{ wobei } \sum_{i=1}^{n} p_i = 1 \qquad (4\text{-}7)$$

(wobei $E(r_A)$ = erwartete Rendite, p_i = Wahrscheinlichkeit, dass r_i eintrifft, r_i = mögliche Rendite).

Entsprechend (4-7) ergibt sich für die Anlage A die folgende erwartete Rendite (vgl. Abbildung 4/2):

$$E(r_A) = 0.25 \cdot -3\% + 0.25 \cdot 21\% + 0.50 \cdot 9\% = 9\%$$

Abbildung 4/2: Mögliche Renditeverteilungen dreier Anlagen

Wirtschaftslage	Wahrscheinlichkeit	Rendite Anlage A	Rendite Anlage B	Rendite Anlage C
Boom	0.25	-3%	27%	18%
Rezession	0.25	21%	-9%	-2%
norm. Wachstum	0.50	9%	9%	6%

Aus allen Anlagen wird der Investor diejenige mit der höchsten erwarteten Rendite auswählen. Das Prinzip, *die erwartete Rendite eines Portfolios zu maximieren*, eignet sich aus zwei Gründen nicht für eine Portfolio-Entscheidung (vgl. Abbildung 4/2). Wird die Anlage B ($E(r_B)$ = 9%) mit der Anlage C ($E(r_C)$ = 7%) verglichen, so müsste - aufgrund des genannten Entscheidungsprinzips - die Anlage B vorgezogen werden. B dominiert C aber nicht in jeder Situation[11]. Im Falle eines Verlustes fällt dieser bei B höher aus. Vom *individuellen Verhalten* des Investors hängt es ab, ob er das Risiko eines höheren Verlustes zu Gunsten eines höheren erwarteten Gewinnes eingehen will oder nicht. Werden die Anlagen A und B miteinander verglichen, so kann aufgrund der erwarteten Renditen keine Entscheidung getroffen werden. Die Anlagen werden *durch die erwarteten Renditen zu wenig genau charakterisiert*.

---

10 Der Erwartungswert ist als Mittelwert zu interpretieren und mit dem arithmetischen Mittel sicherer Daten vergleichbar. Anstelle der relativen Häufigkeiten treten die Wahrscheinlichkeiten.

11 Es sei erwähnt, dass die Möglichkeit besteht, die Anlagen anhand der Prinzipien der *stochastischen Dominanz* zu beurteilen [vgl. dazu Copeland/Weston 1988, S. 92ff oder ausführlicher Levy/Sarnat 1984, S. 178ff].

Aus den obigen Ausführungen ist ersichtlich, dass Portfolio-Entscheidungen auch anhand der erwarteten Renditen nicht ohne weiteres möglich sind. Zum einen muss neben der erwarteten Rendite ein *zweites Mass* zur Charakterisierung der Anlagen herangezogen werden, und zum andern ist das individuelle Verhalten der Investoren zu analysieren.

4.1.2 Die Nutzenfunktion

Mit der Berechnung der *erwarteten Renditen* findet die Ungewissheit der Zukunft nur ungenügend Beachtung[12]. Dem Prinzip folgend, die erwartete Portfoliorendite zu maximieren, verhält sich ein Investor gegenüber den Anlagen A und B (vgl. Abbildung 4/2) *indifferent*, obwohl ein allfälliger Verlust bei der Anlage B höher ausfallen würde. Die erwartete Rendite ist daher nur bei *Risikoneutralität* ein angemessenes Entscheidungskriterium. Bei einer Anlageentscheidung ist deshalb neben der Rendite auch das Risiko zu berücksichtigen, wobei die Gewichtung der beiden Grössen vom Verhalten des Investors abhängt. Der *Kompromiss*, der hier zwischen Rendite und Risiko zu schliessen ist, wird als *Nutzen* bezeichnet[13]. Entsprechend wird anstelle einer Maximierung der erwarteten Renditen der *Nutzen* maximiert.

Um Entscheidungen unter Unsicherheit treffen zu können, werden die verschiedenen Anlagemöglichkeiten anhand von *Nutzenfunktionen* beurteilt[14]. Jedem Zielwert - hier die mit einer bestimmten Wahrscheinlichkeit eintreffende Rendite - wird ein bestimmter Nutzen zugeordnet, wobei der *Verlauf der Nutzenfunktion* von der subjektiven Einstellung des Investors zum Risiko abhängig ist. Drei Verhaltensweisen sind zu unterscheiden (vgl. Abbildung 4/3 [vgl. Copeland/Weston 1988, S. 85]), wobei in jedem Fall gilt, dass der Nutzen einer höheren Rendite *immer grösser* als derjenige einer geringeren Rendite ist[15]:

- risikofreudiges Verhalten,
- indifferentes (neutrales) Verhalten und
- risikoscheues (risikoaverses) Verhalten.

---

12 Vgl. Abschnitt 4.1.1.2.
13 Es wird auch von *Risikonutzen* gesprochen.
14 Auf eine mathematisch-theoretische Darstellung der Nutzenfunktion wird verzichtet [vgl. dazu bspw. Copeland/Weston 1988, S. 77ff].
15 Mathematisch ausgedrückt gilt daher, dass die *erste Ableitung* der Nutzenfunktion in jedem Fall *positiv* ist.

KAPITEL 4: *Die Elemente der Portfolio-Theorie*   **125**

Angenommen, ein Investor hat sich zu entscheiden, 100 in eine Anlage zu investieren oder nicht. Im Falle einer Investition verdoppelt sich der Einsatz mit einer Wahrscheinlichkeit von p = 0.5. Dieselbe Wahrscheinlichkeit gilt für den Verlust des Einsatzes. Da der erwartete Gewinn der Investition dem Einsatz entspricht (E(G) = 0.5·200 + 0.5·0), kann keine Aenderung der finanziellen Situation *erwartet* werden (allerdings eine solche eintreffen!)[16]. Ein *risikofreudiger Investor* würde erwähnte Investition tätigen, da (trotz des Risikos eines Verlustes) die Chance besteht, einen Gewinn zu erzielen. Der *risikoneutrale Investor* ist zwischen der Möglichkeit, die Investition vorzunehmen, und derjenigen, nicht zu investieren, indifferent, da er sich lediglich am erwarteten Gewinn (erwartete Rendite) orientiert. Von einem *risikoaversen Investor* wird erwähnte Investition abgelehnt, da bei gleichen erwarteten Resultaten im Falle der Investition ein Verlust möglich ist.

Abbildung 4/3:   Die Nutzenfunktion bei unterschiedlichen Verhaltensweisen

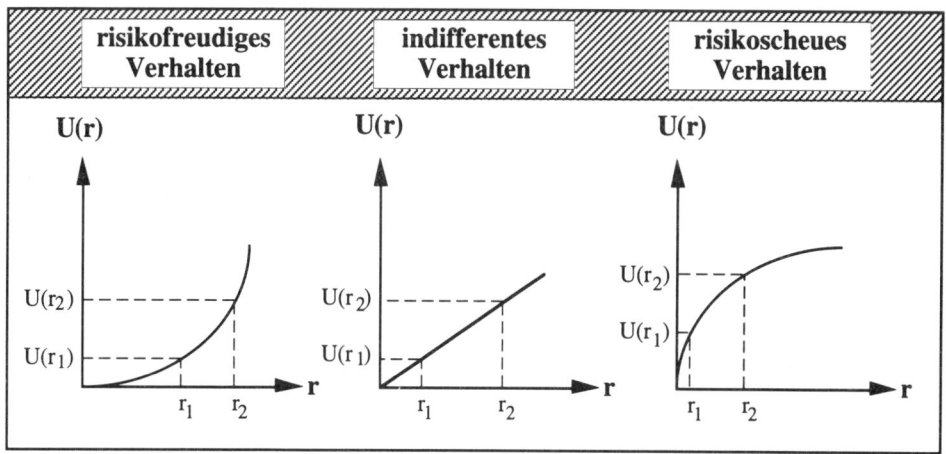

risikofreudiges Verhalten	indifferentes Verhalten	risikoscheues Verhalten
$U(r)$ convex curve, $U(r_1)$, $U(r_2)$ at r_1, r_2	$U(r)$ linear, $U(r_1)$, $U(r_2)$ at r_1, r_2	$U(r)$ concave curve, $U(r_1)$, $U(r_2)$ at r_1, r_2

Graphisch gesprochen gilt, dass das *risikofreudige Verhalten* durch eine konvexe[17] Funktion repräsentiert wird, welche bei steigender Rendite einen steigenden Grenz-

---

16 Es wird von einem *Fair Game* gesprochen.
17 Eine Nutzenfunktion U(r) ist dann konvex, wenn für jedes Paar möglicher Renditen r_1 und r_2 und für alle $0<\alpha<1$ gilt

$U(\alpha r_1 + (1-\alpha)r_2) \leq \alpha U(r_1) + (1-\alpha)U(r_2)$.

Graphisch gesprochen liegt jeder Punkt innerhalb der linearen Verbindung zweier Funktionspunkte oberhalb der Kurve.

nutzen zum Ausdruck bringt[18]. Das *indifferente Verhalten* bezeichnet den Fall, in dem bei wachsender Rendite der Grenznutzen unverändert eingeschätzt wird. Der Kurvenverlauf ist linear. Die Nutzenfunktion für das *risikoscheue Verhalten* bringt den Fall zum Ausdruck, wo der Grenznutzen mit steigender Rendite abnimmt. Der Kurvenverlauf ist konkav[19]. Wie die Praxis zeigt, ist das risikoscheue Verhalten für die Mehrzahl der Investoren charakteristisch, weshalb im folgenden eine konkave Nutzenfunktion zugrunde gelegt wird[20].

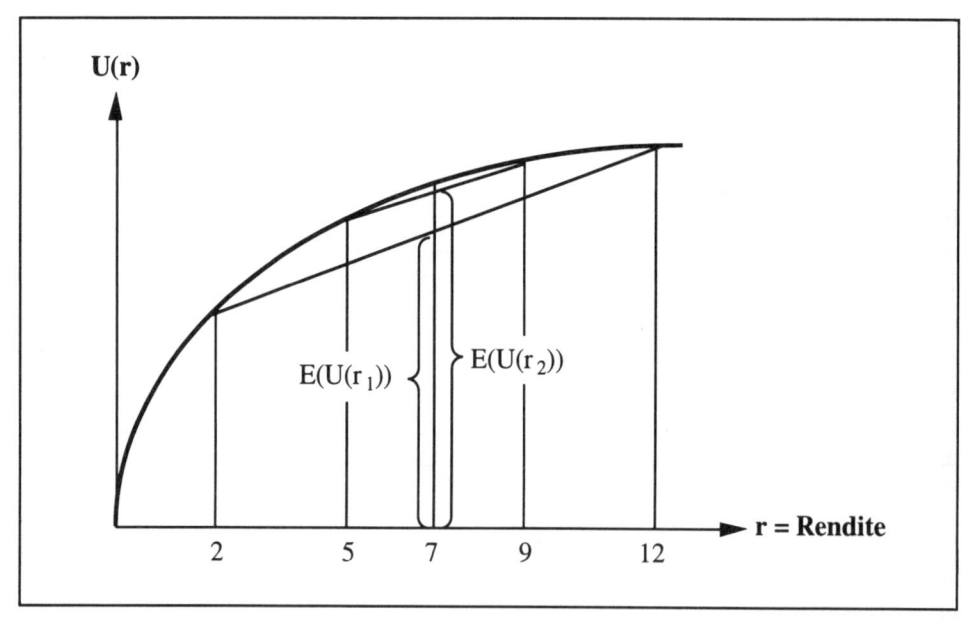

Abbildung 4/4: Die Neumannsche Nutzenfunktion

---

[18] Der Grenznutzen wird interpretiert als der Nutzenzuwachs, den ein zusätzliches Renditeprozent stiftet.

[19] Eine Nutzenfunktion U(r) ist dann konkav, wenn für jedes Paar möglicher Renditen r_1 und r_2 und für alle $0<\alpha<1$ gilt

$$U(\alpha r_1 + (1-\alpha)r_2) \geq \alpha U(r_1) + (1-\alpha)U(r_2).$$

Graphisch gesprochen liegt jeder Punkt innerhalb der linearen Verbindung zweier Funktionspunkte unterhalb der Kurve.

[20] In der Literatur wurden allerdings auch *konkav-konvexe* Nutzenfunktionen diskutiert. Die bekannteste ist diejenige von *Friedman* und *Savage* [vgl. dazu Levy/Sarnat 1984, S. 144ff]. Eine konkav-konvexe Nutzenfunktion kann damit begründet werden, dass Investoren zwar gewillt sind, mit kleinen monetären Einsätzen zu spielen (Lotterie, Wetten usw.), sich aber gegen grosse Verluste absichern wollen (Versicherungen).

KAPITEL 4: *Die Elemente der Portfolio-Theorie*

Abbildung 4/4:   Die Neumannsche Nutzenfunktion (Fortsetzung)

> Beträgt die Rendite einer *Anlage 1* am Ende eines Betrachtungszeitraumes mit einer Wahrscheinlichkeit von p = 0.5 r_1 = 2 und mit einer Wahrscheinlichkeit von p = 0.5 r_1 = 12, so beträgt deren erwartete Rendite $E(r_1)$ = 7. Dasselbe Ergebnis resultiert für die erwartete Rendite $E(r_2)$ einer *Anlage 2*, falls mit einer Wahrscheinlichkeit von p = 0.5 deren Rendite von r_2 = 5 bzw. mit einer Wahrscheinlichkeit von p = 0.5 deren Rendite r_2 = 9 beträgt. Im Falle einer Bewertung der beiden Anlagen mit einer neumannschen Nutzenfunktion wird der Anlage 2 der Vorzug gegeben, da deren Nutzen [$E(U(r_2))$] über demjenigen der Anlage 1 [$E(U(r_1))$] liegt (vgl. Graphik). Offensichtlich weist die Anlage 2 gegenüber der Anlage 1 das kleinere Risiko auf (vgl. dazu Abschnitt 4.2).

In der modernen Portfolio-Theorie hat sich insbesondere die Anwendung der *Neumann-Morgenstern-Nutzenfunktion* durchgesetzt [vgl. dazu Neumann/Morgenstern 1947]. Diese ermöglicht eine rationale Entscheidung unter Unsicherheit, wobei gewisse Axiome zu unterstellen sind [vgl. Copeland/Weston 1988, S. 79]. Werden zwei Anlagen mit gleicher erwarteter Rendite miteinander verglichen, so fällt die Entscheidung im Falle von risikoscheuem Verhalten zugunsten jener Anlage, die offensichtlich ein kleineres Risiko aufweist (vgl. Abbildung 4/4). Umgekehrt gilt auch, dass bei gleichem Risiko die Anlage mit der höheren erwarteten Rendite berücksichtigt wird.

Um verschiedene Anlagemöglichkeiten oder Portfolios untereinander zu vergleichen, sind deren *Nutzen zu quantifizieren*. Eine häufig angewendete Variante besteht in der folgenden Formalisierung von erwarteter Rendite und Risiko[21] [Bodie/Kane/Marcus 1993, S. 146]:

$$U(E(r)) = E(r) - 0.005 \cdot A \cdot \sigma^2 \qquad (4-8)$$

(wobei $U(E(r))$ = Nutzen, σ^2 = Varianz, A = Index der Risikoeinstellung des Investors; die Multiplikation der Varianz mit 0.005 erlaubt, erwartete Rendite und Varianz entweder als Prozentzahlen oder in Dezimalen auszudrücken, und entspricht damit einer Skalierung).

---

21   Ob die *Varianz* bzw. die *Standardabweichung* ein geeignetes Mass zur Risikomessung darstellt oder nicht, wird in Abschnitt 4.2 diskutiert.

Mit (4-8) wird deutlich, dass der Nutzen von der Risikoeinstellung des Investors abhängt. Mit steigender Risikoaversion nimmt der Index der Risikoeinstellung (A) zu, was anhand der in Abbildung 4/5 gezeigten Portfolios dargestellt werden soll. Angenommen der Index der Risikoeinstellung betrage A = 5, ergibt sich entsprechend (4-8) für das Portfolio A (vgl. Abbildung 4/5):

$$U(E(r_A)) = 8 - 0.005 \cdot 5 \cdot 15.81^2 = 1.75$$

Abbildung 4/5: Erwartete Renditen und Standardabweichungen verschiedener Investitionen

Investitionen	erwartete Rendite E(r)	Standardabweichung σ
Portfolio A	8.00%	15.81%
Portfolio B	12.00%	21.21%
Portfolio C	20.00%	29.15%
risikolose Anlage	2.50%	0.00%

Hätte ein Investor mit A = 5 auch die Möglichkeit, anstelle in eines der in Abbildung 4/5 gezeigten Portfolios zu investieren, sein Vermögen zum risikolosen Zinssatz (r_f = 2.5%) anzulegen[22], würde letztere Variante in jedem Fall gewählt, da deren Nutzen grösser ist ($U(r_f) = 2.5$). Mit anderen Worten kompensiert die den risikolosen Zinssatz übersteigende Rendite - die sog. *Risikoprämie* - das zusätzliche Risiko nicht. Ist der Investor hingegen risikotoleranter und beträgt der Index der Risikoeinstellung A = 4, ist der Nutzen einer Investition in eines der in Abbildung 4/5 gezeigten Portfolios grösser ($U(E(r_A)) = 3$), als wenn zum risikolosen Zinssatz angelegt werden kann.

Der Nutzen wurde als Kompromiss zwischen Rendite und Risiko bezeichnet, was anhand von *Indifferenzkurven* veranschaulicht werden kann. Eine Indifferenzkurve enthält alle Rendite/Risiko-Kombinationen, denen gegenüber sich ein Investor indifferent verhält bzw. die ihm den gleichen Nutzen verschaffen. Die unterschiedliche *Nutzenhöhe* wird durch ein *Bündel von Indifferenzkurven* dargestellt[23] (vgl. Abbil-

---

22 In der Praxis werden kurzfristige Staatspapiere (Treasury Bills) als risikolose Anlage betrachtet, da deren Varianz Null ist (vgl. zur theoretischen Interpretation Abschnitt 4.2.2).
23 Dieses Bündel wird auch als *Risiko-Indifferenzkurvensystem* bezeichnet.

KAPITEL 4: *Die Elemente der Portfolio-Theorie* **129**

dung 4/6). Von einem risikoscheuen Verhalten ausgehend, handelt es sich bei der Indifferenzkurve um eine konvexe Funktion, die zum Ausdruck bringt, wieviel Risiko ein Investor zusätzlich in Kauf zu nehmen bereit ist, um eine bestimmte Mehrrendite zu erzielen.

Abbildung 4/6: Mögliches Indifferenzkurvensystem eines Investors

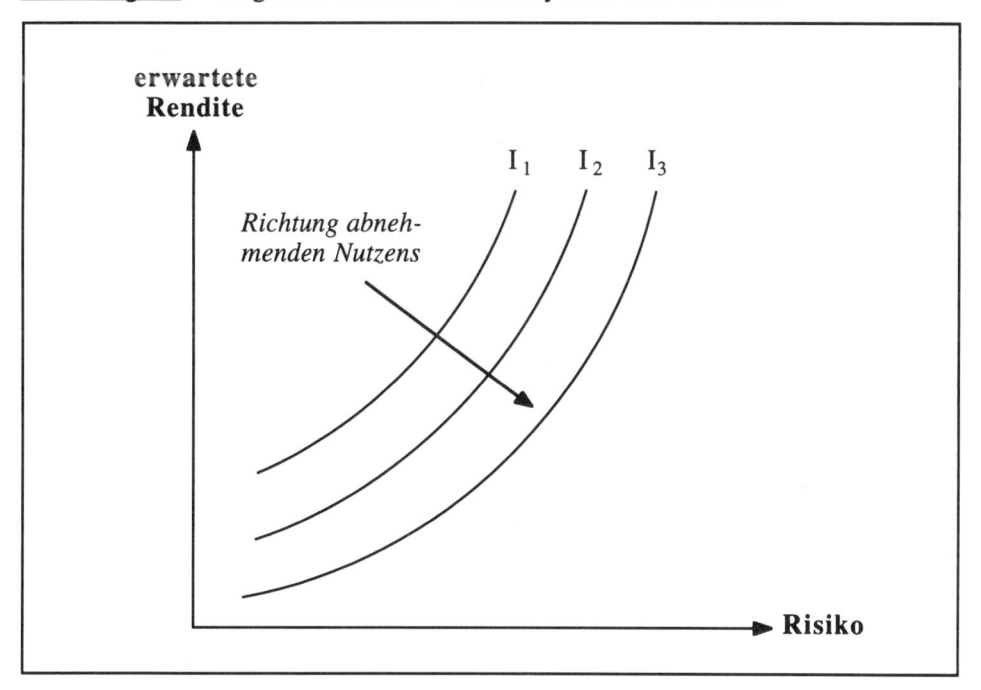

(Diagramm: erwartete Rendite vs. Risiko mit Indifferenzkurven I_1, I_2, I_3; Pfeil zeigt Richtung abnehmenden Nutzens)

Konzept-Frage 2   Es ist der Nutzen der in Abbildung 4/5 gezeigten Portfolios zu ermitteln (für A = 4 und A = 3). Welche Aussagen können hinsichtlich eines Indifferenzkurvensystems gemacht werden?

4.2   Die Risikoanalyse

Die Notwendigkeit, eine Risikoanalyse von Anlagen vorzunehmen, ergibt sich aufgrund zweier Tatsachen: Erstens wird davon ausgegangen, dass die Investoren risikoavers sind, und zweitens kann eine Anlage aufgrund der (erwarteten) Renditen zu wenig genau beurteilt werden[24]. Eine zweckmässige Risikoanalyse erfordert aber, dass mittels Kennzahlen die Risikoeigenschaften der Anlagen quantifiziert werden können.

4.2.1 Zum Begriff Risiko

Investitionen sind immer mit Risiken verbunden. Beim Erwerb einer Anlage können grundsätzlich Risiken auf drei Stufen unterschieden werden:
- Firmenrisiken,
- Branchenrisiken und
- Marktrisiken.

Die *Firmenrisiken* beinhalten die Bonität sowie den Geschäftsgang schlechthin. *Branchenrisiken* werden durch Konkurrenzdruck, Abhängigkeiten, Konjunktur, Regulierungsmassnahmen usw. hervorgerufen. Zu den *Risiken auf der Stufe des Marktes* zählen das Konjunkturrisiko (dieses beinhaltet u.a. das Kaufkraftrisiko, das Zinssatzrisiko und das Währungsrisiko[25]), das Transferrisiko und das Liquiditätsrisiko[26].

Alle diese Risiken beeinflussen die Renditen einzelner Anlagen. Allerdings muss betont werden, dass *nicht* die Bonität, der Konkurrenzdruck, die Konjunktur usw. die *Risiken* darstellen. Es ist vielmehr die *Unsicherheit* der zukünftigen Entwicklung dieser wirtschaftlichen Gegebenheiten, die als *Risiko* zu bezeichnen ist. Bedingt durch diese Unsicherheit muss ein Investor die Möglichkeit in Kauf nehmen, Schaden oder Verluste zu erleiden.

Erwirbt ein Investor einen Bond, dessen Rendite sich exakt gleich dem Schweizer Obligationenindex verhält, so kann er praktisch sicher sein, eine positive Rendite zu erzielen (vgl. Abbildung 4/7 [27]). Die Möglichkeit eines Verlustes ist sehr gering und kann daher vernachlässigt werden. Wird dagegen in eine Aktie investiert, deren

---

24 Vgl. Abschnitt 4.1.2.

25 Währungsveränderungen werden durch konjunkturelle Veränderungen hervorgerufen.

26 Mit Liquiditätsrisiko ist die Marktgängigkeit einer Anlage gemeint. Anlagen ohne geregelten Markt weisen häufig ein erhöhtes Liquiditätsrisiko auf, was zu Verzögerungen beim Verkauf und damit zu einem Renditeverlust führen kann.

27 Die Renditen (es handelt sich um stetige Renditen auf nomineller Basis) wurden aufgrund von Daten einer Studie der Bank Pictet & Cie berechnet [vgl. Pictet & Cie 1994].

KAPITEL 4: *Die Elemente der Portfolio-Theorie* 131

Abbildung 4/7: Die Jahresrenditen des Schweizer Aktienindexes bzw. des Schweizer Obligationenindexes von 1926 bis 1993

Jahr	Jahresrenditen		Jahr	Jahresrenditen	
	Aktien	Obligationen		Aktien	Obligationen
1926	19.63%	6.02%	1960	36.78%	6.02%
1927	23.19%	5.23%	1961	40.14%	3.73%
1928	19.16%	4.86%	1962	-19.50%	2.34%
1929	-6.38%	4.86%	1963	-0.16%	1.22%
1930	-5.32%	6.06%	1964	-7.18%	2.11%
1931	-35.80%	6.11%	1965	-7.26%	4.71%
1932	5.03%	4.98%	1966	-12.89%	2.29%
1933	9.11%	3.80%	1967	38.66%	5.72%
1934	-7.52%	3.46%	1968	33.29%	6.13%
1935	-12.02%	3.84%	1969	4.39%	0.39%
1936	42.21%	5.59%	1970	-11.26%	3.74%
1937	7.50%	4.20%	1971	14.41%	10.84%
1938	1.78%	5.80%	1972	18.34%	3.90%
1939	-18.03%	1.75%	1973	-22.31%	-0.30%
1940	3.56%	1.78%	1974	-40.25%	1.89%
1941	29.76%	6.29%	1975	38.36%	15.34%
1942	6.23%	3.49%	1976	7.59%	15.15%
1943	-1.61%	3.42%	1977	7.78%	8.59%
1944	5.42%	3.00%	1978	-0.51%	7.96%
1945	14.88%	2.64%	1979	10.37%	-2.07%
1946	7.32%	3.41%	1980	5.89%	2.29%
1947	9.41%	3.05%	1981	-12.68%	1.91%
1948	-5.36%	2.42%	1982	12.45%	11.33%
1949	13.16%	4.48%	1983	24.13%	3.34%
1950	9.24%	5.91%	1984	4.42%	3.31%
1951	17.84%	0.66%	1985	47.84%	5.65%
1952	8.04%	2.20%	1986	9.27%	5.70%
1953	9.96%	3.94%	1987	-32.13%	4.94%
1954	23.22%	3.21%	1988	21.20%	4.26%
1955	5.82%	1.49%	1989	20.30%	-4.07%
1956	2.10%	2.11%	1990	-21.46%	1.22%
1957	-10.82%	0.79%	1991	16.27%	7.88%
1958	20.51%	2.85%	1992	16.25%	11.35%
1959	25.62%	6.75%	1993	41.09%	12.20%
Durchschnittliche bzw. erw. Rendite				**7.62%**	**4.43%**
Standardabweichung				**18.66%**	**3.42%**
Grösste Rendite				**47.84%**	**15.34%**
[Jahr]				**[1985]**	**[1975]**
Geringste Rendite				**-40.25%**	**-4.07%**
[Jahr]				**[1974]**	**[1989]**

Rendite sich exakt gleich dem Schweizer Aktienindex verhält, so zeigt die Entwicklung derselben, dass die Möglichkeit, eine negative Rendite und damit einen Verlust zu erleiden, bedeutend grösser ist (vgl. Abbildung 4/7). *Risiko wird somit als Gefahr verstanden, eine erwartete Rendite zu verfehlen.* Eine solche rein verbale Umschreibung ist aber im Rahmen der modernen Portfolio-Theorie ungenügend, denn die *Risiken sollen quantifiziert* werden. Erst dadurch wird eine (mathematische) Beziehung zwischen den beiden Grössen Rendite und Risiko möglich.

Häufig wird Risiko mit *Spekulation* oder *Gambling* in Verbindung gebracht, wobei vor allem die beiden letzteren Begriffe fälschlicherweise als gleichbedeutend betrachtet werden. Während es sich bei der Spekulation um die Uebernahme von 'beträchtlichem' Risiko zugunsten einer 'entsprechenden' Rendite handelt[28], meint der Begriff Gambling das Wetten auf unsichere (ungewisse) Renditen [vgl. Bodie/Kane/Marcus 1993, S. 144f]. Der Vergleich von Spekulation und Gambling zeigt, dass "a gamble is the assumption of risk for no purpose but enjoyment of the risk itself, whereas speculation is undertaken in spite of the risk involved because one percieves a favorable risk-return trade-off. To turn a gamble into a speculative prospect requires an adequate risk premium for compensation to risk-averse investors for the risks that they bear" [Bodie/Kane/Marcus 1993, S. 145].

4.2.2 Quantifizierung des Risikos

Sind die möglichen (zukünftigen) Renditen unabhängig vom Eintritt bestimmter ökonomischer Umweltkonstellationen, das heisst wird in jedem Zustand die gleiche Rendite erzielt, spricht man von einer *risikolosen Anlage*. Dagegen werden Anlagen mit *zunehmender Streubreite* der möglichen Renditen (um die erwartete Rendite $E(r)$) *risikoreicher*, das heisst die Gefahr, dass eine erwartete Rendite nicht realisiert bzw. weit verfehlt wird, nimmt mit der *Streubreite* der möglichen Renditen zu. Das Beispiel in Abbildung 4/7 verdeutlicht diese Aussage. Angenommen, die gezeigten Jahresrenditen werden als mögliche zukünftige Renditen mit gleicher Wahrscheinlichkeit und deren arithmetisches Mittel als erwartete Rendite interpretiert: Im schlechtesten Fall wird mit dem Bond (dessen Rendite sich exakt gleich dem Schweizer Obligationenindex verhält) eine Rendite von -4.07%, mit der Aktie (deren Rendite sich exakt gleich dem Schweizer Aktienindex verhält) aber eine solche von -40.25% erzielt. Die möglichen Renditen der Aktie zeigen aber auch eine wesentlich

---

28 Unter 'entsprechender' Rendite ist dabei die über den risikolosen Zinssatz r_f hinausgehende Rendite - die Risikoprämie - zu verstehen. Mit 'beträchtlichem' Risiko ist gemeint, dass das Risiko maximal so hoch ist, dass dieses aufgrund der Risikoprämie als vertretbar erscheint.

grössere Streubreite, als diejenigen des Bonds. Als Risikomass drängt sich daher *die Streuung der zukünftigen Renditen* (auch als *Variabilität* der Renditen bezeichnet) auf.

4.2.2.1 Die Standardabweichung bzw. Varianz als Risikomass

Aus der Statistik sind verschiedene Masse zur Kennzeichnung der *Streuung* bekannt. Zu erwähnen sind die Spannweite, die Bildung der Summe der Abstände vom arithmetischen Mittel oder die Bildung der Summe der absoluten Abstände vom arithmetischen Mittel [vgl. Auckenthaler 1991, S. 59ff]. Allerdings sind bei allen Massen Vorbehalte hinsichtlich Aussagekraft oder mathematischer Handhabung anzubringen. Mit Hilfe der *Standardabweichung* (= σ) bzw. *Varianz* (= σ^2) können diese Mängel beseitigt werden.

Die Standardabweichung zukünftiger Renditen wird definiert als die Wurzel aus der gewichteten Summe der quadratischen Abweichungen jeder möglichen Rendite von der erwarteten Rendite, wobei die Gewichte den Eintretenswahrscheinlichkeiten p_i entsprechen:

$$\sigma_A = (\sum_{i=1}^{n} [r_i - E(r_A)]^2 \cdot p_i)^{1/2} \qquad (4\text{-}9) \ [29]$$

Konzept-Frage 3 Wie ist die Standardabweichung für historische Renditen zu berechnen?

Weichen die möglichen Renditen einer Anlage wenig oder überhaupt nicht von ihrer erwarteten Rendite ab, so birgt die betreffende Anlage definitionsgemäss wenig oder kein Risiko. Die Standardabweichung bzw. Varianz ist gering. Abbildung 4/7 verdeutlicht diese Aussage. Zwar ist die Chance einer hohen Rendite durch den Erwerb der Aktie deutlich grösser als beim Bond (die erwartete Rendite der Aktie beträgt *7.62%*, diejenige des Bonds *4.43%*). Offensichtlich ist aber auch die Gefahr, eine negative Rendite zu erzielen, bei der Aktie höher (die Standardabweichung der Aktie beträgt *18.66%*, diejenige des Bonds *3.42%*).

---

[29] Die Varianz wird analog wie folgt berechnet:

$$\sigma_A^2 = \sum_{i=1}^{n} [r_i - E(r_A)]^2 \cdot p_i$$

> *Konzept-Frage 4* Wie gross sind die Standardabweichungen der in Abbildung 4/2 gezeigten Anlagen A, B und C?

Die Standardabweichung bzw. Varianz stösst heute noch häufig auf Ablehnung: "If the dispersion results from happy surprises - that is, from outcomes turning out better than expected - no investors in their right minds would call that risk" [Malkiel 1990, S. 218]. Sicher konstituiert nur die Möglichkeit, einen Verlust hinnehmen zu müssen, ein Risiko. Aus diesem Grund prüfte *Markowitz* die Semistandardabweichung (bzw. Semivarianz) auf ihre Tauglichkeit [vgl. Markowitz 1992, S. 188ff]. Er kommt aber zum Schluss, dass die vertrauteren Masse Standardabweichung bzw. Varianz ebenso gute Ergebnisse liefern, was solange Gültigkeit hat, als die *Renditen symmetrisch verteilt* sind (die Chance für eine hohe positive Rendite ist grob gesehen gleich gross wie die Wahrscheinlichkeit für negative Renditen).

Die Standardabweichung hat als Mass des Risikos von Kapitalanlagen zwei grundlegende Vorteile. Einerseits handelt es sich um ein verständliches Mass, welches relativ einfach berechnet werden kann. Anderseits erlaubt es eine Spanne anzugeben, innerhalb derer die möglichen Renditen einer Anlage mit einer bestimmten Wahrscheinlichkeit liegen[30].

4.2.2.2 Die Normalverteilung der Renditen

Um die Standardabweichung als Risikomass verwenden zu können, muss die Verteilung der Renditen nicht nur symmetrisch sondern auch von der Gestalt sein, dass sie eine Standardabweichung besitzt. Untersuchungen haben gezeigt, dass die *Verteilung der stetigen Renditen*[31] gut durch die *Normalverteilung* beschrieben werden kann[32]. Der Vorteil dieser Verteilung ist darin zu sehen, dass sie durch die erwartete Rendi-

---

30   Vgl. dazu die Ausführungen in Abschnitt 4.2.2.2.
31   Wichtig ist, dass nicht die Renditen sondern die stetigen Renditen normalverteilt sind. Es gibt zwar Renditen, die 200%, aber nicht solche, die -200% betragen. Durch logarithmieren wird diese Schiefheit ausgeglichen.
32   Allerdings weisen andere empirische Untersuchungen eher auf Renditeverteilungen mit unendlicher Standardabweichung (wie dies beispielsweise bei einer Paretoverteilung der Fall sein kann) hin [vgl. dazu Fama 1965, S. 34 - 106]. Da dies aber Schwierigkeiten (vor allem mathematischer Natur) machen würde, hat man diesen Weg wieder verlassen und die stetigen Renditen als normalverteilt angenommen.

KAPITEL 4: *Die Elemente der Portfolio-Theorie* 135

Abbildung 4/8: Die Normalverteilung

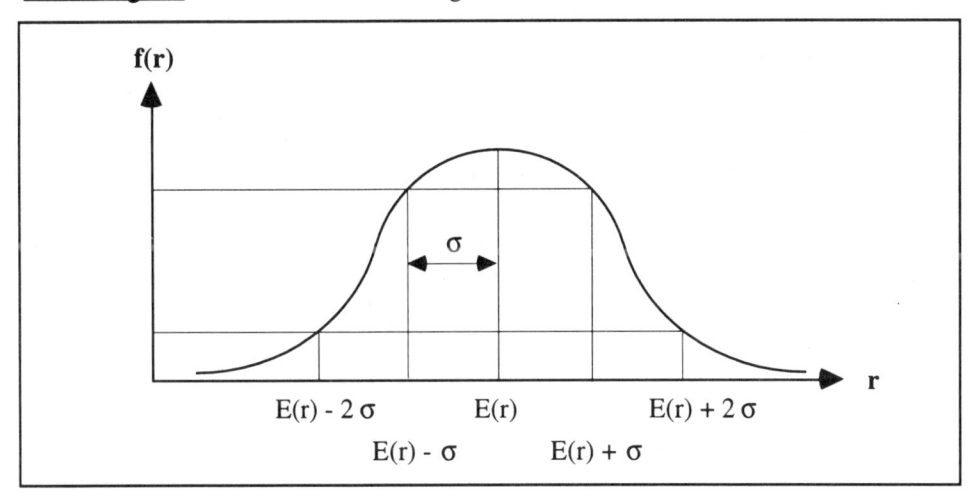

```
   f(r)
    ▲
    │        ┌─────┐
    │    ┌───┤  σ  ├───┐
    │    │   ◄─────►   │
    │ ┌──┤              ├──┐
    │ │                    │
    │_│                    │_____► r
      E(r) - 2σ    E(r)         E(r) + 2σ
           E(r) - σ      E(r) + σ
```

te und die Standardabweichung vollständig beschrieben wird[33]. Zudem können folgende Aussagen gemacht werden (vgl. Abbildung 4/8) [vgl. bspw. Dubacher/Zimmermann 1989 (2), S. 70]:

- In etwa 2 von 3 Fällen (bzw. mit einer Wahrscheinlichkeit von 68%) liegen die (künftigen) Renditen innerhalb einer Standardabweichung, das heisst innerhalb des Bereiches[34] $\mu \pm \sigma$ (dieser Bereich wird auch als *Prognoseintervall*[35] bezeichnet).

---

[33] Formell gilt für die Häufigkeit der Renditen, welche normalverteilt sind:

$$f(r) = [1 / (\sigma \cdot (\pi^{1/2}))] \cdot e^{\{-(1/2)[(r-E(r))/\sigma]^2\}}$$

(wobei $\pi = 3.1416$, $e = 2.71828$ = Eulersche Zahl).

Sind die erwartete Rendite E(r) und die Standardabweichung σ bekannt, so kann die Häufigkeit jeder Rendite berechnet werden. Für eine Aktie, deren Rendite sich exakt gleich dem Aktienindex verhält (vgl. Abbildung 4/7), ergibt sich für eine Rendite von beispielsweise 10% folgende Häufigkeit:

$$f(0.10) = [1 / (0.1866 \cdot (3.1416^{1/2}))] \cdot e^{\{-(1/2)[(0.10-0.0762)/0.1867]^2\}} = 3.0$$

Im Falle einer schiefen Verteilung müsste neben der erwarteten Rendite und der Standardabweichung noch ein Mass zur Schiefheit angegeben werden, um die Verteilung vollständig beschreiben zu können.

[34] μ steht hier für die durchschnittliche Rendite bzw. für die erwartete Rendite.

[35] Das Prognoseintervall ist ein Bereich, in welchen die Realisationen einer Zufallsvariablen (im obigen Fall einer möglichen Rendite) mit einer vorgegebenen Wahrscheinlichkeit hineinfallen. Für die Ableitung des Prognoseintervalls braucht es allerdings eine Annahme über den *Verteilungstyp* der Zufallsvariablen.

- In 95 von 100 Fällen (bzw. mit einer Wahrscheinlichkeit von 95%) liegen die (künftigen) Renditen innerhalb von zwei Standardabweichungen, das heisst innerhalb des Bereiches $\mu \pm 2\sigma$.

Abbildung 4/9 zeigt die Verteilung der stetigen Renditen einer Aktie, die sich exakt gleich dem Schweizer Aktienindex verhält (vgl. Abbildung 4/7). Es ist zu beachten, dass die Renditen - wie in der Theorie gefordert - annäherungsweise *normalverteilt* sind. Die durchschnittliche oder erwartete Rendite beträgt 7.62% und die Standardabweichung 18.66%. Damit gilt, dass die Rendite der in Abbildung 4/9 gezeigten Aktie in *2 von 3 Fällen* zwischen *+26.28% und -11.04%* liegt. Wird das Prognoseintervall $\mu \pm 2\sigma$ gewählt, liegt die Rendite der Aktie (vgl. Abbildung 4/9) in *95% aller Fälle* zwischen *+44.94% und -29.70%*.

Abbildung 4/9: Die (Normal-) Verteilung der Jahresrenditen des Schweizer Aktienindexes

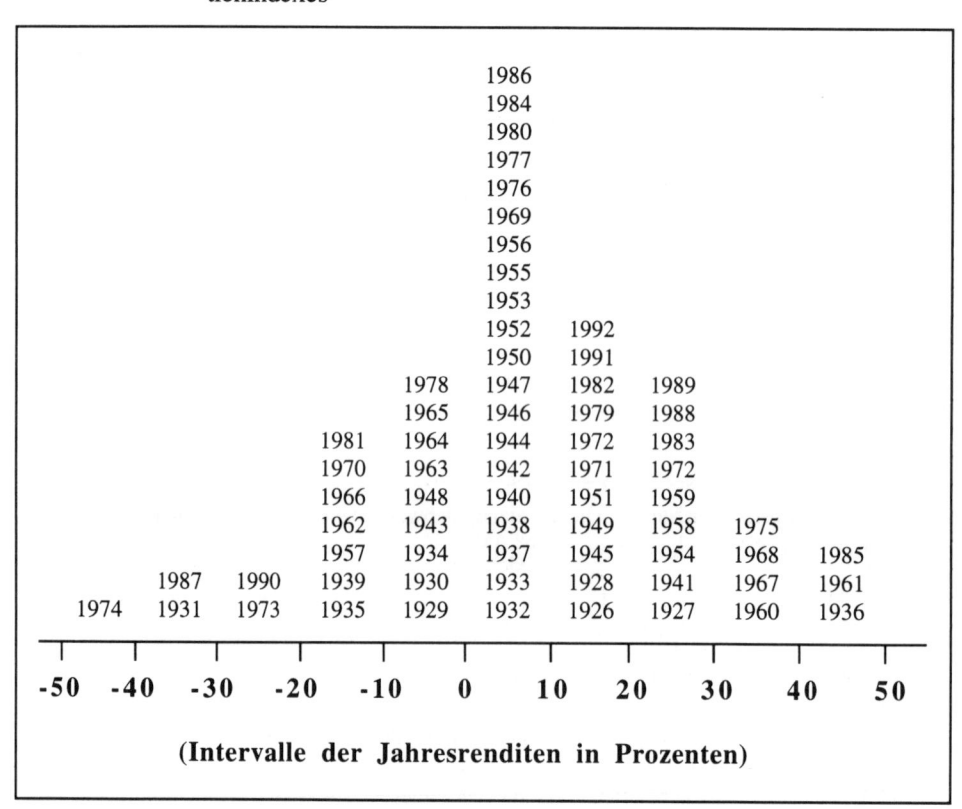

-50	-40	-30	-20	-10	0	10	20	30	40	50
							1986			
							1984			
							1980			
							1977			
							1976			
							1969			
							1956			
							1955			
							1953			
							1952	1992		
							1950	1991		
					1978	1947	1982	1989		
					1965	1946	1979	1988		
			1981		1964	1944	1972	1983		
			1970		1963	1942	1971	1972		
			1966		1948	1940	1951	1959		
			1962		1943	1938	1949	1958	1975	
			1957		1934	1937	1945	1954	1968	1985
		1987	1990	1939	1930	1933	1928	1941	1967	1961
1974		1931	1973	1935	1929	1932	1926	1927	1960	1936

(Intervalle der Jahresrenditen in Prozenten)

> *Konzept-Frage 5*   In welchem Bereich liegt die Rendite eines Bonds (dessen Renditen sich exakt gleich dem Schweizer Obligationenindex verhalten (vgl. Abbildung 4/7), wenn ein 68%-Prognoseintervall angenommen wird?

Werden Aktie (welche sich exakt gleich dem Schweizer Aktienindex verhält) und Bond (dessen Renditen sich exakt gleich dem Schweizer Obligationenindex verhalten) miteinander verglichen (vgl. Abbildung 4/7), wird deutlich, dass beim Bond mit einem 68%-Prognoseintervall mit Sicherheit eine positive Rendite erzielt wird, während bei der Aktie mit einem gleichen Prognoseintervall eine deutlich negative Rendite ins Kalkül einzubeziehen ist.

4.3 Der Diversifikationseffekt

Ein altes Sprichwort lautet: "Don't put all your eggs into one basket". Nicht treffender könnte der Begriff *Diversifikation*, eine weitverbreitete Anlagemaxime zur Verringerung des Risikos, umschrieben werden. Bezogen auf den Investor bedeutet dies, das Kapital auf mehrere Anlagealternativen aufzuteilen.

4.3.1 Theoretische Ueberlegungen zur Diversifikation

Wie weiter oben festgehalten wurde, wählt ein Investor aus allen Anlagen diejenige mit dem höchsten Nutzen[36]. Angenommen, es stehen die in Abbildung 4/2 gezeigten Anlagen A, B und C zur Auswahl. Ein risikoaverser Investor wird die Anlage A vorziehen, da sie *bei gleicher erwarteter Rendite gegenüber der Anlage B ein geringeres Risiko* aufweist. Ein Vergleich der Anlagen A und C lässt letztere als unattraktiv erscheinen, da bei deutlich geringerer erwarteter Rendite ein hohes Risiko eingegangen wird (vgl. dazu Abbildung 4/10).

Was geschieht aber, wenn der Investor einen Betrag von 1'000 nicht nur in die Anlage A, Anlage B *oder* Anlage C anlegen will, sondern je zur Hälfte beispielsweise in die beiden Anlagen A und C investiert (vgl. dazu Abbildung 4/10)? In der Zeit eines Booms würde die Investition in die Anlage A einen Verlust von 15 (-3% von 500) erleiden, während die Anlage C einen Ertrag von 90 (18% von 500) abwerfen

---

36   Vgl. Abschnitt 4.1.2.

würde. Der Gesamtertrag würde in diesem Fall 75 ausmachen, was einer Rendite von 7.5% entspricht. In der Rezessionszeit wird mit der Anlage A ein Ertrag von 105 (21% von 500) erwirtschaftet, während die Anlage C einen Verlust von 10 (-2% von 500) bringt. Dies entspricht einem Gesamtertrag von 95 oder einer Rendite von 9.5%. Während mit der Anlage A in der Zeit normalen Wachstums ein Ertrag von 45 (9% von 500) erzielt wird, kann mit der Anlage C ein solcher von 30 (6% von 500) erwirtschaftet werden. Der Gesamtertrag beläuft sich in diesem Fall auf 75, was einer Rendite von 7.5% entspricht.

Abbildung 4/10: Mögliche Renditeverteilungen zweier Anlagen

	Wahrscheinlichkeit	Rendite Anlage A	Rendite Anlage C	Rendite 0.5A + 0.5C
Boom	0.25	- 3.00%	18.00%	7.50%
Rezession	0.25	21.00%	- 2.00%	9.50%
norm. Wachstum	0.50	9.00%	6.00%	7.50%
erwartete Rendite		9.00%	7.00%	8.00%
Standardabweichung		8.49%	7.14%	0.87%

Anhand dieses Beispiels kann der grundsätzliche Vorteil der Diversifikation deutlich gemacht werden. Wie immer sich die Wirtschaft entwickelt, ein Investor, der aus den beiden Anlagen A und C ein Portfolio bildet, erzielt in jedem Fall eine positive Rendite (E(r) = 8%). Beide Anlagen sind zwar riskant, werden jedoch je nach Wirtschaftslage gegenteilig beeinflusst, so dass sie zusammen ein viel kleineres Risiko (σ_{A+C} = 0.87%) aufweisen. Die Anlagerenditen verlaufen *nicht parallel*. Der Parallelitätsgrad oder Zusammenhang zwischen zwei Anlagerenditen wird mittels *Kovarianz* oder *Korrelation* gemessen.

> *Konzept-Frage 6*   Angenommen der risikolose Zinssatz betrage 5%. Wie gross ist die erwartete Rendite und die Standardabweichung, wenn je 500 in die Anlage A (vgl. Abbildung 4/10) und zum risikolosen Zinssatz investiert werden? Die Resultate sind mit denjenigen des Portfolios bestehend aus 0.5A + 0.5B zu vergleichen.

KAPITEL 4: *Die Elemente der Portfolio-Theorie* **139**

4.3.1.1 Mass des Zusammenhangs zweier Anlagerenditen

Um den Grad des Zusammenhangs zweier Anlagerenditen zu messen, werden in der modernen Portfolio-Theorie die Masse Kovarianz bzw. Korrelationskoeffizient verwendet.

Die *Kovarianz* zweier Anlagerenditen ist die gewichtete Summe aus den miteinander multiplizierten Abweichungen von der jeweiligen erwarteten Rendite der beiden zu vergleichenden Anlagen, wobei die Gewichte den Eintretenswahrscheinlichkeiten entsprechen:

$$Cov(X,Y) = \sum_{i=1}^{n} [(r_{X_i} - E(r_X)) \cdot (r_{Y_i} - E(r_Y))] \cdot p_i \qquad (4\text{-}10)$$

(wobei r_{X_i} bzw. r_{Y_i} = mögliche Rendite der Anlage X bzw. Y, $E(r_X)$ bzw. $E(r_Y)$ = erwartete Rendite der Anlage X bzw. Y, p_i = Wahrscheinlichkeit, dass r_{X_i} bzw. r_{Y_i} eintrifft).

Eine *positive* Kovarianz zeigt, dass die Renditen zweier Anlagen *gleichlaufend* tendieren (vgl. das Beispiel in Abbildung 4/2, wo $Cov(B,C) = +90\%^2$ ist). Sind zwei Anlagerenditen *gegenläufig*, wird die Kovarianz *negativ*. Während die Rendite der einen Anlage steigt, sinkt diejenige der anderen Anlage (vgl. das Beispiel in Abbildung 4/2, wo $Cov(A,C) = -60\%^2$ und $Cov(A,B) = -108\%^2$ ist). Ueberhaupt *kein Zusammenhang* zwischen der Entwicklung zweier Anlagerenditen besteht dann, wenn die Kovarianz *Null* ist.

Abbildung 4/11: Die Korrelation zweier Aktienrenditen

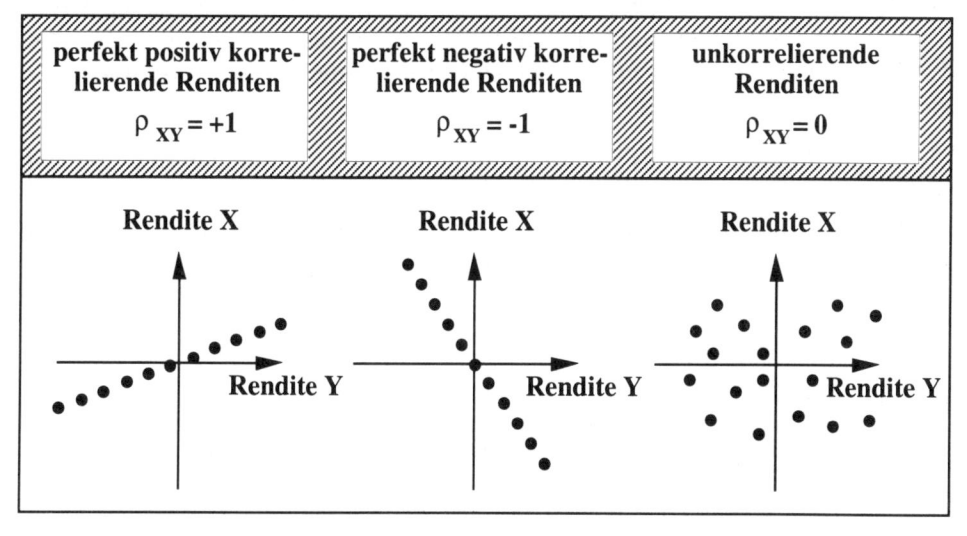

perfekt positiv korrelierende Renditen $\rho_{XY} = +1$	perfekt negativ korrelierende Renditen $\rho_{XY} = -1$	unkorrelierende Renditen $\rho_{XY} = 0$

Ein viel anschaulicheres Mass zur Messung des Zusammenhangs zweier Verläufe von Anlagerenditen ist der *Korrelationskoeffizient*. Dieser wird berechnet, indem die Kovarianz über das Produkt der Standardabweichungen normiert wird:

$$\rho_{XY} = Cov(X,Y) / (\sigma_X \cdot \sigma_Y) \qquad (4\text{-}11)$$

Der Korrelationskoeffizient erreicht Werte zwischen +1 und -1 und gibt Auskunft über die *Strammheit des Zusammenhangs* zwischen den Renditen zweier Anlagen. Eine Korrelation von +1 besagt, dass die Renditen gleichlaufend sind. Man spricht von vollständig positiv korrelierenden Renditen oder von einem perfekt positiven linearen Zusammenhang zwischen den Renditen [vgl. Uhlir/Steiner 1986, S. 118]. Bei einem Wert von -1 verlaufen die Renditen gegenläufig, das heisst, dass sich die Schwankungen gegenseitig aufheben (vgl. das Beispiel in Abbildung 4/2, wo ρ_{AB} = -1 ist). Ueberhaupt kein (linearer) Zusammenhang zwischen den Renditen zweier Anlagen besteht dann, wenn die Korrelation einen Wert von Null erreicht (vgl. Abbildung 4/11 [vgl. bspw. Sharpe/Alexander 1990, S. 147]).

Konzept-Frage 7   Wie gross ist die Kovarianz bzw. die Korrelation zwischen der Anlage A (vgl. Abbildung 4/10) und dem risikolosen Zinssatz? Wie sind die Resultate zu interpretieren?

4.3.1.2 Rendite und Risiko eines Portfolios

Anhand des Beispiels in Abbildung 4/10 konnte gezeigt werden, dass mittels Diversifikation eine Risikoreduktion erreicht werden kann. Daher ist zu vermuten, dass das Risiko eines Portfolios *nicht* der (gewichteten) Summe der Einzelrisiken entspricht.

Die *Portfoliorendite* wird als gewogener Durchschnitt der erwarteten Renditen aller im Portfolio enthaltenen Anlagen berechnet. Als Gewichte (z_i) dienen die vom Gesamtbetrag zu investierenden Anteile. Unter der Voraussetzung, dass das gesamte Vermögen investiert und Leerverkäufe[37] ausgeschlossen werden, ergibt sich

---

37 Unter *Leerverkauf* wird der Verkauf eines Wertpapieres auf Termin verstanden, in dessen Besitz man noch gar nicht ist. Dabei wird das Wertpapier zu einem bestimmten Kurs verkauft in der Hoffnung, dasselbe kurz vor dem Verkaufstermin zu einem günstigeren Kurs einkaufen zu können, um so einen Gewinn zu erzielen.

KAPITEL 4: *Die Elemente der Portfolio-Theorie*

$$E(r_P) = \sum_{i=1}^{n} z_i \cdot E(r_i) \text{ , wobei } \sum_{i=1}^{n} z_i = 1 \text{ und } z_i \geq 0, \forall\ i=1,\ldots,n \qquad (4\text{-}12)$$

Im Gegensatz zur Portfoliorendite, zu deren Berechnung Kenntnisse über die erwarteten Renditen der einzelnen Anlagen und deren Gewichtungen genügen, reichen zur Beurteilung des *Portfoliorisikos* die Varianzen der einzelnen Anlagen und deren Gewichtungen nicht aus. Es kann gezeigt werden, dass sich die Varianz der Portfoliorendite additiv aus den mit z_i^2 gewichteten Varianzen der Einzelrenditen und den mit $2 \cdot z_i \cdot z_j$ gewichteten Kovarianzen zusammensetzt[38]:

$$\sigma_P^2 = \sum_{i=1}^{n} z_i^2 \cdot \sigma_i^2 + 2 \cdot \sum_{i=1}^{n-1} \sum_{j>i}^{n} z_i \cdot z_j \cdot \text{Cov}(i,j) \qquad (4\text{-}13)$$

Daraus wird deutlich, dass das Portfoliorisiko stark von der Korrelation der Anlagerenditen abhängig ist[39]. Im Falle positiver Kovarianzen wird die Portfoliovarianz zunehmen, im Falle negativer Kovarianzen dagegen abnehmen. Dieses Ergebnis führt zur Forderung, dass Anlagen ausfindig zu machen sind, die bei gegebenen Erwartungswerten möglichst geringfügig oder sogar negativ miteinander kovariieren [vgl. Buchner 1981, S. 318].

Werden 50% eines Vermögens (vgl. Abbildung 4/10) in die Anlage A ($z_A = 0.5$) und 50% des Vermögens in Anlage C ($z_C = 0.5$) investiert, ergibt sich entsprechend (4-12) für die erwartete Portfoliorendite

$$E(r_P) = (0.5 \cdot 9) + (0.5 \cdot 7) = 8.00\%$$

während das Portfoliorisiko (vgl. (4-13))

$$\sigma_P^2 = z_A^2 \cdot \sigma_A^2 + z_C^2 \cdot \sigma_C^2 + 2 \cdot [z_A \cdot z_C \cdot \text{Cov}(A,C)]$$
$$= 0.5^2 \cdot 8.49^2 + 0.5^2 \cdot 7.14^2 + 2 \cdot [0.5 \cdot 0.5 \cdot -60] = 0.76\%^2$$
$$\sigma_P = (\sigma_P^2)^{1/2} = 0.76^{1/2} = 0.87\%$$

beträgt (vgl. dazu die zu Beginn des Abschnitts 4.3.1 ermittelten Resultate in Abbildung 4/10).

---

[38] Für die mathematische Herleitung sei auf die Spezialliteratur verwiesen [vgl. bspw. Uhlir/Steiner 1986, S. 117f].

[39] Vgl. dazu die Ausführungen in Abschnitt 5.1.2.2.

> *Konzept-Frage 8* Es werden je 25% eines Vermögens (vgl. Abbildung 4/2) in die Anlagen A und B und 50% des Vermögens in Anlage C investiert. Wie gross sind erwartete Portfoliorendite und Portfoliorisiko?

4.3.1.3 Theoretische Grenze des Diversifikationseffektes

In der Realität lassen sich kaum Anlagen finden, die derart miteinander korrelieren, dass die Portfoliovarianz den Wert Null erreicht[40]. Es stellt sich daher die Frage, wieweit das Portfoliorisiko tatsächlich reduziert werden kann.

Wird unterstellt, dass in alle Anlagen der *gleiche Betrag 1/n* investiert wird (im Portfolio sind n Anlagen enthalten), so folgt aus (4-13) [vgl. Markowitz 1992, S. 109ff]:

$$\sigma_P^2 = \sum_{i=1}^{n} (1/n)^2 \cdot \sigma_i^2 + 2 \cdot \sum_{i=1}^{n-1} \sum_{j>i}^{n} (1/n) \cdot (1/n) \cdot Cov(i,j) \qquad (4\text{-}14)$$

Die *durchschnittliche Varianz* (σ_*^2) einer Anlage lässt sich aus der Summe der Varianzen dividiert durch die Anzahl Anlagen errechnen:

$$\sigma_*^2 = (\sum_{i=1}^{n} \sigma_i^2) / n$$

Desgleichen kann die *durchschnittliche Kovarianz* aus der Summe aller Kovarianzen, dividiert durch die Zahl aller Kovarianzen berechnet werden. Zu diesem Zweck ist die Summe der Kovarianzen noch zu bestimmen. Jede Anlage eines aus n Anlagen zusammengesetzten Portfolios hat (n-1) Kovarianzen; die Zahl aller Kovarianzen ist entsprechend n·(n-1). Bei dieser Summierung wurden allerdings die Kovarianzen Cov(i,j) und Cov(j,i) als verschiedene Grössen gewertet. Wird diese Doppelzählung eliminiert, verringert sich die Gesamtzahl der Kovarianzen auf [0.5·n·(n-1)]. Für die durchschnittliche Kovarianz (Cov(i,j)$_*$) gilt daher:

---

40 Theoretisch wird das kleinste Risiko ($\sigma_P^2 = 0$) mit zwei vollständig negativ korrelierenden Anlagen erreicht.

$$\text{Cov}(i,j)_* = [\sum_{i=1}^{n-1} \sum_{j>i}^{n} \text{Cov}(i,j)] / [0.5 \cdot n \cdot (n-1)]$$

Wird (4-14) umgeformt, so ergibt sich:

$$\sigma_P^2 = (1/n) \cdot \{\sum_{i=1}^{n} \sigma_i^2 / n\} + 2 \cdot (0.5 \cdot (n-1)/n) \cdot \{(\sum_{i=1}^{n-1} \sum_{j>i}^{n} \text{Cov}(i,j)) / (0.5 \cdot n \cdot (n-1))\}$$

Die Klammerausdrücke { } entsprechen der durchschnittlichen Varianz bzw. der durchschnittlichen Kovarianz, weshalb für die Portfoliovarianz nach (4-14) gilt:

$$\sigma_P^2 = (1/n) \cdot \sigma_*^2 + ((n-1)/n) \cdot \text{Cov}(i,j)_* \qquad (4\text{-}15)$$

Abbildung 4/12: Die Risikoreduktion mittels Diversifikation

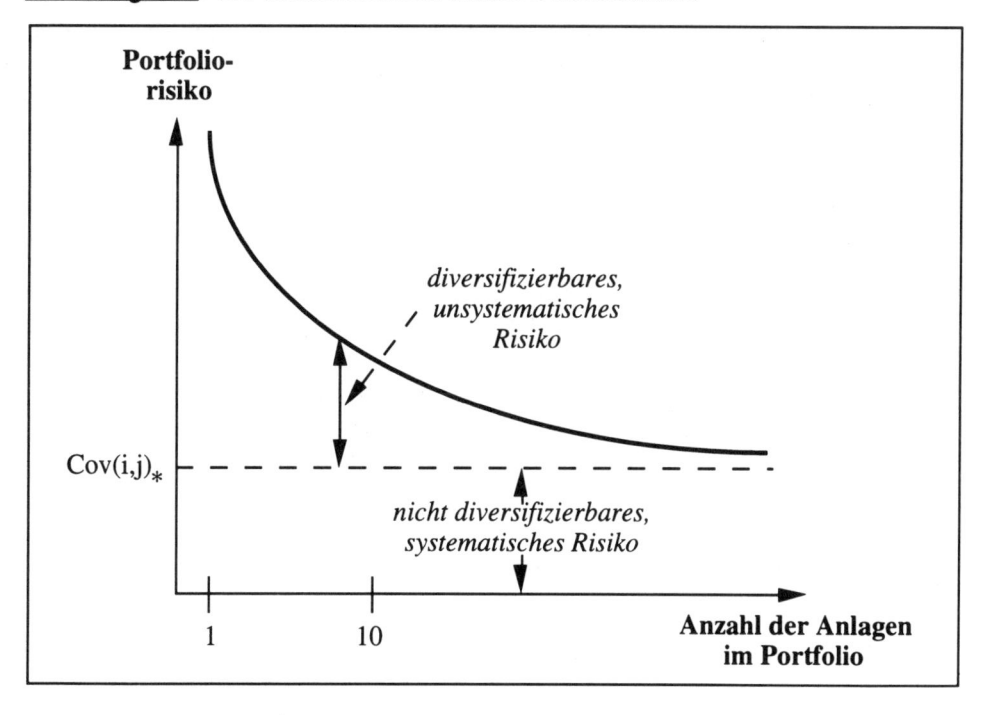

Entsprechend kann aus (4-15) gefolgert werden[41], dass mit n gegen unendlich der

---

41 Wird die realitätsfremde Möglichkeit, dass sämtliche Anlagerenditen voneinander unabhängig sind, unterstellt, dann wäre das Portfoliorisiko Null, da sämtliche Kovarianzen in diesem Fall auch Null sind.

erste Teil der Formel (4-15) gegen Null geht. Der zweite Teil nähert sich asymptotisch dem Wert der durchschnittlichen Kovarianz.

Aus diesen Ueberlegungen wird ersichtlich, dass das Portfoliorisiko mittels Diversifikation - auch in einem noch so umfangreichen Portfolio - nie vollständig eliminiert werden kann. Wie das Beispiel in Abbildung 4/10 verdeutlicht, macht Diversifikation dennoch Sinn: Mit einem Portfolio bestehend aus je 50% der Anlagen A und C wird verglichen mit der Anlage C eine höhere Rendite bei deutlich geringerem Risiko erzielt.

Bedingt durch die Feststellung, dass nur ein Teil des Portfoliorisikos eliminiert werden kann, wird das *diversifizierbare* (oder auch *unsystematische*) Risiko und das *nicht diversifizierbare* (oder auch *systematische* bzw. *Marktrisiko*) Risiko unterschieden (vgl. Abbildung 4/12 [vgl. bspw. Hielscher 1988 (2), S. 26]).

Das *systematische Risiko* hält dabei die Reaktion einzelner Anlagen (bzw. ganzer Portfolios) auf Marktumschwünge fest. Diese Sensitivität wird durch den *Beta-Faktor* beschrieben[42]:

$$\beta_A = Cov(A,M) / \sigma_M^2 \qquad (4\text{-}16)$$

(wobei β_A = Beta-Faktor der Anlage A, Cov(A,M) = Kovarianz der Anlagerendite und der Marktrendite, σ_M^2 = Varianz der Marktrendite).

Entsprechend (4-16) gilt, dass sich eine Anlage (bzw. ein Portfolio) mit einem Beta-Faktor von $\beta = 1$ entsprechend dem Markt bewegt[43]: Steigt (fällt) die Marktrendite um beispielsweise 1%, steigt (fällt) die Rendite der Anlage um 1%. Ist der Beta-Faktor einer Anlage grösser als eins ($\beta > 1$), steigt (fällt) die Rendite der Anlage stärker als die Marktrendite. Im Falle eines Beta-Faktors kleiner als eins ($\beta < 1$) steigt (fällt) die Rendite der Anlage schwächer als die Marktrendite.

4.3.2 Die Diversifikation am Markt

Die theoretischen Ueberlegungen zur Diversifikation haben gezeigt, dass das Portfoliorisiko, wenn auch nicht vollständig, so doch zu einem Teil reduziert werden

---

42 Vgl. dazu auch Abschnitt 5.1.4.1.

43 Bewegt sich eine Anlagerendite entsprechend dem Markt, gilt für deren Kovarianz: Cov(A,M) = Cov(M,M). Da aber Cov(M,M) = σ_M^2 ist, muss im vorliegenden Fall für den Beta-Faktor ein Wert von eins resultieren.

KAPITEL 4: *Die Elemente der Portfolio-Theorie* **145**

kann[44]. Umfangreiche Marktuntersuchungen[45] bestätigen diesen Sachverhalt.

Für den Schweizer Aktienmarkt konnte nachgewiesen werden, dass mittels einer *naiven Diversifikation*[46] rund 70% des Risikos durch Diversifikation über den gesamten Markt eliminiert werden kann [Dubacher/Zimmermann 1989 (2), S. 77ff]. Von grossem Interesse dürfte dabei die Feststellung sein, dass der Diversifikationseffekt innerhalb der ersten paar Titel am grössten ist und mit einem Portfolio von 10 Aktien fast vollständig ausgeschöpft ist. Dabei gilt zu beachten, dass die Risikoreduktion *nicht* zu Ungunsten der erzielten Rendite erfolgt [Zimmermann/Vock 1984, S. 28]. Aehnliche Resultate können auch für andere Aktienmärkte berechnet werden [vgl. bspw. Solnik 1974, S. 48-54 oder Elton/Gruber 1977, S. 415-437].

Abbildung 4/13: Das Diversifikationspotential schweizerischer Aktien

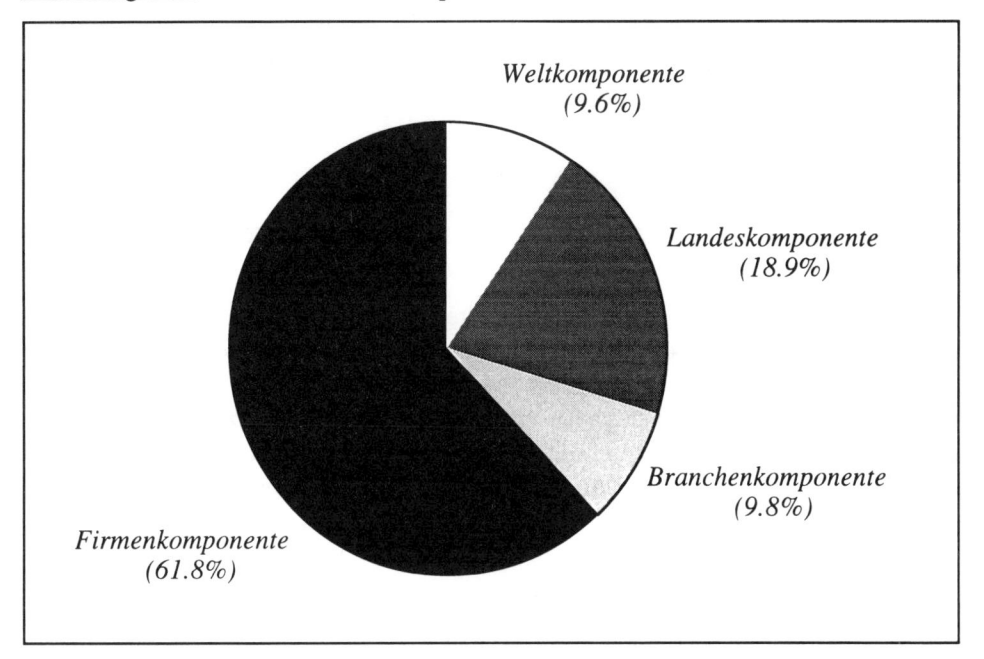

Weltkomponente (9.6%)
Landeskomponente (18.9%)
Branchenkomponente (9.8%)
Firmenkomponente (61.8%)

---

44 Vgl. Abschnitt 4.3.1.
45 Zu den im Verlaufe dieses Kapitels zitierten sollen noch die folgenden erwähnt werden: Benelli/Wyttenbach 1987, S. 305ff; Büttler/Hermann 1989, S. 28ff; Elton/Gruber 1977, S. 415ff; Evans/Archer 1968, S. 761ff; Lerbinger/Berndt 1983, S. 14ff; Solnik 1974, S. 48ff; Solnik 1991, S. 39ff; Statman 1987, S. 353ff; Tapley 1986 (2), S. 41ff.
46 Unter *naiver Diversifikation* wird die *zufällige Auswahl* verschiedener Anlagen verstanden.

Aus der Beobachtung heraus, dass zwar ein Teil, nie aber das gesamte Risiko wegdiversifizierbar ist, kann gefolgert werden, dass die Realität offensichtlich zwischen den Extremfällen totaler Unabhängigkeit und totaler Abhängigkeit der Renditen liegt. Das Diversifikationspotential wird entsprechend dem Grad der Abhängigkeit der einzelnen Titel untereinander und damit von der wirtschaftlichen Verflechtung beeinflusst. Eine Untersuchung über den Schweizer Aktienmarkt zeigt (vgl. Abbildung 4/13), dass mittels Diversifikation über die Gesamtheit von Schweizer Aktien 61.8% firmenspezifische und 9.8% branchenspezifische Risiken eliminiert werden können [vgl. Zimmermann/Bill/Dubacher 1989, S. 33]. Wird ein Portfolio international gestreut, so können weitere 18.9% Risiko wegdiversifiziert werden[47]. Ein international orientierter Investor könnte demzufolge sein ursprünglich mit einer Aktie eingegangenes Risiko mittels Diversifikation auf rund einen Zehntel reduzieren.

Damit konnte gezeigt werden, dass nicht nur in der Theorie sondern auch am Markt das Anlagerisiko in gewissem Ausmass reduziert werden kann. Es erstaunt daher kaum, dass der Gedanke der Diversifikation im Zentrum der modernen Portfolio-Theorie steht.

Zusammenfassung

Aufgrund der Tatsache, dass die Ziele Rendite und Sicherheit gegenläufig sind, wird ein rational handelnder Investor nicht die Rendite seines Portfolios sondern dessen *Nutzen maximieren*. Der Nutzen stellt dabei einen Kompromiss zwischen Rendite und Risiko dar. Um Entscheidungen unter Unsicherheit treffen zu können, werden die verschiedenen Anlagemöglichkeiten anhand von Nutzenfunktionen beurteilt, wobei deren Verlauf von der subjektiven Einstellung des Investors gegenüber dem Risiko abhängig ist. Grundsätzlich sind drei Verhaltensweisen zu unterscheiden:

- risikofreudiges Verhalten,
- indifferentes (neutrales) Verhalten und
- risikoscheues (risikoaverses) Verhalten.

In der Praxis zeigt sich, dass das risikoscheue Verhalten für die Mehrzahl der Investoren charakteristisch ist.

---

47 Die in der erwähnten Untersuchung [vgl. Zimmermann/Bill/Dubacher 1989, S. 33] festgehaltenen Daten wurden von einer erneuten Studie 1993 bestätigt [vgl. Gerig/Holz 1993, S. 108ff].

KAPITEL 4: *Die Elemente der Portfolio-Theorie*

Der Nutzen wurde als Kompromiss zwischen Rendite und Risiko bezeichnet, was anhand von *Indifferenzkurven* veranschaulicht werden kann. Sämtliche Rendite/Risiko-Kombinationen, welche einem Investor den gleichen Nutzen verschaffen, liegen auf derselben Indifferenzkurve. Die unterschiedliche Nutzenhöhe wird durch ein *Bündel von Indifferenzkurven* dargestellt. Um den Nutzen zu quantifizieren, sind erwartete Rendite und Risiko einzelner Anlagen sowie ganzer Portfolios ebenfalls zahlenmässig zu erfassen.

Die Berechnung der *erwarteten Rendite* kann auf der Basis historischer oder erwarteter Daten erfolgen. Während im ersten Fall die *Einperiodenrendite* anhand von

$$r_t = [(P_t - P_{t-1}) + CF_t] / P_{t-1}$$

ermittelt werden kann, ist zur Berechnung der durchschnittlichen Renditen entweder das *geometrische Mittel der Einperiodenrenditen*

$$r_A = (\prod_{t=1}^{n} [(D_t + P_t) / P_{t-1}])^{(1/n)} - 1$$

oder das *arithmetische Mittel der stetigen Einperiodenrenditen*

$$_k r_A = (1/n) \cdot \sum_{t=1}^{n} {}_k r_t$$

anzuwenden. Im zweiten Fall, wo die *erwartete Rendite aufgrund erwarteter Daten* ermittelt wird, gilt:

$$E(r_A) = \sum_{i=1}^{n} p_i \cdot r_i \text{ , wobei } \sum_{i=1}^{n} p_i = 1$$

Wird, wie dies in der modernen Portfolio-Theorie der Fall ist, das *Risiko als Gefahr verstanden, eine erwartete Rendite zu verfehlen*, drängt sich als Mass desselben die *Streuung der zukünftigen Renditen* auf. Aussagekraft sowie mathematische Handhabung sprechen dabei für die Anwendung der *Standardabweichung*:

$$\sigma_A = (\sum_{i=1}^{n} [r_i - E(r_A)]^2 \cdot p_i)^{1/2}$$

Allerdings ist die Verwendung der Standardabweichung nur dann sinnvoll, wenn die Verteilung der (erwarteten) Renditen sowohl symmetrisch als auch von der Gestalt ist, dass sie eine Standardabweichung besitzt. Verschiedene Untersuchungen haben gezeigt, dass die Verteilung der stetigen Renditen gut durch die *Normalverteilung* beschrieben werden kann.

Mittels *Diversifikation* - der Investition nicht in eine sondern in mehrere Anlagen - kann eine Risikoreduktion erreicht werden. Der Grund ist darin zu sehen, dass im Gegensatz zur *Portfoliorendite*

$$E(r_P) = \sum_{i=1}^{n} z_i \cdot E(r_i) \text{ , wobei } \sum_{i=1}^{n} z_i = 1 \text{ und } z_i \geq 0, \forall \ i=1,...,n$$

zur Beurteilung des *Portfoliorisikos* die Varianzen der einzelnen Anlagen und deren Gewichtungen nicht ausreichen:

$$\sigma_P^2 = \sum_{i=1}^{n} z_i^2 \cdot \sigma_i^2 + 2 \cdot \sum_{i=1}^{n-1} \sum_{j>i}^{n} z_i \cdot z_j \cdot Cov(i,j)$$

Es wird deutlich, dass das Portfoliorisiko stark vom Grad des Zusammenhangs der Anlagerenditen abhängig ist, wobei dieser mittels *Kovarianz*

$$Cov(X,Y) = \sum_{i=1}^{n} [(r_{X_i} - E(r_X)) \cdot (r_{Y_i} - E(r_Y))] \cdot p_i$$

oder *Korrelationskoeffizient*

$$\rho_{XY} = Cov(X,Y) / (\sigma_X \cdot \sigma_Y)$$

gemessen wird.

Es gilt zu beachten, dass selbst in einem noch so umfangreich diversifizierten Portfolio dessen Risiko *nie vollständig* eliminiert werden kann. Bedingt durch diese Feststellung wird das *diversifizierbare* und das *nicht diversifizierbare Risiko* (auch Marktrisiko genannt) unterschieden. Letzteres hält die Reaktionen einzelner Anlagen (bzw. ganzer Portfolios) auf Marktumschwünge fest und wird durch den *Beta-Faktor* beschrieben:

$$\beta_A = Cov(A,M) / \sigma_M^2$$

Wichtige Begriffe

Rendite	risikoloser Zinssatz
erwartete Rendite	Standardabweichung
Risiko	Varianz
Nutzen	Normalverteilung
Nutzenfunktion	Diversifikation
Indifferenzkurve	Kovarianz

KAPITEL 4: *Die Elemente der Portfolio-Theorie*

risikoavers
risikoneutral
risikofreudig

Korrelationskoeffizient
Beta-Faktor

Ausgewählte Literatur

Auckenthaler, Chr.: "Mathematische Grundlagen des modernen Portfolio Managements", Bern 1991.

Bodie, Z./Kane, A./Marcus, A.: "Investments", 2. Auflage, Homewood 1993, insbesondere S. 141-195.

Bohley, P.: "Statistik - Einführendes Lehrbuch für Wirtschafts- und Sozialwissenschaftler", 5. Auflage, München 1992, insbesondere S. 117-172, S. 233-254 und S. 337-372.

Copeland, T./Weston, F.: "Financial Theory and Corporate Policy", 3. Auflage, New York 1988, insbesondere S. 77-108 und S. 145-165.

Dubacher, R., Zimmermann, H.: "Risikoanalyse schweizerischer Aktien: Grundkonzept und Berechnungen", in: Finanzmarkt und Portfolio Management, Nr. 1/1989, S. 66-85.

Fuller, R./Farrell, J.: "Modern Investments and Security Analysis", New York 1987, insbesondere S. 46-75.

Lösungen zu den Konzept-Fragen

1.) Das arithmetische Mittel von Einperiodenrenditen wird entsprechend

$$r_A = (1/n) \cdot \sum_{t=1}^{n} r_t$$

(wobei r_A = durchschnittliche Rendite der Aktie, r_t = Rendite der Aktie während t (Monats- oder Jahresrendite), n = Anzahl betrachteter Einperiodenrenditen)

berechnet. Die durchschnittliche Rendite der *Aktie B* entspricht demzufolge r_B = *4.17%* während diejenige der *Aktie C* r_C = *0.78%* beträgt. Offensichtlich weichen die mittels arithmetischem Mittel berechneten durchschnittlichen Renditen von den tatsächlichen durchschnittlichen Renditen (vgl. die Berechnung unter Berücksichtigung des geometrischen Mittels) ab ($r_B = r_C = 0.00\%$).

2.) Entsprechend (4-8) ergibt sich für den Nutzen der in Abbildung 4/5 gezeigten Portfolios

- für $A = 3$: $U(E(r_A)) = 4.25$
  $U(E(r_B)) = 5.25$
  $U(E(r_C)) = 7.25$
- für $A = 4$: $U(E(r_A)) = 3.00$
  $U(E(r_B)) = 3.00$
  $U(E(r_C)) = 3.00$

Beträgt der Index der Risikoeinstellung A = 3, ist der Nutzen der einzelnen Portfolios für den Investor unterschiedlich, und dieselben liegen auf verschiedenen, sich nicht schneidenden Indifferenzkurven. Beträgt der Index der Risikoeinstellung A = 4, ist der Investor zwischen den Portfolios indifferent (gleicher Nutzen), und die Portfolios liegen auf derselben Indifferenzkurve.

3.) Die Standardabweichung für historische Renditen ist wie folgt zu berechnen:

$$\sigma = ((1/n) \cdot \sum_{t=1}^{n} [r_t - r_A]^2)^{1/2}$$

(wobei r_A = durchschnittliche Rendite, r_t = Rendite während t (Monats-, Jahresrendite), n = Anzahl betrachteter Renditen).

4.) Entsprechend (4-9) ergeben sich für die in Abbildung 4/2 gezeigten Anlagen die folgenden Standardabweichungen: $\sigma_A = 8.49\%$, $\sigma_B = 12.73\%$ und $\sigma_C = 7.14\%$

5.) Die Rendite eines Bonds, dessen Renditen sich exakt gleich dem Schweizer Obligationenindex verhalten (vgl. Abbildung 4/7), liegt in *2 von 3 Fällen* (68%-Prognoseintervall) zwischen *+1.01%* und *+7.85%*.

6.) Wird je die Hälfte eines Vermögens in Anlage A (vgl. Abbildung 4/10) investiert und zum risikolosen Zinssatz angelegt, so beträgt die erwartete Rendite eines solchen Portfolios $E(r_{A+rf}) = 7.00\%$. Für die Standardabweichung des selben Portfolios ergibt sich $\sigma_{A+rf} = 4.25\%$.

Werden die Portfolios P_1 (bestehend aus den Anlagen A und C) und P_2 (bestehend aus der Anlage A und dem risikolosen Zinssatz) miteinander verglichen, zeigt sich, dass ein risikoaverser Investor dem Portfolio P_1 aufgrund der höheren erwarteten Rendite bei gleichzeitig geringerem Risiko den Vorzug geben wird.

7.) Die Kovarianz bzw. die Korrelation zwischen der Anlage A (vgl. Abbildung 4/10) und dem risikolosen Zinssatz ist *Null*, da letzterer unabhängig von den wirtschaftlichen Szenarien gleich ist.

8.) Entsprechend (4-12) ergibt sich für die erwartete Rendite des Portfolios $E(r_P)$ = *8%*. Unter Berücksichtigung von (4-13) kann das Portfoliorisiko ermittelt werden: σ_P = *4.62%*.

Kapitel 5

Ansätze zur Portfoliogestaltung in der Theorie

Nach dem Studium dieses Kapitels sollte der Leser
- *die drei grundlegenden Ansätze der Portfoliotheorie, das Markowitz-Modell, das Capital Asset Pricing Model sowie die Arbitrage Pricing Theory verstehen;*
- *die Index-Modelle (Faktor-Modelle) erklären können;*
- *in der Lage sein, die Index-Modelle vom Capital Asset Pricing Model und der Arbitrage Pricing Theory zu unterscheiden;*
- *die Ermittlung einer Efficient Frontier sowie optimaler Portfolios nachvollziehen können;*
- *die Bewertung einer Anlage aufgrund des Capital Asset Pricing Model zeigen können;*
- *das Prinzip des Arbitragegeschäftes verstehen.*

Der Grundgedanke eines *quantitativ* orientierten Portfolio-Managements entstand anfangs der 1950er Jahre. Bereits 1949 entwickelte *Shackle* [vgl. Shackle 1952] ein Instrumentarium, mit dem er zeigen wollte, wie eine Entscheidung unter Ungewissheit zustande kommt. "Als *Shackle* jedoch seine Konzeption auch auf das Problem der Aktienauswahl anzuwenden versuchte, kam er zu dem paradoxen Ergebnis, dass es für den Investor in jedem Fall am vorteilhaftesten sei, eine Kombination von nur zwei bestimmten Aktien zu wählen" [Hielscher 1988 (2), S. 21]. Aber genau der Diversifikation ist es zu verdanken, dass das Risiko einzelner Anlagen vermindert werden kann[1]. Allerdings wird die Idee einer optimalen Anlage aus einer Kombination von nur zwei Grössen später wieder aufgegriffen[2].

---

1 Vgl. Abschnitt 4.3.
2 Im Capital Asset Pricing Model (CAPM) wählt der Investor eine Kombination aus Marktportfolio und risikoloser Anlage.

KAPITEL 5: *Ansätze zur Portfoliogestaltung in der Theorie* 153

Den Stein ins Rollen brachte schliesslich *Markowitz* mit seinem 1959 erschienenen Werk "Portfolio Selection" [Markowitz 1959][3]. Anhand seines Modells lässt sich unter akzeptablen Bedingungen nachweisen, dass das Risiko durch die Investition in verschiedene Anlagen, wenn auch nicht vollständig, so doch teilweise reduziert werden kann. Später wurden auf dem Modell von *Markowitz* aufbauend das *Capital Asset Pricing Model*[4] und die *Arbitrage Pricing Theory*[5] entwickelt.

Im folgenden wird auf die wichtigsten Gedanken der erwähnten drei Ansätze eingegangen[6]. Diese wurden für Aktien erarbeitet, weshalb auch im Rahmen dieses Kapitels von einem Aktienportfolio ausgegangen wird. Eine Uebertragung der Modelle auf andere Anlagemedien bzw. gemischte Portfolios ist aber durchaus sinnvoll und realisierbar.

5.1 Das Markowitz-Modell

Markowitz machte die einfache Feststellung, dass Investoren nicht notwendigerweise die erwartete Rendite des angelegten Kapitals maximieren, ansonsten das in der Realität oft festzustellende Verhalten der Risikostreuung durch Aufnahme mehrerer Anlagen in das Portfolio nicht erklärt werden könnte[7]. In seinem Modell wird gezeigt, wie die Diversifikation eines Portfolios rational gestaltet werden soll, sodass ein für den Investor *effizientes Portfolio* entsteht. Als effizient wird ein Portfolio dann bezeichnet, wenn

- die Rendite bei einem bestimmten Risiko maximal bzw.
- das Risiko bei einer bestimmten Rendite minimal ist.

---

3   Das 1959 erschienene Werk "Portfolio Selection - Efficient Diversification of Investments" wurde 1992 neu aufgelegt [Markowitz 1992]. Ein Vorläufer dieser Arbeit wurde bereits 1952 publiziert [vgl. Markowitz 1952, S. 77ff].
4   Dieses wurde von *Sharpe* (1964) und *Lintner* (1965) entwickelt [vgl. Sharpe 1964, S. 425ff und Lintner 1965 (2), S. 587ff].
5   Diese wurde von *Ross* 1976 entwickelt [vgl. Ross 1977, S. 189ff und Ross 1976, S. 341ff].
6   Auf die in grosser Zahl vorhandenen modifizierten Ansätze wird hier nicht eingegangen, da der Kern der Ueberlegungen immer auf das Modell von Markowitz, das CAPM oder die APT zurückgeführt werden kann.
7   Vgl. Kapitel 4, insbesondere Abschnitt 4.3.

5.1.1 Voraussetzungen des Modells

Die Voraussetzungen für eine überblickbare Modellgestaltung, welche teilweise auch für die weiter hinten folgenden Ansätze Gültigkeit haben, können nach *Annahmen über das Investorenverhalten* und *Eigenschaften des Marktes* unterschieden werden.

Bezüglich des *Investorenverhaltens* werden die folgenden Annahmen getroffen [vgl. bspw. Reilly 1989, S. 257]:

- *Entscheidungsparameter:* Investoren orientieren sich ausschliesslich am Erwartungswert und der Varianz (bzw. Standardabweichung) der möglichen Renditen. Es muss möglich sein, mittels Analyse der Informationen die erwartete Rendite, die Varianz der möglichen Renditen sowie die Kovarianzen zu ermitteln. Auf Basis dieser Daten können die effizienten Portfolios ausfindig gemacht werden.

- *Risikoaversion:* Die Investoren sind risikoscheu, das heisst eine Position mit niedrigem Risiko wird einer solchen mit hohem Risiko und gleicher erwarteter Rendite vorgezogen[8].

- *Nutzenmaximierung:* Investoren versuchen, den Nutzen ihrer Vermögen zu maximieren, indem sie für möglichst wenig Risiko die maximale Rendite verlangen.

- *Einperiodenmodell:* Entscheidungen werden auf einen einperiodigen Planungshorizont ausgerichtet. Am Ende der Periode wird das Ergebnis der Investition geprüft und erst dann die folgende (und nur die folgende) Periode geplant. Die Wahl der Länge dieser Zeitperiode ist jedoch davon abhängig, wie schnell sich Erwartungswert und Varianz im Zeitablauf verändern [vgl. Hotz 1989, S. 7].

Dem Markt werden die folgenden Eigenschaften unterstellt [vgl. Alexander/Francis 1986, S. 51]:

- *Friktionslose Märkte:* Es existieren weder Transaktionskosten noch Steuern. Zudem sind alle Anlagen beliebig teilbar, so dass auch kleinste Teile davon erworben werden können.

- *Vollständige Konkurrenz:* Der Investor ist ein Nachfrager und hat keinen Einfluss auf den Preis und damit auf die Wahrscheinlichkeitsverteilung der

---

8   Obwohl verschiedene Beobachtungen die These eines risikoaversen Verhaltens stützen (beispielsweise das ganze Versicherungswesen; die Tatsache, dass Investoren verschiedene Anlagen in ihren Portfolios halten etc.), wurde sie auch in Frage gestellt [vgl. Cohen/Zinbarg/Zeikel 1987, S. 744].

Renditen (diese wird als Normalverteilung angenommen[9]). Es besteht keine Beschränkung beim Zugang zum Anlagenmarkt. Arbitragemöglichkeiten[10] sind ausgeschlossen.

- *Leerverkäufe:* Leerverkäufe sind auszuschliessen, das heisst das Kapital wird voll investiert, wobei die Gewichte der einzelnen Anlagen z_i nicht negativ sein dürfen:

$$\sum_{i=1}^{n} z_i = 1; \quad z_i \geq 0 \quad \forall \; i = 1,...,n \tag{5-1}$$

- *Verhalten der Anlagen:* Es lassen sich keine Anlagen finden, deren Korrelationskoeffizient -1 beträgt. Zudem existiert keine risikolose Anlage (Varianz ist Null) und mindestens zwei Anlagen haben unterschiedliche erwartete Renditen.

Um das Modell der Realität besser anzupassen, wurden im Laufe der Zeit diese Annahmen teilweise modifiziert oder gestrichen.

5.1.2 Die Efficient Frontier

Der Idee von *Markowitz* folgend, sind die Anteile der Anlagen am investierten Kapital derart zu bestimmen, dass die Menge der zulässigen Portfolios (im Standardmodell sind dies solche, die (5-1) erfüllen) auf die Menge der effizienten Portfolios reduziert werden kann (vgl. Abbildung 5/1). *Markowitz* spricht in diesem Zusammenhang vom EV-Raum (wobei E für erwartete Rendite und V für Varianz bzw. Standardabweichung steht) und definiert dann: "Eine zulässige *EV-Kombination* ist *ineffizient*, falls eine andere, zulässige EV-Kombination entweder mehr E bei gegebenem V oder weniger V bei gegebenem E aufweist. Ein zulässiges *Portfolio* ist *ineffizient*, wenn dessen EV-Kombination ineffizient ist, wobei E durch (4-12) und V durch (4-13) bestimmt wird. *Effiziente EV-Kombinationen* und *effiziente Portfolios* sind all diejenigen, die nicht ineffizient sind" [Markowitz 1987, S. 6]. Alle effizienten Portfolios bzw. effizienten EV-Kombinationen kommen dann auf die sog. *Efficient Frontier* zu liegen.

---

[9] Es soll hier noch einmal darauf hingewiesen werden, dass die Renditen nicht zwingendermassen normalverteilt sein müssen: "In particular it is not - repeat not - required that they (die Renditen, Anm. d. Autors) be joint normally distributed" [vgl. Markowitz 1987, S. 4]. Dagegen muss die Verteilung eine *endliche Varianz* aufweisen. Vgl. auch Abschnitt 4.2.2.2.

[10] Unter Arbitrage versteht man den Kauf einer Anlage und *sofortigen* Wiederverkauf zu einem höheren Preis, so dass eine risikolose Rendite entsteht.

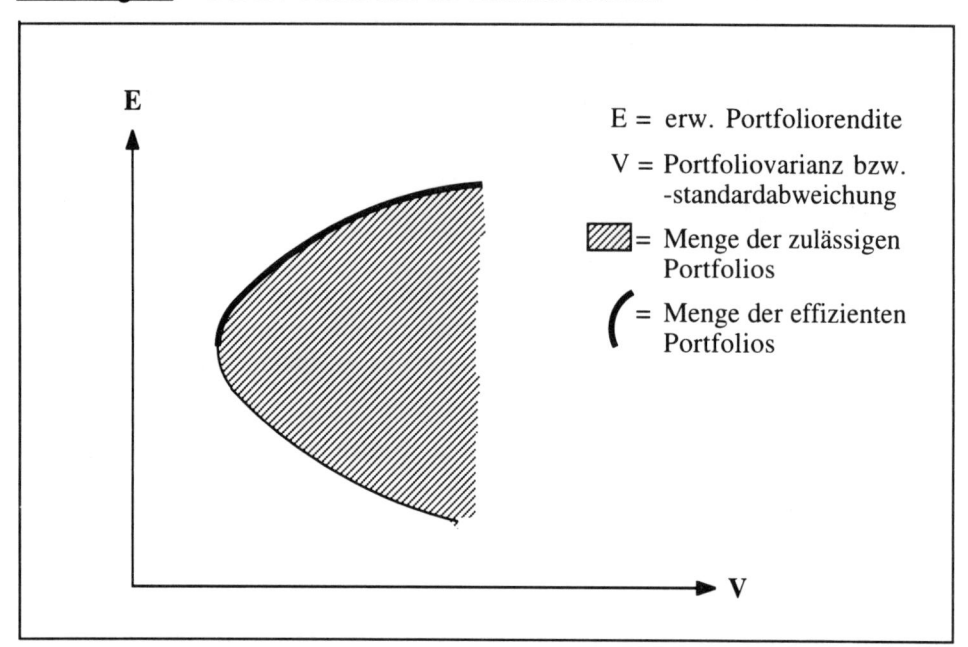

Abbildung 5/1: Der EV-Raum und die Efficient Frontier

E = erw. Portfoliorendite
V = Portfoliovarianz bzw. -standardabweichung
▨ = Menge der zulässigen Portfolios
(= Menge der effizienten Portfolios

Mit der von *Markowitz* entwickelten *Critical Line-Methode* kann gezeigt werden, wie die Efficient Frontier ermittelt wird[11].

5.1.2.1 Portfolios bestehend aus zwei Anlagen

In Abschnitt 4.3.1.2 wurde gezeigt, dass das Portfoliorisiko der gewichteten Summe der Varianzen der Einzelrenditen und den gewichteten Kovarianzen entspricht (vgl. (4-13)). Wird lediglich in zwei Anlagen investiert und anstelle der Kovarianz dessen normiertes Mass, die Korrelation (vgl. (4-11)) berücksichtigt[12], ergibt sich für das Portfoliorisiko

$$\sigma_P^2 = z_i^2 \cdot \sigma_i^2 + z_j^2 \cdot \sigma_j^2 + 2 \cdot z_i \cdot z_j \cdot \rho_{i,j} \cdot (\sigma_i \cdot \sigma_j) \qquad (5-2)$$

---

11 Vgl. dazu Abschnitt 5.1.2.2.
12 Da die Korrelation zweier Anlagen
    $\rho_{i,j} = Cov(i,j) / (\sigma_i \cdot \sigma_j)$
    entspricht, gilt für die Kovarianz zweier Anlagen
    $Cov(i,j) = \rho_{i,j} \cdot (\sigma_i \cdot \sigma_j)$

KAPITEL 5: *Ansätze zur Portfoliogestaltung in der Theorie*

$\sigma_P = (\sigma_P^2)^{1/2}$

(5-2) bringt zum Ausdruck, dass das Portfoliorisiko bei einer Korrelation von $\rho_{i,j} = +1$ (perfekte positive Korrelation) am grössten ausfällt. In diesem Fall entspricht dasselbe der Summe der gewichteten Standardabweichungen:

$\sigma_P^2 = z_i^2 \cdot \sigma_i^2 + z_j^2 \cdot \sigma_j^2 + 2 \cdot z_i \cdot z_j \cdot (\sigma_i \cdot \sigma_j) = (z_i \cdot \sigma_i + z_j \cdot \sigma_j)^2$

$\sigma_P = (\sigma_P^2)^{1/2} = z_i \cdot \sigma_i + z_j \cdot \sigma_j$

Ist der Korrelationskoeffizient *kleiner* als $\rho_{i,j} = +1$, kann in Abhängigkeit der investierten Anteile z_i und $z_j = (1 - z_i)$ ein Risiko, welches geringer als die Summe der gewichteten Standardabweichungen ist, erzielt werden[13]. Abbildung 5/2[14] zeigt, dass die *möglichen Portfolios* (auch als *Portfolio Opportunity Set* bezeichnet) von den investierten Anteilen z_i und z_j sowie der Korrelation $\rho_{i,j}$ abhängig sind.

Bei der Betrachtung des Portfolio Opportunity Set ist das *risikominimale Portfolio* für den Investor von grossem Interesse. Sind die investierten Anteile z_i und z_j gleich oder grösser als Null ($z_i \geq 0$, $z_j \geq 0$) und werden dieselben derart gewählt, dass die Portfolios ein Risiko gleich oder über dem risikominimalen Portfolio aufweisen, handelt es sich um *effiziente* Portfolios[15]. Da das Portfoliorisiko im Falle zweier Anlagen i und j bei gegebenen Varianzen der Einzelrenditen von der *Korrelation* und den *investierten Anteilen* z_i und $z_j = (1 - z_i)$ abhängig ist, gilt für das *risikominimale Portfolio*[16]:

- wenn $\rho_{i,j} = -1$: $z_i = \sigma_j / (\sigma_i + \sigma_j)$
- wenn $\rho_{i,j} = 0$: $z_i = \sigma_j^2 / (\sigma_i^2 + \sigma_j^2)$ (5-3)

---

13   Wie gezeigt wurde, gilt für das Portfoliorisiko

      $\sigma_P = z_i \cdot \sigma_i + z_j \cdot \sigma_j$

     Unter Berücksichtigung von $z_j = (1 - z_i)$ gilt für das Portfoliorisiko sodann

      $\sigma_P = z_i \cdot \sigma_i + (1-z_i) \cdot \sigma_j$

     was einer Linearkombination der Einzelrisiken entspricht. Da die Portfoliorendite ebenfalls einer Linearkombination der Einzelrenditen entspricht, müssen sämtliche Kombinationen zweier Anlagen mit einer Korrelation von $\rho = +1$ auf einer Geraden liegen (vgl. auch Abbildung 5/2).

14   Das Beispiel wurde adaptiert von *Jacob/Pettit* [vgl. Jacob/Pettit 1988, S. 195].

15   Vgl. zu Beginn des Abschnitts 5.1.2.

16   Um die *Extremstelle einer Funktion* zu ermitteln, ist die erste Ableitung zu bilden und gleich Null zu setzen. Handelt es sich um ein *lokales Minimum*, muss die zweite Ableitung grösser als Null sein: Es sei $f: x \to f(x)$, $x \in D$ eine in D hinreichend oft differenzierbare Funktion, $P_0 = (x_0, f(x_0))$ ein Punkt des Graphen G(f), dargestellt in einem kartesischen Koordinatensystem, $D \supset]a,b[$ ein offenes Intervall. f hat bei x_0 ein lokales Minimum (P_0 ist Tiefpunkt von G(f)), wenn $f'(x_0) = 0$ und $f''(x_0) > 0$ (hinreichende Bedingung).

- wenn $-1 < \rho_{i,j} < +1$: $z_i = (\sigma_j^2 - \rho_{i,j} \cdot \sigma_i \cdot \sigma_j) / (\sigma_i^2 + \sigma_j^2 - 2 \cdot \rho_{i,j} \cdot \sigma_i \cdot \sigma_j)$

> *Konzept-Frage 1* Es ist die Herleitung der in (5-3) gezeigten Resultate zu zeigen.

Abbildung 5/2: Die Portfoliorendite als Funktion des Portfoliorisikos

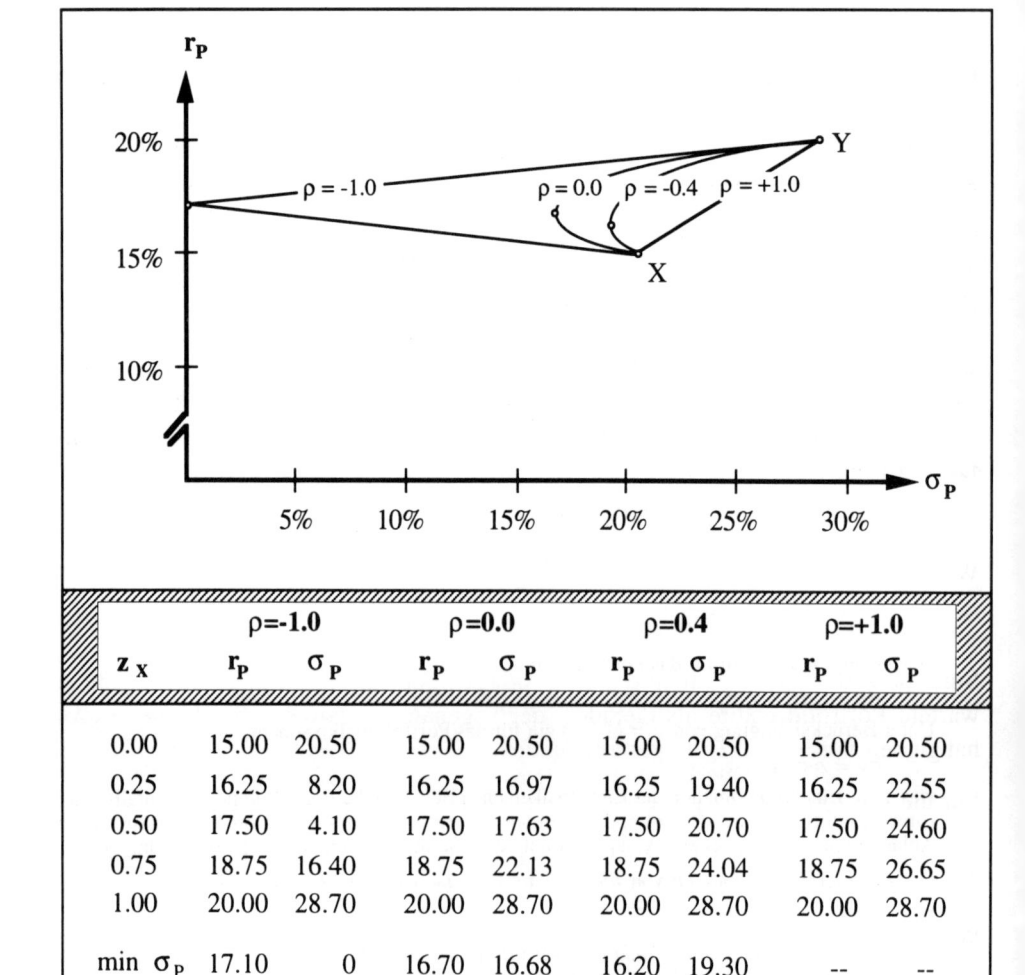

z_X	$\rho=-1.0$		$\rho=0.0$		$\rho=0.4$		$\rho=+1.0$	
	r_P	σ_P	r_P	σ_P	r_P	σ_P	r_P	σ_P
0.00	15.00	20.50	15.00	20.50	15.00	20.50	15.00	20.50
0.25	16.25	8.20	16.25	16.97	16.25	19.40	16.25	22.55
0.50	17.50	4.10	17.50	17.63	17.50	20.70	17.50	24.60
0.75	18.75	16.40	18.75	22.13	18.75	24.04	18.75	26.65
1.00	20.00	28.70	20.00	28.70	20.00	28.70	20.00	28.70
min σ_P	17.10	0	16.70	16.68	16.20	19.30	--	--

Abbildung 5/2 zeigt, dass mit abnehmendem Korrelationskoeffizient eine grössere Reduktion des Portfoliorisikos erreicht werden kann. Beträgt der Korrelationskoeffizient $\rho_{i,j} = -1$, kann das Portfoliorisiko vollständig diversifiziert (eliminiert) werden.

> **Konzept-Frage 2** Die erwarteten Renditen sowie die Standardabweichungen zweier Anlagen entsprechen $E(r_A) = 8\%$, $\sigma_A = 3\%$ beziehungsweise $E(r_B) = 14\%$, $\sigma_B = 6\%$. Sodann ist die Korrelation zwischen den Anlagen bekannt: $\rho_{A,B} = 0$. Wie gross sind erwartete Portfoliorendite und -risiko, falls $z_A = 0.4$ ($z_B = 0.6$) und im Falle des risikominimalen Portfolios?

5.1.2.2 Herleitung der Efficient Frontier im Standardmodell

Um die Herleitung der Efficient Frontier auch graphisch zeigen zu können, wird im folgenden von einem Portfolio mit drei Anlagen ausgegangen [vgl. Markowitz 1992, S. 129ff].

Unter Einhaltung von (5-1) gilt:

$$z_1 + z_2 + z_3 = 1 \quad \text{und damit} \quad z_3 = 1 - z_1 - z_2 \tag{5-4}$$

Die Portfoliorendite lässt sich entsprechend (4-12) wie folgt berechnen:

$$E(r_P) = z_1 \cdot E(r_1) + z_2 \cdot E(r_2) + z_3 \cdot E(r_3) \tag{5-5}$$

Wird z_3 in (5-5) gemäss (5-4) ersetzt, so gilt:

$$E(r_P) = z_1 \cdot (E(r_1) - E(r_3)) + z_2 \cdot (E(r_2) - E(r_3)) + E(r_3) \tag{5-6}$$

Sind die erwarteten Renditen der drei Anlagen bekannt, so kann (5-6) für jede erwartete Portfoliorendite als Gerade - der sogenannten *Iso-Rendite-Linie* - in Abhängigkeit von z_1 und z_2 dargestellt werden.

Für die Portfoliovarianz gilt entsprechend (4-13):

$$\sigma_P^2 = z_1 \cdot \sigma_1^2 + z_2 \cdot \sigma_2^2 + z_3 \cdot \sigma_3^2 + 2 \cdot z_1 \cdot z_2 \cdot \text{Cov}(1,2) \\ + 2 \cdot z_1 \cdot z_3 \cdot \text{Cov}(1,3) + 2 \cdot z_2 \cdot z_3 \cdot \text{Cov}(2,3) \tag{5-7}$$

Wird z_3 in (5-7) gemäss (5-4) ersetzt, so gilt:

$$\sigma_P^2 = z_1^2 \cdot \sigma_1^2 + z_2^2 \cdot \sigma_2^2 + (1-z_1-z_2)^2 \cdot \sigma_3^2 + 2 \cdot z_1 \cdot z_2 \cdot \text{Cov}(1,2) \\ + 2 \cdot z_1 \cdot (1-z_1-z_2) \cdot \text{Cov}(1,3) + 2 \cdot z_2 \cdot (1-z_1-z_2) \cdot \text{Cov}(2,3) \tag{5-8}$$

Es kann gezeigt werden, dass bei gegebenen Varianzen und Kovarianzen für verschiedene σ_P^2 ein System von Ellipsen - die sog. *Iso-Varianz-Kurven* - in Abhängigkeit von z_1 und z_2 entsteht. Allerdings gilt dies nur unter den Bedingungen, dass[17]
- die Korrelationen nicht die Werte +1 und -1 annehmen und
- keine risikolose Anlage existiert.

<u>Abbildung 5/3</u>: Die Critical Line-Methode dargestellt mittels dreier Anlagen

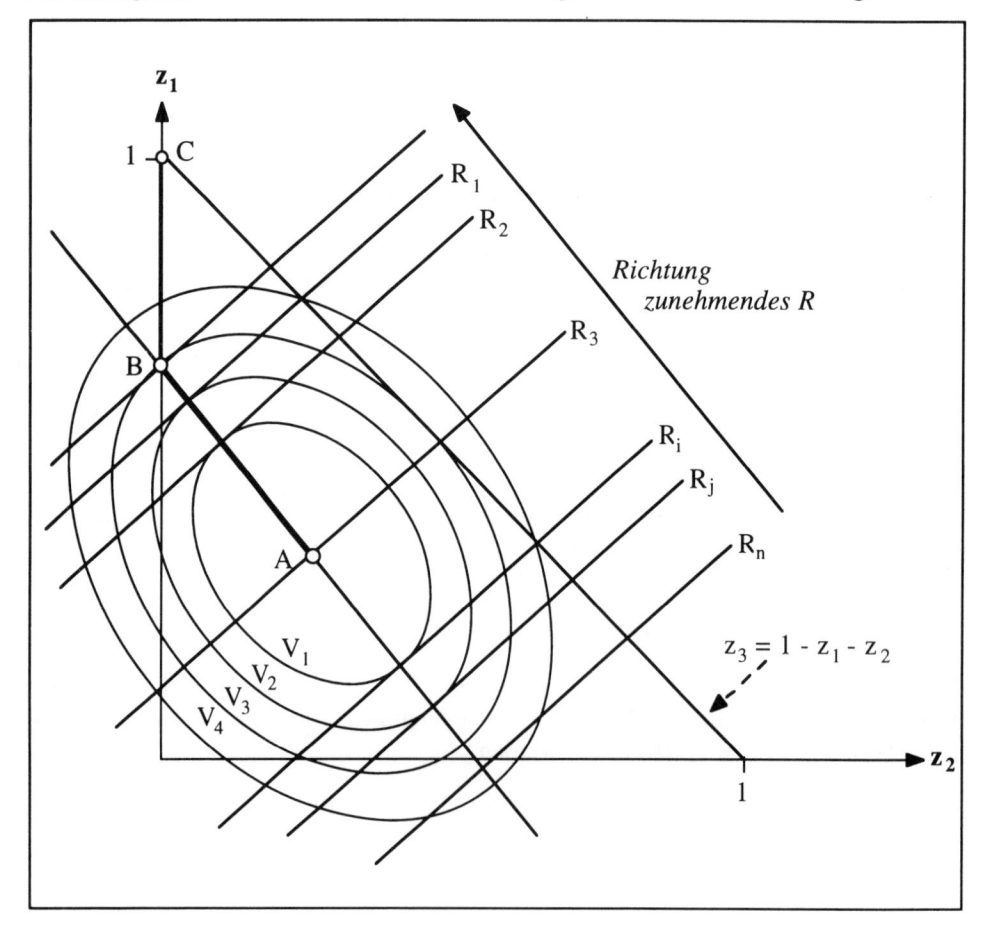

---

[17] Für Details sei verwiesen auf Markowitz 1992, S. 137f. Es ist allerdings zu betonen, dass diese Bedingungen nur der geometrischen Darstellung dienen.

Für den Fall, dass $E(r_1) > E(r_2) > E(r_3)$, sind in Abbildung 5/3 [in Anlehnung an Markowitz 1992, S. 138] der zulässige Bereich, die Iso-Rendite-Linien und die Iso-Varianz-Kurven eingetragen. Auf der Iso-Rendite-Linie R_1 liegen sämtliche Portfolios mit der erwarteten Rendite $E(R_1)$. Entsprechendes gilt für R_2 bis R_6. Die Ellipse V_1 repräsentiert alle Portfolios mit der Varianz V_1. Ebenso liegen auf den Ellipsen V_2 bis V_4 alle Portfolios mit der gleichen Varianz V_2 bis V_4. Werden nun sämtliche Tangentenberührungspunkte der Iso-Rendite-Geraden mit den Iso-Varianz-Kurven miteinander verbunden, so kommen diese auf eine Gerade, die sog. *Critical Line* zu liegen. Wenn ein Portfolio auf dieser kritischen Linie liegt, ist es automatisch das Portfolio mit dem geringsten Risiko für eine bestimmte erwartete Rendite [vgl. Hielscher 1969, S. 245]. Entsprechend muss die Critical Line durch den Mittelpunkt der Iso-Varianz-Kurven verlaufen.

Unter Beachtung der Definition effizienter Portfolios gilt, dass alle Portfolios auf der Verbindungslinie ABC effizient sind, wobei das durch den Punkt A repräsentierte Portfolio das kleinste Risiko - auch als *Minimum Standard Deviation Portfolio* bezeichnet - und das durch den Punkt C repräsentierte Portfolio die grösste Rendite aufweist.

Die Menge der effizienten Portfolios kann nun in die bereits in Abbildung 5/1 gezeigte EV-Ebene übertragen werden, indem für jeden Punkt auf ABC, der durch z_1, z_2 und z_3 bestimmt ist, die erwartete Portfoliorendite (gemäss (4-12)) und die Portfoliovarianz (gemäss (4-13)) berechnet wird (vgl. Abbildung 5/4). Um die Anlageanteile z_1, z_2 und z_3 *rechnerisch* zu ermitteln, wird die Portfoliovarianz für jede erwartete Portfoliorendite minimiert. Entsprechend ist im allgemeinen Fall (n Anlagen) das folgende Problem zu lösen:

$$\min \sum_{i=1}^{n} z_i^2 \cdot \sigma_i^2 + 2 \cdot \sum_{i=1}^{n-1} \sum_{j>i}^{n} z_i \cdot z_j \cdot Cov(i,j)$$

$$\sum_{i=1}^{n} z_i \cdot E(r_i) = E(r_P)$$

$$\sum_{i=1}^{n} z_i = 1$$

$$z_i \geq 0 \ , \ \forall \ i = 1,...,n$$

(5-9)

(wobei $E(r_P)$ *schrittweise* zwischen der minimalen und der maximalen erwarteten Portfoliorendite variiert wird).

Aus (5-9) folgt, dass die Efficient Frontier im Standardmodell mittels eines *quadratischen Programmes* berechnet wird[18].

Abbildung 5/4: Die Menge der effizienten Portfolios

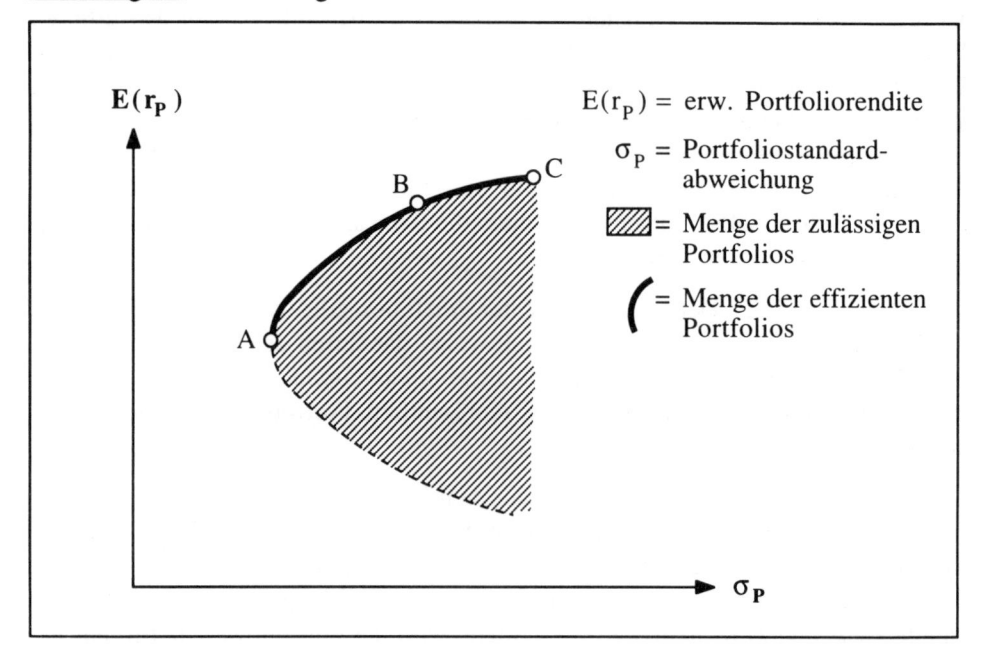

$E(r_p)$ = erw. Portfoliorendite
σ_p = Portfoliostandardabweichung
▨ = Menge der zulässigen Portfolios
(= Menge der effizienten Portfolios

5.1.2.3 Herleitung der Efficient Frontier in erweiterten Modellen

In Abänderung zum Standardmodell werden häufig die Voraussetzungen über die *Leerverkäufe* sowie das *Verhalten der Anlagen* dahingehend modifiziert, dass Leerverkäufe zugelassen sind und die Möglichkeit besteht, in eine risikolose Anlage zu investieren[19].

---

18 Auf die rechnerische Lösung des in (5-9) gezeigten quadratischen Programmes soll verzichtet werden [vgl. dazu Markowitz 1992, S. 154ff, sowie S. 316ff]. Eine ausführliche Beschreibung eines Computerprogrammes zur Lösung des Portfolio Selection Models findet sich in *Markowitz* [Markowitz 1987, S. 301ff]. Zur allgemeinen Lösung eines quadratischen Programmes vgl. insbesondere *Kall* [Kall 1976, S. 125ff].

19 Die Einführung der risikolosen Anlage und die Zulassung von Leerverkäufen ist auf *Tobin* [Tobin 1958, S. 65ff], *Sharpe* [Sharpe 1964, S. 425ff] und *Lintner* [Lintner 1965 (1), S. 13ff] zurückzuführen.

KAPITEL 5: *Ansätze zur Portfoliogestaltung in der Theorie* **163**

Die Zulassung von *Leerverkäufen* bewirkt, dass die Gewichte der Anlagen z_i auch negative Werte annehmen können. Dadurch wird es möglich, eine über die höchste Rendite aller Anlagen hinausgehende Rendite zu erzielen [vgl. Elton/Gruber 1991, S. 57] (vgl. Abbildung 5/5). Die ursprüngliche Efficient Frontier AC wird auf ACD erweitert, wobei D bei Leerverkäufen in beliebigem Umfang eine beliebig hohe Rendite annehmen kann.

Abbildung 5/5: Die Efficient Frontier unter Zulassung von Leerverkäufen

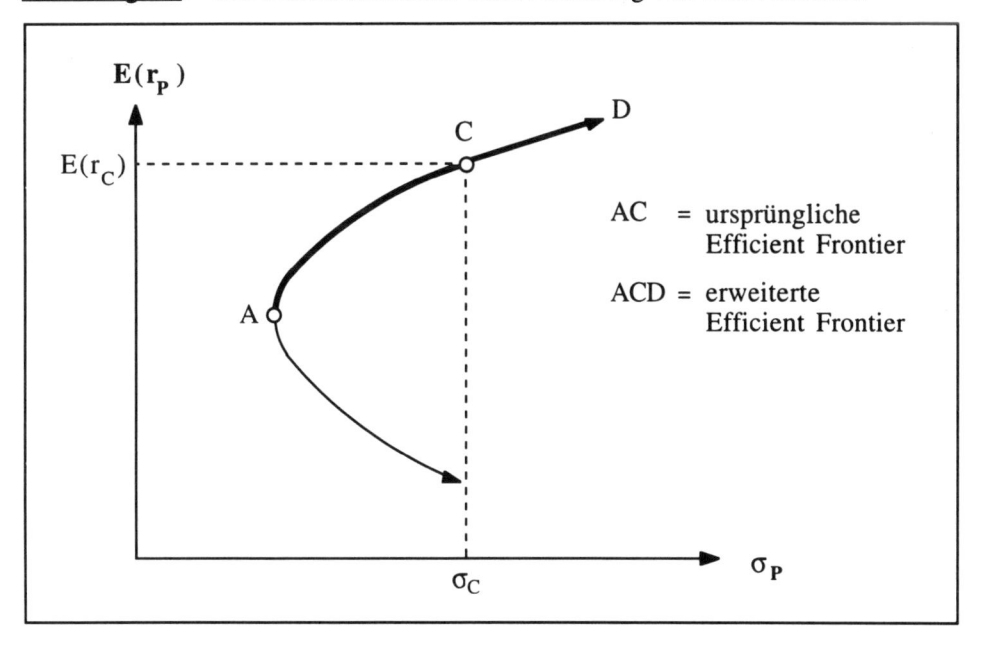

Durch die Einführung einer *risikolosen Anlage* wird auch das Arbitragegeschäft in das Modell eingeschlossen. Bezeichnet r_f die Rendite der risikolosen Anlage und

$$(1 - \sum_{i=1}^{n} z_i) \qquad (5\text{-}10)$$

deren Gewicht im Portfolio, so sind zwei Fälle zu unterscheiden (vgl. Abbildung 5/6 [20]):

---

[20] Es ist zu beachten, dass in Abbildung 5/6 anstelle der Varianz neu die *Standardabweichung* verwendet wird. Dieser Dimensionssprung ist nötig, damit die Gerade t die Efficient Frontier *tangiert* (und nicht schneidet bzw. ausserhalb der Efficient Frontier verläuft).

- Ist (5-10) grösser als Null, so wird ein Teil des Kapitals in die risikolose Anlage investiert. Im Renditeintervall [r_f, r_M] kann dadurch eine Risikoreduktion erreicht werden. Die effizienten Portfolios liegen im erwähnten Intervall auf der Geraden t, welche die ursprüngliche Effizienzkurve in M tangiert und die Ordinate in r_f schneidet.
- Ist (5-10) gleich Null, so wird ausschliesslich in risikobehaftete Anlagen investiert. Das in diesem Fall mit dem kleinsten Risiko behaftete, effiziente Portfolio wird mit M bezeichnet.

Entsprechend wird die ursprüngliche Efficient Frontier AC durch die Möglichkeit einer risikolosen Anlage auf r_fMC erweitert.

Sind Leerverkäufe zugelassen *und* besteht die Möglichkeit einer risikolosen Anlage, kann (5-10) auch einen Wert kleiner als Null annehmen. Dies bedeutet, dass zum Zinssatz r_f Kapital aufgenommen und in risikobehaftete Anlagen investiert wird. Die Summe aller Gewichte der risikobehafteten Anlagen wird in diesem Fall grösser als eins. Durch die Einführung von Leerverkäufen und der Möglichkeit einer risikolosen Anlage gilt für (5-9):

$$\min \sum_{i=1}^{n} z_i^2 \cdot \sigma_i^2 + 2 \cdot \sum_{i=1}^{n-1} \sum_{j>1}^{n} z_i \cdot z_j \cdot \text{Cov}(i,j)$$

$$\sum_{i=1}^{n} z_i \cdot E(r_i) + (1 - \sum_{i=1}^{n} z_i) \cdot r_f = E(r_P) \tag{5-11}$$

$$\sum_{i=1}^{n} z_i + (1 - \sum_{i=1}^{n} z_i) = 1$$

Um (5-11) zu lösen, kann nun ein gegenüber der in (5-9) zum Einsatz gelangten quadratischen Optimierung vereinfachtes Verfahren angewendet werden [vgl. Levy/ Sarnat 1984, S. 308ff]. Da die Ungleichungen ($z_i \geq 0$, $\forall$ i = 1,...,n) nicht mehr berücksichtigt werden müssen, wird die zu (5-11) gehörende *Lagrangefunktion* minimiert[21]. Diese lautet[22]:

---

21 Das im folgenden gezeigte Verfahren der Minimierung der Lagrangefunktion kann *auch* für den Fall angewendet werden, dass nur Leerverkäufe erlaubt sind, aber die Möglichkeit einer risikolosen Anlage nicht besteht [vgl. dazu Elton/Gruber 1991, S. 71]. Falls Leerverkäufe *nicht* erlaubt sind (vgl. Abbildung 5/6), hat aber die Ermittlung der Efficient Frontier - wie beim Standardmodell erwähnt - mittels quadratischer Optimierung zu erfolgen.

22 Zur Theorie der Lagrangefunktion vgl. bspw. *Kall* [Kall 1982, S. 176ff].

KAPITEL 5: *Ansätze zur Portfoliogestaltung in der Theorie*

$$L = \sum_{i=1}^{n} z_i^2 \cdot \sigma_i^2 + 2 \cdot \sum_{i=1}^{n-1} \sum_{j>1}^{n} z_i \cdot z_j \cdot Cov(i,j)$$

$$+ \lambda \cdot [E(r_P) - \sum_{i=1}^{n} z_i \cdot E(r_i) - (1 - \sum_{i=1}^{n} z_i) \cdot r_f] \tag{5-12}$$

(wobei λ = Lagrangemultiplikator).

<u>Abbildung 5/6</u>: Die Efficient Frontier unter Berücksichtigung einer risikolosen Anlage

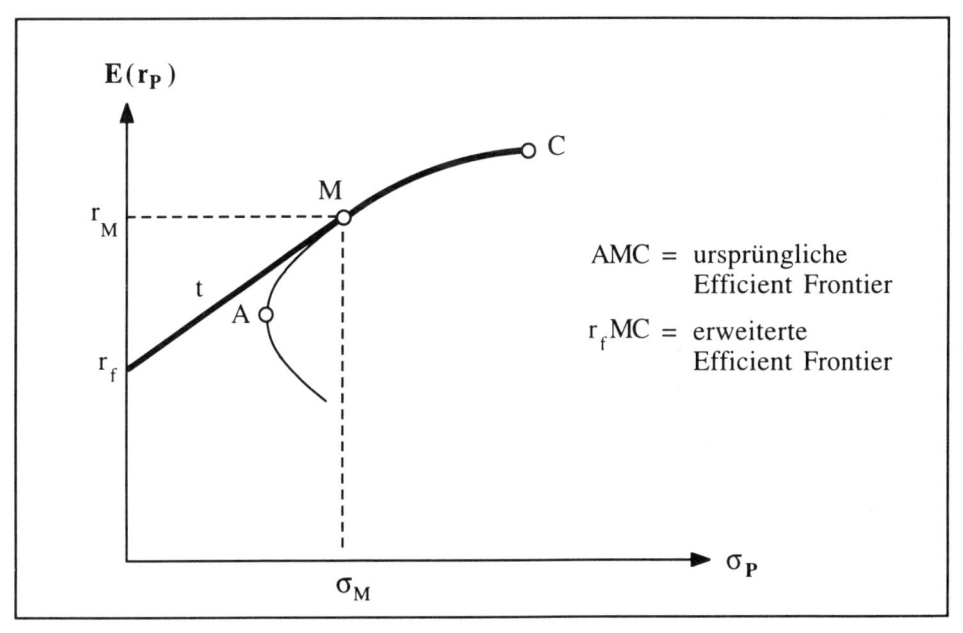

AMC = ursprüngliche Efficient Frontier

r_fMC = erweiterte Efficient Frontier

Die Ermittlung der Efficient Frontier kann anhand eines Beispiels mit zwei riskanten und einer risikolosen Anlage gezeigt werden. Die Lagrangefunktion lautet dann (wobei $z_3 = 1 - z_1 - z_2$):

$$L = z_1^2 \cdot \sigma_1^2 + z_2^2 \cdot \sigma_2^2 + 2 \cdot z_1 \cdot z_2 \cdot Cov(1,2) +$$
$$\lambda \cdot [E(r_P) - z_1 \cdot E(r_1) - z_2 \cdot E(r_2) - (1 - z_1 - z_2) \cdot r_f] \tag{5-13}$$

Um σ_P^2 zu minimieren, wird L nach den drei unbekannten Grössen z_1, z_2 und λ differenziert und werden die so erhaltenen Gleichungen Null gesetzt:

$$\partial L/\partial z_1 = 2 \cdot z_1 \cdot \sigma_1^2 + 2 \cdot z_2 \cdot Cov(1,2) - \lambda \cdot [E(r_1) - r_f] = 0$$
$$\partial L/\partial z_2 = 2 \cdot z_2 \cdot \sigma_2^2 + 2 \cdot z_1 \cdot Cov(1,2) - \lambda \cdot [E(r_2) - r_f] = 0 \tag{5-14}$$

$\partial L/\partial \lambda = E(r_P) - z_1 \cdot E(r_1) - z_2 \cdot E(r_2) - (1 - z_1 - z_2) \cdot r_f = 0$

Sind die erwarteten Renditen der risikobehafteten Anlagen, deren Varianzen und Kovarianzen sowie die Rendite der risikolosen Anlage bekannt, so können die Gewichte z_1, z_2, z_3 und die Varianz bzw. Standardabweichung des Portfolios für jede erwartete Portfoliorendite berechnet werden (vgl. Abbildung 5/7)[23]. Stellt M wiederum das Portfolio dar, wo weder in die risikolose Anlage investiert noch zu deren Zinssatz Kapital aufgenommen wird, so sind die Portfolioanteile der risikobehafteten Anlagen wie folgt zu berechnen [vgl. Levy/Sarnat 1984, S. 319]:

$y_1 = z_1 / (z_1 + z_2); \quad y_2 = z_2 / (z_1 + z_2)$ (5-15)

(wobei y_1 bzw. y_2 die Gewichtung der Anlagen im Portfolio M darstellen).

Abbildung 5/7: Beispiel zur Ermittlung der Efficient Frontier und des Marktportfolios

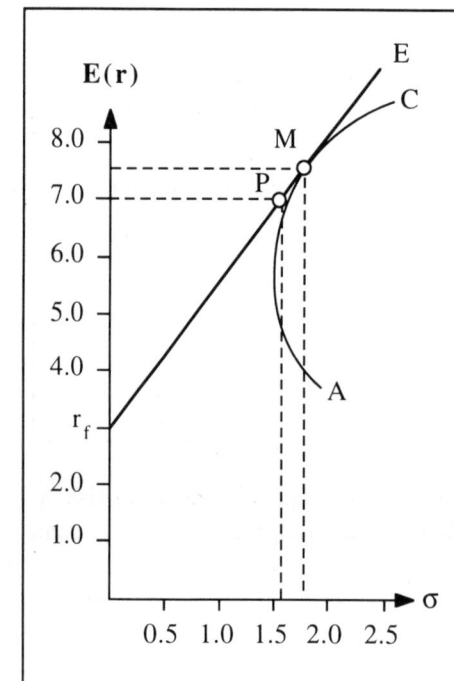

Für zwei risikobehaftete Anlagen sowie die risikolose Anlage seien die folgenden Werte bekannt:

$E(r_1) = 9.00\%$ $\sigma_1^2 = 6.25\%^2$ $r_f = 3.00\%$

$E(r_2) = 4.00\%$ $\sigma_2^2 = 2.25\%^2$

$Cov(1,2) = 0$

Soll die erwartete Portfoliorendite 7% betragen, so können die Gewichte der Anlagen im Portfolio gemäss (5-14) berechnet werden (z_3 = Anteil risikolose Anlage):

$z_1 = 0.62; z_2 = 0.28; z_3 = 0.10$ ($\sigma_P = 1.61$)

Mittels (5-15) können die Anteile der in M enthaltenen Anlagen und damit die erwartete Rendite sowie das Risiko von M ermittelt werden:

$y_1 = 0.69; y_2 = 0.31; E(r_M) = 7.45; \sigma_M = 1.79$

---

[23] Werden die bekannten Grössen in (5-14) eingesetzt, so entsteht ein Gleichungssystem von drei Gleichungen mit drei Unbekannten z_1, z_2 und λ, was mathematisch lösbar ist.

KAPITEL 5: *Ansätze zur Portfoliogestaltung in der Theorie* **167**

Mit y_1 und y_2 sowie deren erwarteten Renditen, Varianzen und Kovarianz können die erwartete Rendite und die Varianz bzw. Standardabweichung von M ermittelt werden.

Durch die Zulassung von Leerverkäufen und die Möglichkeit, zu einem Zinssatz r_f Kapital anzulegen bzw. auszuleihen, wird die ursprüngliche Efficient Frontier AC zu r_fME erweitert (vgl. Abbildung 5/7), wobei E bei beliebig grosser Kapitalausleihung eine beliebig hohe Rendite annehmen kann.

Abbildung 5/8: Die Efficient Frontier unter Berücksichtigung von Leerverkäufen und der risikolosen Anlage im Falle $r_B \neq r_L$

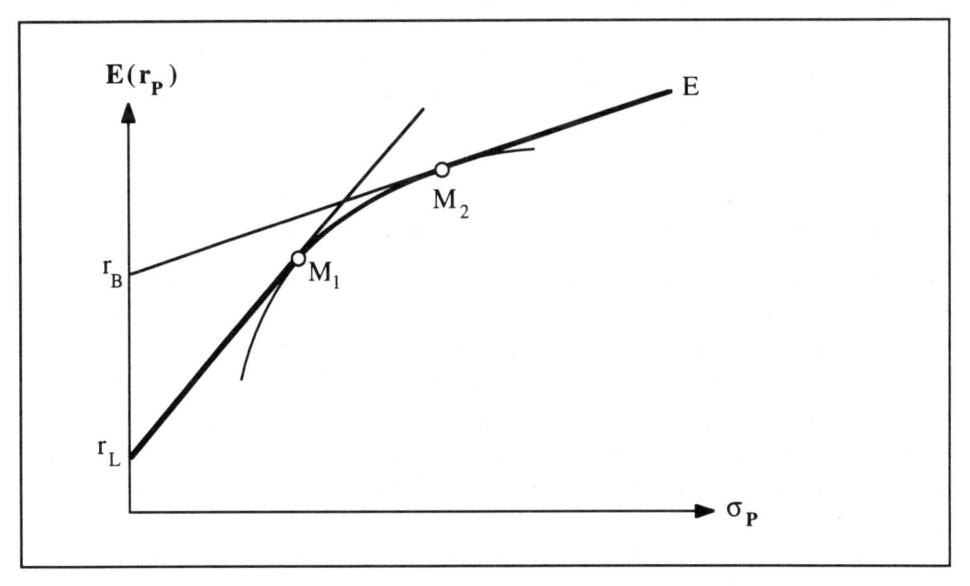

Im allgemeinen Fall (n Anlagen) wird entsprechend dem gezeigten Fall mit zwei Anlagen und der risikolosen Anlage verfahren. Die Lagrangefunktion (5-12) ist nach den n Unbekannten $z_1, z_2, ..., z_n$ und dem Lagrangemultiplikator λ abzuleiten. Die so erhaltenen Gleichungen sind gleich Null zu setzen (vgl. (5-14)), womit man ein Gleichungssystem von n+1 Gleichungen mit n+1 Unbekannten $z_1, z_2, ..., z_n$ und λ erhält, was mathematisch lösbar ist[24]. Um das Portfolio M zu ermitteln, wird die Berechnung (5-15) für jede Aktie durchgeführt.

---

24 Um das Gleichungssystem zu lösen, kann nach der *Eliminationsmethode von Gauss* oder nach der *Gauss-Jordan-Methode* verfahren werden [vgl. dazu bspw. Kall 1984, S. 99ff].

Schliesslich kann das Standardmodell (5-9) dahingehend erweitert werden, dass Leerverkäufe und eine risikolose Anlage zugelassen sind, aber der Zinssatz für die Kapitalausleihung ($r_f = r_B$) von demjenigen der risikolosen Anlage ($r_f = r_L$) verschieden ist. Die Efficient Frontier nimmt in diesem Fall den in Abbildung 5/8 gezeigten Verlauf $r_L M_1 M_2 E$ an. Deren Berechnung kann mittels Minimierung der zum Modell gehörenden Lagrangefunktion erfolgen.

5.1.3 Das optimale Portfolio

Bisher wurde gezeigt, wie die Menge aller zulässigen Portfolios auf die Menge der effizienten Portfolios reduziert werden kann. Allerdings wird ein Investor nur *ein* effizientes Portfolio verwirklichen. Entsprechend müssen Entscheidungsregeln gesucht und gefunden werden, "nach denen ein Kapitalanleger 'sein' *optimales Portfolio aus der Menge der effizienten Portfolios* suchen kann" [Buchner 1981, S. 318].

5.1.3.1 Graphische Ermittlung des optimalen Portfolios

Die Betrachtung der Efficient Frontier zeigt, dass sich ein Investor nur für eine geringere oder höhere Rendite unter Eingehen eines geringeren oder höheren Risikos entscheiden kann. *Wie hoch* das Risiko bei einer bestimmten Rendite sein darf, hängt aber vom *Verhalten* des Investors ab. Diese *Risikoempfindlichkeit* wird durch die Nutzenfunktion bzw. durch ein Indifferenzkurvensystem dargestellt[25]. Um das für den Investor optimale Portfolio zu ermitteln, ist die Efficient Frontier mit dem Indifferenzkurvensystem zu kombinieren (vgl. Abbildung 5/9). Als *optimal* ist dasjenige Portfolio (P_{opt}) anzusehen, das auf der höchsten Indifferenzkurve (I_{max}) liegt, welche die Efficient Frontier noch *tangiert*. Damit wird der Nutzen - wie dies bereits in Abschnitt 4.1 gefordert wurde - maximiert.

Verschiedentlich wurden anstelle der *graphischen Bestimmung* des optimalen Portfolios auch *analytische Ansätze* angewendet. Diese setzen allerdings Kenntnisse der individuellen Nutzenfunktion bzw. Risikoneigung voraus und sind daher den verschiedenen Investorentypen anzupassen[26], weshalb man sich oft auf die Ermittlung

---

25 Vgl. Abschnitt 4.1.2.
26 In dem von *Hielscher* vorgestellten Ansatz wird zur Ermittlung des optimalen Portfolios die Funktion

$$Z = \sum_{i=1}^{n} z_i \cdot E(r_i) - T \cdot [\sum_{i=1}^{n} z_i^2 \cdot \sigma_i^2 + \sum_{i=1}^{n-1} \sum_{j>i}^{n} z_i \cdot z_j \cdot Cov(i,j)]$$

(Fortsetzung der Fussnote vgl. die folgende Seite)

KAPITEL 5: *Ansätze zur Portfoliogestaltung in der Theorie* 169

der Efficient Frontier beschränkt. Das optimale Portfolio wird in diesem Fall rein intuitiv ermittelt.

Abbildung 5/9: Die graphische Ermittlung des optimalen Portfolios

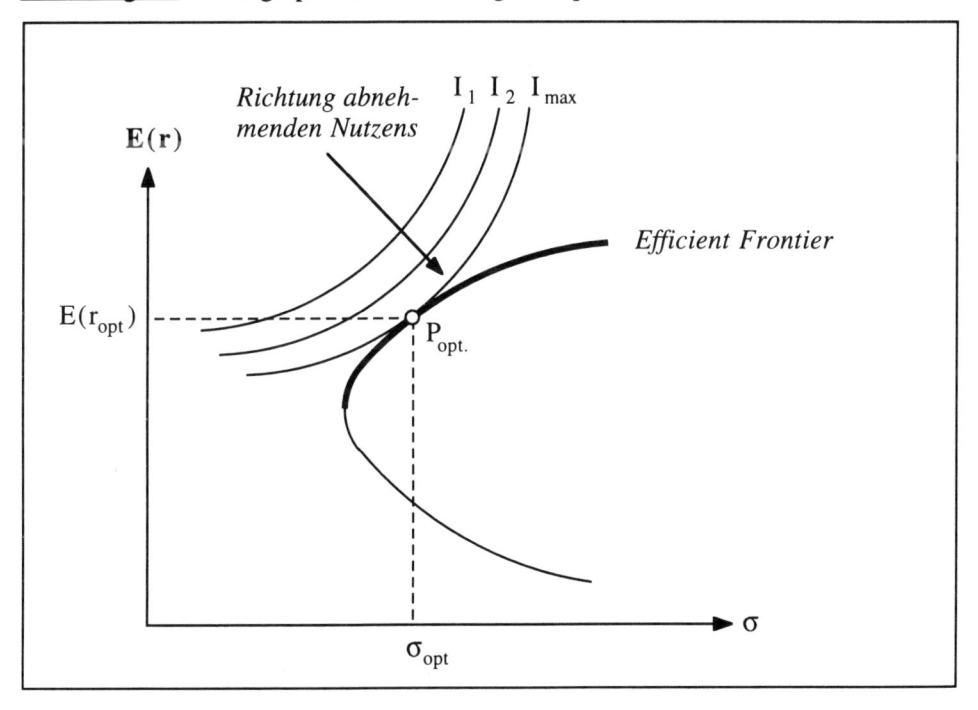

5.1.3.2 Analytische Ermittlung des optimalen Portfolios unter Berücksichtigung der Nutzenfunktion

Um die analytische Ermittlung des optimalen Portfolios zu zeigen, wird in Abänderung zum Standardmodell die Möglichkeit einer Investition in die risikolose Anlage r_f bzw. eine Kapitalaufnahme zum risikolosen Zinssatz r_f angenommen[27]. Ent-

---

(wobei T den Risikoaversionskoeffizienten darstellt)
maximiert. Es wird allerdings *unterstellt*, dass die Nutzenfunktion des Investors annäherungsweise quadratisch ist oder dass sie zumindest im relevanten Bereich durch eine quadratische Funktion angenähert werden kann [vgl. Hielscher 1969, S. 174ff].

27 Durch die Einführung der Möglichkeit einer Investition in die risikolose Anlage wird die analytische Ermittlung des optimalen Portfolios vereinfacht. Das Vorgehen bleibt allerdings für das Standardmodell wie auch dessen erweiterte Modelle dasselbe.

sprechend wird die ursprüngliche Efficient Frontier AC (vgl. Abbildung 5/4) auf $r_f ME$ erweitert (vgl. Abbildung 5/7), wobei in M das Vermögen zu 100% in die sich im Portfolio befindenden risikobehafteten Anlagen investiert und weder zum risikolosen Zinssatz r_f Kapital angelegt und aufgenommen wird.

Die Rendite eines aus dem Portfolio M und der risikolosen Anlage r_f zusammengesetzten Portfolios G entspricht (vgl. (4-12))

$$E(r_G) = z_M \cdot E(r_M) + (1-z_M) \cdot r_f = r_f + z_M \cdot (E(r_M) - r_f) \qquad (5\text{-}16a)$$

(wobei z_M = in das Portfolio M investierter Anteil),

während das Risiko des Portfolios G

$$\sigma_G = z_M \cdot \sigma_M \qquad (5\text{-}16b)$$

beträgt (es ist zu beachten, dass $\sigma_{rf} = 0$ ist).

Um die Charakteristik des Portfolios G (als Funktion von z_M) aufzuzeigen, ist (5-16b) nach z_M aufzulösen ($z_M = \sigma_G/\sigma_M$) und entsprechend in (5-16a) einzusetzen:

$$E(r_G) = r_f + z_M \cdot (E(r_M) - r_f) = r_f + (\sigma_G/\sigma_M) \cdot (E(r_M) - r_f) \qquad (5\text{-}16c)$$

(5-16c) wird als *Capital Allocation Line (CAL)* bezeichnet [vgl. Bodie/Kane/Marcus 1993, S. 178ff] und zeigt alle (aus der risikolosen Anlage und M) möglichen (und auch zulässigen) Portfolios bei entsprechendem Variieren von z_M. Liegt M entsprechend der Abbildung 5/7 auf der Efficient Frontier, handelt es sich um die *höchste erreichbare* (mit der grössten Steigung versehene) CAL. Handelt es sich bei M um ein *beliebiges* (aus risikobehafteten Anlagen bestehendes) Portfolio, wird einfach von der CAL gesprochen.

Um das für den Investor optimale Portfolio, das heisst die optimale Aufteilung (auch als *Allocation* bezeichnet) zwischen dem Portfolio M und der risikolosen Anlage r_f, zu bestimmen, ist der Nutzen des Investors zu maximieren (vgl. (4-8)):

$$\max\ U(E(r_O)) = E(r_O) - 0.005 \cdot A \cdot \sigma_O^2 \qquad (5\text{-}17a)$$

(wobei $E(r_O)$ = erwartete Rendite des optimalen Portfolios O, σ_O^2 = Varianz der erwarteten Rendite des optimalen Portfolios O).

Unter Berücksichtigung von (5-16a) und (5-16b) gilt für (5-17a) [vgl. Bodie/Kane/Marcus 1993, S. 184]:

$$\max\ U(E(r_O)) = r_f + z_M \cdot (E(r_M) - r_f) - 0.005 \cdot A \cdot z_M^2 \cdot \sigma_M^2 \qquad (5\text{-}17b)$$

Zur Ermittlung des maximalen Nutzens ist die erste Ableitung von (5-17b) nach z_M gleich Null zu setzen:

KAPITEL 5: *Ansätze zur Portfoliogestaltung in der Theorie*

$$E(r_M) - r_f - 0.005 \cdot A \cdot 2 \cdot z_M \cdot \sigma_M^2 = 0 \qquad (5\text{-}18a)$$

Wird (5-18a) nach dem in das risikobehaftete Portfolio M investierten Anteil z_M aufgelöst, ergibt sich für denselben

$$z_M = (E(r_M) - r_f) / 0.01 \cdot A \cdot \sigma_M^2 \qquad (5\text{-}18b)$$

Sind erwartete Rendite und Risiko des Portfolios M sowie der risikolose Zinssatz r_f bekannt[28] und konnte der Index der Risikoeinstellung des Investors bestimmt werden, kann unter Berücksichtigung von (5-18b), (4-12) und (4-13) die erwartete Rendite $E(r_O)$ und das Risiko σ_O des optimalen Portfolios ermittelt werden.

> *Konzept-Frage 3*   Die erwartete Rendite sowie die Standardabweichung des Portfolios M entsprechen $E(r_M) = 17.57\%$, $\sigma_M = 31.85\%$. Der risikolose Zinssatz beträgt $r_f = 8\%$. Welche Rendite darf ein Investor ($A = 3.5$) erwarten, wenn er seinen Nutzen maximieren will und welches Risiko hat er dabei einzugehen?

5.1.4 Das Index-Modell (Faktor-Modell)

In dem von *Sharpe* entwickelten, jedoch auf einen Vorschlag von *Markowitz* [vgl. Markowitz 1992, S. 96ff] zurückgehenden Index-Modell[29] bleibt der Modellansatz von *Markowitz* erhalten [vgl. Sharpe 1963, S. 277ff]. Neu ist dagegen die vereinfachte Formulierung des Problems, mit der "eine näherungsweise Lösung bei erheblich geringerem Aufwand gefunden werden kann" [Hielscher 1988 (2), S. 28].

Wird das von *Markowitz* entwickelte, der Ermittlung eines optimalen Portfolios dienende Modell betrachtet, sind zwei Probleme zu erkennen:
- die Anzahl Inputdaten und
- technische Schwierigkeiten.

Die *Anzahl der benötigten Inputdaten* ist enorm. Für jede Anlage sind die erwartete Rendite, die Varianz und die Kovarianzen zu ermitteln. Die Schätzung dieser Parameter kann auf Vergangenheitsdaten basieren oder mittels komplizierter statistischer

---

28   Zur Ermittlung von erwarteter Rendite und Risiko des Portfolios M vgl. Abschnitt 5.1.2.3.
29   Es gibt verschiedene Typen von Index- bzw. Faktor-Modellen. Einen guten Ueberblick vermittelt *Gallati* [Gallati 1994, S. 108].

Methoden erfolgen. Unabhängig von der Schätzungsmethode und deren Arbeitsaufwand steht aber fest, dass die Zahl der Inputdaten für eine grosse Anzahl Anlagen dramatische Dimensionen annimmt. Bei einer Portfoliooptimierung, der allgemein n mögliche Anlagen zugrunde gelegt werden, gehen n erwartete Renditen, n Varianzen, n(n-1)/2 verschiedene Kovarianzen sowie die Rendite der risikolosen Anlage (r_f) in die Betrachtung ein. Werden alle diese Werte aufaddiert, so ergeben sich (n^2 + 3n + 2)/2 zu schätzende Inputdaten. Ist n = 50, so beträgt die Zahl der Parameter insgesamt 1'326. Bei 200 Anlagewerten (entspricht der durchschnittlichen Anzahl eines grossen, international diversifizierten Portfolios) steigt die Zahl der Inputdaten auf 20'301. Würden schliesslich 2'200 Anlagen berücksichtigt (dies entspricht ungefähr der Anzahl an der New York Stock Exchange gehandelten Aktien), wären über 2.4 Mio. Inputdaten zu schätzen.

Das zweite Problem umfasst die *technische Bewältigung* des Modells[30]. Nachdem die Parameter geschätzt wurden, gilt es beispielsweise bei 200 möglichen Anlagen ein Gleichungssystem von 200 Gleichungen mit 200 Unbekannten oder ein komplexes quadratisches Programm (im Falle $z_i \geq 0$) zu lösen, was zeitaufwendig und daher mit Kosten verbunden ist.

Durch die Anwendung des Index-Modells wird sowohl die Anzahl der Inputdaten reduziert wie auch deren Bestimmung vereinfacht. Darüber hinaus kann die Rechenzeit wesentlich verkürzt werden.

5.1.4.1 Das Ein-Index-Modell (Einfaktor-Modell)

Die grundlegende Idee des Modells beruht auf der Beobachtung, dass sich die Risiken eines Portfolios durch die Diversifikation nicht vollständig eliminieren lassen. Das *systematische Risiko*, welches darauf zurückzuführen ist, dass die durchschnittliche Kovarianz zwischen den betrachteten Anlagen positiv ist, bleibt immer bestehen. Eine positive durchschnittliche Kovarianz bedeutet aber, dass sich die Renditen der Anlagen teilweise gleichlaufend verhalten, was darauf hinweist, dass die Renditen der Anlagen durch bestimmte politische (Krieg, Erdölkrise etc.) oder oekonomische (Aenderung von Zinssätzen, Wechselkursen etc.) Faktoren gleichzeitig beeinflusst werden [vgl. bspw. Sharpe/Alexander 1990, S. 241]. Im Falle des Ein-Index-Modells (*Single-Index-Model*) wird angenommen, dass sämtliche Anlagerendi-

---

[30] Es darf nicht vergessen werden, dass leistungsfähige Computer erst in den 1970er Jahren verbreitet zum Einsatz gelangten. Heute, 20 Jahre später, ist das Modell technisch sozusagen ohne Probleme zu bewältigen.

KAPITEL 5: *Ansätze zur Portfoliogestaltung in der Theorie* **173**

ten durch *einen* Faktor - beispielsweise den *Marktindex* - beeinflusst werden (vgl. Abbildung 5/10 [vgl. Sharpe 1985, S. 184])[31]. Aufgrund des als *linear* angenommenen Zusammenhangs zwischen der Anlagerendite (r_A) und dem Marktindex (I) gilt [vgl. Elton/Gruber 1991, S. 100]:

$$r_A = a_A + \beta_A \cdot I \qquad (5\text{-}19)$$

Abbildung 5/10: Das Ein-Index-Modell

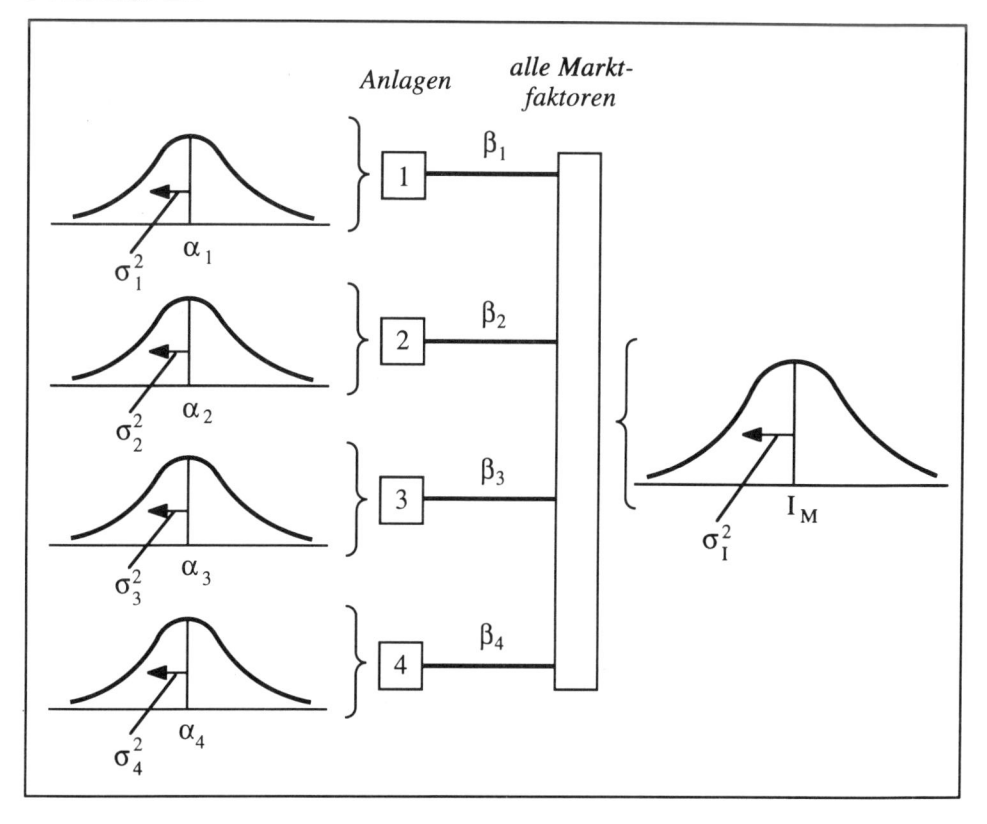

---

[31] Bereits an dieser Stelle ist darauf hinzuweisen, dass das Ein-Index-Modell (wie auch dessen Sonderfall, das Marktmodell) nicht mit dem in Abschnitt 5.2 gezeigten Capital Asset Pricing Model zu verwechseln ist. Während es sich beim Index-Modell um eine rein statistische Relation, welche sich aus der Struktur der Aktienrenditen ergibt, handelt, ist das Capital Asset Pricing Model eine Gleichgewichtstheorie. Trotz des inhaltlichen Unterschiedes sind aber *formale* Zusammenhänge auszumachen.

Der Term a_A bezeichnet den vom Markt unabhängigen und damit unsystematischen oder titelspezifischen Teil der Rendite der Anlage A. β_A ist als Koeffizient zu betrachten, der die Höhe des Einflusses des Marktindexes auf die Rendite der Anlage A angibt. Die Gleichung (5-19) zerlegt demzufolge die Rendite einer Anlage in einen titelspezifischen und einen marktabhängigen Teil. Gilt (5-19) für die künftige Rendite einer Anlage, welche über den zu schätzenden (zu erwartenden) Marktindex gefunden wird, so stellen a_A und I *Zufallsvariablen*[32] dar (vgl. Abbildung 5/10).

Wird mit α_A der Erwartungswert von a_A und mit I_M der Erwartungswert von I bezeichnet, so gilt für a_A und I:

$$a_A = \alpha_A + \zeta_A \quad \text{und} \quad I = I_M + \zeta_I \tag{5-20}$$

(wobei ζ_A und ζ_I die zufälligen Abweichungen von a_A und I darstellen).

Unter Berücksichtigung von (5-20) gilt für r_A (vgl. (5-19)):

$$r_A = \alpha_A + \beta_A \cdot I_M + \zeta_A + \beta_A \cdot \zeta_I \tag{5-21}$$

Damit das Ein-Index-Modell im Vergleich mit dem Markowitz-Modell auch tatsächlich Vorteile besitzt, müssen bestimmte *Annahmen* bezüglich des Verhaltens der zufälligen Abweichungen ζ_A und ζ_I getroffen werden [vgl. Levy/Sarnat 1984, S. 360f und Hielscher 1988 (2), S. 29]:

- Die zufälligen Abweichungen ζ_A seien normalverteilt und ihr Durchschnittswert für jede Anlage i gleich Null[33]:

  $$E(\zeta_A) = 0 \quad \text{und damit} \quad \sigma_{\zeta_A}^2 = E(\zeta_A - E(\zeta_A))^2 = E(\zeta_A)^2 \tag{5-22}$$

  Dasselbe gilt für die zufälligen Abweichungen ζ_I:

  $$E(\zeta_I) = 0 \quad \text{und damit} \quad \sigma_{\zeta_I}^2 = E(\zeta_I)^2 \tag{5-22}$$

- Die zufälligen Abweichungen ζ_A sind mit dem Marktindex I unkorreliert, was unmittelbar einleuchtet, da a_A von I unabhängig ist:

$$\begin{aligned} Cov(\zeta_A, I) &= E[(\zeta_A - E(\zeta_A)) \cdot (I - E(I))] \\ &= E[(\zeta_A - 0) \cdot (I - E(I))] = E[(\zeta_A) \cdot (\zeta_I)] = 0 \end{aligned} \tag{5-23}$$

---

[32] Unter einer *Zufallsvariablen* versteht man eine Grösse, die *zufällig* einen Wert (hier eine bestimmte Rendite) aus einem bestimmten Wertevorrat (hier die Menge aller möglichen Renditen) annehmen kann.

[33] Es kann gezeigt werden, dass aus Gleichung (4-9) für die Varianz einer Zufallsvariablen gilt [vgl. dazu bspw. Kohlas 1977, S. 28]:

$$\sigma^2 = \sum_{i=1}^{n} [r_i - E(r)]^2 \cdot p_i = E(r^2) - (E(r))^2 = E(r - E(r))^2$$

KAPITEL 5: *Ansätze zur Portfoliogestaltung in der Theorie* **175**

- Die *entscheidende Annahme* ist aber die, dass die zufälligen Abweichungen zweier Anlagen A und B *unkorreliert* sind:

$$\text{Cov}(\zeta_A, \zeta_B) = E[(\zeta_A - E(\zeta_A)) \cdot (\zeta_B - E(\zeta_B))]$$
$$= E[(\zeta_A)(\zeta_B)] = 0 \quad (5\text{-}24)$$

Unter Beachtung der Annahmen (5-22), (5-23) und (5-24) folgt für die erwartete Rendite einer Anlage A:

$$E(r_A) = E(\alpha_A + \beta_A \cdot I_M + \zeta_A + \beta_A \cdot \zeta_I)$$
$$= E(\alpha_A) + E(\beta_A \cdot I_M) + E(\zeta_A) + E(\beta_A \cdot \zeta_I)$$

α_A, β_A und I_M sind konstant und die Erwartungswerte von ζ_A und ζ_I entsprechend der Annahme (5-22) Null. Daher gilt:

$$E(r_A) = \alpha_A + \beta_A \cdot I_M \quad (5\text{-}25)$$

Für die *Varianz* einer Anlage A gilt dann entsprechend[34]:

$$\sigma_A^2 = E(r_A - E(r_A))^2 = E(\alpha_A + \beta_A \cdot I + \zeta_A - (\alpha_A + \beta_A \cdot I_M))^2$$
$$= E(\beta_A \cdot I + \zeta_A - \beta_A \cdot I_M)^2 = E(\beta_A \cdot (I - I_M) + \zeta_A)^2$$
$$= \beta_A^2 \cdot E(I - I_M)^2 + E(\zeta_A)^2 + 2 \cdot \beta_A \cdot E(\zeta_A) \cdot E(I - I_M)$$

Da I_M dem Erwartungswert von I entspricht und $E(\zeta_A)$ gleich Null ist, gilt:

$$\sigma_A^2 = \beta_A^2 \cdot \sigma_I^2 + \sigma_{\zeta_A}^2 \quad (5\text{-}26)$$

Wie (5-25) zeigt, wird die Varianz der Rendite einer Anlage A in zwei Komponenten zerlegt:

- $\beta_A^2 \cdot \sigma_I^2$ entspricht der marktbedingten Varianz, wird als systematisches Risiko bezeichnet und ist nicht diversifizierbar.
- $\sigma_{\zeta_A}^2$ entspricht der titelspezifischen Varianz, wird als unsystematisches Risiko bezeichnet und ist diversifizierbar.

Die *Kovarianz* wird im Ein-Index-Modell wie folgt berechnet:

$$\text{Cov}(A,B) = E[(r_A - E(r_A)) \cdot (r_B - E(r_B))]$$
$$= E[(\alpha_A + \beta_A \cdot I + \zeta_A - (\alpha_A + \beta_A \cdot I_M)) \cdot$$
$$\cdot (\alpha_B + \beta_B \cdot I + \zeta_B - (\alpha_B + \beta_B \cdot I_M))]$$
$$= E[(\beta_A \cdot (I - I_M) + \zeta_A) \cdot (\beta_B \cdot (I - I_M) + \zeta_B)]$$

---

34 Zur Berechnung der Varianz und Kovarianz vgl. *Elton/Gruber* [Elton/Gruber 1991, S. 102f].

Wird der Term [...] ausmultipliziert und berücksichtigt, dass $E(\zeta_A) = 0$ und $E[(\zeta_A)(\zeta_B)] = 0$ ist, gilt:

$$Cov(A,B) = \beta_A \cdot \beta_B \cdot \sigma_I^2 \tag{5-27}$$

Die in (5-25) bis (5-27) gemachten Aussagen sollen anhand eines Beispiels illustriert werden (vgl. Abbildung 5/11). In den Kolonnen eins und zwei sind die während 5 Zeitperioden beobachteten Renditen einer Aktie A (r_{At}) und diejenigen des Marktes (r_{Mt}) aufgelistet. Aufgrund dieser Daten können durchschnittliche Rendite und Varianz der Aktie A (vgl. (4-9)), dieselben Werte des Marktes, die Kovarianz zwischen Aktie A und Markt (vgl. (4-10)) sowie der β-Wert der Aktie A (vgl. (4-16)) ermittelt werden:

$$r_A = 12;\ \sigma_A^2 = 22;\ r_M = 6;\ \sigma_M^2 = 8;\ Cov(A,M) = 10.4;\ \beta_A = 1.3 \qquad (*)$$

<u>Abbildung 5/11</u>: Die Zerlegung der Rendite mit Hilfe des Ein-Index-Modells

	(1)	(2)	(3)		(4)		(5)		(6)
t	r_{At}	r_{Mt}	r_{At}	=	α_A	+	$\beta_A \cdot r_{Mt}$	+	ζ_{At}
1	7	2	7		4.20		2.60		+ 0.20
2	11	6	11		4.20		7.80		− 1.00
3	14	10	14		4.20		13.00		− 3.20
4	8	4	8		4.20		5.20		− 1.40
5	20	8	20		4.20		10.40		+ 5.40
	60	30	60		21.00		39.00		0

Während die dritte Kolonne in Abbildung 5/11 der ersten entspricht, können aufgrund der soeben berechneten Daten (vgl. (*)) die Werte der fünften Kolonne ermittelt werden. (5-25) bringt zum Ausdruck, dass die erwartete Rendite einer Aktie der Addition von marktbedingter ($\beta_A \cdot I_M$) und titelspezifischer (α_A) Rendite entspricht. Beträgt über die fünf Perioden betrachtet die Rendite der Aktie A *60*, und sind davon *39.00* marktbedingt (vgl. Abbildung 5/11), so beträgt der titelspezifische Teil der Rendite *21.00*, da die Summe aller zufälligen Abweichungen entsprechend (5-22) Null ist. Ist $\alpha_A = 21.00$ und α_{At} konstant, so ergibt sich für letzteres in jeder Periode $\alpha_{At} = 4.20$. Schliesslich bleiben noch die zufälligen Abweichungen (Residuen) ζ_{At} zu berechnen und zwar derart, dass

$$r_{At} = \alpha_{At} + \beta_A \cdot r_{Mt} + \zeta_{At} \quad \forall\ t = 1, 2, 3, 4, 5$$

erfüllt ist.

KAPITEL 5: *Ansätze zur Portfoliogestaltung in der Theorie* 177

Mit (5-25), (5-26) und (5-27) sind alle für das Markowitz-Modell (vgl. (5-9)) benötigten Inputdaten bekannt. Dieses lautet dann:

$$\min \sum_{i=1}^{n} z_i^2 \cdot \beta_i^2 \cdot \sigma_I^2 + \sum_{i=1}^{n} z_i^2 \cdot \sigma_{\zeta_i}^2 + 2 \cdot \sum_{i=1}^{n-1} \sum_{j>i}^{n} z_i \cdot z_j \cdot \beta_i \cdot \beta_j \cdot \sigma_I^2$$

$$\sum_{i=1}^{n} z_i \cdot \alpha_i + \sum_{i=1}^{n} z_i \cdot \beta_i \cdot I_M = E(r_P)$$

$$\sum_{i=1}^{n} z_i = 1$$

$$z_i \geq 0 \;,\; \forall \; i = 1,\ldots,n$$

(5-28)

Die in (5-28) dargestellte erwartete Portfoliorendite sowie die Portfoliovarianz können in einer vereinfachten Form gezeigt werden. Sind α_P bzw. β_P die gewichtete Summe der α_i bzw. β_i [vgl. bspw. Sharpe/Alexander 1990, S. 244],

$$\alpha_P = \sum_{i=1}^{n} z_i \cdot \alpha_i \;,\; \beta_P = \sum_{i=1}^{n} z_i \cdot \beta_i \;,\; \text{wobei} \sum_{i=1}^{n} z_i = 1 \;,\; \forall \; i = 1,\ldots,n \quad (5\text{-}29)$$

so kann die erwartete Portfoliorendite vereinfacht dargestellt werden:

$$E(r_P) = \alpha_P + \beta_P \cdot I_M \quad (5\text{-}30)$$

Die Portfoliovarianz lässt sich entsprechend (5-29) ebenfalls vereinfachen:

$$\sigma_P^2 = \beta_P^2 \cdot \sigma_I^2 + \sum_{i=1}^{n} z_i^2 \cdot \sigma_{\zeta_i}^2$$

Angenommen, in alle Anlagen wird der gleiche Betrag 1/n investiert, so lässt sich zeigen, dass der Term

$$\sum_{i=1}^{n} z_i^2 \cdot \sigma_{\zeta_i}^2 = (1/n)^2 \cdot \sum_{i=1}^{n} \sigma_{\zeta_i}^2$$

für eine genügend grosse Zahl von Anlagen vernachlässigbar klein wird. Anschaulich gesprochen wird damit die titelspezifische Varianz wegdiversifiziert.

Für die Portfoliovarianz gilt dann:

$$\sigma_P^2 = \beta_P^2 \cdot \sigma_I^2 \quad (5\text{-}31)$$

Das Ein-Index-Modell wird nach den selben Verfahren wie das Markowitz-Modell gelöst. Allerdings ist die Zahl der zu ermittelnden Inputdaten stark gesunken. Werden der in (5-28) gezeigten Portfoliooptimierung n Anlagen zugrunde gelegt, so sind n α-Werte, n β-Werte, n $\sigma_{\zeta i}^2$-Werte sowie der Erwartungswert des Indexes, die Indexvarianz und eine allfällige risikolose Anlage, gesamthaft (3n + 3) Daten zu schätzen. Ist n = 50, so beträgt die Zahl der Parameter insgesamt 153. Bei n = 200 steigt die Zahl der Parameter auf 603 (verglichen mit 20'301 im Markowitz-Modell) und bei 2'200 Anlagewerten sind 6'603 (verglichen mit über 2.4 Mio. im Markowitz-Modell) Inputdaten zu schätzen.

Um die α- und β-Werte der einzelnen Anlagen zu ermitteln, bedient sich der Analyst oft des Verfahrens der *Regressionsanalyse*, welche auf Vergangenheitsdaten beruht. Wie Abbildung 5/12 zeigt, werden sämtliche Renditen einer Anlage und der jeweilige Index im I_t-r_{At}-Diagramm aufgetragen. Anschliessend wird durch die entstandene Punktwolke derart eine Gerade - die Regressionsgerade - gelegt, dass die

Abbildung 5/12: Die Regressionsanalyse

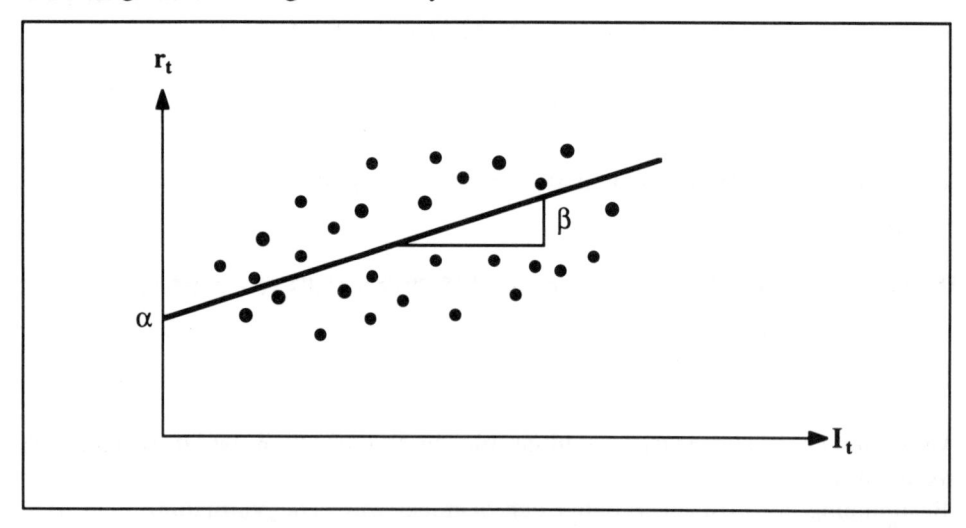

Summe der quadratischen Abstände der einzelnen Punkte zur Geraden möglichst gering wird. Die Steigung der Gerade entspricht dem β, während der Schnittpunkt mit der Ordinate dem α entspricht. Mathematisch gilt:

$$\beta = [\sum_{t=1}^{n} [(r_{At} - E(r_A)) \cdot (I_t - I_M)]] / [\sum_{t=1}^{n} (I_t - I_M)^2]$$

$$= Cov(A,I) / \sigma_I^2 = (\rho_{A,I} \cdot \sigma_A) / \sigma_I \quad (5\text{-}32)$$

$$\alpha = E(r_A) - \beta \cdot I_M$$

Das Index-Modell ermöglicht neben der vereinfachten Datengewinnung zusätzlich

- durch den β-Wert die Beschreibung der Sensitivität einer Anlage auf allfällige Marktveränderungen und
- eine Zerlegung der Kursvolatilität in markt- und titelspezifische Komponenten.

Entsprechend (5-32) ergibt sich für das β der in Abbildung 5/11 gezeigten Anlage β = *1.30*, was bedeutet, dass eine Indexzunahme von *2%* eine Renditezunahme von 2%·1.30 = *2.60%* zur Folge hat. Gemäss (5-26) entspricht die marktbedingte Varianz der Anlage A 1.30²·8 = *13.52*, während die titelspezifische Varianz 22 - 11.8 = *8.48* ergibt. Sodann kann berechnet werden, wie gross der Anteil der Varianz einer Anlagerendite ist, der sich durch die Bewegung des Marktindexes erklären lässt. Dieser Anteil wird durch das Bestimmtheitsmass, den sog. R^2-Wert

$$R^2 = \beta_A^2 \cdot \sigma_I^2 / \sigma_A^2 \qquad (5\text{-}33)$$

charakterisiert und beträgt für das in Abbildung 5/11 gezeigte Beispiel $R^2 = 0.615$ oder 61.5%.

> *Konzept-Frage 4*   Die Varianz der Anlage A beträgt $\sigma_A^2 = 74.24$, diejenige des Portfolios I $\sigma_I^2 = 46.16$. Wie gross sind β, marktbedingte und titelspezifische Varianz sowie das Bestimmtheitsmass, wenn die Kovarianz Cov(A,I) = 57.32 beträgt?

5.1.4.2 Das Multi-Index-Modell (Multifaktor-Modell)

Es konnte gezeigt werden, dass durch das Ein-Index-Modell die Datengewinnung vereinfacht und vor allem stark reduziert wird, womit der Markowitz-Ansatz zur Bestimmung der Efficient Frontier erst operabel wird. Die Vermutung liegt nahe, dass die Operabilität auf Kosten eines Informationsverlustes erfolgt. Es wurde unterstellt, dass die Anlagerenditen über die Beziehung zum Marktindex verbunden sind. In der Realität kann jedoch beobachtet werden, dass Anlagen (und Anlagemedien) verschiedener Branchen auf Veränderungen des Gesamtmarktindexes unterschiedlich reagieren. Wegen (5-24) werden unterschiedliche Reaktionen von Anlagen verschiedener Branchen auf eine Veränderung des Gesamtmarktindexes nicht erfasst. Mit dem Multi-Index-Modell - auch als Multifaktor- oder Multi-Sektor-Modell bezeichnet - soll der aus dem Ein-Index-Modell entstandene Informationsverlust wettgemacht und trotzdem die vereinfachte Datengewinnung beibehalten werden.

In <u>Abbildung 5/13</u> [vgl. Sharpe 1985, S. 187] wird das Multi-Index-Modell für drei Indizes dargestellt. Es ist zu beachten, dass die verschiedenen Indizes miteinander korrelieren, was im Modell eine explizite Eingabe der zu schätzenden Korrelationen erfordert. Allerdings kann auf die explizite Eingabe der Korrelationen verzichtet werden, indem das Ein-Index-Modell quasi auf übergeordneter Stufe auf die verschiedenen Indizes angewendet wird, wobei diese vom allgemeinen Marktindex zusammengefasst werden[35].

Für die Rendite einer Anlage A (vgl. (5-19) und (5-21)) gilt:

$$r_A = \alpha_A + \beta_{A1} \cdot I_1 + \beta_{A2} \cdot I_2 + ... + \beta_{Ak} \cdot I_k + \zeta_A \qquad (5\text{-}34)$$

wobei alle Indizes $I_1,...,I_k$ unkorreliert sind und gegenüber einem Index im herkömmlichen Sinne eine veränderte Interpretation aufweisen [vgl. Elton/Gruber 1991, S. 133]. Sei I_1^* ein Branchenindex und I_2^* ein Oelpreisindex. I_2 wird dann interpretiert als ein *Index der Differenz* zwischen dem aktuellen Oelpreis und dem bei einer gegebenen Branchenrendite (I_1) erwarteten Oelpreisniveau. β_{A2} entspricht der Sensitivität der Rendite einer Anlage A (r_A) auf die Aenderung des Oelpreises (I_2), wenn die Branchenrendite (I_1) fix bleibt.

Da die Indizes untereinander unkorreliert sind, gilt für die Kovarianz zweier Indizes:

$$\text{Cov}(i,j) = E[(I_i - I_{Mi})(I_j - I_{Mj})] = 0 \quad , \quad \forall \ i,j = 1,...,k \ \ (i \neq j) \qquad (5\text{-}35)$$

Zudem kann die im Ein-Index-Modell getroffene Annahme (5-23) verallgemeinert werden:

$$\text{Cov}(\zeta_A, I_i) = E[\zeta_A \cdot (I_i - I_{Mi})] = 0 \quad , \quad \forall \ i = 1,...,k \qquad (5\text{-}36)$$

Unter Berücksichtigung von (5-22), (5-35) und (5-36) gilt für die erwartete Rendite einer Anlage A (vgl. (5-25)), deren Varianz (vgl. (5-26)) und die Kovarianz zweier Renditen (vgl. (5-27)) [vgl. Elton/Gruber 1991, S. 135]:

$$E(r_A) = \alpha_A + \beta_{A1} \cdot I_{M1} + \beta_{A2} \cdot I_{M2} + ... + \beta_{Ak} \cdot I_{Mk} \qquad (5\text{-}37)$$

$$\sigma_A^2 = \beta_{A1}^2 \cdot \sigma_{I1}^2 + \beta_{A2}^2 \cdot \sigma_{I2}^2 + ... + \beta_{Ak}^2 \cdot \sigma_{Ik}^2 + \sigma_{\zeta_A}^2 \qquad (5\text{-}38)$$

$$\text{Cov}(A,B) = \beta_{A1} \cdot \beta_{B1} \cdot \sigma_{I1}^2 + \beta_{A2} \cdot \beta_{B2} \cdot \sigma_{I2}^2 + ... + \beta_{Ak} \cdot \beta_{Bk} \cdot \sigma_{Ik}^2 \qquad (5\text{-}39)$$

---

35 In der Literatur wird daher zwischen der *Kovarianz-Variante* (Korrelationen zwischen den Indizes sind explizit im Modell einzugeben) und der *Diagonal-Variante* (die Korrelationen sind nicht explizit einzugeben) des Multi-Index-Modells unterschieden.

Abbildung 5/13: Das Multi-Index-Modell

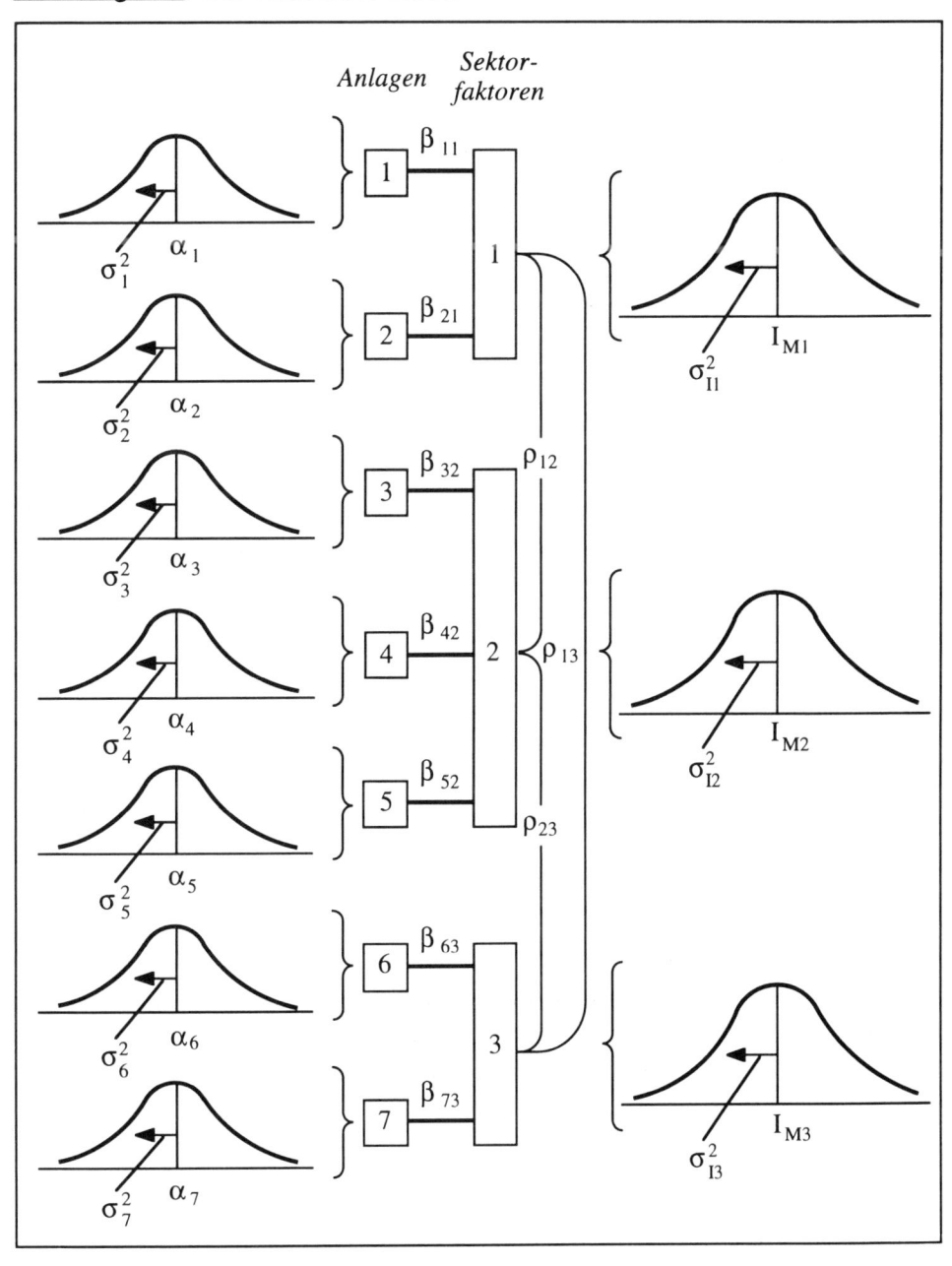

182 TEIL II: *Modernes Portfolio-Management in der Theorie*

Das Multi-Index-Modell kann entsprechend dem Ein-Index-Modell nach denselben Verfahren wie das Markowitz-Modell gelöst werden. Die Zahl der zu ermittelnden Inputdaten ist allerdings gegenüber dem Ein-Index-Modell angestiegen, liegt aber immer noch weit unter derjenigen des Markowitz-Modells. Wird mit k die Anzahl der verwendeten Indizes und mit n die Anzahl der Anlagen angegeben, so sind im Multi-Index-Modell n α-Werte, n·k β-Werte, n $\sigma_{\zeta_i}^2$-Werte sowie k Erwartungswerte der einzelnen Indizes, k Indexvarianzen und eine allfällige risikolose Anlage, gesamthaft (2n + 2k + n·k + 1) Daten zu schätzen. Bei k = 5 und n = 50 sind 361 (verglichen mit 153 im Ein-Index-Modell und 1'326 im Markowitz-Modell) und bei k = 5 und n = 200 sind 1'411 (gegenüber 603 bzw. 20'301) Inputdaten zu ermitteln.

5.2 Das Capital Asset Pricing Model (CAPM)

Bisher wurde gezeigt, wie ein Investor zu handeln hat, um ein optimales Portfolio zu erreichen[36]. Zur Aktienbewertung als solche wird dabei keine Aussage gemacht. Demgegenüber steht das *CAPM*, welches die Bestimmung des relevanten Anlagerisikos sowie die Bestimmung der Beziehung zwischen erwarteter Rendite und Risiko - unter der Voraussetzung, dass der Markt im Gleichgewicht ist - ermöglicht. Mit anderen Worten wird der Frage nachgegangen, "*wie hoch* der erwartete Ertrag für ein Portfolio oder eine Aktie in einem diversifizierten Portfolio sein soll, ausgehend vom Risikofaktor des Portfolios (resp. der Aktie)" [Hotz 1989, S. 11]. Wie zu zeigen sein wird, handelt es sich beim CAPM um ein *Gleichgewichtsmodell* für den Kapitalmarkt, welches auf der Ueberlegung beruht, dass der Erwerb von Anlagen mit höherem systematischem Risiko (das unsystematische Risiko lässt sich wegdiversifizieren) eine höhere Rendite abwerfen sollte, ansonsten sie in keinem effizienten Portfolio gehalten wird[37].

5.2.1 Voraussetzungen des Modells

Die Voraussetzungen des Markowitz-Modells gelten grundsätzlich auch für das CAPM. Es sind dies Annahmen betreffend Entscheidungsparameter, Risikoaversion, Nutzenmaximierung, Einperiodenmodell, friktionslose Märkte, vollständige Kon-

---

36 Vgl. Abschnitt 5.1.

37 Trotz formellen Aehnlichkeiten ist das CAPM auf keinen Fall mit dem Index-Modell zu verwechseln, denn letzteres stellt keine Theorie dar, sondern ist lediglich eine statistische Vereinfachung des Markowitz-Modells.

KAPITEL 5: *Ansätze zur Portfoliogestaltung in der Theorie*

kurrenz und Verhalten der Anlagen[38]. *Zusätzlich* sind die folgenden Annahmen zu beachten [vgl. bspw. Copeland/Weston 1988, S. 194]:

- *Risikofreier Zinssatz:* Es existiert ein risikofreier Zinssatz (r_f), zu dem unbeschränkt Kapital angelegt oder geborgt werden kann.
- *Homogene Erwartungen:* Die Investoren haben homogene Erwartungen hinsichtlich erwarteter Rendite, Varianz und Kovarianz der Anlagen.
- *Handelbarkeit der Anlagen:* Die Menge der Anlagen ist vorgegeben und sämtliche Anlagen werden am Markt gehandelt.
- *Informationseffizienz:* Sämtliche Informationen sind den Investoren kostenlos zugänglich, frei und zu jeder (für sämtliche Investoren gleichen) Zeit verfügbar[39].
- *Kapitalmarktgleichgewicht:* Der Kapitalmarkt befindet sich im Gleichgewicht, was bedeutet, dass sämtliche Anlagen zum Marktpreis im Besitz von Investoren sind [vgl. Reilly 1989, S. 282].

Es versteht sich von selbst, dass diese Annahmen eine starke Abstrahierung der Realität darstellen. Verschiedentlich wurde denn auch versucht, die Bedingungen derart zu modifizieren, dass das CAPM der Wirklichkeit gerechter wird[40]. Allerdings dürfen Sinn und Zweck simplifizierter Modelle nicht übersehen werden. Um die wichtigsten Elemente in den Vordergrund von Betrachtungen stellen zu können, ist es unumgänglich, die oft sehr komplexe Realität vorerst zu abstrahieren, um die so gefundenen Zusammenhänge später empirisch zu überprüfen.

5.2.2 Herleitung des klassischen CAPM

Bereits im Ein-Index-Modell wurde festgehalten, dass das systematische Risiko - durch β ausgedrückt - die Reaktion einzelner Anlagen (oder ganzer Portfolios) auf Indexveränderungen festhält[41]. Im CAPM, welches von *Sharpe*, *Lintner* und *Mossin* in den 1960er Jahren entwickelt wurde [vgl. Sharpe 1964, S. 425ff; Lintner 1965 (2), S. 13ff; Mossin 1966, S. 768ff], ist nun β derart mit dem erwarteten Ertrag einer Anlage (oder ganzer Portfolios) verknüpft, dass dem Grundsatz der Finanz-

---

38 Zur Erläuterung der einzelnen Annahmen vgl. Abschnitt 5.1.1.
39 Häufig werden drei Formen von Informationseffizienz unterschieden: die schwache, halbstarke und starke Form der Informationseffizienz. Vgl. dazu Abschnitt 7.2.
40 Vgl. Abschnitt 5.2.3.
41 Vgl. Abschnitt 5.1.4.1.

theorie - das Eingehen eines grösseren Risikos wird durch eine höhere Rendite belohnt - Rechnung getragen wird.

5.2.2.1 Die Capital Market Line

Im Markowitz-Modell wird die Efficient Frontier aufgrund der erwarteten Renditen, deren Varianzen und Kovarianzen ermittelt. Da *unterschiedliche Erwartungen* bezüglich der Renditeentwicklung zugelassen sind, bestehen unterschiedliche Vorstellungen über den Verlauf der Efficient Frontier. Bedingt durch die Annahme *homogener Erwartungen* werden Renditen und Risiken sämtlicher Anlagen von allen Investoren gleich eingeschätzt, was zu einer *einheitlichen* Vorstellung über den Verlauf der Efficient Frontier führt. Werden sodann die Annahmen bezüglich Kapitalmarktgleichgewicht und risikofreiem Zinssatz beachtet, so investiert jeder Investor in dasselbe risikobehaftete Portfolio M, in dem sämtliche risikobehafteten Anlagen proportional zu ihren Marktwerten enthalten sind (vgl. Abbildung 5/14). Das Portfolio M wird dann als *Marktportfolio* bezeichnet.

Das Kapitalmarktgleichgewicht bedeutet aber keinesfalls, dass die Preise der Anlagen konstant sind. Angenommen, eine Information über die Anlage A, welche deren Attraktivität ansteigen lässt, erreicht den Kapitalmarkt. Da die Information sämtlichen Investoren gleichzeitig zugänglich ist, entsteht ein Nachfrageüberhang, der den Preis für die Anlage A erhöht, was aber eine tiefere Rendite und damit ein marktgerechtes Risiko-Rendite-Verhältnis bewirkt. Durch diesen Preisbildungsprozess wird gewährleistet, dass weder ein positives noch ein negatives Ueberschussangebot besteht und sich der Markt im Gleichgewicht befindet[42].

Durch die Einführung des risikolosen Zinssatzes r_f verändert sich die Efficient Frontier von AC zu r_fME[43], welche der homogenen Erwartungen wegen für alle Investoren gleich ist. Entsprechend der individuellen Risikopräferenzen wählt jeder Investor ein Portfolio, welches aus M und der risikofreien Anlage mit der Rendite r_f oder nur aus M besteht, wobei zusätzlich Kapital zum Zinssatz r_f aufgenommen und ebenfalls in M investiert werden kann. Die individuellen Portfolios

---

42 Soll das Modell auch in der Realität aussagekräftig sein, muss angenommen werden, dass der Preisbildungsprozess und damit die Anpassung an ein neues Gleichgewicht sehr schnell vor sich geht und deshalb nur Gleichgewichtspreise beobachtet werden [vgl. dazu Denzler 1988, S. 21].

43 Vgl. Abbildung 5/7, Abschnitt 5.1.2.3.

KAPITEL 5: *Ansätze zur Portfoliogestaltung in der Theorie* **185**

unterscheiden sich daher nur durch die Aufteilungsquote des Investitionskapitals in M und die risikolose Anlage.

Die Efficient Frontier $r_f ME$ wird als *Capital Market Line* (CML) bezeichnet und stellt die höchste erreichbare Capital Allocation Line (vgl. (5-16c)) dar. Aus Abbildung 5/14 ist ersichtlich, dass die Steigung der CML berechnet wird, indem die Differenz zwischen der erwarteten Marktportfoliorendite und dem risikolosen Zinssatz $[E(r_M) - r_f]$ durch die Differenz zwischen dem Marktportfoliorisiko und dem Risiko des risikolosen Zinssatzes $[\sigma_M - 0]$ dividiert wird. Die Steigung der CML ist als Belohnung in Form einer zusätzlichen Rendite für das Eingehen einer zusätzlichen Risikoeinheit zu betrachten [Sharpe/Alexander 1990, S. 201] und wird *Marktpreis des Risikos* genannt [Elton/Gruber 1991, S. 287].

Abbildung 5/14: Die graphische Herleitung der Capital Market Line

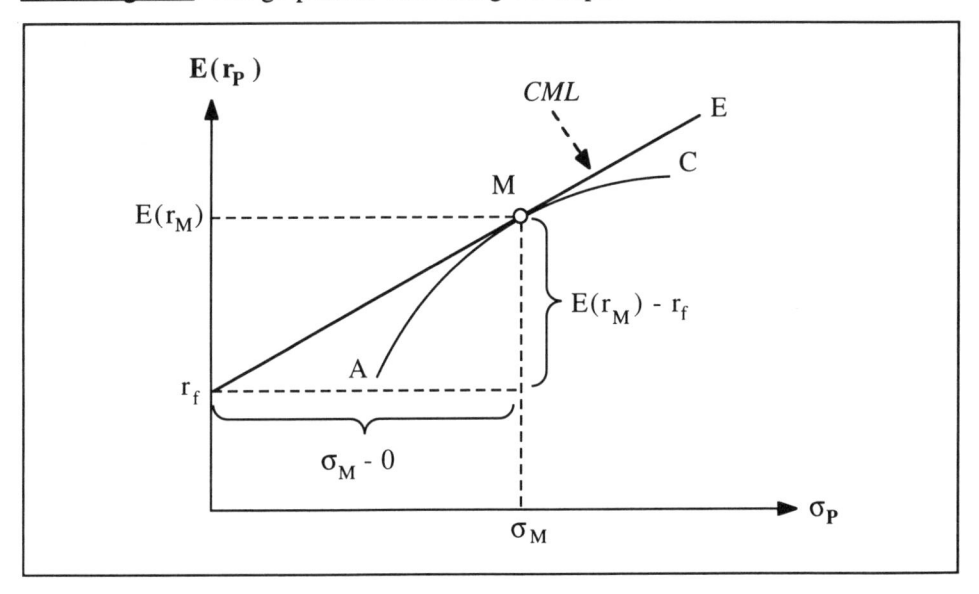

Für die CML ergibt sich damit der folgende funktionale Zusammenhang [vgl. bspw. Farrell 1983, S. 64]:

$$E(r_P) = r_f + [E(r_M) - r_f] \cdot \sigma_P / \sigma_M \tag{5-40}$$

(wobei $E(r_P)$ = Erwartungswert der Rendite des Portfolios P, $E(r_M)$ = Erwartungswert der Rendite des Marktportfolios M, r_f = risikoloser Zinssatz, σ_P = Standardabweichung von r_P und σ_M = Standardabweichung von r_M).

> *Konzept-Frage 5* Die erwartete Rendite des Marktportfolios betrage 8.5% und das Risiko desselben $\sigma_M = 22.8\%$. Wie gross ist der Marktpreis des Risikos, wenn der risikolose Zinssatz bei 4% liegt? Welche Portfoliorendite darf erwartet werden, wenn das Risiko eines Portfolios $\sigma_P = 15\%$ betragen soll?

Die erwartete Rendite jedes effizienten Portfolios ist somit "eine lineare Funktion der Standardabweichung σ_P, da alle anderen Grössen (r_f, r_M und σ_M) per definitionem Marktdaten darstellen" [Hotz 1989, S. 14].

5.2.2.2 Die Security Market Line

Bisher wurden die Lage des Marktportfolios und entsprechend der Risikoneigung der Investoren davon abweichende effiziente Portfolios betrachtet. Die Capital Market Line zeigt dabei die Risiko-Rendite-Verhältnisse der effizienten Portfolios. Demgegenüber versucht das Modell der *Security Market Line* (das eigentliche CAPM) die Risiko-Rendite-Verhältnisse einzelner Anlagen und nicht effizienter Portfolios zu ermitteln. Ermöglicht wird dies dadurch, dass jede Anlage (bzw. jedes auch nicht effiziente Portfolio) ein Bestandteil des Marktportfolios M ist.

Angenommen, ein Portfolio bestehe aus einer risikobehafteten Anlage A und dem Marktportfolio M. Für die erwartete Portfoliorendite $E(r_P)$ und deren Standardabweichung σ_P gilt[44]:

$$E(r_P) = w_A \cdot E(r_A) + (1-w_A) \cdot E(r_M)$$
$$\sigma_P = [w_A^2 \cdot \sigma_A^2 + (1-w_A)^2 \cdot \sigma_M^2 + 2 \cdot w_A \cdot (1-w_A) \cdot Cov(A,M)]^{1/2}$$

(wobei w_A die Gewichtung von A und $(1-w_A)$ diejenige von M im Portfolio P darstellt).

Abbildung 5/15 zeigt die möglichen Risiko-Rendite-Verhältnisse (diese liegen auf AMA) bei verschiedenen w_A. Die Aenderung der erwarteten Portfoliorendite und der Portfoliovarianz in Abhängigkeit einer Aenderung von w_A kann durch Bildung der ersten Ableitung ermittelt werden:

$$\partial E(r_P)/\partial w_A = E(r_A) - E(r_M)$$

---

[44] Die im folgenden gezeigte Herleitung der Security Market Line basiert auf dem Ansatz von *Sharpe* [vgl. bspw. Copeland/Weston 1988, S. 195].

$$\partial\sigma_P/\partial w_A = (1/2)\cdot[w_A^2\cdot\sigma_A^2+(1-w_A)^2\cdot\sigma_M^2+2\cdot w_A\cdot(1-w_A)\cdot Cov(A,M)]^{-1/2}\cdot$$
$$\cdot[2\cdot w_A\cdot\sigma_A^2-2\cdot\sigma_M^2+2\cdot w_A\cdot\sigma_M^2+2\cdot Cov(A,M)-4\cdot w_A\cdot Cov(A,M)]$$

Abbildung 5/15: Mögliche Risiko-Rendite-Verhältnisse von Portfolios bei unterschiedlicher Gewichtung der Anlagen im CAPM

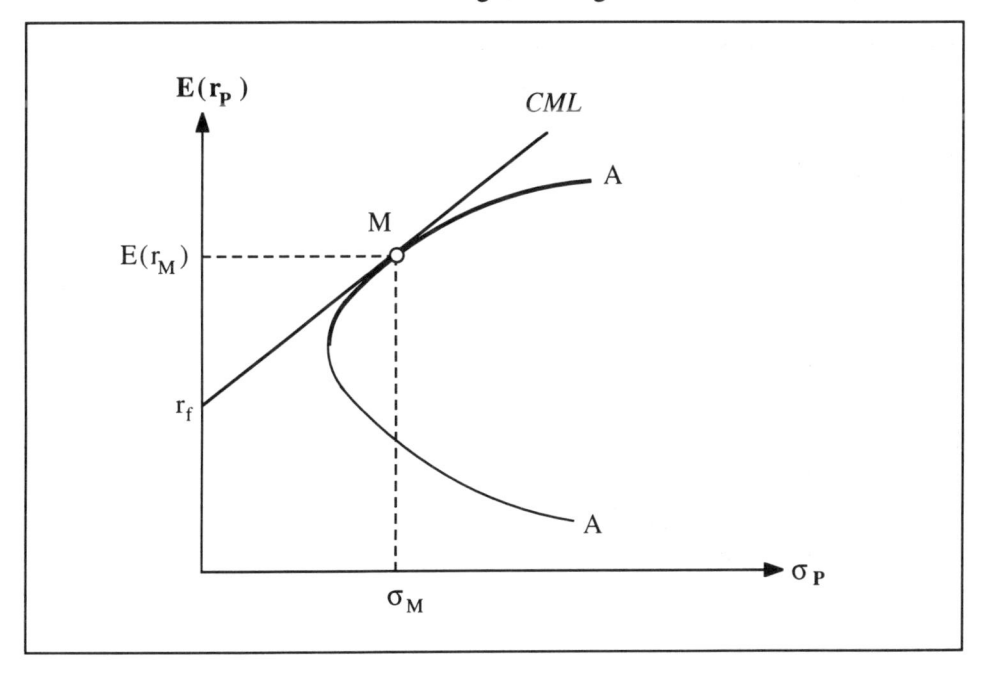

Befindet sich der Markt im Gleichgewicht (wie dies für das CAPM vorausgesetzt wird), so ist das Wertpapier A mit einem Anteil z_A im Marktportfolio M enthalten. Würde in das Marktportfolio M und *zusätzlich* in die Anlage A investiert, so wird der Anteil z_A um w_A verändert, was einen *Nachfrageüberhang* zur Folge hätte. Da im Kapitalmarktgleichgewicht allerdings keine Gleichgewichtsstörungen bestehen dürfen, muss die Anlage A in M mit einem Anteil von z_A gehalten werden, womit w_A Null zu setzen ist. Entsprechend resultiert für die Rendite und die Standardabweichung im Gleichgewicht (da $w_A = 0$):

$$\partial E(r_P)/\partial w_A \,|_{w_A=0} = E(r_A) - E(r_M)$$
$$\partial\sigma_P/\partial w_A \,|_{w_A=0} = (1/2)\cdot(\sigma_M^2)^{-1/2}\cdot(-2\cdot\sigma_M^2 + 2\cdot Cov(A,M))$$
$$= (Cov(A,M) - \sigma_M^2)/\sigma_M$$

Im Gleichgewicht beträgt die Steigung der Kurve AMA (vgl. Abbildung 5/15) in M

$[\partial E(r_P)/\partial w_A] / [\partial \sigma_P/\partial w_A]|_{w_A=0} = [E(r_A) - E(r_M)] / [(Cov(A,M) - \sigma_M^2)/\sigma_M]$.

Im Tangentialpunkt M (vgl. Abbildung 5/15) entspricht die Steigung von AMA derjenigen der CML:

$[E(r_A) - E(r_M)] / [(Cov(A,M) - \sigma_M^2)/\sigma_M] = [E(r_M) - r_f] / \sigma_M$

Wird dieser Ausdruck nach $E(r_A)$ aufgelöst, so resultiert:

$$E(r_A) = r_f + [E(r_M) - r_f] \cdot Cov(A,M) / \sigma_M^2 \qquad (5\text{-}41)$$

Abbildung 5/16: Die Security Market Line

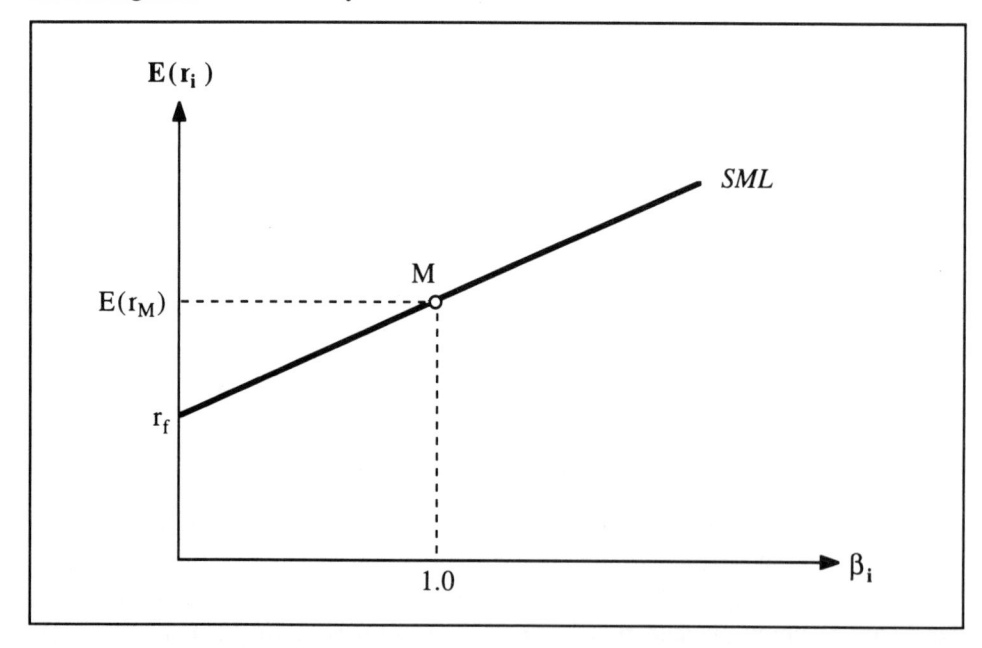

Gleichung (5-41) entspricht der Security Market Line (SML). Es wird deutlich, dass die erwartete Rendite einer Anlage gleich dem risikolosen Zinssatz zuzüglich einer Risikoprämie ist, die sich aus dem Marktpreis des Risikos $(E(r_M) - r_f)$[45] multipli-

---

45 Es ist zu beachten, dass - im Gegensatz zu oben - in Abschnitt 5.2.2.1 der Marktpreis des Risikos durch

$(E(r_M) - r_f) / \sigma_M$

ausgedrückt wurde. Das Risiko einer Anlage entspricht dann $(Cov(A,M)/\sigma_M)$ und zeigt, wie das Risiko der Anlage das Risiko des Marktportfolios beeinflusst [Elton/Gruber 1991, S. 293]. Da

(Fortsetzung der Fussnote vgl. die folgende Seite)

ziert mit der Risikohöhe (Cov(A,M) / σ_M^2) ergibt (vgl. Abbildung 5/16 [vgl. bspw. Sharpe/Alexander 1990, S. 204]).

Die Risikohöhe wird im CAPM mit β bezeichnet, welches demjenigen des Index-Modells entspricht. Da die Cov(M,M) der Varianz des Marktportfolios σ_M^2 entspricht, besitzt das Marktportfolio ein β von 1. Demgegenüber hat die risikolose Anlage ein β von 0, da sie vom Marktportfolio unabhängig ist.

Wird in (5-41) die Risikohöhe durch β ausgedrückt, so gilt:

$$E(r_A) = r_f + [E(r_M) - r_f] \cdot \beta_A \qquad (5-42)$$

Mit (5-42) wird deutlich, dass mit wachsendem β auch die erwartete Rendite zunimmt. β bezieht sich allerdings nur auf das *systematische Risiko*, was insofern sinnvoll erscheint, als das unsystematische Risiko in einem effizienten Portfolio vollständig wegdiversifiziert werden kann[46]. Der Investor wird entsprechend *nur für das Eingehen eines systematischen Risikos entschädigt*.

5.2.2.3 Anwendbarkeit des Modells der Security Market Line

Ist das Risiko einer Anlage (β_A) bekannt, kann die zur Kompensierung des einzugehenden Risikos geforderte Rendite derselben Anlage ermittelt werden [Bodie/Kane/Marcus 1993, S. 256], da alle *fairly priced* Anlagen im Marktgleichgewicht auf der SML liegen müssen[47]. Wird nun die Annahme des Marktgleichgewichtes fallen gelassen, sind über- bzw. unterbewertete Anlagen vorstellbar. Während überbewertete Anlagen unterhalb der SML liegen, kommen unterbewertete Anlagen oberhalb der SML zu liegen. Die Differenz zwischen der aktuell erwarteten Rendite und der *fairen* erwarteten Rendite einer Anlage - als Ueberschussrendite bezeichnet - wird α genannt[48]:

$$\alpha = E(r_A)^* - [r_f - (E(r_M) - r_f) \cdot \beta_A] \qquad (5-43)$$

(wobei E(r)* = aktuelle erwartete Rendite, [...] = *faire* erwartete Rendite).

---

das Risiko des Marktportfolios σ_M als konstant angenommen wird, spielt es *keine* Rolle, welche Terminologie gewählt wird [Copeland/Weston 1988, S. 198].

46 Im CAPM basiert die Risiko-Rendite-Beurteilung auf der Annahme, dass sich jede Anlage in einem breit diversifizierten Portfolio befindet, weshalb die Beachtung des unsystematischen Risikos unnötig ist.

47 Vgl. dazu die in Abschnitt 5.2.1 erwähnten Modellannahmen.

48 Es ist zu beachten, dass das α im Sinne der Ueberschussrendite nicht mit dem vom Index-Modell bekannten α_A verwechselt wird.

Angenommen, die erwartete Rendite des Marktportfolios betrage $E(r_M) = 8.5\%$ und das Risiko desselben $\sigma_M = 22.8\%$, während der risikolose Zinssatz bei $r_f = 4\%$ liegt. Wird das systematische Risiko einer Anlage A mit $\beta_A = 0.85$ angegeben, so beträgt die faire erwartete Rendite der Anlage A entsprechend (5-42):

$$E(r_A) = 4 + (8.5 - 4) \cdot 0.85 = 7.825\%$$

Beträgt die aktuelle erwartete Rendite der Anlage A $E(r_A)^* = 8.25\%$, so ergibt sich entsprechend (5-43) eine Ueberschussrendite (α) von

$$\alpha = 8.25 - [4 + (8.5 - 4) \cdot 0.85] = 0.425\%$$

Damit handelt es sich um eine unterbewertete Anlage, welche oberhalb der SML liegt.

Konzept-Frage 6   Das CAPM kann auch bei Investitionsentscheidungen zur Anwendung gelangen [vgl. Auckenthaler 1993, S. 67ff]. Hat ein Unternehmen ein neues Projekt zu beurteilen, kann mittels CAPM die erforderliche Rendite des Projektes basierend auf dessen Beta ermittelt werden. Angenommen, der risikofreie Zinssatz betrage $r_f = 3.5\%$ und die erwartete Marktrendite ist $E(r_M) = 7\%$. Das Beta des Projektes wird mit $\beta = 1.2$ angegeben. Wie hoch hat die erforderliche Rendite des Projektes zu sein? Beträgt die Internal Rate of Return des Projektes IRR = 9%, wird das Projekt durchgeführt?

5.2.3 Modellerweiterungen

Die dem CAPM zugrunde liegenden Voraussetzungen sind sehr restriktiv. Beobachtungen am Markt zeigen, dass verschiedene Annahmen in der Realität nicht zutreffen. Transaktionskosten und Steuern sind zu zahlen, Investoren haben heterogene Erwartungen bezüglich zukünftiger Anlagerenditen, die Kapitalanlage und -ausleihung zum selben Zinssatz ist kaum vorzufinden, verschiedene Anlagen sind auf dem Markt nicht erhältlich usw. Verschiedentlich wurde daher versucht, Modellerweiterungen vorzunehmen, die der Realität besser entsprechen.

5.2.3.1 CAPM unter Berücksichtigung der Nichtexistenz einer risikolosen Anlagemöglichkeit und unter Einführung unterschiedlicher Zinssätze für Kapitalanlage und Kapitalausleihung

Die Existenz einer risikolosen Anlagemöglichkeit im CAPM wurde oft kritisiert. Selbst Staatsanleihen oder Sparkonten bei einer Bank sind risikobehaftet. *Black* versuchte in seinem Modell [vgl. Black 1972, S. 444ff], diese Schwachstelle zu beheben (vgl. Abbildung 5/17). Das Marktportfolio liege wiederum auf der Efficient Frontier. Es wird nun angenommen, dass alle mit M *unkorrelierenden* Portfolios (bzw. Anlagen) ausfindig gemacht werden können. Deren systematische Risiken und damit β sind Null, während deren erwartete Renditen gleich sein müssen (da alle dasselbe systematische Risiko aufweisen)[49]. Korrelieren die Portfolios Z und Z' mit M

Abbildung 5/17: Das CAPM unter Berücksichtigung der Nichtexistenz einer risikolosen Anlagemöglichkeit

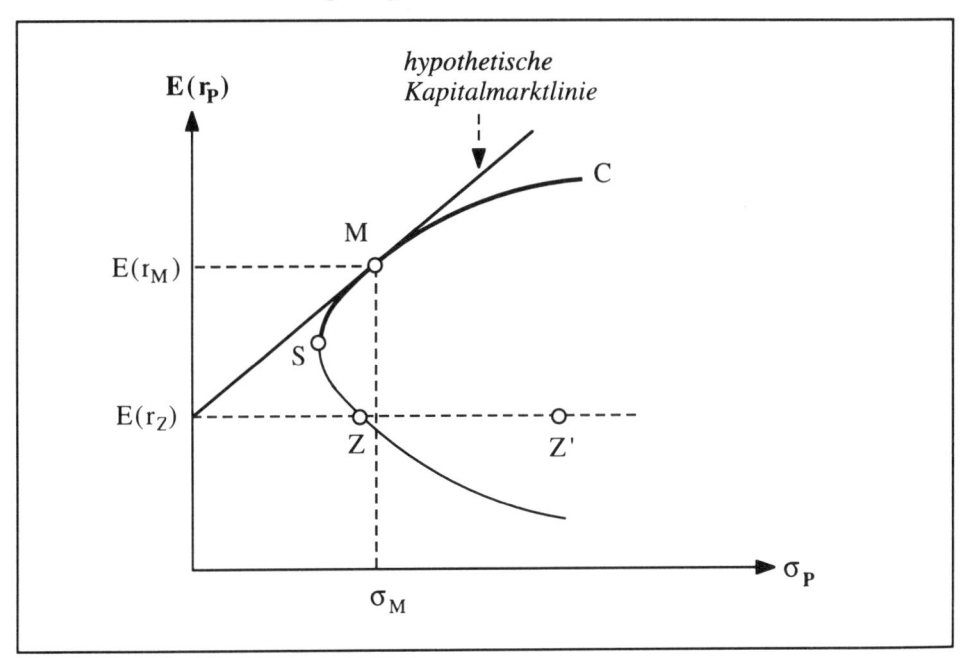

---

[49] Diese Portfolios (bzw. Anlagen) werden *Zero-Beta-Portfolios* (bzw. *Zero-Beta-Anlagen*) genannt.

nicht, so wird für die weiteren Betrachtungen das Portfolio Z berücksichtigt, da bei gleicher erwarteter Rendite (E(r$_Z$)) eine minimale Varianz resultiert[50].

Wird berücksichtigt, dass die Korrelation zwischen Z und M Null beträgt, kann die SML im Falle der Nichtexistenz einer risikolosen Anlage entsprechend der klassischen SML hergeleitet werden[51]. Für die erwartete Rendite einer Anlage A resultiert dann:

$$E(r_A) = E(r_Z) + [E(r_M) - E(r_Z)] \cdot \beta_A \qquad (5\text{-}44)$$

<u>Abbildung 5/18</u>: Das CAPM unter Berücksichtigung unterschiedlicher Zinssätze für Kapitalanlage und Kapitalausleihe

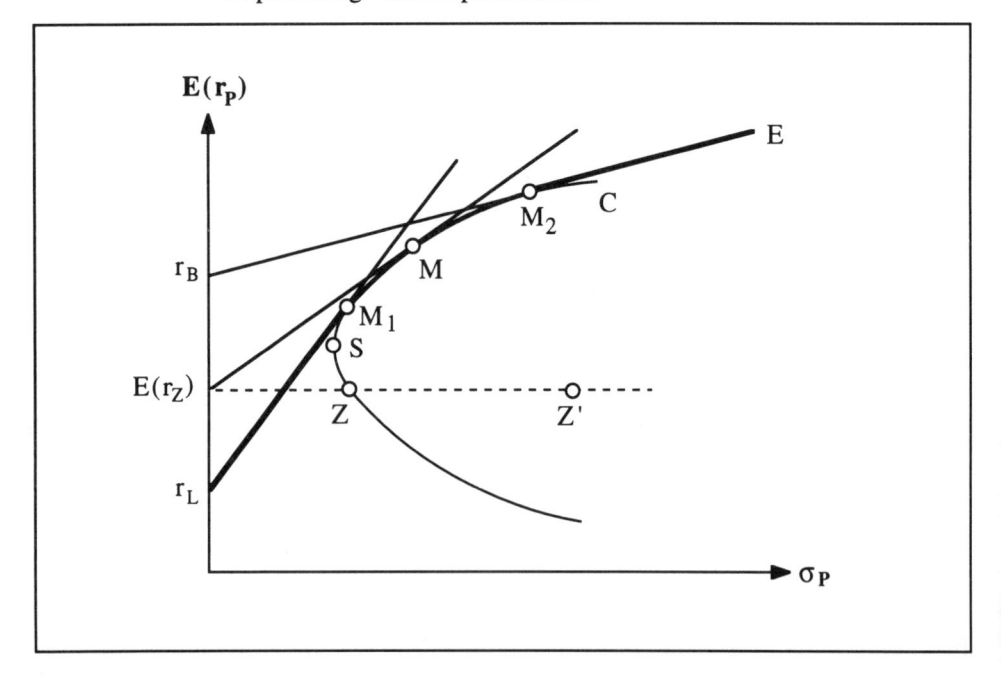

---

[50] Z ist ein Portfolio mit einem β = 0 und dasjenige mit der geringsten Varianz unter allen Portfolios mit β = 0. Zudem kann gezeigt werden, dass Z ein *ineffizientes* Portfolio sein muss [vgl. dazu Elton/Gruber 1991, S. 308].

[51] Vgl. dazu Abschnitt 5.2.2.2. Anstelle der CML tritt bei der Nichtexistenz einer risikolosen Anlage eine *hypothetische* CML (welche durch die Punkte E(r$_Z$) und M verläuft), da der Punkt [E(r$_Z$) > 0, σ$_Z$ = 0] nicht existiert (vgl. <u>Abbildung 5/17</u>). Es ist aber zu beachten, dass nur Portfolios auf der Efficient Frontier, d.h. auf SMC, gewählt werden können.

KAPITEL 5: *Ansätze zur Portfoliogestaltung in der Theorie* 193

Im Vergleich zur klassischen SML ist die durch (5-44) ausgedrückte SML *flacher*, was gemäss empirischen Studien der Realität besser entspricht [vgl. Black/Jensen/ Scholes 1972, S. 79ff; Blume/Friend 1973, S. 19ff].

Hat der Investor anstelle der risikofreien Anlage bzw. der Nichtexistenz einer solchen die Möglichkeit, Kapital zu einem bestimmten risikofreien Zinssatz anzulegen und solches zu einem *höheren* Zinssatz auszuleihen, kann entsprechend der Situation bei Nichtexistenz einer risikolosen Anlage vorgegangen werden. In diesem Fall sind Portfolios auf der Efficient Frontier $r_L M_1 M_2 E$ zu wählen (vgl. Abbildung 5/18 [vgl. Levy/Sarnat 1984, S. 466]). Für die erwartete Rendite einer Anlage A resultiert dann:

- Im Fall von *Kapitalanlage* zu r_L:

$$E(r_A) = r_L + [E(r_{M_1}) - r_L] \cdot \beta_{A(M_1)} \qquad (5\text{-}45)$$

wobei $\beta_{A(M_1)} = Cov(A, M_1) / \sigma_{M_1}^2$

- Im Fall von *Kapitalborgen* zu r_B:

$$E(r_A) = r_B + [E(r_{M_2}) - r_B] \cdot \beta_{A(M_2)} \qquad (5\text{-}45)$$

wobei $\beta_{A(M_2)} = Cov(A, M_2) / \sigma_{M_2}^2$

Aus (5-45) folgt, dass die SML den Verlauf einer doppelt geknickten Geraden annimmt, wobei die Knickstellen bei M_1 bzw. M_2 liegen.

5.2.3.2 CAPM unter Einführung heterogener Erwartungen und nicht marktfähiger Anlagen

Ob die Annahme homogener Erwartungen gerechtfertigt ist, bildet Gegenstand verschiedener Untersuchungen. In der Realität ist feststellbar, dass viele Investoren in ein nicht voll diversifiziertes Portfolio investieren und die Gewichtung einzelner Anlagen sehr unterschiedlich ausfällt. Diese Beobachtung lässt den Schluss zu, dass Investoren unterschiedliche Vorstellungen über die erwarteten Renditen einzelner Anlagen - *heterogene Erwartungen* - besitzen. Das CAPM wird durch die Einführung heterogener Erwartungen nicht verändert, ausgenommen, wenn anstelle der homogenen Renditeerwartungen und Kovarianzen die gewogenen Mittelwerte der Erwartungsparameter aller Investoren treten [vgl. Copeland/Weston 1988, S. 211].

Durch die Einführung heterogener Erwartungen erfährt das CAPM zwei entscheidende *Nachteile*. Zum einen ist das Marktportfolio M nicht notwendigerweise effizient, wodurch das CAPM nicht mehr getestet werden kann [vgl. Roll 1977, S. 129ff]. Anderseits verliert die SML an Aussagekraft, da der durch Mittelwerte konstruierte Preis für die Risikoübernahme sehr *unstabil* sein kann.

Im klassischen CAPM wurde unterstellt, dass sämtliche Anlagen marktfähig und beliebig teilbar sind. Wird diese Voraussetzung fallen gelassen [vgl. Mayers 1972, S. 223ff], das heisst sind auch *nicht marktfähige Anlagen* zu berücksichtigen, so führt dies - wie die Einführung heterogener Erwartungen - zu *unterschiedlichen* Portfoliostrukturen. Als Beispiel wird häufig das *Human Capital* angeführt [vgl. dazu Copeland/Weston 1988, S. 209]. Zwar kann jeder Investor seine Fähigkeiten gegen Lohnzahlungen ('Lohnrendite') einsetzen, doch kann niemand sich selbst verkaufen und eine andere Person für seine Stelle kaufen. Daraus folgt, dass eine *nichtdiversifizierbare* Anlage - das Human Capital - in das Portfolio jedes Investors eingeführt wird, was die erwähnten unterschiedlichen Portfoliostrukturen bewirkt. Dass Investoren tatsächlich unterschiedliche Portfolios haben, kann aber auch in der Realität beobachtet werden, wobei das Human Capital nur einer der Gründe dafür ist.

Die Einführung nicht marktfähiger Anlagen bewirkt [zur formellen Darstellung vgl. Elton/Gruber 1991, S. 317f], dass das Risiko einer Anlage zur Funktion der Kovarianz der Anlage mit der Gesamtheit der nicht marktfähigen Anlagen und der Kovarianz der Anlage mit der Gesamtheit der marktfähigen Anlagen wird, wobei die Gewichtung der nicht marktfähigen und der marktfähigen Anlagen vom totalen Wert derselben abhängig ist.

Wie bei der Einführung heterogener Erwartungen verliert die SML an Aussagekraft, da sich - bedingt durch das (von Natur aus) unterschiedliche Human Capital - kein einheitlicher Preis für die Risikoübernahme bilden kann.

5.2.3.3 CAPM unter Berücksichtigung von Steuern und Transaktionskosten

Das klassische CAPM unterstellt, dass der Investor die erwartete Rendite einer Anlage als ein Entscheidungsparameter betrachtet. Wie die Rendite erzielt wird, das heisst ob eine Dividende bzw. eine Zinszahlung oder ein Kursgewinn erfolgt, ist nicht von Bedeutung. Werden *Steuern* eingeführt, spielt diese Unterscheidung allerdings eine Rolle, da Dividenden bzw. Zinszahlungen der Einkommenssteuer unterliegen, Kursgewinne dagegen meist nicht.

Brennan zeigt [vgl. Brennan 1970, S. 417ff], wie die unterschiedliche Besteuerung von Dividenden (bzw. Zinszahlungen) und Kapitalgewinnen im CAPM eingeführt werden kann. Dabei wird unterstellt, dass die Dividendenzahlungen (bzw. Zinszahlungen) *mit Sicherheit* bekannt sind [vgl. Fuller/Farrell 1987, S. 470]:

$$E(r_A) = r_f \cdot (1-T) + \beta_A \cdot [E(r_M) - r_f - T \cdot (D_M - r_f)] + T \cdot D_A \qquad (5\text{-}46)$$

KAPITEL 5: *Ansätze zur Portfoliogestaltung in der Theorie*   **195**

(wobei $T = (T_d - T_g) / (1 - T_g)$; T_d = durchschnittliche Steuerrate auf Dividenden, T_g = durchschnittliche Steuerrate auf Kapitalgewinnen, D_M = Dividendenrendite des Marktportfolios, D_A = Dividendenrendite der Anlage A).

Ist die Besteuerung von Dividenden und Kapitalgewinnen gleich, nimmt T den Wert Null an, womit (5-46) in die klassische Form des CAPM zurückgeführt wird. Sind keine Steuern zu zahlen, nimmt T ebenfalls den Wert Null an.

Durch die Einführung von Steuern werden Investoren mit unterschiedlicher Besteuerung von Dividenden und Kapitalgewinnen die Anlagen erwerben, mit denen eine höhere Rendite nach Steuern zu erzielen ist, was dazu führt, dass verschiedene Efficient Frontiers und damit auch verschiedene Marktportfolios entstehen. Dieser Effekt wird durch die Tatsache verstärkt, dass verschiedene Investoren von jeder Steuer gänzlich befreit sind[52]. Die Einführung von Steuern führt damit zum selben Nachteil wie die Einführung heterogener Erwartungen: Die SML verliert an Aussagekraft, da der Preis für die Risikoübernahme sehr *unstabil* sein kann.

Das klassische CAPM geht davon aus, dass die Investoren sämtliche risikobehafteten Anlagen in ihrem Portfolio besitzen (einen Teil des Marktportfolios). Auch wird unterstellt, dass der Kauf bzw. Verkauf von Anlagen ohne die Zahlung von Transaktionskosten erfolgt. In der Realität kann aber beobachtet werden, dass nur ein kleiner Teil von Investoren auch nur annäherungsweise sämtliche Anlagen im Portfolio führt. Ein Grund für das Halten einer kleineren Anzahl *verschiedener* Anlagen ist mitunter in den Transaktionskosten zu sehen[53]. Die Einführung von *Transaktionskosten* ins CAPM bewirkt, dass die erwartete Rendite einer Anlage zusätzlich vom Investitionsvolumen abhängt und anstelle der erwarteten Marktrendite die erwartete Rendite des vom Investor gehaltenen Portfolios eingesetzt wird [zur formellen Darstellung vgl. Levy/Sarnat 1984, S. 471f]. Das β einer Anlage A wird deshalb von Investor zu Investor verschieden ausfallen. Die erwartete Rendite einer Anlage A ist daher gleich dem risikolosen Zinssatz zuzüglich der *gewichteten* Risikoprämie aller Investoren. Auch diese Modellerweiterung muss die Kritik einer *unstabilen* SML gelten lassen.

---

52   Vgl. dazu Abschnitt 3.2.2.2.
53   Vgl. bspw. in der Schweiz die Courtagegebühren für verschiedene Transaktionsvolumina.

5.3 Die Arbitrage Pricing Theory (APT)

Die *Arbitrage Pricing Theory* wird häufig als eine Weiterentwicklung des CAPM betrachtet, deren Schöpfer *Ross* [vgl. Ross 1976, S. 341ff; Ross 1977, S. 189ff] ist. Zwar ist die APT aufgrund verschiedener Kritiken am CAPM entstanden und basiert teilweise auf ähnlichen Ueberlegungen wie dasselbe, doch darf heute bezüglich des CAPM - wie dies verschiedene Studien belegen[54] - bei der APT eher von einer Konkurrenz-Theorie gesprochen werden. Mit der APT wird versucht, die von *Roll* [vgl. Roll 1977, S. 129ff] aufgezeigte Schwachstelle im CAPM - nämlich, dass die Aussage des CAPM *logischmathematisch* aus der (unterstellten) Effizienz des Marktportfolios folgt [vgl. Hotz 1989, S. 36], dieses aber (wenn überhaupt) nur sehr schwer ermittelt werden kann - zu eliminieren. Dem CAPM entsprechend handelt es sich um eine *Gleichgewichtstheorie*, welche die Beziehung zwischen erwarteter Rendite einer Anlage und deren Risiken aufzuzeigen versucht.

Während im CAPM davon ausgegangen wird, dass das (systematische) Risiko nur durch den *einen* Faktor β (das Marktrisiko) ausgedrückt wird, liegen der APT *mehrere* Risikofaktoren zugrunde. Dabei handelt es sich um Risikofaktoren wie Veränderungen des Bruttosozialproduktes, Schwankungen der Zinssätze, Schwankungen der Inflationsrate, Schwankungen der Wechselkurse etc.

5.3.1 Voraussetzungen der APT

Für die APT gelten in *Uebereinstimmung* mit dem CAPM die folgenden Voraussetzungen [vgl. Farrell 1983, S. 75; Peters 1987, S. 27f]:
- *Homogene Erwartungen:* Die Investoren haben homogene Erwartungen hinsichtlich der erwarteten Rendite und des Risikos einer Anlage insofern, als sich die Rendite einer Anlage mit einem k Faktorenmodell generieren lässt (beim CAPM nur ein Faktor) [vgl. auch Harrington 1987, S. 193].
- *Risikoaversion:* Investoren zeigen ein risikoaverses Verhalten.
- *Nutzenmaximierung:* Investoren versuchen immer, ihren Nutzen zu maximieren.
- *Friktionslose Märkte:* Die Märkte sind in dem Sinne *perfekt*, als Faktoren wie Transaktionskosten nicht relevant sind.

---

54 Vgl. dazu Abschnitt 7.3.2.

- *Vollständige Konkurrenz:* Investoren haben keinen Einfluss auf den Preis einer Anlage. Es besteht keine Beschränkung beim Zugang zum Anlagenmarkt. Sodann sind Arbitragemöglichkeiten ausgeschlossen.

Auf die Nichtexistenz einer Arbitragemöglichkeit, einer der zentralen Annahmen der APT, wird noch näher eingegangen[55].

Im *Gegensatz* zum CAPM sind die folgenden Voraussetzungen *nicht* relevant:
- *Mehr-Perioden-Modell:* Die APT kann leicht zu einem Mehr-Perioden-Modell erweitert werden.
- *Steuerberücksichtigung:* Steuern können im Modell berücksichtigt werden.
- *Nichtexistenz eines risikolosen Zinssatzes:* Die Möglichkeit einer unbeschränkten Anlage bzw. Ausleihung zu einem risikofreien Zinssatz ist nicht mehr zwingend notwendig. In der APT kommt dennoch ein risikofreier Zinssatz (als r_Z bezeichnet[56]) vor, wobei sich dieser aus der Risikoprämie eines Zero-Beta-Portfolios ergibt [Gallati 1994, S. 139].
- *Entscheidungsparameter:* Die Entscheidungsparameter erwartete Rendite und Varianz werden in dem Sinne nicht mehr berücksichtigt, als an deren Stelle eine Art *Renditegenerierungsprozess* (durch verschiedene Faktoren) tritt.
- *Markt als Gesamtgrösse:* Die APT kann im Gegensatz zum CAPM auch Aussagen für Teile des Marktes machen, ohne den Markt zu kennen. Der Markt als Gesamtgrösse wird daher nicht mehr benötigt [Gallati 1994, S. 139].

Durch das Nichtberücksichtigen dieser Voraussetzungen verspricht die APT gegenüber dem CAPM *realitätsnäher* zu sein.

5.3.2 Herleitung der APT

Dem Multi-Index-Modell entsprechend wird in der APT angenommen, dass die Rendite einer Anlage (r_A) von verschiedenen Faktoren (oder Indizes) linear abhängt:

$$r_A = \alpha_A + \beta_{A_1} \cdot F_1 + \beta_{A_2} \cdot F_2 + \ldots + \beta_{A_k} \cdot F_k + \zeta_A \qquad (5\text{-}47)$$

(wobei α_A = erwartete Rendite der Anlage A, F_k = Wert des k-ten Faktors, der die Rendite r_A (aber auch die Renditen der übrigen Anlagen) beeinflusst, β_{A_k} = Sensiti-

---

55 Vgl. Abschnitt 5.3.2.
56 Zum Problem der Nichtexistenz einer realen risikolosen Anlage vgl. Abschnitt 5.2.3.1.

vität von r_A auf den Faktor k [57], ζ_A = zufällige Abweichung des unsystematischen Teils der Rendite).

Für (5-47) gelten die folgenden Annahmen (vgl. auch (5-22), (5-24), (5-35) und (5-36))[58]:

$$E(\zeta_A) = 0 \text{ und damit } \sigma_{\zeta_A}^2 = E(\zeta_A - E(\zeta_A))^2 = E(\zeta_A)^2$$
$$E(F_k) = 0 \text{ und damit } \sigma_{F_k}^2 = E(F_k - E(F_k))^2 = E(F_k)^2$$
$$Cov(\zeta_A, \zeta_B) = E[(\zeta_A) \cdot (\zeta_B)] = 0 \tag{5-48}$$
$$Cov(F_i, F_j) = E[(F_i) \cdot (F_j)] = 0 \quad \forall \; i,j = 1,...,k \; (i \neq j)$$
$$Cov(\zeta_A, F_k) = E[(\zeta_A) \cdot (F_k)] = 0$$

Nun interessiert aber nicht die Abhängigkeit der Rendite einer Anlage von bestimmten Faktoren. Vielmehr ist zu zeigen, wie die *erwartete Rendite* einer Anlage ($E(r_A)$) zu bestimmen ist. Aus (5-47) kann die *Arbitrage Pricing Theory* abgeleitet werden [vgl. Reilly 1989, S. 711]:

$$E(r_A) = \lambda_0 + \lambda_1 \cdot \beta_{A_1} + \lambda_2 \cdot \beta_{A_2} + ... + \lambda_k \cdot \beta_{A_k} \tag{5-49}$$

Mit β_{A_k} wird wiederum die Sensitivität der Rendite der Anlage A auf den Faktor k dargestellt. Wird mit r_Z die Rendite einer 'risikolosen Anlage' bezeichnet[59], so ist $\beta_{0k} = 0$ und $r_Z = \lambda_0$, was bedeutet, dass die risikolose Anlage keine Faktorrisiken aufweist. λ_k ist im Marktgleichgewicht als *Risikopreis* für den Faktor k zu interpretieren, "denn eine Anlage, welche nur vom k-ten Faktor beeinflusst wird, hat eine erwartete Rendite, welche um λ_k über derjenigen Rendite der risikofreien Rendite λ_0 liegt" [Gallati 1994, S. 143]:

$$\lambda_k = E(r_{P_k}) - r_Z \tag{5-50}$$

(wobei $E(r_{P_k})$ = erwartete Rendite eines Portfolios mit einheitlicher Sensitivität zum Faktor k ($\beta_k = 1$) und Sensitivitäten zu allen übrigen Faktoren von Null).

<u>Abbildung 5/19</u> [vgl. Copeland/Weston 1988, S. 222] zeigt die Arbitrage-Preis-Beziehung unter der Annahme, dass nur ein Faktor k vorhanden ist. Im Gleichgewicht liegen alle Anlagen auf der Arbitrage-Preis-Linie. Für (5-49) gilt dann:

$$E(r_A) = \lambda_0 + \lambda_k \cdot \beta_{A_k}$$

---

57 Es wird auch von *Faktorladungen* gesprochen.
58 Vgl. die Argumentation im Multi-Index-Modell (Abschnitt 5.1.4.2). Jedes Modell mit korrelierten Daten kann in ein solches mit unkorrelierten Daten transformiert werden.
59 Zum Problem der Nichtexistenz einer realen risikolosen Anlage vgl. Abschnitt 5.2.3.1.

$$= r_Z + (E(r_{P_k}) - r_Z) \cdot \beta_{Ak} \qquad (5\text{-}51)$$

Entsprechend gilt für (5-49) im allgemeinen Fall:

$$E(r_A) = r_Z + (E(r_{P_1}) - r_Z) \cdot \beta_{A1} + \ldots + (E(r_{P_k}) - r_Z) \cdot \beta_{Ak} \qquad (5\text{-}52)$$

Wird (5-52) als lineare Regressionsgleichung interpretiert, dann sind die Sensitivitätsfaktoren β_{Ak} gleich definiert wie das β im CAPM:

$$\beta_{Ak} = Cov(A, P_k) / \sigma_{P_k}^2 \qquad (5\text{-}53)$$

(wobei $Cov(A, P_k)$ = Kovarianz zwischen der Rendite der Anlage A (= r_A) und derjenigen des Portfolios mit einheitlicher Sensitivität zum Faktor k und Sensitivitäten zu allen übrigen Faktoren von Null (= r_{P_k}), $\sigma_{P_k}^2$ = Varianz von r_{P_k}).

<u>Abbildung 5/19</u>: Die Arbitrage-Preis-Beziehung

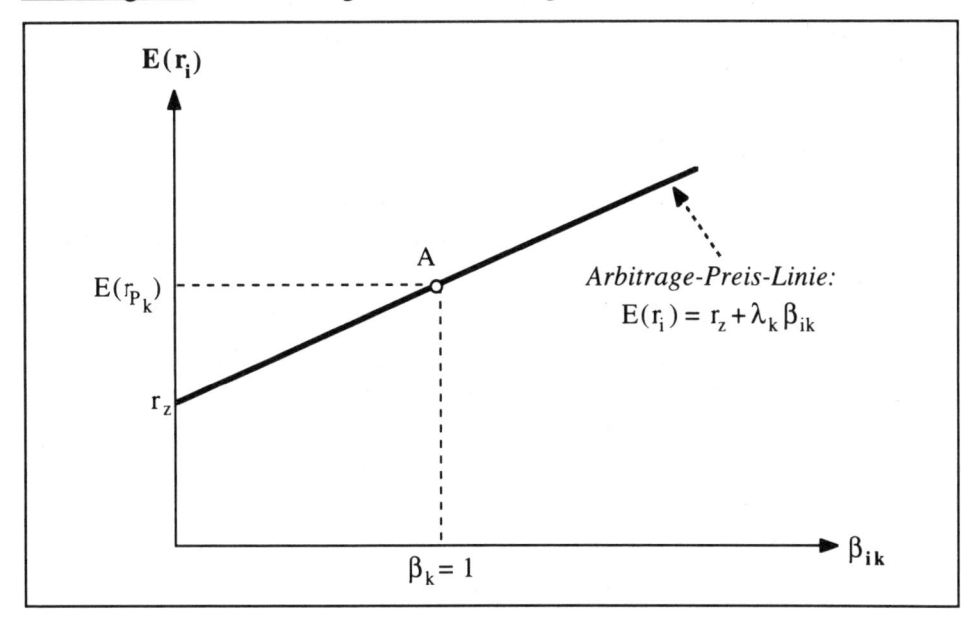

Um die APT (5-49) erklären zu können, wird zunächst der *Arbitrageprozess* diskutiert.

5.3.2.1 Der Arbitrageprozess

Angenommen, es existieren drei *gut diversifizierte* Portfolios C, D und E, deren

Renditen durch die Faktoren β_1 und β_2 beeinflusst werden (vgl. Abbildung 5/20). Das CAPM zeigt, dass im Falle eines Marktgleichgewichtes zwei gut diversifizierte *fairly priced* Portfolios auf eine Gerade (die Security Market Line) zu liegen kommen. Dasselbe gilt auch für die APT.

Abbildung 5/20: Erwartete Renditen und Risiken dreier Portfolios

	E(r)	β_1	β_2
Portfolio C	8.525%	0.90	0.70
Portfolio D	7.225%	1.10	0.30
Portfolio E	5.000%	0.20	0.40

Da es sich im Beispiel der Abbildung 5/20 um drei Portfolios handelt, liegen alle drei - unter der Annahme es handle sich um fairly priced Portfolios - in einer Ebene ($E(r_P)$, β_{P1} und β_{P2}), welche in der für die APT üblichen Form ausgedrückt werden kann:

$$E(r_A) = 2.50 + 3.00 \cdot \beta_{A1} + 4.75 \cdot \beta_{A2} \qquad (*)$$

Konzept-Frage 7   Es ist zu zeigen, wie die durch (*) dargestellte Ebene ermittelt werden kann.

Zu den Portfolios C, D und E existiere noch ein Portfolio F, welches eine erwartete Rendite von $E(r_F) = 8.5\%$ und ein β_{F1} von 0.84 sowie ein β_{F2} von 0.48 besitze. Das Risiko des Portfolios F ist identisch mit dem Risiko eines Portfolios G, das zu 40% des investierten Kapitals aus Portfolio C, zu 40% des investierten Kapitals aus Portfolio D und zu 20% des investierten Kapitals aus Portfolio E besteht:

$\beta_{G1} = 0.4 \cdot 0.9 + 0.4 \cdot 1.1 + 0.2 \cdot 0.2 = 0.84$

$\beta_{G2} = 0.4 \cdot 0.7 + 0.4 \cdot 0.3 + 0.2 \cdot 0.4 = 0.48$

Die erwartete Rendite des Portfolios G beträgt aber lediglich $E(r_G) = 7.3\%$ gegenüber einer erwarteten Rendite des Portfolios F von $E(r_F) = 8.5\%$. Demzufolge ist es möglich, ein *Arbitrage-Portfolio* zu bilden[60]. Das Portfolio G wird leer verkauft (Short-Position) und das erhaltene Kapital in das Portfolio F investiert (Long-Po-

---

60 Graphisch gesprochen liegt das Arbitrage-Portfolio über der durch die Portfolios C, D und E gebildeten Ebene.

sition). Es ist zu beachten, dass kein Kapital benötigt wird, das (systematische) Risiko Null beträgt und eine positive Rendite von 1.2% erzielt werden kann:

	Cash Flow (zu Beginn)	Cash Flow (am Ende)	Rendite	β_1	β_2
Portfolio F (long)	− 1'000	+ 1'085	+ 8.5%	+ 0.84	+ 0.48
Portfolio G (short)	+ 1'000	− 1'073	− 7.3%	− 0.84	− 0.48
Arbitrage-Portfolio	0	+ 12	+ 1.2%	0	0

Solange es gelingt, risikolose Portfolios mit einer positiven Rendite und einem Kapitaleinsatz von Null zu bilden, befindet sich der *Markt im Ungleichgewicht*. Indem das Portfolio G ständig leerverkauft und das Portfolio F gekauft wird, sinken die Preise der Portfolios C, D und E, während derjenige des Portfolios F steigt. Sinkende Preise erhöhen die Rendite, während steigende Preise dieselbe verkleinern. Der Prozess - sog. *Arbitrageprozess* - des Kaufens von Portfolio F und Verkaufens von Portfolio G wird solange andauern, bis die Renditen derselben gleich gross sind. Dann befindet sich der *Markt im Gleichgewicht*.

Arbitragegeschäfte sind in der APT ausgeschlossen. Damit können aber auch Investitionen, welche ohne Kapital und risikolos getätigt werden, keine positiven Renditen einbringen. Dies ist eine der *grundlegenden* Eigenschaften der APT.

5.3.2.2 Erklärung der APT

Um ein Arbitrage-Portfolio ohne Veränderung des investierten Kapitalbetrages zu bilden, müssen bestimmte Anlagen leer verkauft und andere gekauft werden. Verkleinert sich das in eine Anlage A investierte Kapital z_A, so vergrössert sich das in eine Anlage B investierte Kapital z_B. Es gilt [zur Erklärung vgl. bspw. Copeland/Weston 1988, S. 219ff; Levy/Sarnat 1984, S. 471ff]:

$$\sum_{i=1}^{n} v_i = 0 \qquad (5\text{-}54)$$

(wobei v_i = *Veränderung* des in die Anlage i investierten Kapitals).

Die *zusätzliche* Rendite eines Portfolios, welches durch *Umstellung* desselben - bzw. durch Bildung eines Arbitrage-Portfolios - erzielt werden kann, beträgt dann (vgl. (5-47)):

$$r_P = \sum_{i=1}^{n} v_i \cdot r_i$$

$$= \sum_{i=1}^{n} v_i \cdot E(r_i) + \sum_{i=1}^{n} v_i \cdot \beta_{i1} \cdot F_1 + \ldots + \sum_{i=1}^{n} v_i \cdot \beta_{ik} \cdot F_k + \sum v_i \cdot \zeta_i \qquad (5\text{-}55)$$

Um ein risikoloses Arbitrage-Portfolio zu erhalten, müssen die folgenden zwei Bedingungen erfüllt sein:

- Das Arbitrage-Portfolio ist *gut diversifiziert*. Diese Bedingung ist dann erfüllt, wenn die Veränderung des in die Anlage i investierten Kapitals klein ist, das heisst

$$v_i \approx 1/n \quad \text{und n muss gross sein.} \qquad (5\text{-}56)$$

- Das *systematische Risiko* muss *eliminiert* werden. Diese Bedingung ist dann erfüllt, wenn durch geschicktes Wählen der Anlagen die gewichtete Summe der systematischen Risikokomponenten β_k für jeden Faktor k Null wird, das heisst, es werden auf einen Faktor positiv reagierende Anlagen mit auf denselben Faktor negativ reagierende Anlagen miteinander kombiniert[61]:

$$\sum_{i=1}^{n} v_i \cdot \beta_{ij} = 0 \ , \ \forall \ j = 1,\ldots,k \qquad (5\text{-}57)$$

Durch die beiden Bedingungen wird sowohl das unsystematische wie auch das systematische Risiko im Arbitrage-Portfolio eliminiert. Für (5-55) gilt dann:

$$r_P = \sum_{i=1}^{n} v_i \cdot E(r_i) \qquad (5\text{-}58)$$

Das Arbitrage-Portfolio wurde ohne zusätzliches Kapital derart konstruiert, dass dessen Risiko Null ist. Ist die Rendite des Arbitrage-Portfolios (r_P) von Null verschieden, hätte dies zur Konsequenz, dass Arbitrage betrieben werden könnte, was im *Marktgleichgewicht* allerdings *unmöglich* ist[62]. Daher gilt für jedes Arbitrage-Portfolio im Marktgleichgewicht:

$$r_P = \sum_{i=1}^{n} v_i \cdot E(r_i) = 0 \qquad (5\text{-}59)$$

---

61 Um das systematische Risiko zu eliminieren, können auch Käufe und Leerverkäufe getätigt werden.
62 Vgl. dazu Abschnitt 5.3.2.1.

KAPITEL 5: *Ansätze zur Portfoliogestaltung in der Theorie* 203

Werden (5-54), (5-57) und (5-59) *mathematisch* interpretiert, so folgt, dass ein zum Einheitsvektor e und zu jedem Sensitivitätsvektor β_j ($\forall$ j = 1,...,k) *orthogonaler*[63] Vektor v ebenfalls zum Vektor der erwarteten Renditen E(r) orthogonal sein muss[64]. Ist aber ein beliebiger Vektor (hier der Vektor v) orthogonal zu n-1 Vektoren (hier die Vektoren e,$\beta_1,\beta_2,...,\beta_k$), so ist derselbe auch zum n-ten Vektor (hier der Vektor der erwarteten Renditen E(r)) orthogonal. Letzterer (hier der Vektor E(r)) kann daher als *Linearkombination* der n-1 Vektoren (hier die Vektoren e,β_1, $\beta_2,...,\beta_k$) dargestellt werden [vgl. Elton/Gruber 1991, S. 374]:

$$E(r) = \lambda_0 \cdot e + \lambda_1 \cdot \beta_1 + \lambda_2 \cdot \beta_2 + ... + \lambda_k \cdot \beta_k$$

Für die erwartete Rendite einer Anlage A gilt entsprechend

$$E(r_A) = \lambda_0 + \lambda_1 \cdot \beta_{A1} + \lambda_2 \cdot \beta_{A2} + ... + \lambda_k \cdot \beta_{Ak} \qquad (5\text{-}60)$$

Damit konnte die Aussage der Arbitrage Pricing Theory, dass zwischen der erwarteten Rendite einer Anlage A und den k Faktoren eine lineare Abhängigkeit besteht (vgl. (5-49)), bestätigt werden.

5.3.3 Die Aussagekraft der APT verglichen mit jener des CAPM

Durch die Einführung mehrerer Risikofaktoren gewinnt die APT - verglichen mit dem CAPM - an Aussagekraft. Dies wird im folgenden anhand eines Beispiels erläutert [vgl. dazu Copeland/Weston 1988, S. 223f].

Angenommen, die erwartete Rendite einer Anlage A ($E(r_A)$) sei von zwei Faktoren F_1 und F_2 abhängig. Die Sensitivitäten auf diese Faktoren werden durch β_{A1} und β_{A2} ausgedrückt (vgl. Abbildung 5/21). Punkt O repräsentiert den risikolosen Zinssatz (sowohl β_{A1} wie β_{A2} ist Null). Alle Punkte entlang einer Linie ll' weisen dieselbe erwartete Rendite, nicht aber dasselbe Risiko auf. Wird weiter angenommen, dass durch M das CAPM-effiziente Marktportfolio repräsentiert wird, so entspricht OM der Security Market Line.

---

[63] *Orthogonalität* wird wie folgt definiert: Sei V ein Vektorraum mit Skalarprodukt $<\cdot,\cdot>$. Zwei Vektoren $v \neq 0$ und $w \neq 0$ aus V heissen *orthogonal* zueinander, wenn $<v,w> = v \cdot w = 0$ [vgl. Kall 1984, S. 48ff].

[64] In Matrixschreibweise gilt
- für den Einheitsvektor $\quad e = (1,1,1,...,1)\ ,\ e \in R^n$
- für jeden Sensitivitätsvektor $\quad \beta_j = (\beta_{11},\beta_{12},\beta_{13},...,\beta_{1n})\ ,\ \forall\ j = 1,...,k$
- für den Vektor v $\quad v = (v_1,v_2,v_3,...,v_n)$
- für den Vektor E(r) $\quad E(r) = (E(r_1),E(r_2),E(r_3),...,E(r_n))$.

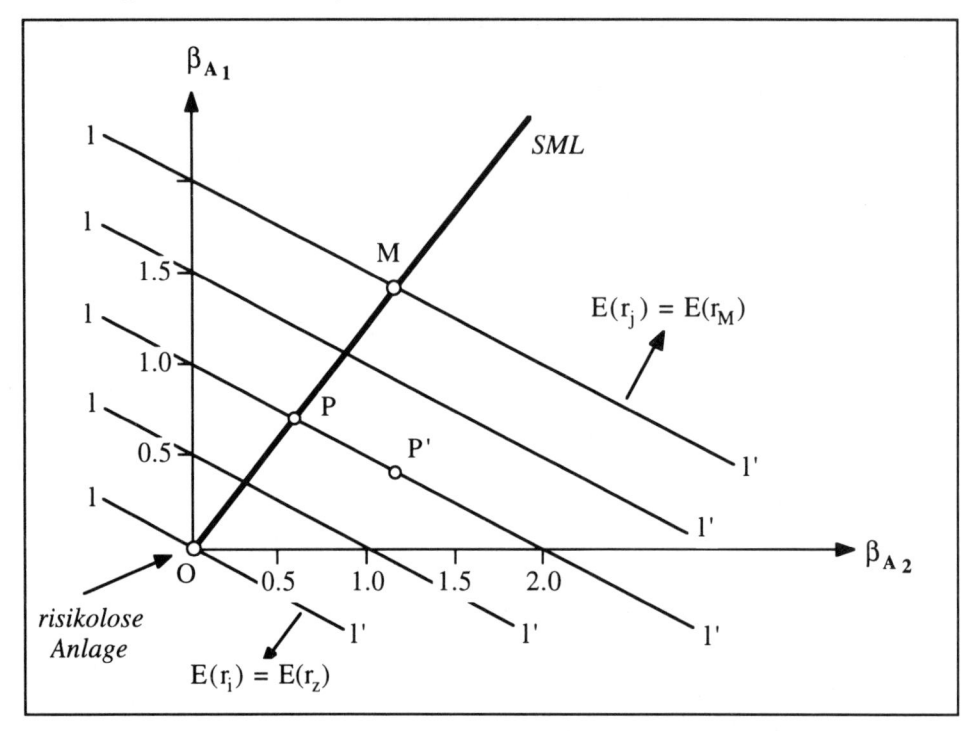

Abbildung 5/21: Die Security Market Line und die APT

Im CAPM wird das Risiko durch den *einen* Faktor β ausgedrückt. Soll das Portfolio eines Investors ein maximales Risiko von $\beta = 0.5$ aufweisen, so kann eine erwartete Rendite von $E(r_P)$ erzielt werden (dieses Portfolio ist in Abbildung 5/21 mit P bezeichnet). Betrachtet man nun die APT, so kann festgestellt werden, dass bei einer erwarteten Rendite $E(r_P)$ in unzählige Portfolios mit unterschiedlichen Risiken bezüglich den Risikofaktoren F_1 und F_2 investiert werden kann. Daraus ist ersichtlich, dass die APT gegenüber dem CAPM den Vorteil aufweist, dass verschiedene Risiken vom Investor bei gleicher erwarteter Rendite unterschiedlich gewichtet werden können. Beispielsweise kann mit einem Portfolio P' das durch den Faktor F_1 bedingte Risiko gegenüber dem im Portfolio P durch den Faktor F_1 bedingte Risiko reduziert werden. Demzufolge kann sich ein Investor *gegen ein Risiko* (auf Kosten des anderen Risikos) *besser absichern*, was der APT eine *Ueberlegenheit* gegenüber dem CAPM verleiht. Die Tatsache, dass mehrere Faktoren das Risiko besser erklären, verhilft der APT zu seiner Ueberlegenheit gegenüber dem CAPM.

KAPITEL 5: *Ansätze zur Portfoliogestaltung in der Theorie* 205

Konzept-Frage 8	Aufgrund der in <u>Abbildung 5/20</u> gezeigten Daten kann ein Portfolio mit einer erwarteten Rendite von $E(r_F) = 8.5\%$ zusammengestellt werden. Die Risiken betragen entsprechend den in Abschnitt 5.3.2.1 vorgenommenen Berechnungen $\beta_{F1} = 0.84$ und $\beta_{F2} = 0.48$. An der erwarteten Rendite $E(r_F) = 8.5\%$ *soll festgehalten* werden, allerdings ist das Risiko bezüglich des Faktors F_1 zu verkleinern (neu: $\beta_{F1} = 0.75$). Es ist β_{F2}, sowie die neue Portfoliozusammensetzung zu ermitteln.

Zusammenfassung

In der Kapitalmarkttheorie darf von drei grundsätzlichen Ansätzen zur Portfoliogestaltung gesprochen werden: das Markowitz-Modell, das Capital Asset Pricing Model und die Arbitrage Pricing Theory. Als Wegbereiter hat *Markowitz* bereits 1952 darauf hingewiesen, dass ein Investor in den häufigsten Fällen nicht allein an der Maximierung der erwarteten Rendite interessiert ist, ansonsten die am Markt zu beobachtende Diversifikation kaum erklärt werden kann. Vielmehr ist die *Maximierung der erwarteten Rendite in Relation des Risikos* zu sehen. Die Anteile der Anlagen am investierten Kapital sind demzufolge derart zu bestimmen, dass die Menge aller zulässigen Portfolios auf die Menge der *effizienten Portfolios* reduziert werden. Dabei sind effiziente Portfolios solche,

- deren Rendite bei einem bestimmten Risiko maximal bzw.
- deren Risiko bei einer bestimmten Rendite minimal sind.

Um schliesslich das für einen Investor *optimale Portfolio* ermitteln zu können, sind die effizienten Portfolios (welche auf der *Efficient Frontier* liegen) mit der Risikoempfindlichkeit des Investors - ausgedrückt durch das *Indifferenzkurvensystem* - zu kombinieren. Erst damit wird der Forderung, nicht die erwartete Rendite sondern den Nutzen zu maximieren, nachgekommen.

Während vor allem in den 1970er Jahren die Quantität der Daten und deren Verarbeitung Mühe bereitete, ist es heute die *Qualität der Inputdaten*, welche sorgfältig gepflegt werden muss. Beide, Quantität und Qualität, können mit den *Index-Modellen* (*Faktor-Modellen*) positiv beeinflusst werden. Während bei der Anwendung des *Ein-Index-Modells* (*Einfaktor-Modells, Single-Index-Model*) davon ausgegangen wird, dass sämtliche Anlagerenditen durch einen Faktor (beispielsweise den Marktindex) beeinflusst werden, spricht die Realität eher für die Berücksichtigung von mehreren Faktoren und damit für die Anwendung von *Multi-Index-Modellen* (*Multifaktor-* oder *Multi-Sektor-Modellen*).

Zur Anlagebewertung als solcher wird im Markowitz-Modell keine Aussage gemacht. Die *Gleichgewichtsmodelle* Capital Asset Pricing Model und Arbitrage Pricing Theory versuchen hier unter der *Annahme der Markteffizienz* Abhilfe zu schaffen.

Das *CAPM* verdeutlicht, dass ein Investor lediglich für das Eingehen eines systematischen Risikos entschädigt wird, was insofern sinnvoll erscheint, als das unsystematische Risiko in einem effizienten Portfolio - und nur solche werden betrachtet - wegdiversifiziert ist. Vor allem die von *Roll* angebrachte Kritik, dass das Marktportfolio praktisch nicht ermittelbar sei, führte zur Entwicklung der *APT*. Die bedeutend weniger restriktiven Annahmen und die Tatsache, dass mehrere die erwartete Rendite beeinflussende Faktoren in die Betrachtungen einbezogen werden, verleihen der APT eine im Vergleich zum CAPM grössere Aussagekraft.

Wichtige Begriffe

Markowitz-Modell
effizientes Portfolio
Efficient Frontier
Portfolio Opportunity Set
risikominimales Portfolio
Critical Line-Methode
Leerverkauf
optimales Portfolio
Capital Allocation Line (CAL)
Index-, Faktor-Modell
Ein-Index-, Einfaktor-Modell
(Single-Index-Model)
Regressionsanalyse
Bestimmtheitsmass (R^2-Wert)

Multi-Index-, Multifaktor-Modell
Capital Asset Pricing Model (CAPM)
Gleichgewichtsmodell
Informationseffizienz
Capital Market Line
Marktpreis des Risikos
Security Market Line
Marktrisiko (β)
Ueberschussrendite (α)
Zero-Beta-Portfolio
Arbitrage Pricing Theory (APT)
Arbitrage-Preis-Linie
Arbitrageprozess
Arbitrage-Portfolio

Ausgewählte Literatur

Copeland, T./Weston, F.: "Financial Theory and Corporate Policy", 3. Auflage, New York 1988, insbesondere S. 193-239.

KAPITEL 5: *Ansätze zur Portfoliogestaltung in der Theorie*   **207**

Elton, E./Gruber, M.: "Modern Portfolio Theory and Investment Analysis", 4. Auflage, New York 1991.

Lintner, J.: "Security Prices, Risk, and Maximal Gains from Diversification", in: Journal of Finance, December/1965, S. 587-615.

Markowitz, H.: "Portfolio Selection - Efficient Diversification of Investments", 2. Auflage, Oxford 1992.

Mossin, J.: "Equilibrium in a Capital Asset Market", in: Econometrica, October/1964, S. 768-783.

Ross, S.: "The Arbitrage Theory of Capital Asset Pricing", in: Journal of Economic Theory, December/1976, S. 341-360.

Sharpe, W./Alexander, G.: "Investments", 4. Auflage, Englewood Cliffs 1990, insbesondere S. 134-267.

Sharpe, W.: "Capital Asset Prices: A Theory of Market Equilibrium under Conditions of Risk", in: Journal of Finance, September/1964, S. 425-442.

Lösungen zu den Konzept-Fragen

1.) Unter Berücksichtigung von $z_j = 1 - z_i$ gilt für das Portfoliorisiko (vgl. (5-2)):

$$\sigma_P^2 = z_i^2 \cdot \sigma_i^2 + (1-z_i)^2 \cdot \sigma_j^2 + 2 \cdot z_i \cdot (1-z_i) \cdot \rho_{i,j} \cdot (\sigma_i \cdot \sigma_j)$$

Um die Extremalstellen einer Funktion zu ermitteln, ist die erste Ableitung zu bilden und gleich Null zu setzen:

$$0 = 2 \cdot z_i \cdot \sigma_i^2 - 2 \cdot \sigma_j^2 + 2 \cdot z_i \cdot \sigma_j^2 + 2 \cdot \rho_{i,j} \cdot \sigma_i \cdot \sigma_j - 4 \cdot z_i \cdot \rho_{i,j} \cdot \sigma_i \cdot \sigma_j$$
$$0 = z_i \cdot \sigma_i^2 - \sigma_j^2 + z_i \cdot \sigma_j^2 + \rho_{i,j} \cdot \sigma_i \cdot \sigma_j - 2 \cdot z_i \cdot \rho_{i,j} \cdot \sigma_i \cdot \sigma_j$$

a) wenn $\rho_{i,j} = -1$:

$$0 = z_i \cdot \sigma_i^2 - \sigma_j^2 + z_i \cdot \sigma_j^2 - \sigma_i \cdot \sigma_j + 2 \cdot z_i \cdot \sigma_i \cdot \sigma_j$$
$$\sigma_j^2 + \sigma_i \cdot \sigma_j = z_i \cdot (\sigma_i^2 + \sigma_j^2 + 2 \cdot \sigma_i \cdot \sigma_j)$$
$$\sigma_j / (\sigma_i + \sigma_j) = z_i$$

b) wenn $\rho_{i,j} = 0$:

$$0 = z_i \cdot \sigma_i^2 - \sigma_j^2 + z_i \cdot \sigma_j^2$$
$$\sigma_j^2 = z_i \cdot (\sigma_i^2 + \sigma_j^2)$$
$$\sigma^2_j / (\sigma_i^2 + \sigma_j^2) = z_i$$

c) wenn $-1 < \rho_{i,j} < +1$:

$$0 = z_i \cdot \sigma_i^2 - \sigma_j^2 + z_i \cdot \sigma_j^2 + \rho_{i,j} \cdot \sigma_i \cdot \sigma_j - 2 \cdot z_i \cdot \rho_{i,j} \cdot \sigma_i \cdot \sigma_j$$

$$\sigma_j^2 - \rho_{i,j} \cdot \sigma_i \cdot \sigma_j = z_i \cdot (\sigma_i^2 + \sigma_j^2 - 2 \cdot \rho_{i,j} \cdot \sigma_i \cdot \sigma_j)$$

$$(\sigma_j^2 - \rho_{i,j} \cdot \sigma_i \cdot \sigma_j) / (\sigma_i^2 + \sigma_j^2 - 2 \cdot \rho_{i,j} \cdot \sigma_i \cdot \sigma_j) = z_i$$

2.) Unter Berücksichtigung von (4-12) ergibt sich für die erwartete Portfoliorendite $E(r_P)=11.60\%$. Das Portfoliorisiko wird mittels (5-2) ermittelt: $\sigma_P = 3.80\%$

Unter Berücksichtigung von (5-3) ergeben sich die nachstehenden Portfolioanteile z_A und z_B:

$$z_A = 6.0^2 / (3.0^2 + 6.0^2) = 0.8 \ ; \ z_B = 0.2$$

Entsprechend (4-12) und (5-2) ergibt sich für die erwartete Rendite sowie das Risiko des risikominimalen Portfolios: $E(r_P) = 9.2\%$ und $\sigma_P = 2.68\%$

3.) Unter Berücksichtigung von (5-18b) ergibt sich für den in M investierten Anteil $z_M = 0.27$. Demzufolge gilt für für den in die risikolose Anlage investierten Anteil $z_{rf} = 0.73$. Maximiert der Investor seinen Nutzen, darf er eine Rendite (vgl. (4-12)) von $E(r_P) = 10.58\%$ erwarten, hat aber dabei ein Risiko (vgl. (5-16b)) von $\sigma_P = 8.60\%$ einzugehen.

4.) Für das β ergibt sich unter Berücksichtigung von (5-32) ein Wert von $\beta = 1.24$. Entsprechend (5-26) lassen sich für die marktbedingte und die titelspezifische Varianz Werte von $\beta^2 \cdot \sigma_I^2 = 71.00\%^2$ und $\sigma^2_\zeta = 3.24\%^2$ errechnen. Schliesslich ergibt sich (vgl. (5-33)) für das Bestimmtheitsmass $R^2 = 0.956$.

5.) Als Marktpreis des Risikos wird die Steigung der CML bezeichnet und ergibt $[(E(r_M) - r_f) / \sigma_M] = 0.197$. Bei einem Portfoliorisiko von $\sigma_P = 15\%$ beträgt (vgl. (5-40)) die erwartete Rendite $E(r_P) = 6.96\%$.

6.) Entsprechend (5-42) hat die erforderliche Rendite $E(r) = 7.7\%$ zu sein. Beträgt die Internal Rate of Return des Projektes IRR = 9%, wird das Projekt durchgeführt, da die erforderliche Rendite unter der IRR liegt und damit mit dem Projekt eine Ueberschussrendite (vgl. (5-43)) von $\alpha = 1.3\%$ erreicht werden kann.

7.) Entsprechend (5-49) gilt für das in <u>Abbildung 5/20</u> gezeigte Beispiel das folgende Gleichungssystem:

(1) $8.525 = \lambda_0 + 0.9 \cdot \lambda_1 + 0.7 \cdot \lambda_2$

(2) $7.225 = \lambda_0 + 1.1 \cdot \lambda_1 + 0.3 \cdot \lambda_2$

(3) $5.000 = \lambda_0 + 0.2 \cdot \lambda_1 + 0.4 \cdot \lambda_2$

KAPITEL 5: *Ansätze zur Portfoliogestaltung in der Theorie* 209

Die drei Gleichungen enthalten drei Unbekannte, weshalb das Gleichungssystem lösbar ist. Gleichung eins ist mit 1.1, Gleichung zwei mit -0.9 zu multiplizieren und anschliessend sind beide zu addieren, was Gleichung vier mit noch zwei Unbekannten (λ_0 und λ_2) ergibt. Gleichung zwei ist mit -0.2, Gleichung drei mit 1.1 zu multiplizieren und anschliessend sind beide zu addieren, was Gleichung fünf mit denselben Unbekannten wie Gleichung vier ergibt. Schliesslich ist Gleichung vier mit 0.9 und Gleichung fünf mit -0.2 zu multiplizieren, beide anschliessend zu addieren, was Gleichung sechs mit λ_2 als Unbekannte gibt und damit nach λ_2 aufgelöst werden kann. Anschliessend sind λ_0 und λ_1 durch rückläufiges Einfügen zu ermitteln. Für die Lambdas ergeben sich $\lambda_0 = 2.5$, $\lambda_1 = 3.00$ und $\lambda_2 = 4.75$.

8.) Entsprechend (*) ergibt sich für das Risiko bezüglich des zweiten Faktors $\beta_{F2} = 0.79$. Damit ist nachstehendes Gleichungssystem zu lösen:

(1) $8.50 = z_C \cdot 8.525 + z_D \cdot 7.225 + z_E \cdot 5.000$

(2) $0.75 = z_C \cdot 0.9 + z_D \cdot 1.1 + z_E \cdot 0.2$

(3) $0.79 = z_C \cdot 0.7 + z_D \cdot 0.3 + z_E \cdot 0.4$

Gleichung eins entspricht der Ermittlung der erwarteten Portfoliorendite (vgl. (4-12)). Die Gleichungen zwei und drei dienen der Ermittlung der Risiken bezüglich der Faktoren eins und zwei. Wird das Gleichungssystem aufgelöst (vgl. dazu die Lösung der Konzept-Frage 7), ergibt sich folgende Portfoliozusammensetzung: $z_C = 1.195$, $z_D = -0.318$ und $z_E = 0.123$. Mit anderen Worten werden die Portfolios C und E gekauft, während Portfolio D leer verkauft wird.

Kapitel 6

Portfolio-Insurance und Zinsimmunisierung

> Nach dem Studium dieses Kapitels sollte der Leser
> - die Eigenschaften von Optionen, deren Bewertung und Anwendungsmöglichkeiten kennen;
> - die Portfolio-Insurance mit Optionen sowie die dynamische Absicherung von Aktienportfolios verstehen;
> - die Eigenschaften von Futures, deren Bewertung und Anwendungsmöglichkeiten kennen;
> - die Portfolio-Insurance mit Futures nachvollziehen können;
> - in der Lage sein, eine Durationanalyse sowie die Immunisierung eines Bondportfolios vorzunehmen.

Wie bereits früher erwähnt[1], basiert die moderne Portfolio-Theorie nicht ausschliesslich auf zu erwartenden Anlagerenditen. Vielmehr rückt das *Risikomanagement* in den Vordergrund der Betrachtungen. Es konnte gezeigt werden, dass ein Investor auch unter Anwendung der Diversifikation einem Teil des Risikos - dem Marktrisiko - ausgesetzt bleibt. Mit der *Portfolio-Insurance* ist nun eine Möglichkeit geschaffen, sich gegen das Marktrisiko - oder Teile davon - abzusichern. Wie der Ausdruck *Insurance* vermuten lässt, handelt es sich um eine Absicherung bzw. eine Versicherung gegen ein *negatives* Ereignis in Form von Verlusten bzw. negativen Renditen. Keinesfalls soll das Potential des positiven Ereignisses in Form der Gewinnzielung beeinträchtigt werden.

Die Durchführung der Portfolio-Insurance kann in verschiedener Weise erfolgen: durch den Einsatz von *Optionen*, von *Futures* und durch den Einsatz der *Duplikation* (sog. dynamische Absicherung), wobei man sich bei letzterer die Erkenntnisse aus der Bewertungstheorie von Optionen zu Nutzen macht [vgl. Beilner 1989, S. 416].

---

1 Vgl. Kapitel 4.

KAPITEL 6: *Portfolio-Insurance und Zinsimmunisierung* 211

Allerdings gestaltet sich die Portfolio-Insurance nicht einfach. Wegen der verschieden strukturierten Portfolios müssen auch verschiedenartige Absicherungen konstruiert werden. Sind letztere ermittelt, so ist ein Investor zu finden, welcher bereit ist, das Risiko - gegen eine entsprechende Prämie - zu übernehmen. Mit der Entwicklung von Optionen und Futures sind Instrumente gefunden worden, welche einen geordneten Handel mit Risiken ermöglichen. Man sollte sich aber bewusst sein, dass - im Gegensatz zu normalen Versicherungen - mittels Portfolio-Insurance das (Markt-)Risiko in seiner Gesamtheit nicht vermindert, sondern lediglich *umverteilt* werden kann [vgl. Schwartz 1986, S. 9].

Mit Portfolio-Insurance wird häufig nur die Absicherung von Aktienportfolios angesprochen, da deren Risiko höher eingeschätzt wird als dasjenige von Portfolios mit verzinslichen oder sonstigen Anlagen (Edelmetalle, Immobilienanlagen, Festgeldanlagen etc.). Dabei darf nicht übersehen werden, dass auch die Zinssätze verzinslicher Anlagen sehr volatil sein können[2], was neben einem höheren Gewinnpotential zu höheren Risiken führt. Dem Zinsänderungsrisiko von Portfolios festverzinslicher Anlagen kann u.a. mit der sog. *Zinsimmunisierungsstrategie* begegnet werden[3].

6.1 Absicherung von Aktienportfolios mit Optionen

Optionen aller Art gehören heute zum Instrumentarium eines modernen Portfolio-Managements. Dem zunehmenden Bedürfnis nach Absicherung von Risiken entgegentretend, wurde 1973 in Chicago an der ersten Optionsbörse der Handel mit Aktien-Optionen aufgenommen. In der Folge wurden in den verschiedensten Ländern ähnliche Optionsbörsen gegründet[4]. Neben Aktien-Optionen werden verschiedentlich auch Währungs-, Zins-, Index- und Edelmetall-Optionen angeboten.

Aehnlich den bereits weiter vorne erwähnten Anlagen wie Aktien, verzinsliche Papiere, Edelmetalle, Immobilien etc. sind auch Optionen zu analysieren. Dabei kommt der Bewertung bzw. der Preisbildung von Optionen die grösste Bedeutung zu. *Black/Scholes* [Black/Scholes 1973, S. 637ff] entwickelten zu diesem Zweck ein Modell, welches eine theoretische Bewertung von Optionen rechnerisch ermöglicht.

---

2   Vgl. Abbildung 4/7, Abschnitt 4.2.1.

3   Auf eine Darstellung der Absicherung des Zinsänderungsrisikos mit Derivaten wie Caps, Floors, Corridors, Captions, Floortions, Swaptions usw. wird verzichtet. Einen umfassenden Ueberblick geben bspw. *Marshall/Bansal* [vgl. Marshall/Bansal 1992, S. 365ff].

4   Eine Uebersicht über die bestehenden Optionsbörsen geben *Edwards/Ma* [vgl. Edwards/Ma 1992, S. xxiii].

Dank verschiedener Erweiterungen [vgl. Cox/Ross/Rubinstein 1979, S. 229ff] verspricht das Black-Scholes-Modell, eine praxisgerechte Anwendung zu ermöglichen.

6.1.1 Eigenschaften und Anwendungsmöglichkeiten von Optionen

Optionen sind (standardisierte[5]) Kontrakte, in welchen der Optionstyp, das zugrundeliegende Instrument, der Basiswert, die Laufzeit mit Verfalltermin sowie der Ausübungspreis festgelegt sind. Allein der Optionspreis ist eine veränderliche Grösse. Während der Käufer einer Option das Ausübungsrecht (aber nicht die Pflicht) auf seiner Seite weiss, ist der Verkäufer einer Option jeweils in der Stillhalterposition und trägt praktisch unbeschränktes Risiko, das durch den Optionspreis abgegolten wird.

Im folgenden wird auf die Eigenschaften und Anwendungsmöglichkeiten von Aktien- und Index-Optionen eingegangen. Auf die Betrachtung von Optionen, welchen andere Instrumente zugrunde liegen, kann verzichtet werden, da diese im Ablauf mit den Aktien- bzw. Aktienindex-Optionen vergleichbar sind.

6.1.1.1 Eigenschaften von Optionen

Der Käufer eines Call wird von seinem erworbenen Bezugsrecht genau dann Gebrauch machen, wenn der Aktienkurs über dem Ausübungspreis liegt. Die Option ist in diesem Fall *in-the-money* und wirft einen Gewinn ab. Entspricht der Aktienkurs genau dem Ausübungspreis, so ist die Option *at-the-money* und wird nicht ausgeübt. Ist der Aktienkurs tiefer als der Ausübungspreis, so ist die Option *out of-the-money* und wird ebenfalls nicht ausgeübt. Der Käufer eines Put wird sich entsprechend umgekehrt verhalten. Liegt der Aktienkurs unter dem Ausübungspreis (Option ist in-the-money), wird vom Optionsrecht Gebrauch gemacht. Ist der Aktienkurs gleich (Option ist at-the-money) oder grösser (Option ist out of-the-money) als der Ausübungspreis, so ist die Option wertlos (vgl. Abbildung 6/1).

Wird ein Call[6] nicht ausgeübt, so verfällt er *wertlos*. Damit kann der Optionswert in

---

5 Standardisiert sind die an Derivate-Börsen gehandelten Kontrakte. Over the Counter gehandelte Kontrakte müssen nicht zwingend standardisiert sein, wie die zahlreichen Beispiele von sog. *Exotic Options* (Look-back Option, Lock-in Option, Knock-out Option, Better-off Option, Average Strike Option usw.) zeigen (vgl. dazu auch Abschnitt 2.2.4.2).

6 Wird im folgenden von einer Option gesprochen, so ist damit - wenn nicht ausdrücklich etwas anderes erwähnt wird - immer eine *europäische* Call-Option gemeint. Ebenso werden Dividendenausschüttungen - wenn nicht ausdrücklich erwähnt - nicht beachtet. Obwohl meistens Optio-
(Fortsetzung der Fussnote vgl. die folgende Seite)

KAPITEL 6: *Portfolio-Insurance und Zinsimmunisierung* 213

keinem Fall kleiner als Null sein. Der *Wert (Preis) eines Call am Verfalltag* ist demzufolge das Maximum aus der Differenz [K_T - S] und Null:

$$C_T(K_T, S) = \max [K_T - S\,;\, 0] \qquad (6\text{-}1)$$

(wobei C_T = Wert (Preis) des Call am Verfalltag T, K_T = Aktienkurs am Verfalltag, S = Ausübungspreis).

<u>Abbildung 6/1</u>: Wert einer Call- bzw. einer Put-Option am Verfalltag bei unterschiedlichen Aktienkursen

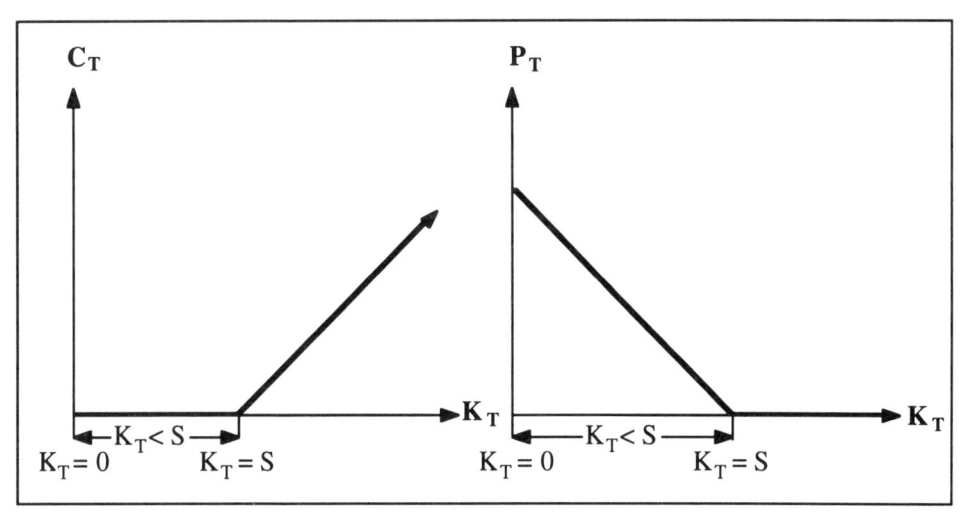

Soll der *minimale Wert eines Call* während der Laufzeit ermittelt werden, so ist zu beachten, dass der Ausübungspreis S nicht heute (zum Zeitpunkt t = 0) sondern erst zum Ausübungszeitpunkt t = T geleistet werden muss. Daher ist anstelle des Ausübungspreises dessen Barwert[7] zu berücksichtigen. Demzufolge[8] gilt für den Minimalwert eines Call im Zeitpunkt t:

---

nen des amerikanischen Typs gehandelt werden (so auch an der SOFFEX), wird der Einfachheit halber für deren Betrachtung auf die Spezialliteratur verwiesen.

7   Der Barwert von S wird wie folgt berechnet:
    $$PV(S) = S / (1 + r_f/100)^{t/360}$$
    (wobei t = bestimmte Zeitdauer in Tagen, während der S zu diskontieren ist, r_f = risikoloser Zinssatz). Da der Ausübungspreis mit *Sicherheit* S betragen wird, muss die Abzinsungsrate r_f sein.

8   Zum selben Resultat gelangt *Sharpe* anhand eines Beispiels [vgl. Sharpe/Alexander 1990, S. 549].

$$C_t(K_t,S,r_f,T) \geq \max [K_t - PV_{\Delta t}(S) ; 0] \qquad (6\text{-}2)$$

(wobei C_t = Wert des Call zum Zeitpunkt t, K_t = Aktienkurs zum Zeitpunkt t, r_f = risikoloser Zinssatz, $PV_{\Delta t}(S)$ = Barwert des Ausübungspreises S (Δt = T - t), t = Zeitpunkt im Zeitintervall [0,T]).

Wird eine Arbitragemöglichkeit[9] ausgeschlossen[10], ist die Preisuntergrenze entsprechend (6-2) bestimmt. Dabei zeigt sich, dass der Optionswert C mit steigendem Aktienkurs, mit sinkendem Ausübungspreis, mit höherem risikolosem Zinssatz[11] bzw. mit zunehmender Laufzeit[12] steigt.

> *Konzept-Frage 1* Wie gross ist der maximale Wert sowie der gegenwärtige Mindestwert eines Call, wenn der Aktienkurs gegenwärtig K_0 = 378, der Ausübungspreis S = 363, die Laufzeit 180 Tage und der risikolose Zinssatz r_f = 6.5% beträgt? Angenommen, der Call wird zu C_0 = 20 an der Börse gehandelt, besteht dann die Möglichkeit eines Arbitragegeschäftes?

Wirft die zugrunde liegende Aktie während der Restlaufzeit der Option eine *Dividende* ab und wird angenommen, dass die Option nicht dividendengeschützt ist, so ist bei der Ermittlung des Minimalwertes einer Option noch der Barwert der Dividende zu berücksichtigen [vgl. Zimmermann 1987 (2), S. 40ff]:

$$C_t(K_t,S,r_f,T,D,\Delta d) \geq \max[K_t - PV_{\Delta t}(S) - PV_{\Delta d}(D) ; 0] \qquad (6\text{-}3)$$

(wobei D = Dividende, $PV_{\Delta d}(D)$ = Barwert der Dividende, Δd = Frist bis zur Dividendenausschüttung).

---

9   Unter *Arbitrage* ist das Erzielen von Gewinnen, ohne dass dafür beim Abschluss der Transaktion ein Kapitaleinsatz erforderlich ist, zu verstehen [vgl. Zimmermann 1987 (2), S. 28]. Zur Arbitrage vgl. auch *Reilly* [Reilly 1989, S. 1014f].

10 Arbitragemöglichkeiten sind gemäss der Theorie der vollkommenen Märkte ausgeschlossen (in einem vollkommenen Markt haben Investoren hinsichtlich der erwarteten Rendite, Varianz und Kovarianz der verschiedenen Anlagen homogene Erwartungen, sämtliche Informationen sind den Investoren kostenlos und jederzeit zugänglich und der Kapitalmarkt befindet sich im Gleichgewicht (sämtliche Anlagen sind zum Marktpreis im Besitz von Investoren)).

11 Mit steigendem risikolosem Zinssatz sinkt der Barwert von S, was den Ausdruck $[K_t - PV_{\Delta t}(S)]$ grösser werden lässt.

12 Mit zunehmender Laufzeit sinkt der Barwert von S, was den Ausdruck $[K_t - PV_{\Delta t}(S)]$ grösser werden lässt.

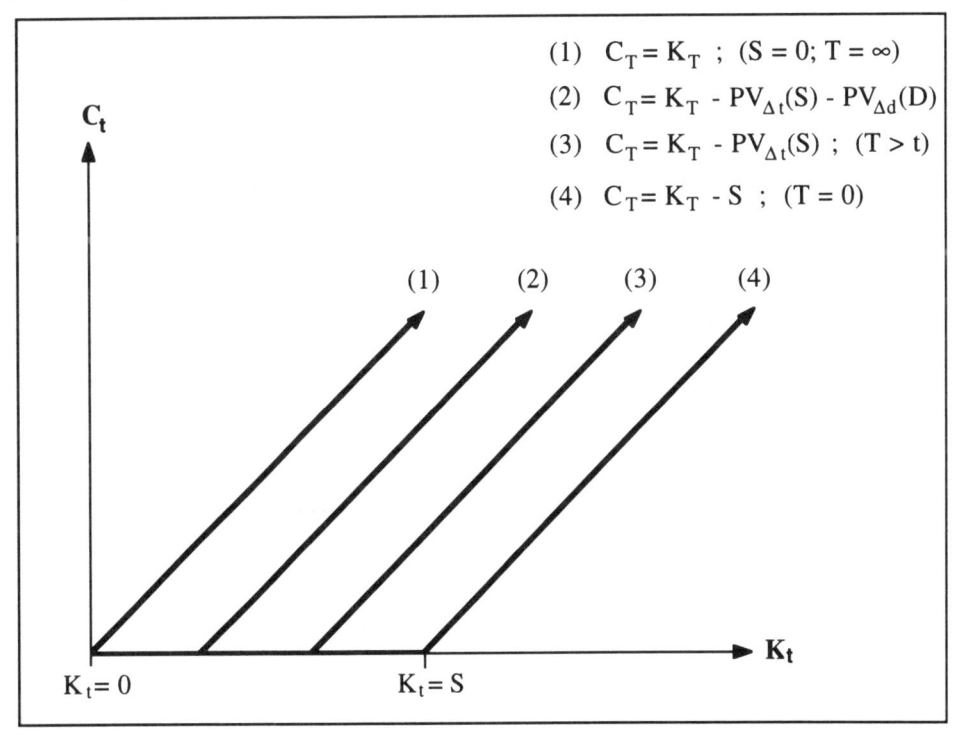

KAPITEL 6: *Portfolio-Insurance und Zinsimmunisierung* 215

Abbildung 6/2: Wertgrenzen einer Call-Option vor dem Verfalltag für σ = 0

(1) $C_T = K_T$; $(S = 0; T = \infty)$
(2) $C_T = K_T - PV_{\Delta t}(S) - PV_{\Delta d}(D)$
(3) $C_T = K_T - PV_{\Delta t}(S)$; $(T > t)$
(4) $C_T = K_T - S$; $(T = 0)$

Aus (6-3) ist ersichtlich, dass der Optionswert mit sinkender Dividendenzahlung höher ausfällt. Allerdings gilt diese Aussage *ausschliesslich für europäische Optionen*. Es kann gezeigt werden, dass bei einer *amerikanischen Option* die Ausübung unmittelbar vor der Dividendenzahlung vorteilhaft sein kann und sich die Dividendenhöhe nicht zwingend negativ auf den Optionswert auswirken muss [vgl. dazu Zimmermann 1987 (2), S. 255].

Wurde weiter oben erwähnt, dass der Optionswert eines Call mit zunehmender Laufzeit steigt, stimmt dies im Falle einer europäischen Option nur bedingt [vgl. Hull 1993, S. 152f]. Angenommen, zwei Aktienoptionen weisen Restlaufzeiten von einem bzw. zwei Monaten auf, wobei von der zugrundeliegenden Aktie nach sechs Wochen eine grosse Dividende erwartet wird. Da die Dividende den Aktienkurs beeinflusst (dieser wird sinken), ist es *möglich*, dass der Wert der Option mit einer Restlaufzeit von einem Monat über demjenigen der Option mit einer Restlaufzeit von zwei Monaten liegt.

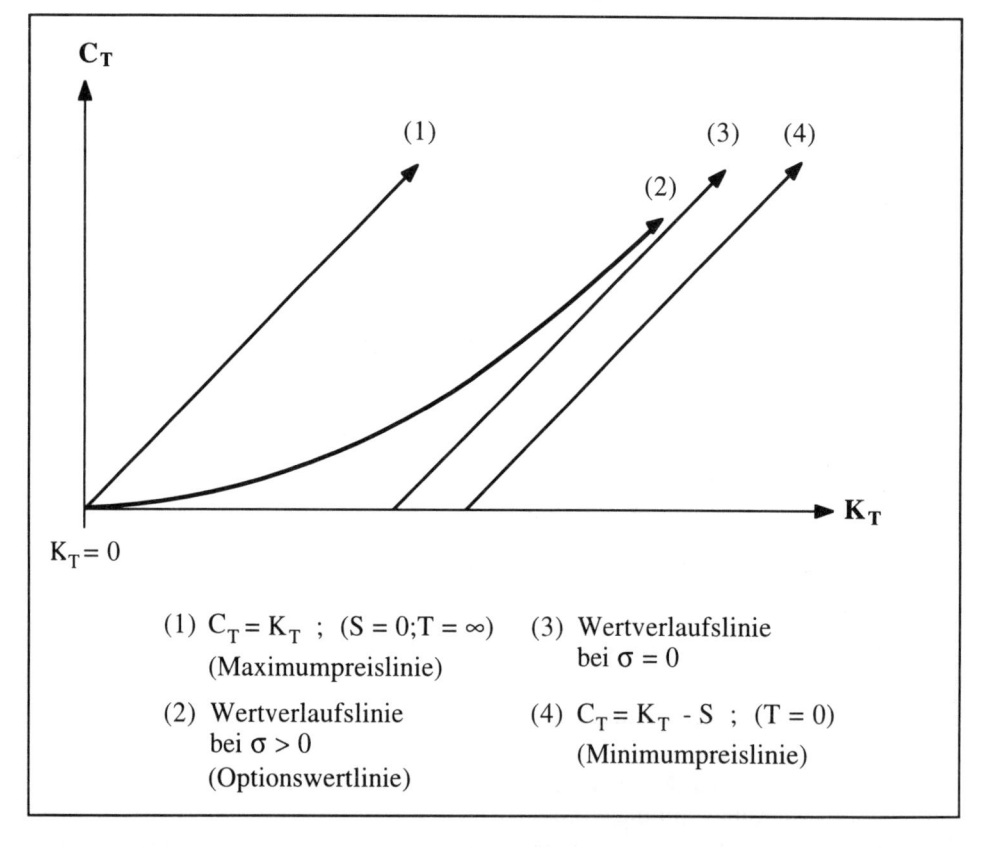

Abbildung 6/3: Die Optionswertlinie einer Call-Option

C_T

(1)   (3) (4)
(2)

$K_T = 0$
K_T

(1) $C_T = K_T$; $(S = 0; T = \infty)$ (Maximumpreislinie)

(2) Wertverlaufslinie bei $\sigma > 0$ (Optionswertlinie)

(3) Wertverlaufslinie bei $\sigma = 0$

(4) $C_T = K_T - S$; $(T = 0)$ (Minimumpreislinie)

Der *maximale Wert eines Call* muss dem Aktienkurs entsprechen, denn das Optionsrecht kann nicht teurer sein als die Aktie selbst. Damit ergeben sich die in Abbildung 6/2 [vgl. Cox/Rubinstein 1985, S. 155] gezeigten Wertgrenzen (Preisgrenzen) eines Call. Allerdings ist der Wertbereich einer Option für eine wirkungsvolle Anwendung der Optionen zuwenig aussagekräftig. Vielmehr interessiert die Ermittlung des *exakten Optionswertes* (Optionspreises). Es kann gezeigt werden, dass die Optionswertlinie einen konvexen Verlauf aufweist und der Optionswert von der Volatilität (Kursschwankung) der zugrunde liegenden Aktie abhängig ist [vgl. dazu bspw. Cox/Rubinstein 1985, S. 127ff] (vgl. Abbildung 6/3 [vgl. Cordero 1989, S. 63]). Entsprechend gilt für den Wert eines Call:

$$C_t = f(K_t, S, r_f, T, \sigma^2, D, \Delta d) \qquad (6\text{-}4)$$

KAPITEL 6: *Portfolio-Insurance und Zinsimmunisierung*

(wobei σ^2 = Volatilität des Aktienkurses)[13].

Mit analogen Ueberlegungen können die Eigenschaften von Puts aufgezeigt werden. Der *Wert eines Put am Verfalltag* ist demzufolge das Maximum aus der Differenz $[S - K_T]$ und Null:

$$P_T(S,K_T) = \max [S - \overset{*}{K}_T\, ; 0] \qquad (6\text{-}5)$$

(wobei P_T = Wert des Put am Verfalltag T).

Für den *Minimalwert eines Put* im Zeitpunkt t gilt:

$$P_t(S,K_t,r_f,T) \geq \max[PV_{\Delta t}(S) - K_t\, ; 0] \qquad (6\text{-}6)\ ^{14}$$

(wobei P_t = Wert des Put zum Zeitpunkt t, K_t = Aktienkurs zum Zeitpunkt t, r_f = risikoloser Zinssatz, $PV_{\Delta t}(S)$ = Barwert des Ausübungspreises S (Δt = T - t), t = Zeitpunkt im Zeitintervall [0,T]).

Unter Berücksichtigung einer während der Restlaufzeit noch fälligen *Dividende* ergibt sich für den Minimalwert eines Put:

$$P_t(S,K_t,r_f,T,D,\Delta d) \geq \max[PV_{\Delta t}(S) + PV_{\Delta d}(D) - K_t\, ; 0] \qquad (6\text{-}7)$$

Konzept-Frage 2 Der Aktienkurs betrage gegenwärtig K_0 = 607, der Ausübungspreis S = 641, die Laufzeit 180 Tage und der risikolose Zinssatz r_f = 6.5%. Nach 120 Tagen wird eine Dividende von D = 10 fällig. Wieviel beträgt der Wert des Put?

Aus (6-7) ist ersichtlich, dass bei steigendem Aktienkurs, sinkendem Ausübungspreis, geringerer Dividendenzahlung bzw. steigendem Zinssatz der Wert eines Put abnimmt. Ebenso beeinflusst eine geringe Volatilität der zugrunde liegenden Aktie den Wert eines Put negativ. Eine eindeutige Aussage bezüglich einer Veränderung der Restlaufzeit Δt ist nicht möglich. Zwar nimmt der Barwert des Ausübungspreises $PV_{\Delta t}(S)$ und damit der Wert des Put mit steigender Restlaufzeit ab, doch erhöht

---

[13] Der Optionswert kann in die Komponenten *innerer Wert* und *Zeitwert* zerlegt werden. Der innere Wert entspricht der Differenz zwischen dem Aktienkurs K und dem Ausübungspreis S und ist damit unabhängig von der (Rest-)Laufzeit der Option. Als Zeitwert wird die Differenz zwischen dem Optionspreis und dem inneren Wert bezeichnet (in <u>Abbildung 6/3</u> entspricht dies dem vertikalen Abstand zwischen der Optionswertlinie und der Wertverlaufslinie bei σ = 0). Mit dem Zeitwert wird die Chance, von Aktienkursveränderungen zu profitieren, abgegolten.

[14] Es kann gezeigt werden, dass der Minimalwert einer amerikanischen Put-Option dem Maximum aus $[S - \overset{*}{K}_t]$ und Null entspricht.

sich aufgrund der längeren Restlaufzeit die Wahrscheinlichkeit, bei Optionsausübung einen höheren Gewinn zu erzielen.

Der *maximale Wert eines Put* entspricht dem Barwert des Ausübungspreises. Entsprechend dem Call ist auch beim Put dessen exakter Wert von Interesse:

$$P_t = f(S, K_t, r_f, T, \sigma^2, D, \Delta d) \tag{6-8}$$

Damit ergeben sich die in Abbildung 6/4 gezeigten Wertunter- und Wertobergrenzen sowie der Wertverlauf eines Put.

Abbildung 6/4: Die Optionswertlinie einer Put-Option

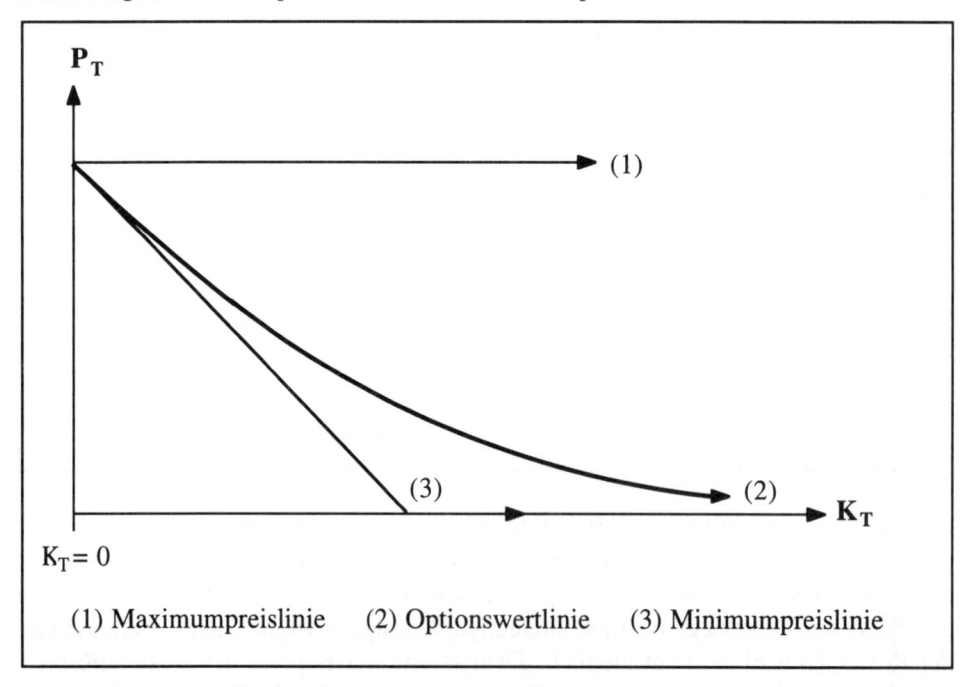

```
P_T
 |
 |————————————————▶ (1)
 |\
 | \
 |  \
 |   \
 |    \___
 |   (3)  \___  (2)
 |_____▶___▶ K_T
K_T = 0

(1) Maximumpreislinie   (2) Optionswertlinie   (3) Minimumpreislinie
```

Abschliessend sei noch auf das in der Optionspreisbildungstheorie nicht unwesentliche *Call-Put-Theorem* hingewiesen [für genauere Ausführungen vgl. Cox/Rubinstein 1985, S. 42]:

$$P_t = C_t + PV_{\Delta t}(S) - K_t \tag{6-9}$$

(6-9) ermöglicht eine vereinfachende Berechnung eines Putwertes (Callwertes) in dem Fall, wo ein Call (Put) derselben Serie richtig bewertet werden konnte. Allerdings ist zu bemerken, dass (6-9) lediglich für Optionen des europäischen Typs Gül-

KAPITEL 6: *Portfolio-Insurance und Zinsimmunisierung*

tigkeit hat. Im Falle eines Put amerikanischen Typs stellt die gezeigte Call-Put-Parität nur die Preisuntergrenze des Put dar.

6.1.1.2 Anwendungsmöglichkeiten von Optionen

Grundsätzlich sind bei der Anwendung von Optionen vier Positionen denkbar:
- Kauf einer Put-Option
- Kauf einer Call-Option
- Verkauf einer Put-Option
- Verkauf einer Call-Option

Angenommen, ein Investor halte in seinem Depot Aktien im Gesamtwert S. Wird ein Kursrückgang erwartet, so kann der Investor einen *Put* mit dem Ausübungspreis S *erwerben*. Sinkt der Aktienkurs tatsächlich unter den Ausübungspreis, so sind die Aktien zum tieferen Kassamarktpreis zu beschaffen und zum höheren Ausübungspreis gewinnbringend dem Put-Verkäufer anzudienen. Ist am Ende der Laufzeit T der Ausübungspreis unter dem Kassamarktpreis, so ist die Option wertlos. Allerdings kann der Investor das Portfolio zu einem über dem Ausübungspreis liegenden Kassamarktpreis gewinnbringend verkaufen (vgl. Abbildung 6/5).

Abbildung 6/5: Wertverlauf eines mittels Put-Optionen abgesicherten Aktienportfolios

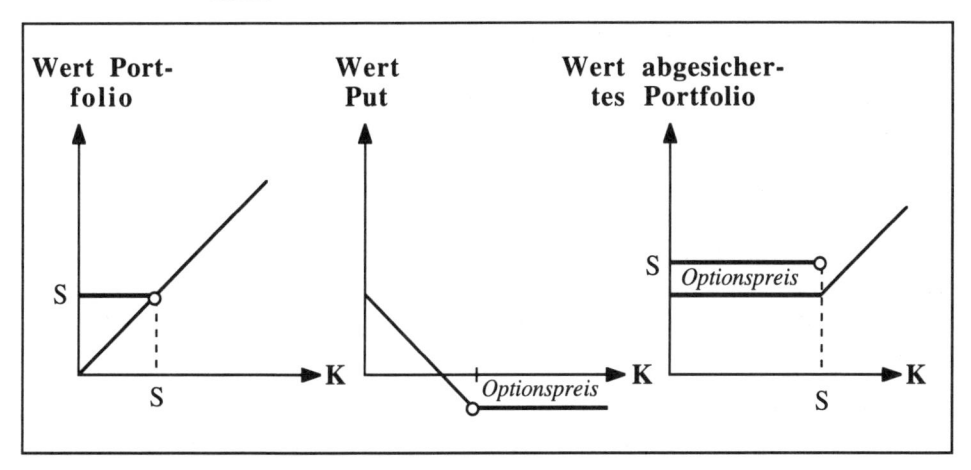

Erwartet ein Investor steigende Aktienkurse, hält in seinem Depot aber festverzinsliche Wertpapiere im Gesamtwert von S, so ist der *Kauf eines Call* mit dem Ausübungspreis S angezeigt. Steigt der Aktienkurs tatsächlich, so ermöglicht dies dem Investor, die Aktien zum tieferen Ausübungspreis zu kaufen und zum höheren Kassamarktpreis gewinnbringend zu verkaufen. Sinkt der Aktienkurs unter den Ausübungspreis, so ist die Option wertlos. Allerdings bleiben dem Investor die festverzinslichen Wertpapiere erhalten (vgl. Abbildung 6/6).

Abbildung 6/6: Wertverlauf eines mittels Call-Optionen abgesicherten Bondportfolios

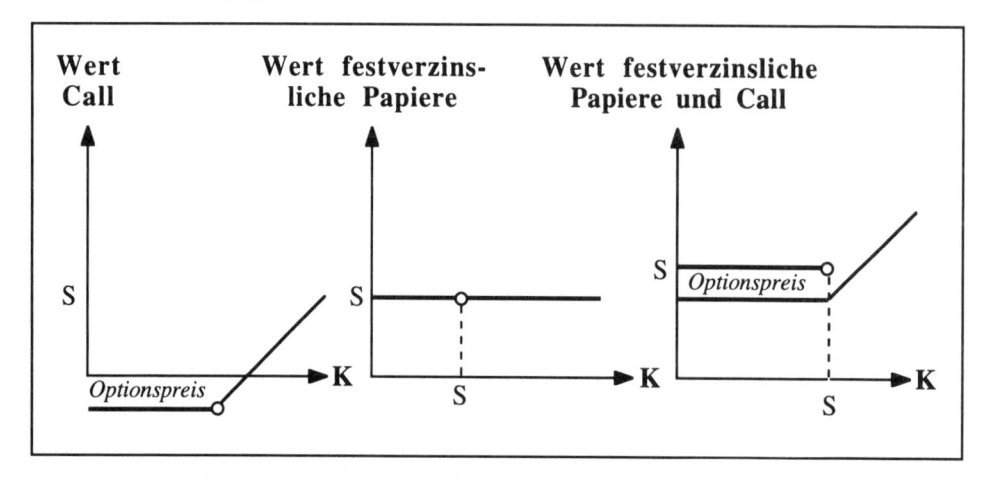

Ein *Put* wird dann *verkauft*, wenn steigende Aktienkurse erwartet werden. Das Ziel des Optionsverkäufers liegt in der Vereinnahmung des Optionspreises, welches dann erreicht wird, wenn die Aktienkurse über den Ausübungspreis steigen. Sinken diese, so ist der Verlust gross und nur dadurch beschränkt, dass der Aktienkurs nicht unter Null fallen kann.

Ein *Call* wird dann *verkauft*, wenn angenommen wird, dass die Basistitel sinken. Im Gegensatz zum Verkauf eines Put kann aber durch den *gedeckten* Verkauf eines Call im Falle eines Kursanstieges ebenfalls ein - allerdings *beschränkter* - Ertrag erzielt werden. Erfolgt ein *ungedeckter* Call-Verkauf, so ist der Verlust bei steigenden Kursen theoretisch unbegrenzt hoch und nur durch die Restlaufzeit der Option beschränkt.

Aufgrund dieser Ausführungen ist ersichtlich, dass sowohl der Verkauf von Puts wie auch derjenige von Calls *keine Anwendung im Sinne der Portfolio-Insurance* zulassen, weshalb auf deren weitere Betrachtung verzichtet wird [eine ausführliche Beschreibung verschiedener Strategien mit Optionen findet sich in Ebneter 1988, oder Hull 1993, S. 173ff].

6.1.2 Die Bewertung von Optionen und deren Einsatz in der Portfolio-Insurance

Bei der Bewertung von Optionen sind zwei Vorgehensweisen zu unterscheiden:
- Statistische Regressionsmodelle und
- auf den Gedanken der modernen Portfolio-Theorie aufbauende Gleichgewichtsmodelle [vgl. Hauck 1989, S. 21].

Statistische Regressionsmodelle dienen der Prognose zukünftiger Optionspreise aufgrund vergangenheitsorientierter Parameter. Während der Vorteil in der einfachen mathematischen Berechnung zu sehen ist, wirken sich die ausschliessliche Verwendung von Vergangenheitsdaten sowie in der Regressionsberechnung oft vorausgesetzte aber nicht bewiesene Kausalzusammenhänge negativ aus. Demgegenüber verzichten *Gleichgewichtsmodelle* auf die Verwendung historischer Daten und bauen auf der Theorie der effizienten Märkte[15] auf. Werden anstelle allgemeiner Parameter beispielsweise Risikoprämissen der Investoren oder individuelle Hypothesen über Kursverläufe der Basiswerte angewendet, spricht man von partiellen Gleichgewichtsmodellen, andernfalls von vollkommenen Gleichgewichtsmodellen.

Nachdem weiter oben *qualitative* Optionswertbetrachtungen angestellt worden sind[16], soll im folgenden der unter den Gleichgewichtsmodellen wohl bedeutungsvollste *quantitative* Ansatz zur Optionenbewertung, derjenige von *Black/Scholes* [vgl. dazu insbesondere Black/Scholes 1973, S. 637ff] gezeigt werden[17].

6.1.2.1 Grundgedanken des Black-Scholes-Modells

Das *Black-Scholes-Modell* basiert auf den bereits beschriebenen Eigenschaften der Optionen. Es wurde gezeigt, dass der Optionswert vom Kurs der zugrunde liegenden Aktie, deren Volatilität, dem Ausübungspreis und der Optionslaufzeit sowie dem Zinssatz abhängig ist. Kann ein Zusammenhang zwischen diesen Grössen gefunden werden, so kann beispielsweise gezeigt werden, wie der Optionswert ändert, wenn sich der Aktienkurs innerhalb einer kurzen Zeit ändert. Wird angenommen [vgl. Black 1989, S. 5], dass der Optionswert bei einem Kursanstieg von einem

---

15 Vgl. dazu Abschnitt 7.2.
16 Vgl. dazu Abschnitt 6.1.1.1.
17 Für weitere bedeutungsvolle Ansätze sei auf die Spezialliteratur verwiesen [vgl. bspw. Cox/Rubinstein 1985, S. 165ff]. Hervorzuheben ist unter anderem das von *Sharpe* entwickelte *Binomial-Modell*, welches im Resultat demjenigen von *Black/Scholes* entspricht [vgl. Sharpe/Alexander 1990, S. 545].

Franken um fünfzig Rappen steigt und bei einem Kursfall von einem Franken um 50 Rappen sinkt, so kann eine Absicherungsposition eingegangen werden, indem auf eine Aktie (*Long-Position*[18]) zwei Calls verkauft (*Short-Position*) werden. Eine solche Position ist innerhalb geringer Aktienkursänderungen fast risikolos. Allerdings ist - bedingt durch Aktienkursänderungen und kürzer werdende Restlaufzeiten der Optionen - zur Erhaltung der fast risikolosen Absicherungsposition das Verhältnis zwischen Aktie und Optionen laufend anzupassen.

Gemäss der *Theorie der vollkommenen Märkte*[19] muss die Rendite dieser fast risikofreien Absicherungsposition dem Zinssatz einer fast risikolosen kurzfristigen (zeitkongruenten) Anlage entsprechen, ansonsten Arbitragemöglichkeiten bestehen. Zudem müssen die Investoren bezüglich der beiden Positionen - Absicherungsposition und fast risikolose kurzfristige Anlage - indifferent sein [vgl. Black 1989, S. 5]; andernfalls befindet sich der Kapitalmarkt nicht im Gleichgewicht.

Um eine überblickbare Modellgestaltung zu ermöglichen, setzten *Black/Scholes* folgende Annahmen fest [vgl. Black/Scholes 1973, S. 641]:

- Der Zinssatz risikoloser Anlagen ist bekannt und im Zeitablauf konstant,
- die Aktienkurse folgen einem kontinuierlichen Zufallspfad (*Random Walk*) und sind *log-normalverteilt*[20],
- es erfolgen keine Dividendenzahlungen oder anderweitige Entschädigungen,
- es handelt sich um eine europäische Option, das heisst diese kann nur am Verfalldatum ausgeübt werden,
- es existieren keine Transaktionskosten und Steuern (weder bei den Aktien noch bei den Optionen) und
- Leerverkäufe sind erlaubt und möglich.

Verschiedentlich wurde versucht, die teilweise recht einschränkenden und in der Praxis kaum zutreffenden Annahmen zu lockern[21].

---

18 Eine *Long-Position* bedeutet, dass eine Anlage im Besitz des Investors ist. Entsprechend wird unter einer *Short-Position* eine Anlage verstanden, in deren Besitz der Investor nicht ist.

19 Die Investoren haben hinsichtlich der erwarteten Rendite, Varianz und Kovarianz der verschiedenen Anlagen homogene Erwartungen, sämtliche Informationen sind den Investoren kostenlos zu jederzeit zugänglich und der Kapitalmarkt befindet sich im Gleichgewicht.

20 Vgl. dazu Abschnitt 4.2.2.2.

21 Es wurden Dividendenzahlungen und die Möglichkeit einer vorzeitigen Ausübung der Option, Transaktionen und Steuern sowie verschiedene Zinssätze für die risikolose Kapitalanlage und Kapitalaufnahme eingeführt [vgl. dazu bspw. Cox/Rubinstein 1985, S. 236ff und 271ff].

KAPITEL 6: *Portfolio-Insurance und Zinsimmunisierung* 223

6.1.2.2 Die Black-Scholes-Formel zur Bewertung von Optionen

Der Forderung nachkommend, dass im Kapitalmarktgleichgewicht die Rendite eines abgesicherten Portfolios dem Zinssatz einer risikolosen Anlage entsprechen muss, gelangten *Black/Scholes* zu einer Differenzialgleichung, deren Lösung die Formel zur Bewertung von *Calls* ergibt [zur Herleitung vgl. Black/Scholes 1973, S. 642ff]:

$$C_t = K \cdot N(d_1) - S \cdot e^{-(r_f \cdot \Delta t)} \cdot N(d_2) \qquad (6\text{-}10)$$

mit: $d_1 = [\ln(K/S) + (r_f + 0.5 \cdot \sigma^2) \cdot \Delta t] / \sigma \cdot \sqrt{\Delta t}$

$d_2 = d_1 - \sigma \cdot \sqrt{\Delta t}$

(wobei C_t = Wert eines europäischen Call zum Zeitpunkt t, K = gegenwärtiger Aktienkurs, S = Ausübungspreis, r_f = risikoloser Zinssatz, σ bzw. σ^2 = Volatilität des Aktienkurses, e = Basis des natürlichen Logarithmus (e = 2.7128), Δt = T - t = Restlaufzeit (wobei T = Verfalltag und t = laufender Zeitpunkt), $N(d_1)$ bzw. $N(d_2)$ = Funktionswert der kumulativen Normalverteilung an der Stelle d_1 bzw. d_2).

Der Wert eines Call kann gemäss (6-10) interpretiert werden als *die gewichtete Differenz zwischen Aktienkurs und Barwert des Ausübungspreises*, wobei die Gewichte $N(d_1)$ und $N(d_2)$ Werte zwischen Null und eins annehmen können [vgl. Trautmann, 1989, S. 215]. Ist die Option out-of-the-money (Aktienkurs ist viel kleiner als der Ausübungspreis), ist sie beinahe wertlos, weil beide Gewichte nahe bei Null liegen. Im umgekehrten Fall (Option ist in-the-money) nehmen beide Gewichte Werte nahe bei eins an. Der Wert der Option entspricht dann ihrem *inneren Wert* (der Differenz aus Aktienkurs und diskontiertem Ausübungspreis). Die Gewichte können demnach als Wahrscheinlichkeiten interpretiert werden, dass die Option in-the-money endet, das heisst der Aktienkurs am Verfalltag über dem Ausübungspreis liegt [vgl. Trautmann 1989, S. 215].

> *Konzept-Frage 3*   Wieviel beträgt der Wert eines Call, wenn der Aktienkurs gegenwärtig K_0 = 378, der Ausübungspreis S = 363, die Laufzeit 180 Tage, der risikolose Zinssatz r_f = 6.5% und die Standardabweichung der Aktie σ = 11.5% betragen?

Indem (6-10) nach den verschiedenen Variablen differenziert wird, kann die Sensitivität des Callwertes auf diese Variablen deutlich gemacht werden[22]:

---

22   Vgl. dazu auch Abschnitt 6.1.1.1, wo die selben Eigenschaften intuitiv hergeleitet wurden.

- $\partial C / \partial K > 0$ mit zunehmendem Aktienkurs steigt der Optionswert[23],
- $\partial C / \partial S < 0$ mit zunehmendem Ausübungspreis sinkt der Optionswert,
- $\partial C / \partial \Delta t > 0$ mit sinkender Restlaufzeit nimmt der Optionswert ab[24],
- $\partial C / \partial \sigma^2 > 0$ mit steigender Volatilität nimmt der Optionswert zu[25],
- $\partial C / \partial r_f > 0$ mit steigendem risikolosen Zinssatz steigt der Optionswert,
- $\partial^2 C / \partial K^2 > 0$ der Optionswert ist eine *konvexe Funktion* des Aktienkurses.

Um den Wert eines *Put (P_t)* zu berechnen, kann entweder die *Call-Put-Parität*[26] oder die Black-Scholes-Formel angewendet werden:

$$P_t = - K \cdot N(-d_1) + S \cdot e^{-(r_f \cdot \Delta t)} \cdot N(-d_2) \qquad (6\text{-}11)$$

mit: $\quad d_1 = [\ln(K/S) + (r_f + 0.5 \cdot \sigma^2) \cdot \Delta t] / \sigma \cdot \sqrt{\Delta t}$

$\quad\quad d_2 = d_1 - \sigma \cdot \sqrt{\Delta t}$

Analog zu (6-10) kann (6-11) nach den verschiedenen Variablen differenziert werden, um die Sensitivität des Putwertes auf diese Variablen zeigen zu können.

6.1.2.3 Der Einsatz von Optionen in der Portfolio-Insurance

Wie bereits erwähnt, können Optionen dazu verwendet werden, die Risikoposition von Aktienportfolios zu verändern. Entsprechend der Absicherung einer Aktie[27]

---

23 Die Reaktion des Optionswertes auf eine Aenderung des Aktienkurses wird als *Options-Delta* bezeichnet. Das Options-Delta einer Call-Option (Put-Option) beträgt für eine Option in-the-money gegen 1.0 (-1.0), für eine Option at-the-money um 0.5 (-0.5) und für eine Option out of-the-money gegen 0.0 (0.0). Aendert sich der Aktienkurs um 1 Fr., so ändert sich der jeweilige Optionswert um 1 Fr., 0.5 Fr. oder Null (-1 Fr., -0.5 Fr. oder Null) je nachdem, ob sich die Call-Option (Put-Option) in-the-money, at-the-money oder out of-the-money befindet.
Wird nicht die Auswirkung einer *absoluten* Veränderung des Aktienkurses auf den Optionswert sondern die *prozentuale* Veränderung beider Grössen einander gegenübergestellt, ergibt sich dar *Leverage-Faktor* (auch *Elastizität* oder *Omega* der Option genannt):
    Leverage-Faktor = Optionswertveränderung in % / Aktienkursveränderung in %
    = Delta · (Aktienkurs / Optionswert)

24 Die Reaktion des Optionswertes auf eine Aenderung der Restlaufzeit wird als *Options-Theta* bezeichnet. Das Options-Theta ist sowohl bei Call- als auch bei Put-Optionen positiv und ist zur Beurteilung des Zeitwertes einer Option von Bedeutung.

25 Die Reaktion des Optionswertes auf eine Aenderung der Volatilität wird als *Options-Eta* (auch *Options-Vega* genannt) bezeichnet.

26 Vgl. dazu Abschnitt 6.1.1.1.

27 Vgl. Abschnitt 6.1.1.2.

KAPITEL 6: *Portfolio-Insurance und Zinsimmunisierung* 225

wird ein Portfolio mehrerer Titel durch den Kauf von *Aktienindex-Put-Optionen* versichert[28]. Mit Hilfe des *Black-Scholes-Modells* sind die dazu benötigten Daten zu berechnen.

Um ein Portfolio mit dem heutigen Wert W_0 gegen mögliche Kursrückgänge abzusichern, muss sich ein Investor über den minimalen Portfoliowert, welcher abgesichert werden soll - den sog. *Floor* - Klarheit verschaffen. Der Floor ist *nicht* dem Ausübungspreis gleichzusetzen. Letzterer muss in jedem Fall gleich oder grösser als der Floor sein. Ist der Floor festgelegt, wird der zur Erreichung desselben erforderliche Ausübungspreis, welcher vom Floor, dem Portfoliowert und dem Putwert abhängig ist, ermittelt [für eine ausführliche Darstellung vgl. Zimmermann 1987 (2), S. 337ff]:

$$S = f \cdot [K + P(S)] \qquad (6\text{-}12)$$

(wobei S = Ausübungspreis, f = Floor, K = Aktienkurs, P(S) = Putwert in Abhängigkeit vom gesuchten Ausübungspreis).

Aus (6-12) ist ersichtlich, dass zwischen dem Ausübungspreis und dem Putwert eine nichtlineare wechselseitige Beziehung besteht. Die Ermittlung des Ausübungspreises muss deshalb durch Iteration [vgl. dazu bspw. Kall 1982, S: 98] erfolgen. Unter Berücksichtigung des Portfoliowertes, des Ausübungspreises, der Portfoliovolatilität, der Absicherungsdauer und des risikolosen Zinssatzes ist schliesslich der Putwert mit Hilfe des Black-Scholes-Modells zu berechnen (vgl. Abbildung 6/7 [29]).

Bis anhin wurde unterstellt, dass die Absicherung kostenlos ist. Da für den Erwerb der Puts Kapital benötigt wird, kann aber nicht mehr der gesamte Wert W_0 in Aktien investiert werden[30]. Der in die Aktien investierte Teil - als *Exposure* bezeichnet - muss entsprechend berechnet werden:

---

28 Dies setzt allerdings voraus, dass die Struktur des Portfolios mindestens annäherungsweise dem Aktienmarktindex entspricht. In der Schweiz wurde zu diesem Zweck der Swiss Market Index geschaffen. Dieser dient als Basis der Index-Optionen (und der Index-Futures) [vgl. dazu Peppi/ Staub 1988, S. 1ff].

29 Sämtliche Berechnungen wurden mit dem Optionenrechner des Schweizerischen Bankvereins durchgeführt.

30 Im folgenden wird von einem *Fixed Hedge* ausgegangen, dessen Zielsetzung in der Festlegung einer bestimmten, als günstig empfundenen Indexuntergrenze besteht, um die Aktien eines bestimmten Portfolios gegen Kursverluste abzusichern und gegebenenfalls zu verkaufen. Die Anzahl der Optionen wird während der Absicherungsdauer konstant gehalten. Ausnahmen ergeben sich nur, wenn während der Hedge-Dauer die Bedingungen, die zur Absicherung Anlass gaben, sich ändern. Vom Fixed Hedge zu unterscheiden ist der *Delta-neutrale Hedge*, dessen Zielsetzung darin besteht, den (nachteiligen) Einfluss von Indexänderungen auf das absolute Hedge-Resultat zu vermindern, wobei das absolute Hedge-Resultat zum Ausdruck bringt, ob ein Hedge einen Nettogewinn oder -verlust erbracht hat. Die Anzahl der Optionen muss während der Absi-

(Fortsetzung der Fussnote vgl. die folgende Seite)

Exposure = $K_0 / (K_0 + P_0(S))$ (6-13) [31]

(wobei K_0 = Aktienkurs im Zeitpunkt t = 0, P_0 = Putpreis im Zeitpunkt t = 0).

Das Beispiel in Abbildung 6/7 zeigt[32], dass - wie immer sich der Index und damit der Portfoliowert entwickelt - der Portfoliowert am Ende einer Absicherungsperiode mindestens dem Floor (vermindert um die Absicherungskosten) entspricht[33]. Da zu Beginn *nicht das gesamte Vermögen* in Aktien investiert wurde (die Exposure liegt unter 100%), kann allerdings nicht in vollem Umfang vom Gewinnpotential der Aktien profitiert werden [vgl. Zimmermann 1987 (2), S. 323]. Steigt der Index entgegen den Erwartungen des Investors auf beispielsweise 110, so verfallen die Puts wertlos (vgl. das Beispiel in Abbildung 6/7) und der Portfoliowert steigt auf Fr. 1'052'645.- (anstelle eines ungesicherten Portfolios, dessen Wert auf Fr. 1'100'000.- gestiegen wäre).

Abbildung 6/7: Beispiel einer Portfolio-Absicherung mittels Put-Optionen

---

Betrachtet wird ein Aktiendepot mit dem Wert W_0 = Fr. 1'000'000.-, welches im folgenden während der Zeit vom 1. Januar bis 31. Dezember mit Index-Puts abzusichern ist. Bekannt sind der Floor, der Ausübungspreis, die Indexvolatilität, die Absicherungsdauer sowie der Zins für eine risikolose Kapitalanlage:

- Floor = 9'500 pro Indexpunkt
- Indexvolatilität = 20%
- Ausübungspreis*⁾ = 9'927 pro Indexpunkt
- Absicherungsdauer = 360 Tage
- risikoloser Zinssatz = 7%

---

cherungsdauer laufend dem Optionsdelta (welches sich aufgrund der kürzeren Laufzeit und des veränderten Indexes ändert) angepasst werden [zur Definition des *Fixed Hedge* bzw. des *Delta-neutralen Hedge* vgl. Cordero 1989, S. 112 bzw. 131].

31 Diese Berechnungsweise ist nur beim Fixed Hedge anzuwenden. Beim Delta-neutralen Hedge wird die Exposure wie folgt berechnet:
$K_0 / [K_0 + n \cdot P_0(S)]$
(wobei n = Anzahl der zur Delta-neutralen Absicherung notwendigen Puts pro Aktie).

32 In die Betrachtungen nicht miteinbezogen wurden Transaktionskosten.

33 Im Beispiel handelt es sich um einen Fixed Hedge. Wird ein Delta-neutraler Hedge vorgenommen, so resultiert für das Beispiel in Abbildung 6/7 am Ende der Absicherungsdauer ein Portfoliowert von ca. Fr. 997'272.- (angenommen wurde eine vierteljährliche Portfolioanpassung aufgrund des veränderten Deltawertes; die nicht mehr benötigten Puts werden verkauft und das erhaltene Kapital zum risikolosen Zinssatz angelegt). Allerdings muss auch erwähnt werden, dass die Absicherungskosten weit über denjenigen des Fixed Hedge liegen (es muss eine grössere Anzahl Puts gekauft werden).

KAPITEL 6: *Portfolio-Insurance und Zinsimmunisierung*

Abbildung 6/7: Beispiel einer Portfolioabsicherung mittels Put-Optionen (Fortsetzung)

Wird unterstellt, dass der Index zum heutigen Zeitpunkt 100 beträgt, so ergibt sich gemäss (6-11) für den Wert eines Put **Fr. 449.82**. Die Absicherungskosten für das Portfolio betragen daher **Fr. 44'982.-** (P(S) x Anz. Indexpunkte). Für die Exposure lässt sich gemäss (6-13) ein Wert von **95.695%** errechnen, woraus folgt, dass **Fr. 956'950.-** in Aktien und **Fr. 43'050.-** (= 95.695% von Fr. 44'982.-) in Puts investiert werden müssen.

Beträgt der Index am **31. Dezember** (Verfall der Option) noch 90, so ergibt sich für den Portfoliowert (unter Berücksichtigung des gemäss (6-11) *neu* (mit K = 9'000 pro Indexpunkt und $\Delta t = 0$) berechneten Putwertes, welcher **Fr. 927.-** beträgt):

Wert der Aktien:	95.695% von 900'000	= 861'270
Wert der Puts:	95.695% von 92'700	= 88'730
		950'000

Der Investor übt sein Optionsrecht aus und verkauft Aktien im Wert von Fr. 950'000.- (= 95.695% von 992'700), welche er am Markt zu Fr. 861'270.- (= 95.695% von 900'000) kauft.

---

*) Der Ausübungspreis von Fr. 992'700.- wurde gemäss (6-12) ermittelt.

6.1.2.4 Beurteilung der Portfolio-Insurance mit Optionen

Die Portfolio-Insurance mittels Kauf von Puts scheint ziemlich einfach zu sein. In der Praxis zeigt sich aber, dass eine Menge von Faktoren die Absicherung von Risiken erschweren können [vgl. auch O'Brien 1988, S. 40f]:

- Zu den individuellen Investorenbedürfnissen können in der Regel keine adäquaten Options-Kontrakte gefunden werden. In den meisten Fällen ändern daran auch Index-Optionen[34], mit welchen sinnvollerweise nicht nur ein Teil, sondern das gesamte Portfolio abgesichert wird, nichts.

---

34 Index-Optionen sind dann einzusetzen, wenn die Portfoliostruktur einem Index mindestens ähnlich ist. Allerdings muss hier auf das Problem aufmerksam gemacht werden, dass der Markt für Index-Optionen mit der Basis eines bekannten Indexes wie bspw. der S&P 500-Index sehr dünn ist, was die Absicherung grosser Portfolios verunmöglicht.

- Optionen weisen in den meisten Fällen eine Dauer von bis zu neun Monaten auf. Dieser fest vorgegebene Zeithorizont ist für eine dauernde Absicherung oft zu kurz. Eine dadurch zwingend einzusetzende sog. rollende Portfolio-Insurance kann aber im Fall eines starken Kurszerfalls teurer zu stehen kommen als der Verlust auf einem unversicherten Portfolio [vgl. dazu Beilner 1989, S. 418].

- Für an der Börse gehandelte Options-Kontrakte bestehen Positionslimiten, so dass die Anzahl der zu einer Absicherung nötigen Options-Kontrakte nicht erworben werden kann. Deshalb ist es unmöglich, ein Portfolio exakt abzusichern.

- Die in der Praxis nötige Flexibilität in der Gestaltung des Ausübungspreises fehlt. Gehandelte Options-Kontrakte weisen standardisierte Ausübungspreise auf. Bewegen sich die Basiswerte (Aktie, Index etc.) vom Ausübungspreis weg, so sind die Optionen deep in- oder deep out of-the-money und werden kaum mehr gehandelt. Eine vorzeitige Auflösung der Versicherung (durch den Verkauf der Options-Kontrakte) ist dann nicht mehr möglich [vgl. Wydler 1988 (2), S. 26].

- Die Portfolio-Insurance mittels Puts ist relativ teuer und macht sich erst bei grösseren Kursverschiebungen bezahlt[35].

Aufgrund dieser Nachteile stellt sich berechtigterweise die Frage nach dem praktischen Wert der Optionen für die Portfolio-Insurance. Im folgenden wird dargelegt, dass die Optionsbewertungstheorie dennoch nützlich ist.

6.1.3 Die dynamische Absicherung

Im vorangehenden Abschnitt wurde gezeigt, wie ein Aktienportfolio mit Aktienindex-Puts gegen mögliche Verluste geschützt wird. Demgegenüber verwendet die dynamische Portfolio-Insurance keine Optionen, sichert aber ein Aktiendepot genau so ab, als ob Optionen verwendet worden wären. Der Optionseffekt wird dabei künstlich durch eine permanente Umschichtung zwischen Aktien und risikolosen Anlagen erzeugt, weshalb die dynamische Absicherung auch *synthetischer Put-Approach* [vgl. Zhu/Kavee 1988, S. 48] genannt wird.

---

35 In diesem Zusammenhang soll auch erwähnt werden, dass amerikanische Optionen wegen der jederzeitigen Ausübungsmöglichkeit noch teurer als europäische Optionen sind. Diese vorzeitige Ausübungsmöglichkeit, welche etwas kostet, ist häufig gar nicht erwünscht.

6.1.3.1 Der Grundgedanke der dynamischen Absicherung

Mit Hilfe des Black-Scholes-Modells kann gezeigt werden, dass eine Option synthetisch durch eine Investition in Aktien und risikolose Anlagen dupliziert werden kann [vgl. dazu Leland/Rubinstein 1981, S. 3ff, Benninga/Blume 1985, S. 1342ff, Benninga 1990, S. 20ff]. Dazu betrachte man noch einmal (6-11):

$$P_t = - K \cdot N(-d_1) + S \cdot e^{-(r_f \cdot \Delta t)} \cdot N(-d_2) \qquad (6\text{-}11)$$

Um die Sensitivität des Optionswertes auf eine Veränderung des Aktienkurses zu bestimmen, ist (6-11) nach dem Aktienkurs abzuleiten. Der erhaltene Wert wird Delta (Δ) genannt:

$$\partial P / \partial K = \Delta_P = - N(-d_1) \qquad (6\text{-}14)$$

Entspricht zudem der Wert einer risikolosen Anlage bei Optionsverfall dem Ausübungspreis, so gilt für die risikolose Anlage zum heutigen Zeitpunkt (t):

Wert der risikolosen Anlage in $t = S \cdot e^{-(r_f \cdot \Delta t)}$ \qquad (6-15)

Aus (6-11), (6-14) und (6-15) folgt, dass ein Put durch die Investition in

- $K \cdot [- N(-d_1)]$ Aktien und
- $S \cdot e^{-(r_f \cdot \Delta t)} \cdot [N(-d_2)]$ risikolose Anlagen

dupliziert werden kann. Wird die Investition in die risikolosen Anlagen mit B und die Investition in die Aktien mit $\Delta_P \cdot K$ bezeichnet, so vereinfacht sich (6-11) unter Berücksichtigung des Gesagten zu[36]:

$$P = - \Delta_P \cdot K + B \qquad (6\text{-}16)\ [37]$$

Es wurde gezeigt[38], dass im Falle einer Portfolio-Insurance mit Puts der Wert des Portfolios zu Beginn der Absicherung wie folgt zusammengesetzt ist:

$$W_0 = \text{Exposure} \cdot [K_0 + P_0]$$

Unter Berücksichtigung von (6-16) gilt für W_0 demzufolge

$$W_0 = \text{Exposure} \cdot [K_0 + -\Delta_P \cdot K_0 + B_0]$$

---

36 Das Minuszeichen (-) zeigt, dass es sich um eine Short-Position handelt. Um den Put zu duplizieren, müssen demnach $-\Delta \cdot K$ Aktien verkauft und B risikolose Anlagen gekauft werden.
37 Analog zum Put kann gezeigt werden, dass für einen Call die folgende Beziehung gilt:
    $C = \Delta \cdot K - B$
38 Vgl. dazu Abschnitt 6.1.2.3.

$$= \text{Exposure} \cdot [K_0 \cdot (1-\Delta_P) + B_0] \qquad (6\text{-}17)$$

Es ist zu beachten, dass sich das Delta zum einen aufgrund der immer kürzer werdenden Laufzeit der Option und zum andern aufgrund von Aktienmarktbewegungen verändert, weshalb sich *laufend Verschiebungen zwischen dem Aktienanteil und dem Anteil der risikolosen Anlagen* ergeben. Somit gilt allgemein zum Zeitpunkt t für den Portfoliowert W_t:

$$W_t = \text{Exposure} \cdot [K_t \cdot (1-\Delta_P) + B_t] \qquad (6\text{-}18)$$

Abbildung 6/8: Beispiel einer dynamischen Portfolio-Absicherung mittels synthetischem Put-Approach

Betrachtet wird ein Aktiendepot mit dem Wert W_0 = Fr. 1'000'000.-, welches im folgenden während der Zeit vom 1. Januar bis 31. Dezember aufgrund der Erkenntnisse des synthetischen Put-Approach abgesichert werden soll. Bekannt sind der Floor, der Ausübungspreis, die Indexvolatilität, die Absicherungsdauer sowie der Zins für eine risikolose Kapitalanlage:

- Floor = 9'500 pro Indexpunkt
- Absicherungsdauer = 360 Tage
- Indexvolatilität = 20%
- risikoloser Zinssatz = 7%
- Ausübungspreis = 9'927 pro Indexpunkt

Es kann davon ausgegangen werden, dass sich der Index wie folgt entwickelt: 1. Januar: 100; 1. April: 97.5; 1. Juli: 95; 1. Oktober: 92.5, 31. Dezember: 90.

Wird unterstellt, dass der Index zum heutigen Zeitpunkt 100 beträgt, so ergibt sich gemäss (6-11) für den Wert eines Put **Fr. 449.82**. Das Optionsdelta des Put Δ_P beträgt **0.314**. Für die Exposure kann ein Wert von **95.695%** ermittelt werden (vgl. Abbildung 6/7).

Unter Berücksichtigung von (6-16) und (6-18) ergibt sich für das Portfolio am **1. Januar** (Anteil A = Aktienanteil; Anteil B = Anteil der risikolosen Anlage):

- Anteil A = 0.95695·(1 - 0.314)·10'000 = 656'470
- Anteil B = 0.95695·(449.82 + 0.314·10'000) = 343'530 *)

  1'000'000

Am **1. April** ist das Portfolio derart umzugestalten, dass sich folgende Struktur ergibt (Restlaufzeit = 270 Tage; P_t = 507.79; Δ_P = 0.389):

- Anteil A = 0.95695·(1 - 0.389)·9'750 = 570'080
- Anteil B = 0.95695·(507.79 + 0.389·9'750) = 411'540

  981'620 **)

KAPITEL 6: *Portfolio-Insurance und Zinsimmunisierung* 231

<u>Abbildung 6/8</u>:   Beispiel einer dynamischen Portfolio-Absicherung mittels synthetischem Put-Approach (Fortsetzung)

Am **1. Juli** ist das Portfolio derart umzugestalten, dass sich folgende Struktur ergibt (Restlaufzeit = 180 Tage; P_t = 580.68; Δ_P = 0.499):

- Anteil A = 0.95695·(1 − 0.499)·9'500   =   455'460
- Anteil B = 0.95695·(580.68 + 0.499·9'500) =   <u>509'210</u>
                                                 964'670

Am **1. Oktober** ist das Portfolio derart umzugestalten, dass sich folgende Struktur ergibt (Restlaufzeit = 90 Tage; P_t = 682.97; Δ_P = 0.687):

- Anteil A = 0.95695·(1 − 0.687)·9'250   =   277'060
- Anteil B = 0.95695·(682.97 + 0.687·9'250) =   <u>673'474</u>
                                                 950'534

Am **31. Dezember** ist das Portfolio derart umzugestalten, dass sich folgende Struktur ergibt (Restlaufzeit = 0 Tage; P_t = 927.00; Δ_P = 1.0):

- Anteil A = 0.95695·(1 − 1.0)·9'000   =   0
- Anteil B = 0.95695·(927.00 + 1.0·9'000)   =   <u>950'000</u>
                                                 950'000

----
*) Unberücksichtigt bleibt die Verzinsung des Anteils B.

**) Am 1. April beträgt der Wert des Portfolios *vor* der Umstrukturierung 983'590 (Aktien: 640'058; risikolose Anlagen: 343'530). Demzufolge sind Aktien im Wert von 69'978 (= 640'058 − 570'080) verkauft, aber nur risikolose Anlagen im Wert von 68'010 (= 343'530 − 411'540) gekauft worden. Die Abweichung von 1'968 ist darauf zurückzuführen, dass im Beispiel auf eine kontinuierliche Anpassung (zugunsten einer vierteljährlichen Anpassung) des Portfolios verzichtet wurde.

Mit kürzerer Laufzeit der Option und bei gleichbleibendem Aktienmarkt steigt das Delta, weshalb der Aktienanteil zu verkleinern ist. Derselbe Effekt gilt auch bei sinkenden Aktienkursen. Ein Investor investiert demzufolge mit dem Börsentrend und kauft bei steigendem Aktienindex bzw. verkauft bei fallendem Aktienindex.

In <u>Abbildung 6/8</u> [39] wird dargelegt, dass mittels dynamischer Absicherung dasselbe Resultat wie mit einem *Fixed Hedge* erreicht werden kann, was nicht erstaunt, da in

---

39   Im Idealfall müsste eine kontinuierliche Umschichtung vorgenommen werden. Da jede Umschichtung mit Transaktionskosten - welche hier unberücksichtigt bleiben - verbunden ist, muss eine Toleranzgrenze definiert werden (bspw. eine Indexbewegung von 3%), innerhalb welcher keine Umschichtung vorgenommen wird.

beiden Fällen die Portfolio-Insurance aufgrund der Optionspreisbildungstheorie vorgenommen wird.

6.1.3.2 Die Constant Proportion Portfolio-Insurance (CPPI)

Die Constant Proportion Portfolio-Insurance (CPPI) übernimmt den Gedanken der dynamischen Absicherung, dass ein Portfolio gegen Kursverluste durch eine laufende Verschiebung zwischen dem Aktienanteil und dem Anteil der risikolosen Anlagen versichert werden kann, wobei diese Verschiebung in Abhängigkeit von Aktienmarktbewegungen erfolgt[40]. Im Gegensatz zum synthetischen Put-Approach basiert die CPPI *nicht* auf der Optionspreisbildungstheorie von *Black/Scholes*.

Black/Jones, welche die CPPI entwickelten, definierten für diese Absicherungsstrategie die folgenden Grössen [vgl. Black/Jones 1987, S. 48]:

- *Floor:* Minimalwert des Portfolios,
- *Cushion:* Portfoliowert minus Floor,
- *Exposure:* Betrag, welcher in die risikobehafteten Aktien investiert wird,
- *Multiplikator:* Exposure dividiert durch Cushion,
- *Toleranz:* Mindestveränderung des Aktienmarktes, damit eine Transaktion vorgenommen wird, und
- *Limite:* Minimaler Betrag, welcher in die risikobehafteten Aktien investiert wird.

Entsprechend den bereits gezeigten Strategien ist zunächst der Floor des Portfolios festzulegen. Zusätzlich muss der sog. Multiplikator, welcher die Risikoneigung des Investors widerspiegelt, bestimmt werden. Aufgrund des Portfoliowertes (W_t), des Floor (f) sowie des Multiplikators (Mpl) kann schliesslich das Cushion und damit die Exposure berechnet werden [vgl. Black/Jones 1988, S. 35]:

$$\begin{aligned} \text{Exposure} &= \text{Cushion} \times \text{Multiplikator} \\ &= (W_t - f) \cdot \text{Mpl} \end{aligned} \qquad (6\text{-}19)$$

Aus (6-19) ist ersichtlich, dass der Aktienanteil (Exposure) mit steigendem Multiplikator zunimmt. Ein risikofreudiger Investor, der einen grösseren Aktienanteil anstrebt, wird daher einen höheren Multiplikator wählen[41]. Damit unterscheidet sich

---

40 Vgl. dazu Abschnitt 6.1.3.1.

41 Wird der Multiplikator derart gewählt, dass die Exposure den Portfoliowert übersteigt, so hat der Investor Kapital zum risikolosen Zinssatz aufzunehmen und ebenfalls in Aktien anzulegen.

KAPITEL 6: *Portfolio-Insurance und Zinsimmunisierung* 233

die CPPI entscheidend von den auf dem Black-Scholes-Modell aufbauenden Absicherungen, welche die Risikoneigung von Investoren nicht derart explizit berücksichtigen. Eine höhere Exposure kann auch durch ein grösseres Cushion erreicht werden. Entsprechend muss der Investor den Floor tiefer ansetzen (vgl. 6-19).

Der Floor und der Multiplikator bleiben während der Absicherungsdauer unverändert[42]. Dagegen sind Cushion und Exposure laufend den neuen Marktgegebenheiten anzupassen, wodurch die CPPI dynamisch wird.

Das in <u>Abbildung 6/9</u> festgehaltene Beispiel zeigt die Funktionsweise der CPPI. Ebensowenig wie im Beispiel zum synthetischen Put-Approach wurden dabei die Positionen laufend angepasst. Anstelle der theoretisch richtigen kontinuierlichen Anpassung wird in der Praxis eine Toleranzgrenze festgelegt, innerhalb der bei einer Aktienmarktbewegung keine Positionsanpassung vorgenommen wird.

<u>Abbildung 6/9</u>: Beispiel einer dynamischen Portfolio-Absicherung mittels Constant Proportion Portfolio-Insurance

---

Betrachtet wird ein Aktiendepot mit dem Wert W_0 = Fr. 1'000'000.-, welches im folgenden während der Zeit vom 1. Januar bis 31. Dezember aufgrund der Erkenntnisse der Constant Proportion Portfolio-Insurance abgesichert werden soll. Bekannt sind der Floor, der Multiplikator sowie der Zins für eine risikolose Kapitalanlage:

- Floor = 9'500 pro Indexpunkt
- Multiplikator = 5
- Absicherungsdauer = 360 Tage
- risikoloser Zinssatz = 7%

Es kann davon ausgegangen werden, dass sich der Index wie folgt entwickelt:
1. Januar: 100; 1. April: 97.5; 1. Juli: 95; 1. Oktober: 92.5, 31. Dezember: 90.

Am **1. Januar** beträgt das Cushion 50'000 (= 1'000'000 - 950'000) woraus sich gemäss (6-19) eine Exposure von 250'000 ergibt. Entsprechend setzt sich das Portfolio wie folgt zusammen:

- Aktien = 250'000
- Risikolose Anlagen = <u>750'000</u>

    1'000'000

Am **1. April** beträgt der Portfoliowert noch *)

0.975·250'000 + 750'000 = 993'750

---

[42] Eine Neubestimmung der beiden Grössen ist dann angezeigt, wenn bspw. nach einer Aktienhausse nicht der ganze erzielte Gewinn erneut dem Marktrisiko ausgesetzt werden soll.

Abbildung 6/9: Beispiel einer dynamischen Portfolio-Absicherung mittels Constant Proportion Portfolio-Insurance (Fortsetzung)

Damit beträgt das Cushion neu 43'750 und die Exposure 218'750. Entsprechend setzt sich das Portfolio wie folgt zusammen:

- Aktien = 218'750
- Risikolose Anlagen = 775'000
  993'750

Am **1. Juli** beträgt der Portfoliowert noch

0.97436·218'750 + 775'000 = 988'141

Damit beträgt das Cushion neu 38'141 und die Exposure 190'705. Entsprechend setzt sich das Portfolio wie folgt zusammen:

- Aktien = 190'705
- Risikolose Anlagen = 797'436
  988'141

Am **1. Oktober** beträgt der Portfoliowert noch

0.97368·190'705 + 797'436 = 983'122

Damit beträgt das Cushion neu 33'122 und die Exposure 165'610. Entsprechend setzt sich das Portfolio wie folgt zusammen:

- Aktien = 165'610
- Risikolose Anlagen = 817'512
  983'122

Am **31. Dezember** beträgt der Portfoliowert noch

0.97297·165'610 + 817'512 = 978'646

Damit beträgt das Cushion neu 28'646 und die Exposure 143'230. Entsprechend setzt sich das Portfolio wie folgt zusammen:

- Aktien = 143'230
- Risikolose Anlage = 835'466
  978'646

---

*) Unberücksichtigt bleibt die Verzinsung der risikolosen Anlage.

Verschiedene Autoren verglichen die Constant Proportion Portfolio-Insurance mit dem synthetischen Put-Approach. Die Resultate scheinen eher für die CPPI zu sprechen [vgl. Benninga 1990, S. 20ff, Zhu/Kavee 1988, S. 54]. Insbesondere in Zeiten grosser Marktvolatilität hält die CPPI den Floor besser. *Zhu/Kavee* [vgl. Zhu/Kavee

KAPITEL 6: *Portfolio-Insurance und Zinsimmunisierung*

1988, S. 48ff] begründen dies damit, dass die Versicherung genau dann versagt, wenn sie benötigt wird, da die Volatilität falsch geschätzt wurde. Versichert man sich aber aufgrund einer zu hohen erwarteten Volatilität, muss während der ganzen Versicherungsdauer zuviel an Versicherungskosten bezahlt werden, wodurch die Versicherung unsinnig wird[43].

6.1.3.3 Beurteilung der dynamischen Portfolio-Insurance

Mit der dynamischen Portfolio-Insurance werden verschiedene Nachteile der Absicherung mit Optionen umgangen. Da die Dauer der Absicherung, der Ausübungspreis und der abzusichernde Portfoliowert frei wählbar sind, ermöglicht die dynamische Portfolio-Insurance *individuelle* Absicherungen. Zudem ist die dynamische Absicherung in den häufigsten Fällen bedeutend kostengünstiger. Bei der Verwendung von Optionen ergeben sich die Absicherungskosten aus der *erwarteten* Volatilität (diese bestimmt die Höhe des Optionspreises), wogegen bei der dynamischen Absicherung die *tatsächliche* Volatilität auf die Absicherungskosten einwirkt [vgl. Zimmermann/Bill/Dubacher 1989, S. 56][44].

Allerdings erwachsen der dynamischen Absicherung auch Nachteile. Durch die individuelle Ausgestaltung der Versicherung ist es - im Gegensatz zur Verwendung von Optionen, für die ein börsenmässiger Handel stattfindet - schwierig, einen Investor zu finden, der zur Gegentransaktion bereit ist. Entsprechend muss ein liquider Markt vorausgesetzt werden, damit sämtliche Transaktionen der Aktien und risikolosen Anlagen *jederzeit* getätigt werden können. Ist die Marktliquidität nicht gegeben, so versagt die dynamische Portfolio-Insurance. Ein Beispiel dafür ist der *Kurssturz vom Oktober 1987*. Der Aktienmarkt hatte damals zu schnell an Wert verloren, als dass genügend Zeit blieb, in risikolose Anlagen zu gehen. Auch liessen sich keine Investoren finden, welche zur Umverteilung des Marktrisikos bereit waren. In der Folge konnten die angestrebten Floors nicht mehr erreicht werden[45].

---

43 Die falsch geschätzte Volatilität ist der Grund, weshalb die Resultate des Beispiels von Abbildung 6/8 und Abbildung 6/9 nicht übereinstimmen. Offensichtlich wurde die Volatilität in Abbildung 6/8 mit 20% zu hoch geschätzt.

44 Die dynamische Absicherung wird demzufolge immer dann kostengünstiger ausfallen, wenn die tatsächliche Volatilität unter der erwarteten Volatilität liegt. *Rendleman/O'Brien* zeigen denn auch, dass der Effekt einer falschen Einschätzung der Volatilität im Falle einer synthetischen Absicherung gross ist [vgl. Rendleman/O'Brien 1990, S. 61ff].

45 Kritiker sehen darin eine Ursache des Crash [vgl. dazu Brady 1988]. Ohne weiter darauf einzugehen, muss hier allerdings festgehalten werden, dass die dynamische Portfolio-Insurance *nicht* das auslösende Element des Crash gewesen ist [vgl. Bill 1988, S. 46ff].

Somit wird der Absicherungseffekt mittels dynamischer Portfolio-Insurance nur unter bestimmten Bedingungen erzielt. Zum einen darf die Volatilität des Aktienkurses nicht zu stark variieren, was beispielsweise für den Schweizer Aktienmarkt als Ganzes kaum gerechtfertigt ist [vgl. Zimmermann/Bill/Dubacher 1989, S. 59]. Zum andern müssen Transaktionen einer grossen Menge von Wertpapieren schnell und kostengünstig möglich sein, was eine geeignete Börsenstruktur und/oder geeignete Instrumente erfordert. Die Verwendung börsenmässig gehandelter Optionen weist in beiden Fällen gegenüber der dynamischen Absicherung nicht zu übersehende Vorzüge auf [näheres dazu in Zimmermann/Bill/Dubacher 1989, S. 59ff], denen aber nach wie vor die erwähnten Nachteile gegenüberzustellen sind[46]. Eine allgemeingültige Entscheidung zugunsten der einen oder anderen Strategie ist daher nicht möglich [vgl. Benninga/Blume 1985, S. 1352].

6.2 Absicherung von Aktienportfolios mit Futures

Futures sind eine Weiterentwicklung von *Termingeschäften*. Erstere unterscheiden sich von letzteren durch die Standardisierung wesentlicher Vertragselemente (Verfalltermin, Menge, Basiswert und Preis des Basiswertes), was den Vorteil bringt, dass die *Kontrakte* börsenmässig handelbar sind. Im Gegensatz zur Option, wo sich für den Käufer wie den Verkäufer ein einseitiges Gewinn-Verlust-Profil ergibt, ist dasselbe beim Future zweiseitig, das heisst es ist analog den Kassamarktinstrumenten ein unbeschränktes Gewinn- und Verlustpotential vorhanden.

Da im Rahmen der Portfolio-Insurance *Aktienindex-Futures* zum Einsatz gelangen, wird im folgenden auf deren Eigenschaften und Anwendungsmöglichkeiten näher eingegangen[47].

6.2.1 Eigenschaften und Anwendungsmöglichkeiten von Aktienindex-Futures

Unter einem *Aktienindex-Future* ist die vertragliche Vereinbarung zu verstehen, einen standardisierten Wert (Menge) eines Aktienindexes (Basiswert)[48] zu einem im

---

46 Vgl. dazu Abschnitt 6.1.2.4.

47 Das Prinzip aller Financial Futures-Geschäfte bleibt dasselbe, weshalb auf eine nähere Betrachtung der *Währungs-Futures* (welche zur Absicherung von Fremdwährungspositionen eingesetzt werden) und *Zins-Futures* (welche der Absicherung bestimmter Zinsänderungsrisiken dienen) verzichtet wird (vgl. dazu auch Abschnitt 2.2.4.1).

48 Bspw. SMI-Index, S&P 500-Index, Nikkei 225 Index etc.

voraus ausgehandelten Kurs (Preis des Basiswertes) an einem späteren, standardisierten Fälligkeitstermin (Verfalltermin) zu kaufen bzw. zu verkaufen [vgl. bspw. auch Edwards/Ma 1992, S. 4].

Da Aktienindizes abstrakte Basiswerte darstellen, ist eine Lieferung der Ware (des Indexes) undenkbar[49]. Die physische Lieferung wird deshalb durch den sog. *Barausgleich* ersetzt, was eine tägliche Neubewertung der Kontrakte (sog. *mark-to-market-Bewertung*) erfordert. Um die Aktienindex-Kontrakte täglich bewerten zu können, sind die Aktienindizes derart zu konstruieren, dass sich die Veränderungen derselben wertmässig erfassen lassen. Zu diesem Zweck werden die Indizes mit einem bestimmten Betrag multipliziert (beispielsweise Fr. 50 x SMI-Index, US$ 500 x S&P 500-Index etc.).

6.2.1.1 Eigenschaften von Aktienindex-Futures

Sind Aktienindex-Futures auf deren Eigenschaften hin zu untersuchen, darf der enge Zusammenhang zwischen Futuresmarkt (Terminmarkt) und Kassamarkt nicht übersehen werden. Die Kursentwicklungen der Aktienindex-Futures reflektieren die Gegebenheiten am Aktienmarkt. In einem sinkenden (steigenden) Aktienmarkt - wo der Kassapreis für den Aktienindex sinkt (steigt) - sind tendenziell[50] sinkende (steigende) Kurse (Preise) der Aktienindex-Futures festzustellen.

Neben dem bereits erwähnten *Kassapreis des Aktienindexes* ist ferner der Einfluss der *Opportunitätskosten* zu beachten (auch als *Cost of Carry* bezeichnet [vgl. Hull 1993, S. 69]). In diesem Zusammenhang sind auf der einen Seite die *Finanzierungskosten der Kassaposition* und auf der anderen Seite allfällige *Erträge der Kassainstrumente* zu erwähnen. Während mit steigenden Finanzierungskosten der Futurespreis steigt, wirken allfällige Erträge auf den Futurespreis in der entgegengesetzten Richtung.

Mit den Opportunitätskosten ist sodann der Einfluss der *Laufzeit* auf den Futurespreis zu beachten. Je länger die Laufzeit ist, umso stärker fallen die Finanzierungskosten bzw. allfällige Erträge der Kassainstrumente ins Gewicht (und umgekehrt). Aktienindex-Futures mit Laufzeiten von beispielsweise neun Monaten müssen daher

---

49 Eine Ausnahme bilden die Aktienkorb-Futures, die von verschiedenen Börsen aufgrund rechtlicher Hindernisse für Futures mit Barausgleich eingeführt worden sind. Diese sehen bei Fälligkeit die Lieferung eines aus verschiedenen Aktien bestehenden Paketes vor [vgl. Staub 1989, S. 5].

50 Kurzfristig sind Entwicklungen in entgegengesetzter Richtung möglich und werden durch Arbitragetransaktionen hervorgerufen.

teurer sein als solche mit Laufzeiten von sechs Monaten (da die Finanzierungskosten um drei Monate länger zinsbringend investiert werden können), sofern während der letzten drei Monate keine zusätzlichen Erträge anfallen.

6.2.1.2 Anwendungsmöglichkeiten von Aktienindex-Futures

Aktienindex-Futures dienen als Anlagealternative verschiedenen Zielsetzungen. Aktienindex-Futures ermöglichen dem Investor, mit einem relativ geringen Kapitaleinsatz (der sog. *Initial Margin*, welche wenige Prozent des Kontraktgegenwertes beträgt) an einer Marktbewegung zu partizipieren, ohne dass einzelne Aktien ausgewählt werden müssen. Dank des geringen Kapitaleinsatzes ist der *relative* Gewinn/ Verlust von Futures-Transaktionen immer grösser als der *relative* Gewinn/Verlust aus Transaktionen im Basiswert (man spricht von der sog. *Hebelwirkung* bzw. vom *Leverage-Effekt*). Bezogen auf das investierte Kapital führt dies zu ausserordentlich hohen Gewinnchancen - aber auch entsprechenden Verlustrisiken. Deshalb ist es für den Erfolg einer solchen Strategie - welche als *Spekulation* bezeichnet wird - wesentlich, dass die Prognosequalität der Preiserwartungen besser ist als die im Kontraktpreis ausgedrückte Preiserwartung des Marktes [vgl. Gilg 1989, S. 178].

Sind die Risiken der Aktienindex-Futures zu beschränken, so bleiben dem Investor die Möglichkeiten des *Spreading* und der *Arbitrage*. Beim *Spreading* sind simultan Futures zu kaufen und ähnliche zu verkaufen[51]. Allerdings wird das Risiko nur dann beschränkt, wenn zwischen den beiden Positionen eine enge wirtschaftliche Preisbeziehung besteht, ansonsten eine Nettokaufs- und eine Nettoverkaufsposition vorliegen [vgl. SOFFEX Manual 1990, S. 9.2/4]. Im Unterschied zum Spreading handelt es sich bei der *Arbitrage* um eine risikolose Strategie, welche vorübergehende - ökonomisch nicht gerechtfertigte - Preisunterschiede für denselben Wert ausnützt. Zu diesem Zweck sind Futures zu kaufen und gleichzeitig zu einem höheren Preis zu verkaufen. Wird die Transaktion am selben Futuresmarkt vollzogen, spricht man von einer *Intra-Market Arbitrage*, wird die Transaktion an verschiedenen Futuresmärkten vollzogen, spricht man von einer *Inter-Market Arbitrage* [vgl. Cordero 1986, S. 142]. Eine Inter-Market Arbitrage kann auch den Kauf eines Kassainstrumentes und den gleichzeitigen Verkauf entsprechender Futures beinhalten,

---

51 Der Unterschied besteht meistens in der Fälligkeit der Kontrakte.

KAPITEL 6: *Portfolio-Insurance und Zinsimmunisierung*

womit die Kursunterschiede zwischen Kassamarkt und Futuresmarkt ausgenützt werden[52].

Der Erfolg der Aktienindex-Futures dürfte allerdings weder auf die Spekulation noch auf das Spreading oder die Arbitrage sondern vielmehr auf deren Gebrauch als *Hedge- oder Absicherungsinstrument* zurückzuführen sein. Analog den Index-Optionen ist es mit Index-Futures möglich, nicht nur das unsystematische sondern auch das systematische Portfoliorisiko abzusichern.

Abbildung 6/10: Der Positionswert eines mit Futures abgesicherten Portfolios

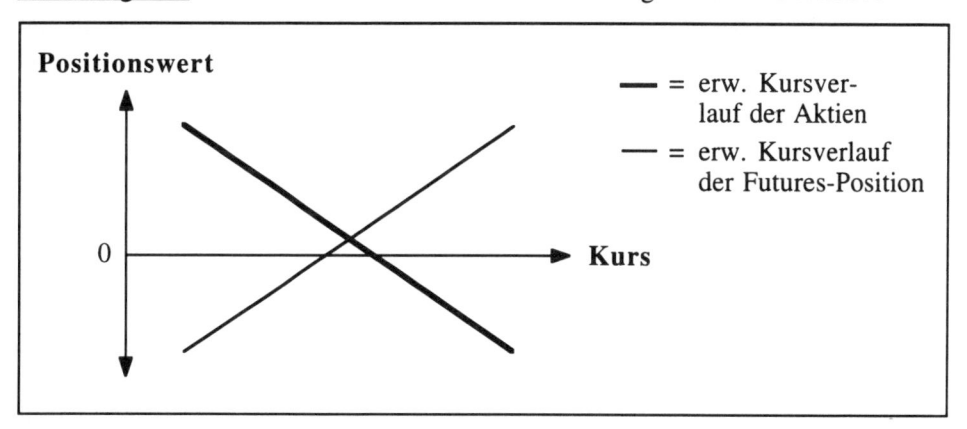

```
Positionswert
                        ─── = erw. Kursver-
                              lauf der Aktien
                        ─── = erw. Kursverlauf
                              der Futures-Position
0 ─────────────────► Kurs
```

Angenommen, ein Investor halte in seinem Depot Aktien im Gesamtwert S. Wird ein Kursrückgang erwartet, kann der Investor Aktienindex-Futures mit dem Preis S verkaufen[53]. Sinkt der Depotwert (aufgrund sinkender Aktienkurse) tatsächlich, werden die Aktienindex-Futures zurückgekauft und aus dem Gewinn der Futures-Transaktionen[54] der Verlust des Portfolios abgedeckt. Steigt dagegen der Depotwert (aufgrund steigender Aktienkurse), ist die eingegangene Futures-Position mit einem Verlust glattzustellen. Dieser wird allerdings durch den Gewinn auf den Aktien auf-

---

52 Ein solches Arbitragegeschäft wird dann vorgenommen, wenn der Terminkurs gegenüber dem Kassakurs überbewertet ist. Man spricht von einer *Cash-and-Carry-Arbitrage*. Ist der Terminkurs gegenüber dem Kassakurs unterbewertet, so verkauft der Arbitrageur die Aktien auf dem Kassamarkt und kauft sie auf Termin. Hier spricht man von einer *Reverse-Cash-and-Carry-Arbitrage*.
53 Eine Long-Position im Aktienmarkt kann nur mit dem Eingehen einer Short-Position im Futuresmarkt abgesichert werden.
54 Werden bspw. Aktienindex-Futures bei einem SMI-Indexstand von 1710.5 verkauft und bei einem solchen von 1675.5 gekauft, so resultiert pro Aktienindex-Future ein Gewinn von Fr. 1'750.- (= (1710.5 - 1675.5) · 50.-).

gefangen (vgl. Abbildung 6/10)[55]. Unabhängig von der Aktienkursentwicklung bleibt damit das Vermögen während der Absicherungsdauer erhalten.

Aufgrund dieser Ausführungen ist ersichtlich, dass das Hedging mit Aktienindex-Futures keine Anwendung im Sinne der Portfolio-Insurance ist, wird doch neben der Absicherung von Verlustrisiken auch das Gewinnpotential eingeschränkt. Wie noch zu zeigen sein wird, gelangen Aktienindex-Futures im Rahmen bestimmter Absicherungsstrategien dennoch zum Einsatz[56].

6.2.2 Die Bewertung von Aktienindex-Futures und deren Einsatz in der Portfolio-Insurance

Nachdem weiter oben einige Betrachtungen zu den Eigenschaften von Aktienindex-Futures aufgestellt worden sind[57], ist im folgenden die *quantitative Bewertung* derselben darzulegen. Dabei zeigt sich, dass der Wert (Preis) von Futures aufgrund des engen Zusammenhangs zwischen Aktien- und Futuresmarkt ziemlich genau berechnet werden kann.

6.2.2.1 Die Bewertung von Aktienindex-Futures

Der Kassapreis eines Aktienindexes und der Preis (Wert) eines Aktienindex-Future unterscheiden sich aus zwei Gründen [vgl. French 1988, S. 15]:
- Zum einen ist der Kauf eines Futures-Kontraktes - abgesehen von Transaktionskosten - im Moment liquiditätsunwirksam, während ein Aktienkauf sofort liquiditätswirksam ist, und
- zum andern berechtigt ein Aktienkauf zum Bezug sämtlicher zukünftig anfallender Dividenden. Diese entfallen beim Kauf eines Futures-Kontraktes.

Das Auseinanderfallen der Zahlungszeitpunkte ermöglicht einem Investor im Falle einer Investition im Futuresmarkt, sein Kapital während der Laufzeit des Kontraktes zinsbringend anzulegen. Demzufolge muss der Preis (Wert) eines Aktienindex-Future immer *über* dem Kassapreis für Aktien liegen, ansonsten sich ein rational handelnder Investor in jedem Fall für den Kauf des Futures-Kontraktes entscheidet.

---

55 Denkbar ist auch der Fall, wo ein Investor ein Aktienportfolio kaufen will (d.h. er hat eine Short-Position im Aktienmarkt). Um den Kaufpreis abzusichern, kauft der Investor Aktienindex-Futures (d.h. er hat am Futuresmarkt eine Long-Position).
56 Vgl. dazu Abschnitt 6.2.2.2.
57 Vgl. dazu Abschnitt 6.2.1.1.

KAPITEL 6: *Portfolio-Insurance und Zinsimmunisierung*

Wird unterstellt, dass die Aktien *keine Dividenden* abwerfen, muss der Preis eines Aktienindex-Future gemäss der *Theorie der vollkommenen Märkte*[58] genau dem Kassamarktpreis des Aktienindexes zuzüglich die entgangenen Zinsen im Falle einer Investition im Futuresmarkt (sog. Zinsopportunitätskosten) entsprechen [vgl. French 1988, S. 17]:

$$F(t,T) = S(t) + S(t) \cdot r_f \qquad (6\text{-}20)$$

(wobei $F(t,T)$ = Preis des Aktienindex-Future zum Zeitpunkt t mit Verfallszeitpunkt T, $S(t)$ = Preis des Aktienindexes zum Zeitpunkt t, r_f = risikoloser Zinssatz).

Weicht der Futurespreis vom theoretisch berechneten Preis (vgl. (6-20)) ab, so besteht die Möglichkeit, Gewinne durch *Arbitragetransaktionen* zu erzielen. In der Praxis sind Arbitragetransaktionen in Form von *Programmhandel* tatsächlich zu beobachten, was auf vorübergehende Ungleichgewichtszustände der Märkte zurückzuführen ist.

Konzept-Frage 4   Im Zeitpunkt t betrage der SMI-Index 1721 und der risikolose Zinssatz r_f = 6%. Welches ist der Preis eines Aktienindex-Future auf den SMI-Index mit Verfall in 90 Tagen (Dividenden werden in dieser Zeit nicht ausgerichtet)? Angenommen, der Aktienindex-Future wird zu $F(t,T)$ = 1750 an der Börse gehandelt, besteht dann die Möglichkeit eines Arbitragegeschäftes?

Da Aktien im allgemeinen Dividenden abwerfen, sind diese bei der Ermittlung des Futurespreises ebenfalls zu berücksichtigen. Kauft der Investor Aktienindex-Futures anstelle einer Investition in Aktien, so muss er auf sämtliche zukünftig anfallenden Dividenden während der Laufzeit der Kontrakte verzichten, weshalb diese vom Preis der Aktienindex-Futures zu subtrahieren sind. Damit gilt für den Preis von Aktienindex-Futures [vgl. bspw. Stulz/Stucki/Wasserfallen 1989, S. 293]:

$$F(t,T) = S(t) + S(t) \cdot r_f - D(t,T) \qquad (6\text{-}21)$$

(wobei $D(t,T)$ = Dividende während der Laufzeit des Futures-Kontraktes).

---

[58] Die Investoren haben hinsichtlich der erwarteten Rendite und des Risikos der verschiedenen Anlagen homogene Erwartungen, sämtliche Informationen sind den Investoren kostenlos zu jeder Zeit zugänglich, und der Kapitalmarkt befindet sich im Gleichgewicht.

6.2.2.2 Der Einsatz von Aktienindex-Futures in der Portfolio-Insurance

Wie bereits erwähnt wurde, ist eine Portfolioabsicherung mit Futures (sog. Hedging) nicht als Insurance zu bezeichnen[59], da von einer allfälligen Börsenhausse nicht profitiert werden kann. In Verbindung mit der dynamischen Portfolio-Insurance gelangen Aktienindex-Futures dennoch zum Einsatz.

Aufgrund der Tatsache, dass der Preis eines Aktienindex-Future durch Arbitrage an den Verlauf des zugrundeliegenden Aktienindexes gekoppelt ist [vgl. dazu Zimmermann/Bill/Dubacher 1989, S. 97 [60]], kann der Aktienanteil eines bestehenden Portfolios - welches in seiner Zusammensetzung ungefähr dem Index entspricht - durch den Kauf bzw. Verkauf von Aktienindex-Futures laufend vergrössert bzw. verkleinert werden [vgl. Wydler 1988 (2), S. 29]. Dabei ist zu beachten, dass - im Gegensatz zur dynamischen Portfolio-Insurance ohne Futures - keine Transaktionen am Aktienmarkt getätigt werden müssen. Ferner sind Käufe bzw. Verkäufe risikoloser Anlagen hinfällig, da die risikolosen Anlagen *synthetisch* aus Aktien und dem Verkauf von Aktienindex-Futures hergestellt werden.

Um die risikolose Anlage synthetisch herzustellen, bedarf es eines *exakten* Hedge. Dies erfordert zunächst die Ermittlung der zur Absicherung notwendigen *Anzahl Futures-Kontrakte* (die sog. *Hedge-Ratio*) [vgl. bspw. Cordero 1986, S. 109]:

$$\text{Anz. Kontrakte} = W_{AP} \cdot \beta / W_K \qquad (6\text{-}22)$$

(wobei W_{AP} = Marktwert der abzusichernden Aktienposition, W_K = Marktwert eines Kontraktes (für ein SMI-Aktienindex-Future entspricht dieser dem aktuellen Index multipliziert mit Fr. 50.-), β = systematisches Risiko der abzusichernden Aktienposition).

Konzept-Frage 5   (6-22) zeigt, dass die zu einer Absicherung nötige Anzahl Kontrakte von β abhängig ist. Wie ist diese Abhängigkeit zu begründen?

Wird die Anzahl Kontrakte mit der Differenz aus Verkaufs- und Kaufswert eines

---

59   Vgl. dazu Abschnitt 6.2.1.2.

60   Die Autoren verweisen auf eine Studie, welche zeigt, dass der S&P 500-Index-Futurespreis dem S&P 500-Index systematisch um 20-45 Minuten vorauseilt, während die umgekehrte Beziehung kaum länger als eine Minute dauert.

KAPITEL 6: *Portfolio-Insurance und Zinsimmunisierung* **243**

Aktienindex-Future[61] multipliziert, erhält man den Gewinn bzw. Verlust auf der Futures-Position, welcher dem Verlust bzw. Gewinn auf der Aktienposition gegenüberzustellen ist (vgl. Abbildung 6/11).

Werden die Resultate der *dynamischen Absicherung mit direkten Aktientransaktionen* (vgl. Abbildung 6/8) mit denjenigen der *dynamischen Absicherung mit Aktienindex-Futures* (vgl. Abbildung 6/11) verglichen, so ist festzustellen, dass im wesentlichen beide zum selben Ziel führen[62].

Abbildung 6/11: Beispiel einer dynamischen Portfolio-Absicherung mit Aktienindex-Futures

---

Betrachtet wird das Beispiel aus Abbildung 6/8. Es soll ein Aktiendepot mit dem Wert W_0 = Fr. 1'000'000.-, dynamisch mit Aktienindex-Futures abgesichert werden*). Bekannt sind die folgenden Daten:

- Floor = 9'500 pro Indexpkt.
- Absicherungsdauer = 360 Tage
- Indexvolatilität = 20%
- risikoloser Zinssatz (r_f) = 7%
- Ausübungspreis = 9'927 pro Indexpkt.
- r_f pro 90 Tage = 1.71%

Es kann davon ausgegangen werden, dass sich der Index wie folgt entwickelt: 1. Januar: 100; 1. April: 97.5; 1. Juli: 95; 1. Oktober: 92.5; 31. Dezember: 90.

Unter Berücksichtigung von (6-16) und (6-18) ergibt sich ein Aktienanteil von 656'470 und ein Anteil der risikolosen Anlage von 343'530. Gemäss (6-21) lässt sich am 1. Januar für Aktienindex-Futures (Verfall 31. März) ein Wert von $F(t,T)$ = **101.71** berechnen. Um einen Aktienanteil von **343'530** (entspricht dem Anteil der risikolosen Anlage) mit Futures abzusichern, werden (vgl. (6-22)) **138** Kontrakte verkauft. Am **31. März** sind die 138 Kontrakte zu einem Kurs von 97.5 zurückzukaufen, was folgende Vermögenslage ergibt:

---

61   Zur Ermittlung eines Futurespreises vgl. (6-21).

62   Es ist zu beachten, dass das Resultat in Abbildung 6/8 um die vernachlässigte Verzinsung sowie die Abweichung, welche aus der Missachtung einer kontinuierlichen Anpassung entsteht, zu korrigieren ist. Für das erste Quartal beträgt diese Korrektur *7'842* (es werden Aktien im Wert von 69'978 (= 640'058 - 570'080) verkauft, demgegenüber aber lediglich in risikolose Anlagen im Wert von 68'010 (= 343'530 - 411'540) investiert, was eine Abweichung von 1'968 ergibt; sodann ist noch die Verzinsung von 5'874 (= 343'530 · 0.0171) zu berücksichtigen). Für das zweite Quartal beträgt diese Korrektur *9'370*, für das dritte Quartal *10'857* und für das vierte Quartal *4'562*. Die Gesamt-Korrektur beträgt demnach 32'631, womit der Wert des Portfolios am 31. Dezember auf *982'631* steigt (= 950'000 + 32'631).

Abbildung 6/11: Beispiel einer dynamischen Portfolio-Absicherung mit Aktienindex-Futures (Fortsetzung)

Aktienwert:	975'000	(= 10'000 · 97.5)
Gewinn auf Futures-Transaktion:	<u>14'525</u>	(= 138 · 25 · (101.71 - 97.5))
	989'525	

Am 1. April beträgt der abzusichernde Aktienanteil **411'540** und für Aktienindex-Futures mit Verfall 30. Juni wird ein Wert von F(t,T) = **99.17** ermittelt. Die Anzahl der zu kaufenden Kontrakte beträgt **165**. Am **30. Juni** sind die 165 Kontrakte zu einem Kurs von **95** zurückzukaufen, was folgende Vermögenslage ergibt:

Aktienwert:	950'000	(= 10'000 · 95)
Gewinn auf Futures-Transaktion	17'201	(= 165 · 25 · (99.17 - 95))
Verzinster Gewinnvortrag	<u>14'774</u>	(= 14'525 · 1.0171)
	981'975	

Am 1. Juli beträgt der abzusichernde Aktienanteil **509'210** und für Aktienindex-Futures mit Verfall 30. September wird ein Wert von F(t,T) = **96.63** ermittelt. Die Anzahl der zu kaufenden Kontrakte beträgt **204**. Am **30. September** sind die 204 Kontrakte zu einem Kurs von **92.5** zurückzukaufen, was folgende Vermögenslage ergibt:

Aktienwert:	925'000	(= 10'000 · 92.5)
Gewinn auf Futures-Transaktion	21'063	(= 204 · 25 · (96.63 - 92.5))
Verzinster Gewinnvortrag	<u>32'522</u>	(= (17'201 + 14'774) · 1.0171)
	978'585	

Am 1. Oktober beträgt der abzusichernde Aktienanteil **673'474** und für Aktienindex-Futures mit Verfall 31. Dezember wird ein Wert von F(t,T) = **94.08** ermittelt. Die Anzahl der zu kaufenden Kontrakte beträgt **270**. Am **31. Dezember** sind die 270 Kontrakte zu einem Kurs von **90** zurückzukaufen, was folgende Vermögenslage ergibt:

Aktienwert:	900'000	(= 10'000 · 90)
Gewinn auf Futures-Transaktion	27'540	(= 270 · 25 · (94.08 - 90))
Verzinster Gewinnvortrag	<u>54'502</u>	(= (21'063 + 32'522) · 1.0171)
	982'042	

---
*) Es wird angenommen, dass keine Dividendenzahlungen stattfinden.

6.2.3 Beurteilung der Portfolio-Insurance mit Futures

Aktienindex-Futures sind in Verbindung mit der dynamischen Portfolio-Insurance in den letzten Jahren sehr in Mode gekommen. Dies erstaunt kaum, weist doch diese Art der Risikobewirtschaftung eine Reihe von Vorteilen auf:

- Die dynamische Absicherung mit Aktienindex-Futures ermöglicht eine individuelle Absicherung.
- Selbst riesige Transaktionen lassen sich auf dem Futuresmarkt einfach abwickeln, was insbesondere für grosse Investoren (institutionelle Investoren) wichtig ist.
- Im Gegensatz zur dynamischen Absicherung mit direkten Aktientransaktionen gestaltet sich die Suche nach einem Investor, welcher zur Gegentransaktion bereit ist, einfach, da Aktienindex-Futures börsenmässig gehandelt werden.
- Aktienindex-Futures sind dank geringen Einschussmargen im Vergleich zu Optionen (wo eine Versicherungsprämie bezahlt werden muss) günstig.
- Im Gegensatz zur Absicherung mit Optionen ergeben sich die Absicherungskosten aus der tatsächlichen Volatilität der Aktien[63].

Ins Kreuzfeuer der Kritik geriet die Portfolio-Insurance mit Aktienindex-Futures im Zusammenhang mit dem Kurssturz vom Oktober 1987. Durch den raschen Kurszerfall mussten riesige Summen von Aktienindex-Futures verkauft werden, um den gewünschten Versicherungseffekt zu erzielen. Dies führte, so behaupten Kritiker, zu Preisüber- bzw. Preisuntertreibungen. Dadurch hätten Arbitrageprogramme der Traders aktiviert werden sollen, was auch zu einem fairen, marktgerechten Preis und damit zu einer Beruhigung geführt hätte[64]. Was geschah nun aber am *Schwarzen Montag*?

Einige wenige Portfolio-Versicherer verkauften - aufgrund ihrer Erwartungen über einen zukünftigen Aktienkursfall - an diesem Tag in der ersten halben Stunde nach Börsenbeginn ca. 400 Mrd. US$ Futures [vgl. Baratta/Wummel 1988, S. 148]. Dies führte zu sinkenden Futurespreisen, Arbitrage setzte ein und die Aktienkurse san-

---

63 Aus diesem Grund sichert bspw. die Investment Firma LOR (gegründet von *Leland, O'Brien* und *Rubinstein*) in 80 von 100 Fällen ein Depot mit Futures ab, denn die implizite Volatilität schrecke sie vom Gebrauch von Optionen ab [vgl. Leland/Rubinstein 1988, S. 8].

64 Arbitrage verhindert nicht nur den freien Fall eines Teilmarktes sondern ebenso den freien Fall des Gesamtmarktes. Der Gesamtmarkt kann zwar an Wert verlieren, allerdings nicht frei fallen sondern eher *nach unten schaukeln*. Arbitrage hat insofern für den Gesamtmarkt eine bremsende und beruhigende und keine volatilitätsverstärkende Wirkung [vgl. dazu Baratta/ Wummel 1988, S. 142].

ken, während die Futurespreise wieder stiegen. Kaum hatte sich der Markt wieder einigermassen stabilisiert, setzte - ausgelöst durch Aktienverkaufsprogramme der Portfolio-Versicherer - eine Verkaufswelle ein, welcher die Computer aus technischen Gründen nicht mehr gewachsen waren[65]. Das Versagen der technischen Seite blockierte den Arbitragemechanismus, wodurch irrationale Preise entstanden.

Der Portfolio-Insurance die Verantwortung für den Börseneinbruch im Oktober 1987 anzulasten, ist daher ein schlechter und kaum ernst zu nehmender Einwand gegen die Portfolio-Insurance. Dennoch ist vor allem in den Vereinigten Staaten ein starker Vertrauensschwund in solche Absicherungsstrategien festzustellen.

6.3 Absicherung von Portfolios festverzinslicher Anlagen mittels Zinsimmunisierung

Obwohl Portfolios festverzinslicher Anlagen im Vergleich zu Aktienportfolios als risikoarm angesehen werden, unterliegen auch sie bestimmten Risiken. Während Insolvenz-, Kündigungs-, Inflations- und Wechselkursrisiken oftmals *anwendungsspezifisch* zu bewerten sind[66], beeinflussen *Zinsänderungen* den Wert *jedes* Portfolios festverzinslicher Anlagen[67]. Deshalb beschränken sich die folgenden Ausführungen auf die Absicherung des Zinsänderungsrisikos.

6.3.1 Die Durationanalyse

Wird der Einfluss von Zinsänderungen auf die Preise festverzinslicher Anlagen untersucht, sind Auswirkungen auf

- den aktuellen Kurs und
- die künftigen Wiederanlagebedingungen

festzustellen. Dabei ist charakteristisch, dass sich Zinsänderungen in *gegensätzlicher* Weise auf die beiden Grössen auswirken (vgl. Abbildung 6/12). Steigt (fällt) das

---

[65] Allerdings ist zu betonen, dass die Auslöser des Crash fundamentale Faktoren wie das US-Handelsbilanzdefizit, die Dollar-Schwäche, ein beschleunigter Zinsanstieg, die Ankündigung neuer restriktiverer Take-Over-Richtlinien usw. waren und nicht - wie vielfach behauptet - computergestützte Handelssysteme.
[66] Vgl. dazu Abschnitt 3.1.2.1.
[67] Bereits früher wurde auf die Problematik der Zinsprognosen hingewiesen (vgl. dazu Abschnitt 3.3.2.1).

KAPITEL 6: *Portfolio-Insurance und Zinsimmunisierung*

Zinsniveau, dann fällt (steigt) zunächst der aktuelle Kurs (*Present Value*[68]). Andererseits steigt (fällt) die Verzinsung der Wiederanlage, was den Wert am Ende der Laufzeit (*Final Value*[69]) ansteigen (fallen) lässt. Der anfänglich durch das Ansteigen (Absinken) des Zinsniveaus hervorgerufene Kursverlust (Kursgewinn) wird damit durch die verbesserte (verschlechterte) Wiederanlagemöglichkeit überkompensiert.

Abbildung 6/12: Auswirkungen einer Zinsänderung auf den aktuellen Kurs und die künftigen Wiederanlagebedingungen

---

Angenommen, ein Investor besitze einen festverzinslichen Bond (zu pari) mit einem Jahrescoupon von 7% und einer (Rest-)Laufzeit von 5 Jahren. Der Marktzinssatz für diese Art von Bonds betrage ebenfalls 7%, weshalb der Bondkurs (Present Value) 100 und der Final Value 140.26 beträgt. Steigt (sinkt) dieser beispielsweise auf 7.5% (6.5%), fällt (steigt) der Bondkurs (Present Value) auf 97.98 (102.08). Allerdings darf nicht übersehen werden, dass dank des höheren (tieferen) Marktzinssatzes die Wiederanlage höher (tiefer) verzinst wird. Bis zum Ende der Laufzeit wird dadurch ein Final Value von 140.66 (139.86) erzielt.

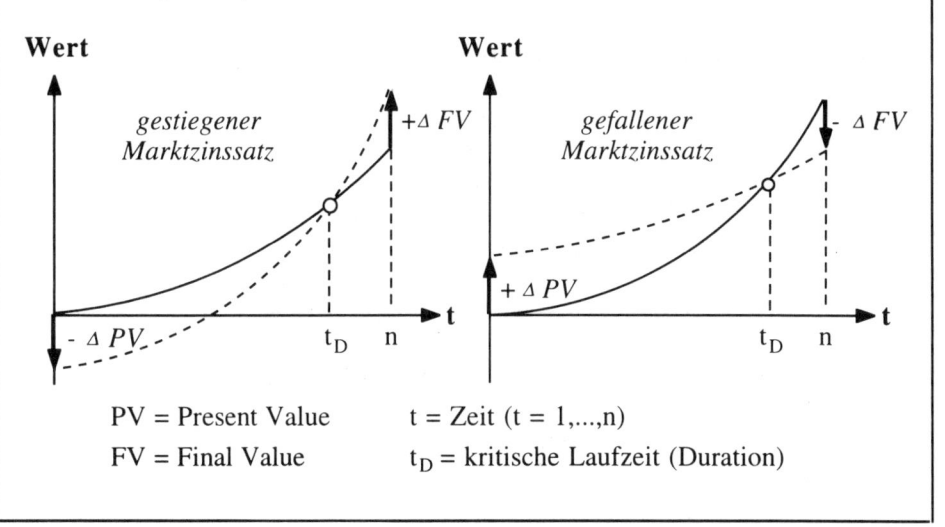

PV = Present Value   t = Zeit (t = 1,...,n)
FV = Final Value t_D = kritische Laufzeit (Duration)

---

68 Bei der Berechnung des Present Value werden sämtliche Zahlungsströme auf die Gegenwart diskontiert (vgl. dazu (3-5) in Abschnitt 3.1.2.2).
69 Bei der Berechnung des Final Value werden sämtliche Zahlungsströme auf den Endzeitpunkt aufgezinst.

"Da stets eine Ueberkompensierung eintritt, muss es eine kritische Laufzeit t_D geben, die zwischen Null und T liegt, und bei der gerade exakt eine Kompensierung eintritt" [Hielscher 1988 (1), S. 14] (vgl. Abbildung 6/12). Diese kritische Laufzeit wird als *Duration* (D) bezeichnet.

6.3.1.1 Entwicklung und Darstellung der Duration-Kennzahl

Die Duration - verschiedentlich auch als *Selbstliquidationsperiode* oder *durchschnittliche Restbindungsdauer* eines Zahlungsstromes bezeichnet [vgl. Rudolph 1979, S. 181ff, Rudolph 1981 (1), S. 19ff] - wurde erstmals von *Macaulay* 1938 definiert [Macaulay 1938, erwähnt in Fisher/Weil 1971, S. 408ff]. Sie stellt das gewogene arithmetische Mittel der Einzelbarwerte dar, das heisst sie ist ein Mass für die durchschnittliche Fälligkeit eines Zahlungsstromes [vgl. bspw. Saunders 1993, S. 102]. Demzufolge handelt es sich um ein *Zeit-* und *kein* Renditemass und ist wie folgt zu berechnen:

$$D = [\sum_{t=1}^{T} t \cdot CF_t \cdot q^{-t}] / [\sum_{t=1}^{T} CF_t \cdot q^{-t}] \qquad (6\text{-}23)$$

(wobei T = Laufzeit, $q = (1 + p_M)$ mit p_M = Marktzinssatz, CF_t = Zahlungsstrom im Zeitpunkt t).

Konzept-Frage 6 Wie gross ist die Duration des in Abbildung 6/12 gezeigten Bond, wenn ein Marktzinssatz von 7.0% unterstellt wird? Wie gross ist die Duration eines *Zero Bond* und diejenige eines sog. *Consol Bond* (ewige Anleihe)?

Aus (6-23) ist ersichtlich, dass mit zunehmender Laufzeit (aber abnehmendem Coupon) die Duration grösser wird, letztere aber nie grösser als erstere sein kann. Dagegen verringert sich die Duration mit steigender Effektivverzinsung, steigendem Coupon und je früher und häufiger die Couponzahlungen anfallen [vgl. auch Saunders 1993, S. 104f][70].

---

70 Die Abhängigkeit der Duration von der *Laufzeit*, vom *Marktzinssatz* bzw. von der *Couponhöhe* ist
- aus der ersten ($\partial D / \partial T > 0$) und zweiten Ableitung ($\partial D^2 / \partial^2 T < 0$) von (6-23) nach der Laufzeit T,
- aus der ersten Ableitung ($\partial D / \partial p_M < 0$) von (6-23) nach dem Marktzinssatz p_M (in q enthalten) bzw.

(Fortsetzung der Fussnote vgl. die folgende Seite)

KAPITEL 6: *Portfolio-Insurance und Zinsimmunisierung* 249

In (6-23) wurde allerdings von einigen Voraussetzungen ausgegangen:
- Es existiert eine *flache Zinskurve* (ist diese Annahme nicht gegeben, so kann nicht mit einem konstanten Ab- bzw. Aufzinsungsfaktor kalkuliert werden),
- Investoren haben einen *fixen Planungshorizont*, und es werden zwischenzeitlich keine Zahlungen entnommen,
- zwischenzeitlich anfallende Zahlungen werden zum Marktzinssatz bis t = D reinvestiert,
- die Zinssätze bewirken eine *Parallelverschiebung* der flachen Zinskurve, und
- Steuern und Transaktionskosten sind zu vernachlässigen.

Verschiedentlich wurden diese Prämissen gelockert. 1977 entwickelten *Bierwag* [Bierwag 1977, S. 725ff] und *Cooper* [Cooper 1977, S. 701ff] Duration-Kennzahlen, welche nicht nur eine additive[71], sondern auch eine multiplikative Zinsänderung zulassen. In dieselbe Richtung stiess 1979 *Khang* [Khang 1979, S. 1085ff], welcher von der Annahme ausging, dass kurzfristige Zinsen einer grösseren Veränderung unterworfen sind als die langfristigen. *Cox/Ingersoll/Ross* [Cox/Ingersoll/Ross 1979, S. 51ff] entwickelten schliesslich eine Duration-Kennzahl aufgrund einer stochastischen Zinsänderungsthese[72].

Während die in (6-23) definierte Duration-Kennzahl den *Zeitaspekt* betont, wird sie häufig auch als *Elastizität des Present Value* in Abhängigkeit des Marktzinssatzes dargestellt[73]:

$$\varepsilon = - [\Delta PV / PV] / [\Delta p_M / p_M] = [\Delta PV / \Delta p_M] \cdot [p_M / PV] \quad (6\text{-}24) \ ^{74}$$

(wobei mit PV der Present Value sämtlicher Zahlungsströme (in (6-23) mit CF_t bezeichnet) gemeint ist, Δ bezeichnet eine Differenz).

Wird eine *marginale Aenderung* des Zinssatzes p_M betrachtet, so kann gezeigt werden, dass für die Elastizität

---

- aus der ersten Ableitung ($\partial D / \partial C < 0$) von (6-23) nach der Couponzahlung (in CF_t enthalten) ersichtlich.

71 Eine additive Zinsänderung bewirkt eine Parallelverschiebung der Zinskurve.
72 Eine Zusammenfassung der erwähnten Duration-Kennzahlen findet sich bei *Gultekin/Rogalski* [vgl. Gultekin/Rogalski 1984, S. 241ff]. Auf die erwähnten Erweiterungen soll allerdings im Rahmen dieser Arbeit nicht näher eingegangen werden.
73 Diese Idee wurde von *Hicks* erstmals aufgeworfen [vgl. Hicks 1946].
74 Das negative Vorzeichen bringt zum Ausdruck, dass der Present Value negativ mit dem Zinssatz korreliert.

$$\varepsilon = D \cdot [p_M / (1 + p_M)] \tag{6-25}$$

(wobei D in (6-23) definiert ist und $[p_M / (1 + p_M)]$ als konstanter Faktor zu betrachten ist, der *keinesfalls* mit ∂p_M bzw. Δp_M variiert werden darf)

gilt [vgl. Kruschwitz/Schöbel 1986 (1), S. 199]. Für die Duration gilt unter Berücksichtigung einer marginalen Zinsänderung entsprechend:

$$D = - [\partial PV / \partial p_M] \cdot [(1 + p_M) / PV] \tag{6-26}$$

Beide Duration-Kennzahlen - (6-23) und (6-26) - stellen äquivalente Sensitivitätsmasse des Present Value einer Zahlungsreihe in bezug auf Zinsänderungen dar.

6.3.1.2 Die Anwendung der Duration-Kennzahl

Die Duration-Kennzahl gelangt im Zusammenhang mit Zinsänderungsrisiken festverzinslicher Anlagen in zweifacher Hinsicht zur Anwendung:

- Zum einen geht es um die Reaktion festverzinslicher Titel auf Aenderungen des Marktzinssatzes (*Zinsreagibilität des Kurses*), und
- zum andern geht es um die Absicherung von Portfolios festverzinslicher Anlagen gegen Zinsänderungsrisiken (*Zinsimmunisierung*).

Hopewell/Kaufman [Hopewell/Kaufman 1973, S. 749ff] zeigten, dass durch eine Variation der von *Hicks* definierten Duration-Kennzahl (vgl. (6-26)) die *Zinsreagibilität* beliebiger festverzinslicher Titel abgeschätzt werden kann. Bei einer nicht allzu grossen Zinsänderung erhält man eine brauchbare Näherung für die Kursänderung festverzinslicher Titel, indem der Differenzialquotient $[\partial PV / \partial p_M]$ durch den Differenzenquotient $[\Delta PV / \Delta p_M]$ ersetzt wird:

$$D = - [\Delta PV / \Delta p_M] \cdot [(1 + p_M) / PV] \tag{6-27}$$

Aus (6-27) folgt für eine Kursänderung

$$\Delta PV = - D \cdot \Delta p_M \cdot PV / (1 + p_M) \tag{6-28}$$

Die Duration wird damit zu einem *Sensitivitätsmass* analog dem β-Faktor bei Aktien. Sie gibt an, wie der Kurs eines festverzinslichen Titels auf eine Aenderung des Marktzinssatzes reagiert. Im Beispiel der <u>Abbildung 6/12</u> beträgt die Duration *4.39* (zur Berechnung vgl. (6-23)). Steigt der Marktzinssatz von 7% auf 7.5%, so hat dies gemäss (6-28) einen Kursrückgang um 2.04% zur Folge. Im Unterschied zum β-Faktor - welcher das Gesamtmarktrisiko bezeichnet - kann allerdings mit der Duration nur das Risiko eines Teilmarktes ausgedrückt werden, da der Markt verzinslicher Anlagen sehr viel *heterogener* als der Aktienmarkt ist[75].

> *Konzept-Frage 7* Entsprechend (6-26) gilt für *kleine* Zinsänderungen: die Kursveränderung eines Bond verhält sich umgekehrt *proportional* zur Zinsänderung:
>
> $$[\partial PV / PV] = -D \cdot [\partial p_M / (1 + p_M)]$$
>
> Die umgekehrte *Proportionalität* ist dabei von der Grösse der Duration abhängig. Gilt dieselbe Aussage auch für *grössere* Zinsänderungen?

Von *Zinsimmunisierung* wird gesprochen, wenn eine Investition in eine (oder mehrere) festverzinsliche Anlage(n) gegen Marktzinssatzveränderungen immun ist, das heisst, dass nach Ablauf eines bestimmten Zeitraumes die Investition einen Mindestwert aufweist. *Fisher/Weil* [Fisher/Weil 1971, S. 408ff] legen dar, wie mit Hilfe der Duration dieser Mindestwert am Anlagehorizont gegen unerwartete Zinsschwankungen abgesichert werden kann[76].

6.3.2 Die Zinsimmunisierung unter Anwendung der Duration-Kennzahl

Der Endbetrag eines Portfolios festverzinslicher Anlagen setzt sich aus den zwei folgenden durch Zinsänderungen beeinflussten Ertragskomponenten zusammen [vgl. bspw. Hawawini 1986, S. 10]:

- der Summe sämtlicher während eines bestimmten Zeitraumes eingehender Zinszahlungen (inklusive Zinseszinszahlungen aus der Reinvestition der Zinszahlungen) (*Zinskomponente*) und
- dem Verkaufserlös der Anlage nach Ablauf des Zeitraumes (*Kurskomponente*).

---

75 Der Markt festverzinslicher Anlagen erlangt seine Heterogenität durch unterschiedliche Formen von Wertpapieren (Ausgestaltung wie Laufzeit, Zinssatz, Kündbarkeit (festverzinsliche Titel verschwinden nach Ablauf oder Kündigung und werden durch neue ersetzt) usw.), Möglichkeiten des Erwerbs, Marktgängigkeit, Marktpflege etc. Daher ist auch die Bildung eines repräsentativen Marktindexes festverzinslicher Titel mit grossen Schwierigkeiten verbunden [vgl. dazu Wertschulte/Meyer 1984, S. 65ff].

76 Vgl. dazu Abschnitt 6.3.2.

Es wurde bereits erwähnt, dass sich Zinsänderungen *gegensätzlich* auf diese beiden Komponenten auswirken, jedoch im Zeitpunkt der Duration der Zins- und Kurseffekt sich aufheben. Aus der Gegensätzlichkeit dieser beiden Komponenten ergibt sich, dass in *Abhängigkeit der Risikoaversion* des Investors eine *unbedingte* oder eine *bedingte* Immunisierung vorgenommen werden kann.

6.3.2.1 Die unbedingte Zinsimmunisierung

Investiert ein Investor in einen festverzinslichen Titel, dessen Duration genau seinem zeitlichen Anlagehorizont entspricht, erzielt er mindestens die gegenwärtige Marktrendite unabhängig davon, wie sich der Marktzins in der Zwischenzeit entwickelt. Der Investor ist demzufolge gegen das Zinsänderungsrisiko *vollständig* immunisiert, weshalb von einer *unbedingten Zinsimmunisierung* gesprochen wird.

In der Praxis dürfte allerdings die Suche nach einer einzelnen festverzinslichen Anlage, deren Duration exakt mit dem Anlagehorizont übereinstimmt, recht umständlich sein. Einfacher ist die *Zusammenstellung eines Portfolios* festverzinslicher Titel, dessen Duration mit dem Anlagehorizont übereinstimmt. Der Investitionsbetrag ist in diesem Fall derart auf die verschiedenen Titel aufzuteilen, dass die mit den entsprechenden Wertanteilen gewichteten Durationen der im Portfolio enthaltenen Titel insgesamt eine Duration D_P in der Höhe des Anlagehorizontes ergibt:

$$D_P = \sum_{i=1}^{n} z_i \cdot D_i \qquad (6\text{-}29)$$

(wobei D_P = Duration des Portfolios, z_i = Wertanteil des i-ten Titels, D_i = Duration des i-ten Titels, n = Anzahl Titel).

Abbildung 6/13: Beispiel zur unbedingten Immunisierung

> Angenommen, ein Investor wolle ein Portfolio mit zwei Bonds gegen Zinsänderungen mittels unbedingter Immunisierung absichern. Der Nominalwert des Bonds B_1 betrage 1'000, die Restlaufzeit 7 Jahre und die jährliche Verzinsung 6%. Der Nominalwert des Bonds B_2 betrage ebenfalls 1'000, die Restlaufzeit 4 Jahre und die jährliche Verzinsung 6%. Der Marktzins liegt bei 6% und der Anlagehorizont wird mit 5 Jahren angegeben.
> Die Duration (vgl. (6-23)) beträgt für B_1 5.92 Jahre, diejenige für B_2 3.67 Jahre. Um das Portfolio über 5 Jahre gegen Zinsänderungen unbedingt zu immunisieren (D_P = 5 Jahre), muss der Wertanteil von B_1 (vgl. (6-29)) z_1 = 0.59 und derjenige von B_2 (vgl. (6-29)) z_2 = 0.41 betragen.

KAPITEL 6: *Portfolio-Insurance und Zinsimmunisierung* 253

Abbildung 6/13: Beispiel zur unbedingten Immunisierung (Fortsetzung)

Unter Berücksichtigung von Zins und Zinseszins beträgt der Endwert von B_1 bzw. B_2 bei einem unveränderten Marktzins von 6% nach 5 Jahren je 1'338.23. Der Endwert des Portfolios beträgt demnach **1'338.23**.

Sinkt der Marktzins auf 5%, beträgt der Endwert von B_1 *1'350.13*:

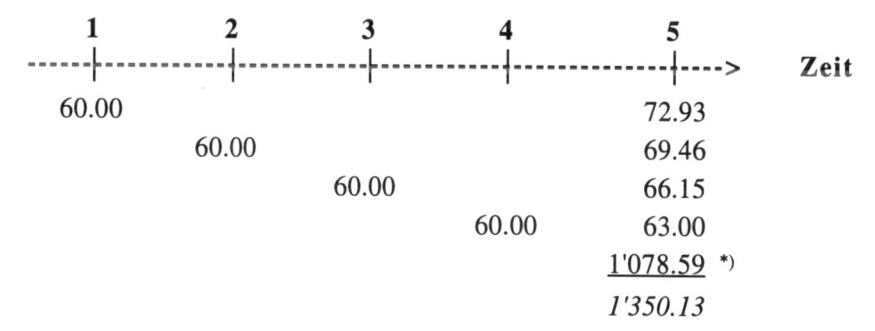

```
      1             2             3             4             5
------+-------------+-------------+-------------+-------------+----->  Zeit
    60.00                                                   72.93
                 60.00                                      69.46
                              60.00                         66.15
                                           60.00            63.00
                                                          1'078.59  *)
                                                          1'350.13
```

Mittels analoger Berechnung kann für B_2 im Falle einer Marktzinsreduktion auf 5% ein Endwert von *1'321.54* ermittelt werden.

Daraus resultiert für das Portfolio ein totaler Endwert von **1'338.41**:

$$0.59 \cdot 1'350.13 + 0.41 \cdot 1'321.54 = \mathbf{1'338.41}$$

Steigt der Marktzins auf 7%, so beträgt der Endwert von B_1 *1'326.96*, derjenige von B_2 *1'355.04* und der Endwert des Portfolios **1'338.47**.

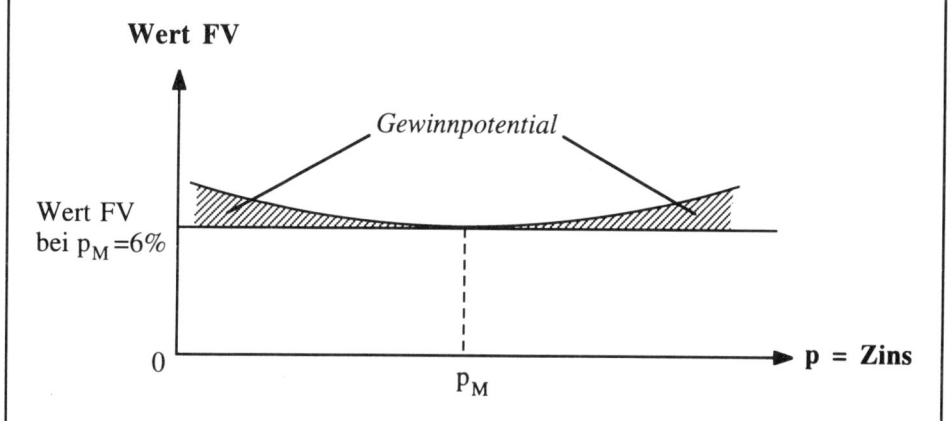

Wert FV

Wert FV
bei $p_M = 6\%$

Gewinnpotential

p_M

→ p = Zins

---
*) Bei einem Marktzins von 5% und einer Restlaufzeit von 2 Jahren beträgt der Present Value für B_1 1'018.59. Dazu ist noch die Zinszahlung von 60 zu berücksichtigen.

Wird der realitätsfremde Fall, dass lediglich *ein* festverzinslicher Titel im Portfolio gehalten wird, ausgeschlossen, so liegt die Portfoliorendite beim Anlagehorizont unter der Annahme einer Zinsänderung immer *über* dem aktuellen Marktzinssatz. Der Investor profitiert von jeder Zinsänderung (unabhängig von deren Richtung), da die Kurve des Endbetrages *immunisierter Portfolios* bei additiven Zinsänderungsprozessen einen *konvexen* Verlauf aufweist (vgl. das Beispiel in Abbildung 6/13)[77]. Dieser Effekt ist darauf zurückzuführen, dass sich der Wert einer Investition aufgrund einer - unmittelbar nach dieser Investition erfolgten - Zinsänderung umso stärker ändert, je weiter der Investitionszeitpunkt vom Anlagehorizont entfernt ist [vgl. Wondrak 1986, S. 77].

Demgegenüber weist die Kurve des Endbetrages eines *einzelnen immunisierten Bonds* einen *horizontalen* Verlauf auf. Es kann denn auch gezeigt werden [vgl. Ingersoll/Skelton/Weil 1978, S. 637ff], dass für stochastische Zinsänderungsprozesse (wie der hier angenommene additive Prozess) die Möglichkeit risikoloser *Arbitragegewinne* besteht[78], was allerdings im Widerspruch zur Annahme eines vollkommenen Kapitalmarktes steht[79].

Bisher wurde davon ausgegangen, dass *eine* Zinsänderung unmittelbar nach erfolgter Investition auftritt. Eine Immunisierung ist aber auch dann möglich, wenn zu beliebigen Zeitpunkten *mehrfach* Zinsänderungen auftreten. Aufgrund der Tatsache, dass sich durch eine Zinsänderung der ursprüngliche Zahlungsstrom und damit die Duration ändert (bedingt durch Reinvestitionen), ist das Portfolio *vor jeder Zinsänderung* derart umzuschichten, dass die Duration D_P jeweils exakt dem Anlagehorizont entspricht [vgl. dazu Uhlir/Steiner 1986, S. 80ff].

6.3.2.2 Die bedingte Zinsimmunisierung

Die *bedingte Zinsimmunisierung* bietet dem Investor die Möglichkeit einer Absicherung eines unter dem aktuellen Marktzins liegenden Renditeniveaus [vgl. dazu bspw. Bierwag 1986, S. 137ff]. Verglichen mit der unbedingten Zinsimmunisierung steigt demzufolge das Risiko eines Verlustes. Dieses wird allerdings nur dann in Kauf genommen, wenn damit eine Steigerung des Chancenpotentials verbunden ist.

---

77 Vgl. dazu auch die Ausführungen in der Beantwortung der Konzept-Frage 7.
78 Zu diesem Zweck emittiert ein Investor einen Bond mit der Duration entsprechend seinem Anlagehorizont und kauft gleichzeitig ein immunisiertes Portfolio mit derselben Duration.
79 Um diesen Widerspruch aufzulösen, entwickelten *Bierwag/Kaufman/Toevs* ein arbitragefreies Zinsstrukturmodell [vgl. Bierwag/Kaufman/Toevs 1982, S. 325ff].

KAPITEL 6: *Portfolio-Insurance und Zinsimmunisierung* 255

Akzeptiert ein Investor am Anlagehorizont eine bestimmte Rendite $r_{min} = p_{min}$, welche unter dem aktuellen Marktzins p_{M0} liegt, hat er mit einem bedingt immunisierten Portfolio die Möglichkeit, von *starken* Zinsänderungen (nach unten und nach oben) zu profitieren (vgl. Abbildung 6/14 [vgl. Wondrak 1986, S. 90]). Im Falle *kleiner* Zinsänderungen - welche im Bereich p_{M0} und p_{M+} (vgl. Abbildung 6/14) liegen - ist allerdings eine niedrigere Rendite in Kauf zu nehmen, welche aber keinesfalls unter der bestimmten minimalen Rendite $r_{min} = p_{min}$ liegt. Bedingt immunisierte Portfolios erlauben somit die Realisierung von Renditen, welche über denjenigen unbedingt immunisierter Portfolios liegen; allerdings sind auch Renditen unter dem aktuellen Marktzins zu akzeptieren.

Abbildung 6/14: Die bedingte Zinsimmunisierung

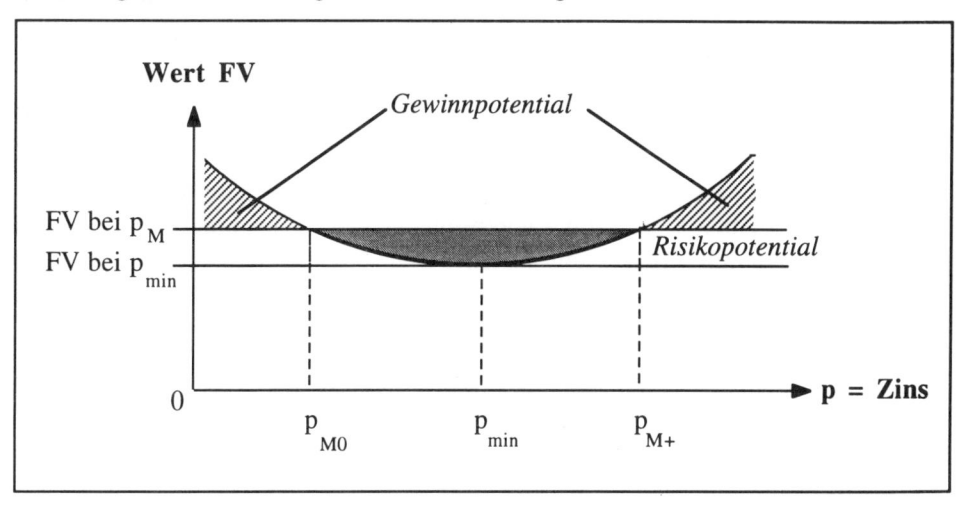

Die bedingte Immunisierung *einer* Zinsänderung kann - analog zur unbedingten Immunisierung - auf Modelle mit *mehrfacher* Zinsänderung angewendet werden [vgl. dazu Wondrak 1986, S. 122ff, Leibowitz/Weinberger 1982, S. 17ff, Leibowitz/Weinberger 1983, S. 35]. Ebenfalls ist vor jeder Zinsänderung eine Portfolioumschichtung in der Weise vorzunehmen, dass die jeweils nächste Zinsänderung unabhängig von deren Richtung und Ausmass zu keiner kleineren als der ursprünglich vorgegebenen Mindestrendite führen kann.

6.3.3 Beurteilung der Zinsimmunisierung

Obwohl die Zinsimmunisierung und damit verbunden die Durationanalyse seit langem bekannt ist, hat sie ausserhalb der theoretischen Diskussionen im Portfolio-Management festverzinslicher Anlagen - der angelsächsische Sprachraum ausgeschlossen - erst in der jüngeren Vergangenheit vermehrt etwas Fuss fassen können. Die Annahmen seien zu theoretisch, wird oft bemängelt. So lasse beispielsweise eine flache Zinskurve das Konzept von Beginn weg scheitern. Ein Ausweg kann nur mit Hilfe der Konvexität gefunden werden, was bereits wieder als Komplex eingestuft wird[80].

Tatsächlich sind in der Realität flache Zinskurven selten anzutreffen; in der Regel ändert sich ausser der Lage der Zinskurve auch deren Steigung. Verschiedentlich wurde denn auch versucht, Duration-Kennzahlen unter der Annahme multiplikativer Zinsänderungen zu berechnen[81], doch ist es ausserordentlich schwierig, den in der Realität komplexen und schnell veränderlichen Zinsänderungsprozess korrekt nachzubilden. Kann der aktuelle Zinsänderungsprozess nicht genau identifiziert werden, besteht für ein Portfolio festverzinslicher Anlagen immer ein Restprozessrisiko [vgl. Wondrak 1986, S. 238]. Allerdings ist zu beachten, dass sich die Kritik einer flachen Zinskurve nicht primär gegen die Durationanalyse, sondern gegen das Konzept des Present Value richtet, welches mit einem über alle Perioden konstant gehaltenen Zins rechnet[82].

Ein weiterer Kritikpunkt betrifft die vorzunehmenden Umschichtungen. Zum einen sind diese immer mit Transaktionskosten verbunden und zum andern ist es oft schwierig, ein auf einen bestimmten Anlagehorizont - welcher mit der Duration D_P übereinstimmen muss - ausgerichtetes Portfolio zusammenzustellen.

Trotz den erwähnten Nachteilen werden sich Investoren mit der Absicherung von Zinsänderungsrisiken verzinslicher Anlagen befassen müssen. Ob die Zinsimmunisierung unter Anwendung der Duration-Kennzahl und der Konvexität der richtige Weg ist, wird sich in Zukunft weisen. Eine Alternative, Zinsänderungsrisiken abzusichern (oder zu immunisieren), besteht in der Verwendung von *Zins-Futures*[83] [vgl. bspw. Gay/Kolb 1983, S. 65ff], Optionen oder Mehrperioden-Optionen wie sie beispielsweise Caps [vgl. dazu bspw. Marshall/Bansal 1992, S. 365ff] darstellen. Damit kann den erwähnten Nachteilen entgegengewirkt werden.

---

80 Vgl. dazu auch die Ausführungen in der Beantwortung der Konzept-Frage 7.
81 Vgl. dazu Abschnitt 6.3.1.1.
82 Mit erstaunlicher Selbstverständlichkeit wird aber am Konzept des Present Value festgehalten.
83 Auf eine Darstellung der Absicherung von Zinsrisiken mittels Zins-Futures kann hier verzichtet werden, da der Absicherungsmechanismus analog der Absicherung von Aktienportfolios mit Aktienindex-Futures funktioniert.

Zusammenfassung

Derivative Instrumente wie Optionen und Futures können unter anderem zur Absicherung bestehender *Marktrisiken* eingesetzt werden. Sowohl bei Optionen wie auch bei Futures handelt es sich um standardisierte Kontrakte, wobei im Falle der Optionen dem Optionskäufer ein Wahlrecht zusteht, während es sich im Falle eines Future um eine Verpflichtung auf Termin handelt.

Werden *Optionen* analysiert, ist festzustellen, dass der Wert derselben vom Kurs des Basiswertes (K_t), dem Ausübungspreis (S), dem risikolosen Zinssatz (r_f), der Laufzeit (T), der Varianz des Basiswertes (σ^2) und wenn es sich um eine Aktienoption handelt, von der Dividende (D) und der Zeitspanne bis zu deren Auszahlung (Δd) abhängig ist. Abbildung 6/15 verdeutlicht, wie die einzelnen Parameter auf den Optionswert einwirken.

Abbildung 6/15: Die Reaktion des Optionswertes bei Zunahme eines der Parameter (während alle anderen unverändert belassen werden)

	europ. Call	europ. Put	amerik. Call	amerik. Put
Aktienkurs	+	-	+	-
Ausübungspreis	-	+	-	+
Laufzeit	?	?	+	+
Volatilität	+	+	+	+
risikol. Zinssatz	+	-	+	-
Dividende	-	+	?	+

Zur Ermittlung des exakten *Optionswertes* wird in den überwiegenden Fällen das *Black-Scholes-Modell* angewendet. Dieses zeigt, dass der Wert einer Option als gewichtete Differenz zwischen Aktienkurs und Barwert des Ausübungspreises interpretiert werden kann, wobei die Gewichte $N(d_1)$ und $N(d_2)$ Werte zwischen Null und eins annehmen können:

$$C_t = K \cdot N(d_1) - S \cdot e^{-(r_f \cdot \Delta t)} \cdot N(d_2)$$

mit: $d_1 = [\ln(K/S) + (r_f + 0.5 \cdot \sigma^2) \cdot \Delta t] / \sigma \cdot \sqrt{\Delta t}$

$d_2 = d_1 - \sigma \cdot \sqrt{\Delta t}$

$$P_t = -K \cdot N(-d_1) + S \cdot e^{-(r_f \cdot \Delta t)} \cdot N(-d_2)$$

mit: $d_1 = [\ln(K/S) + (r_f + 0.5 \cdot \sigma^2) \cdot \Delta t] / \sigma \cdot \sqrt{\Delta t}$

$d_2 = d_1 - \sigma \cdot \sqrt{\Delta t}$

(wobei C_t (P_t) = Wert eines europäischen Call (Put) zum Zeitpunkt t, K = gegenwärtiger Aktienkurs, S = Ausübungspreis, r_f = risikoloser Zinssatz, σ bzw. σ^2 = Volatilität des Aktienkurses, e = Basis des natürlichen Logarithmus (e = 2.7128), Δt = T - t = Restlaufzeit (wobei T = Verfalltag und t = laufender Zeitpunkt), $N(d_1)$ bzw. $N(d_2)$ = Funktionswert der kumulativen Normalverteilung an der Stelle d_1 bzw. d_2).

Es kann gezeigt werden, dass es unter Verwendung von Put-Optionen möglich ist, ein Aktienportfolio derart gegen sinkende Aktienkurse abzusichern, dass eine bestimmte vorgegebene Untergrenze (sog. *Floor*) innerhalb einer vorgegebenen Zeitspanne nicht unterschritten wird. Allerdings sind zur Absicherung von Aktienportfolios Optionen nicht zwingend notwendig. Der Optionseffekt kann auch künstlich durch eine permanente Umschichtung zwischen Aktien und risikolosen Anlagen erzeugt werden. Eine derartige *dynamische Absicherung* ist als *synthetischer Put-Approach* bekannt. Zwar nicht auf der Optionspreisbildungstheorie von Black/Scholes basierend übernimmt die *Constant Proportion Portfolio-Insurance (CPPI)* den Gedanken der dynamischen Absicherung.

Die Analyse von *Aktienindex-Futures* zeigt, dass zwischen Aktien- und Futuresmarkt ein enger Zusammenhang besteht. Dabei ist zu beachten, dass der Kauf eines Futures-Kontraktes - abgesehen von Transaktionskosten - im Moment liquiditätsunwirksam ist, während ein Aktienkauf sofort liquiditätswirksam ist. Zudem berechtigt ein Aktienkauf zum Bezug sämtlicher zukünftig anfallenden Dividenden; diese entfallen hingegen beim Kauf eines Futures-Kontraktes. Damit ergibt sich für den *Wert von Aktienindex-Futures*:

$$F(t,T) = S(t) + S(t) \cdot r_f - D(t,T)$$

(wobei S(t) = Preis des Aktienindexes zum Zeitpunkt t, r_f = risikoloser Zinssatz, D(t,T) = Dividende während der Laufzeit des Futures-Kontraktes).

Mit Aktienindex-Futures ist die Absicherung eines Aktienportfolios gegen sinkende Kurse möglich. Im Gegensatz zur Verwendung von Optionen wird allerdings gleichzeitig auch die Möglichkeit, von einer allfälligen Börsenhausse zu profitieren, beschränkt. Von Portfolio-Insurance darf daher eigentlich nicht gesprochen werden.

Während Aktienportfolios gegen sinkende Aktienkurse abgesichert werden, gilt es, Portfolios festverzinslicher Anlagen gegen ungünstige Zinsänderungen zu schützen. Zinsänderungen wirken in gegensätzlicher Weise auf den aktuellen Kurs und die

KAPITEL 6: *Portfolio-Insurance und Zinsimmunisierung*

künftigen Wiederanlagebedingungen, wobei die Kursreaktion vom Effekt der künftigen Wiederanlagebedingungen dominiert wird. Schliesslich wird der Zeitpunkt, an welchem beide Effekte das gleiche Ausmass (aber in entgegen gesetzter Richtung) erreichen, als *Duration* bezeichnet:

$$D = [\sum_{t=1}^{T} t \cdot CF_t \cdot q^{-t}] / [\sum_{t=1}^{T} CF_t \cdot q^{-t}]$$

(wobei T = Laufzeit, q = (1 + p_M) mit p_M = Marktzinssatz, CF_t = Zahlungsstrom im Zeitpunkt t).

Die Duration-Kennzahl gelangt im Zusammenhang mit Zinsänderungsrisiken festverzinslicher Anlagen hinsichtlich der Beurteilung der *Zinsreagibilität von Kursen festverzinslicher Anlagen* und der *Absicherung von Zinsänderungsrisiken (Zinsimmunisierung)* zum Einsatz.

Von einer *unbedingten Zinsimmunisierung* wird dann gesprochen, wenn die Duration genau dem Anlagehorizont eines Investors entspricht. In diesem Fall erzielt der Investor unabhängig davon, wie sich der Marktzinssatz entwickelt, die gegenwärtige Marktrendite. Demgegenüber bietet die *bedingte Zinsimmunisierung* dem Investor die Möglichkeit einer Absicherung eines unter dem aktuellen Marktzinssatz liegenden Renditeniveaus. Damit verbunden ist zwar ein höheres Risiko aber auch ein höheres Chancenpotential.

Wichtige Begriffe

Portfolio-Insurance
Option (Call, Put)
europäische Option
amerikanische Option
in-the-money
at-the-money
out of-the-money
Optionswert
Ausübungspreis
Call-Put-Theorem
Black-Scholes-Modell
Fixed Hedge

Delta-neutraler Hedge
synthetischer Put-Approach
Constant Proportion Portfolio-Insurance
Futures-Kontrakt
Arbitrage
Hedge-Ratio
Duration
Konvexität
Zinsreagibilität
Zinsimmunisierung (unbedingte und bedingte)

Ausgewählte Literatur

Cox, J./Rubinstein, M.: "Options Markets", Englewood Cliffs 1985.

Edwards, F./Ma, C.: "Futures & Options", New York 1992.

Hawawini, G..: "Controlling the Interest-Rate Risk of Bonds: An Introduction to Duration Analysis and Immunization Strategies", in: Finanzmarkt und Portfolio Management, Nr. 4/1986, S. 8-18.

Hull, J.: "Options, Futures, and other Derivative Securities", 2. Auflage, Englewood Cliffs 1993.

Marshall, J./Bansal, V.: "Financial Engineering - A Complete Guide to Financial Innovation", New York 1992.

Saunders, A.: "Financial Institutions Management - A Modern Perspective", Homewood 1993, insbesondere S. 97-132.

Wondrak, B.: "Management von Zinsänderungschancen und -risiken", Heidelberg 1986.

Lösungen zu den Konzept-Fragen

1.) Entsprechend (6-1) beträgt der maximale Wert des Call $C_0 = 378$, denn das Optionsrecht kann nicht teurer sein als die Aktie selbst.

Unter Anwendung von (6-2) ergibt sich für den minimalen Wert des Call $C_0 = 26.25$.

Wird der Call zu 20 gehandelt, dann besteht tatsächlich die Möglichkeit eines Arbitragegeschäftes:

- Im Zeitpunkt $t = 0$ werden die folgenden Transaktionen vorgenommen:

	$C_0 = 20.00$	$C_0 = 26.25$
Leerverkauf der Aktie	+ 378.00	+ 378.00
Kauf des Call	- 20.00	- 25.25
Anlage zu r_f im Umfang von ...	- 358.00	- 351.75
Portfoliowert	0.00	0.00

KAPITEL 6: *Portfolio-Insurance und Zinsimmunisierung*

- Im Zeitpunkt $t = T$ werden die folgenden Transaktionen vorgenommen:

	$C_0 = 20.00$	$C_0 = 26.25$
Glattstellen des Leerverkaufs[84]	- 363.00	- 363.00
Rückfluss der zu r_f verzinsten Anlage	+ 369.45	+ 363.00
Arbitragegewinn	6.45	0.00

2.) Unter Berücksichtigung von (6-7) ergibt sich für den Wert des Put $P_0 = 23.92$.

3.) Um den entsprechend (6-10) gesuchten Wert des Call zu berechnen, sind zunächst d_1 und d_2 zu ermitteln: $d_1 = 0.9383$ und $d_2 = 0.8570$. Für die Funktionswerte der kumulativen Normalverteilung (vgl. die Wertetabelle) an den Stellen d_1 und d_2 ergeben sich $N(d_1) = 0.8259$ und $N(d_2) = 0.8042$.

Ausschnitt aus der Wertetabelle der kumulativen Normalverteilung

d	0.00	0.20	...	0.80	0.85	0.90	0.95
N[d]	0.5000	0.5793	...	0.7881	0.8023	0.8159	0.8289

Unter Berücksichtigung der berechneten Funktionswerte ergibt sich für den Wert des Call (vgl. (6-10)) $C_0 = 29.60$.

4.) Entsprechend (6-20) ergibt sich für den Preis des Aktienindex-Future $F(t,T) = 1746.25$.

Wird der Future zu 1750 gehandelt, dann besteht tatsächlich die Möglichkeit eines Arbitragegeschäftes. Angenommen[85], der SMI-Index liege in $t = 0$ bei 1720 und ein Investor entschliesst sich zum Erwerb eines Index-Portfolios im Umfang von Fr. 172'100, welches fremdfinanziert wird (das heisst der Investor muss im gleichen Ausmass Kapital, das zu $r_f = 6\%$ p.a. zu verzinsen ist, aufnehmen). Um sich gegen einen allfälligen Index-Rückgang abzusichern, verkauft der Investor 2 Aktienindex-Futures-Kontrakte (= 172'100 / (1721 · 50)) mit Verfall nach $T = 90$ Tagen. Der Preis eines Aktienindex-Future beträgt entsprechend (6-20) *1746.25*. Nach 90 Tagen liegt der SMI-Index bei 1755, das

---

84 Für das Glattstellen des Leerverkaufs ist maximal der Ausübungspreis S erforderlich (dank der Absicherung durch den Call). Liegt der Aktienkurs K_T unter dem Ausübungspreis S, fällt noch ein weiterer Gewinn an (allerdings in gleichem Umfang bei $C_0 = 20.00$ wie bei $C_0 = 26.25$).

85 Initial Margin, Variation Margin sowie weitere Transaktionskosten werden im folgenden vernachlässigt.

Index-Portfolio wird verkauft, der Kredit zurückbezahlt (mit Zinsen) und die Aktienindex-Futures werden zurückgekauft (die Transaktion wird glattgestellt):

	t = 0 (Index = 1721)	t = T (Index = 1755)
Kauf / Verkauf des Index-Portfolios	- 172'100	+ 175'500
Kreditaufnahme / -rückzahlung zu r_f	+ 172'100	- 174'625
Verkauf / Kauf von 2 Aktienindex-Futures-Kontrakten[86]	0.00	- 875
Portfoliowert	0.00	0.00

Könnte der Aktienindex-Future zu einem Preis von 1750 verkauft werden (anstelle des richtig berechneten Preises von 1746.25), so würde ein *Arbitragegewinn von 375* resultieren, denn der Verlust aus Verkauf und Kauf des Aktienindex-Future würde lediglich *500* (= (1755 - 1750)·50·2) betragen.

5.) Angenommen, eine Long-Position in Aktien werde mit einer Short-Position in Futures (Verkauf von Futures) abgesichert, ergibt sich für die Aenderung des Positionswertes [vgl. Hull 1993, S. 38 und Edwards/Ma 1992, S. 119]

$\Delta K - h \cdot \Delta F$

(wobei ΔK = Veränderung des Kassapreises, ΔF = Veränderung des Futurespreises, h = Hedge-Ratio).

Für die Varianz des Positionswertes σ_{PW}^2 ergibt sich demzufolge

$\sigma_{PW}^2 = \sigma_K^2 + h \cdot \sigma_F^2 - 2 \cdot h \cdot \rho \cdot \sigma_K \cdot \sigma_F$ \hfill (*)

Wird (*) nach h differenziert

$\partial \sigma_{PW}^2 / \partial h = 2 \cdot h \cdot \sigma_F^2 - 2 \cdot \rho \cdot \sigma_K \cdot \sigma_F$

und gleich Null gesetzt (die zweite Ableitung nach h ist positiv), ergibt sich für die minimale Varianz des Positionswertes ein h von

$h = \rho \cdot (\sigma_K / \sigma_F)$

Unter Berücksichtigung von (4-11) und (4-16) ergibt sich der in (6-22) gezeigte Zusammenhang.

---

[86] Die Aktienindex-Futures werden zum Preis von 1746.25 verkauft. Da der Index in T = 90 Tagen bei 1755 liegt, muss der Aktienindex-Future zu 1755 zurückgekauft werden (die Transaktion wird glattgestellt) und es resultiert ein Verlust von 1755 - 1746.25 = 8.75. Wird der Verlust pro Aktienindex-Future mit Fr. 50.- und mit der Anzahl Kontrakte multipliziert, so ergibt sich ein Verlust auf der ganzen Transaktion von *875*.

KAPITEL 6: *Portfolio-Insurance und Zinsimmunisierung*

6.) Entsprechend (6-23) ergibt sich für die Duration des Bond $D = \mathbf{4.39\ Jahre}$.

Die Duration eines Zero Bond entspricht genau dessen Laufzeit, was aus (6-23) unmittelbar ersichtlich ist, da lediglich der Present Value eines Cash Flow, nämlich desjenigen am Ende der Betrachtungsperiode anfallenden mit der t = T zu multiplizieren und anschliessen wieder durch den Present Value des einzigen Cash Flow zu dividieren ist:

$$D_{Zero} = T_{Zero}$$

Auf eine Herleitung der Duration eines Consol Bond wird an dieser Stelle verzichtet [vgl. dazu bspw. Saunders 1993, S. 104 und die dort zitierte Literatur]. Es gilt

$$D_{Consol} = 1 + (1 / p_M) = 1 / q$$

und zeigt sich, dass die D_{Consol} ausgeprägt vom Marktzinssatz abhängt. Je höher dieser ist, desto kleiner ist die Duration.

7.) Im Falle grösserer Zinsänderungen (in der Grösse von 2% und mehr) wird die Duration zu einem sehr ungenauen Mass für die Zinssensitivität. Die Veränderung des Bondkurses wird nicht mehr umgekehrt *proportional* zur Zinsände-

Abbildung 6/16: Duration versus Konvexität

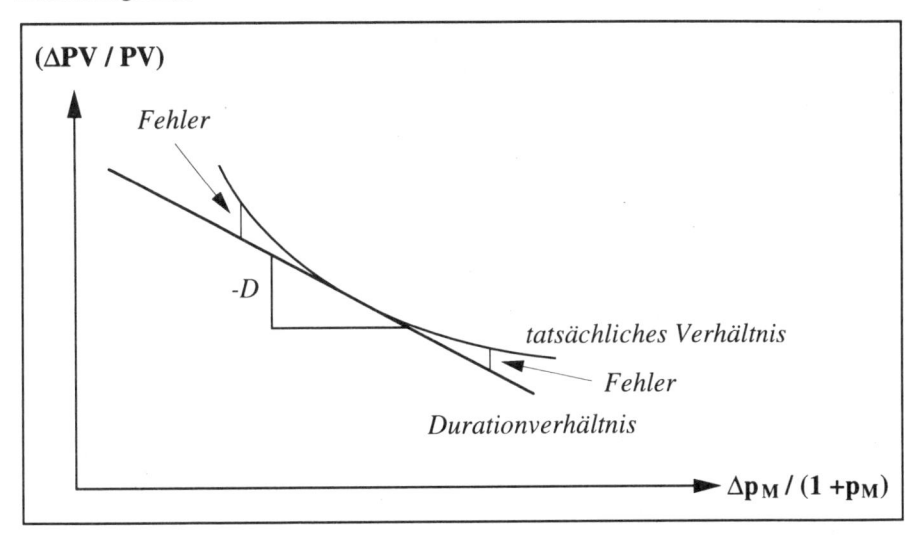

rung ausfallen. Vielmehr bewirkt die Anwendung der Duration-Kennzahl ein Unterschätzen des Bondkurses sowohl bei einem starken Zinsanstieg wie auch bei einem starken Zinsrückgang (vgl. Abbildung 6/16 [Kritzman 1992 (2), S. 19]). Dieses Phänomen wird als *Konvexität* (*Convexity*) bezeichnet.

Theoretisch ausgedrückt zeigt die Duration die Steigung der Kurs-Rendite-Kurve eines Bond ($\partial PV/\partial p_M$), während die Konvexität die Veränderung der Steigung der Kurs-Rendite-Kurve ($\partial PV^2/\partial^2 p_M$) darstellt (vgl. dazu die sog. *Taylor-Reihe*) [vgl. Dunetz/Mahoney 1988, S. 57]. Im Falle einer Aenderung des Marktzinssatzes p_M gilt daher für die Kursänderung eines Bond [vgl. bspw. Saunders 1993, S. 122]:

$$\Delta PV / PV = -MD \cdot \Delta p_M + 0.5 \cdot CX \cdot (p_M)^2$$

(wobei $MD = D / (1 + p_M)$ = modifizierte Duration, CX = Konvexität).

Für das Management eines Bondportfolios ist die Duration und die Konvexität von grosser Bedeutung [vgl. dazu die weiterführende Literatur wie bspw. Saunders 1993, S. 119ff, Dunetz/Mahoney 1988, S. 53ff, Fabozzi 1993, S. 61ff].

Teil III:
Portfolio-Management in der Praxis

Kapitel 7

Beurteilung des traditionellen und modernen Portfolio-Managements

> Nach dem Studium dieses Kapitels sollte der Leser
> - die Stärken und Schwächen der fundamentalen und technischen Analyse kennen;
> - mit der These der Markteffizienz, deren Ueberprüfungsmöglichkeiten sowie Auswirkungen auf das moderne Portfolio-Management vertraut sein;
> - die Vor- und Nachteile des Markowitz-Modells, des Capital Asset Pricing Model und der Arbitrage Pricing Theory kennen;
> - sich der Grenzen bei der praktischen Anwendung des Markowitz-Modells, des CAPM und der APT bewusst sein;
> - das Konzept des Ausfallrisikos (Shortfall Risk) verstehen;
> - die Auswirkungen des Anlagezeithorizontes auf das Portfolio-Management kennen.

Im *traditionellen Portfolio-Management* werden mittels verschiedener Analyse- und Prognosetechniken Anlagemedien oder ganze Portfolios *qualitativ* beurteilt. Als einzige *quantitative* Komponente werden die Renditen einzelner Anlagen betrachtet. Diese sind von drei Faktoren abhängig[1]: vom Markt, von den Marktsektoren und vom Titelcharakter (vgl. Abbildung 7/1). Die Risiken werden im traditionellen Portfolio-Management wenig oder überhaupt nicht beachtet.

Im *modernen Portfolio-Management* werden - in Ergänzung zum traditionellen Portfolio-Management - die Risiken in die Betrachtungen miteinbezogen und *quantifiziert*. Die selben Faktoren, welche die Rendite einer Anlage beeinflussen, bewirken auch Risiken: der Markt (Marktrisiko), die Marktsektoren (Sektorrisiken) und der Titelcharakter (titelspezifisches Risiko). Schliesslich sind Rendite und Risiko in eine gegenseitige Beziehung zu bringen. Durch die Quantifizierung von Rendite *und* Ri-

---

1 Vgl. Abschnitt 3.3.1.

siko werden die Anlagen nicht mehr isoliert, sondern im *Portfolioverbund* betrachtet.

Abbildung 7/1: Rendite und Risiko im modernen Portfolio-Management

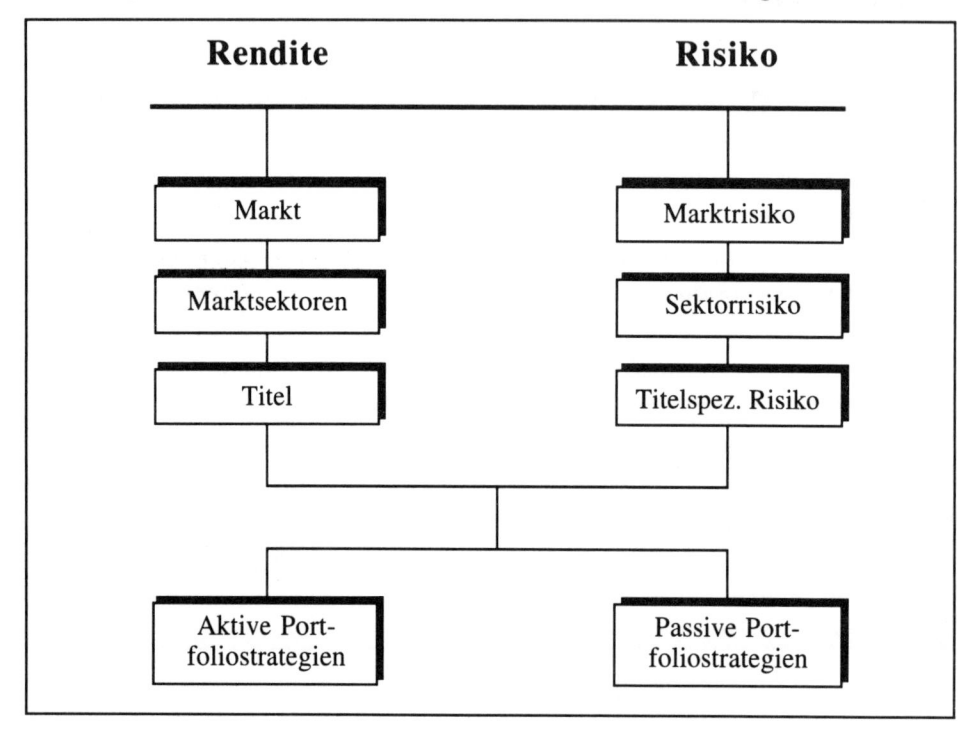

Rendite	**Risiko**
Markt	Marktrisiko
Marktsektoren	Sektorrisiko
Titel	Titelspez. Risiko
Aktive Portfoliostrategien	Passive Portfoliostrategien

Zu unterscheiden sind das Management eines Bondportfolios und dasjenige eines Aktienportfolios, wenngleich beide sich gegenseitig beeinflussen. Mit Ausnahme der Immunisierungsstrategie[2] hat im Bereich des Bond-Managements keine wesentliche Modernisierung im Sinne einer *Quantifizierung des Risikos* stattgefunden. Deshalb wird auf eine Beurteilung des Bondportfolio-Managements, soweit diese nicht bereits früher vorgenommen worden ist[3], verzichtet. Ferner wären die übrigen Anlagemedien (Edelmetalle, Fondszertifikate, Festgeldanlagen, Immobilienanlagen, Bankeinlagen etc.) in einem Portfolio zu berücksichtigen und zu integrieren, doch wird auf deren Beurteilung ebenfalls verzichtet.

---

2   Vgl. dazu Abschnitt 6.3.
3   Vgl. dazu Abschnitt 3.1.2 sowie Abschnitt 3.3.2.

KAPITEL 7: *Beurteilung des traditionellen und modernen Portfolio-Managements* **269**

Im folgenden werden Vor- und Nachteile des traditionellen und modernen Portfolio-Managements aufgezeigt. Eine wesentliche Rolle spielt dabei die *These der Markteffizienz*.

7.1 Das traditionelle Portfolio-Management

Wie bereits erwähnt, basiert das traditionelle Portfolio-Management - mit Ausnahme von Renditeerwägungen - auf qualitativen Abschätzungen. Daher ist es unvermeidlich, dass Depotzusammenstellungen aufgrund von Richtlinien sowie persönlicher Erfahrungen und Fingerspitzengefühl (des Anlageberaters), das heisst mehr oder *oftmals* auch weniger systematisch erfolgen [vgl. Hielscher 1988 (2), S. 21].

7.1.1 Grundgedanken des traditionellen Portfolio-Managements

Das traditionelle Portfolio-Management hat zum Ziel, durch exakte Bewertung der einzelnen Anlagen und Ermittlung der günstigsten Transaktionszeitpunkte eine der Investorenvorstellung entsprechende Rendite zu erreichen. Unter Verwendung der *Fundamentalanalyse*[4] wird der innere Wert einer Aktie ermittelt und mit dem gegenwärtigen Börsenkurs verglichen. Liegt der innere Wert über dem Börsenkurs, so ist die Aktie kaufenswert, denn es wird davon ausgegangen, dass sich der Börsenkurs dem inneren Wert (da die Aktie unterbewertet ist) annähert.

> *Konzept-Frage 1* Wie wird der innere Wert einer Aktie ermittelt? Welche Analysen sind dazu erforderlich?

Im Gegensatz zur Fundamentalanalyse, in deren Mittelpunkt die Untersuchung des zu beurteilenden Unternehmens steht, befasst sich die *technische Analyse*[5] mit dem Studium der Preis- und Volumenentwicklung sowie dem Verhalten der Investoren *am Markt*. Die technische Analyse wird von den Ueberlegungen getragen, dass alle börsenrelevanten Einflüsse in den Aktienkursen zum Ausdruck kommen und dass sich die Investoren in ähnlichen Situationen nicht wesentlich anders als in der Vergangenheit verhalten. Damit wird aufgrund von Vergangenheitsdaten auf die zukünftige Kursentwicklung geschlossen.

---

4   Vgl. Abschnitt 3.1.1.1.
5   Vgl. Abschnitt 3.1.1.2.

Da die Aktien sowohl bei der Fundamentalanalyse wie auch bei der technischen Analyse *isoliert* (und nicht im Portfolioverbund) betrachtet werden, neigt der Investor dazu, in der *Anlagepolitik* mittels des *Bottom-Up-Ansatzes* zu operieren. Aufgrund analytischer Erkenntnisse sind Anlagen auszuwählen, welche den Investorenzielen und -wünschen entsprechen. Ein solcher Selektionsprozess kann allerdings dazu führen, dass Anlagen, die dem Investor - isoliert betrachtet - als unnütz erscheinen, nicht berücksichtigt werden, obwohl sie im Portfolioverbund durch gezielte Kombination mit anderen Anlagen zielkonform wären.

Seit der Entwicklung des modernen Portfolio-Managements gelangt auch der *Top-Down-Ansatz* vermehrt zum Einsatz. Im Rahmen dieses Ansatzes werden zunächst die Anlagemedien und deren Gewichtung im Portfolio bestimmt. In einem zweiten Schritt sind das Ausmass der Auslandinvestitionen und die Anteile der Marktsektoren zu bestimmen. Erst dann werden die einzelnen Anlagetitel ausgewählt. Dieses Vorgehen verspricht ein systematisch zusammengestelltes Portfolio. Es entsteht ein *naiv diversifiziertes* Portfolio[6], in dem das Risiko in gewissem Ausmass Beachtung findet. Allerdings erfolgen auch hier die einzelnen Entscheidungen - wenn auch in einer vernünftigen Reihenfolge - aufgrund qualitativer und damit eher *subjektiver* Abschätzungen.

Aufgrund dieser Ausführungen ist deutlich geworden, dass zwar der durch das moderne Portfolio-Management hervorgebrachte Top-Down-Ansatz dem Bottom-Up-Ansatz vorzuziehen ist, doch kann der Nachteil der teils auch subjektiven Datengewinnung nicht behoben werden.

Das Vorgehen im traditionellen Portfolio-Management führt schliesslich dazu, dass der Investor mittels verschiedener *Management-Techniken*[7] höhere Renditen zu erreichen versucht.

7.1.2 Stärken und Schwächen der Analysemethoden

Sowohl der Fundamentalanalyse wie auch der technischen Analyse werden neben Vorteilen auch verschiedene Nachteile nachgesagt. Es stellt sich die Frage, ob die häufig angewendete Kombination der beiden Verfahren - die Fundamentalanalyse diene der Aktienauswahl und die technische Analyse dem Timing der Transaktionen - die Schwächen aufzuheben und die Stärken zu kumulieren vermag.

---

6   Vgl. Abschnitt 4.3.2.
7   Vgl. Abschnitt 3.3.1.

7.1.2.1 Die Fundamentalanalyse

Um den inneren Wert einer Aktie schätzen zu können, muss der zukünftige Gewinn- und Dividendenverlauf eines Unternehmens prognostiziert werden. Zu diesem Zweck genügt es nicht, vergangene und gegenwärtige Analysen von Jahresabschlüssen vorzunehmen. Vielmehr ist auch das Umfeld des Unternehmens zu berücksichtigen. Durch die Ermittlung von Stabilitätsfaktoren einer Branche wie Konjunkturzyklen, Konkurrenzverhältnissen, Abhängigkeiten von anderen Ländern, Branchen und Unternehmen, technologischen Aenderungen usw. erhält der Investor eine riesige Auswahl wertvoller Informationen, "that may be operative in the future but are not yet reflected in market prices" [Malkiel 1990, S. 121]. Hier ist denn auch der Hauptvorteil der Fundamentalanalyse zu sehen. Die Bewertung einer Anlage erfolgt unter Berücksichtigung des gesamten *Umfeldes* eines Unternehmens und ist mehr als nur eine Einzelwertanalyse.

Gegen die Fundamentalanalyse lassen sich aber auch einige Einwände vorbringen. So ist es nicht möglich, alle den Kurs einer Aktie beeinflussenden Faktoren zu berücksichtigen und entsprechend zu quantifizieren. Insbesondere die im Rahmen der Einzelwertanalyse vorzunehmende qualitative Analyse bereitet einige Schwierigkeiten und ist der unterschiedlichen Analystenauffassungen wegen *subjektiv*. Selbst wenn alle Einflussgrössen bestimmt worden wären, würde man am *Problem der Gewichtung* scheitern.

Einen weiteren grossen Problemkreis bildet die Datenbeschaffung. Der Analyst ist auf veröffentlichte und allgemein zugängliche Daten, die meist auf Firmenangaben beruhen, angewiesen. Handelt es sich um falsche Informationen, so wird auch die Analyse ein falsches Resultat liefern. Zusätzlich kann der Analyst beim Versuch, an sich korrekte Fakten in Gewinnprognosen für mehrere Jahre zu übersetzen, sein Ziel verfehlen. "Even if the information is correct and its implications for future growth are properly assessed, the analyst might make a faulty value estimate" [Malkiel 1990, S. 125].

Selbst wenn korrekte Informationen und, daraus folgend, eine fehlerfreie Analyse vorliegen, muss sich der Investor bewusst sein, dass der Markt die Informationen oftmals bereits verarbeitet hat und der praktische Nutzen der Analyse dahinfällt. Kommt die Analyse dennoch rechtzeitig, ist keinesfalls sichergestellt, dass der Markt entsprechend den Vorstellungen des Investors (der Börsenkurs nähert sich dem inneren Wert der Aktie) reagiert. Dies ist davon abhängig, ob die gemachte Analyse von anderen Investoren akzeptiert wird, was zu einer entsprechend anziehenden Nachfrage und damit zu einem höheren Börsenkurs führt.

Trotz dieser teilweise vernichtenden Argumente gegen die Fundamentalanalyse ist aber zu beachten, dass in der Praxis nach wie vor in sehr vielen Fällen fundamental analysiert wird. Dies ist insbesondere darauf zurückzuführen,
- dass die im folgenden Abschnitt zu betrachtende technische Analyse die wesentlich vernichtenderen Schwächen zeigt und
- dass die Fundamentalanalyse hilft, die Glaubwürdigkeit der Wertpapiermärkte, das Börsengeschehen und die dort stattfindende Preisbildung zu festigen und damit dem Investor als Vertrauensträger zu dienen [vgl. Claussen 1986, S. 8].

7.1.2.2 Die technische Analyse

Die technische Analyse beurteilt die Anlagen aufgrund der in der Vergangenheit beobachteten Kursverläufe und Umsatzentwicklungen. Daraus sind Kauf- und Verkaufssignale zu entnehmen. Die technische Analyse geht dabei von zwei wichtigen Prämissen aus:
- Erstens wird unterstellt, dass sich sämtliche Informationen eines Unternehmens in den bisherigen Börsenkursen widerspiegeln.
- Zweitens wird davon ausgegangen, dass sich Aktienkurse - abgesehen von kleinen Abweichungen - in Trends bewegen, und zwar solange, bis sich Angebots- und Nachfragestruktur grundsätzlich ändern.

Durch die Annahme, dass sich sämtliche Informationen eines Unternehmens im Börsenkurs widerspiegeln, hat sich die technische Analyse nicht mit dem Problem von korrekten Informationen auseinanderzusetzen. Ebenfalls als Stärke der technischen Analyse ist die Einsicht zu werten, dass das Verhalten der Nachfrager am Markt massgebend ist. Dies entspricht eher der Realität, da auch rational nicht erklärbare (auf emotionale und psychologische Einflüsse rückführbare) Marktveränderungen in die Analyse einbezogen werden.

Gegen die Verfahren der technischen Analyse spricht, dass Kauf- oder Verkaufssignale erst geliefert werden können, wenn solche (von anderen Investoren) gesetzt worden sind. Damit kommen *Chartisten aber auf jeden Fall einen Schritt später* als beispielsweise *Insider*, welche aufgrund fundamentaler Gegebenheiten handeln. Diese Tendenz wird dadurch verstärkt, dass Signale häufig erst gar nicht abgewartet werden, sondern bereits in deren Nähe ge- bzw. verkauft wird. Deshalb haben Chartisten vor allem in unruhigen Börsenzeiten, wenn sich keine festen Kurstrends bilden, einen schweren Stand.

Die technische Analyse beobachtet Kurs- und Umsatzentwicklungen. Wenn nun Kurse oder Börsenumsätze dazu benutzt werden könnten, zukünftige Kursänderungen vorherzusagen, so würden die Investoren diese Informationen sofort ausnützen und die Kurse würden sehr rasch das prognostizierte Niveau erreichen, wodurch die Informationen nutzlos würden [vgl. Sharpe/Alexander 1990, S. 697]. Kein Transaktionssignal ist etwas wert, wenn alle Investoren gleichzeitig darauf reagieren.

Bereits früher wurde der wohl am meisten belächelte Teil der technischen Analyse - die Formationen typischer Kurs/Umsatzbilder - erwähnt. Die Interpretation dieser Formationen lassen der Subjektivität grossen Spielraum, so dass unterschiedliche Auslegungen möglich sind. "Dieser Einwand ist, insbesondere was das 'Hineindeuten' von zweifelhaften Figuren in den Kursverlauf betrifft, durchaus berechtigt" [Hofmann 1974, S. 13].

Der wohl gewichtigste Einwand gegen die technische Analyse ist aber folgender: Die technische Analyse geht von der Annahme aus, dass Trends und charakteristische Formationen existieren, die Prognosen für die Zukunft zulassen. Sowohl vom ökonomischen wie auch vom statistischen Standpunkt aus betrachtet scheint diese Annahme nicht gerechtfertigt zu sein. Warum, so kann man sich fragen, soll für die Zukunft das Kursverhalten der Vergangenheit massgebend sein. "Statistisch gesehen würde das eine Abhängigkeit aufeinanderfolgender Kursänderungen voraussetzen, eine Abhängigkeit, die - zusammengefasst unter dem Stichwort Random Walk-Hypothese[8] - als nicht vorhanden angesehen wird" [Hofmann 1974, S. 13].

Die weiter vorne erwähnte Kombination von Fundamentalanalyse (zur Aktienauswahl) und technischer Analyse (zum Timing der Transaktionen) ist aus den erwähnten Nachteilen der technischen Analyse abzulehnen. Dennoch werden in der Praxis häufig beide Methoden unabhängig voneinander angewendet, um eine wechselseitige Kontrolle, die dem Investor alle Erkenntnisquellen öffnet, zu ermöglichen.

7.1.3 Stärken und Schwächen der Management-Techniken

Die im traditionellen Portfolio-Management zur Anwendung gelangenden Management-Techniken[9] unterstellen, dass es einem Investor möglich ist, dank Informationsvorteilen überdurchschnittliche Renditen zu erzielen. *Stärken und Schwächen*

---

8   Vgl. Abschnitt 7.2.
9   Vgl. Abschnitt 3.3.1.1.

der verschiedenen Techniken sind aber letztlich von den zugrunde liegenden Analysen - Fundamentalanalyse und technische Analyse - abhängig.

Das *Timing* der Transaktionen kann nach der *Trend-Methode* oder der *Methode der Contrary Opinion* erfolgen. Den Vorteilen der *Trend-Methode*,

- dass der Aktienmarkt immer recht hat selbst dann, wenn er sich scheinbar unvernünftig verhält [vgl. Fritschi 1988 (4)],
- dass in Phasen der Uebertreibung vom Trend nur profitiert werden kann und
- dass der Einfluss, den die Meinung und die psychische Verfassung der an der Börse tätigen Gemeinschaft ausüben, berücksichtigt wird,

stehen einige Nachteile gegenüber. Trends zu eruieren und zu überwachen ist oft mit Schwierigkeiten verbunden. Was anfänglich als vielversprechender Trend erkannt wurde, kann sehr rasch im Nichts enden, und umgekehrt entwickeln sich kaum erkennbare Anzeichen im Nachhinein als klare Trends. Noch schwieriger dürfte das Erkennen einer Trendwende sein. Hier liegt denn auch der gewichtigste Nachteil der Trend-Methode, denn in den seltensten Fällen gelingt es dem Investor, Kauf- bzw. Verkaufssignale rechtzeitig aufzufangen. In der Folge kauft bzw. verkauft er (zu) spät. "Bei kürzeren Trends kann dies dazu führen, dass kein Gewinn mehr übrig bleibt oder sogar ein Verlust entsteht" [Fritschi 1988 (4)].

Wird nach der *Methode der Contrary Opinion* vorgegangen, verhält sich ein Investor an der Börse antizyklisch und investiert nicht nach den an der Börse vorherrschenden Tendenzen. Den Stärken - das Ausnützen von Emotionen an der Börse und frühzeitiges Auffangen von Trendwendesignalen (ein Trend muss sich nicht erst etablieren) - stehen auch Schwächen gegenüber. In der Anwendung der Contrary Opinion-Methode bereitet das Erkennen des Ausmasses einer Marktübertreibung am meisten Schwierigkeiten. Die Contrarians laufen Gefahr, zu früh zu kaufen bzw. zu verkaufen. Dauert eine Phase der Unterbewertung von Aktien länger als erwartet, bleibt der Investor auf den Titeln sitzen, während in der Phase der Ueberbewertung nicht der volle Gewinn mitgenommen wird.

Als weiterer Weg im Rahmen der Methodenvarianten bleibt die Technik der *Formula Plans*. Dieses zu konservative Vorgehen lässt allerdings jede Hoffnung auf überdurchschnittliche Renditen schwinden. Zu starr sind die Anlagepläne, als dass aktuelle, wichtige Informationen ausgenützt werden können.

Während der Management-Technik des Timings mehrheitlich die Erkenntnisse der technischen Analyse zugrunde liegen, basieren die Techniken der *Selektion* und der *Gruppenrotation* auf der Fundamentalanalyse. Den Vorteilen, die sich aus der Fundamentalanalyse ergeben, steht der Nachteil eines zu häufigen Wechselns von einer Anlage zur anderen bzw. einer zu häufigen Gruppenrotation gegenüber, wodurch erhebliche Transaktionskosten entstehen.

7.2 Die These der Markteffizienz

Sowohl Fundamentalanalyse wie technische Analyse behaupten, durch bestimmte Informationsverarbeitung im Vergleich zum Gesamtmarkt überdurchschnittliche Kursgewinne bzw. Renditen erzielen zu können. Im Gegensatz dazu steht die *These der Markteffizienz*. Diese besagt, dass die Marktpreise der Anlagen zu jedem Zeitpunkt sämtliche zu diesem Zeitpunkt verfügbaren Informationen widerspiegeln[10]. Entsprechend würde eine Aktienkursprognose auf Basis der fundamentalen oder technischen Analyse keine überdurchschnittliche Rendite erbringen. Dass der Markt in gewissem Sinne allwissend sein soll, ist für die Verfechter des modernen Portfolio-Managements eine frohlockende, für die Anhänger des traditionellen Portfolio-Managements hingegen eine ernüchternde Botschaft.

Um die These der Markteffizienz einer empirischen Ueberprüfung unterziehen zu können, wird nach der *Art* der Informationen differenziert. Drei Formen der Markteffizienz sind zu prüfen (vgl. Abbildung 7/2 [vgl. Haugen 1993, S. 635]):

- Unter der *schwachen Form der Markteffizienz* versteht man, dass aus der Kursgeschichte einer Anlage keine Schlüsse gezogen werden können, um zukünftige Kurse zu prognostizieren. Der gegenwärtige Kurs ist daher die beste Information, den zukünftigen Kurs (und damit die zukünftige Rendite) zu bestimmen. Ist die schwache Form der Markteffizienz gültig, so ist die technische Analyse zum Scheitern verurteilt und eine blosse Zeit- und damit auch eine Kapitalverschwendung.

- Die *halbstarke Form der Markteffizienz* besagt, dass sämtliche öffentlich zugänglichen Informationen im gegenwärtigen Kurs enthalten sind. Offensichtlich umfasst die halbstarke die schwache Form der Markteffizienz (vgl. Abbildung 7/2), denn der Begriff *öffentliche Informationen* beinhaltet neben nicht marktspezifischen Informationen wie Gewinne, Dividenden, Aktiensplits, Kapitalerhöhungen usw. auch sämtliche Marktinformationen wie Aktienkurse und Handelsvolumina. Hat die halbstarke Form der Markteffizienz

---

10 "In general terms, the ideal is a market in which prices ... under the assumption that security prices at any time «fully reflect» all available information. A market, in which prices always «fully reflect» available information is called «efficient»" [Fama 1970, S. 383].

Gültigkeit, so ist neben der technischen Analyse auch die Fundamentalanalyse, sofern ein Investor nicht über Insiderinformationen verfügt, nutzlos.

- Hat kein Investor monopolistischen Zugang zu kursbeeinflussenden Informationen (beispielsweise Insiderinformationen), so gilt die *starke Form der Markteffizienz*. Diese umfasst die schwache wie die halbstarke Form. Keinem Investor wird es trotz der besten Analysen gelingen, eine überdurchschnittliche Rendite zu erzielen.

Um die einzelnen Formen der Markteffizienz *empirisch* zu überprüfen, wurden (und werden) verschiedene Verfahren angewendet. Sinnvollerweise ist dabei mit der Ueberprüfung der schwachen Form zu beginnen. Muss die These der schwachen Markteffizienz verworfen werden, erübrigt sich eine Untersuchung der beiden stärkeren Formen.

Abbildung 7/2: Die Formen der Markteffizienz

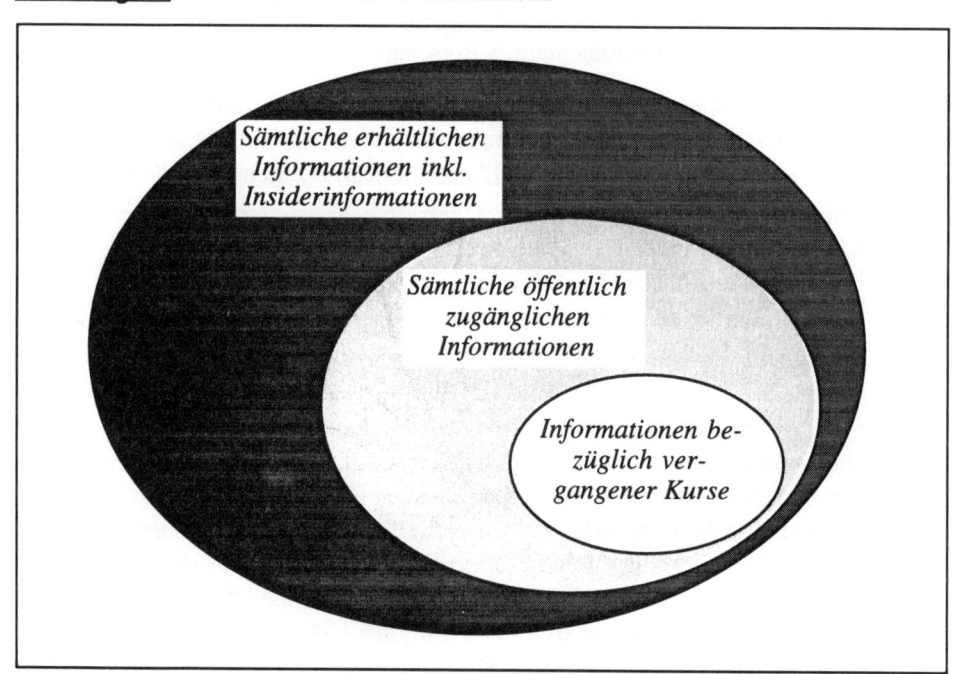

Sämtliche erhältlichen Informationen inkl. Insiderinformationen

Sämtliche öffentlich zugänglichen Informationen

Informationen bezüglich vergangener Kurse

7.2.1 Die schwache Form der Markteffizienz

Gemäss der schwachen Form der Markteffizienz ist es nicht möglich, dass die Kenntnisse vergangener Kurse bessere Kursprognosen ermöglichen. Im Resultat

KAPITEL 7: *Beurteilung des traditionellen und modernen Portfolio-Managements* 277

entspricht dies der *Random Walk-Hypothese*, welche besagt, dass sich Aktienkurse rein *zufällig* verändern. Nach ihr erfolgt die beste Schätzung zukünftiger Kurse auf der Basis des heutigen Kurses [vgl. bspw. Schäfer 1983, S. 97]:

$$P_{t+1} = P_t + \mu_t \qquad (7\text{-}1)$$

(wobei P_{t+1} = Kurs der Anlage zum Zeitpunkt t+1 (ist eine Zufallsvariable), P_t = gegenwärtiger (und damit sicher bestimmbarer) Kurs, μ_t = unsichere Kursveränderung im Intervall [t,t+1] (ist eine Zufallsvariable)).

Für die unsichere Kursveränderung μ_t gelten die folgenden Annahmen[11]:

- Aufeinanderfolgende Kursveränderungen sind unkorreliert:

  $Cov(\mu_t,\mu_{t+1}) = 0$, $\forall\ t = 1,...,n$

- Der Erwartungswert der Kursveränderungen ist Null:

  $E(\mu_t) = 0$, $\forall\ t = 1,...,n$

- Die Verteilung der Kursveränderungen sei derart, dass deren Varianz begrenzt ist.

Konzept-Frage 2 $Cov(\mu_t,\mu_{t+1})$ wird als *Autokovarianz (Serial Covariance)* bezeichnet. Wie ist die Autokovarianz zu berechnen?

Es ist darauf hinzuweisen, dass die Random Walk-Hypothese lediglich behauptet, dass die Analyse vergangener Kursentwicklungen keinen eigenständigen Erkenntniswert für eine Kursprognose besitzt. Entsprechend hat die Aktienanlage *keinen Lotteriecharakter*, denn es wird *nicht* in Abrede gestellt, "dass Aktien aufgrund bestimmbarer Einflussgrössen wie realwirtschaftlicher Vorgänge usw. bewertet werden" [Gerke/Philipp 1985, S. 72]. Ein Widerspruch zu den Kapitalmarktmodellen ist daher *nicht* gegeben.

Die Random Walk-Hypothese ist für die empirische Ueberprüfung der schwachen Form der Markteffizienz insofern von Bedeutung, als erstere eine statistische Möglichkeit bietet, letztere zu überprüfen. Kann die Random Walk-Hypothese nicht verworfen werden, hat die schwache Form der Markteffizienz Gültigkeit.

---

11   Es gilt zu beachten, dass es sich in diesem Fall um das sogenannte *Martingalmodell* (der mittelstarken Form der Random Walk-Hypothese) handelt. Daneben existieren die starke Form und die schwache Form (das Submartingalmodell) der Random Walk-Hypothese.

7.2.1.1 Empirische Ueberprüfung

Um die schwache Form der Markteffizienz zu überprüfen, können zwei unterschiedliche Arten von Tests durchgeführt werden:

- *Statistische Tests der Unabhängigkeit:* Am häufigsten gelangen *Korrelations-* und *Runtests* zur Anwendung. *Spektraltests* sind eher selten[12]. Ziel solcher Tests ist es, den Abhängigkeitsgrad zwischen aufeinanderfolgenden Aktienkursveränderungen zu untersuchen. Ist eine statistisch signifikante Abhängigkeit zu konstatieren, muss die Random Walk-Hypothese verworfen und als unzutreffend bezeichnet werden. Kann hingegen eine statistisch signifikante Abhängigkeit *nicht* nachgewiesen werden, darf die Random Walk-Hypothese nicht verworfen werden, und die Investoren können davon ausgehen, dass mittels technischer Analyse keine überdurchschnittlichen Kursgewinne zu erzielen sind.

- *Tests verschiedener Handelsregeln:* Die aus der technischen Analyse hervorgehenden Handelsregeln[13] wie die Filter-Technik, die Methode der gleitenden Durchschnitte, die Formelanlageplanung sowie die Methode der relativen Stärke werden mit einer einfachen buy-and-hold-Strategie verglichen. Kann mit Hilfe einer Handelsregel ein besseres Ergebnis als mit der buy-and-hold-Strategie erzielt werden, so ist die These der Markteffizienz (in ihrer schwachen Form und daher auch in den übrigen Formen) zu verwerfen. Andernfalls, wenn mit der buy-and-hold-Strategie ein mindestens gleich gutes Ergebnis wie mit einer Handelsregel erreicht wird, ist der Markt (mindestens) in der schwachen Form effizient.

Sowohl für die amerikanischen wie auch die wichtigsten europäischen Aktienmärkte kann die These der Markteffizienz in ihrer schwachen Form *statistisch nicht* widerlegt werden (vgl. Abbildung 7/3 [14]). Statistisch signifikante Abhängigkeiten der

---

12 Auf eine detaillierte Beschreibung der einzelnen Testverfahren wird verzichtet [vgl. dazu bspw. Mühlbradt 1980, S. 193ff].

13 Vgl. dazu Abschnitt 3.1.1.2.

14 Für *Moore* (1962), *Cootner* (1965) und *Praetz* (1972) vgl. Elton/Gruber 1991, S. 409. Für *Fama* (1965) vgl. Fama 1970, S. 393. Für *Rosenberg/Rudd* (1982), *Hawawini/Michel* (1975), *Regidor/Sercu* (1976), *Hamon* (1975/78), *Dorsman/Hilst* (1984) und *Bertonèche* (1978) vgl. Hotz 1989, S. 59f. Für *Uhlir* (1979) vgl. Uhlir 1979. Für *Solnik* (1973) vgl. Solnik 1973, S. 1151ff. Für *Vock/Zimmermann* vgl. Vock/Zimmermann 1984, S. 547ff. Für *Hansmann* (1980) vgl. Hansmann 1980. Für *Mühlbradt* (1978) vgl. Mühlbradt 1978.
  In Abbildung 7/3 ist mit '> ... Tage' ein Intervall von mehr als ... Tagen gemeint und mit '< ... Tage' ein solches von weniger als ... Tagen. Die Abkürzungen der Märkte sind wie folgt zu verstehen: AU = Australien, AT = Oesterreich, BE = Belgien, CH = Schweiz, DE = Deutschland,
  (Fortsetzung der Fussnote vgl. die folgende Seite)

KAPITEL 7: *Beurteilung des traditionellen und modernen Portfolio-Managements* 279

Abbildung 7/3: Ergebnisse einiger statistischer Tests zur Ueberprüfung der Markteffizienz in ihrer schwachen Form

Markt	Autoren (Jahr)	Abhängigkeit vom Zeitintervall	Annahme der These der Markteffizienz
AT	Uhlir (1979)	> 30 Tage	ja
	Uhlir (1979)	< 7 Tage	nein
AU	Praetz (1972)	> 7 Tage	ja
BE	Solnik (1973)	> 30 Tage	ja
	Hawawini/Michel (1975)	< 7 Tage	nein
	Regidor/Sercu (1976)	> 1 Tag	ja
CH	Vock/Zimmermann (1984)	> 30 Tage	ja
DE	Solnik (1973), Hansmann (1980)	> 30 Tage	ja
	Mühlbradt (1978)	< 7 Tage	nein
FR	Solnik 1973), Bertonèche (1978)	> 30 Tage	ja
	Bertonèche (1978)	< 7 Tage	nein
	Hamon (1975/78)	> 1 Tag	ja
NL	Solnik (1973)	> 30 Tage	ja
	Dorsman/Hilst (1984)	> 1 Tag	ja
	Bertonèche (1978)	< 7 Tage	nein
UK	Solnik (1973), Bertonèche (1978)	> 30 Tage	ja
	Solnik (1973), Bertonèche (1978)	< 7 Tage	nein
US	Moore (1962)	> 7 Tage	ja
	Fama (1965)	> 1 Tag	ja
	Cootner (1974)	> 7 Tage	ja

Kursveränderungen können nur (wenn überhaupt) in kurzen Zeitintervallen (beispielsweise bei der Betrachtung von Tageskursen oder Wochenkursen) *teilweise* festgestellt werden. Diese verschwinden jedoch bei der Betrachtung von Kursveränderungen in Zeitintervallen von mehr als 30 Tagen. Die Korrelationskoeffizienten sind - selbst wenn sie statistisch signifikant sind - in der Regel nicht hoch genug und

---

FR = Frankreich, NL = Niederlande, UK = Grossbritannien und US = Vereinigte Staaten von Amerika.

ausreichend stabil, um dem Investor überdurchschnittliche Kursgewinne zu ermöglichen [vgl. Hotz 1989, S. 57].

Eine Ausnahme bildet die Untersuchung von *Rosenberg/Rudd* (1982) [vgl. dazu Hotz 1989, S. 59f]. Diese trennen in ihrer Betrachtung die Renditen in eine unsystematische und eine systematische Komponente, wobei letztere weiter nach Faktoren unterteilt wird. Auf die totale Rendite konnte keine Korrelation festgestellt werden, hingegen scheinen die Renditen der Faktoren signifikant zu korrelieren. Die von *Hotz* gemachte Feststellung, dass die Studie von *Rosenberg/Rudd* möglicherweise Mängel früherer Studien aufzeige, kann allerdings *nicht* unterstützt werden. Viel eher scheint die Studie von *Rosenberg/Rudd* von falschen Ueberlegungen ausgegangen zu sein. Wird die Random Walk-Hypothese, die es letztlich zu prüfen gilt, mit der technischen Analyse verglichen, so ist zu beachten, dass auch die technische Analyse die *totalen Kursänderungen* betrachtet und nicht nur solche, die von bestimmten Faktoren verursacht wurden. Entsprechend ist auch die Random Walk-Hypothese aufgrund der totalen Kursänderungen (und damit aufgrund der totalen Renditen) zu überprüfen, ansonsten die beiden Theorien nicht vergleichbar sind.

Da die statistischen Tests mit verschiedenen Mängeln behaftet sind[15], ist man dazu übergegangen, die erwähnten Handelsregeln als Testverfahren zu präferieren. Entsprechend durchgeführte Untersuchungen zeigen, dass mit verschiedenen Handelsregeln bessere Ergebnisse als mit einer einfachen buy-and-hold-Strategie zu erzielen sind.

Mittels *Filter-Tests* trifft dies beispielsweise für den amerikanischen (*Fama/Blume*, 1966), britischen (*Dryden*, 1970), deutschen (*Hofmann*, 1973 und *Nagler*, 1979), französischen (*Semah u.a.*, 1970) und österreichischen Markt (*Uhlir*, 1979) zu. Für den deutschen Markt führten auch Untersuchungen mittels der *Methode der gleitenden Durchschnitte* (*Hofmann*, 1973 und *Nagler*, 1979) zum selben Resultat. Gemäss Tests der *Methode der relativen Stärke* wurden auf dem amerikanischen (*Jensen/ Bennington*, 1970, *Bohan*, 1981 und *Brush*, 1986) wie auch auf dem britischen Markt (*Griffiths*, 1970) ebenfalls bessere Resultate als mit einer einfachen buy-and-hold-Strategie erzielt[16].

Demnach wäre die These der Markteffizienz zu verwerfen. *Allerdings* konnte in den häufigsten Fällen der Nachweis erbracht werden, dass *unter Berücksichtigung der*

---

15 Vgl. dazu Abschnitt 7.2.1.2.
16 Für *Fama/Blume* (1966) und *Jensen/Bennington* (1970) vgl. Elton/Gruber 1991, S. 412ff. Für *Dryden* (1970), *Semah u.a.* (1970), *Bohan* (1981), *Brush* (1986) und *Griffiths* (1970) vgl. Hotz 1989, S. 62ff. Für *Hofmann* (1973) vgl. Hofmann 1974, S. 11ff. Für *Nagler* (1979) vgl. Nagler 1980, S. 17ff. Für *Uhlir* (1979) vgl. Uhlir 1979.

anfallenden Transaktionskosten das Abhängigkeitsniveau nicht genügend gross ist, um Informationen über vergangene Kurse für profitable Strategien zu verwenden[17].

7.2.1.2 Beurteilung der Resultate

Sollen die erhaltenen Resultate beurteilt werden, so ist zu beachten, dass sowohl die statistischen Tests der Unabhängigkeit aufeinanderfolgender Aktienkursveränderungen als auch die Tests verschiedener Handelsregeln mit einigen Problemen behaftet sind.

Die *statistischen Tests* sind lediglich in der Lage, *lineare* Abhängigkeiten der Kursveränderungen aufzuzeigen. Wird eine lineare Unabhängigkeit nachgewiesen, so darf *nicht* auf eine generelle (auch nichtlineare) Unabhängigkeit geschlossen werden. In diesem Fall wäre es möglich, mit Hilfe von Strategien, welche diese nichtlinearen Abhängigkeiten ausnutzen könnten, Aktienkurse auf der Grundlage vergangener Aktienkurse zu prognostizieren [vgl. Nagler 1980, S. 18]. Mit statistischen Tests können zwar einfache (lineare) Abhängigkeiten nachgewiesen werden. Sind sie aber in einer Stichprobe nicht nachweisbar, "so bedeutet das nicht, dass überhaupt keine Abhängigkeiten vorhanden sind, denn der Fehlschlag kann auch an der Stichprobe oder an der gewählten Methode liegen" [Hielscher 1975, S. 12][18].

Ein weiterer Mangel der statistischen Tests ist darin zu sehen, dass im Falle einer signifikanten Abhängigkeit keine Aussage gemacht werden kann, ob das Ausmass der Abhängigkeit genügt, um eine Strategie profitabel einzusetzen.

Schliesslich orientieren sich die statistischen Tests nur mangelhaft an den angewendeten Verfahren der technischen Aktienanalyse. Aendert der Kursverlauf einer Aktie kurzfristig die Richtung, so wird gemäss technischer Analyse ein Trend nicht sofort für beendet erklärt, wie das beispielsweise bei Runtests der Fall ist. Zwischen einem Trend im statistischen Sinne und einem solchen im Sinne der technischen Analyse besteht somit ein erheblicher Unterschied [vgl. Nagler 1980, S. 18].

Die Ergebnisse der *Tests mittels verschiedener Handelsregeln* bringen die These der Markteffizienz (in ihrer schwachen Form) ins Wanken. Unter Berücksichtigung der

---

17 Ausnahmen bieten die Untersuchungen von *Semah u.a.* (1970) für den französischen und *Bohan* (1981) bzw. *Brush* (1986) für den amerikanischen Markt.

18 *Fama* erwähnt, dass nur lineare Abhängigkeiten aufgezeigt werden können, wenn diese im gesamten Datensatz kontinuierlich vorhanden sind [vgl. Fama 1965, S. 80]. Nur vorübergehend auftretende Abhängigkeiten sind demzufolge nicht nachweisbar. Aber genau solche temporär vorhandenen Abhängigkeiten könnten u.U. mittels geeigneter Strategie ausgenützt werden.

nachfolgend erwähnten Mängel müssen diese Ergebnisse allerdings relativiert werden.

Häufig werden die mit den Handelsregeln erzielten Resultate direkt mit der Rendite einer buy-and-hold-Strategie verglichen. Ein solcher Vergleich ist allerdings unzulässig. Vielmehr müssten *risikoadjustierte* Renditen einander gegenübergestellt werden (beispielhaft wird dies von *Lerbinger* [vgl. Lerbinger 1985, S. 42ff] gemacht).

Eine buy-and-hold-Strategie verursacht - wenn überhaupt - sehr geringe Informationskosten. Dagegen sind diese für anspruchsvolle Verfahren sehr gewichtig und müssen beachtet werden. Zu nennen sind insbesondere die Kosten der Informationserfassung, der Programmierung bestimmter Handelsregeln und der Datenverarbeitung. Die Transaktionskosten werden bei den meisten Tests richtigerweise miteinbezogen.

Der gravierendste Nachteil der Tests durch Anwendung von Handelsregeln ist aber darin zu sehen, dass diese den Markt *ex post* betrachten. Damit kann den durch Transaktionen ausgelösten Kursverschiebungen, wie sie bei einem tatsächlichen Operieren des Investors vorkommen, in keiner Weise Rechnung getragen werden. Insbesondere in *engen Märkten* können aber bereits durch geringe Transaktionsvolumina relativ grosse Kursverschiebungen stattfinden. Häufig werden die Handelsregeln ex post festgelegt, wodurch diese im Vergleich zu einer einfachen buy-and-hold-Strategie sehr erfolgreich erscheinen. Ob dieselben Handelsregeln aber auch in anderen als den beobachteten Zeitperioden standhalten, scheint doch sehr fragwürdig zu sein.

Im Zusammenhang mit der letztgenannten Kritik sei auf ein kleines Experiment von *Graafhuis* verwiesen [vgl. Graafhuis 1987, S. 69]. Einer Gruppe von Bankfachleuten wurden vier verschiedene Aktienkursreihen vorgelegt, wovon zwei durch einen *Zufallsgenerator* auf einem Computer erzeugt wurden. Die computersimulierten Kursreihen konnten von den echten Kursreihen nicht eindeutig unterschieden werden. Auch bei den simulierten Kursreihen ergaben sich nahezu klassische Trends und Formationen. Entsprechend müsste es möglich sein, anhand dieser simulierten Kursreihen Handelsregeln festzulegen, die einer buy-and-hold-Strategie überlegen sind.

Unter Beachtung der gezeigten Testresultate und der erwähnten Kritikpunkte kann die *These der Markteffizienz in ihrer schwachen Form nicht verworfen* werden. Damit ist aber jeder Versuch, die *technische Analyse* in der Praxis anzuwenden, *zum Scheitern* verurteilt. Entsprechendes Handeln ist daher von den nach den heutigen Erkenntnissen denkenden Investoren gefordert.

7.2.2 Die halbstarke Form der Markteffizienz

Gemäss der *halbstarken Form der Markteffizienz* reagieren Aktienkurse *sofort* auf öffentlich zugängliche Informationen. Demzufolge sind diese jederzeit im gegenwärtigen Kurs enthalten. Aufgrund öffentlich zugänglicher Informationen ist es daher einem Investor *nicht* möglich, sich einen Renditevorteil zu verschaffen.

Die halbstarke Form der Markteffizienz wird anhand verschiedener Informationsarten wie Aktiensplits, Kapitalisierungsveränderungen, Börsenkotierungen, unerwartete Weltereignisse, Gewinn- und Dividendenänderungen usw. überprüft. Als Testkriterien werden die Geschwindigkeit und der Umfang der Kursanpassung vor und nach der Veröffentlichung der neuen Information betrachtet (vgl. Abbildung 7/4 [vgl. Ross/Westerfield/Jaffe 1993, S. 364]).

Abbildung 7/4: Die Ueberprüfung der halbstarken Form der Markteffizienz

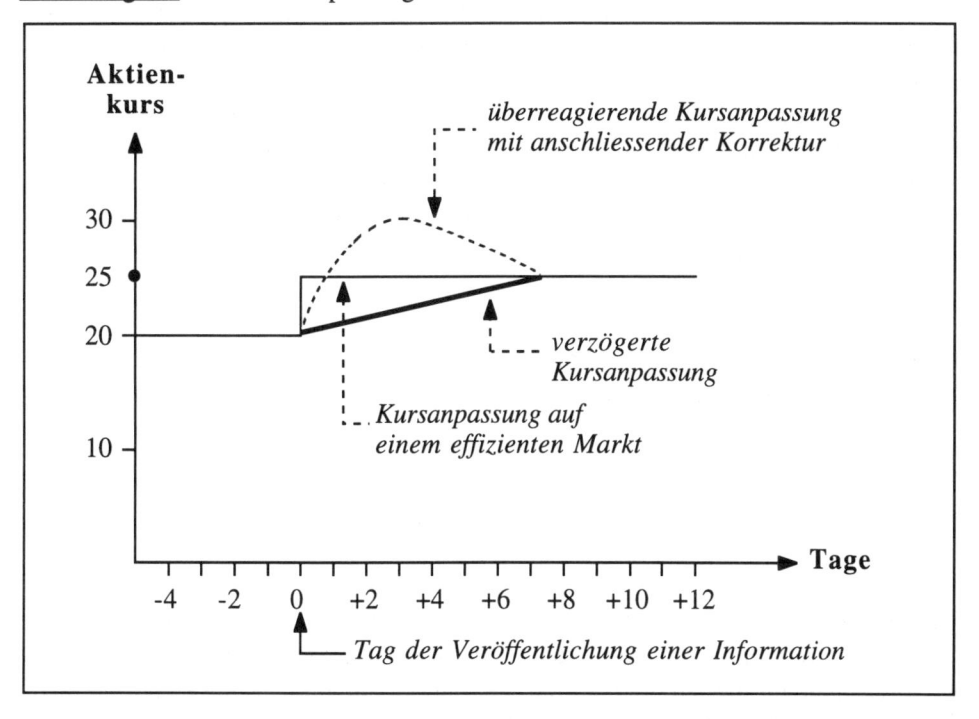

Zwei Arten von Tests können vorgenommen werden [vgl. Reilly 1989, S. 218]:
- Die Kursbewegungen vor und nach der Veröffentlichung wichtiger Informationen werden betrachtet. Findet die Kursanpassung *vor* und *während* der Bekanntgabe einer wichtigen Information statt, impliziert dies einen effizien-

ten Markt. Kursanpassungen *nach* der Informationsveröffentlichung sprechen gegen die Markteffizienz in ihrer halbstarken Form.

- Anstelle der Kursbewegungen können auch die Renditen der Investoren nach der Bekanntgabe einer Information betrachtet werden. Ist der Markt in seiner halbstarken Form effizient, so dürften im Vergleich zu einer einfachen buy-and-hold-Strategie *nach* der Veröffentlichung der Information keine abnormen Renditen erzielt werden. Hier gilt es allerdings zu beachten, dass die Renditen risikoadjustiert und unter Berücksichtigung der Transaktionskosten zu betrachten sind.

7.2.2.1 Empirische Ueberprüfung

Bei den erwähnten Testmöglichkeiten sind die bezüglich anderer Einflussfaktoren *neutralisierten* Kursbewegungen bzw. Renditen zu betrachten. Angenommen, eine Aktie, deren Kurs um 7% gestiegen ist, werde bezüglich der Information *Dividendenerhöhung* getestet. Verzeichnet der Markt in der selben Zeit einen Kursanstieg von 5%, so darf die 7%-ige Zunahme nicht allein auf die Dividendenerhöhung zurückgeführt werden. Um die allgemeinen Markteinflüsse zu neutralisieren, schlagen *Fama/Fisher/Jensen/Roll* [vgl. Fama/Fisher/Jensen/Roll 1969, S. 1ff] ein Vorgehen ähnlich dem Index-Modell vor. Regressiert man die Aktienrendite gegen die Marktrendite [Fuller/Farrell 1987, S. 104f],

$$r_{At} = \alpha_A + \beta_A \cdot r_{Mt} + \varepsilon_{At} \qquad (7\text{-}2)$$

(wobei r_{At} = Rendite der Aktie A in t, α_A, β_A = Regressionskoeffizienten, r_{Mt} = Rendite des Marktes in t, ε_{At} = zufällige Renditeabweichung in t),

so können der vom Markt abhängige (marktspezifische) und der unabhängige (titelspezifische) Teil der Aktienrendite ermittelt werden. Der Term ε_{At} repräsentiert die abnorme (titelspezifische) Rendite in t - *Abnormal Return* genannt - (AR_t):

$$AR_t = \varepsilon_{At} = r_{At} - (\alpha_A + \beta_A \cdot r_{Mt}) \qquad (7\text{-}3)$$

Neben den allgemeinen Markteinflüssen sind noch die firmenspezifischen Einflüsse (Einflüsse, die von anderen Ereignissen als dem zu untersuchenden ausgehen) zu neutralisieren. Zu diesem Zweck sind die Durchschnitte der Zufallsrenditen in t - *Average Abnormal Return* genannt - (AAR_t) zu berechnen:

$$AAR_t = (1/n) \cdot \sum_{i=1}^{n} AR_{it} \qquad (7\text{-}4)$$

(wobei n eine repräsentative Anzahl einer homogenen Menge von Aktien ist).

Die in (7-4) berechneten Durchschnittswerte werden für eine bestimmte Anzahl Zeitperioden vor dem Ereignis und einer solchen nach dem Ereignis aufaddiert. Das so erhaltene Resultat - *Cumulative Average Abnormal Return* (CAAR) genannt - muss *im Falle eines effizienten Marktes Null* sein.

In der Vergangenheit wurden zahlreiche Studien zur halbstarken Form der Markteffizienz durchgeführt. Die meisten von ihnen lassen den Schluss zu, dass die These der Markteffizienz in ihrer halbstarken Form *nicht* verworfen werden kann.

Die bereits erwähnte Studie von *Fama/Fisher/Jensen/Roll* untersuchte das Aktienkursverhalten von 940 *Aktiensplits* an der New York Stock Exchange. Es ist klar, dass der Aktiensplit als solcher dem Investor kein zusätzliches Vermögen schafft, das heisst es gelangen keine neuen Informationen an den Markt. Daher wären auch abnorme Renditen *nicht* zu beobachten, was die Studie bestätigt. Im selben Test wurde die Hypothese aufgestellt, dass *nicht* der Aktiensplit als solcher, sondern die *Erwartung* einer höheren Dividendenzahlung (und damit einer höheren Rendite) abnorme Renditen *vor* dem Aktiensplit liefern. Die erhaltenen Resultate *bestätigen* aber eindeutig die halbstarke Form der Markteffizienz auf dem amerikanischen Markt.

Bezüglich *Kapitalisierungsveränderungen* konnte die Markteffizienz für den amerikanischen (*Miller/Reilly*, 1985) [vgl. Reilly 1989, S. 223], belgischen (*Brehain*, 1980), britischen (*Firth*, 1977), französischen (*Hamon*, 1978) [vgl. Hotz 1989, S. 81] und schweizerischen (*Loderer/Zimmermann*, 1986) [vgl. Loderer/Zimmermann 1986, S. 34ff] Markt nachgewiesen werden.

Die Auswirkungen auf Aktienkurse im Falle von Entscheidungen über die *Kotierung* der Papiere an verschiedenen Börsen (nationale oder internationale, kleine oder grosse Börsen) wurde von *Furst* (1970), *Louis/Ying/Lewellen/Schlarbaum/ Lease* (1977), *Connell/Sanger* (1981) *Fabozzi* (1981), *Baker/Spitzfaden* (1982) und *Leefeldt* (1984) gemacht [vgl. Reilly 1989, S. 223f]. Derartige Kotierungsentscheide können Auswirkungen auf die Handelbarkeit und auf das Prestige des Unternehmens zeitigen. Im Zusammenhang mit der These einer halbstarken Markteffizienz interessiert hier, ob es möglich ist, zur Zeit der Neukotierung mit den entsprechenden Aktien abnorme Renditen zu erreichen. Die Resultate sind in dieser Frage nicht einheitlich, was auf eine *Ineffizienz* bezüglich der Information 'Börsenkotierung' hindeutet.

Im Gegensatz zu den Kotierungsentscheidungen werden *unerwartete Weltereignisse* sehr rasch von den Börsenkursen eskomptiert, was die halbstarke Form der Markteffizienz wiederum unterstützt [vgl. Reilly 1989, S. 225].

Schliesslich sind noch die Tests bezüglich Informationen über *Gewinn- und Dividendenänderungen* zu erwähnen. Diese den Investor vermutlich am meisten interessierenden Studien zeigen recht unterschiedliche Resultate auf. Den die halbstarke Form der Markteffizienz unterstützenden Tests für den amerikanischen (*Ball/Brown*, 1968) [vgl. Fuller/Farrell 1987, S. 109], belgischen (*Beghin*, 1983) und britischen (*Firth*, 1976) Markt stehen auch ablehnende Studien für den amerikanischen (*Jones/Rendleman/Latané*, 1985), britischen (*Cadle/Theobald*, 1981), deutschen (*Brandi*, 1977 und *Sahling*, 1981) und französischen (*Korhonen*, 1975) Markt gegenüber [vgl. Hotz 1989, S. 78ff].

Konzept-Frage 3 Ein Computer-Hersteller gelangt mit der Mitteilung an die Oeffentlichkeit, einen der weltweit führenden Forscher dieser Branche engagiert zu haben. Einen Tag zuvor lag der Aktienkurs des Computer-Herstellers bei $ 50. Was darf hinsichtlich des Aktienkurses in einem effizienten Markt erwartet werden?

7.2.2.2 Beurteilung der Resultate

Aufgrund der erwähnten Studien darf die These der halbstarken Markteffizienz mindestens annäherungsweise *nicht* verworfen werden. Diese Aussage muss allerdings aus zwei Gründen relativiert werden:

- Zum einen müssen die mit den Studien verbundenen Schwierigkeiten beachtet werden.
- Zum andern treten an den verschiedenen Märkten gewisse Phänomene auf, die in einem effizienten Markt in der halbstarken Form keine Berechtigung haben.

Die mit den Studien verbundenen Schwierigkeiten betreffen erstens die Ermittlung des genauen *Zeitpunktes der Informationsveröffentlichung* und zweitens die Frage nach der *Geschwindigkeit der Informationsverarbeitung*. Insbesondere bei ständig wiederkehrenden Informationen wie sie beispielsweise Jahresabschlüsse[19] darstellen, bereiten die genannten Einwände grosse Mühe. Die Betrachtung falscher Zeitperioden führen zu falschen Schlussfolgerungen bezüglich der Dauer und der Geschwin-

---

19 Informationen über den Jahresabschluss sind oft anhand anderer, bereits früher veröffentlichten Daten, wie Umsatzangaben, Auftragshöhe etc. erkennbar.

digkeit der Kursanpassung. Mit Sicherheit kann daher nur die Effizienz von Kursanpassungen auf solche Informationen beurteilt werden, deren Veröffentlichungszeitpunkte exakt bestimmbar sind[20].

Neben den testbedingten Schwierigkeiten sprechen aber auch eine ganze Reihe von beobachtbaren Phänomenen - sog. *Anomalien* - gegen die Annahme der Effizienzthese in ihrer halbstarken Form. Zu nennen sind

- der *Small-Firm-Effekt* (mit Investitionen in kleine Unternehmen können risikoadjustiert[21] signifikant höhere Renditen als mit Investitionen in grosse Unternehmen erzielt werden) [vgl. Banz 1981, S. 3ff, Reinganum 1981, S. 19ff und Keim 1990, S. 56ff],

- der *P/E-Effekt* (mit Investitionen in Portfolios mit niedriger Price/Earnings-Ratio können risikoadjustiert signifikant höhere Renditen als mit Investitionen in Portfolios mit hoher Price/Earnings-Ratio erzielt werden) [vgl. Basu 1975, S. 53ff, Basu 1977, S. 663ff, Basu 1983, S. 129ff und Keim 1990, S. 56ff],

- der *Tax-Effekt* (bedingt durch die unterschiedliche Besteuerung von Dividendenerträgen und Kapitalgewinnen können durch Investitionen in Aktien *ohne* und/oder *mit sehr hohen* Dividendenzahlungen risikoadjustiert und steuerbereinigt abnorme Renditen erzielt werden),

- der *January-Effekt* (die Renditen sind durchschnittlich im Januar signifikant höher als in den übrigen Monaten) [vgl. Branch 1977, S. 198ff, Dyl 1977, S. 165ff und Keim 1990, S. 56ff],

- der *Monthly-Effekt* (die Renditen sind durchschnittlich in der ersten Monatshälfte deutlich positiv, während sie in der zweiten Monatshälfte nicht signifikant von Null verschieden sind) [vgl. Ariel 1987, S. 161ff] und

- der *Weekend-Effekt* (die Freitags-Renditen sind die höchsten, während die Montags-Renditen am niedrigsten sind) [vgl. French 1980, S. 55ff und Gibbons/Hess 1981, S. 579].

---

20 Dies trifft sicher auf Informationen über unerwartete Ereignisse (unerwartete Weltereignisse, Börsenkotierungen, Aktiensplits etc.) und u.U. auf Kapitalisierungsveränderungen zu. Der Veröffentlichungszeitpunkt von Gewinn- und Dividendenveränderungen dürfte allerdings nicht genau bestimmbar sein.

21 Unter risikoadjustiert wird gleiches Risiko verstanden. Werden risikoadjustierte Renditen betrachtet, so ist damit die Betrachtung der Renditen bei gleichem Risiko gemeint.

In der Zahl kaum zu überblickende Studien[22] haben gezeigt, dass durch ein Ausnützen dieser Anomalien risikoadjustiert (und teilweise auch unter Berücksichtigung der Informations- und Transaktionskosten) selbst auf dem amerikanischen Markt signifikant höhere Renditen erzielt werden können. Ob ein systematisches Ausnützen der erwähnten Anomalien möglich ist, kann nicht abschliessend beurteilt werden; es wird hier allerdings *bezweifelt*. Daraus zu urteilen, dass die halbstarke Form der Markteffizienz *nicht* verletzt ist, wäre allerdings ein falscher Schluss. *Gerade wegen des Unvermögens, solche Anomalien systematisch auszunützen, ist die Markteffizienz in ihrer halbstarken Form zu verwerfen*. Ein systematisches Ausnützen der Anomalien würde bewirken, dass sich mindestens längerfristig alle Investoren der entsprechenden Systematik bedienen. In der Folge wäre das Erzielen abnormer Renditen unmöglich, und die These der halbstarken Form der Markteffizienz könnte nicht mehr verworfen werden.

7.2.3 Die starke Form der Markteffizienz

Gemäss der starken Form der Markteffizienz wird es trotz des monopolistischen Zugangs zu kursbeeinflussenden (nicht-öffentlichen) Informationen (Insiderinformationen) *nicht* gelingen, eine überdurchschnittliche Rendite zu erzielen. Da die starke Form der Markteffizienz die halbstarke Form umfasst, letztere aber nicht vollumfänglich Gültigkeit hat, würde sich ein Test der Markteffizienz in der starken Form erübrigen. Der Vollständigkeit wegen soll dennoch auf die Resultate einiger Studien kurz hingewiesen werden.

7.2.3.1 Empirische Ueberprüfung

Wegen der verschiedenen Investoren, welche monopolistischen Zugang zu kursbeeinflussenden Informationen haben, werden häufig die *Near-Strong-* (faststarke) und die *Superstrong-* (superstarke) Form der Markteffizienz unterschieden. Die Near-Strong-Form besagt, dass professionell verwaltete Portfolios risikoadjustiert keine höheren Renditen als die durchschnittliche Marktrendite erzielen. Ist der Markt in der Superstrong-Form effizient, so ist es selbst Insidern wie dem Top-Management oder Börsenspezialisten nicht möglich, im Vergleich zum Markt besser abzuschneiden.

---

22 Einen ausgezeichneten Ueberblick zu den verschiedenen Studien der Anomalien liefert *Hotz*. Dort wird auch auf die gegenseitige Beeinflussung der Anomalien eingegangen [vgl. Hotz 1989].

KAPITEL 7: *Beurteilung des traditionellen und modernen Portfolio-Managements*   289

Die Tests der *Near-Strong-Form der Markteffizienz* basieren auf der *Performance-Messung* verschiedener institutioneller Investoren. Wichtig ist dabei, dass unter Performance nicht die Rendite, sondern die *risikoadjustierte Rendite* verstanden wird[23]. Von wenigen Ausnahmen abgesehen wird in den bisherigen Studien auf den verschiedensten Märkten die These der Near-Strong-Form der Markteffizienz nicht verworfen [vgl. Mühlbradt 1978, S. 341ff und dort zitierten Studien]. Allerdings sind mit diesen Studien einige Probleme verbunden, welche gewichtig genug sind, die Studien mittels Performance-Messung als *unzureichend* zu bezeichnen[24].

Die Studien bezüglich der *Superstrong-Form der Markteffizienz* zeigen deutlich [vgl. Jaffe 1974, S. 410ff][25], dass es Insidern möglich ist, im Vergleich zur durchschnittlichen Marktrendite signifikant höhere Renditen zu erreichen. Damit ist die These der Markteffizienz in ihrer Superstrong-Form zu verwerfen.

7.2.3.2 Beurteilung der Resultate

Die mittels Performance-Messung vorgenommenen Tests der Markteffizienz in der Near-Strong-Form sind mit einigen Problemen verbunden. Auf zwei dieser Probleme soll im folgenden kurz eingegangen werden.

Den Kern der Studien bildet ein Vergleich der Marktperformance mit derjenigen des institutionellen Investors. Damit stellt sich die Frage, wie die Marktperformance ermittelt werden soll. Als Lösung wird ausnahmslos das Capital Asset Pricing Model vorgeschlagen. Dieses Modell setzt u.a. homogene Erwartungen der Investoren, Informationseffizienz und ein Marktgleichgewicht voraus, was einen effizienten Markt impliziert. Das CAPM ist allerdings sehr *umstritten* und in der heutigen Form *nicht akzeptabel*[26]. Insbesondere ist es unmöglich, die Marktrendite zu bestimmen. Die häufig gewählte Lösung, einen den Markt repräsentierenden Index zu nehmen, ist unzureichend. *Roll* [vgl. Roll 1978, S. 1051ff] konnte zeigen, dass man die Rangliste für die Performance von Fonds-Managern geradezu vertauschen kann, wenn anstelle eines wertgewichteten Indexes ein zeitgewichteter Index verwendet wird[27].

---

23 Näheres zur Performance vgl. Kapitel 9.
24 Vgl. dazu Abschnitt 7.2.3.2.
25 Weitere Studien wurden für den amerikanischen Markt von *Lorie/Niederhoffer* (1968), *Pratt/DeVere* (1978), *Finnerty* (1976) [vgl. Fuller/Farrell 1987, S. 116f] und *Nunn/Madden/ Gombola* (1983) [vgl. Hotz 1989, S. 94f] gemacht.
26 Vgl. dazu Abschnitt 7.3.2.2.
27 Vgl. dazu die Abschnitte 9.1.1.1 und 9.1.1.2.

Das zweite Problem ist in den *gesetzlichen Rahmenbedingungen* der institutionellen Investoren zu sehen[28]. Starke Reglementierungen bewirken eine Einschränkung der Investitionstätigkeit. Oftmals bleiben den Institutionellen erstrebenswerte Portfoliostrukturen aufgrund der Rahmenbedingungen verwehrt. Selbst wenn das Management Insiderinformationen besitzt, können diese nicht in eine Strategie umgesetzt werden, welche eine überdurchschnittliche Rendite erwarten lässt. Als Konsequenz werden die Performance von zwei Portfolios - dem Marktportfolio und dem Portfolio eines Institutionellen - einander gegenübergestellt, *deren Vergleich aufgrund der verschiedenen Rahmenbedingungen nicht zulässig* ist.

Unter Beachtung dieser Mängel sind die Resultate der Tests bezüglich der Near-Strong-Form der Markteffizienz nicht erstaunlich, müssen aber wegen der erwähnten Schwachstellen abgelehnt und die These der Near-Strong-Form der Markteffizienz verworfen werden.

7.2.4 Schlussfolgerungen aus der These der Markteffizienz

Die These der Markteffizienz widerspricht in ihrer starken Form den Analysemethoden des traditionellen Portfolio-Managements. Um die Aussage der These, dass die Marktpreise der Anlagen zu jedem Zeitpunkt sämtliche zu diesem Zeitpunkt verfügbaren Informationen widerspiegeln, empirisch zu überprüfen, wird nach Art der Informationen differenziert, was zur schwachen, halbstarken und starken Form der Markteffizienz führt.

Die *Markteffizienz in ihrer schwachen Form* konnte *nicht widerlegt* werden, weshalb jeder Versuch, anhand der technischen Analyse überdurchschnittliche Renditen zu erzielen, lediglich Zeit und Kapital kostet. Um ein Portfolio erfolgreich zu managen, sollte deshalb *auf die technische Analyse verzichtet* werden.

Die *Markteffizienz in ihrer halbstarken Form* muss demgegenüber *verworfen* werden. Entsprechend *hat die Fundamentalanalyse ihre Berechtigung* und sollte in einem erfolgreichen Portfolio-Management zum Einsatz gelangen.

Im Gegensatz zur technischen Analyse muss selbst dann fundamental analysiert werden, wenn der Markt in der halbstarken Form effizient wäre. Würde der Analyse keine Beachtung mehr geschenkt, da es in einem effizienten Markt ohnehin nicht möglich ist, Informationen für eine überdurchschnittliche Rendite auszunützen, wäre sehr rasch eine *Ineffizienz* der Märkte festzustellen. In einem effizienten Markt

---

28 Vgl. dazu Abschnitt 3.2.2.2.

besteht der Anreiz, Informationen zu beschaffen, zu beurteilen und damit Kosten zu übernehmen, allein darin, die Effizienz der Märkte zu erhalten, denn die Märkte sind nicht von Natur aus effizient. Vielmehr müssen sie durch einen aktiven und mit Kosten verbundenen Informationsverarbeitungsprozess effizient gemacht werden [Zimmermann/Bill/Dubacher 1989, S. 95]. Kosten werden in einem marktwirtschaftlichen System allerdings nur in Kauf genommen, wenn ein entsprechender Nutzen, hier die (überdurchschnittliche) Rendite, erwirtschaftet werden kann[29]. "Dies wiederum bedeutet, dass die Börsenkurse *in keinem Zeitpunkt* sämtliche - selbst potentiell öffentlich verfügbare Informationen - widerspiegeln können und dass demzufolge die Märkte bezüglich der Informationsverarbeitung nie vollständig effizient sind" [Zimmermann/Bill/Dubacher 1989, S. 95].

Aufgrund der Resultate aus den Studien bezüglich der halbstarken Form der Markteffizienz erübrigt sich die Ueberprüfung der Markteffizienz in ihrer starken Form. Diese muss ebenfalls verworfen werden.

Konzept-Frage 4	Wie wirken sich die hinsichtlich der These der Markteffizienz gezeigten Resultate auf die im fünften Kapitel diskutierten Ansätze zur Portfoliogestaltung aus?

7.3 Das moderne Portfolio-Management

Kernstück des modernen Portfolio-Managements ist die Herstellung einer Beziehung zwischen Rendite und Risiko. Zu diesem Zweck ist eine qualitative Beurteilung des Anlagerisikos unzulänglich. Vielmehr ist dieses zu quantifizieren und mittels Diversifikation zu verringern. Bedingt durch den Diversifikationseffekt werden die Anlagen nicht mehr isoliert sondern im Portfolioverbund betrachtet.

7.3.1 Grundlagen des modernen Portfolio-Managements

Das moderne Portfolio-Management hat zum Ziel, ein für den Investor optimales Portfolio zusammenzustellen. Wird dabei ein *risikoaverses rationales* Handeln seitens des Investors unterstellt, so ist unter dem Begriff des optimalen Portfolios *nicht*

---

29 Bringen die Kosten nur den Nutzen der Markteffizienz und damit einen Nutzen für alle Marktteilnehmer, würden diese Kosten von jedem einzelnen nicht aufgewendet.

ein renditemaximales (ertragsmaximales) Portfolio zu verstehen. Neben der Rendite ist auch die Gefahr eines Verlustes *explizit* zu berücksichtigen. Dieser Forderung wird durch die Quantifizierung des Risikos nachgekommen, welches als die Gefahr, ein bestimmtes Ziel (die erwartete Rendite) zu verfehlen, definiert und durch die statistische Grösse *Standardabweichung* bzw. *Varianz* der möglichen Renditen von der erwarteten Rendite ausgedrückt wird.

Markowitz zeigt in seinem Modell, wie effiziente Portfolios ermittelt werden können[30]. Effizient sind solche Portfolios, die bei einem bestimmten Risiko eine maximale Rendite bzw. bei einer bestimmten Rendite ein minimales Risiko aufweisen. Aus der Menge der effizienten Portfolios - sie liegen auf der Efficient Frontier - ermittelt jeder Investor das seinen Risikovorstellungen entsprechende optimale Portfolio.

Unter der *Annahme der Markteffizienz* wird im *Capital Asset Pricing Model* die erwartete Rendite oder das Risiko eines Portfolios bzw. einer Anlage in einem diversifizierten Portfolio bestimmt[31]. Dabei handelt es sich um ein Gleichgewichtsmodell (der Markt befindet sich im Gleichgewicht, was bedeutet, dass sämtliche Anlagen zum Marktpreis im Besitz von Investoren sind), welches besagt, dass lediglich das marktbezogene Risiko - β genannt - zu tragen ist, und für dessen Eingehen eine besondere Risikoprämie erzielt werden kann. In der Folge wird jeder Investor sein Vermögen in ein dem Markt nachgebildetes Portfolio (das Marktportfolio), in den risikolosen Zinssatz oder in eine Kombination der beiden investieren. Eine die Marktrendite übertreffende Portfoliorendite kann nur erreicht werden, in dem zum risikolosen Zinssatz Kapital aufgenommen und zusätzlich in das Marktportfolio investiert wird. Damit wird aber auch das Risiko des Portfolios über demjenigen des Marktes liegen.

Während im CAPM davon ausgegangen wird, dass das Risiko nur durch den einen Faktor β (das Marktrisiko) ausgedrückt werden kann, liegen der *Arbitrage Pricing Theory* mehrere Risikofaktoren zugrunde[32]. Dadurch soll es dem Investor möglich sein, sich gegen ein Risiko (auf Kosten eines anderen Risikos) besser abzusichern, was der APT eine Ueberlegenheit gegenüber dem CAPM verleiht.

---

30 Vgl. Abschnitt 5.1.
31 Vgl. Abschnitt 5.2.
32 Vgl. Abschnitt 5.3.

7.3.2 Beurteilung der verschiedenen Modellansätze

Für die Beurteilung der verschiedenen Ansätze ist es wichtig zu sehen, dass das CAPM wie die APT auf der *These der Markteffizienz* aufbauen. Damit unterstützen diese beiden das *passive Portfolio-Management*. Jeder Versuch, durch gute Analyse und geschickte Auswahl der Anlagen eine über dem Markt liegende Rendite (ohne das Eingehen zusätzlichen Risikos) zu erzielen, ist sinnlos. Die *These der Markteffizienz* wird demgegenüber im Markowitz-Ansatz *nicht* unterstellt. Entsprechend ist es möglich, mittels guter Analyse eine über dem Markt liegende Rendite zu erzielen. Mittels Markowitz-Ansatz wird *aktives Portfolio-Management* betrieben.

7.3.2.1 Das Markowitz-Modell

Um sämtliche effizienten Portfolios - sie liegen auf der Efficient Frontier - bestimmen zu können, wird die Existenz

- der erwarteten Rendite jeder Anlage ($E(r_i)$),
- des Risikos jeder Anlage (σ_i^2) und
- der Abhängigkeit der Anlagerenditen untereinander ($Cov(i,j)$)

vorausgesetzt. Eine *Herleitung* der Rendite und damit der Bewertung eines Marktes oder eines Titels (wie dies beispielsweise beim CAPM oder der APT erfolgt) wird nicht vorgenommen. Der Aussagewert eines mittels Markowitz-Modell ermittelten Portfolios ist daher stark von der *Qualität* der zu *schätzenden* Inputdaten abhängig. In Anbetracht der grossen Anzahl Inputdaten sind diese Schätzungen mit einem enormen Arbeitsaufwand verbunden. Dieser kann vermindert werden, indem anstelle des Markowitz-Modells das *Ein-Index-* oder das *Multi-Index-Modell*[33] zur Anwendung gelangt. Untersuchungen haben gezeigt[34], dass zwar das Markowitz-Modell in seiner ursprünglichen Form den Index-Modellen in dem Sinne überlegen ist, als die Efficient Frontier zu jeder erwarteten Rendite ein geringeres Risiko bzw. zu jeder Risikohöhe eine höhere erwartete Rendite liefert. Dennoch können insbesondere unter Anwendung des Multi-Index-Modells hervorragende Resultate erzielt werden.

Analog der APT ist das Multi-Index-Modell (Multifaktor-Modell) mit dem Problem der Index- bzw. *Faktorauswahl* behaftet. Verschiedene Tests [vgl. dazu Elton/Gru-

---

33 Vgl. Abschnitt 5.1.4.
34 Vgl. die Untersuchungen von *Cohen/Pogue* [Cohen/Pogue 1967, S. 166ff] und *Farrell* [Farrell 1983, S. 53ff].

ber 1991, S. 137ff] wie diejenigen von *Cohen/Pogue* [Cohen/Pogue 1967, S. 166ff], *Elton/Gruber* [Elton/Gruber 1973, S. 1203ff], *Farrell* [Farrell 1974, S. 186ff], *Elton/Gruber* [Elton/Gruber/Urich 1978, S. 1375ff], *Roll/Ross* [Roll/Ross 1980, S. 1073], *Gibbons* [Gibbons 1982, S. 3ff] und Drymes/Friend/Gultekin [Drymes/ Friend/Gultekin 1984, S. 323ff] lassen darauf schliessen, dass drei bis fünf Faktoren als genügend zu betrachten sind. Allerdings ist zu beachten, dass die Faktorenauswahl sowie die Anzahl der Faktoren vom Markt sowie von der Anzahl zugrundeliegender Titel abhängig ist und dass die Einflüsse der Faktoren im Zeitablauf Aenderungen unterworfen sind. Faktoren, welche in der Vergangenheit eine Aktienrendite beeinflussten, sind für die Zukunft nicht unbedingt massgebend.

Wird das Markowitz-Modell auf reale Entscheidungssituationen angewendet, müssen die damit verbundenen *Schwachstellen* beachtet werden. Durch die Annahme, dass Transaktionsentscheidungen lediglich auf einen *einperiodigen Planungshorizont* ausgerichtet sind, wird das *Modell statisch*. Um eine mehrperiodige, optimale Planung durchzuführen, müsste auf die aus dem Operations Research bekannte *dynamische Programmierung* zurückgegriffen werden [vgl. Hansmann 1980]. Sie erlaubt es, die Gesamtentscheidung in eine Folge von Teilentscheidungen - sog. Entscheidungssequenzen - zu zerlegen, welche schliesslich zu verschiedenen Zeitpunkten in die Betrachtung einzubeziehen sind. Gegen die dynamischen Verfahren wird allerdings der Vorwurf erhoben, dass sie aufgrund des grossen Planungsaufwandes für praktische Zwecke nicht anwendbar sind [vgl. Wilde 1972, S. 89 oder Schäfer 1983, S. 148]. Dennoch bestehen Möglichkeiten, den statischen Charakter des Markowitz-Modells zu vermindern. Es sind Entscheidungsregeln aufzustellen, welche den *geeigneten Zeitpunkt* der *Portfoliorevision* zu bestimmen versuchen[35].

Ein zweiter Problemkreis umfasst die im Modell *unterstellten friktionslosen Märkte*. Die Annahme, dass weder Transaktionskosten noch Steuern existieren, ist realitätsfremd und muss in einem praxisgerechten Modell fallen gelassen werden. Während die Steuern bereits in der Analyse der verschiedenen Anlagen zu beachten sind[36], werden die Transaktionskosten häufig aufgrund eines bestimmten Prozentsatzes des wertmässigen Transaktionsvolumens berücksichtigt. Mehr Schwierigkeiten bereitet die Annahme, dass sämtliche Anlagen beliebig teilbar sind, so dass auch kleinste Teile davon erworben werden können. Da die Modell-Lösung die *relativen Anteile* der im Portfolio zu haltenden Anlagen (z_i) angibt, führt dies nur dann zu einem effizienten Portfolio, wenn der Kurs einer Anlage *ganzzahlig* in dem in diese Anlage zu investierenden Vermögensteil enthalten ist. Ist diese Ganzzahligkeit nicht gegeben,

---

35 Vgl. dazu Abschnitt 8.3.
36 Vgl. Abschnitt 3.2.2.2.

tauchen willkürliche Abweichungen vom Optimum (bzw. von der zu erreichenden Portfolioeffizienz) auf[37]. Bei *grossen* Investitionssummen dürfte dieses Problem allerdings eine *untergeordnete* Rolle spielen.

Als dritter Schwachpunkt ist die Konfrontation der Grossinvestoren mit dem *Problem der Marktenge* zu nennen. Aufgrund der Transaktionshöhe kann das Kursniveau (und damit verbunden die Rendite) einer Anlage stark beeinflusst werden. Mit einem veränderten Kurs auch nur einer Anlage wird aber eine von der angestrebten Portfolioeffizienz abweichende Lösung erzielt. Diese Rückwirkung eines Anlageentscheides auf den Anlagekurs ist im Modell zu berücksichtigen. Allerdings ist dies mit kaum zu überwindenden Schwierigkeiten verbunden, denn es genügt nicht, den Anlagekurs als Funktion seiner Nachfrage bzw. seines Angebotes darzustellen. Vielmehr sind auch die durch eine übermässige Nachfrage bzw. Angebot bedingten Wirkungen auf die Kurse anderer Anlagen zu überprüfen.

Schliesslich ist zu beachten, dass die angenommene Normalverteilung der stetigen Renditen für Derivate mindestens als problematisch zu betrachten wenn nicht sogar unhaltbar ist. Damit ist aber auch die Zweckmässigkeit der Standardabweichung beziehungsweise die Varianz als Risikomass in Frage gestellt. Ein möglicher Ausweg könnte über die Semivarianz führen [vgl. dazu bspw. Von Siebenthal 1992, S. 443].

7.3.2.2 Das Capital Asset Pricing Model (CAPM)

Das CAPM beschreibt mittels der Security Market Line die Rendite-Risiko-Beziehung künftiger (ex ante) erwarteter Werte. Um das CAPM zu überprüfen, müssten idealerweise erwartete Renditen und erwartete β-Werte verwendet werden. Erwartungen sind jedoch schwierig zu beobachten, weshalb man sich mit Vergangenheitsdaten (ex post) begnügen muss. "Empirische Untersuchungen unterstellen deshalb *stochastische Unabhängigkeit* im Zeitablauf und *Stationarität*, das heisst es wird angenommen, dass die Wahrscheinlichkeitsverteilung der Renditen eines Wertpapiers unabhängig von früheren Realisationen und darüber hinaus in allen betrachteten Perioden dieselbe ist" [Perridon/Steiner 1993, S. 259]. Sind diese Annahmen erfüllt, stellt die aus einer grossen Stichprobe gewonnene Häufigkeitsverteilung eine gute Annäherung der Wahrscheinlichkeitsverteilung dar. Um das CAPM zu testen, ist es deshalb in eine ex post Form zu bringen [vgl. Black/Jensen/Scholes 1972, S. 83]:

$$r_A = r_f + \alpha_A + \beta_A \cdot (r_M - r_f) + \varepsilon_A \qquad (7\text{-}5)$$

---

37   Dem Problem der Ganzzahligkeit wurde in der Literatur verschiedentlich Beachtung geschenkt [vgl. bspw. Schäfer 1983, S. 140 und die dort zitierte Literatur].

(wobei r_A = Rendite der Anlage A, α_A = (über r_f hinausgehende) durchschnittliche Rendite der Anlage A, wenn die Rendite des Marktes Null ist, β_A = systematisches Risiko der Anlage A, r_M = Rendite des Marktportfolios, r_f = risikoloser Zinssatz, ϵ_A = zufällige Renditeabweichung).

Die Verwendung von Vergangenheitsdaten impliziert die Möglichkeit, dass aus der Vergangenheit Schlüsse auf die Zukunft gezogen werden können. Allerdings wurde dieses Vorgehen bereits in der technischen Analyse kritisiert[38]. Dennoch werden im folgenden die wichtigsten Testresultate kurz aufgezeigt[39].

Sind die Aussagen (auch Thesen genannt) des CAPM richtig, so müssen die empirischen Tests, für welche oft die grundlegende Regressionsgleichung[40]

$$r_A = \gamma_0 + \gamma_1 \cdot \beta_A + \epsilon_A \tag{7-6}$$

(wobei γ_0, γ_1 = Testvariablen)

verwendet wird, die folgenden Resultate liefern [vgl. Modigliani/Pogue 1974, S. 78]:

- Ueber längere Zeitperioden betrachtet, weisen Anlagen mit hohem systematischem Risiko hohe Renditen auf ($\gamma_1 > 0$)[41],
- der Zusammenhang zwischen Rendite und systematischem Risiko ist linear ($\epsilon_i = 0, \forall\ i$),
- die Steigung des Zusammenhangs (γ_1) muss dem Risikopreis ($r_M - r_f$) entsprechen und
- γ_0 entspricht dem risikolosen Zinssatz (r_f), das heisst α_i muss $\forall$ i Null sein.

Fast ausnahmslos wurde der Zusammenhang bestätigt, dass mit steigendem systematischem Risiko die Rendite ebenfalls zunimmt (*γ_1 ist positiv*). Allerdings erscheint

---

38 Vgl. Abschnitt 7.1.2.2.

39 Bis anhin wurden zahlreiche Tests durchgeführt, wie beispielsweise *Friend/Blume* (1970), *Blume/Husick* (1973), *Basu* (1977) und *Foster* (1978) [vgl. Copeland/Weston 1988, S. 214], *Black/Jensen/Scholes* (1972) [vgl. Black/Jensen/Scholes 1972, S. 79ff], *Miller/Scholes* (1972), [vgl. Miller/Scholes 1972, S. 47ff], *Sharpe/Cooper* (1972) [vgl. Alexander/Francis1986, S. 157], *Blume/Friend* (1973) [vgl. Blume/Friend 1973, S. 19ff] und *Fama/MacBeth* (1973) [vgl. Fama/MacBeth 1973, S. 607ff].

40 Verschiedentlich wurde diese Regressionsgleichung erweitert, so beispielsweise von *Fama/MacBeth* [Fama/MacBeth 1973, S. 607ff] und *Blume/Friend* [Blume/Friend 1973, S. 19ff].

41 Wird γ_1 negativ, so muss der Aussagegehalt des CAPM nicht unbedingt tangiert sein. Da das CAPM in der ex post Form betrachtet wird, kann ein negatives γ_1 bedeuten, dass r_f im Untersuchungszeitraum über den Renditen für risikobehaftete Anlagen lag.

KAPITEL 7: *Beurteilung des traditionellen und modernen Portfolio-Managements*   **297**

das Verhältnis zwischen Rendite und Risiko, das heisst die Security Market Line, *in der Realität flacher* als dies das theoretische CAPM zeigt[42].

> *Konzept-Frage 5*   Welche Folgerungen ergeben sich aus einer in der Realität zu flachen Security Market Line?

Fama/MacBeth konnten nachweisen, dass die These des *linearen Zusammenhangs* zwischen Rendite und Risiko für den amerikanischen Markt *nicht verworfen* werden kann[43]. Demgegenüber liess sich für den deutschen Markt die Linearität nicht vollständig bestätigen [vgl. Guy 1977, S. 71ff]. Aufgrund verschiedener Studien kommt *Reilly* zum Schluss, dass der Zusammenhang zwischen Rendite und Risiko zwar evident ist, allerdings noch verschiedene Ungereimtheiten bestehen [Reilly 1989, S. 705]. Diese sind möglicherweise darauf zurückzuführen, dass der Zusammenhang zwischen Rendite und Risiko *nicht exakt* linear ist. Allerdings scheint die lineare Regression den Zusammenhang am besten wiederzugeben.

Keine Bestätigung fand die These, dass γ_0 *dem risikolosen Zinssatz entspricht*[44]. Letzterer liegt in den meisten Fällen unter der Rendite eines risikolosen Portfolios, was allerdings zu einem Widerspruch führt. Da beide dasselbe systematische Risiko ($\beta = 0$) aufweisen, müssten auch deren Renditen gleich hoch sein. Demzufolge spielt am Markt neben dem β noch ein anderer Faktor als Risikomass eine Rolle.

Black/Jensen/Scholes interpretieren ihre Resultate dahingehend, dass ein risikoloser Zinssatz nicht existiert. An dessen Stelle ist das *Zero-Beta-Portfolio* zu berücksichtigen[45], welches bei einer minimalen Varianz einen positiven α-Wert aufweist[46]. Allerdings vermag diese Erklärung nicht vollständig zu befriedigen, da das Zero-Beta-Portfolio über den Beobachtungszeitraum nicht stationär ist[47]. Die Existenz nichtstationärer Zero-Beta-Portfolios ist auf die *Instabilität der α-Werte* - wel-

---

42 Vgl. bspw. die Studien von *Sharpe/Cooper* (1972) *Black/Jensen/Scholes* (1972), *Fama/MacBeth* (1973) und *Blume/Friend* (1973).
43 Dieses Resultat wurde von *Blume/Friend* (1973) bestätigt.
44 Vgl. bspw. die Studien von *Sharpe/Cooper* (1972), *Black/Jensen/Scholes* (1972), *Fama/MacBeth* (1973) und *Blume/Friend* (1973).
45 Demzufolge muss der Risikopreis (durch ($r_M - r_f$) ausgedrückt) neu als ($r_M - r_Z$) bezeichnet werden.
46 Vgl. dazu Abschnitt 5.2.3.1.
47 In der ersten untersuchten Teilperiode wurde sogar für das Zero-Beta-Portfolio eine Rendite unter r_f beobachtet, weshalb die Zero-Beta-Version des CAPM verworfen werden müsste.

che von den Autoren nicht bestritten wird - zurückzuführen und wirkt sich *erschwerend auf Prognosen zukünftiger Renditen* aus.

Die gezeigten Testresultate machen deutlich, dass die Aussagen des theoretischen CAPM mit der Realität nicht (vollständig) übereinstimmen. Nach den Ursachen dieser Diskrepanz suchend, zeigte *Roll* in einer für das CAPM vernichtend ausfallenden Kritik [vgl. Roll 1977, S. 129f], dass bis anhin *kein korrekter und unzweifelhafter Test durchgeführt* werden konnte und praktisch keine Möglichkeit besteht, einen solchen Test in Zukunft zustande zu bringen. Er weist darauf hin, dass grundsätzlich lediglich getestet werden kann, ob das Marktportfolio ex ante effizient ist oder nicht. Es kann gezeigt werden, dass die übrigen Thesen (beispielsweise der lineare Zusammenhang zwischen erwarteter Rendite und Risiko) bezüglich der These eines effizienten Marktportfolios redundant und daher nicht zu testen sind [vgl. Roll 1977, S. 130ff]. Der Umkehrschluss, dass beispielsweise aus der Linearität zwischen Rendite und Risiko die These eines effizienten Marktportfolios angenommen wird, ist allerdings nicht zulässig.

Um das CAPM zu testen, müsste zunächst das Marktportfolio identifiziert werden. Da dieses sämtliche (auch nicht marktgängige) Vermögenswerte aller Investoren beinhaltet, dürfte dessen *empirische Bestimmung unmöglich* sein. Die Verwendung von annäherungsweisen Marktportfolios (sog. *Proxies*) darf aber *nicht* akzeptiert werden, da diese zu *falschen Schlüssen* führen. Wären das Proxy effizient und das wahre Marktportfolio ineffizient, so würde dem CAPM fälschlicherweise Gültigkeit zugesprochen. Umgekehrt, wären das Proxy ineffizient und das wahre Marktportfolio effizient, so würde das CAPM fälschlicherweise abgelehnt. *Roll* zeigt anhand einiger Beispiele, dass die Testergebnisse stark von dem zugrunde gelegten Proxy abhängig sind.

Mit der Kritik von *Roll* wird lediglich die Testbarkeit des CAPM bestritten, nicht aber das Modell als solches abgelehnt[48]. Allerdings ist nicht zu übersehen, dass die These des ex ante effizienten Marktportfolios aus den dem CAPM unterstellten Annahmen *homogener Erwartungen* und *Markteffizienz* folgt. Sind diese Annahmen in der Realität nicht erfüllt, so erübrigt sich ein Test und das CAPM muss abgelehnt werden.

Bereits in Abschnitt 7.2 wurde darauf hingewiesen, dass der Markt möglicherweise *nur* in seiner schwachen Form effizient ist. In einer 1992 publizierten Studie stellen

---

[48] Aber auch die nach der Kritik von Roll gemachten Tests vermochten die Aussagen des CAPM nicht vollständig zu unterstützen. Vgl. bspw. *Cheng/Grauer* (1980), *Stambaugh* (1982), und *Jobson/Korkie* (1982) [vgl. dazu Alexander/Francis 1986, S. 170ff].

Fama/French die These der Markteffizienz ebenfalls in Frage [vgl. Fama/French 1992, S. 427ff][49]. Damit wird aber auch gegenüber den Aussagen des CAPM eine ablehnende Haltung eingenommen. Die erwähnte Studie zeigt, dass die Renditen von Aktien nicht durch den β-Faktor erklärt werden können: "We are forced to conclude that the SLB model (Sharpe-Lintner-Black Model, als CAPM bekannt) does not describe the last 50 years of average stock returns" [Fama/French 1992, S. 464]. Bessere Resultate liefern gemäss der Studie von Fama/French der *Marktwert des Eigenkapitals* ME (*Market Equity*) und das *Verhältnis des Buchwertes des Eigenkapitals* BE (*Book Equity*) *zum Marktwert desselben*. Mit steigendem Verhältnis BE/ME fällt die durchschnittliche Rendite höher aus.

Bei der von *Fama/French* präsentierten Studie handelt es sich zwar nicht um die erste Untersuchung, welche gegen die Aussagen des CAPM spricht [vgl. bspw. Banz 1981, S. 3ff, Basu 1983, S. 129ff]. Daraus zu schliessen, dass es sich bei erwähnter Studie lediglich um einen Disput zwischen Finanzexperten handelt, wäre aber falsch. Die Intensität, mit welcher die Studien-Resultate von Wissenschaftern aufgenommen wurde, verdeutlicht, dass das CAPM in den bisherigen Formen unglaubwürdig geworden ist. Ob die oben kurz umschriebenen Studien-Resultate eine befriedigende Alternative darstellen, wird sich in der Zukunft zeigen müssen.

7.3.2.3 Die Arbitrage Pricing Theory (APT)

Entsprechend dem CAPM handelt es sich bei der APT um eine Gleichgewichtstheorie, die auf der *These der Markteffizienz* aufbaut und die Beziehung zwischen erwarteter Rendite einer Anlage und deren Risiken aufzuzeigen versucht. Die Kritik von *Roll* berücksichtigend, fordert die APT *kein* Marktportfolio, welches ohnehin empirisch nicht identifizierbar ist.

Die häufigsten Tests zur APT wurden von *Ross* und *Roll*, die ein zweistufiges Vorgehen vorschlagen, durchgeführt [vgl. Roll/Ross 1980, S. 1073ff]. In einem ersten Schritt müssen die Faktoren F_k und die zugehörigen Sensitivitäten β_{Ak} mittels Faktorenanalyse geschätzt werden. Die erwarteten Anlagerenditen sind ebenfalls zu schätzen. Der zweite Schritt umfasst den Hypothesentest, dass die erwartete Rendite einer Anlage wie folgt zu bestimmen ist (vgl. (5-49)):

$$E(r_A) = \lambda_0 + \lambda_1 \cdot \beta_{A1} + \lambda_2 \cdot \beta_{A2} + \ldots + \lambda_k \cdot \beta_{Ak} \tag{7-7}$$

---

[49] *Fama* hat bereits 1970 auf die Grenzen der Anwendbarkeit der These der Markteffizienz hingewiesen [vgl. Fama 1970, insbesondere S. 413ff].

(7-7) wird anhand einer Querschnittsregression getestet, indem die durchschnittlichen Anlagerenditen gegen die Faktorsensitivitäten β_k regressiert werden.

Roll/Ross [vgl. Roll/Ross 1980, S. 1073ff] ermittelten für den *amerikanischen Aktienmarkt* in der Zeit von 1962 bis 1972 anhand 1'260 in 42 Gruppen (zu 30 Aktien) aufgeteilten Aktien mindestens vier relevante Faktoren. *Chen* [Chen 1983, S. 1393ff], *Chen/Roll/Ross* (1983) [vgl. Fuller/Farrell 1987, S. 497f] sowie *Roll/Ross* (1984) [vgl. Reilly 1989, S. 715] bestätigten in ihren Untersuchungen die Resultate von *Roll/Ross* (1980), wobei *Chen/Roll/Ross* (1983) die Inflation, die Zinsstruktur, die Risikopräme (Renditedifferenz zwischen Bonds mit unterschiedlichen Ratings) und die Industrieproduktion erkennen. Entsprechend der Studie von Chen [Chen 1983, S. 1393ff] darf die APT als dem CAPM überlegen betrachtet werden, da der vom CAPM nicht erklärbare Teil der Rendite im Falle der APT durch die Faktorladungen (β_{Ai}) erklärt werden kann. Die Studie von *Cho/Elton/Gruber* (1984) [vgl. Elton/Gruber 1991, S. 378] legt den Schluss nahe, dass sicher mehr als zwei Faktoren die Renditen beeinflussen, während *Brown/Weinstein* (1983) [vgl. Denzler, 1988, S. 65f] von drei Faktoren sprechen. Hinsichtlich des *Small-Firm-Effekts* (auch als *Firm-Size-Effect* bekannt) wurde die APT von *Reinganum* [Reinganum 1981, S. 313ff und Reinganum 1982, S. 27ff] untersucht. Seine Resultate, dass die APT - analog dem CAPM [vgl. Banz 1981, S. 3ff] - den Small-Firm-Effekt nicht signifikant erklären kann, führt zur Ablehnung der APT. *Chan/Chen/Hsieh* (1985) [vgl. Gallati 1994, S. 166] kamen allerdings zum gegenteiligen Schluss, nämlich dass der Small-Firm-Effekt durch die APT genügend signifikant erklärt wird. Sodann wurde die APT in bezug auf den January-Effekt untersucht [vgl. Reilly 1989, S. 718]. *Gultekin/Gultekin* (1987) sprachen der APT eine Ueberlegenheit gegenüber dem CAPM aufgrund der Erklärungskraft bezüglich des January-Effekts ab. Hingegen wiesen *Burmeister/McElroy* (1988) das CAPM in gleicher Angelegenheit zurück und gaben der APT den Vorzug.

Erwähnenswert sind die Studien von *Denzler* [Denzler 1988], *Broillet* [Broillet 1991, S. 491ff] und *Gallati* [Gallati 1994] für den *schweizerischen Aktienmarkt*. Die Untersuchungen von *Denzler* deuten auf vier relevante Faktoren hin [vgl. Denzler 1988, S. 153f und S. 160]:

- die internationale Börsenentwicklung (gemessen durch den Weltindex Morgan Stanley Capital International (MSCI)),
- die Zinssatzentwicklung,
- die allgemeine Konjunkturlage (Bruttosozialprodukt BRD und/oder Bruttoinlandsprodukt Schweiz) und
- der Kurs des US-Dollars.

Denzler kommt in seiner Untersuchung sodann zum Schluss, dass mit den erwähnten vier Faktoren in Abhängigkeit der betrachteten Aktiengruppe bis maximal 74% der Renditeschwankung erklärbar sind [vgl. Denzler 1988, S. 156ff]. Dieser Erklärungswert ist deshalb umso erstaunlicher, weil die Studien von *Broillet* und *Gallati* wesentlich tiefere Erklärungswerte nachweisen. *Broillet* konnte unter Berücksichtigung von drei Faktoren (Zinssätze der Depositen in US-Dollar, kurzfristige Kredite und Inflationserwartungen) Erklärungswerte der betrachteten Aktiengruppe bis maximal 41.37% ausmachen [vgl. Broillet 1991, S. 491ff]. Die Studie von *Gallati* zeigt Erklärungswerte der betrachteten Aktiengruppen bis maximal 40.25% [vgl. Gallati 1994, S. 227f], wobei als Faktoren

- der Euromarkt SFr 1-Monats-Zinssatz,
- der allg. Obligationen-Index EFFAS Schweiz,
- der Euromarkt DM 3-Monats-Zinssatz und
- der FTSE 100 Index

sich als relevant erwiesen [vgl. Gallati 1994, S. 234]. Interessanterweise zeigen alle drei Studien, diejenigen von *Denzler*, *Broillet* und *Gallati*, dass der Schweizer Aktienmarkt stark vom Ausland sowie der Zinsentwicklung beeinflusst wird.

Die bis dahin erwähnten Untersuchungen lassen den Schluss zu, dass mit mindestens drei und höchstens fünf Faktoren die besten Resultate erzielt werden. Allerdings stellt sich die Frage, welche Faktoren zu berücksichtigen sind. Mit Recht erwähnen *Copeland/Weston*, dass eines der frustrierenden Dinge bei den Tests der APT mittels Faktoranalyse die Tatsache ist, dass dieses Vorgehen nichts darüber aussagt, was die Faktoren beinhalten [vgl. Copeland/Weston 1988, S. 229]. Eine weitergehende Kritik stammt von *Dhrymes/Friend/Gultekin* (1984) [vgl. Denzler 1988, S. 53ff], die unter anderem behaupten, dass die Faktoranalyse von der Grösse der zu untersuchenden Aktiengruppe abhängig ist und dass sich im Falle einer Erhöhung der Anzahl Aktien pro Gruppe auch die Zahl der Faktoren erhöht. *Roll/Ross* (1984) [vgl. Reilly 1989, S. 715] gelang es allerdings, die von *Dhrymes/Friend/Gultekin* (1984) gemachten Aeusserungen in überzeugender Weise zu widerlegen. Eine ebenfalls ablehnende Haltung gegenüber der APT nimmt die Studie von *Shanken* (1985) [vgl. Reilly 1989, S. 719] ein. Er folgert, dass wegen des Unvermögens, die einzelnen Faktoren zu identifizieren, die APT nicht getestet werden kann[50]. Solange die Faktoren die Renditen (vgl. (7-7)) erklären, wirken sich die Testresultate für die APT

---

50 Aus ähnlichen Gründen (das Marktportfolio ist empirisch nicht bestimmbar) kann das CAPM nicht getestet werden (vgl. Abschnitt 7.3.2.2).

unterstützend aus. Andernfalls (wenn die Renditen nicht durch die Faktoren erklärt werden) darf aber die APT nicht verworfen werden.

Zusammenfassend kann festgehalten werden, dass die bisher erfolgten Studien eher für als gegen die APT sprechen, obschon diese in der Realität noch nicht voll zu befriedigen vermag.

7.3.3 Schlussfolgerungen für die Praxis

Die vorgestellten Testresultate zeigen, dass die *auf der These der Markteffizienz aufbauenden* Ansätze des *Capital Asset Pricing Model* und der *Arbitrage Pricing Theory* umstritten sind. Das CAPM vermag nicht zu befriedigen, da der das Risiko beschreibende β-Wert nicht sämtliche Risiken erfasst und die β-Werte unstabil und schlecht prognostizierbar zu sein scheinen[51]. Mit der Studie von *Fama/French* [Fama/French 1992, S. 427ff], welche deutlich macht, dass die erwarteten Renditen *nicht* durch den β-Faktor erklärt werden können, ist die Anerkennung des CAPM in der Fachwelt stark gesunken. Selbst die grössten Verfechter des CAPM müssen eingestehen, dass mindestens die von *Fama/French* vorgeschlagenen Grössen, der Marktwert des Eigenkapitals sowie das Verhältnis des Buchwertes des Eigenkapitals zum Marktwert desselben, im CAPM *mitz*uberücksichtigen sind [vgl. auch Spremann 1992 (1), S. 57].

Die APT versucht die im CAPM aufgedeckten Schwächen zu beheben, indem das Anlagerisiko durch mehrere Faktoren ausgedrückt wird. Dieses Vorgehen impliziert, dass die einzelnen Faktoren für sämtliche Anlagen identifiziert werden können, was von den Kritikern für unmöglich gehalten wird. Trotz dieser berechtigten Bedenken ist die APT nicht zu unterschätzen. Es handelt sich zwar um eine noch relativ neue Theorie, doch zeigen Untersuchungen, dass die *APT dem CAPM überlegen* ist [vgl. bspw. Chen 1983, S. 1393ff oder Lehmann 1988, S. 35ff].

Die in der Realität festgestellten Probleme der APT (wie auch des CAPM) sind unter anderem auch auf die *Ineffizienz der Märkte* zurückzuführen[52]. Solange diese vorhanden ist, ist die APT in der Praxis nur eingeschränkt anwendbar. Dennoch handelt es sich um ein Modell, dem eine für das Portfolio-Management *unterstüt-*

51　*Schultz/Zimmermann* (1989) zeigen, dass auf dem schweizerischen Aktienmarkt genaue Prognosen von β-Werten (dank deren Unstabilität) sehr schwierig sind. Selbst anspruchsvolle Schätztechniken bringen keinen wesentlichen Nutzen [vgl. Schultz/Zimmermann 1989, S. 196ff].

52　Vgl. Abschnitt 7.2.

zende Funktion zukommt: Die APT dient der Bildung erwarteter Renditen, welche in das Markowitz-Modell einzuspeisen sind, um die bezüglich erwarteter Rendite und Risiko optimalen Portfolios zu berechnen. Auf der Basis *APT-orientierter Multifaktor-Modelle* ist es dank der Berücksichtigung mehrerer Umwelt-Grössen möglich, Szenarien zu bilden, welche ihrerseits von den verwendeten Prognosen für die einzelnen Faktoren abhängig sind [vgl. Gallati 1994, S. 158f][53].

Im *Markowitz-Modell* wird die These der Markteffizienz *nicht* unterstellt. Eine qualitativ gute Analyse ermöglicht daher, eine über der Marktrendite liegende Portfoliorendite zu erzielen. Trotz verschiedener Einwände[54] - die durch den einperiodigen Planungshorizont hervorgerufene Statik des Modells, die unterstellten, in der Realität aber nicht vorzufindenden friktionslosen Märkte sowie das Problem der Marktenge - liefert der Markowitz-Ansatz Resultate, die zur Entscheidungsfindung im Portfolio-Management von grossem Nutzen sind[55]. Wurden in Abschnitt 7.3.2.1 verschiedene Mängel des Markowitz-Ansatzes diskutiert, wird im folgenden auf zwei weitere bis dahin kaum angesprochene aber in der Praxis sehr wichtige Aspekte eingegangen: auf den *Risikobegriff* sowie auf die Rolle des *Anlagezeithorizontes*.

7.3.3.1 Die Ermittlung des optimalen Portfolios aufgrund des Ausfallrisikos

Im modernen Portfolio-Management wird das Risiko als Gefahr verstanden, die erwartete Rendite zu verfehlen. Als Risikomass dient dabei die Standardabweichung bzw. die Varianz aller möglichen Renditen. Aufgrund der erwarteten Rendite und der Standardabweichung bzw. Varianz ist es einem Investor möglich, das für ihn optimale Portfolio mittels Nutzen- bzw. Indifferenzkurve aus der Menge aller effizienten Portfolios zu ermitteln. Der *nutzentheoretische Ansatz* ist allerdings *schwierig* in die Praxis umzusetzen, da die exakte Bestimmung einer individuellen Nutzenfunktion unmöglich ist. Abhilfe kann hier mit dem *Konzept des Ausfallrisikos* (*Shortfall Risk*) geschaffen werden [vgl. auch Leibowitz/Henrickson 1988, S. 257ff], wobei das Ausfallrisiko angibt, "mit welcher Wahrscheinlichkeit eine bestimmte vorgegebene Rendite nicht erreicht wird" [Zenger 1992, S. 105].

---

53 Vgl. dazu auch Abschnitt 8.1.2.
54 Vgl. Abschnitt 7.3.2.1.
55 Die Entscheidung als solche ist vom Markowitz-Modell allerdings nicht zu erwarten. Wie jedes andere Modell hat sich auch dieses mit der kaum zu lösenden Problematik, ein Abbild der Realität zu schaffen, auseinanderzusetzen.

In Abschnitt 4.2.2.2 wurde festgehalten, dass im Falle normalverteilter stetiger Renditen mit einer Wahrscheinlichkeit von 68% die Renditen innerhalb des Bereichs $\mu \pm \sigma$ liegen. Die Fragestellung kann nun dahingehend modifiziert werden, dass nach der stetigen Rendite gesucht wird, welche mit einer Wahrscheinlichkeit von beispielsweise 80% erreicht oder sogar übertroffen - oder umgekehrt mit einer Wahrscheinlichkeit von 20% verfehlt (*Ausfallwahrscheinlichkeit* oder *Shortfall Probability*) wird. Bei einer erwarteten Rendite von $E(r) = 7.62\%$ und einer Standardabweichung von $\sigma = 18.66\%$ (vgl. die in Abbildung 4/7 gezeigten Daten des Aktienmarktes) beträgt diese Rendite -8.09% und wird als *Threshold Return* bezeichnet.

Für einen Investor von grossem Interesse ist die umgekehrte Fragestellung, nämlich diejenige nach der Ausfallwahrscheinlichkeit $(1 - \alpha)$ bei einem gegebenen Threshold Return [Wolter 1993, S. 330][56]:

$$\text{Prob}(r < r^*) = 1 - \alpha = N[(r^* - \mu) / \sigma] \qquad (7\text{-}8a)$$

(wobei r^* = Threshold Return (Mindestrendite), μ = erwartete Rendite, σ = Standardabweichung, $N[.]$ = kumulative Normalverteilung).

Konzept-Frage 6   Wie gross ist die Ausfallwahrscheinlichkeit für den Schweizer Aktienmarkt keinen Verlust zu erleiden (Mindestrendite (Threshold Return) entspricht $r^* = 0\%$)?

Die Ausfallwahrscheinlichkeiten dürften für viele Investoren auf ein besseres Verständnis bezüglich des eingegangenen Risikos stossen als die Varianz oder Standardabweichung einer Anlage, was zu einer besseren Einschätzung der Risikoneigung führt. "Man möchte beispielsweise mit einer gewissen "Sicherheit" mit einer minimalen Anlagerendite rechnen können und ist dafür durchaus bereit, bei einer guten Börsenentwicklung auf einen Teil der Gewinne zu verzichten" [Zimmermann 1991, S. 172]. Allerdings ist es falsch zu glauben, das Shortfall Risk als Alternative zur Standardabweichung zu verstehen. Vielmehr ist es so, dass zur Ermittlung der Ausfallwahrscheinlichkeit die Standardabweichung benötigt wird[57].

---

56   An dieser Stelle ist noch einmal darauf hinzuweisen, dass sich die Annahme der Normalverteilung auf die stetigen Renditen bezieht und demzufolge alle Grössen in stetiger Form einzusetzen sind.

57   Die Schlussfolgerung, dass aufgrund der Abhängigkeit zwischen Ausfallwahrscheinlichkeit und Standardabweichung eine Portfolio-Optimierung *nur* in der Rendite-Risiko-Dimension (im $\mu\sigma$-Diagramm) durchzuführen ist, wird von Zenger richtigerweise abgelehnt [vgl. Zenger 1992, S. 108]. Durchaus ist es möglich, die Portfolio-Optimierung in der Rendite-Ausfallwahrscheinlich-

(Fortsetzung der Fussnote vgl. die folgende Seite)

KAPITEL 7: *Beurteilung des traditionellen und modernen Portfolio-Managements* **305**

Wird (7-8a) in das $\mu\sigma$-Diagramm übertragen [zur mathematischen Herleitung vgl. Wolter 1993, S. 330f], so liegen alle Portfolios, welche für einen gegebenen Threshold Return (r^*) eine bestimmte Ausfallwahrscheinlichkeit ($1 - \alpha$) aufweisen, auf einer Geraden - der sog. *Shortfall-Geraden* - mit der Steigung

$$-[(r^* - \mu) / \sigma] > 0 \qquad (7\text{-}8b)$$

Abbildung 7/5: Die Bestimmung des optimalen Portfolios nach dem *Roy-Kriterium*

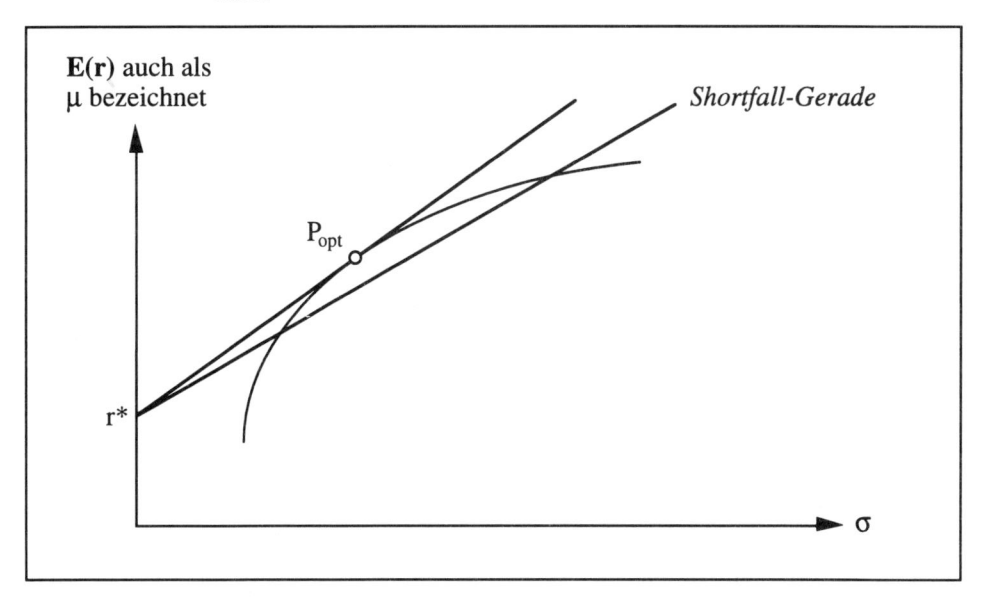

Mit der Uebertragung von (7-8a) in das $\mu\sigma$-Diagramm kann das optimale Portfolio nicht unbedingt ermittelt werden; vielmehr wird die Zahl der für den Investor möglichen effizienten Portfolios eingeschränkt, da die Shortfall-Gerade die Efficient Frontier in der Regel schneidet (vgl. Abbildung 7/5). Alle oberhalb der Shortfall-Geraden liegenden Portfolios erfüllen die Vorgaben hinsichtlich des Threshold Return und der Ausfallwahrscheinlichkeit. Aus (7-8a) folgt [vgl. Zimmermann/Arce/ Jaeger/ Wolter 1992, S. 104], dass

---

keit-Dimension vorzunehmen [vgl. Zenger 1992, S. 108ff]. Die Indifferenzkurven wären dann ebenfalls im Rendite-Ausfallwahrscheinlichkeit-Diagramm zu definieren. Wird die Ausfallwahrscheinlichkeit in die Ausfallvolatilität übergeführt [vgl. Sortino/Van der Meer 1991, S. 27ff], kann eine Optimierung in der Rendite-Ausfallvolatilität-Dimension vorgenommen werden [vgl. dazu auch Zimmermann/Arce/Jaeger/Wolter 1992, S. 118f].

- mit abnehmender Ausfallwahrscheinlichkeit (bei gleichbleibendem Threshold Return) die Steigung der Shortfall-Geraden zunimmt, das heisst weniger Portfolios die Bedingung der angestrebten Ausfallwahrscheinlichkeit erfüllen und

- mit zunehmendem Threshold Return (bei gleichbleibender Ausfallwahrscheinlichkeit) die Shortfall-Gerade auf einem höheren Niveau (bei gleicher Steigung) verläuft, das heisst weniger Portfolios die Bedingung des angestrebten Threshold Return erfüllen.

Zur Ermittlung einer eindeutigen Lösung, das heisst des optimalen Portfolios, bieten sich mehrere Möglichkeiten - als *Safty First-Kriterien* bekannt[58] - an. Entsprechend dem *Roy-Kriterium* [vgl. Elton/Gruber 1991, S. 216ff] wird der Threshold Return (r*) als gegeben angenommen und dasjenige auf der Efficient Frontier liegende Portfolio bestimmt, welches den Threshold Return mit einer minimalen Ausfallwahrscheinlichkeit erreicht. Durch die abnehmende Ausfallwahrscheinlichkeit nimmt die Steigung der Shortfall-Geraden zu. Das optimale Portfolio, welches unter allen effizienten Portfolios die geringste Ausfallwahrscheinlichkeit aufweist (vgl. Abbildung 7/5), wird somit durch den Tangentialpunkt P_{opt} auf der Efficient Frontier bestimmt, deren zugehöriger Tangenten-Ordinatenabschnitt gerade r* beträgt [vgl. Wolter 1993, S. 331]. Umgekehrt kann aber entsprechend dem *Kataoka-Kriterium* [vgl. Elton/Gruber 1991, S. 219f] die Ausfallwahrscheinlichkeit (1 - α) als gegeben angenommen und dasjenige Portfolio bestimmt werden, welches den Threshold Return (r*) maximiert. Dieses Vorgehen impliziert eine parallele Verschiebung der Shortfall-Geraden solange, bis im Tangentialpunkt P* auf der Efficient Frontier das optimale Portfolio, welches bei gleichbleibender Ausfallwahrscheinlichkeit den grössten erreichbaren Threshold Return aufweist, erreicht ist (vgl. Abbildung 7/6). Als drittes Kriterium zur Ermittlung des optimalen Portfolios aufgrund des Ausfallrisikos ist schliesslich das *Telser-Kriterium* zu erwähnen [vgl. Elton/Gruber 1991, S. 221f]. Als optimal gilt dasjenige Portfolio, welches bei gegebenem Threshold Return (r*) und bekannter Ausfallwahrscheinlichkeit (1 - α) eine maximale Rendite aufweist (vgl. Abbildung 7/6). Da die Shortfall-Gerade unter derartigen Bedingungen als gegeben angenommen wird, lässt sich das optimale Portfolio graphisch ausgedrückt als Schnittpunkt der Shortfall-Geraden mit der Efficient Frontier bestimmen (P**). Im Gegensatz zu den Kriterien von *Roy* und *Kataoka* ist es aber durchaus möglich, dass die Shortfall-Gerade im Falle des *Telser-Kriteriums*

---

58 Die Safty First-Kriterien wurden zeitgleich mit dem Ansatz von Markowitz 1952 entwickelt [vgl. Roy 1952, S. 431ff].

keinen Schnittpunkt mit der Efficient Frontier aufweist und daher ein optimales Portfolio nicht ermittelbar ist.

Abbildung 7/6: Die Bestimmung des optimalen Portfolios nach dem *Kataoka*- und dem *Telser-Kriterium*

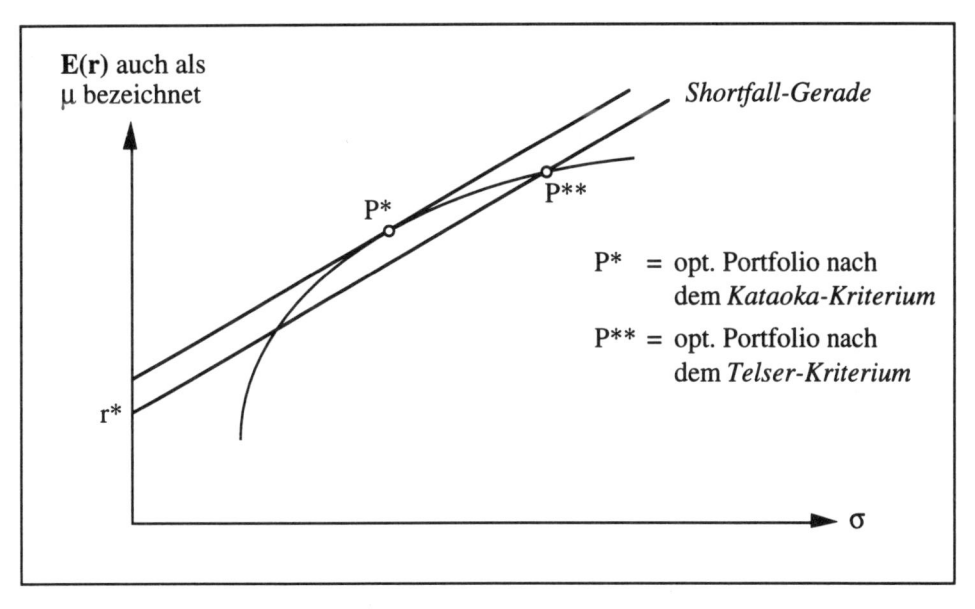

P* = opt. Portfolio nach dem *Kataoka-Kriterium*
P** = opt. Portfolio nach dem *Telser-Kriterium*

7.3.3.2 Die Rolle des Anlagezeithorizontes

Erstaunlicherweise wurde der Rolle des Anlagezeithorizontes lange Zeit wenig Beachtung geschenkt. Da sich der Anlagezeithorizont auf die Struktur eines Portfolios auswirkt, ist die Beachtung desselben von grosser Bedeutung.

Wird - wie von verschiedenen Studien bestätigt - unterstellt, dass die stetigen Renditen von Anlagen (Aktien) normalverteilt sind, so kann gezeigt werden, dass folgender Zusammenhang Gültigkeit hat:

$$_k r(\Delta t) \sim N(\mu \Delta t, \sigma^2 \Delta t) \tag{7-9}$$

(wobei $_k r$ = stetige Rendite, Δt = Länge der Zeitperiode, μ = annualisierte erwartete Rendite, σ^2 = annualisierte Varianz, N(.) = Normalverteilung).

Entsprechend (7-9) weisen jährliche Renditen eine 12 mal grössere Varianz als monatliche Renditen bzw. eine 52 mal grössere Varianz als wöchentliche Renditen auf.

Dieselbe Aussage gilt auch für die erwartete Rendite (μ). Mit andern Worten verhält sich die Varianz proportional zur Länge der zugrundeliegenden Zeitperiode [zur Begründung vgl. Zimmermann 1991, S. 165ff]. Damit wird klar, dass mit zunehmendem Anlagezeithorizont das Risiko einer Anlage (unter der Annahme von (7-9)) steigt. "Das Risiko verschwindet also nicht, wenn man lange genug wartet" [Zimmermann 1991, S. 167]. Von einer zeitlichen Diversifikation darf daher nicht gesprochen werden; vielmehr handelt es sich um eine zeitliche Kumulation der Risiken.

> *Konzept-Frage 7*   Verhält sich die *Standardabweichung* auch proportional zur Länge der zugrundeliegenden Zeitperiode? Beträgt die wöchentliche Standardabweichung 3.5%, wie gross ist dann (a) die jährliche Standardabweichung und (b) eine solche über 5 Jahre?

Es kann nachgewiesen werden, dass die Portfoliostruktur (die Aufteilung eines Vermögens auf Aktien, Bonds, Geldmarktpapiere usw.) unter der Annahme von (7-9) *unabhängig* von der Länge des Anlagezeithorizonts ist. Dass angesichts dieses Resultates die Problematik des Anlagezeithorizonts in der Literatur lange Zeit wenig beachtet wurde, erscheint daher verständlich.

Dieses (theoretisch richtige) Ergebnis widerspricht allerdings der (praktischen) Intuition, wonach das Risiko einer Anlage in der kurzen Frist über demjenigen in der langen Frist liegt. Mit dem in Abschnitt 7.3.3.1 diskutierten Konzept des Ausfallrisikos kann gezeigt werden, dass *das Risiko einer Anlage* (nämlich die Wahrscheinlichkeit, den Threshold Return nicht zu erreichen) *mit zunehmendem Anlagezeithorizont geringer ausfällt* [vgl. bspw. Leibowitz/Krasker 1988, S. 40ff]. "Je länger der Zeithorizont, umso weniger 'riskant' sind Aktienanlagen, was sich in einer entsprechenden Zunahme des optimalen Aktienanteils ausdrückt" [Zenger 1992, S. 105].

Unter Berücksichtigung von (7-8a) und (7-9) ergibt sich für die Ausfallwahrscheinlichkeit im Falle eines Anlagezeithorizonts von Δt

$$\text{Prob}(r < r^*) = 1 - \alpha = N[(r^* \cdot \Delta t - \mu \cdot \Delta t) / \sigma \cdot (\Delta t)^{1/2}] \qquad (7\text{-}10)$$

> *Konzept-Frage 8*   Wie gross ist die Ausfallwahrscheinlichkeit für den Schweizer Aktienmarkt bei einem Threshold Return von $r^* = 0\%$ und einem Anlagezeithorizont von (a) 5 Jahren und (b) 10 Jahren?

Mit (7-10) - auch als *statischer Anlagezeithorizonteffekt* bekannt - wird deutlich, dass mit zunehmendem Anlagezeithorizont die Wahrscheinlichkeit, den Threshold Return nicht zu erreichen, abnimmt. Bei gegebener Ausfallwahrscheinlichkeit (1 - α) und Threshold Return (r^*) kann damit in einem Portfolio der Anteil riskanter Anlagen (welche eine hohe Standardabweichung aufweisen) mit zunehmendem Anlagezeithorizont gesteigert werden, ohne dabei zusätzliches Risiko (Ausfallrisiko) eingehen zu müssen [vgl. dazu auch Leibowitz/Kogelman 1991, S. 18ff][59].

Werden die Portfolios in Abhängigkeit von den bisherigen realisierten Renditen jeweils zu Beginn einer neuen Teilperiode (t) umgeschichtet, so kann das neue Portfolio derart gewählt werden, dass der Durchschnitt aus den während t Vorperioden realisierten Renditen sowie des definierten Threshold Return r_{t+1}^* gerade dem definierten Threshold Return r^* entspricht (sog. *dynamischer Anlagezeithorizonteffekt*). Während unter Anwendung der Kriterien von *Roy* und *Kataoka* die Portfolios mit fortschreitender Zeit zum *Minimum Standard Deviation Portfolio*[60] tendieren, führt das Kriterium von *Telser* zu beliebig risikobehafteten Portfolios [vgl. dazu Wolter 1993, S. 335][61].

Die Rolle des Anlagezeithorizonts im Portfolio-Management wurde bis anhin (in der Theorie wie in der Praxis) etwas vernachlässigt. Mit diesem Abschnitt konnte verdeutlicht werden, dass der Anlagezeithorizont zu beachten ist. Allerdings sind bei dessen Berücksichtigung im Shortfall-Konzept gewisse Mängel auszumachen, welchen sich ein Investor bewusst sein muss.

---

59 Es könnte damit gefolgert werden, dass Vorsorgeeinrichtungen im Falle eines langen Anlagezeithorizontes (bspw. Pensionskassen mit grösstenteils jungen Versicherten) vermehrt in risikobehaftete Anlagen investieren müssen. *Wolter* weist allerdings darauf hin [vgl. Wolter 1993, S. 332ff], dass zwar bei zunehmendem Anlagezeithorizont und gleichbleibender Ausfallwahrscheinlichkeit eine risikoreichere Politik verfolgt werden kann, zugleich aber die Ausfallwahrscheinlichkeit, eine geringere Mindestrendite als den ursprünglichen Threshold Return zu erzielen, zunimmt. Eine Pensionskasse, welche den Threshold Return bei bspw. 0% (nominelle Erhaltung des Vermögens) festsetzt und aufgrund eines langen Anlagezeithorizontes bei einer bestimmten Ausfallwahrscheinlichkeit ein risikoreiches Depot aufbaut, muss sich vergegenwärtigen, dass die Ausfallwahrscheinlichkeit einer Unterdeckung und damit eines negativen Threshold Return ansteigt.

60 Zum *Minimum Standard Deviation Portfolio* vgl. Abschnitt 5.1.2.2.

61 Zu den Kriterien von *Roy*, *Kataoka* und *Telser* vgl. Abschnitt 7.3.3.1.

Zusammenfassung

Bei der Beurteilung des traditionellen und modernen Portfolio-Managements spielt die *These der Markteffizienz* eine wesentliche Rolle. Diese besagt, dass die Marktpreise der Anlagen jederzeit sämtliche Informationen widerspiegeln. Wird nach Art der Informationen differenziert, können die schwache Form (Informationen bezüglich vergangener Kurse), die halbstarke Form (sämtliche öffentlich zugänglichen Informationen) und die starke Form der Markteffizienz (sämtliche erhältlichen Informationen inklusive Insiderinformationen) unterschieden werden.

In der *technischen Analyse* wird unterstellt, dass sich sämtliche Informationen eines Unternehmens in den bisherigen Börsenkursen widerspiegeln und dass sich Aktienkurse in Trends bewegen. Damit postuliert die technische Analyse, dass die Anlagen aufgrund der in der Vergangenheit beobachteten Kursverläufe und Umsatzentwicklungen beurteilt werden können. Vom ökonomischen wie auch vom statistischen Standpunkt aus betrachtet ist die Annahme, wonach sich Aktienkurse in Trends bewegen, nicht haltbar. Zudem erweist sich der Markt in seiner schwachen Form als effizient. Jeder Versuch, die technische Analyse in der Praxis erfolgreich anzuwenden, ist demnach zum scheitern verurteilt.

Entsprechend der *Fundamentalanalyse* wird der innere Wert einer Aktie ermittelt und mit dem gegenwärtigen Börsenkurs verglichen. Aufgrund verschiedener Analysen erhält der Investor eine grosse Auswahl wertvoller Informationen. Allerdings ist die Fundamentalanalyse der Subjektivität, der Gefahr, falsche Informationen richtig zu interpretieren oder richtige Informationen falsch zu interpretieren, der gegenüber dem Markt zu langsamen Informationsverarbeitung und der Gefahr, dass der Markt nicht den Vorstellungen des Investors entsprechend reagiert, ausgesetzt. Trotz dieser Nachteile zeigt sich, dass die Fundamentalanalyse der technischen Analyse vorzuziehen ist. Da die These der halbstarken Form der Markteffizienz verworfen werden muss, hat die Fundamentalanalyse ihre Berechtigung nicht zu letzt auch deshalb, weil die Märkte ohne Fundamentalanalyse auch nicht nur annäherungsweise effizient werden können.

Bei der Betrachtung der Modellansätze des modernen Portfolio-Managements ist zwischen dem *Markowitz-Ansatz* einerseits und dem *Capital Asset Pricing Model* sowie der *Arbitrage Pricing Theory* anderseits zu unterscheiden. Während es sich bei den letzteren um Gleichgewichtstheorien handelt, welche der Aktienbewertung dienen und die These der Markteffizienz unterstellen, dient das Markowitz-Modell der Ermittlung effizienter Portfolios, wobei die Inputdaten als gegeben angenommen werden und die These der Markteffizienz *nicht* unterstellt wird.

Verschiedene Studien lassen die Schlussfolgerung zu, dass die Anwendung des CAPM in der Praxis nicht zu befriedigen vermag. Die APT ist zwar dem CAPM überlegen, doch sind auch hier Schwierigkeiten bei deren Anwendung in der Praxis zu beachten. Allerdings handelt es sich bei der APT um eine - im Gegensatz zum CAPM - noch relativ neue Theorie, weshalb deren Nutzen nicht a priori verneint werden darf. Insbesondere könnte der APT eine das Markowitz-Modell unterstützende Funktion zukommen: Die APT dient der Bildung erwarteter Renditen, welche in das Markowitz-Modell einzuspeisen sind, um schliesslich die effizienten Portfolios zu ermitteln.

Bei der Ermittlung des optimalen Portfolios wird häufig mit dem nutzentheoretischen Ansatz argumentiert. Dieser ist allerdings schwierig in die Praxis umzusetzen. Abhilfe kann hier das Konzept des *Ausfallrisikos (Shortfall Risk)* schaffen, welches die Wahrscheinlichkeit angibt, eine bestimmte minimale Rendite (Threshold Return) nicht zu erreichen.

Wurde die Rolle des *Anlagezeithorizontes* im Portfolio-Management bis anhin vernachlässigt, so konnte verdeutlicht werden, dass der Anlagezeithorizont zu beachten ist. Ob dessen Berücksichtigung im Zusammenhang mit dem Konzept des Ausfallrisikos sinnvoll ist, soll hier nicht abschliessend beurteilt werden.

Wichtige Begriffe

traditionelles Portfolio-Management
Bottom-Up-Ansatz
Top-Down-Ansatz
Fundamentalanalyse
innerer Wert (Intrinsic Value)
technische Analyse
These der Markteffizienz
schwache Form der Markteffizienz
Random Walk-Hypothese
Autokovarianz (Serial Covariance)
halbstarke Form der Markteffizienz
Abnormal Return
Cum. Average Abnormal Return
Anomalien
starke Form der Markteffizienz
Near-Strong-Form der Markteffizienz
Superstrong-Form der Markteffizienz
modernes Portfolio-Management

Markowitz-Modell
Ein-Index-Modell
Multi-Index-, Multifaktor-Modell
Capital Asset Pricing Model (CAPM)
Proxy
Marktwert des Eigenkapitals
Buchwert des Eigenkapitals
Arbitrage Pricing Theory (APT)
Ausfallrisiko (Shortfall Risk)
Ausfallwahrscheinlichkeit (Shortfall Probability)
Threshold Return
Shortfall-Gerade
Safty First-Kriterium
Roy-Kriterium
Kataoka-Kriterium
Telser-Kriterium
Anlagezeithorizont

Ausgewählte Literatur

Elton, E./Gruber, M.: "Modern Portfolio Theory and Investment Analysis", 4. Auflage, New York 1991, insbesondere S. 337-448.

Fama, E.: "Efficient Capital Markets: A Review of Theory and Empirical Work", in: Journal of Finance, March/1970, S. 383-417.

Gallati, R.: "Multifaktor-Modell für den Schweizer Aktienmarkt", Bern 1994, insbesondere S. 137-176.

Hotz, P.: Das Capital Asset Pricing Model und die Markteffizienzhypothese unter besonderer Berücksichtigung der empirisch beobachteten «Anomalien» in den amerikanischen und anderen internationalen Aktienmärkten", St. Gallen 1989.

Malkiel, B.: "A Random Walk Down Wall Street", 5. Auflage, New York 1990, insbesondere S. 109-211.

Reilly, F.: "Investment Analysis and Portfolio Management", 3. Auflage, New York 1989, insbesondere S. 694-724.

Sharpe, W./Alexander, G.: "Investments", 4. Auflage, Englewood Cliffs 1990, insbesondere S. 666-732.

Zimmermann, H.: "Zeithorizont, Risiko und Performance: Eine Uebersicht", in: Finanzmarkt und Portfolio Management Nr. 2/1991, S. 164-181.

Lösungen zu den Konzept-Fragen

1.) Der innere Wert einer Aktie ist als Ausfluss der Fundamentalanalyse zu betrachten. Aufgrund der Global-, der Branchen- und der Einzelwertanalyse ist es möglich, den zukünftigen Gewinn einer Aktie zu prognostizieren. Vereinfacht darf davon ausgegangen werden, dass der innere Wert einer Aktie der Division aus zukünftigem konstanten (durchschnittlichen) Gewinn und Kapitalkostensatz entspricht[62].

2.) Die *Autokovarianz* [vgl. ausführlich Watson/Billingsley/Croft/Huntsberger 1993, S. 787] ist wie folgt zu berechnen (vgl. auch (4-10)):

$$Cov(\mu_t, \mu_{t-k}) = (1/T-k) \sum_{t=1+k}^{T} [(\mu_t - E(\mu_t)) \cdot (\mu_{t-k} - E(\mu_{t-k}))] \qquad (*)$$

---

62 Vgl. dazu auch Abschnitt 3.1.1.1.

KAPITEL 7: *Beurteilung des traditionellen und modernen Portfolio-Managements*   313

(wobei $E(\mu_t)$ = erwartete Kursveränderung von $t = (1 + k)$ bis T, $E(\mu_{t-k})$ = erwartete Kursveränderung von $t = 1$ bis $(T - k)$, k = Intervall, T = Anzahl Beobachtungen).

Häufiger als die Autokovarianz wird die *Autokorrelation* ermittelt (vgl. (4-11)):

$$\rho = \text{Cov}(\mu_t, \mu_{t-k}) / (\sigma_{\mu t} \cdot \sigma_{\mu t-k}) \qquad (**)$$

Handelt es sich um einen *stationären Prozess* [vgl. dazu Pindyck/Rubinfeld 1991, S. 444ff], entspricht die Varianz von μ_t derjenigen von μ_{t-k}, weshalb sich (**) vereinfachen lässt:

$$\rho = \text{Cov}(\mu_t, \mu_{t-k}) / \sigma^2_{\mu t-k} \qquad (***)$$

Ein Beispiel soll die Berechnung der Autokovarianz bzw. -korrelation verdeutlichen. Die unsicheren Kursveränderungen μ_t betragen für T = 8 Jahre (k = 1 Jahr):

t	μ_t	μ_{t-1}	$\mu_t - E(\mu_t)$	$\mu_{t-1} - E(\mu_{t-1})$	$(\mu_t - E(\mu_t)) \cdot (\mu_{t-1} - E(\mu_{t-1}))$	$(\mu_{t-1} - E(\mu_{t-1}))^2$
1	0.56	--	0.42	--	--	--
2	-1.31	0.56	-1.45	0.39	-0.5655	0.1521
3	0.15	-1.31	0.01	-1.48	-0.0148	2.1904
4	1.80	0.15	1.66	-0.02	-0.0332	0.0004
5	-0.65	1.80	-0.79	1.63	-1.2877	2.6569
6	2.40	-0.65	2.26	-0.82	-1.8532	0.6724
7	-1.73	2.40	-1.87	2.23	-4.1701	4.9729
8	-0.10	-1.73	-0.24	-1.90	0.4560	3.6100

Um die Autokovarianz zu berechnen, sind die in Kolonne 6 aufgeführten Werte zu addieren und die derart ermittelte Summe durch (T - k) zu dividieren (vgl. (*)):

- 6.3375 / (8 - 1) = -0.9054

Durch die Addition aller in Kolonne 7 aufgeführten Werte und der anschliessenden Division durch die Anzahl aufgeführter Werte ergibt sich für die Varianz von μ_{t-1} (vgl. (4-9)):

$$\sigma^2_{\mu t-1} = 2.0364$$

Entsprechend (***) beträgt der Korrelationskoeffizient

ρ = -0.9054 / 2.0364 = ***-0.4446***

Um zu testen, ob es sich bei der *Autokorrelation* von ρ = -0.4446 um einen signifikanten Wert handelt, kann der sog. *Durbin-Watson-Test* vorgenommen werden [vgl. dazu Watson/Billingsley/Croft/Huntsberger 1993, S. 787ff oder Copeland/ Weston 1988, S. 890ff].

3.) In einem *effizienten Markt* liesse eine derartige Information den gegenwärtigen Aktienkurs von $ 50 in wenigen Minuten auf ein höheres Niveau (beispielsweise $ 55) ansteigen. Ein langsamer Kursanstieg, welcher über mehrere Tage dauert, wird nicht festzustellen sein. Ebenfalls ist eine Ueberreaktion in einem effizienten Markt nicht auszumachen. Ein Kursanstieg auf beispielsweise $ 60 mit anschliessendem Kursrückgang auf beispielsweise $ 55 ist demzufolge nicht auszumachen.

4.) Das Capital Asset Pricing Model wie auch die Arbitrage Pricing Theory unterstellen, dass die These der Markteffizienz Gültigkeit hat. Demzufolge ist ein passives Portfolio-Management, wo in einen Marktindex (oder mehrere Marktindizes) investiert wird, dem aktiven Portfolio-Management vorzuziehen. Hingegen wird die These der Markteffizienz im Markowitz-Ansatz nicht unterstellt, weshalb ein aktives Portfolio-Management durchaus als sinnvoll betrachtet werden kann.

5.) Mit einer in der Realität zu flachen Security Market Line werden mit Anlagen, welche ein kleines Risiko aufweisen, höhere Renditen bzw. mit Anlagen, welche ein hohes Risiko aufweisen, niedrigere Renditen erzielt, als dies das CAPM postuliert.

6.) Entsprechend (7-8a) ist der Wert der kumulativen Normalverteilung an der Stelle $x = -0.4084$ gesucht:

Prob(r < 0%) = 1 - α = N[(0% - 7.62%) / 18.66%] = *N[-0.4084]*

Aus dem nachfolgend gezeigten Ausschnitt aus der Wertetabelle der kumulativen Normalverteilung folgt, dass

N[-0.4084] = ***0.3415***

das heisst, die Wahrscheinlichkeit, keinen Verlust zu erleiden beträgt ***34.15%***.

Ausschnitt aus der Wertetabelle der kumulativen Normalverteilung

x	- 0.50	- 0.45	- 0.40	- 0.35	- 0.30	- 0.25	- 0.20
N[x]	0.3085	0.3264	0.3446	0.3632	0.3821	0.4013	0.4207

7.) Die Standardabweichung verhält sich proportional zur Quadratwurzel des Anlagezeithorizontes. Beträgt die wöchentliche Standardabweichung 3.5%, ergibt sich

- für die jährliche Standardabweichung:

  $\sigma(\Delta t = \mathbf{1\ Jahr}) = 3.5 \cdot (52)^{1/2} = \mathbf{25.24\%}$

- für die Standardabweichung über 5 Jahre:

  $\sigma(\Delta t = \mathbf{5\ Jahr}) = 3.5 \cdot (5 \cdot 52)^{1/2} = \mathbf{56.44\%}$

8.) Entsprechend (7-10) sind die Werte der kumulativen Normalverteilung an den Stellen (a) $x = -0.91$ und (b) $x = -1.29$ gesucht:

Prob(r < 0%) = 1 - α = N[(0%·5 - 7.62%·5) / 18.66%·(5)$^{1/2}$] = *N[-0.91]*

Prob(r < 0%) = 1 - α = N[(0%·10 - 7.62%·10) / 18.66%·(10)$^{1/2}$] = *N[-1.29]*

Aus dem nachfolgend gezeigten Ausschnitt aus der Wertetabelle der kumulativen Normalverteilung folgt, dass

N[-0.91] = **0.1815** und N[-1.29] = **0.0986**

das heisst, die Wahrscheinlichkeiten, keinen Verlust zu erleiden, betragen **18.15%** und **9.86%**.

Ausschnitt aus der Wertetabelle der kumulativen Normalverteilung

x	- 1.30	- 1.25	- 1.20	...	- 1.00	- 0.95	- 0.90
N[x]	0.0968	0.1057	0.1151	...	0.1587	0.1711	0.1841

Kapitel 8

Portfoliogestaltung in der Praxis

> *Nach dem Studium dieses Kapitels sollte der Leser*
> - *die Prognoseverfahren aufgrund historischer Daten und aufgrund von Szenarien zur Gewinnung von erwarteten Renditen, Varianzen und Korrelationen verstehen;*
> - *mit der Asset Allocation vertraut sein und die unterschiedliche Vorgehensweise im Falle eines passiven und aktiven Portfolio-Managements kennen;*
> - *in der Lage sein, die Notwendigkeit der internationalen Asset Allocation begründen zu können;*
> - *sich der Wichtigkeit der Portfolioüberwachung bewusst sein und die Umschichtung eines Portfolios verstehen.*

Das traditionelle Portfolio-Management, das mittels fundamentaler und/oder technischer Analyse Anlagemedien oder ganze Portfolios qualitativ beurteilt, ist in der Schweiz weit verbreitet. Demgegenüber gelangt das moderne Portfolio-Management - im Unterschied zu den USA, Grossbritannien oder Japan - nur spärlich zum Einsatz. Aufgrund der bereits früher gegenüber den verschiedenen Modellansätzen angebrachten Kritiken[1] erstaunt diese Entwicklung kaum. Allerdings darf nicht übersehen werden, dass die aus dem modernen Portfolio-Management hervorgebrachten (quantitativen) Risiko-Rendite-Analysen wertvolle Informationen zur Portfoliogestaltung liefern.

Untersuchungen haben gezeigt [vgl. bspw. Brinson/Hood/Beebower 1986, S. 39ff], dass für den Erfolg einer Anlagestrategie den Entscheidungen bezüglich der Portfoliostrukturierung (sog. *Asset Allocation*) eine viel grössere Bedeutung beizumessen ist als den Entscheidungen bezüglich der Auswahl und Gewichtung der einzelnen Titel. Wird dem auch vom traditionellen Portfolio-Management kaum bestrittenen Diversifikationsgedanken, der auf der unterschiedlichen Renditeentwicklung der

---

1   Vgl. dazu Abschnitt 7.3.

KAPITEL 8: *Portfoliogestaltung in der Praxis* 317

Anlagekategorien basiert, gefolgt, so leistet das von *Markowitz* entwickelte Modell[2] ausgezeichnete Dienste.

Im folgenden werden die für den Erfolg wichtigsten Schritte eines in der Praxis anwendbaren Portfolio-Managements - die Datenermittlung, die Asset Allocation und die Portfolioüberwachung sowie deren Revision - aufgezeigt[3].

8.1 Die Datenermittlung

Die Anwendung des Markowitz-Modells erfordert die Existenz der erwarteten Rendite ($E(r)$) und des Risikos (σ^2) sämtlicher Anlagemedien, Märkte, Sektoren und einzelnen Anlagen sowie deren Renditeabhängigkeiten untereinander. Im Rahmen des Optimierungsprozesses nehmen diese Daten eine zentrale Stellung ein, denn die Modellergebnisse können letztlich nur so gut wie die Qualität der ihnen zugrunde liegenden Daten ausfallen[4]. Der Erfolg eines Investors hängt demzufolge von seiner Fähigkeit ab, die Zukunft bzw. die erwähnten Daten exakt *prognostizieren* zu können.

Grundsätzlich gelangen zwei Prognoseverfahren zur Anwendung:
- Prognosen aufgrund historischer Daten und
- Prognosen aufgrund von Szenarien.

8.1.1 Prognosen aufgrund historischer Daten

Prognoseverfahren, die auf historischen Daten basieren, unterstellen, dass aufgrund der vergangenen Renditebewegungen auf die zukünftigen Renditen, Varianzen und Korrelationen einzelner Anlagemedien, Märkte, Sektoren oder Titel geschlossen werden kann. Eine reine *Trendextrapolation* kann jedoch angesichts der komplexen Bedingungen, denen das Geschehen am Markt unterliegt, *nicht vorgenommen* wer-

---

2 Vgl. dazu Abschnitt 5.1.
3 Im folgenden wird ein Portfoliovolumen von mindestens 30 Millionen Franken unterstellt. Nur dann ist es möglich, den gezeigten Ablauf nachzuvollziehen.
4 *Michaud* weist darauf hin, dass beim Markowitz-Modell das grösste Problem die Tendenz darstellt, dass aufgrund falscher Datenschätzungen eine Häufung von Fehlern stattfindet. Er spricht daher von einem *Estimation-Error Maximizer* [vgl. Michaud 1989, S. 31ff].

den[5]. Häufig gelangt daher eine Kombination aus historischen Grössen und (subjektiven) Prognosen zur Anwendung.

8.1.1.1 Voraussetzungen zur Anwendung von Prognoseverfahren, die auf historischen Daten basieren

Um die historischen Daten eingehend analysieren zu können, haben diese bestimmten statistischen Anforderungen zu genügen. Die wohl wichtigste Voraussetzung betrifft den *Umfang der zu betrachtenden Werte*. Um einen hohen Genauigkeitsgrad der zu berechnenden Kennzahlen - durchschnittliche Rendite, Varianz und Korrelation - zu gewährleisten, sollten die Zeitreihen eine genügend grosse Anzahl Werte umfassen[6]. Werden zu kurze Zeitreihen verwendet, ergeben sich Verzerrungen im Resultat.

Irrelevant für die Genauigkeit der zu berechnenden Kennzahlen ist die Frage nach der *Art der Daten*. Ob es sich um Tages-, Wochen-, Monats- oder Jahresrenditen handelt, ist in erster Linie vom betrachteten Zeithorizont abhängig. Es ist beispielsweise kaum sinnvoll, eine durchschnittliche Rendite der letzten 10 Jahre aufgrund von Tagesrenditen zu ermitteln. Vielmehr ist für einen solchen Zeithorizont die Verwendung von Monatswerten angezeigt (was immerhin eine Datenreihe von 120 Werten ergibt). Im Sinne einer Kontinuität ist bei Wochen-, Monats- und Jahresrenditen immer derselbe Zeitpunkt zu betrachten (beispielsweise bei Wochenrenditen der Mittwoch). Den bereits erwähnten Marktanomalien ist dabei genügend Beachtung zu schenken[7].

Probleme können *extreme Ereignisse* wie beispielsweise der Crash vom Oktober 1987 schaffen. Der Investor muss sich bewusst sein, dass solche Ereignisse vor allem bei der Berechnung der Standardabweichung (Varianz) stark ins Gewicht fallen und damit unter Umständen ein in normalen Verhältnissen nicht gerechtfertigtes Risiko zeigen. Sind diese extremen Ereignisse in einer Gesamtbetrachtung nicht erwünscht, ist eine *Glättung* der Daten vorzunehmen [vgl. dazu bspw. Bohley 1992, S. 255ff].

---

5   Wird eine reine Trendextrapolation vorgenommen, so würde dies der Random Walk-Hypothese widersprechen (vgl. Abschnitt 7.2).

6   Häufig wird von mindestens 60 Werten ausgegangen.

7   Vgl. dazu Abschnitt 7.2.2.2. Aus diesem Grund sollten beispielsweise bei Wochenrenditen nicht der Freitag oder der Montag als Betrachtungszeitpunkt gewählt werden.

Die Ermittlung der Daten von *Aktien* schafft in der Regel keine grossen Probleme, da die oben erwähnten Anforderungen gut erfüllbar sind. Zur Berechnung der erwünschten Werte (durchschnittliche Rendite, Standardabweichung und Korrelation) können die Zeitreihen ohne zusätzliche Korrekturen verwendet werden.

Schwierigkeiten entstehen demgegenüber bei *verzinslichen Anlagen*, deren Ursache in der *beschränkten Laufzeit* und in der *Heterogenität* dieser Anlagen zu suchen sind. Die beschränkte Laufzeit ist in zweifacher Hinsicht problematisch. Zum einen verunmöglicht sie oftmals die Betrachtung genügend langer Zeitreihen, und zum andern beeinflusst die Restlaufzeit das Risiko der verzinslichen Anlagen. Diese Schwierigkeiten akzentuieren sich bei den *Geldmarktpapieren*. Eine Unterteilung der verzinslichen Anlagen nach Laufzeiten ist daher sehr empfehlenswert.

Die Verwendung von Wandelobligationen, Optionsanleihen sowie der verschiedenen in jüngerer Zeit am Markt erschienen Anleihen, welche sich in mindestens einem Merkmal von den gewöhnlichen Anleihen unterscheiden[8], ist wegen deren komplizierter Risiko-Rendite-Struktur äusserst schwierig. Eine Lösung der Problematik ist über die Anwendung von Indizes anzustreben.

Die Ermittlung der Zeitreihen für *Edelmetalle* ist so unproblematisch wie diejenige von Aktien, da die statistischen Anforderungen an die Daten gut erfüllt sind. Ebenfalls keine Schwierigkeiten sind seitens der *Immobilienanlagen* - sofern diese als längerfristige Investitionen betrachtet werden - zu erwarten. Zeitreihen bezüglich der Renditen von *Festgeldanlagen* und *Bankeinlagen* bereiten keine grösseren Probleme.

Um die Entscheidungen auf der Stufe der strategischen und taktischen Asset Allocation effizient (*effizient* im Sinne des Markowitz-Modells) fällen zu können, ist die Verwendung von Indizes unumgänglich. Allerdings haben Indizes bestimmter Anlagemedien, Märkte oder Marktsektoren verschiedene Bedingungen zu erfüllen:

- Es hat eine repräsentative Titelauswahl zu erfolgen,
- die einzelnen Titel sind zu gewichten, und
- den verschiedenen Korrekturproblemen (Dividendenbereinigung[9], Kapitalveränderung, Ausscheiden oder Einfügen von Titeln) ist Beachtung zu schenken [vgl. Zingg 1987, S. 811ff].

---

8   Vgl. dazu Abschnitt 2.2.2.
9   Analog der Dividendenbereinigung hat bei den verzinslichen Anlagen eine Zinsbereinigung zu erfolgen.

Die *Gewichtung* der Titel erfolgt bei *Aktien* und *verzinslichen Anlagen* häufig[10] aufgrund der Börsenkapitalisierung[11]. Da diese bei *Edelmetallen* schwierig zu ermitteln ist und sich in Abhängigkeit des Produktionsvolumens ändert[12], ist ein preisgewichteter Index vorzuziehen.

Die Anforderungen bezüglich der *repräsentativen Titelauswahl* und der *Korrekturmassnahmen* bereitet weniger bei Aktienindizes als vielmehr bei Indizes für verzinsliche Anlagen Mühe. Durch die begrenzten Laufzeiten und damit verbunden die täglichen Laufzeitverkürzungen verändert sich der Charakter und die Marktreagibilität eines Indexes erheblich. Sodann verhindert bei Neuemissionen die Konzentration auf bestimmte Nominalzins- und Laufzeittypen in bestimmten Marktphasen überhaupt eine auch nur annähernde Repräsentativität des Indexes [vgl. Wertschulte/Meyer 1984, S. 66]. Zudem stellt sich das Problem eines über den Zeitablauf konstanten Indexes bezüglich Laufzeiten, Couponzahlungen, Zahl und Emittenten (Schuldnerqualität) der verzinslichen Anlagen. Eine Möglichkeit der Problemlösung ist darin zu sehen, dass Indizes bestimmter Schuldnerkategorien und/oder bestimmter Laufzeiten ermittelt werden.

Ist die Bildung eines Indexes unmöglich oder nicht genügend aussagekräftig (dies dürfte beispielsweise bei den Immobilienanlagen der Fall sein), so besteht die Möglichkeit, einen solchen mittels eines Testportfolios oder Anlagefonds zu approximieren. Allerdings ist hier zu bedenken, dass die Fonds ein aktives Portfolio-Management betreiben und somit weder konsistent noch repräsentativ sind.

8.1.1.2 Die Trendextrapolation als Beispiel eines auf historischen Daten basierenden Prognoseverfahrens

Es wurde bereits erwähnt, dass eine reine Trendextrapolation nicht vorgenommen werden darf. Vielmehr ist diese in Kombination mit Prognosen anzuwenden. Um das Vorgehen zu verdeutlichen, sind in Abbildung 8/1 die durchschnittlichen Renditen und Risiken der Anlagemedien *Aktien* und *festverzinsliche Anlagen* zwischen 1926 und 1993 aufgezeigt[13]. Zusätzlich sind die Korrelationen zwischen diesen Anlagemedien festgehalten.

---

10 So in der Schweiz beispielsweise der *Swiss Performance Index* für Aktien und der *Pictet Bond Index* für verzinsliche Anlagen.

11 Denkbar sind aber auch andere Gewichtungen wie Bilanzsumme, bereinigtes Grundkapital, nomineller oder wertmässiger Börsenumsatz etc. [vgl. dazu Zingg 1976, S. 32f].

12 Vgl. dazu Abschnitt 3.1.3.

13 Die Daten sind einer Studie der Bank Pictet & Cie entnommen worden [vgl. Pictet & Cie 1994].

KAPITEL 8: *Portfoliogestaltung in der Praxis*

Abbildung 8/1: Die durchschnittlichen Renditen und Risiken von Aktien und Obligationen sowie deren Korrelation von 1926 bis 1993

Anlage	Rendite	Standardabweichung	Korrelation	
			Aktien	Obligationen
Aktien	7.62%	18.66%	1.00	0.36
Obligationen	4.43%	3.42%	0.36	1.00

Die Prognose der zukünftigen Entwicklung basiert auf der Annahme, dass die in der Vergangenheit realisierten Standardabweichungen und die Korrelationen auch in der Zukunft Gültigkeit haben werden, das heisst, dass es sich um im Zeitablauf - oder mindestens innerhalb des Anlagezeithorizontes [vgl. Kritzman 1990, S. 130] - stabile Daten handelt. Entsprechend sind lediglich die erwarteten Renditen zu prognostizieren. Da ein Investor an der realen - und nicht an der nominellen - Rendite interessiert ist, wird häufig die erzielte Durchschnittsrendite unter Berücksichtigung einer zu schätzenden Inflationsrate als erwartete Rendite betrachtet (vgl. Abbildung 8/2).

Abbildung 8/2: Die nominalen Renditen, Inflationsraten, reale Renditen und prognostizierte Renditen von Aktien und Obligationen

Anlage	nominale Rendite	Inflationsrate (1926 - 1993)	reale Rendite	erw. Inflation	progn. Rendite
Aktien	7.62%	2.50%	5.12%	3.00%	8.12%
Obligationen	4.43%	2.50%	1.93%	3.00%	4.93%

Ein wesentlich differenzierteres und daher aussagekräftigeres Vorgehen besteht darin, die Zeitreihen entsprechend der wirtschaftlichen Entwicklung in Teilperioden zu zerlegen. *Ibbotson/Sinquefeld* [vgl. Ibbotson/Sinquefeld 1979, zit. nach Farrell 1983, S. 183] haben eine Unterteilung der betrachteten Zeitreihe anhand der Konjunkturzyklen vorgeschlagen. Zu diesem Zweck sind sämtliche die Konjunktur beeinflussenden Faktoren wie Bruttosozialprodukt, Inflation, Arbeitsproduktivität, Arbeitslosigkeit usw. zu betrachten. Die Renditen der auf diese Weise ermittelten Teilperioden weichen von der Rendite der gesamten zu betrachtenden Zeitperiode - bedingt durch sich ändernde Konjunkturfaktoren - stark ab.

Durch die Zerlegung der Zeitreihen in Teilperioden erhält ein Investor die Möglichkeit, die eine Rendite beeinflussenden Faktoren, die in der Zukunft relevant sind, identifizieren zu können. Ist beispielsweise für die Zukunft mit einem starken Wachstum des Bruttosozialproduktes zu rechnen, wird die erwartete Rendite aufgrund der in der Vergangenheit ebenfalls in einem Zeitintervall mit starkem Wachstum des Bruttosozialproduktes registrierten Rendite prognostiziert. Ein derartiges Vorgehen verspricht im Vergleich zu den um die Inflationsrate korrigierten Durchschnittsrenditen genauere Prognosen.

Nicht zu übersehen ist beim erwähnten Vorgehen die Analogie zur *Arbitrage Pricing Theory*. Dort wird ebenfalls versucht, die Renditen aufgrund bestimmter Faktoren zu erklären. Es wurde bereits erwähnt, dass beispielsweise der schweizerische Aktienmarkt durch die internationale Börsenentwicklung, die Zinssätze, den Kurs des US-Dollars sowie die allgemeine Konjunkturlage am stärksten beeinflusst wird[14]. Entsprechend sind die Renditen von Schweizer Aktien anhand dieser Faktoren zu prognostizieren.

8.1.2 Prognosen aufgrund von Szenarien

Das Verfahren der Prognosen aufgrund von Szenarien unterscheidet sich vom Verfahren der Trendextrapolation in zwei wesentlichen Punkten [vgl. Fuller/Farrell 1987, S. 543]. Zum einen sind Prognosen mittels Szenarien analytisch wesentlich aufwendiger, und zum andern ist der Zeithorizont - im Gegensatz zur Trendextrapolation - auf die einzuschätzende zukünftige Zeitperiode beschränkt. Häufig wählen Analysten eine solche von drei bis fünf Jahren. Kürzere Zeitabschnitte sind aber ebenfalls denkbar und erwünscht.

Das Vorgehen bei der Szenario-Technik erfolgt in zwei Stufen. Die erste Stufe umfasst die Bestimmung der Szenarien, deren Auswirkungen auf die verschiedenen Anlagemedien, Märkte und Sektoren sowie das Abschätzen der Eintretenswahrscheinlichkeiten. In der zweiten Stufe sind dann die Auswirkungen der Szenarien auf die zu prognostizierenden Grössen zu zeigen.

8.1.2.1 Die Bestimmung der Szenarien

Die Bestimmung der Szenarien ist wohl eine der schwierigsten Elemente dieser Pro-

---

14 Vgl. dazu Abschnitt 7.3.2.3.

KAPITEL 8: *Portfoliogestaltung in der Praxis* **323**

gnoseart[15]. Es ist eine exakte Analyse der verschiedenen ökonomischen Faktoren im weiteren Sinne vorzunehmen, im weiteren Sinne deshalb, weil eine Betrachtung der auf die Wirtschaft *indirekt* wirkenden Einflüsse - wie beispielsweise sozialpolitische Trends [vgl. Farrell 1983, S. 185] - unumgänglich ist. Aufgrund dieser Analyse sind mögliche Zukunftsentwicklungen - Szenarien genannt - aufzuzeigen. Häufig wird dabei von drei Szenarien ausgegangen: einer optimistischen, einer pessimistischen und einer wahrscheinlichsten Variante. Es sind aber auch mehr als drei Szenarien denkbar, was vor allem dann als sinnvoll erscheinen muss, wenn die Zukunft schwierig einzuschätzen ist.

Abbildung 8/3: Die Bestimmung von Szenarien

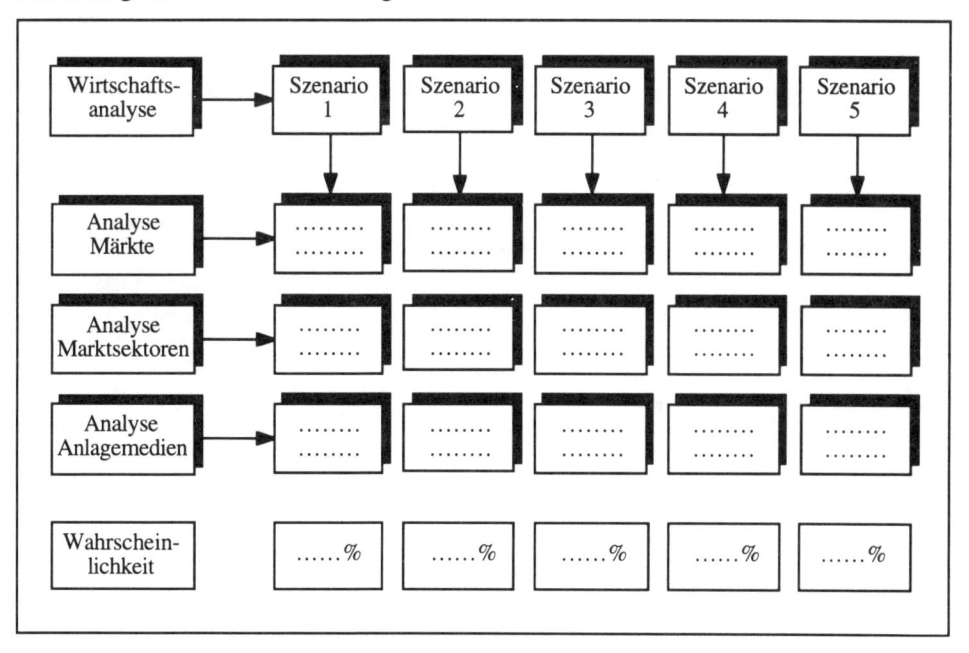

Ist der Beschrieb der Szenarien erfolgt, sind für jede der einzelnen Varianten die Einflüsse auf die verschiedenen Anlagemedien, Märkte und Sektoren zu ermitteln (vgl. Abbildung 8/3). Nützlich ist dabei ein Vergleich mit der historischen Wirtschaftsentwicklung. Wurde beispielsweise in der Vergangenheit festgestellt, dass in Zeiten starker Inflation mit Geldmarktpapieren eine im Vergleich zu den übrigen

---

15 Für eine vertiefte Betrachtung sei auf die einschlägige Literatur verwiesen [ein empfehlenswertes Werk ist Ulrich/Probst 1988 (zur Bestimmung von Szenarien sind insbesondere S. 158ff zu beachten)].

Anlagemedien ausserordentlich gute Rendite erzielt wurde, so kann dieser Effekt in einem Szenario, das eine starke Inflation beinhaltet, ebenfalls berücksichtigt werden.

Nach der Bestimmung der Szenarien sowie deren Einflüsse auf die Kapitalmärkte sind schliesslich die Wahrscheinlichkeiten zu ermitteln, mit denen sich ein Szenario in Zukunft verwirklichen dürfte (sog. Eintretenswahrscheinlichkeiten).

8.1.2.2 Auswirkungen der Szenarien auf die zu prognostizierenden Grössen

In dieser zweiten Stufe der Szenario-Technik sind die konkreten Auswirkungen auf die erwarteten Renditen, Varianzen und Korrelationen der Anlagemedien, Märkte und Sektoren aufzuzeigen. Während in einem ersten Schritt die Einflüsse der verschiedenen Szenarien aufgezeigt worden sind, sind nun die *Renditen für sämtliche Szenarien zu prognostizieren*. Für die damit erhaltenen Renditeverteilungen können schliesslich die Varianzen und Korrelationen berechnet werden, was anhand eines einfachen Beispiels illustriert werden soll.

Angenommen, für Schweizer Aktien und Obligationen würden *fünf Szenarien* ausgearbeitet: Rezession, Inflation, normales Wirtschaftswachstum, starkes Wirtschaftswachstum und ein Szenario Börsencrash. Die Eintretenswahrscheinlichkeiten sowie die für jedes Szenario prognostizierten Renditen sind in <u>Abbildung 8/4</u> festgehalten. Aufgrund dieser Angaben können die erwarteten Renditen der einzelnen Anlagemedien berechnet werden[16]. Die Varianzen und Korrelationen lassen sich ebenfalls ermitteln[17]. Aus dem Beispiel ist ersichtlich, dass das Risiko der erwähnten Anlagemedien der *Streuung der prognostizierten Renditen* entspricht.

Werden die Resultate der Szenario-Technik mit denjenigen der Trendextrapolation verglichen, ist festzustellen, dass sowohl die erwarteten Renditen wie auch die Risi-

---

16   Zur Berechnung der erwarteten Renditen vgl. Abschnitt 4.1.1.2.

Ein von dem hier dargestellten Verfahren etwas abweichendes Vorgehen zeigt *Gallati* [vgl. Gallati 1994, S. 254ff], welcher zur Prognose der erwarteten Renditen ein APT-orientiertes Multifaktor-Modell einsetzt. Nach der Bestimmung der relevanten Faktoren (bspw. der Euromarkt SFr. 1-Monats-Zinssatz, der Allg. Obligationen-Index EFFAS Schweiz, der Euromarkt DM 3-Monate-Zinssatz und der FTSE 100 Index), sind für dieselben Prognosen vorzunehmen (sog. Faktorprognosen). Durch die Multiplikation der Faktorprognosen mit den Faktorladungen ist feststellbar, welcher Faktor wieviel zur erwarteten Rendite beiträgt. Die Summe aller Teilrenditen der Faktoren ergibt die erwartete Rendite.

17   Zur Berechnung der Varianz vgl. Abschnitt 4.2.2.1 und zur Berechnung der Korrelation vgl. Abschnitt 4.3.1.1.

KAPITEL 8: *Portfoliogestaltung in der Praxis* 325

Abbildung 8/4: Auswirkungen der Szenarien auf die erwarteten Renditen, die Risiken und Korrelationen von Anlagemedien

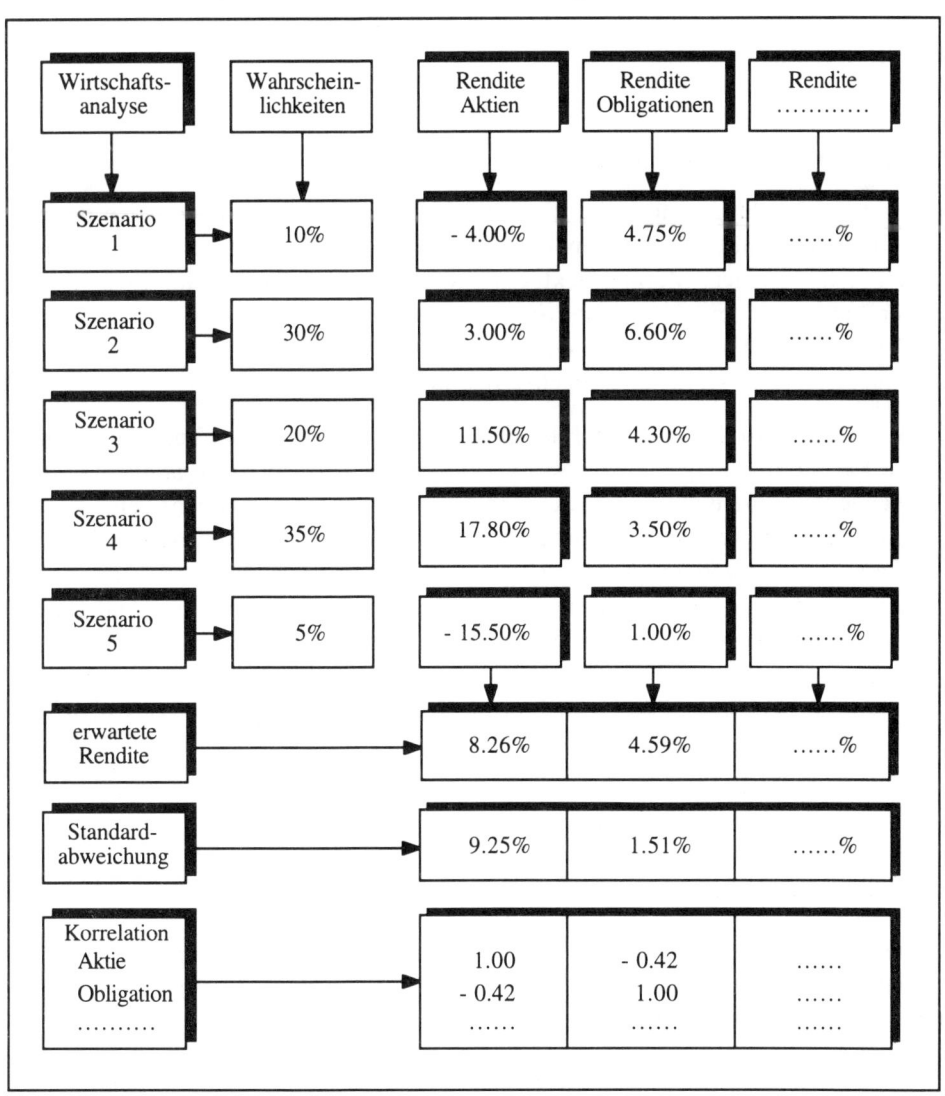

Wirtschafts-analyse	Wahrscheinlichkeiten	Rendite Aktien	Rendite Obligationen	Rendite ....
Szenario 1	10%	- 4.00%	4.75%	......%
Szenario 2	30%	3.00%	6.60%	......%
Szenario 3	20%	11.50%	4.30%	......%
Szenario 4	35%	17.80%	3.50%	......%
Szenario 5	5%	- 15.50%	1.00%	......%
erwartete Rendite		8.26%	4.59%	......%
Standardabweichung		9.25%	1.51%	......%
Korrelation Aktie Obligation		1.00 - 0.42	- 0.42 1.00	....

ken (Standardabweichungen) der Aktien und Obligationen voneinander abweichen (vgl. Abbildung 8/2 und Abbildung 8/4). Diese Feststellung ist damit zu begründen, dass die Gewichtung der Renditen in gleichen Konjunkturphasen je nach Prognoseverfahren unterschiedlich ausfällt. Wurde in der Vergangenheit während beispielsweise 10 Jahren Inflation beobachtet, erfahren die erwarteten Renditen bei der

Trendextrapolation eine durch die Inflation bedingte Gewichtung von 0.2 (die Zeitreihe umfasst ca. 50 Jahre; 10 Jahre sind demzufolge 20% der beobachteten Zeitperiode). Demgegenüber wurde das Szenario *Inflation* bei der Szenario-Technik nur mit 0.1 gewichtet.

8.1.3 Beurteilung der Prognoseverfahren

Für die Verwendung historischer Datenreihen spricht der vergleichsweise *geringe Aufwand* zur Ermittlung der Renditen, Varianzen und Korrelationen der verschiedenen Anlagemedien, Märkte, Sektoren und einzelnen Anlagen. Häufig wird aber dieser Ansatz mit dem Argument kritisiert, dass die Renditen und, damit verbunden, die Varianzen und Korrelationen der beobachteten Werte längerfristig konstant bleiben müssen. Damit sei dieses Vorgehen *realitätsfremd*.

Dieser Kritik wird denn auch bei der Zerlegung der Zeitreihen in Teilperioden teilweise Rechnung getragen. Zwar werden die Varianzen und Korrelationen aus der Vergangenheit übernommen, doch führt die beschriebene Vorgehensweise zu wesentlich besseren Renditeprognosen. Zudem ist nicht zu übersehen, dass sich insbesondere die Varianzen und Korrelationen einzelner *Anlagemedien* und *Märkte relativ langsam* mit der Wirtschaftsentwicklung ändern. Aufgrund dieser Aenderungen sind denn auch Portfolioumschichtungen vorzunehmen. Dennoch ist darauf hinzuweisen, dass die Uebernahme der Varianzen und Korrelationen aus der Vergangenheit bei gleichzeitigem Prognostizieren der erwarteten Renditen inkonsistent sein kann [vgl. auch Meier/Takushi 1992, S. 420].

> *Konzept-Frage 1*   Warum kann die gleichzeitige Verwendung von ex post und ex ante Daten zu inkonsistenten Ergebnissen führen?

Mittels Szenario-Technik werden die erwähnten Nachteile der Trendextrapolation umgangen. Damit verbunden ist allerdings ein *Mehraufwand*, der nur dann gerechtfertigt ist, wenn dadurch die *Qualität* der zu ermittelnden Daten steigt.

Die grösste Schwierigkeit ist in der Bestimmung der Szenarien sowie deren Gewichtung mit Eintretenswahrscheinlichkeiten zu sehen. Es ist zu beachten, dass *sämtliche*, insbesondere auch die *extremen*, Szenarien zu bestimmen und mit der entsprechend *objektiv* gerechtfertigten Gewichtung zu versehen sind. Die Szenario-Technik hängt entsprechend stark von der *Prognosefähigkeit* des Analysten ab. Ist ihm diese aber nicht gegeben, muss auf die Szenario-Technik verzichtet und auf die Trendextrapolation ausgewichen werden[18].

8.2 Die Asset Allocation

Nachdem die erwarteten Renditen, Standardabweichungen und Korrelationen sämtlicher Anlagemedien (Aktien, verzinsliche Anlagen, Edelmetalle, flüssige Mittel usw.), Märkte (Länder bzw. Währungen), Sektoren (Branchen) und einzelnen Anlagen ermittelt worden sind, *müsste* folgerichtig die Efficient Frontier ermittelt werden. Aufgrund der enorm grossen Anzahl verschiedener Anlagen - beispielsweise werden allein an der New York Stock Exchange ca. 2'200 verschiedene Aktien gehandelt - ist ein derartiges Vorgehen allerdings nicht zu verwirklichen. Ueberdies wurde bereits darauf hingewiesen, dass die Performance zum überwiegenden Teil mit den Entscheidungen hinsichtlich der Anlagemedien und Märkte beeinflusst wird und weniger von den einzelnen Anlagen abhängt [vgl. auch Meier/Halbherr 1992, S. 29]. Der Investor hat demzufolge eine *systematische Aufteilung* des zu investierenden Kapitals auf die einzelnen Anlagemedien und Märkte vorzunehmen. Diese Aufteilung - im angelsächsischen Sprachraum mit *Asset Allocation* bezeichnet - hat derart zu erfolgen, dass für eine bestimmte (individuelle) Zielsetzung ein optimales Portfolio (maximale Rendite bei einem bestimmten Risiko) entsteht.

8.2.1 Grundgedanken der Asset Allocation

Eine optimale Portfoliogestaltung (vgl. dazu Abbildung 8/5 [vgl. auch Sharpe/Alexander 1990, S. 723]) erfordert vom Investor Entscheidungen bezüglich

- der Auswahl und Gewichtung der Anlagemedien und Märkte,
- der Auswahl der Sektoren und
- der Auswahl sowie der Bestimmung des Transaktionszeitpunktes (Timing) einzelner Anlagen (Titel).

---

18 Es zeigt sich, dass die Bestimmung der Szenarien in der Praxis grosse Mühe bereitet, weshalb in vielen Fällen die Methode der Trendextrapolation zur Anwendung gelangt. Verschiedentlich wird auch mit Prognosemodellen gearbeitet, welche weder auf der Trendextrapolation noch der Szenario-Technik basieren, sondern eine Zwischenlösung derselben darstellen (vgl. beispielsweise das von *Meier/Takushi* vorgestellte BVAR- (**B**ayesianisches **V**ektor-**A**utoregressives) Modell [Meier/Takushi 1992, S. 414ff] oder den von *Steiner/Wittkemper* vorgestellten Einsatz künstlicher neuronaler Netze [vgl. Steiner/Wittkemper 1993, S. 443ff]).

Abbildung 8/5: Asset Allocation, Sektoren- und Titelselektion

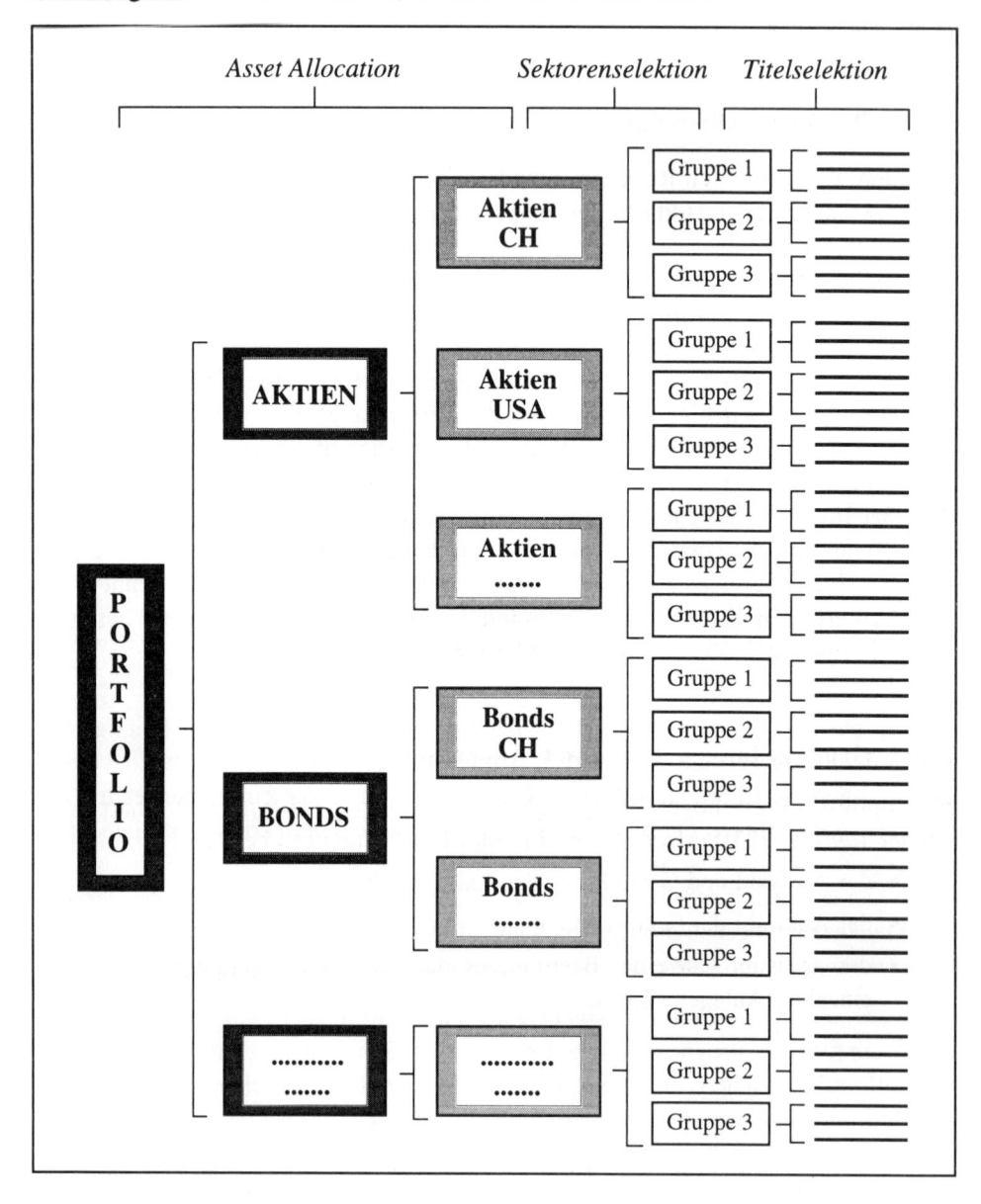

Während die Auswahl und Gewichtung der Anlagemedien und Märkte aufgrund einer *langfristigen* Anlagepolitik (bis zu fünf Jahren) erfolgen, kommt der Sekto-

KAPITEL 8: *Portfoliogestaltung in der Praxis*

ren- und Titelauswahl kurzfristiger Charakter (30 bis 360 Tage) zu. Die Bestimmung des Transaktionszeitpunktes wird täglich vorgenommen.

Die Entscheidungen bezüglich der Asset Allocation, Sektoren- und Titelselektion erfolgen in Abhängigkeit des Portfolio-Management-Stils. Wird ein *passives Portfolio-Management* betrieben, ist die Struktur des Portfolios vorgegeben. Ein *aktives Portfolio-Management* erlaubt demgegenüber, die Asset Allocation sowie die Sektoren- und Titelselektion aufgrund eigener Prognosen zu beeinflussen.

8.2.1.1 Passives versus aktives Portfolio-Management

Das vom *Capital Asset Pricing Model* und der *Arbitrage Pricing Theory* propagierte *passive Portfolio-Management* unterstellt, dass die Marktportfolios der einzelnen Länder effizient sind[19]. Für den Investor ist es daher nicht möglich, überdurchschnittliche Renditen - Renditen, welche über der Marktrendite liegen, aber kein höheres Risiko aufweisen (risikoadjustierte Renditen[20]) - zu erzielen. In der Folge wird die Benützung eines Investitionsvehikels in Form eines Indexes vorgeschlagen [vgl. Botkin 1986, S. 61]. Häufig gelangen kapitalgewichtete Indizes wie der *Morgan Stanley Capital International Europe, Australia, and Far East-Index* (EAFE), der *Lombard Odier international* oder *Salomon Brothers international Index* usw. zum Einsatz.

Für ein passives Management spricht der im Vergleich zum aktiven Management verhältnismässig geringe Aufwand in der Informationsbeschaffung; damit verbunden sind geringe Informationskosten. Da ein Index in seiner Zusammensetzung nur geringen Aenderungen unterworfen ist, halten sich die Transaktionskosten ebenfalls in Grenzen. Letztlich ist auch auf die Stabilität der Rendite und des Risikos eines passiv gemanagten Portfolios hinzuweisen. Allerdings sehen die Verfechter des aktiven Managements genau darin einen Nachteil, denn mit einem passiven Management kann (risikoadjustiert) nie eine höhere Rendite als die Marktrendite erzielt werden.

Beim *aktiven Portfolio-Management* wird unterstellt, dass es aufgrund einer überdurchschnittlichen Prognosefähigkeit möglich ist, Schwankungen der Renditen tendenziell vorherzusehen. Dies setzt Informationsvorteile gegenüber dem Markt voraus und unterstellt entsprechend *ineffiziente Märkte*. Im Gegensatz zum passiven

---

19 Vgl. dazu Abschnitt 5.2.1 und Abschnitt 5.3.1.
20 Unter einer risikoadjustierten Rendite ist eine Rendite zu verstehen, die das Risiko mitberücksichtigt.

Management versucht der Investor, den Markt zu schlagen, das heisst (risikoadjustiert) eine höhere Rendite als die Marktrendite zu erzielen.

Das aktive Portfolio-Management wird üblicherweise in zwei Stufen unterteilt (vgl. weiter oben): die Asset Allocation und die Sektoren- und Titelselektion bzw. das Timing. Während das aktive Management auf beiden Stufen Renditevorteile gegenüber dem Markt zu verwirklichen sucht, wird im passiven Management entsprechend dem Marktindex investiert. Anstelle eines ausschliesslich aktiven bzw. passiven Vorgehens ist allenfalls eine *Mischung* aus beiden Verhaltensweisen vorzunehmen. Häufig erfolgt die Aufteilung des zu investierenden Kapitals auf die Anlagemedien und Märkte anhand von Indizes, was einem passiven Management entspricht. Mit einem aktiven Management versucht der Investor, den Markt im Bereich der Sektorenaufteilung und der Titelselektion zu schlagen[21].

Wegen der *nicht gegebenen Markteffizienz*[22] ist von einem passiven Portfolio-Management abzusehen. Immerhin muss aber erwähnt werden, dass im Falle einer *schlechten Prognosefähigkeit* ein passives Vorgehen einem aktiven Portfolio-Management vorzuziehen ist, da die Gefahr gross ist, eine (risikoadjustiert) geringere Rendite als diejenige des Marktes zu erzielen.

8.2.1.2 Die Nachbildung eines Indexes im Rahmen des passiven Portfolio-Managements

Im Falle eines passiven Portfolio-Managements wird versucht, einen Marktindex nachzubilden um die Performance des Portfolios möglichst exakt mit derjenigen des Marktindexes in Uebereinstimmung zu bringen. Aufgrund des Investitionsvolumens und der Transaktionskosten dürfte ein genaues Abbild eines Marktindexes (es wird auch von *Index-Replikation* gesprochen) aber schwierig sein. Investoren versuchen dann oftmals, nur in einen Teil des Marktindexes zu investieren.

Erfolgt eine genaue Index-Replikation, entspricht das eingegangene Portfoliorisiko der Standardabweichung des Marktindexes. Andernfalls, das heisst, wenn lediglich ein Teil der in einem Index enthaltenen Titel im Portfolio berücksichtigt werden, entsteht ein gegenüber dem Indexrisiko höheres Portfoliorisiko. Dieser Unterschied wird als sog. *Indexfehler (Tracking Error (T.E.))* bezeichnet und bringt die Stan-

---

21 Es ist ebenfalls denkbar, dass ein Investor lediglich im Bereich der Titelselektion aktiv agiert oder das passive Vorgehen auf die Aufteilung des zu investierenden Kapitals auf die verschiedenen Anlagemedien beschränkt.

22 Vgl. dazu Abschnitt 7.2.

KAPITEL 8: *Portfoliogestaltung in der Praxis*

dardabweichung zwischen der Entwicklung der Portfoliorendite und des Marktindexes zum Ausdruck:

$$T.E. = \sigma_{\zeta P} = [\,(1 - R^2) \cdot \sigma_P^2\,]^{1/2} \tag{8-1}$$

(wobei P = repliziertes Portfolio, R^2 = Bestimmtheitsmass[23]).

Konzept-Frage 2 — Angenommen, die Korrelation zwischen dem Swiss Market Index (SMI) und dem replizierten Portfolio (P) betrage $\rho = 0.90$ und die Standardabweichung von P sei $\sigma_P = 20\%$. Wie gross ist der Tracking Error des replizierten Portfolios?

Es kann nun versucht werden, den Indexfehler möglichst gering zu halten. Für den Investor ist es wichtig zu wissen, dass dies dann realisiert werden kann, wenn über die aus dem Index ausgewählten Anlagen im Sinne des Markowitz-Ansatzes optimiert wird. Eine Kapitalisierungsgewichtung oder eine Gleichgewichtung der ausgewählten Anlagen führen zu grösseren Indexfehlern [vgl. Meier/Halbherr 1992, S. 29]. Allerdings ist zu beachten, dass durch die Minimierung des Indexfehlers nicht unbedingt ein effizienter gemanagtes Portfolio entsteht, als wenn ein Portfolio mit einem grösseren Indexfehler berücksichtigt wird [vgl. Roll 1992, S. 13ff].

8.2.1.3 Der Asset Allocation-Prozess

Der Asset Allocation-Prozess ist in zwei Phasen zu unterteilen [vgl. Sharpe 1987, S. 22ff]:

- die strategische Phase und
- die taktische Phase.

Die *strategische Phase des Asset Allocation-Prozesses* umfasst zunächst die Festlegung des einzugehenden Risikos, welches von der Risikofähigkeit und -toleranz des Investors abhängig ist, und des Renditezieles, welches in die Teilziele Kapitalzuwachs und laufende Erträge aufgeteilt werden kann. Danach sind die Anlagemedien und Märkte zu ermitteln, in welche investiert werden soll. Die Investitionsanteile sind dabei mit Höchst- und Mindestanteilen zu versehen.

---

[23] Vgl. dazu Abschnitt 5.1.4.1.

Die *taktische Phase der Asset Allocation* umfasst die Gewichtung der Anlagemedien und der Märkte. Das Ziel besteht darin, eine Portfoliostruktur zu finden, welche einem Investor den höchst möglichen Nutzen (das heisst eine angestrebte Rendite bei minimalem Risiko) verspricht. Zu berücksichtigen sind nach Möglichkeit sämtliche Anlagemedien wie Aktien, Bonds, Geldmarktpapiere, Edelmetalle, Immobilien, Festgeldanlagen, Bankeinlagen, Optionen und Futures. Sodann sind die Anlagemedien nach Märkten (Länder bzw. Währungen) zu unterteilen[24]. Die Entscheidung bezüglich der Gewichtung der Anlagemedien und Märkte erfolgt mit Hilfe des *Markowitz-Modells*. Es sind die erwarteten Renditen, Standardabweichungen und Korrelationen pro Anlagemedium und Markt (beispielsweise Aktien Schweiz, Aktien USA, Aktien Japan, Bonds Schweiz, Bonds Australien etc.) zu ermitteln[25]. Ausfluss des Asset Allocation-Prozesses ist schliesslich die Asset Allocation-Matrix, welche die Gewichtung der einzelnen Anlagemedien und Märkte aufzeigt (vgl. Abbildung 8/6 [vgl. Schweizerische Bankgesellschaft]).

Abbildung 8/6: Die Asset Allocation-Matrix

Anlagemedien	SFr.	ECU-Währungen							US$ C-$	Yen	Andere Währung	Total
		DM	Hfl.	£	fFr.	Lit.	Pta.	.....	Ecu			
Geldmarkt	2								2			4
Bonds	25	5	9	6	8	3			3	12		71
Aktien	7					5				3	7	22
Edelmetalle										3		3
....												
Total	34	5	9	6	8	3	5		3	20	7	100

Es muss betont werden, dass die taktische Phase der Asset Allocation unter *gleichzeitiger* Berücksichtigung von Anlagemedien und Märkten erfolgen muss. Auf eine vorzeitige Aggregierung, wie sie beispielsweise Aktien Ausland, Aktien Europa, Bonds Ausland usw. darstellen, muss verzichtet werden. Eine Optimierung über

---

24 Der internationalen Asset Allocation ist eine grosse Bedeutung beizumessen, weshalb diese eingehender behandelt wird (vgl. Abschnitt 8.2.2).
25 Vgl. dazu Abschnitt 8.1.

KAPITEL 8: *Portfoliogestaltung in der Praxis* 333

derart heterogene Aggregate führt zu Fehlallokationen und damit zu ineffizienten Lösungen [vgl. auch Bopp 1992, S. 34].

Institutionelle Investoren wie Pensionskassen, Versicherungen usw. stehen oft vor dem Problem, dass bestimmte *Anlagerichtlinien* von Gesetzes wegen vorgegeben sind[26]. Bereits bei der strategischen Phase und später bei der taktischen Phase der Asset Allocation sind diese Vorschriften in Form von *Restriktionen* im Modell zu beachten[27]. Abbildung 8/7 zeigt, welche Auswirkungen derartige Anlagerichtlinien auf die Efficient Frontier haben können. Es ist ersichtlich, dass ein *Renditeverlust bei gegebenem Risiko* in Kauf zu nehmen ist [vgl. Benelli 1993, S. 228 oder Bopp/ Cantaluppi 1990].

Abbildung 8/7: Die Auswirkungen von Anlagerichtlinien auf den Verlauf der Efficient Frontier

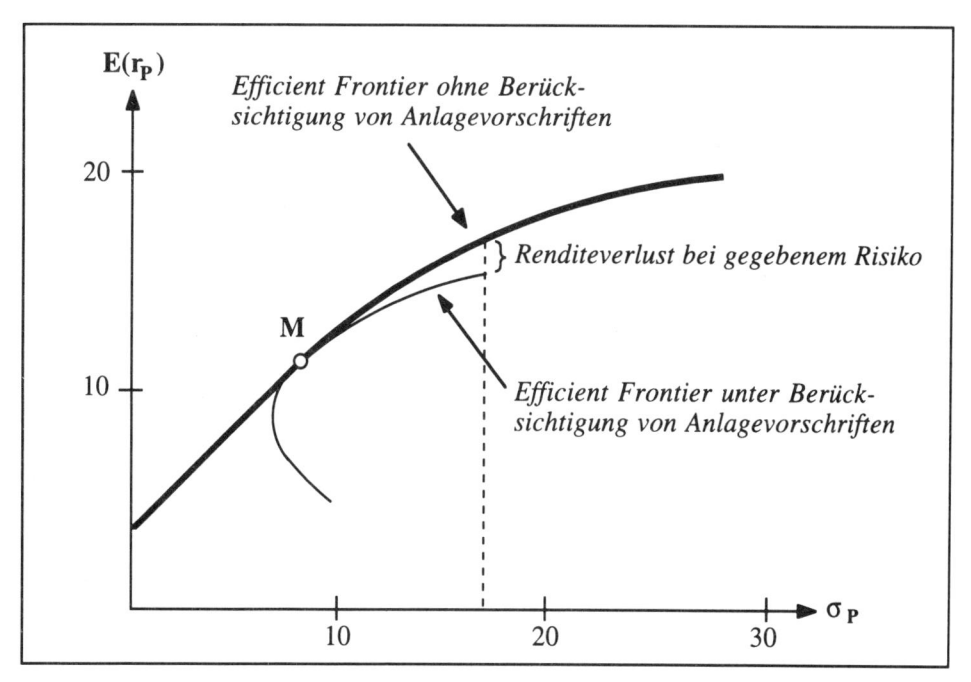

---

26 Vgl. dazu Abschnitt 3.2.2.
27 *Keinesfalls* darf eine Optimierung mit einer *anschliessenden Anpassung* des Resultates an die Anlagevorschriften erfolgen, da ein solches Vorgehen zu einer suboptimalen Lösung führt.

Ist der Asset Allocation-Prozess abgeschlossen, sind die Marktsektoren (Branchen, Gruppen von Aktien- bzw. Bondtypen[28]) auszuwählen und zu gewichten. Ob der Einsatz eines Optimierungsmodells wie dasjenige von Markowitz auf der Ebene der Marktsektoren lohnenswert ist, hängt nicht zuletzt auch von den Kosten der zu beschaffenden Inputdaten ab. Schliesslich erfolgt die Selektion der einzelnen Anlagen (vgl. Abbildung 8/5).

8.2.2 Die internationale (globale) Asset Allocation

Der internationalen (globalen) Asset Allocation ist im modernen Portfolio-Management aus zwei Gründen grosse Bedeutung beizumessen. Erstens werden institutionelle Investoren durch die rasant steigenden Anlagevolumina gezwungen, auf ausländische Märkte auszuweichen[29]. Zweitens zeigen verschiedene Studien [vgl. Barnett 1979, S. 165ff, Büttler/Hermann 1989, S. 28ff, Grauer/Hakansson 1987, S. 721ff, Levy/Sarnat 1978, S. 453ff, Odier/Solnik 1993, S. 63ff, Solnik 1974, S. 48ff, Stulz 1986, S. 18ff], dass durch die internationale Asset Allocation sowohl die Rendite gesteigert wie auch das Risiko vermindert werden kann. Dieser Effekt ist darauf zurückzuführen, dass die Märkte teilweise relativ schwach miteinander korrelieren.

8.2.2.1 Renditen und Risiken internationaler Anlagen

Um die potentiellen Chancen der internationalen Asset Allocation zu erkennen, ist eine vertiefte Analyse notwendig. Die Berechnung von Markt-, Sektoren- oder Titelrenditen und der damit verbundenen Standardabweichungen und Korrelationen ist nicht mehr ausreichend. Vielmehr sind zusätzlich die *Wechselkurse* in die Betrachtungen miteinzubeziehen. Paritätsänderungen können, müssen aber nicht, die Vorteile der internationalen Asset Allocation schmälern. Wie zu zeigen sein wird, gilt es zu beachten, dass der Investor nur dem Paritätsänderungsrisiko ausgesetzt ist, das ihm *nach* der Portfoliobildung verbleibt (sog. Währungsrisiko). Bei der Beurteilung von Fremdwährungsanlagen ist es deshalb wichtig, zwischen *Währungsrisiko* (*zusätzliche* Standardabweichung durch Umrechnung der lokalen Renditen in eine ande-

---

28 In Abschnitt 3.3.1.2 wurden die von *Farrell* vorgeschlagenen Gruppen von Aktientypen erwähnt. Es handelt sich um Wachstumsaktien, zyklische Aktien, stabile Aktien und Aktien des Energiesektors. Gruppen von Bondtypen können beispielsweise nach dem Rating, dem Emittenten usw. unterschieden werden.

29 Allein für die schweizerischen Pensionskassen rechnet man bis zum Jahre 2005 mit einem durchschnittlichen täglichen Volumenanstieg von ca. 90 Millionen Franken [für die Daten dieser Berechnung vgl. Hepp 1990 (2), S. 129].

KAPITEL 8: *Portfoliogestaltung in der Praxis*   335

re Referenzwährung) und der Standardabweichung der Paritätsänderung (auch als *Wechselkursvolatilität* oder Wechselkursrisiko bekannt) zu unterscheiden [vgl. Drummen/Zimmermann 1992, S. 82, Bigler 1994, S. 35].

Wird mit $W_{R/L,t}$ die Parität zwischen der Referenzwährung R und der Lokalwährung L (ausgedrückt in Einheiten der Lokalwährung pro Einheit der Referenzwährung) und mit $r_{L,t}$ die Rendite des investierten Kapitals in Lokalwährung bezeichnet, so gilt für die in der Referenzwährung ausgedrückte Rendite $r_{R/L,t}$ [vgl. Levy/Sarnat 1984, S. 641]

$$r_{R/L,t} = [W_{R/L,t} \cdot (1 + r_{L,t}) / W_{R/L,t+1}] - 1 \qquad (8\text{-}2)$$

Bezeichnet $r_{W,t} = [(W_{R/L,t} / W_{R/L,t+1}) - 1]$ die durch eine Paritätsänderung bedingte Rendite, so lässt sich (8-2) vereinfachen:

$$\begin{aligned} r_{R/L,t} &= r_{W,t} + r_{L,t} + r_{W,t} \cdot r_{L,t} \\ &= (1 + r_{W,t}) \cdot (1 + r_{L,t}) - 1 \end{aligned} \qquad (8\text{-}3)$$

Anhand der gemäss (8-3) berechneten Renditen können internationale Anlagen von Periode zu Periode beurteilt und untereinander verglichen werden. Um einen Mehrperiodenvergleich anstellen zu können, ist das arithmetische Mittel der stetigen Einperiodenrenditen[30] zu berechnen:

$$_k r_{R/L} = (1/n) \cdot \sum_{t=1}^{n} [_k r_{W,t} + _k r_{L,t}] \qquad (8\text{-}4)$$

(wobei $[_k r_{W,t} + _k r_{L,t}]$ = stetige Rendite in Referenzwährung).

Aus (8-4) kann das Risiko - die Standardabweichung - einer internationalen Anlage unmittelbar hergeleitet werden:

$$\begin{aligned} \sigma_{R/L} &= [\, \sigma_W^2 + \sigma_L^2 + 2 \cdot \text{Cov}(_k r_W, _k r_L) \,]^{1/2} \\ &= [\, \sigma_W^2 + \sigma_L^2 + 2 \cdot \rho_{W,L} \cdot \sigma_W \cdot \sigma_L \,]^{1/2} \end{aligned} \qquad (8\text{-}5)$$

(8-5) macht deutlich, warum sich die häufig gemachte Annahme einer Kumulierung von Anlage- und Paritätsänderungsrisiko als falsch erweist. Die Korrelation zwischen dem Anlagemarkt (Aktienmarkt, Obligationenmarkt usw.) und dem Devisenmarkt spielt eine entscheidende Rolle. Beträgt beispielsweise die Standardabweichung des amerikanischen Aktienmarktes (in US-Dollars) $\sigma_L = 20\%$, diejenige der Paritätsänderung (US\$/SFr.) $\sigma_W = 12\%$ und die Korrelation zwischen dem Aktien- und Devisenmarkt $\rho_{W,L} = 0.2$, ergibt sich entsprechend (8-5) für das Risiko einer

---

30 Vgl. dazu Abschnitt 4.1.1.1.

Investition in den amerikanischen Aktienmarkt (gemessen in SFr.) $\sigma_{R/L}$ = 25.3%. Demzufolge beträgt das Wechselkursrisiko einer derartigen Investition σ_W = 12%, während die Differenz zwischen $\sigma_{R/L}$ = 25.3% und σ_L = 20% das Währungsrisiko zum Ausdruck bringt.

> *Konzept-Frage 3* Wie wird das Währungsrisiko berechnet und wie gross ist dasselbe, falls σ_L = 20%, σ_W = 12% und $\rho_{W,L}$ = 0.2?

In einer Untersuchung konnte *Knight* [Knight 1989, S. 41ff] für den Schweizer Aktienmarkt denn auch nachweisen, dass das Paritätsänderungsrisiko (Wechselkursrisiko) wegen des geringen Zusammenhangs zwischen dem Anlage- und Devisenmarkt durchschnittlich zu 74% wegdiversifiziert wird. Die verbleibenden 26% des gesamten Paritätsänderungsrisikos entsprechen etwa 13% der Volatilität in Schweizer Franken [vgl. Dubacher/Hepp 1989, S. 151ff]. Bei den ausländischen Obligationen werden durchschnittlich 33% der Volatilität in Schweizer Franken durch Wechselkursveränderungen verursacht, während dieser Anteil bei kurzfristigen Geldmarktinstrumenten bei durchschnittlich 68% liegt. Es zeigt sich, dass durch das Paritätsänderungsrisiko das Risiko internationaler Anlagen zwar erhöht wird, häufig aber nicht im vermuteten Ausmass. Neben den Studien von *Knight* [Knight 1989, S. 41ff] und *Dubacher/Hepp* [Dubacher/Hepp 1989, S. 151ff] gelangen bezüglich des Schweizer Aktienmarktes unter anderem auch *Benelli/Wyttenbach* [Benelli/Wyttenbach 1987, S. 305ff], *Elton/Gruber* [Elton/Gruber 1991, S. 120ff] und *Odier/Solnik/Mivelaz* [Odier/Solnik/Mivelaz 1991, S. 20ff] zu analogen Aussagen.

In (8-5) wird das Risiko *einer* Fremdwährungsanlage bzw. einer Investition in einen ausländischen Markt ($\sigma_{R/L}$) betrachtet. Dabei zeigt sich, dass dieses (im Falle des SFr. als Referenzwährung) von

(1) der Varianz des Marktes ausgedrückt in der Lokalwährung, σ_L^2 (beispielsweise Varianz des amerikanischen Aktienmarktes in US$),

(2) der Varianz des Wechselkurses ausgedrückt in der Referenzwährung, σ_W^2 (beispielsweise Varianz des US$/SFr.-Wechselkurses)

(3) sowie der Kovarianz zwischen der Marktrendite in Lokalwährung und den Veränderungen des jeweiligen Wechselkurses gegenüber der Referenzwährung, $Cov(r_{Li}, r_{Wi})$ (beispielsweise Kovarianz zwischen dem amerikanischen Aktienmarkt in US$ und dem SFr./US$-Wechselkurs)

abhängig ist. Werden *mehrere* Märkte verschiedener Währungen betrachtet, sind neben den Varianzen des Marktes und der Wechselkurse sowie der Kovarianzen

KAPITEL 8: *Portfoliogestaltung in der Praxis* 337

zwischen Märkten und Wechselkursen noch[31]

(4) die Kovarianzen zwischen den Märkten in der Lokalwährung, $Cov(r_{L_i},r_{L_j})$ (beispielsweise Kovarianz zwischen dem amerikanischen Aktienmarkt in US$ und dem japanischen Aktienmarkt in Yen),

(5) die Kovarianzen zwischen den Wechselkursen in der Referenzwährung, $Cov(r_{W_i},r_{W_j})$ (beispielsweise Kovarianz zwischen SFr./US$- und SFr./Yen-Wechselkurs) und

(6) die Kreuzkovarianzen zwischen den Märkten in Lokalwährung und dem Wechselkurs der jeweils anderen Währung, $Cov(r_{L_i},r_{W_j})$ (beispielsweise Kovarianz zwischen dem amerikanischen Aktienmarkt in US$ und dem SFr./Yen-Wechselkurs)

zu berücksichtigen [vgl. Eun/Resnick 1988, S. 200, Drummen/Zimmermann 1992, S. 84]. Das Währungsrisiko (als *Varianz* ausgedrückt, vgl. dazu Konzept-Frage 1) entspricht der Summe der Komponenten (2), (3), (5) und (6). Die Zerlegung des Risikos einer Fremdwährungsanlage bzw. einer Investition in einen ausländischen Markt ist deshalb von Interesse, da damit die Grenzen des Diversifikationseffektes der internationalen Asset Allocation aufgezeigt werden können. Den in Abschnitt 4.3.1.3 vorgenommenen Ueberlegungen folgend kann gezeigt werden, dass die Komponenten (1), (2) und (3) mit steigender Anzahl berücksichtigter Märkte und Währungen gegen Null streben, während die Komponenten (4), (5) und (6) selbst bei einer noch so grossen Anzahl berücksichtigter Märkte und Währungen nicht verschwinden. Eine perfekte internationale Asset Allocation führt zu einem Portfoliorisiko, welches der Summe der Durchschnittswerte der drei Komponenten (4), (5) und (6) entspricht [vgl. Drummen/Zimmermann 1992, S. 99]:

$$\sigma_P^2 = Cov(r_{L_i},r_{L_j})_* + Cov(r_{W_i},r_{W_j})_* + Cov(r_{L_i},r_{W_j})_* \qquad (8\text{-}6)$$

(wobei $Cov(..,..)_* $ = durchschnittliche Kovarianz).

Konzept-Frage 4 Welche formellen Ueberlegungen führen zu (8-6) und wie ist (8-6) zu interpretieren?

In bezug auf die Berücksichtigung des Währungsrisikos im Portfolio-Management sind zwei verschiedene Vorgehensweisen zu unterscheiden:

---

31 Der Einfachheit halber wird im folgenden davon ausgegangen, dass die Anzahl der berücksichtigten Märkte mit der Anzahl der verschiedenen Währungen übereinstimmt.

- Das Währungsrisiko wird als Chance bewusst in Kauf genommen. Häufig wird dabei der Standpunkt vertreten, dass es ohnehin unmöglich ist, den Wechselkurs richtig zu prognostizieren.
- Das Währungsrisiko wird abgesichert.

Eine gute Möglichkeit zur Absicherung des Währungsrisikos bieten der Verkauf von Währungs-Futures oder der Kauf von Währungs-Put-Optionen [vgl. dazu bspw. Celebuski/Hill/Kilgannon 1990, S. 16ff]. Wird das Währungsrisiko allerdings überschätzt, entstehen offene Futures- bzw. Optionen-Positionen, was sich auf die Risikosituation des Investors kontraproduktiv auswirkt.

Verschiedene Studien [vgl. bspw. Adler/Simon 1986, S. 44ff, Eaker/Grant 1990, S. 30ff, S. 70ff, Eun/Resnick 1988, S. 197ff, Knight 1991, S. 130ff, Madura/Reiff 1985] verdeutlichen, dass aufgrund abgesicherter Währungsrisiken bessere Resultate erzielt werden, das heisst bei gegebener Rendite das Risiko verringert werden kann. Zu beachten ist dabei, dass "a selective hedging strategy results in enhanced returns with only slightly greater risk than a continuously hedged portfolio and less risk than an unhedged portfolio" [Eaker/Grant 1990, S. 32]. Ob eine selektive oder eine vollständige Absicherung erfolgt, ist grundsätzlich von der Risikotoleranz des Investors abhängig. Zudem spielen auch die Kosten für die Absicherung eine nicht zu unterschätzende Rolle [zur Absicherung des Währungsrisikos vgl. bspw. auch Solnik 1991, S. 302ff].

8.2.2.2 Der Nutzen internationaler Asset Allocation

Investoren stehen der internationalen Asset Allocation häufig kritisch gegenüber. Es wird von einer einseitigen Argumentation zugunsten der Risikoreduktion gesprochen; unklar bleibe dabei die erzielbare Rendite. Dieser Einwand kann nicht akzeptiert werden, da mit einer systematischen internationalen Asset Allocation nicht nur das Risiko an das Marktrisiko, sondern auch gleichzeitig die Rendite an die Marktrendite des Weltmarktportfolios approximiert wird. Es ist zu zeigen, dass ein international aufgebautes Portfolio Renditemöglichkeiten schafft, die - bei gleichem Risiko - besser sind als die Renditemöglichkeiten eines rein nationalen Portfolios.

Der Nutzen internationaler Asset Allocation - bessere Renditemöglichkeiten bei gleichem Risiko und umgekehrt[32] - ist vereinfacht ausgedrückt von den *Korrelationen*

---

32 Im Markowitz-Modell wird von einer Verschiebung der Efficient Frontier nach links und nach oben gesprochen.

KAPITEL 8: *Portfoliogestaltung in der Praxis* **339**

Abbildung 8/8: Der Nutzen internationaler Asset Allocation am Beispiel Japan - Schweiz

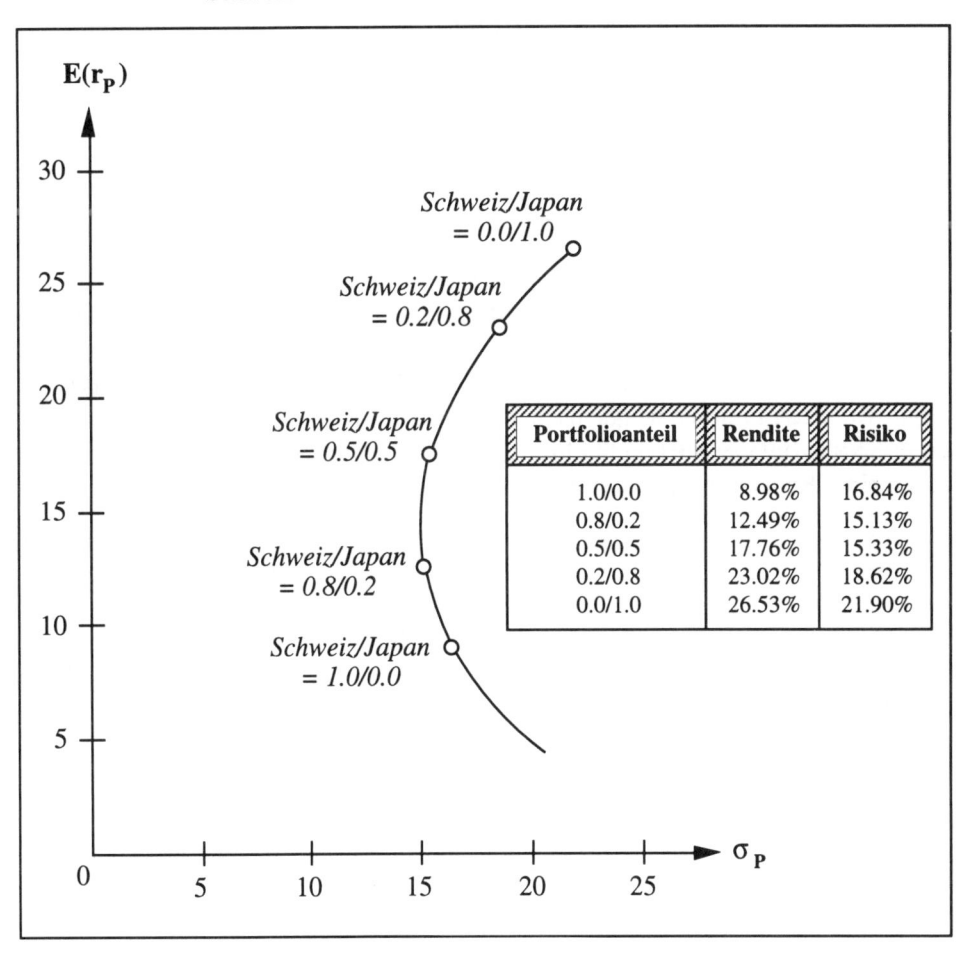

Portfolioanteil	Rendite	Risiko
1.0/0.0	8.98%	16.84%
0.8/0.2	12.49%	15.13%
0.5/0.5	17.76%	15.33%
0.2/0.8	23.02%	18.62%
0.0/1.0	26.53%	21.90%

Kurvenpunkte: Schweiz/Japan = 1.0/0.0; 0.8/0.2; 0.5/0.5; 0.2/0.8; 0.0/1.0

zwischen den Märkten in der Referenzwährung (und nicht in der jeweiligen Lokalwährung) abhängig. Diese bringen die Marktabhängigkeiten zum Ausdruck. Bewegen sich die Renditen zweier Märkte in der Referenzwährung parallel, so liegt eine hohe Abhängigkeit vor. In diesem Fall bringt ein international aufgebautes Portfolio keinen oder lediglich einen geringen Nutzen. Geringe Marktabhängigkeiten versprechen demgegenüber einen hohen Nutzen. *Solnik* zeigt anhand einer *Korrelationsmatrix*, dass für jede Referenzwährung im Aktienmarkt gute Möglichkeiten bestehen, den Nutzen eines Portfolios durch internationale Anlagen zu erhöhen [vgl. Solnik

1991, S. 44f][33]. Eine ähnliche Untersuchung wurde von *Knight* durchgeführt [vgl. Knight 1989, S. 41ff][34]. Dieser illustriert, dass für einen Investor, der in der Referenzwährung Schweizer Franken denkt, unter anderem die Berücksichtigung der Märkte Japan (ρ = 0.240), Spanien (ρ = 0.323) und Dänemark (ρ = 0.342) vorteilhaft sind. Abbildung 8/8 verdeutlicht, dass bereits die alleinige Berücksichtigung des japanischen Marktes höhere Renditen bei einem geringeren Risiko zulässt.

Dubacher/Hepp [vgl. Dubacher/Hepp 1989, S. 151ff][35] zeigten auf, dass ähnliche Resultate für verzinsliche Anlagen (Bonds) und für Geldmarktanlagen erzielt werden. Aufgrund der Korrelationen sind im Portfolio Bonds aus den USA (ρ = 0.070) und Japan (ρ = 0.091) sehr empfehlenswert, während bei den Geldmarktanlagen Kanada (ρ = 0.004) und die USA (ρ = 0.014) berücksichtigt werden sollten. Findet die Asset Allocation bezüglich *sämtlicher verschiedener* Märkte und Anlagemedien statt, kann nachgewiesen werden, dass sich die in Abbildung 8/8 für die Aktienmärkte gezeigte Efficient Frontier weiter nach links und nach oben verschiebt [vgl. bspw. Odier/Solnik 1993, S. 63ff und Solnik 1991, S. 57]. Der Nutzen des Investors steigt; neben einer Risikominderung wird eine höhere Rendite erzielt[36].

Für den Investor, der sich nicht mit der Analyse sämtlicher Märkte beschäftigen kann, hat *MacQueen* [vgl. MacQueen 1986, S. 75ff] vorgeschlagen, die Märkte aufgrund der Korrelationen in Gruppen aufzuteilen. Diese sind derart zusammenzustellen, dass Märkte mit relativ hohen Korrelationen untereinander in einer Gruppe vertreten sind. Diese haben relativ tiefe Korrelationen mit den Märkten ausserhalb der Gruppe aufzuweisen. Mit Hilfe der von *Knight* ermittelten Korrelationsmatrix könnten für einen Investor mit der Referenzwährung Schweizer Franken beispielsweise die folgenden Gruppen gebildet werden[37]:

---

33 Bei dessen Untersuchung wurden monatliche Renditen in US-Dollars von 1971 bis 1986 betrachtet.

34 Bei dessen Untersuchung wurden monatliche Renditen in Schweizer Franken von Januar 1980 bis Dezember 1987 berücksichtigt.

35 Bei deren Untersuchung wurden monatliche Renditen in Schweizer Franken von Dezember 1977 bis Dezember 1987 berücksichtigt.

36 Bei allen erwähnten Studien ist zu beachten, dass diese auf *Vergangenheitsdaten* basieren. Die gezeigten Effekte haben deshalb nur für bestimmte Zeitabschnitte Gültigkeit. Wurde beispielsweise erwähnt, dass mit einer Investition in den japanischen Markt für einen in Schweizer Franken denkenden Investor ein grosses Diversifikationspotential besteht, so bezieht sich diese Aussage auf die Jahre 1980 - 1987 [vgl. die Studie von Knight 1989, S. 41ff]. In diesem Zusammenhang ist darauf hinzuweisen, dass die in verschiedenen Publikationen gezeigten Korrelationsmatrizen, aber auch die Standardabweichungen und Renditen von Anlage- und Devisenmärkten, Branchen und einzelnen Anlagen im Zeitablauf Aenderungen unterworfen sind.

37 Ein derartiges Vorgehen wird auch als *Cluster-Analysis* bezeichnet [zur Cluster-Analysis vgl. bspw. Churchill 1991, S. 919ff].

KAPITEL 8: *Portfoliogestaltung in der Praxis*

- *Mittel- und Nordeuropa:* Belgien, Bundesrepublik Deutschland, Niederlande, Norwegen, Schweiz;
- *Südeuropa:* Italien, Spanien;
- *Pazifik:* Australien, Hong Kong, Japan, Singapur;
- *Gemischte Gruppe:* Australien, Grossbritannien, Kanada, Niederlande, Singapur, USA.

In einem internationalen Portfolio hat jede Gruppe mit mindestens einem Markt vertreten zu sein. Probleme können sich allerdings dadurch ergeben, dass gewisse Ueberschneidungen fast unvermeidlich sind. Grossbritannien wäre beispielsweise ebenso gut in die Gruppe Pazifik einzuteilen, während Japan auch der Gruppe Südeuropa zugeordnet werden könnte. Die Niederlande sind bereits in obiger Einteilung in zwei Gruppen vertreten. Oesterreich als für die Schweiz aufgrund der Korrelationsmatrix als besonders interessanter Markt ist demgegenüber in keiner Gruppe zu finden. Mit grosser Wahrscheinlichkeit wird zudem ein Investor mit der Referenzwährung Schweizer Franken aus der Gruppe Mittel- und Nordeuropa die Schweiz als Markt auswählen, was nicht zwingend zur optimalen Lösung führen muss.

Immerhin ist festzuhalten, dass eine Einteilung der verschiedenen Märkte anhand der Korrelationen und der dann durchgeführten internationalen Asset Allocation mit je einem Gruppenvertreter zu besseren Resultaten führt als eine nationale Asset Allocation.

8.2.2.3 Probleme der internationalen Asset Allocation

Trotz des aufgezeigten Nutzens wird der internationalen Asset Allocation in der Praxis noch zu wenig Bedeutung beigemessen. Verschiedene Gründe sind dafür verantwortlich.

Der *Mangel an Vertrautheit mit fremden Märkten* führt häufig dazu, dass zwar internationale Investitionen getätigt werden, dies allerdings auf den Märkten, die lediglich einen geringen zusätzlichen Nutzen bringen. Schweizer Investoren berücksichtigen den deutschen Markt, amerikanische Investoren denjenigen von Kanada, in den australischen Markt wird von den Neuseeländern investiert, während englische Investoren nur in Märkten englischer Sprache anlegen. Das Misstrauen gegenüber fremden Märkten wird durch die Sprache, die unterschiedliche Kultur, die (unbekannten) Handelsusanzen und die verschiedenen Zeitzonen verstärkt. Diese Hemmnisse sind von den Investoren abzulegen, können sie doch durch eine systematische internationale Asset Allocation ihren Nutzen bedeutend steigern.

Es wurde bereits darauf hingewiesen, dass das *Paritätsänderungsrisiko* oft überschätzt wird. Keinesfalls ist das Markt- und Paritätsänderungsrisiko zu addieren. Zudem ist letzteres immer im Portfolioverbund zu betrachten[38]. Soll das Paritätsänderungsrisiko dennoch vollständig eliminiert werden, bestehen dazu verschiedene Möglichkeiten[39]. Das *politische Risiko* ist unbestrittenermassen zu beachten. Da letztlich aber sämtliche politischen Entscheidungen auf alle Märkte Einfluss haben (auch auf inländische Märkte), ist die Frage aufzuwerfen, ob ein das politische Risiko übergewichtender Investor überhaupt noch Investitionen tätigen darf. Dagegen ist dem *Transferrisiko* mehr Bedeutung beizumessen. Es ist abzuklären, ob Dividenden, Zinsen und das eingesetzte Kapital ins Ausland transferiert werden können.

Abbildung 8/9: Transaktionskosten im internationalen Vergleich

Markt	Kommissionen o. Gr.	u. Gr.	Kontraktgrösse	lokale Steuern Kauf	Verkauf
Deutschland	0.500	0.500	aushandelbar	0.080	0.080
Frankreich	aushandelbar		FF 2.2 Mio	0.150	0.150
Grossbritannien	aushandelbar			0.500	0
Hong Kong	0.750	0.750		0.355	0.355
Italien	0.700	0.700		0.113	0.113
Japan	1.250	0.150	Yen 1.0 Mia	0	0.300
Kanada	aushandelbar			0	0
Niederlande	1.500	0.700	Hfl. 0.5 Mio	0	0
Oesterreich	aushandelbar			0.300	0.300
Schweden	0.500	0.250	SEK 1.0 Mio	1.000	1.000
Schweiz	0.500	0.500	sFr. 2.0 Mio	0.080	0.080
Singapur	1.000	0.500	S$ 1.0 Mio	0.350	0
USA	aushandelbar			0	0

Unter *regulatorischen Hindernissen* sind unterschiedliche Besteuerungen in- und ausländischer Investoren sowie Kontrollen über den Kapitalimport und -export zu verstehen [vgl. Tapley 1986 (2), S. 54]. *Steuerungleichheiten* sind vor allem im Be-

---

38 Vgl. dazu Abschnitt 8.2.2.1.
39 Vgl. dazu Abschnitt 8.2.2.1.

KAPITEL 8: *Portfoliogestaltung in der Praxis*   343

reich der Quellensteuer vorhanden[40]. Der *Kapitalimport* wird beispielsweise in der Schweiz durch die vinkulierten Namenaktien behindert, während der *Kapitalexport* bei institutionellen Investoren Einschränkungen durch die Limitierung ausländischer Anlagen erfährt[41].

Die *Kosten* werden in *Transaktionskosten* und *Research-Kosten* unterteilt. Unter den Transaktionskosten sind Kommissionen sowie lokale Steuern und Abgaben zu verstehen. Dass hier grosse Differenzen zwischen den verschiedenen Märkten bestehen, zeigt Abbildung 8/9 [42] [vgl. Solnik 1991, S. 117, Tapley 1986 (2), S. 56] deutlich[43]. Fallen auf ausländischen Börsenplätzen höhere Transaktionskosten an, ist zu prüfen, ob der Vorteil einer internationalen Anlage nicht durch eine Renditeschmälerung erkauft werden muss. Neben den Transaktionskosten sind auch die zusätzlichen Research-Kosten (Personalkosten, Kommunikationskosten, Verwaltungskosten usw.) zu berücksichtigen.

Trotz Hindernissen wie Transferproblematik, Regulationen, Transaktions- und zusätzlichen Research-Kosten ist zu bezweifeln, dass die Vorteile einer internationalen Asset Allocation dadurch aufgehoben werden.

8.2.3 Beurteilung der Asset Allocation

Brinson/Hood/Beebower [vgl. Brinson/Hood/Beebower 1986, S. 39ff][44] illustrierten anhand einer Untersuchung, welche Bedeutung der Asset Allocation beizumessen ist. Die Autoren kamen zum Schluss, dass eine systematische verglichen mit einer unsystematischen Portfoliostrukturierung zu wesentlich besseren Resultaten führt. Der Einfluss einer Einzelanlage auf die Performance[45] sei sehr gering[46]. Hingegen kön-

---

40 Vgl. dazu Abschnitt 3.2.2.2.
41 Vgl. dazu Abschnitt 3.2.2.2.
42 Die Kommissionen (o.Gr. = obere Grenze; u.Gr. = untere Grenze) und lokalen Steuern sind in % angegeben. Bei der Kontraktgrösse handelt es sich um den Wert des Auftrages, bei dem die tiefste Kommission berechnet wird.
43 Die in Abbildung 8/9 gemachten Angaben sind dahingehend zu relativieren, dass verschiedene Länder im Zuge der Deregulierung vermehrt zu aushandelbaren Kommissionen übergehen.
44 In dieser Studie wurden 91 Fonds untersucht und festgestellt, dass die durchschnittlich erzielte Rendite zwischen 1974 und 1983 bei 9.01% lag. Dem steht eine mittels systematischer Portfoliostrukturierung erzielte Rendite von 9.44% gegenüber. Gleichzeitig konnte das Risiko verringert werden.
45 Zur Performance vgl. Kapitel 9.
46 "The Performance advantage comes from allocating funds between asset classes and across countries, not from selecting individual securities" [Ibbotson/Brinson 1987, S. 267].

ne der Verzicht auf ein Anlagemedium oder einen Markt gleichbedeutend mit dem Verzicht auf eine Chance sein, eine bessere Rendite zu erzielen.

Transaktionskosten und *regulatorische Hindernisse* sind nicht nur bei der internationalen Asset Allocation hinderlich. Erstere steigen mit wachsender Anzahl zu berücksichtigender Märkte und Marktsektoren. Allein aufgrund des Courtage-Aufwandes kann die Asset Allocation behindert werden, da nicht der Wert des ganzen Börsenabschlusses, sondern die einzelnen Posten (Aktien) degressiv belastet werden. Diese degressive Belastung erschwert den Einbezug der Transaktionskosten in den Asset Allocation-Prozess. Oft behilft man sich mit der Berücksichtigung eines fixen Kostensatzes [vgl. Sharpe 1987, S. 65].

Regulatorische Hemmnisse haben vor allem die institutionellen Investoren zu berücksichtigen. Verschiedene gesetzliche Regelungen behindern die Asset Allocation und führen bei gegebenem Risiko zu einem Renditeverlust[47].

Trotz dieser Erschwernisse ist an der Asset Allocation festzuhalten, kann sich ein Investor doch auf das Wesentliche des Portfolio-Managements - die Depotstrukturierung - konzentrieren. Auf die Betrachtung einer riesigen Anzahl verschiedener Titel, welche ohnehin einen geringen Einfluss auf die Performance haben, ist zu verzichten. Research- und Ueberwachungsaufwand werden dadurch reduziert, und es erfolgt ein effizienteres Portfolio-Management.

8.3 Portfolioüberwachung und -revision

Das in der Asset Allocation zur Anwendung gelangende Markowitz-Modell unterstellt, dass die für einen bestimmten Anlagezeitraum geplanten effizienten Portfolios bis zu dessen Ende unverändert bestehen bleiben. Ein solches Vorgehen (sog. buy-and-hold-Strategie) läuft aber dem Interesse eines Investors zuwider, der eine überdurchschnittliche Rendite anstrebt. Die Aufgabe eines dynamischen Portfolio-Managements ist gerade darin zu sehen, dass aufgrund neuer Informationen Portfolio-Anpassungen vorgenommen werden.

8.3.1 Die Portfolioüberwachung

Die Zusammenstellung eines Portfolios ist nicht nur ein Problem *einmaliger* langfristiger Investitionen in bestimmte Anlagen. Das Portfolio ist ständig zu überwachen,

---

47 Vgl. Abschnitt 8.2.1.3.

KAPITEL 8: *Portfoliogestaltung in der Praxis* 345

neu zu beurteilen und gegebenenfalls
- an veränderte Marktverhältnisse,
- an Veränderungen des Anlagekapitals und
- an veränderte Investorenziele und Anlagevorschriften

anzupassen.

Ein neuer Informationsstand bezüglich der *Marktsituation* erfordert Korrekturen der Schätzwerte. Erwartete Renditen, Standardabweichungen und Korrelationen sind aufgrund der Marktveränderungen neu zu prognostizieren. Wie bei der erstmaligen Depotstrukturierung hängt der Erfolg einer Portfoliorevision von der Prognosefähigkeit des Investors ab [vgl. bspw. auch Nawrocki 1992, S. 233].

Die *Veränderungen des Anlagekapitals* sind ebenfalls zu überwachen. Diese werden durch Dividenden- und Zinseinnahmen, freigesetztes Kapital aus sich selbst liquidierenden Anlagen und durch den Investor ausgelöste Kapitalzu- und abflüsse hervorgerufen. Von Schwankungen des Anlagekapitals sind insbesondere institutionelle Investoren betroffen. Eine exakte Analyse der Zahlungseingänge (Prämien) bzw. Leistungsverpflichtungen hat zu erfolgen [vgl. auch Ammann/Steinmann 1989 (1), S. 21].

Schliesslich sind *veränderte Investorenziele und Anlagevorschriften* zu beachten, führen diese doch zu wesentlichen Einschränkungen im Portfolio-Management[48]. Die Resultate bereits erwähnter Untersuchungen zeigen[49], dass beispielsweise eine Lockerung der für institutionelle Investoren geltenden gesetzlichen Anlagevorschriften bezüglich internationaler Anlagen eine bedeutende Renditesteigerung bei gleichem Risiko ermöglichen würde.

Die Erweiterung des ursprünglich statischen Markowitz-Modells hinsichtlich dynamischer Anpassungen geschieht in der Praxis in der Weise, dass in bestimmten Zeitintervallen aufgrund der veränderten Marktverhältnisse, des veränderten Anlagekapitals sowie der veränderten Investorenziele und Anlagevorschriften eine neue Efficient Frontier berechnet wird. Anhand dieser ist die Effizienz der zu Beginn der Planungsperiode vorgenommenen Depotstruktur zu überprüfen.

---

48 Vgl. dazu Abschnitt 8.2.1.3.
49 Vgl. die erwähnten Studien in Abschnitt 8.2.2.

8.3.2 Die Portfoliorevision

Wird eine Verschiebung der Efficient Frontier und damit die Ineffizienz eines bestehenden Portfolios festgestellt, hat sich der Investor mit der Bestimmung eines neuen Portfolios auseinanderzusetzen. Ob der Uebergang zu einem auf der neu ermittelten Efficient Frontier liegenden Depot zu vollziehen ist, hängt allerdings davon ab, ob die damit verbundenen Kosten nicht die Nutzenverbesserung aufwiegen. Es ist ein ausgewogenes Verhältnis zwischen der geforderten Portfolio-Effizienz und der Wirtschaftlichkeit der Umschichtungen anzustreben.

8.3.2.1 Die Bestimmung eines neuen Portfolios

Um die Effizienz eines aufgrund neuer Gegebenheiten ineffizient gewordenen Portfolios mittels Umschichtung wiederherzustellen, bestehen verschiedene Möglichkeiten. Anhand der <u>Abbildung 8/10</u> lassen sich die Alternativen verdeutlichen.

P_{opt} bezeichnet das zu Beginn der Planungsperiode ermittelte optimale Portfolio, welches auf der Efficient Frontier AC liegt und durch die Indifferenzkurve I_1 bestimmt ist. Unter dem Einfluss eines verbesserten Informationsstandes verschiebe sich die Efficient Frontier im Zeitverlauf auf A'C'. Bei unveränderter Nutzenfunktion müsste der Investor das Portfolio in P* anstreben, da dieses den maximalen Nutzen liefert[50].

Mit Recht weisen *Alexander/Francis* [vgl. Alexander/Francis 1986, S. 223] darauf hin, dass somit unter Umständen die vom Investor ursprünglich gewählte Risikoklasse gewechselt wird, was in der Realität - von extremen Ereignissen abgesehen - selten zutreffen dürfte. Unter Beibehaltung des ursprünglichen Risikos wäre demzufolge das Portfolio P_1 zu wählen. Der Uebergang von P_{opt} nach P_1 verspricht dank der Verschiebung der Efficient Frontier nach *links* neben der Erhaltung des Risikos eine höhere Rendite.

Neben der von *Alexander/Francis* angebrachten Kritik an der theoretischen Vorgehensweise bei der Bestimmung eines neuen Portfolios ist auch auf die *mangelnden Möglichkeiten der Quantifizierung des subjektiven Nutzens* hinzuweisen. Ob ein Investor in der Lage ist, den Verlauf von Indifferenzkurven auch nur annäherungsweise exakt anzugeben, dürfte zweifelhaft sein[51]. Demgegenüber hat jeder Investor

---

50 Vgl. dazu Abschnitt 5.1.3.
51 Hier offenbaren sich grundsätzliche Grenzen sämtlicher in der Praxis angewendeter Modelle. Der Einbezug *subjektiver Einflussfaktoren*, der nur theoretisch exakt vollzogen werden kann, darf ein Modell wie dasjenige von Markowitz in dessen Anwendung nicht scheitern lassen. Es
(Fortsetzung der Fussnote vgl. die folgende Seite)

KAPITEL 8: *Portfoliogestaltung in der Praxis* 347

das Verständnis für die zu erzielende Rendite. Ist eine Portfoliorevision vorzunehmen, wird er im Falle einer Verschiebung der Efficient Frontier nach *links* mindestens die ursprünglich erwartete Rendite beibehalten wollen. Der Uebergang von P_{opt} zu P_2 (P_2 verspricht die selbe Rendite wie P_{opt}) ist mit einer Risikoreduktion verbunden.

Abbildung 8/10: Die Bestimmung eines neuen optimalen Portfolios bei einer Verschiebung der Efficient Frontier

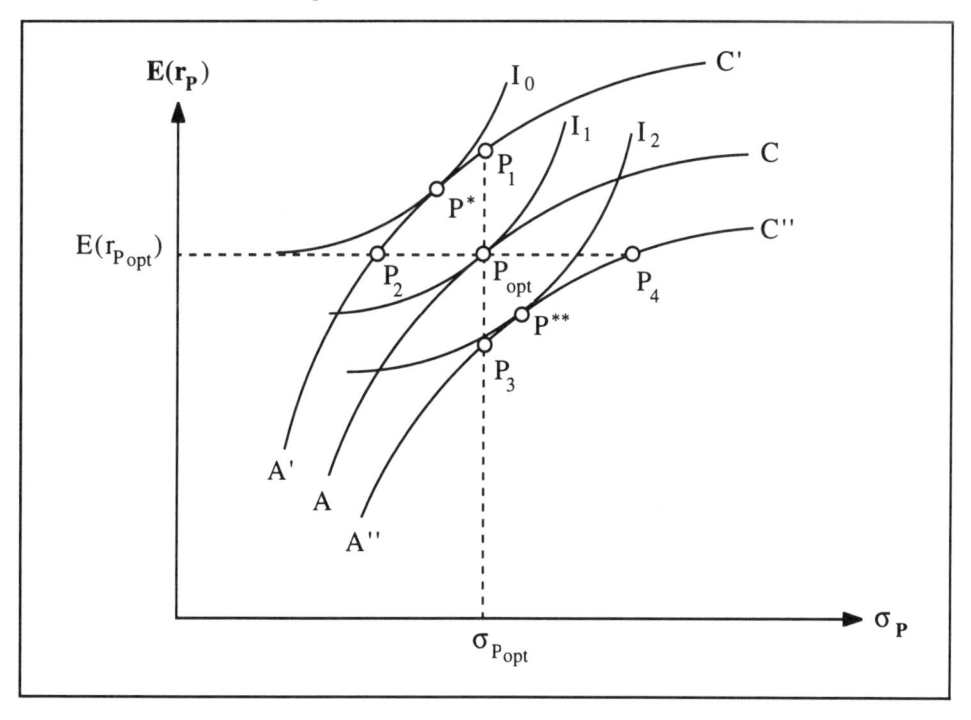

Zusammenfassend ist festzuhalten, dass ein an seinem ursprünglich *vorgegebenen Anlageziel festhaltender* Investor versucht, das zu Beginn der Planungsperiode er-

---

ist zwar nicht möglich, ein *individual-optimales* Portfolio zu bestimmen, doch sind immerhin eine Reihe von *Entscheidungsalternativen* in Form effizienter Depots gegeben. Dadurch ist eine relative Verbesserung der Entscheidungssituation des Investors zu erreichen, denn ohne die Unterstützung des Modells wird er kaum in der Lage sein, die Vielzahl der sich ihm bietenden Anlagealternativen zu überblicken.

Ein gegenüber der Anwendung der Nutzenfunktion für den Investor verständlicheres Vorgehen ist das Konzept des Shortfall Risk (vgl. dazu Abschnitt 7.3.3.3.1). Es ist an dieser Stelle darauf hinzuweisen, dass die Bestimmung eines neuen Portfolios auch mittels dieses Konzepts erfolgen kann.

mittelte und im Zeitverlauf ineffizient gewordene Portfolio derart umzuschichten, dass er ein auf der Efficient Frontier zwischen P_1 und P_2 liegendes Portfolio erreicht[52].

8.3.2.2 Der Einbezug von Transaktionskosten

Um die Vorteilhaftigkeit einer Portfoliorevision abschliessend zu beurteilen, sind die damit verbundenen Kosten zu beachten:
- Courtagen beim Kauf bzw. Verkauf von Wertpapieren,
- Börsenumsatzsteuern,
- Quellensteuern,
- Besteuerung realisierter Kapitalgewinne[53],
- Kosten der Informationsbeschaffung und -verarbeitung und
- Kosten, die durch Beratung einer Bank (Vermögensverwaltungskosten) entstehen.

Die von *Smith* [Smith 1971, S. 223ff zit. nach Schäfer 1983, S. 228] vorgeschlagene Politik der *Controlled Transition* zeigt, dass die Revisionszeitpunkte in Abhängigkeit von den erwähnten Kosten zu bestimmen sind. In der Folge wird ein Portfolio in seiner Zusammensetzung auch beibehalten, wenn dieses nicht mehr optimal ist. Eine Revision ist erst dann vorzunehmen, wenn eine noch zulässige Abweichung zur Efficient Frontier überschritten ist. Die Grösse dieser Abweichung ist durch die Revisionskosten bestimmt, da eine Umschichtung nur dann erfolgt, wenn die Nutzenverbesserung die Kosten übersteigt. Eine verminderte Anzahl von Revisionen wird angestrebt.

Da beim Uebergang zu einer neuen Efficient Frontier häufig nahezu alle Anlagen des zu Beginn der Planungsperiode zusammengestellten Portfolios umzuschichten sind[54], hat sich ein Investor zu überlegen, ob anstelle einer vollständigen Revision

---

52 Verschiebt sich die Efficient Frontier nach *rechts*, muss bei gleichem Risiko eine Renditereduktion in Kauf genommen werden. Die Beibehaltung der ursprünglichen Rendite bewirkt ein höheres Risiko. Analog einer Verschiebung der Efficient Frontier nach links kann gezeigt werden, dass der an seinem ursprünglich *vorgegebenen Anlageziel festhaltende* Investor ein Portfolio anstrebt, welches auf der neu ermittelten Efficient Frontier zwischen P_3 und P_4 liegt, wobei P_3 das Portfolio mit gleichem Risiko aber geringerer Rendite als P_{opt} und P_4 das Portfolio mit gleicher Rendite aber höherem Risiko als P_{opt} bezeichnet.

53 Zur Quellensteuer und Besteuerung realisierter Kapitalgewinne vgl. Abschnitt 3.2.2.2.

54 Dies folgt aus dem n-dimensionalen Markowitz-Modell, wo jedes effiziente Portfolio eine sog. Ecklösung darstellt.

nicht eine Teilrevision erfolgen soll. Das Transaktionsvolumen und damit die Transaktionskosten würden reduziert; dabei hätte sich der Investor mit einer *teilweisen* Effizienzverbesserung zufrieden zu geben. In der Praxis scheint eine solche Lösung insofern geeignet, als die Effizienzverbesserung teilrevidierter Portfolios mittels Simulationen genau ermittelt und den daraus resultierenden Transaktionskosten gegenübergestellt werden kann.

Zusammenfassung

Die für den Erfolg eines in der Praxis anwendbaren Portfolio-Managements wichtigsten Schritte sind die Datenermittlung, die Asset Allocation und die Portfolioüberwachung und -revision.

Um die im Rahmen eines Optimierungsprozesses benötigten Daten - erwartete Renditen, Standardabweichungen (bzw. Varianzen) und Korrelationen - zu ermitteln, gelangen grundsätzlich zwei *Prognoseverfahren* zur Anwendung: *Prognosen aufgrund historischer Daten* und Prognosen aufgrund von *Szenarien*. Erstere können zu inkonsistenten Ergebnissen führen, sind aber mit einem relativ geringen Aufwand verbunden. Demgegenüber ist die Ermittlung der Daten mittels Szenario-Technik sehr viel aufwendiger, was dann gerechtfertigt ist, wenn auch die Qualität gegenüber der Verwendung von historischen Daten höher ausfällt. Es ist nicht zu übersehen, dass in der Qualität der ermittelten Daten der Schlüssel zum Erfolg liegt.

Sind erwartete Renditen, Standardabweichungen und Korrelationen aller Anlagemedien und Märkte (Währungen) ermittelt, erfolgt in einem zweiten Schritt die *Asset Allocation*. Das Vermögen soll derart in die verschiedenen Anlagemedien und Märkte investiert werden, dass die Efficient Frontier gebildet werden kann. Erfolgt die Asset Allocation im Rahmen eines *passiven Portfolio-Managements*, versucht der Investor sein Kapital derart zu investieren, dass er mit seinem Portfolio ein Abbild des Marktes erreicht. Damit kann mit einem passiven Portfolio-Management risikoadjustiert nie eine höhere Rendite als diejenige des Marktes erreicht werden. Demgegenüber glauben die Verfechter des *aktiven Portfolio-Managements*, dass es aufgrund einer überdurchschnittlichen Prognosefähigkeit gelingt, den Markt zu schlagen.

Ein wichtiger Stellenwert ist der *internationalen Asset Allocation* beizumessen. Dabei ist zu beachten, dass eine Kumulierung von Anlage- und Paritätsänderungsrisiko nicht stattfindet. Vielmehr verbleibt dem Investor lediglich das *Währungsrisiko*, welches *nicht* dem *Paritätsänderungsrisiko (Wechselkursrisiko)* gleichzusetzen ist. Trotz Transferrisiken, regulatorischen Hindernissen und zusätzlichen Transaktions-

und Researchkosten darf davon ausgegangen werden, dass eine internationale Asset Allocation gegenüber einer nationalen Vorteile aufweist und dem Investor Investitionsmöglichkeiten verschafft, welche bei gleichem Risiko höhere Renditen bzw. bei gleichen Renditen ein geringeres Risiko aufweisen.

Die Zusammenstellung eines Portfolios ist nicht als einmaliger Prozess zu sehen. Veränderte Marktverhältnisse, Veränderungen des Anlagekapitals sowie veränderte Investorenziele und Anlagevorschriften erfordern eine dauernde *Ueberwachung* des Portfolios sowie gegebenenfalls eine *Portfolioumschichtung*. Dabei sind allerdings die damit verbundenen Kosten wie Courtagen, Steuern, Researchkosten usw. zu berücksichtigen.

Wichtige Begriffe

Prognoseverfahren
Trendextrapolation
Szenario-Technik
Prognosefähigkeit
Asset Allocation
passives Portfolio-Management
aktives Portfolio-Management
Index-Replikation
Indexfehler (Tracking Error)
Asset Allocation-Matrix
internationale Asset Allocation

Paritätsänderungsrisiko
Wechselkursrisiko
Währungsrisiko
Risikoabsicherung
Korrelationsmatrix
Cluster-Analysis
Portfolioüberwachung
Portfoliorevision (Portfolioumschichtung)
Transaktionskosten

Ausgewählte Literatur

Bodie, Z./Kane, A./Marcus, A.: "Investments", 2. Auflage, Homewood 1993, insbesondere S. 886-974.

Eun, C./Resnick, B.: "Exchange Rate Uncertainty, Forward Contracts, and International Portfolio Selection", in: Journal of Finance, March/1988, S. 197-215.

Knight, R.: "International Asset Allocation: A Swiss Perspective", in: Finanzmarkt und Portfolio Management, Nr. 1/1989, S. 41-53.

Sharpe, W./Alexander, G.: "Investments", 4. Auflage, Englewood Cliffs 1990, insbesondere S. 711-732.

Solnik, B.: "International Investments", 2. Auflage, New York 1991.

KAPITEL 8: *Portfoliogestaltung in der Praxis* 351

Tapley, M.: "International Portfolio Management", London 1986 (Euromoney Publication).

Lösungen zu den Konzept-Fragen

1.) Wird die erwartete Rendite eines Marktes oder einer Anlage optimistisch ausfallen (höher als in der Vergangenheit), müssen damit auch ein höheres Risiko (Varianz) und wahrscheinlich veränderte Korrelationen einhergehen.

2.) Wird in (5-33) für β_A^2 durch $(Cov(A,I)/\sigma_I^2)^2$ (vgl. (4-16)) und anschliessend $Cov(A,I)$ durch $(\rho_{AI} \cdot \sigma_A \cdot \sigma_I)$ (vgl. (4-11)) ersetzt, zeigt sich, dass $R^2 = \rho^2$ ist. Demzufolge ergibt sich für das Bestimmtheitsmass $R^2 = 0.81$ und entsprechend (8-1) für den Tracking Error $\sigma_{\zeta P} = \mathbf{8.72\%}$.

3.) (8-3) und (8-5) zeigen die Rendite- und Risikoberechnung einer Fremdwährungsanlage in inländischer Währung. Da die Varianzen, nicht aber die Standardabweichungen, additiv sind, ist das Währungsrisiko korrekterweise als Differenz zwischen der $\sigma^2_{R/L}$ und σ^2_L zu berechnen [vgl. auch Drummen/Zimmermann 1992, S. 98]:

$$\sigma^2 = \sigma_{R/L}^2 - \sigma_L^2 = [\sigma_W^2 + \sigma_L^2 + 2 \cdot \rho_{W,L} \cdot \sigma_W \cdot \sigma_L] - \sigma_L^2$$
$$= \sigma_W^2 + 2 \cdot \rho_{W,L} \cdot \sigma_W \cdot \sigma_L \qquad (*)$$

Für $\sigma_L = 20\%$, $\sigma_W = 12\%$ und $\rho_{W,L} = 0.2$ ergibt sich für das Währungsrisiko entsprechend (*) $\sigma^2 = 240\%^2$ bzw. $\sigma = \mathbf{15.5\%}$. Allerdings wird in der Praxis das Währungsrisiko häufig als Differenz zwischen $\sigma_{R/L}$ und σ_L berechnet (für das Beispiel ergibt sich $\mathbf{5.3\%} = 25.3\% - 20\%$). Es ist zu beachten, dass das derart kalkulierte Währungsrisiko nicht der Quadratwurzel aus σ^2 in (*) entspricht.

4.) Entsprechend (8-3) gilt für die Rendite einer Fremdwährungsanlage, ausgedrückt in inländischer Währung und als natürliche Logarithmen:

$$_k r_{R/L} = {_k r_W} + {_k r_L}$$

Für die Rendite eines gleichgewichteten Portfolios von Fremdwährungsanlagen, ausgedrückt in inländischer Währung gilt daher (vgl. (4-12)):

$$r_P = \sum_{i=1}^{n} (1/n) \cdot ({_k r_{W_i}} + {_k r_{L_i}})$$

Für das Portfoliorisiko (die Varianz von r_P) gilt entsprechend (vgl. auch (4-13))

$$\sigma^2(r_P) = \sigma^2\left(\sum_{i=1}^{n} (1/n)\cdot({}_kr_{W_i} + {}_kr_{L_i}) \right)$$

und lässt sich in die in Abschnitt 8.2.2.1 beschriebenen sechs Komponenten zerlegen [im folgenden vgl. Drummen/Zimmermann 1992, S. 99]:

$$\begin{aligned}\sigma^2(r_P) = & \left[(1/n)^2 \cdot \sum_{i=1}^{n} \sigma^2({}_kr_{L_i})\right] + \left[(1/n)^2 \cdot \sum_{i=1}^{n-1}\sum_{j>i}^{n} \text{Cov}({}_kr_{L_i},{}_kr_{L_j})\right] \\ & + \left[(1/n)^2 \cdot \sum_{i=1}^{n} \sigma^2({}_kr_{W_i})\right] + \left[(1/n)^2 \cdot \sum_{i=1}^{n-1}\sum_{j>i}^{n} \text{Cov}({}_kr_{W_i},{}_kr_{W_j})\right] \quad (*) \\ & + \left[2\cdot(1/n)^2 \cdot \sum_{i=1}^{n} \text{Cov}({}_kr_{L_i},{}_kr_{W_i})\right] + \left[(2/n)^2 \cdot \sum_{i=1}^{n-1}\sum_{j>i}^{n} \text{Cov}({}_kr_{L_i},{}_kr_{W_j})\right]\end{aligned}$$

Die Summe in der ersten, dritten und fünften Klammer [...] umfasst je n Terme, während die Summe in der zweiten, vierten und sechsten Klammer [...] je (n·(n - 1)) Terme umfasst. Da es sich um ein gleichgewichtetes Portfolio handelt, ergeben sich folgende Durchschnittswerte:

$$\emptyset\sigma^2({}_kr_L) = (1/n) \cdot \sum_{i=1}^{n} \sigma^2({}_kr_{L_i})$$

$$\emptyset\sigma^2({}_kr_W) = (1/n) \cdot \sum_{i=1}^{n} \sigma^2({}_kr_{W_i})$$

$$\emptyset\text{Cov}({}_kr_L,{}_kr_W) = (1/n) \cdot \sum_{i=1}^{n-1}\sum_{j>i}^{n} \text{Cov}({}_kr_{L_i},{}_kr_{W_j})$$

$$\emptyset\text{Cov}({}_kr_{L_i},{}_kr_{L_j}) = (1/[n\cdot(n-1)]) \cdot \sum_{i=1}^{n-1}\sum_{j>i}^{n} \text{Cov}({}_kr_{L_i},{}_kr_{L_j})$$

$$\emptyset\text{Cov}({}_kr_{W_i},{}_kr_{W_j}) = (1/[n\cdot(n-1)]) \cdot \sum_{i=1}^{n-1}\sum_{j>i}^{n} \text{Cov}({}_kr_{W_i},{}_kr_{W_j})$$

$$\emptyset\text{Cov}({}_kr_{L_i},{}_kr_{W_j}) = (1/[n\cdot(n-1)]) \cdot \sum_{i=1}^{n-1}\sum_{j>i}^{n} \text{Cov}({}_kr_{L_i},{}_kr_{W_j})$$

Werden die Durchschnittswerte in (*) eingesetzt, tendiert das Portfoliorisiko ($\sigma^2(r_P)$) bei einer steigenden Anzahl Märkte und Währungen nach

KAPITEL 8: *Portfoliogestaltung in der Praxis* 353

$$\sigma^2(r_P) = \text{øCov}(_k r_{L_i}, _k r_{L_j}) + \text{øCov}(_k r_{W_i}, _k r_{W_j}) + 2 \cdot \text{øCov}(_k r_{L_i}, _k r_{W_j}) \quad (**)$$

(**) entspricht der durchschnittlichen Kovarianz der in inländischer Währung berechneten Renditen der Fremdwährungsanlagen, das heisst

$$\text{øCov}(_k r_{R/L_i}, _k r_{R/L_j}).$$

Kapitel 9

Die Performance-Messung

> Nach dem Studium dieses Kapitels sollte der Leser
> - die Ermittlung kapitalgewichteter und zeitgewichteter Renditen sowie deren Vor- und Nachteile kennen;
> - das Reward-to-Variability- und Reward-to-Volatility-Verhältnis sowie die Differential-Kennzahl verstehen und erklären können;
> - die Schwierigkeiten der Performance-Messung unter Berücksichtigung einer Benchmark verstehen;
> - in der Lage sein, die Performance-Messung auf der Basis des Markowitz-Modells nachvollziehen können.

Performance-Messung, die letzte Phase im Portfolio-Managementprozess, gehört zu den "schillernden Begriffen, die ihren Weg aus der amerikanischen Investmentindustrie über Grossbritannien auf den europäischen Kontinent gefunden haben" [Hockmann 1987, S. 132]. Die mit der Performance-Messung verbundene *detaillierte, quantitative* Leistungsbewertung eines Portfolio-Managements ist in dreifacher Hinsicht sinnvoll:

- Dem Investor (bzw. Portfolio-Manager) steht ein Instrumentarium zur Verfügung, das ihm die Kontrolle eines vorgegebenen Ziels (beispielsweise das Erreichen einer bestimmten Rendite) ermöglicht.
- Der Investor erhält die Möglichkeit, seine erreichte Leistung mit derjenigen anderer Investoren zu vergleichen.
- Die Performance-Messung ermöglicht das Aufdecken von Schwächen im Portfolio-Managementprozess, die vom Investor (bzw. Portfolio-Manager) zu verbessern sind. Performance-Messung ist damit nicht als Instrument einer *'hire or fire Portfolio-Manager-Politik'* zu verstehen.

Wie in Abbildung 8/5 gezeigt[1], hat der Investor bei der Portfoliobildung grundsätz-

---

1 Vgl. dazu Abschnitt 8.2.1.

KAPITEL 9: *Die Performance-Messung* 355

lich Entscheidungen hinsichtlich der Asset Allocation (die Asset Allocation umfasst die Auswahl und Gewichtung der Anlagemedien und Märkte), der Sektorenselektion und der Titelselektion sowie des Timings zu treffen. Die Performance-Messung hat zum Ziel, nicht nur über die Güte des *gesamten* Portfolioerfolges Auskunft zu geben; vielmehr ist der Portfolioerfolg in die *Komponenten der zu treffenden Entscheidungen* zu unterteilen und zu analysieren. Nur dadurch ist es möglich, Schwächen im Portfolio-Managementprozess aufzudecken.

Im folgenden werden die in der Theorie weitverbreitetsten Performance-Kennzahlen vorgestellt und beurteilt, und es wird der Frage nach einer sinn- und massvollen Performance-Messung in der Praxis nachgegangen[2]. Dabei wird sich zeigen, dass mit der Umsetzung der Performance-Kennzahlen in die Praxis einige Schwierigkeiten verbunden sind.

9.1 Grundgedanken zur Performance-Messung

Um das Portfolio-Management einer Leistungsbewertung zu unterziehen, wird häufig die erzielte Portfoliorendite mit der Rendite eines Marktindexes oder mit derjenigen eines anderen Portfolios verglichen. Allerdings sind solche Vergleiche nur dann sinnvoll, wenn Gleiches mit Gleichem verglichen werden kann. Es wäre beispielsweise kaum sinnvoll, ein international gestreutes Portfolio mit dem Swiss Performance Index zu vergleichen. Ebenso unpraktikabel ist ein Vergleich eines Pensionskassenportfolios mit demjenigen eines privaten Investors. Solche Vergleiche besitzen aufgrund der - bedingt durch unterschiedliche (gesetzliche) Rahmenbedingungen - verschiedenen Portfoliostrukturen keine Aussagekraft.

Wie bereits früher ausführlich dargelegt[3], besteht zwischen erwarteter Rendite und Risiko eine systematisch positive Beziehung. Anstelle eines Vergleichs verschiedener Renditen - der sog. *eindimensionalen Performance-Messung* - ist daher auch das Risiko in die Performance-Betrachtung miteinzubeziehen. Diese *zweidimensionale Performance-Messung* erfordert aber die Entwicklung eines expliziten *Risiko-Rendite Trade-offs*, um die Vergleichbarkeit verschiedener Portfolios bei unterschiedlichem Risikoniveau zu gewährleisten.

---

2 Einen guten Ueberblick zur Performance-Messung vermitteln *Grinblatt* [vgl. Grinblatt 1986, S. 9ff] oder *Shukla/Trzcinka* [vgl. Shukla/Trzcinka 1992].

3 Vgl. dazu Abschnitt 4.1.2 sowie die in Kapitel 5 vorgestellten Modelle zur Portfoliooptimierung.

9.1.1 Die eindimensionale Performance-Messung

Die eindimensionale Performance-Messung hat zum Ziel, die Leistung des Portfolio-Managements anhand der Rendite zu beurteilen. Letztere ist als der prozentuale Ertrag, der mit einem Vermögen erzielt wird, definiert und kann unter der Annahme, dass weder Einlagen in das Portfolio noch Entnahmen aus demselben zu berücksichtigen sind, problemlos berechnet werden:

$$r_P = (V_T - V_0) / V_0 \qquad (9\text{-}1)$$

(wobei r_P = Portfoliorendite, V_T = Vermögen am Ende des Betrachtungszeitraumes, V_0 = Vermögen zu Beginn des Betrachtungszeitraumes).

Beträgt beispielsweise der Marktwert eines Portfolios zu Beginn eines Quartals Fr. 150'000 und am Ende des Quartals Fr. 154'500, ergibt sich für die während des entsprechenden Quartals erzielte Rendite (vgl. (9-1)) r_P = ((154'500 - 150'000) / 150'000) = 3%.

Sind hingegen Einlagen und Entnahmen zu berücksichtigen, treten Schwierigkeiten auf. So kann der absolute Ertrag eines Portfolios nicht als Differenz aus End- und Anfangsvermögen berechnet werden; zusätzlich ist eine Bereinigung um die Einlagen und Entnahmen vorzunehmen. Da zudem das Vermögen während der Betrachtungsperiode Schwankungen unterliegt, ist das Anfangsvermögen nicht als Basisgrösse zur Renditeberechnung zu verwenden.

Beträgt beispielsweise der Marktwert eines Portfolios (vgl. weiter oben) zu Beginn eines Quartals Fr. 150'000, erfolgt unmittelbar vor Ende des Quartals eine Einlage von Fr. 3'000 und beträgt somit der Marktwert des Portfolios am Ende des Quartals Fr. 157'500, ergibt sich für die während des entsprechenden Quartals erzielte Rendite (vgl. (9-1)) r_P = ((157'500 - 150'000) / 150'000) = 5%. Dieses Resultat ist insofern falsch, als der Marktwert am Ende des Quartals nicht nur aufgrund der getätigten Investitionen erreicht wurde. Wäre hingegen die Einlage von Fr. 3'000 bereits zu Beginn des Quartals erfolgt, müsste die Einlage in die Renditeberechnung einbezogen werden. Allerdings wäre dann auch der Marktwert des Portfolios zu Beginn des Quartals zu korrigieren (adjustieren):

$$r_P = (157'500 - [150'000 + 3'000]) / (150'000 + 3'000) = 2.94\%$$

Aus den genannten Schwierigkeiten lassen sich zwei Renditeberechnungen unterscheiden, die - wie zu zeigen sein wird - miteinander unvereinbar sind [vgl. bspw. Dietz/Kirschman 1991, S. 621ff]:

- die kapitalgewichtete Renditeberechnung und
- die zeitgewichtete Renditeberechnung.

9.1.1.1 Die kapitalgewichtete Renditeberechnung

Die kapitalgewichtete Portfoliorendite - im angelsächsischen als *Capital Weighted Return* oder *Money Weighted Return* bezeichnet - wird berechnet, indem für jeden Zahlungsstrom (Einlage bzw. Entnahme) die pro-rata Rendite derart ermittelt wird, dass der über die Betrachtungsperiode total erzielte Investitionserfolg resultiert:

$$V_T = \sum_{t=1}^{T} CF_t \cdot (1 + r_P)^{\Delta t} + V_0 \cdot (1 + r_P)^T \qquad (9\text{-}2)$$

(wobei CF_t = Zahlungsstrom (Einlage bzw. Entnahme) im Zeitpunkt t, Δt = Dauer der Teilperiode vom Zeitpunkt eines Zahlungsstromes bis T (in Jahren), T = Dauer des Betrachtungszeitraumes (in Jahren)).

> *Konzept-Frage 1*   Der Marktwert zu Beginn eines halben Jahres beträgt Fr. 150'000 und am Ende des halben Jahres Fr. 159'075. Wie gross ist die kapitalgewichtete Rendite r_P, wenn am Ende des ersten Quartals eine Einlage von Fr. 3'000 erfolgt? Wie wird die kapitalgewichtete Rendite auch noch bezeichnet?

Da die Rendite (r_P) in (9-2) bei mehreren Zahlungsströmen nur mittels kompliziertem Iterationsverfahren [vgl. dazu bspw. Kall 1982, S. 98] gelöst werden kann, ist man in der Praxis dazu übergegangen, eine als genügend genau betrachtete *Näherungslösung* zur Berechnung der kapitalgewichteten Rendite anzuwenden[4]:

$$r_P = [V_T - V_0 - \sum_{t=1}^{n} CF_t] / [V_0 + \sum_{t=1}^{n} (CF_t \cdot \Delta t)] \qquad (9\text{-}3)$$

Die in (9-2) bzw. (9-3) gezeigte Berechnungsweise unterstellt, dass sich die Rendite *gleichmässig* auf die Betrachtungsperiode verteilt. Damit ist die kapitalgewichtete Rendite immer dann geeignet, wenn die Performance des Gesamtportfolios analysiert werden soll. Es spielt keine Rolle, ob der Investor (bzw. Portfolio-Manager) sein Resultat aufgrund seiner Leistungs- und damit Prognosefähigkeit oder aufgrund eines geschickten Timings bei der Gestaltung von Kapitalzu- und abflüssen (Einlagen bzw. Entnahmen) erzielt hat.

---

4 Es ist zu beachten, dass es sich bei der mittels (9-2) berechneten Rendite um eine Jahresrendite handelt. Die entsprechend (9-3) ermittelte Rendite stellt eine periodenbezogene Rendite dar.

9.1.1.2 Die zeitgewichtete Renditeberechnung

Da Investoren (bzw. Portfolio-Manager) häufig keinen direkten Einfluss auf die Höhe und den Zeitpunkt von Einlagen bzw. Entnahmen haben, sind Beurteilungen des Portfolio-Managements aufgrund der kapitalgewichteten Renditeberechnung mit Vorsicht zu betrachten. Häufig ist daher die Methode der *zeitgewichteten Renditeberechnung* vorzuziehen. Diese eliminiert den Effekt von Zahlungsströmen, so dass allein die Leistungsfähigkeit des Investors (Portfolio-Managers) beurteilt wird.

Bei der zeitgewichteten Rendite - im angelsächsischen als *Time Weighted Return* bezeichnet - ist zunächst die Betrachtungsperiode in Teilperioden aufzuteilen. Letztere beginnt immer dann, wenn eine Einlage bzw. Entnahme stattfindet. Da definitionsgemäss während einer Teilperiode weder Einlagen noch Entnahmen gemacht werden, kann zur Berechnung der Rendite einer Teilperiode (9-1) zur Anwendung gelangen:

$$r_t = (V_t - V_{t-1}) / V_{t-1} \qquad (9\text{-}4)$$

(wobei r_t = Rendite der Teilperiode t, V_t = Vermögen am Ende der Teilperiode t, V_{t-1} = Vermögen zu Beginn der Teilperiode t).

Die Rendite für die gesamte Betrachtungsperiode wird durch geometrische Mittel der Teilperiodenrenditen (vgl. (4-4)) berechnet [vgl. bspw. Hymans/Mulligan 1980, S. 56]:

$$r_P = [(1 + r_1) \cdot (1 + r_2) \cdot (1 + r_3) \cdot ... \cdot (1 + r_T)]^{(1/T)} - 1 \qquad (9\text{-}5)$$

Unter Berücksichtigung von (9-4) und (9-5) gilt damit für die zeitgewichtete Rendite:

$$r_P = [\ \prod_{t=1}^{T} ((V_t - V_{t-1}) / V_{t-1})\ ]^{(1/T)} - 1 \qquad (9\text{-}6)$$

(wobei π bedeutet, dass über alle Klammerausdrücke (...) von t = 1 bis t = T multipliziert wird; $[...]^{(1/T)}$ bedeutet, dass aus [...] die T-te Wurzel gezogen wird).

> *Konzept-Frage 2* — Es werden dieselben Angaben wie in Konzept-Frage 1 unterstellt. Darüber hinaus ist bekannt, dass der Marktwert des Portfolios am Ende des ersten Quartals Fr. 154'500 beträgt. Wie gross ist zeitgewichtete Rendite r_P?

Bei häufigen Einlagen und Entnahmen wird die Berechnung der zeitgewichteten Rendite sehr aufwendig. Anstelle der zeitgewichteten Rendite wird daher in der Pra-

KAPITEL 9: *Die Performance-Messung* 359

xis häufig die Ermittlung der *verketteten Rendite* - eine Näherungslösung zur zeitgewichteten Rendite - angestrebt. Zu diesem Zweck ist die Betrachtungsperiode unabhängig der Zahlungsströme in *fixe* Teilperioden (beispielsweise Quartale, Monate oder Wochen) zu unterteilen. Für jede Teilperiode wird eine auf das *durchschnittliche Kapital* bezogene Rendite berechnet [vgl. Fritschi 1989 (1), S. 29, Schweizerische Bankiervereinigung/Telekurs AG, S. 27]:

$$r_Q = [V_Q - 0.5 \cdot S(CF_Q)] / [V_{Q-1} + 0.5 \cdot S(CF_Q)] \qquad (9\text{-}7)$$

(wobei r_Q = Rendite pro Quartal, V_Q = Vermögen am Quartalsende, V_{Q-1} = Vermögen am Quartalsanfang, $S(CF_Q)$ = Saldo der Zahlungsströme während des Quartals).

Abbildung 9/1: Beispiel zur kapitalgewichteten und zeitgewichteten Rendite

Ein Portfolio weise die folgenden Marktwerte bzw. Zahlungsströme auf:
01.01.19.. 01.04.19.. 01.07.19.. 01.10.19.. 31.12.19..
----------+----------+----------+----------+----------+-> t
Marktwert: *150'000*   154'500
Einlage: 3'000
Marktwert: 157'500   159'075
Einlage: 9'000
Marktwert: 168'075   171'436
Entnahme: 1'000
Marktwert: 170'436   *172'140*
Gemäss (9-2) resultiert aus den obigen Angaben eine *kapitalgewichtete Rendite* von *1.73%* pro Quartal oder *7.12%* pro Jahr [zur Umrechnung von Quartalsrenditen auf jährliche Renditen vgl. bspw. Auckenthaler 1993, S. 28ff].
Hat der Investor (bzw. Portfolio-Manager) während des ersten Quartals eine Rendite von 3%, während des zweiten und vierten Quartals eine solche von 1% und während des dritten Quartals eine Rendite von 2% erzielt, so beträgt die *zeitgewichtete Rendite* gemäss (9-6) *1.75%* pro Quartal oder *7.17%* pro Jahr.
Wird im ersten und zweiten Quartal eine Rendite von 1%, im dritten Quartal eine solche von 3% und im vierten Quartal eine Rendite von 2% erzielt, so erreicht die *kapitalgewichtete Rendite 7.27%* pro Jahr, während die *zeitgewichtete Rendite* immer noch *7.17%* pro Jahr beträgt.

Die Rendite (r_P) für die gesamte Betrachtungsperiode wird wiederum als geometrisches Mittel der Teilperiodenrenditen berechnet:

$$r_P = [(1 + r_{Q1}) \cdot (1 + r_{Q2}) \cdot \ldots \cdot (1 + r_{QT})]^{(1/T)} - 1 \qquad (9\text{-}8)$$

Dass zwischen der *kapitalgewichteten* und der *zeitgewichteten Rendite* ein *wesentlicher Unterschied* besteht, verdeutlicht das Beispiel in Abbildung 9/1. Die Differenz zwischen den beiden Berechnungsmethoden von 0.05% zugunsten der zeitgewichteten Rendite ist darauf zurückzuführen, dass in den Quartalen zwei und drei, wo grössere Einlagen und damit ein höherer Marktwert des Portfolios zu verzeichnen war, eine im Vergleich zum ersten Quartal geringere Rendite erzielt werden konnte. Hätte der Investor (bzw. Portfolio-Manager) in den ersten beiden Quartalen geringe Renditen und im dritten Quartal (bei einem höheren Marktwert des Portfolios) eine höhere Rendite erzielt, würde die kapitalgewichtete Rendite über der zeitgewichteten Rendite liegen (vgl. Abbildung 9/1). Damit konnten noch einmal die Vorteile der zeitgewichteten Rendite verdeutlicht werden. Einerseits bleiben die unter Umständen nicht im Entscheidungsbereich des Investors (bzw. Portfolio-Managers) liegenden Zahlungsströme unberücksichtigt, und anderseits wird die Möglichkeit einer bewussten Steuerung der Rendite bei niedrigen Marktwerten des Portfolios (vgl. Abbildung 9/1) ausgeklammert.

Wird von der Möglichkeit einer bewussten Steuerung der Renditen in Abhängigkeit des Marktwertes des Portfolios abgesehen, das heisst finden weder Einlagen noch Entnahmen von Seite des Investors statt, ist es nützlich, die kapitalgewichtete und zeitgewichtete Rendite zu ermitteln. Mit der zeitgewichteten Rendite wird dann die Marktentwicklung generell gemessen, während die kapitalgewichtete Rendite über den Markt hinaus noch zusätzlich das vom Investor (bzw. Portfolio-Manager) vorgenommene Timing (Auswahl von Anlagen mit Ausschüttungen, Entnahmen durch Verkäufe) erfasst [vgl. Spremann 1992 (2), S. 184]. Unter Berücksichtigung beider Renditeberechnungen ist es damit möglich, die Wirkung des Timings aufzuzeigen.

9.1.2 Die zweidimensionale Performance-Messung

Bei der Leistungsbewertung eines Portfolio-Managements allein auf die Betrachtung der Portfoliorendite abzustellen, ist in den häufigsten Fällen ungenügend. Vielmehr ist die Rendite durch das mit den Anlagen eingegangene Risiko zu korrigieren. "Erst durch den Einbezug des Risikos in die Performance-Messung ist die genaue Beurteilung des Portfolio-Managers möglich" [Hockmann 1988, S. 27].

Von zentraler Bedeutung ist dabei, dass eine hohe Rendite mit einem hohen Risiko erkauft bzw. umgekehrt ein hohes Risiko mit einer hohen Rendite belohnt wird. Die

KAPITEL 9: *Die Performance-Messung* 361

eindimensionale Renditebetrachtung wird somit in eine *(zweidimensionale) risiko-adjustierte Renditebetrachtung* übergeführt[5]. Unabdingbar ist dabei die Quantifizierung des Risikos, wie sie das moderne Portfolio-Management[6] im Gegensatz zum traditionellen Portfolio-Management[7] anbietet. Ob als Risikomass die *Standardabweichung* (zur Messung des gesamten Risikos), der *β-Faktor* bzw. der *β-Faktor-Vektor* (zur Messung des systematischen Risikos) dient, ist vom angewendeten Optimierungsmodell abhängig[8].

Bei der zweidimensionalen Performance-Messung handelt es sich um eine zweistufige Vorgehensweise. In einem ersten Schritt wird das Risiko des zu analysierenden Portfolios berechnet. Anhand eines Vergleichsportfolios bzw. eines Indexes - einer sog. *Benchmark* - ist die Rendite, welche bei diesem Risiko hätte erzielt werden müssen, zu ermitteln. In einem zweiten Schritt wird die Differenz zwischen der realisierten und der erwarteten Rendite analysiert[9].

9.2 Performance-Kennzahlen in der Theorie

Im letzten Abschnitt wurde gezeigt[10], dass - aufgrund der Erkenntnisse der modernen Portfolio Theorie - die Beurteilung eines Investors (bzw. Portfolio-Managers) ausschliesslich unter Berücksichtigung von Rendite *und* Risiko zu erfolgen hat. In der Literatur sind denn auch eine kaum zu überblickende Anzahl Studien zur Performance-Messung erschienen [vgl. bspw. Treynor 1965, S. 63ff, Sharpe 1966, S. 119ff, Jensen 1968, S. 389ff, Cornell 1979, S. 381ff, Henrickson 1984, S. 73ff, Chen/Copeland/Mayers 1987, S. 97ff und Grinblatt/Titman 1989, S. 393ff]. Die meisten basieren auf den klassischen Ansätzen von *Treynor*, *Sharpe* und *Jensen*, deren Performance-Kennzahlen von den Gedanken des Capital Asset Pricing Model

---

5 Die hier angesprochene Aggregation von Risiko und Rendite in *einer* Grösse muss nicht zwingend erfolgen. Vor allem praktische Gründe sprechen für ein derartiges Vorgehen. Allerdings ist eine Beurteilung mittels Indifferenzkurven ebenfalls denkbar.

6 Vgl. dazu die Abschnitte 4.2.1 und 4.2.2. Dort wird gezeigt, dass unter Risiko die Gefahr verstanden wird, eine erwartete Rendite zu verfehlen. Aufgrund dieser verbalen Risikoumschreibung wurde als Risikomass die Streubreite der möglichen Renditen um die erwartete Rendite - ausgedrückt durch die Standardabweichung - herangezogen.

7 Vgl. Abschnitt 3.1. Das Risiko wird im traditionellen Portfolio-Management in Firmen-, Branchen- und Marktrisiken unterteilt und einer qualitativen Bewertung unterzogen.

8 Die Standardabweichung gelangt bei der Anwendung des Markowitz-Modells, der β-Faktor bei der Anwendung des CAPM und der β-Faktor-Vektor bei der Anwendung der APT zum Einsatz.

9 Vgl. dazu Abschnitt 9.3.

10 Vgl. Abschnitt 9.1.2.

geprägt sind. Während der Ansatz von *Treynor* als *Reward-to-Volatility-Verhältnis* und derjenige von *Sharpe* als *Reward-to-Variability-Verhältnis* bezeichnet wird, handelt es sich beim Ansatz von *Jensen* um eine sog. *Differential Return-Kennzahl*.

9.2.1 Die Ansätze von Sharpe und Treynor

Die Ansätze von *Sharpe* und *Treynor* bringen zum Ausdruck, wieviel Rendite mit einer Einheit Risiko erzielt werden konnte bzw. wieviel Ueberschussrendite[11] bei einem bestimmten Risiko erreicht wurde. Durch diese Relation können Portfolios untereinander oder mit einem Marktindex verglichen werden. Das Portfolio mit der höchsten Rendite pro Einheit Risiko vermag die übrigen Portfolios zu schlagen[12]. Demzufolge weist ein Portfolio mit einer niedrigen Rendite *nicht* a priori eine schlechte Performance auf.

9.2.1.1 Das Reward-to-Variability-Verhältnis

Sharpe [vgl. Sharpe 1966, s. 119ff] geht in seinem Ansatz von der Existenz einer risikolosen Anlage aus und definiert das Reward-to-Variability-Verhältnis als die über die Verzinsung der risikolosen Anlage hinausgehende erzielte Portfoliorendite dividiert durch das eingegangene Portfoliorisiko[13]. Letzteres wird durch die Standardabweichung ausgedrückt:

$$S_P = (r_P - r_f) / \sigma_P \qquad (9-9)$$

(wobei S_P = Sharpe's Performance-Kennzahl, r_P = erzielte Portfoliorendite, r_f = Zinssatz der risikolosen Anlage, σ_P = eingegangenes Portfoliorisiko).

(9-9) ist analog zur Capital Market Line (CML)[14] als Steigung der Geraden von r_f zum Portfolio P zu interpretieren. Während die CML durch die Aufteilung des

---

[11] Vgl. dazu auch Abschnitt 5.2.2.3.
[12] Es wird auch von *outperformen* gesprochen. Gemeint ist damit eine Besserstellung des Portfolios gegenüber dem Marktindex aufgrund der beiden Grössen *Rendite* und *Risiko*.
[13] Aus didaktischen Gründen wird der Ansatz von *Sharpe* vor demjenigen von *Treynor* vorgestellt.
[14] Vgl. dazu Abschnitt 5.2.2.1.

KAPITEL 9: *Die Performance-Messung*

Vermögens in das Marktportfolio und die risikolose Anlage gegeben ist[15], kann eine solche Gerade auch durch die Aufteilung des Vermögens in ein Portfolio (P) und die risikolose Anlage (r_f) erzeugt werden:

$$E(r_x) = r_f + [E(r_P) - r_f] \cdot \sigma_x / \sigma_P \qquad (9\text{-}10)$$

(wobei $E(r_x)$ = erwartete Rendite des in P und r_f aufgeteilten Vermögens, σ_x = Standardabweichung von $E(r_x)$).

Ersetzt man in (9-10) die Erwartungswerte durch die tatsächlich erzielten Werte, so entspricht die Steigung ($[E(r_P) - r_f]/\sigma_P$) der in (9-10) gezeigten Geraden dem Reward-to-Variability-Verhältnis (vgl. (9-9)). Es ist klar, dass mit zunehmender Steigung bzw. zunehmendem S_P der Nutzen des Investors steigt; es wird eine höhere Indifferenzkurve tangiert[16].

Abbildung 9/2: Die Performance-Messung mittels Reward-to-Variability-Verhältnis

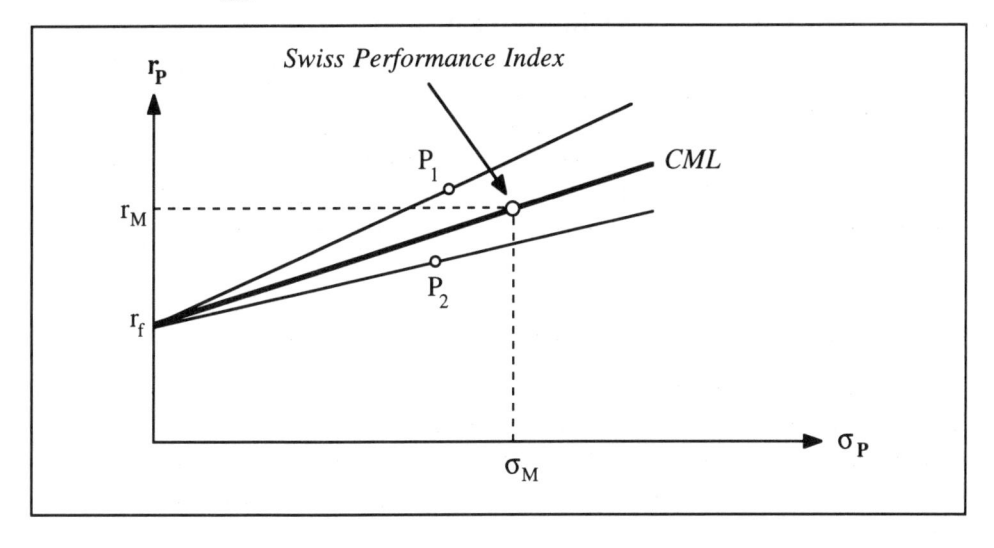

---

15 Die CML ist durch

$$E(r_P) = r_f + [E(r_M) - r_f] \cdot \sigma_P / \sigma_M$$

definiert (wobei $E(r_P)$ = erwartete Portfoliorendite, σ_P = Standardabweichung von r_P, r_f = risikoloser Zinssatz, $E(r_M)$ = erwartete Rendite des Marktportfolios, σ_M = Standardabweichung von r_M).

16 Vgl. dazu Abschnitt 4.1.2.

Angenommen, der Swiss Performance Index[17] könne als genügend genaues Proxy[18] zum Marktportfolio betrachtet werden[19], so entspricht sein S_P dem Proxy zur Steigung der CML über die Betrachtungsperiode (vgl. Abbildung 9/2). Jeder Investor, dessen Portfolio über der CML liegt (vgl. P_1 in Abbildung 9/2), hat den Swiss Performance Index geschlagen und sein Reward-to-Variability-Verhältnis liegt über demjenigen des Swiss Performance Indexes. Liegt das Portfolio unter der CML (vgl. P_2 in Abbildung 9/2), ist es dem Swiss Performance Index unterlegen und das Reward-to-Variability-Verhältnis von P_2 liegt unter demjenigen des Swiss Performance Indexes. Wie Abbildung 9/2 verdeutlicht, ist mit dem Reward-to-Variability-Verhältnis von *Sharpe* ein Performance-Vergleich verschiedener Investoren (bzw. Portfolio-Manager) bzw. ein Performance-Vergleich mit dem Markt möglich.

Konzept-Frage 3   Der risikolose Zinssatz betrug während einer bestimmten Betrachtungsperiode im Durchschnitt $r_f = 5\%$, während die Benchmark (B) bei einer durchschnittlichen Rendite von $r_B = 8.5\%$ ein Risiko von $\sigma_B = 13.25\%$ aufwies. Die Portfolios P und Q wiesen während derselben Betrachtungsperiode bei durchschnittlichen Renditen von $r_P = 7\%$ und $r_Q = 8\%$ Risiken von $\sigma_P = 16\%$ ($\beta_P = 1.10$) und $\sigma_Q = 30\%$ ($\beta_Q = 0.80$) auf. Wie gross sind die Reward-to-Variability-Verhältnisse? Wurde die Benchmark outperformed?

9.2.1.2 Das Reward-to-Volatility-Verhältnis

Im Unterschied zum Reward-to-Variability-Verhältnis von *Sharpe* verwendet *Treynor* [vgl. Treynor 1965, S. 63ff] das systematische Risiko (β) als Risikomass und definiert das *Reward-to-Volatility-Verhältnis* als die über die Verzinsung der risikolosen Anlage hinausgehende erzielte Portfoliorendite dividiert durch das *systematische* Portfoliorisiko:

---

[17] Der Swiss Performance Index ist ein Index für Schweizer Aktien.

[18] Unter einem *Proxy* ist ein Portfolio, welches annäherungsweise dem Marktportfolio entspricht, zu verstehen (vgl. auch Abschnitt 7.3.2.2). Wird ein Portfolio im Vergleich zum Marktportfolio betrachtet, kann letzteres auch als *Benchmark* bezeichnet werden.

[19] Diese Annahme wird bei der Interpretation des Reward-to-Variability-Verhältnisses von *Sharpe* häufig gemacht [vgl. bspw. auch Alexander Francis 1986, S. 238f]. *Sharpe* zeigt eine Untersuchung bezüglich der Leistung von 34 Fonds, welche ebenfalls mit einem Index - dem S&P 500-Index - verglichen werden [vgl. Sharpe 1966, S. 119ff].

KAPITEL 9: *Die Performance-Messung*

$$T_P = (r_P - r_f) / \beta_P \qquad (9\text{-}11)$$

(wobei β_P = systematisches Risiko des Portfolios P).

Um ein Portfolio P mit dem Marktportfolio - oder mit einem Proxy desselben - zu vergleichen, ist das Reward-to-Volatility-Verhältnis für das Marktportfolio (M) zu ermitteln:

$$T_M = (r_M - r_f) / \beta_M$$

Da das Marktportfolio per definitionem ein β_M von 1.0 aufweist, entspricht T_M genau der Steigung der Security Market Line[20]:

$$T_M = r_M - r_f$$

Abbildung 9/3: Die Performance-Messung mittels Reward-to-Volatility-Verhältnis

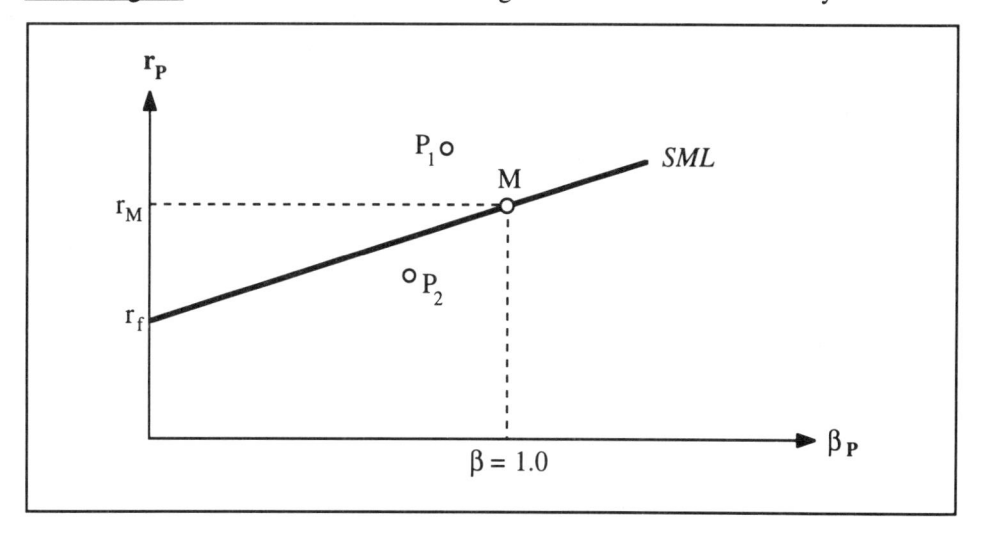

Aus der Security Market Line, welche für tatsächliche (im Gegensatz zu erwarteten) Werte durch die Gleichung

$$r_P = r_f + (r_M - r_f) \cdot \beta_P \qquad (9\text{-}12)$$

---

[20] Vgl. dazu Abschnitt 5.2.2.2. Anstelle der erwarteten Marktrendite wird in (9-11) die tatsächlich ermittelte Marktrendite eingesetzt.

gegeben ist, kann sodann gefolgert werden, dass T_P im Falle eines Kapitalmarktgleichgewichts - welches vom CAPM gefordert wird[21] - für alle Portfolios konstant gleich ($r_M - r_f$) sein muss. Um dies zu zeigen, ist in (9-12) von beiden Seiten r_f zu subtrahieren und durch β_P zu dividieren:

$$T_P = (r_P - r_f) / \beta_P = r_M - r_f \tag{9-13}$$

In der Realität sind aber für unterschiedliche Portfolios verschiedene T_P festzustellen. Erreicht ein Reward-to-Volatility-Verhältnis (vgl. Abbildung 9/3) einen über ($r_M - r_f$) liegenden Wert (vgl. P_1 in Abbildung 9/3), so wurde der Markt geschlagen. Im umgekehrten Fall liegt die Performance des Portfolios unter derjenigen des Marktportfolios (vgl. P_2 in Abbildung 9/3).

Konzept-Frage 4   Es werden dieselben Angaben wie in Konzept-Frage 3 unterstellt. Wie gross sind die Reward-to-Volatility-Verhältnisse? Wurde die Benchmark outperformed?

Ein *Vergleich* verschiedener Reward-to-Volatility-Verhältnisse ist allerdings dann *nicht mehr möglich*, wenn ein Portfolio ein *negatives* β aufweist[22]. In diesem Fall resultiert ein negatives T_P, was nicht a priori einer negativen Performance gleichzusetzen ist. Liegt nämlich die erwartete Portfoliorendite, welche durch

$$E(r_P) = r_f + [E(r_M) - r_f] \cdot \beta_P$$

berechnet wird[23], unter der tatsächlich erzielten Portfoliorendite r_P, so liegt - trotz einem negativen Reward-to-Volatility-Verhältnis - die Performance des Portfolios P über derjenigen des Marktportfolios (und damit oberhalb der SML)[24].

9.2.1.3 Beurteilung der Ansätze von Sharpe und Treynor

Es wurde bereits erwähnt, dass das Reward-to-Variability-Verhältnis als Risikomass die Standardabweichung σ und damit das totale Risiko (unsystematisches und syste-

---

21   Vgl. dazu Abschnitt 5.2.1.

22   Investiert ein Investor in einer Zeit politischer und wirtschaftlicher Unsicherheit schwergewichtig in Goldminenaktien, kann aufgrund der häufig negativen Korrelation von Gold mit den meisten übrigen Aktien ein Portfolio mit negativem β resultieren [vgl. Reilly 1989, S. 803].

23   Es handelt sich hier um die in Abschnitt 5.2.2.2 gezeigte SML.

24   Eine andere Möglichkeit zur Berücksichtigung der Portfolios mit negativen β zeigen *Levy/Sarnat* [vgl. Levy/Sarnat 1984, S. 526ff].

KAPITEL 9: *Die Performance-Messung* 367

matisches) verwendet, während das Reward-to-Volatility-Verhältnis das systematische Risiko β berücksichtigt. Die Verwendung der Performance-Messung nach *Treynor* führt dazu, dass im Falle eines Vergleichs zweier Portfolios mit gleichem systematischem Risiko aber unterschiedlicher Standardabweichung *möglicherweise* eine falsche Interpretation der erhaltenen Performance-Kennzahlen erfolgt[25].

Konzept-Frage 5   Es werden dieselben Angaben wie in Konzept-Frage 3 unterstellt. Auf welcher Performance-Messung sollte basiert werden?

Ist ein Portfolio vollständig diversifiziert (das unsystematische Risiko ist eliminiert), so ergeben beide Performance-Kennzahlen *identische* Klassifizierungen (nicht aber die selbe absolute Zahl!). Wird in (9-11) β_P durch

$$(\rho_{PM} \cdot \sigma_P \cdot \sigma_M) / \sigma^2_M \tag{9-14}$$

(wobei ρ_{PM} = Korrelation zwischen dem Marktportfolio und dem Portfolio P)

substituiert[26] und berücksichtigt, dass in einem vollständig diversifizierten Portfolio $\rho_{PM} \approx 1$ ist, ergibt sich für das Reward-to-Variability- und das Reward-to-Volatility-Verhältnis (vgl. (9-9), (9-11) und (9-14)) die folgende lineare Beziehung [vgl. Alexander/Francis 1986, S. 247]:

$$S_P \cdot \sigma_M \approx T_P \tag{9-15}$$

Dank der unterschiedlichen Berücksichtigung des Diversifikationsaspektes können das Reward-to-Variability-Verhältnis (S_P) und das Reward-to-Volatility-Verhältnis (T_P) *komplementäre* Informationen liefern. Wurde in einem Portfolio dem Diversifikationseffekt nur ungenügend Rechnung getragen, kann es entsprechend T_P eine hohe Klassifizierung und entsprechend S_P eine geringe Klassifizierung erreichen; der Unterschied ist direkt der ungenügenden Diversifikation zuzuschreiben [vgl. auch Fuller/Farrell 1987, S. 572 und Reilly 1989, S. 804].

---

25   Nach *Treynor* wird bei gleichem β dem Portfolio mit der höheren Rendite der Vorzug gegeben, obschon unter Umständen ein wesentlich höheres *totales* Risiko eingegangen wird (was entsprechend dem Reward-to-Variability-Verhältnis von *Sharpe* dem Portfolio mit der geringeren Rendite der Vorzug geben würde).

26   (9-14) folgt aus $\beta_P = \text{Cov}(P,M) / \sigma^2_M$ (vgl. Abschnitt 5.2.2.2) und $\text{Cov}(P,M) = \rho_{PM} \cdot \sigma_P \cdot \sigma_M$ (vgl. Abschnitt 4.3.1.1).

9.2.2 Die Differential Return-Kennzahl

Die Differential Return-Kennzahl dient dem Vergleich der Performance eines Portfolios mit derjenigen des Marktportfolios. Zu diesem Zweck ist die unter Berücksichtigung des tatsächlich eingegangenen Risikos berechnete erwartete Rendite des Portfolios mit der tatsächlich erzielten Rendite desselben zu vergleichen.

9.2.2.1 Der Ansatz von Jensen

Analog den Ansätzen von *Sharpe* und *Treynor* basiert jener von *Jensen* [vgl. Jensen 1968, S. 389ff] auf den Gedanken des CAPM. Damit wird ebenfalls unterstellt, dass das unsystematische Risiko des zu analysierenden Portfolios vollständig wegdiversifiziert oder vernachlässigbar klein ist.

Anhand der Security Market Line[27] ist zunächst die Rendite unter Berücksichtigung des tatsächlich eingegangenen Risikos (β_P) zu berechnen:

$$r_P^* = r_f + (r_M - r_f) \cdot \beta_P \qquad (9\text{-}16)$$

Abbildung 9/4: Die Performance-Messung mittels Differential Return-Verhältnis von Jensen

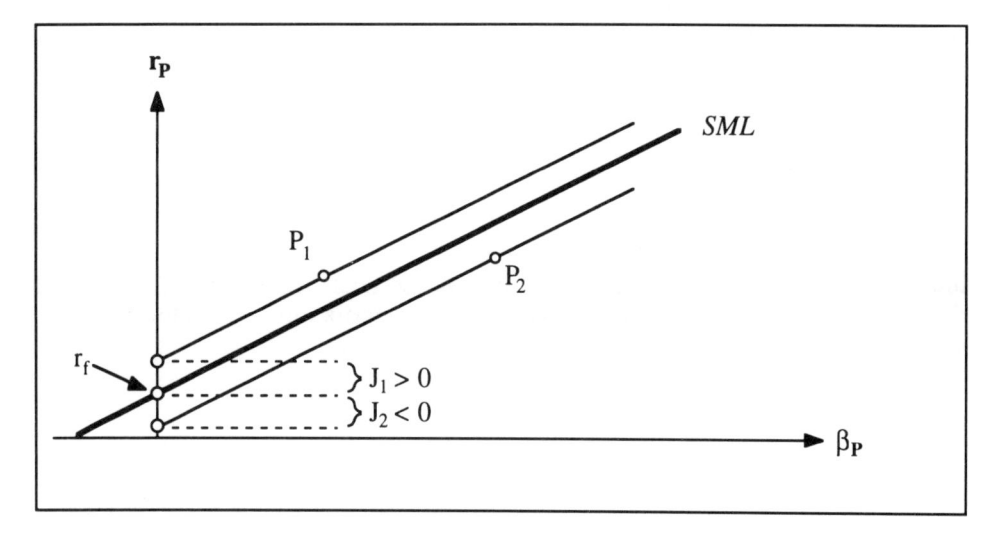

---

27 Vgl. dazu Abschnitt 5.2.2.2. Man spricht von der ex post gebildeten Security Market Line.

KAPITEL 9: *Die Performance-Messung* 369

Ist die gemäss (9-16) ermittelte Rendite (r_P^*) kleiner als die tatsächlich erzielte Rendite (r_P), liegt die Performance des Portfolios über derjenigen des Marktes; andernfalls wäre durch eine Investition in das Marktportfolio ein besseres Resultat erzielt worden. Die Differenz zwischen der tatsächlich erzielten und der gemäss (9-16) ermittelten Rendite wird als *Jensen's Differential Return-Kennzahl*[28] bezeichnet:

$$J_P = [r_P - r_f] - [(r_M - r_f) \cdot \beta_P] \qquad (9\text{-}17)$$

Da $[r_P - r_f]$ in (9-17) die erzielte Risikoprämie und $[(r_M - r_f) \cdot \beta_P]$ die erwartete Risikoprämie darstellen, ist J_P als vertikaler Abstand des Portfolios P zur Security Market Line zu interpretieren (vgl. Abbildung 9/4). In der Sprache des *Capital Asset Pricing Model* gesprochen, misst J_P das *Ungleichgewicht* des Portfolios P. Erreicht J_P den Wert Null, dann ist P korrekt bewertet und der Markt befindet sich im Gleichgewicht[29].

Jensen hat sodann vorgeschlagen, J_P durch Regressieren von r_{Pt} gegen r_{Mt} über T Perioden (t = 1, 2, ..., T) zu ermitteln:

$$r_{Pt} - r_{ft} = J_P + (r_{Mt} - r_{ft}) \cdot \beta_P + \varepsilon_{Pt} \qquad (9\text{-}18)$$

Ueber T Perioden erreicht ε_{Pt} einen durchschnittlichen Wert gegen Null[30], J_P entspricht dem α der Regressionsgeraden und β_P deren Steigung[31]. β_P misst entsprechend das tatsächlich eingegangene systematische Risiko von P[32]. Mittels dem aus der Statistik bekannten t-Test [zum t-Test vgl. bspw. Bohley 1992, S. 567ff] kann anschliessend ermittelt werden, ob die Performance des Portfolios P statistisch signifikant von derjenigen des Marktportfolios M abweicht[33].

Konzept-Frage 6 Es werden dieselben Angaben wie in Konzept-Frage 3 unterstellt. Wie gross sind die Differential Return-Verhältnisse der Portfolios P und Q?

---

28 J_P wird auch als *Jensen's alpha* bezeichnet.
29 Vgl. dazu Abschnitt 5.2.
30 Dann liegen die Daten genügend nahe an der Regressionsgeraden und es kann ein statistisch guter Zusammenhang gefunden werden.
31 Zur Regressionsanalyse vgl. Abschnitt 5.1.4.1, insbesondere Abbildung 5/12.
32 Ist r_f über die n betrachteten Perioden konstant, entspricht das β_P genau dem β der Security Market Line.
33 *Jensen* hat eine Abweichung von 2% als signifikant bezeichnet. Dieser Wert ist aber sehr umstritten [vgl. Alexander/Francis 1986, S. 245 und die dort zitierte Literatur].

9.2.2.2 Beurteilung der Differential Return-Kennzahl

Wie in (9-17) dargelegt, ist die Differential Return-Kennzahl von *Jensen* als vertikaler Abstand zwischen der Security Market Line und dem zu analysierenden Portfolio zu interpretieren. Aus diesem Grund ist J_P - im Gegensatz zum Reward-to-Variability-Verhältnis und Reward-to-Volatility-Verhältnis - nicht zur Klassifizierung verschiedener Portfolios sondern lediglich zum Vergleich zwischen einem Portfolio und dem Marktportfolio geeignet. Dennoch kann nachgewiesen werden, dass unter der Voraussetzung einer (über die Zeit) konstanten Differenz $[r_M - r_f]$ die Performance-Kennzahl von *Treynor* eine lineare Transformation derjenigen von *Jensen* ist (vgl. (9-11) und (9-17)):

$$T_P = (r_P - r_f) / \beta_P = (J_P / \beta_P) + (r_M - r_f) \qquad (9\text{-}19)$$

Werden lediglich gut diversifizierte Portfolios ($\rho_{PM} \approx 1$) betrachtet (und bleibt $[r_M - r_f]$ über die Zeit konstant), so ist die Performance-Kennzahl von *Sharpe* annäherungsweise ebenfalls eine lineare Transformation derjenigen von *Jensen* (vgl. (9-9), (9-14) und (9-17)):

$$S_P = (r_P - r_f) / \sigma_P \approx (J_P / \sigma_P) + (r_M - r_f) / \sigma_M \qquad (9\text{-}20)$$

Dass die in (9-19) und (9-20) gemachten Aussagen nicht nur theoretischer Natur sind, zeigt eine von *Reilly* [vgl. Reilly 1989, S. 806ff] durchgeführte Studie. In der Zeit von 1973 bis 1987 wurden 20 amerikanische Aktienfonds der Performance-Messung nach *Sharpe*, *Treynor* und *Jensen* unterzogen[34]. Es zeigte sich, dass die Klassifizierungen in den meisten Fällen übereinstimmten oder nur geringfügige Verschiebungen (um einen Klassifizierungsrang) vorherrschten. In nur zwei Fällen wurden Abweichungen von zwei Klassifizierungsrängen registriert[35].

Obschon die erwähnten Performance-Kennzahlen miteinander vergleichbar sind, weist diejenige von *Jensen* gegenüber denjenigen von *Sharpe* und *Treynor* einen Vorteil auf. In (9-18) wurde gezeigt, dass die Performance über eine bestimmte Betrachtungsperiode anhand einer Regression über Teilperioden ermittelt wird. Auf diese Weise dürfte eine wesentlich genauere Analyse resultieren, da beim Reward-to-Variability- wie auch beim Reward-to-Volatility-Verhältnis lediglich *Durch-*

---

34 Als Marktportfolio wurde der S&P 500-Index und als risikolose Anlage 90-Tage Treasury Bills gewählt.

35 Die Studie von *Reilly* lässt die Folgerungen zu, dass es sich bei den betrachteten Fonds einerseits um solche mit gleichem Diversifikationsniveau handelt (ansonsten die Klassifizierung nach *Sharpe* bzw. *Treynor* verschieden ausgefallen wäre) und anderseits die Differenz $[r_M - r_f]$ über die Zeit relativ konstant geblieben ist (ansonsten die Klassifizierung nach *Treynor* bzw. *Jensen* verschieden ausgefallen wäre).

KAPITEL 9: *Die Performance-Messung* 371

schnittswerte über die gesamte Periode (durchschnittliche Rendite von P, M und der risikolosen Anlage) berücksichtigt werden.

9.2.3 Weiterentwicklung der Performance-Kennzahlen

Die Performance-Kennzahlen von *Sharpe, Treynor* und *Jensen* basieren alle auf den Gedanken des CAPM. Allerdings sind mit dem CAPM einige Probleme verbunden[36]. Insbesondere ist die *Identifikation des Marktportfolios* und damit der Marktrendite unmöglich, da ein solches Portfolio sämtliche, auch nicht marktgängigen Vermögenswerte beinhalten müsste. Selbst wenn der S&P 500-Index als Benchmark gewählt wird, sind, abgesehen von Anlagemedien wie Bonds, Geldmarktanlagen, Edelmetallen usw., nicht einmal alle Aktien der USA berücksichtigt. *Roll* [vgl. Roll 1980, S. 5ff] legt denn auch dar, dass unter Berücksichtigung einer (möglicherweise) nicht effizienten Benchmark anstelle des tatsächlichen Marktportfolios ein falsches β und damit eine falsche Security Market Line resultiert. Die tatsächliche Security Market Line weist demzufolge eine stärkere oder eine schwächere Steigung auf. Ein analysiertes Portfolio, welches im Vergleich zur Benchmark besser (schlechter) abschneidet, kommt unterhalb (oberhalb) der tatsächlichen Security Market Line zu liegen.

Häufig steht aber nicht ein Vergleich von Portfolios mit einer Benchmark sondern eine Klassifizierung verschiedener Portfolios im Vordergrund der Betrachtungen. Allerdings konnte *Roll* zeigen [vgl. Roll 1978, S. 1051ff], dass nicht nur der Vergleich zwischen einem Portfolio und der Benchmark sondern auch die Klassifizierung nach den Performance-Kennzahlen, welche auf der *Security Market Line Analysis* basiert, sehr sensitiv auf die Wahl der Benchmark reagiert und zu zweifelhaften Resultaten führt.

Trotz der Kritik von *Roll* wurden eine Reihe weiterer Performance-Kennzahlen entwickelt, die auf den Gedanken des CAPM basieren. *Merton* [vgl. Merton 1981, S. 363ff] und *Henrickson/Merton* [vgl. Henrickson/Merton 1981, S. 513ff] entwickelten eine auf einer früheren Arbeit von *Fama* [vgl. Fama 1972, S. 551ff] aufbauenden Performance-Messung, die den Erfolg in eine *selektionsbedingte* und eine *timingbedingte* Komponente aufsplittet[37]. *Copeland/Mayers* [vgl. Copeland/Mayers 1982, S.

---

36 Vgl. dazu Abschnitt 7.3.2.2.
37 Die *selektionsbedingte* Komponente umfasst die mittels geschickter Titelauswahl erzielte Performance (also die Identifizierung von falsch bewerteten (*mispriced*) Anlagen, Sektoren und Märkten), die *timingbedingte* Komponente die mittels geschicktem Festlegen von Kaufs- und Verkaufszeitpunkt erzielte Performance (in Zeiten steigender Börse sollten Anlagen mit hohen β-

(Fortsetzung der Fussnote vgl. die folgende Seite)

289ff, zit. nach Copeland/Weston 1988, S. 386] entwickelten eine Performance-Kennzahl, die die selektionsbedingte Performance-Komponente in den Vordergrund der Betrachtungen stellt. Die selben Autoren zeigten zusammen mit *Chen* [vgl. Chen/Copeland/Mayers 1987, S. 97ff], dass unabhängig davon, ob das Risiko durch den β-Faktor oder durch den β-Faktor-Vektor ausgedrückt wird[38], die Performance-Messung zu gleichen Resultaten führt. Auf der Performance-Kennzahl von *Jensen* basierend entwickelten *Grinblatt/Titman* [vgl. Grinblatt 1986, S. 9ff, Grinblatt/Titman 1989, S. 393ff] eine Methode zur Performance-Messung, die entsprechend derjenigen von *Merton* und *Henrickson/Merton* eine Analyse der selektionsbedingten und der timingbedingten Performance zulässt. *Grinblatt/Titman* schwächen die Kritik von *Roll* hinsichtlich der geeigneten Benchmark ab und schlagen als Benchmark nicht ein *alle* Anlagen umfassendes Portfolio vor. Vielmehr muss die Benchmark *mindestens* sämtliche Anlagen, welche in den zu beurteilenden Portfolios vorhanden sind, umfassen [vgl. Grinblatt/Titman 1989, S. 412][39].

Neben den auf dem CAPM basierenden Ansätzen zur Performance-Messung wurden auch solche entwickelt, welche eine Benchmark nicht erfordern. So ging *Cornell* [vgl. Cornell 1979, S. 381ff] von der Idee aus, dass ein Investor (bzw. Portfolio-Manager) eine Anlage dann im Portfolio hält, wenn diese eine abnorme Rendite aufweist. Der Renditevergleich zwischen einer Halteperiode (wenn die Anlage im Portfolio gehalten wird) und einer Periode, während der die Anlage nicht im Portfolio gehalten wird, zeigt, ob der Investor die Anlage zum richtigen Zeitpunkt erworben hat. Von dieser Idee ausgehend können verschiedene Kennzahlen (sog. *Event Study Measures*) entwickelt werden. *Grinblatt/Titman* [vgl. Grinblatt/Titman 1993, S. 47ff] basieren ebenfalls auf der Idee von *Cornell*, verfahren aber wesentlich differenzierter.

9.3 Die Performance-Messung in der Praxis

Die aus der Theorie bekannten Methoden zur Performance-Messung schliessen meistens ein effizientes Marktportfolio in ihre Betrachtungen ein. Sodann wird häufig ein Vergleich zwischen der Performance des zu beurteilenden Portfolios und derjenigen des Marktportfolios (der Benchmark) vorgenommen. Selbst wenn nicht ein

---

Faktoren, in Zeiten sinkender Börsen sollten Anlagen mit geringeren β-Faktoren berücksichtigt werden).

38 Wird das Risiko durch den *β-Faktor* ausgedrückt, so entspricht dies den Gedanken des *CAPM*, während der *β-Faktor-Vektor* den Gedanken der *APT* entspricht.

39 Eine Untersuchung von *Peterson/Rice* unterstreicht die von *Grinblatt/Titman* gemachte Aussage [vgl. Peterson/Rice 1980, S. 1251ff].

Vergleich zwischen einem Portfolio und einer Benchmark sondern eine Klassifizierung verschiedener Portfolios aufgrund der Performance-Kennzahlen von Sharpe, Treynor oder Jensen erfolgt, ist die Benchmark *implizit* (in der Capital Market Line bzw. Security Market Line) vorhanden. Nicht nur aufgrund der Kritik von *Roll* ist eine derartige Performance-Messung fragwürdig, denn in der Praxis sind eine Reihe weiterer Schwierigkeiten vorzufinden. Insbesondere ist die Zulässigkeit eines (fairen) Vergleichs zwischen Marktportfolio und dem zu analysierenden Portfolio zu prüfen.

9.3.1 Die Anforderungen an eine geeignete Benchmark

Für die Beurteilung der Performance ist die Bestimmung eines akzeptierten Vergleichsmassstabes (Benchmark) entscheidend. Dieser muss zwei Elemente beinhalten [vgl. Hockmann 1988, S. 27]:

- Es ist eine gleichartige Berechnungsweise der zu beurteilenden Performance des Portfolios und der Benchmark anzuwenden.
- Bei der Ermittlung des Investitionserfolges müssen vergleichbare Restriktionen berücksichtigt werden.

Häufig werden - wie auch in den gezeigten Performance-Kennzahlen - zur Beurteilung der Performance Börsenindizes (S&P 500-Index, Nikkei-Index, Swiss Performance Index etc.) herangezogen. Zwar sind Indizes in der Praxis akzeptierte Vergleichsmassstäbe, aber dennoch mit einigen Mängeln behaftet. Oftmals bleiben Dividenden- bzw. Zinserträge und damit verbunden die Möglichkeit von deren Reinvestitionen unberücksichtigt [vgl. Alexander/Francis 1986, S. 251]. Ebenso fehlen in den Indexberechnungen Transaktionskosten und Steuern. Um einen fairen Performance-Vergleich zwischen einem Portfolio und einem Index vorzunehmen, ist der Index um die erwähnten Mängel zu korrigieren[40].

Aufgrund der unterschiedlichen Strukturen von Portfolio und Index besitzen aber derartige Performance-Vergleiche auch im Falle eines ertrags- und kostenbereinigten Indexes eine geringe Aussagekraft. Bedingt durch verschiedene Anlagerestrik-

---

40 Der Swiss Performance Index sowie der Bankverein-Aktienindex sind Beispiele für Indizes, welche zwar Reinvestitionen, nicht aber Transaktionskosten und Steuern berücksichtigen [vgl. Niederer/Laube 1987, S. 24f, Zingg 1987, S. 811ff].

tionen rechtlicher und/oder vertraglicher Art ist es einem Investor (Portfolio-Manager) unmöglich, eine vom Börsenindex vorgegebene Performance zu erreichen[41].

Um den Nachteil der Restriktionen zu beheben, ist man dazu übergegangen, *einzelne Positionen* eines Portfolios (beispielsweise Aktien Schweiz, Aktien USA, Aktien Japan, Obligationen Schweiz etc.[42]), welche gleichen Restriktionen unterliegen, zu beurteilen. Damit können zwar einzelne Portfoliopositionen analysiert werden, eine Beurteilung der Gesamtperformance im Sinne eines Vergleichs mit einer Benchmark ist aber weiterhin unmöglich. Offensichtlich genügt ein Börsenindex den Anforderungen an eine Benchmark nicht.

9.3.2 Die Performance-Analyse

Es hat sich gezeigt, dass die in der Theorie entwickelten Performance-Kennzahlen in der Praxis an den Anforderungen an eine geeignete Benchmark scheitern. Allerdings stellt sich die Frage, *ob zur Performance-Messung tatsächlich eine geeignete Benchmark notwendig ist*[43].

9.3.2.1 Die Abkehr von der Performance-Messung mittels Benchmark

Markowitz zeigt in seinem Modell, wie effiziente Portfolios aus der Menge der zulässigen Portfolios zu ermitteln sind. Als effizient werden die Portfolios bezeichnet, die bei einem bestimmten Risiko eine maximale Rendite bzw. bei einer bestimmten Rendite ein minimales Risiko aufweisen und somit auf der Efficient Frontier liegen[44]. Wird nun angenommen, es existiere ein Index, der den erwähnten Anforderungen[45] einer Benchmark genügt, dann sind zwei Fälle zu unterscheiden:

---

41 Vgl. dazu Abschnitt 8.2.1.3, insbesondere Abbildung 8/7.
42 Vgl. die in Abbildung 8/6 (Abschnitt 8.2.1.3) gezeigte Asset Allocation-Matrix.
43 In dem im folgenden gezeigten Ansatz zur Performance-Messung wird *bewusst* versucht, die Kritik von Roll durch einen Rückgriff hinter das CAPM, nämlich auf den ursprünglichen Markowitz-Ansatz, zu überwinden. Dies erfolgt nicht zuletzt auch aufgrund der in Abschnitt 7.3 dargelegten Resultate.
44 Vgl. dazu Abschnitt 5.1.
45 Vgl. dazu Abschnitt 9.3.1.

KAPITEL 9: *Die Performance-Messung* 375

- Die Benchmark liegt unterhalb der *ex ante Efficient Frontier*[46], das heisst es handelt sich um ein ineffizientes Vergleichsportfolio. Dem Investor (bzw. Portfolio-Manager) ist es somit möglich, die Benchmark *ex ante* zu schlagen, indem er ein Portfolio derart zusammenstellt, dass es auf der ex ante Efficient Frontier liegt.
- Liegt die Benchmark auf der ex ante Efficient Frontier, hat der Investor (bzw. Portfolio-Manager), ohne die Menge der zulässigen Portfolios zu überschreiten, *keine Möglichkeit*, diese ex ante zu schlagen.

Dem Modell von *Markowitz* entsprechend wird aber in beiden Fällen das Portfolio derart bestimmt, dass es auf der ex ante Efficient Frontier liegt. Werden *die selbe Benchmark und das selbe Portfolio* (welche auf der ex ante Efficient Frontier liegen) bezüglich der *ex post Efficient Frontier*[47] betrachtet, sind vier Fälle zu unterscheiden[48] (vgl. Abbildung 9/5 [49]):

(1) Liegen das Portfolio und die Benchmark auf der ex post Efficient Frontier, wurde mit dem Portfolio wie mit der Benchmark ein maximales Resultat erzielt (vgl. P'_1 und B'_1 in Abbildung 9/5).

(2) Liegt die Benchmark auf und das Portfolio unterhalb der ex post Efficient Frontier, hat erstere das Portfolio geschlagen, wobei mit der Benchmark ein maximales Resultat erzielt wurde (vgl. P'_2 und B'_1 in Abbildung 9/5).

(3) Liegt das Portfolio auf und die Benchmark unterhalb der ex post Efficient Frontier, hat ersteres die Benchmark geschlagen, wobei mit dem Portfolio ein maximales Resultat erzielt wurde (vgl. P'_1 und B'_2 in Abbildung 9/5).

(4) Liegen die Benchmark und das Portfolio unterhalb der ex post Efficient Frontier, wurde mit beiden das Ziel einer effizienten Investition verfehlt. Dennoch kann das Portfolio die Benchmark schlagen - oder umgekehrt (vgl. P'_2 und B'_2 in Abbildung 9/5).

---

46   Unter *ex ante Efficient Frontier* wird eine Efficient Frontier verstanden, welche aufgrund geschätzter Zukunftsdaten ermittelt wird.

47   Unter *ex post Efficient Frontier* wird eine Efficient Frontier verstanden, welche aufgrund tatsächlicher (vergangener) Daten ermittelt wird.

48   Es ist zu beachten, dass die ex ante Efficient Frontier nur dann mit der ex post Efficient Frontier übereinstimmt, wenn neben den beibehaltenen Restriktionen auch die im Modell einzugebenden geschätzten Daten (ex ante Daten) den tatsächlichen Daten (ex post Daten) entsprechen.

49   In Abbildung 9/5 wurde angenommen, die ex post Efficient Frontier liege bezüglich der ex ante Efficient Frontier weiter links. Aber auch der umgekehrte Fall, dass die ex ante Efficient Frontier links der ex post Efficient Frontier liegt, ist möglich.

Aus diesen Ueberlegungen folgt, dass es unmöglich ist, eine *effiziente* Benchmark *ex post* betrachtet zu schlagen. Ist ein Portfolio ex post der Benchmark überlegen, so ist daraus zu schliessen, dass entweder das Portfolio auf der ex post Efficient Frontier liegt oder aber wie die Benchmark ein *ineffizientes* Portfolio darstellt (vgl. (3) bzw. (4) in Abbildung 9/5). Dem Modell von *Markowitz* folgend sind aber Portfolios zu ermitteln, die ex ante wie ex post auf der Efficient Frontier liegen. *Der Vergleich eines Portfolios mit einer Benchmark wird damit hinfällig.* Vielmehr ist zu analysieren, ob das ex ante ermittelte effiziente Portfolio auf der ex post Efficient Frontier oder mindestens in deren Nähe liegt.

Abbildung 9/5: Ex ante effiziente Portfolios verglichen mit der ex post Efficient Frontier

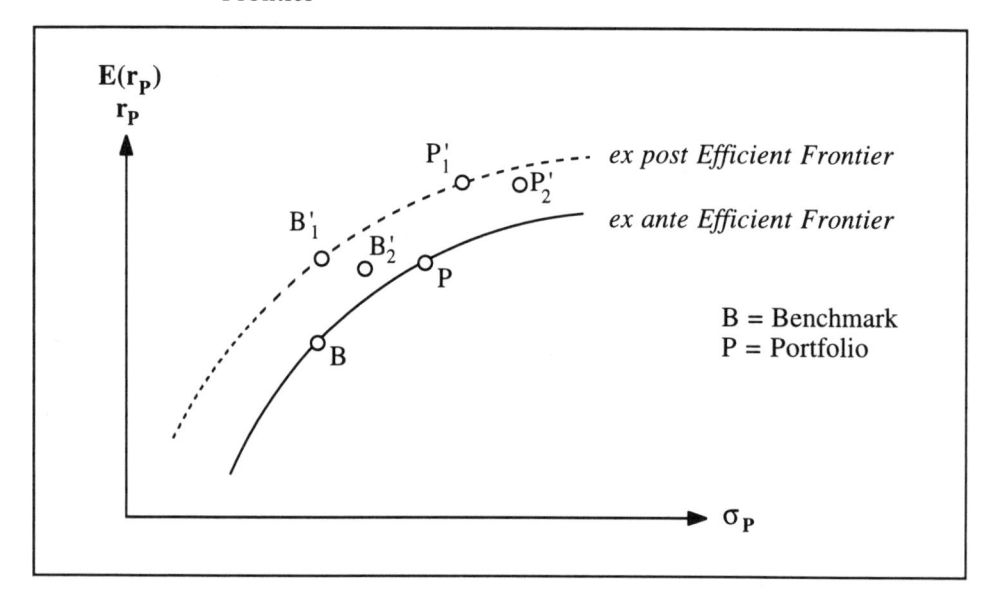

Um ein unterhalb der ex post Efficient Frontier liegendes Portfolio zu beurteilen, ist ein Toleranzbereich - im angelsächsischen wird von einer *Confidence Region* gesprochen - zu definieren, innerhalb deren Grenzen sämtliche Portfolios *statistisch als gleich effizient* betrachtet werden (vgl. Abbildung 9/6 [vgl. Michaud 1989, S. 38])[50]. Während die Confidence Region gegen oben durch die ex post Efficient

---

[50] Werden zwei Portfolios, welche beide unterhalb der ex post Efficient Frontier liegen, miteinander verglichen, wäre *theoretisch* dasjenige besser einzustufen, welches auf einer höheren Indifferenzkurve liegt (zur Indifferenzkurve vgl. Abschnitt 4.1.2 und Abschnitt 5.1.3.1 (insbesondere Abbildung 5/9)).

KAPITEL 9: *Die Performance-Messung*

Frontier begrenzt wird, ist die untere Grenze des Toleranzbereichs ebenfalls ex post mit (5-9) zu berechnen, indem die Zielfunktion

$$\min \sum_{i=1}^{n} z_i^2 \cdot \sigma_i^2 + 2 \cdot \sum_{i=1}^{n-1} \sum_{j>1}^{n} z_i \cdot z_j \cdot \text{Cov}(i,j) \tag{9-21}$$

durch

$$\min \Gamma \cdot [\sum_{i=1}^{n} z_i^2 \cdot \sigma_i^2 + 2 \cdot \sum_{i=1}^{n-1} \sum_{j>1}^{n} z_i \cdot z_j \cdot \text{Cov}(i,j)] \tag{9-22}$$

(wobei Γ den Toleranzbereich bestimmt und $\Gamma \geq 1.0$).

ersetzt wird[51]. Mittels Variation des Faktors Γ - welcher individuell bestimmt wird - kann die Confidence Region kleiner oder grösser gewählt werden.

Abbildung 9/6: Der Bereich statistisch gleich effizienter Portfolios

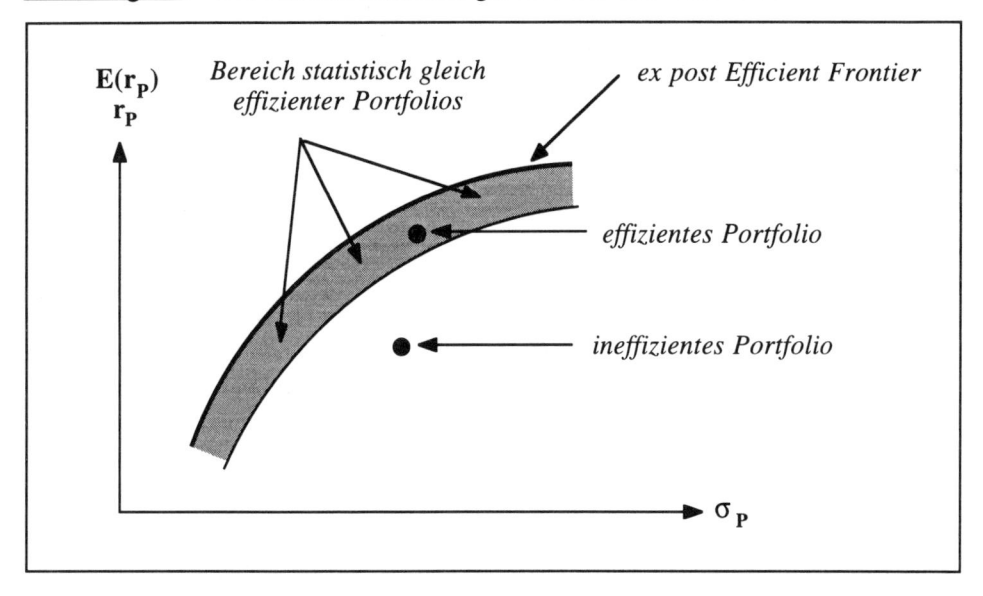

Die hier dargestellte Performance-Messung im Sinne einer Analyse des ex ante ermittelten Portfolios bezüglich der ex post Efficient Frontier wird damit zu einer *Beurteilung der Prognosefähigkeit*, was auch deren Zielen - die Kontrollmöglichkeit

---

51 Vgl. dazu Abschnitt 5.1.2.2.

eines vorgegebenen Zieles, ein Leistungsvergleich unter Investoren (bzw. Portfolio-Managern) und das Aufdecken von Schwächen im Portfolio-Managementprozess - entspricht.

9.3.2.2 Die Analyse der Performance-Struktur

Neben der Beurteilung der Gesamtperformance eines Portfolios sind auch die *Performance-Beiträge einzelner Positionen* zu analysieren. Zu diesem Zweck ist der Portfolioerfolg analog der Portfoliobildung in eine durch die Asset Allocation bedingte, durch die Sektorenselektion bedingte und titelspezifische Komponente zu zerlegen. Auf allen drei Stufen ist eine Performance-Messung vorzunehmen, indem geprüft wird, ob das ex ante bestimmte Portfolio auf der ex post Efficient Frontier oder innerhalb der Confidence Region liegt.

Zur Beurteilung des Performance-Beitrages der einzelnen Stufen wird das unter Berücksichtigung der für die entsprechende Stufe relevanten Daten[52] ex ante ermittelte optimale Portfolio mit der ex post Confidence Region (welche ebenfalls aufgrund der für diese Stufe relevanten Daten[53] berechnet wird) verglichen. Allerdings genügt es nicht, wenn das ex ante ermittelte Portfolio irgendwo in der ex post Confidence Region liegt. Es ist ein Renditebereich (beispielsweise $r = r \pm 1\%$) *oder* ein Risikobereich (beispielsweise $\sigma = \sigma \pm 2\%$) vorzugeben, innerhalb dem das ex ante bestimmte Portfolio ex post zu liegen hat (vgl. Abbildung 9/7). Weichen die ex post berechnete Portfoliorendite und Standardabweichung zu stark von der ex ante berechneten Portfoliorendite und Standardabweichung ab, liegt der Schluss nahe, dass das ex ante ermittelte Portfolio *zufälligerweise* und nicht aufgrund der Leistung des Investors (bzw. Portfolio-Managers) in der ex post Confidence Region liegt. Ist die Leistung zweier Investoren (bzw. Portfolio-Manager) zu vergleichen und liegen deren Portfolios innerhalb des (durch die Investoren) vorgegebenen Toleranzbereichs (welcher durch die Confidence Region und den Rendite- oder Risikobereich begrenzt ist), so haben beide eine maximale Performance erzielt. Entsprechend ist die Lage der Portfolios innerhalb des Toleranzbereichs nicht näher zu untersuchen.

Eine derartige stufenweise Analyse ermöglicht das Aufdecken von Schwächen im Portfolio-Managementprozess. Insbesondere wird die Fähigkeit des Investors (bzw. Portfolio-Managers) geprüft, die Zukunft bzw. die relevanten Daten auf allen drei

---

52 Es sind dies die *erwarteten* Renditen, Standardabweichungen und Kovarianzen.
53 Es sind dies die *tatsächlich beobachteten* Renditen, Standardabweichungen und Kovarianzen.

KAPITEL 9: *Die Performance-Messung* 379

Abbildung 9/7: Toleranzbereich, innerhalb dem ein Portfolio eine maximale Performance aufweist

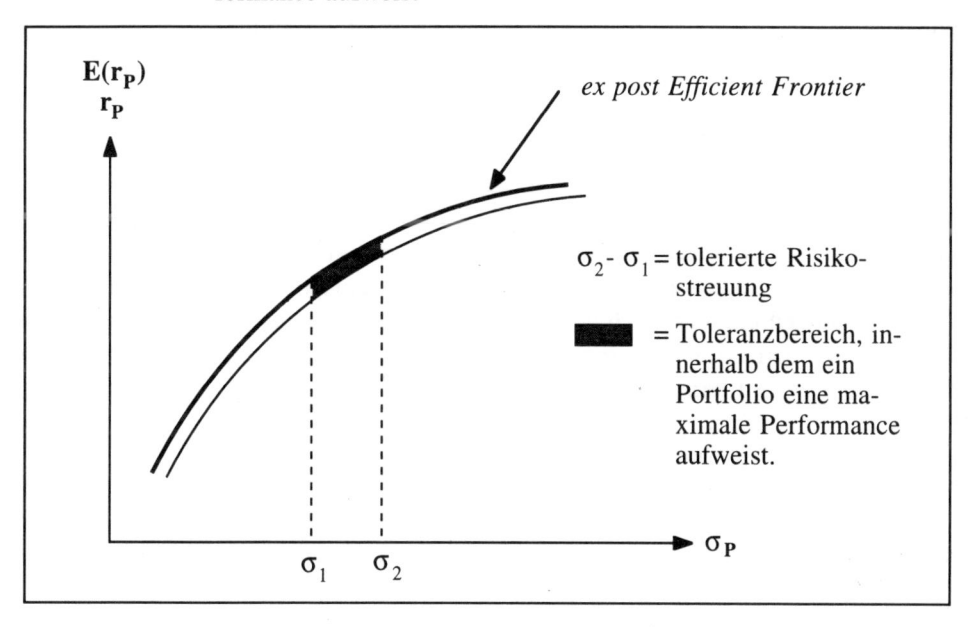

ex post Efficient Frontier

$\sigma_2 - \sigma_1$ = tolerierte Risikostreuung

■ = Toleranzbereich, innerhalb dem ein Portfolio eine maximale Performance aufweist.

Stufen *exakt* prognostizieren zu können. Zwar kann der beschriebenen Performance-Messung durch das Festlegen von Γ und dem Rendite - oder Risikobereich (vgl. Abbildung 9/7) ein *individuelles* Vorgehen nicht abgesprochen werden. Sind aber Γ und der Rendite- oder Risikobereich bestimmt, findet eine *objektive, faire Performance-Messung* statt.

Zusammenfassung

Unter Performance-Messung wird häufig der Vergleich einer erzielten Portfoliorendite mit der Rendite eines Marktindexes oder mit derjenigen eines anderen Portfolios verstanden. Als Renditemasse bieten sich die *kapitalgewichtete Rendite* (Capital Weighted Return) und die *zeitgewichtete Rendite* (Time Weighted Return) an. Dabei weist die zeitgewichtete gegenüber der kapitalgewichteten Rendite den Vorteil auf, dass einerseits die unter Umständen nicht im Entscheidungsbereich des Investors liegenden Zahlungsströme unberücksichtigt bleiben, und anderseits wird die Möglichkeit einer bewussten Steuerung der Rendite bei niedrigen Marktwerten des Portfolios ausgeklammert.

Aufgrund der beobachteten systematisch positiven Beziehung zwischen erwarteter Rendite und Risiko genügt allerdings eine eindimensionale Performance-Messung - wie dies der Vergleich zwischen verschiedenen Portfoliorenditen darstellt - nicht. Um Portfolios unterschiedlichen Risikoniveaus untereinander oder mit einem Marktindex vergleichen zu können, hat eine zweidimensionale Performance-Messung, welche dem *Risiko-Rendite Trade-off* Rechnung trägt, zu erfolgen.

In der Literatur sehr breit diskutiert wurden vor allem das *Reward-to-Variability-Verhältnis* von *Sharpe*, das *Reward-to-Volatility-Verhältnis* von *Treynor* sowie die *Differential Return-Kennzahl* von *Jensen*. Sie alle basieren auf den Gedanken des Capital Asset Pricing Model, weshalb es auch kaum überrascht, dass unter bestimmten Bedingungen ein Vergleich verschiedener Portfolios anhand der erwähnten Performance-Kennziffern von *Sharpe, Treynor* und *Jensen* zu derselben Klassifizierung führt. *Roll* konnte allerdings nachweisen, dass die auf dem CAPM basierenden Performance-Kennziffern von der Wahl der *Benchmark* abhängig sind. Es wird daher gezeigt, wie die Performance auch ohne eine Benchmark ermittelt werden kann. Dabei ist zu beachten, dass der gezeigte Ansatz ein bewusster Versuch ist, die Kritik von *Roll* durch einen Rückgriff hinter das CAPM, nämlich auf den ursprünglichen Markowitz-Ansatz, zu überwinden. Dies erfolgt nicht zuletzt auch aufgrund der schwerwiegenden Kritiken am CAPM.

Wichtige Begriffe

Performance-Messung
eindimensionale Performance
kapitalgewichtete Rendite (Capital Weighted Return)
zeitgewichtete Rendite (Time Weighted Return)
zweidimensionale Performance
Reward-to-Variability-Verhältnis
(Sharpe's Performance-Kennzahl)

Proxy
Benchmark
Reward-to-Volatility-Verhältnis
(Treynor's Performance-Kennzahl)
Differential Return-Kennzahl
(Jensen's Performance-Kennzahl)
ex ante Efficient Frontier
ex post Efficient Frontier
Confidence Region

Ausgewählte Literatur

Grinblatt, M.: "How to Evaluate a Portfolio Manager", in: Finanzmarkt und Portfolio Management, Nr. 2/1987, S. 9-20.

Reilly, F.: "Investment Analysis and Portfolio Management", 3. Auflage, New York 1989, insbesondere S. 800-833.

Sharpe, W./Alexander, G.: "Investments", 4. Auflage, Englewood Cliffs 1990, insbesondere S. 733-773.

Shukla, R./Trzcinka, C.: "Performance Measurement of Managed Portfolios", Financial Markets, Institutions & Instruments, New York 1992/4.

Lösungen zu den Konzept-Fragen

1.) Entsprechend (9-2) ergibt sich für die kapitalgewichtete Rendite $r_P = \mathbf{4.01\%}$. Dabei handelt es sich um die Rendite während des betrachteten halben Jahres. Die Jahresrendite beträgt demzufolge (unter Berücksichtigung einer halbjährlichen Verzinsung) $(1 + 0.0401)^2 = \mathbf{8.18\%}$.

Wird (9-2) umformuliert, das heisst durch $(1 + r_P)^T$ dividiert und die Summe der diskontierten Cash Flows beidseits der Gleichung (9-2) subtrahiert, ist ersichtlich, dass die kapitalgewichtete Rendite r_P der *Internal Rate of Return* (*IRR*) entspricht:

$$V_T / (1 + r_P)^T - \sum_{t=1}^{T} CF_t / (1 + r_P)^t = V_0$$

2.) Entsprechend (9-4) beträgt die Rendite des ersten Quartals $r_{P1} = 3\%$ und diejenige des zweiten Quartals $r_{P2} = 1\%$. Unter Anwendung von (9-5) ergibt sich für die durchschnittliche Quartalsrendite $r_P = \mathbf{1.995\%}$ und für die halbjährliche Rendite $r_P = (1 + 0.01995)^2 - 1 = \mathbf{4.03\%}$ (unter Berücksichtigung einer vierteljährlichen Verzinsung).

3.) Entsprechend (9-9) ergeben sich für die Reward-to-Variability-Verhältnisse der Benchmark und der Portfolios $S_B = \mathbf{0.26}$, $S_P = \mathbf{0.13}$ und $S_Q = \mathbf{0.10}$. Sowohl Portfolio P wie auch Portfolio Q vermochten die Benchmark nicht zu outperformen. Immerhin weist das Portfolio P eine gegenüber dem Portfolio Q bessere Performance auf.

4.) Entsprechend (9-11) ergeben sich für die Reward-to-Volatility-Verhältnisse der Benchmark und der Portfolios $T_B = \mathbf{3.5\%}$, $T_P = \mathbf{1.82\%}$ und $T_Q = \mathbf{3.75\%}$. Während Portfolio Q die Benchmark übertraf, blieb Portfolio P deutlich darunter.

5.) Ob Portfolio P oder Q vorzuziehen ist, hängt vom für den Investor massgebenden Risiko ab [vgl. Sharpe/Alexander 1990, S. 754]. Besitzt der Investor neben Portfolio P oder Q noch verschiedene weitere Anlagen (beispielsweise handelt es sich bei den Portfolios um einen Fonds, welche nur einen geringen Prozentsatz des gesamten Portfolios ausmachen), ist β als Risikomass relevant und die Performance-Messung sollte auf dem Reward-to-Volatility-Verhältnis basieren (Portfolio Q ist dem Portfolio P überlegen). Besitzt hingegen der Investor neben dem Portfolio P oder Q keine oder nur sehr wenige weitere Anlagen, ist die Standardabweichung (σ) als Risikomass relevant und die Performance-Messung sollte auf dem Reward-to-Variability-Verhältnis basieren (Portfolio P ist dem Portfolio Q überlegen).

6.) Entsprechend (9-17) ergeben sich für die Portfolios P und Q ein Differential Return-Verhältnis von *$J_P = -1.85\%$* und ein solches von *$J_Q = 0.2\%$*.

Zusammenfassende Schlussfolgerungen

Im Sinne einer Zusammenfassung und eines Ausblicks werden abschliessend *fünf Thesen* formuliert, die aufzeigen, in welche Richtung sich das Portfolio-Management im letzten Jahrzehnt vor der Jahrtausendwende entwickeln wird:

- In Kapitel 7 wurde ausführlich auf die Beurteilung des traditionellen und modernen Portfolio-Managements eingegangen. Dabei zeigte sich, dass die Frage nach der richtigen Analyse- und Prognosemethode im Mittelpunkt der Betrachtungen steht. Die These der Markteffizienz, die technische Analyse wie auch die Fundamentalanalyse zeigen vor allem in Zeiten relativ ruhiger Marktphasen generell bessere - wenn auch unterschiedliche - Resultate als wenn grosse Kursschwankungen, atypisches Marktverhalten und Ueberraschungen auftreten. So ist beispielsweise ein Börsen-Crash mit keinem der erwähnten Verfahren zufriedenstellend erklärbar, was wohl darauf zurückzuführen ist, dass auf dem Aktienmarkt selten - wenn überhaupt - *lineare* Kausalzusammenhänge gegeben sind. Diese Erkenntnis bildet den Ausgangspunkt der sog. *Chaos-Theorie* [vgl. dazu Peters 1991]. Im Gegensatz zu den erwähnten Analyseverfahren, welche die Linearität mindestens annäherungsweise unterstellen[1], basiert die Chaos-Theorie auf *nichtlinearen*, häufig sog. rückgekoppelten Gleichungen. Das Vorgehen der Chaos-Theorie ermöglicht das Erkennen von Konstruktionsprinzipien eines chaotischen Systems (als solches wird der Aktienmarkt betrachtet) und versucht damit "sozusagen Ordnung ins Chaos zu bringen" [Kiehling 1992, S. 146].

  Ohne auf Details sowie die Vor- und Nachteile der Chaos-Theorie näher einzugehen, darf hier festgehalten werden, dass sich mit derselben eine noch wenig bekannte Wissenschaft in der Finanzwelt durchzusetzen versucht, welche auch auf Naturwissenschaften gleichermassen angewendet werden kann[2]. Ob sie sich durchzusetzen vermag, dürfte nicht zuletzt von den künftigen Marktentwicklungen sowie der Erklärungskraft anderer Analyse- und Prognoseverfahren abhängen.

---

1 Beispielsweise erhöht sich der Kurs einer Aktie *nicht* proportional sondern *überproportional* zum Unternehmensgewinn pro Aktie. Kurs und Gewinn stehen damit in einer *nichtlinearen* Beziehung zueinander. Die Ursache dafür ist im Marktverhalten der Investoren zu sehen.

2 Beispielsweise wird die Chaos-Theorie in der Medizin anzuwenden versucht [vgl. Patak, H.: "Chaostheorie: Das Endspiel des Laplaceschen Dämons - Was haben Schmetterlinge und Taifune mit Physiotherapie zu tun?", in: Energetische Physiotherapie, April 1993, S. 13-21; o.V.: "Chaos-Theorie zur Analyse von Elektrokardiogrammen", in: NZZ vom 29. September 1993, S. 79].

- Ein qualitativ hochstehendes Portfolio-Management erfordert nicht nur eine qualitative Beurteilung einzelner Anlagemedien wie Aktien, Bonds, Geldmarktanlagen, Edelmetalle usw. bzw. ganzer Portfolios. Ein derartiger Anlageprozess ist zu wenig diszipliniert, und mögliche Risiken finden kaum Beachtung. Zudem führt er oft zu einer *willkürlichen Auswahl einzelner Anlagen*. Untersuchungen haben denn auch gezeigt, dass der Einfluss von Einzelanlagen auf die Performance sehr gering ist. Hingegen kann der Verzicht auf ein Anlagemedium oder einen Markt gleichbedeutend mit dem Verzicht auf eine Chance sein, eine bessere Rendite zu erzielen. Die Bestrebungen gehen deshalb dahin, in Ergänzung zu dieser als traditionell bezeichneten Vorgehensweise eine *quantitativ erfassbare Rendite-Risiko-Beziehung* der Anlagemedien bzw. ganzer Portfolios in den Vordergrund der Betrachtungen zu stellen. Auf eine *systematische Portfolio-Optimierung*, welche auf dem Ansatz von *Markowitz* basiert und zu einem durchdachten Anlageprozess führt, kann daher in Zukunft nicht verzichtet werden.

- Da der Investor (von Ausnahmen abgesehen) von Natur aus risikoavers eingestellt ist, führt die Quantifizierung des Risikos zwingend zur Frage, wie sich ein Anleger gegen dasselbe absichern kann. Die *Portfolio-Insurance* bietet grundsätzlich drei verschiedene Möglichkeiten: Optionen, Futures und den Einsatz von Duplikationen. Seit dem Börsencrash vom Oktober 1987 ist das Bedürfnis nach einer Absicherung gegenüber Risiken noch stärker geworden. Obwohl verschiedentlich behauptet wird, dass die Portfolio-Insurance die Situation im Oktober 1987 noch verstärkt hat (was allerdings widerlegt werden kann), ist der Einsatz von Optionen, Futures und Duplikationen im Portfolio-Management in Zukunft nicht wegzudenken. Darüber hinaus macht die Entwicklung im Bereich des Financial Engineerings deutlich, dass Derivate das letzte Jahrzehnt vor der Jahrtausendwende beherrschen werden.

- Bedingt durch die sich auch in Zukunft fortsetzende gegenseitige Annäherung der Finanzmärkte rücken diese immer mehr zu *einem* Weltmarkt zusammen. Eine zunehmende Effizienz des Weltmarktes ist feststellbar. Allerdings wird dieser *nie* das Effizienzniveau erreichen, welches das Funktionieren des *Capital Asset Pricing Model* bzw. der *Arbitrage Pricing Theory* erlauben würde, denn das Konzept der Markteffizienz leidet an einem inneren Widerspruch: In einem effizienten Markt fehlt der Anreiz zur Informationsbeschaffung und -verarbeitung; Informationsbeschaffung und -verarbeitung sind aber notwendig, um die Effizienz des Marktes zu erhalten, ansonsten dieser ineffizient wird.

Zusammenfassende Schlussfolgerungen 385

- Von der Informationsbeschaffung und -verarbeitung wird auch in Zukunft der Erfolg von Investoren abhängen. Dabei ist zu beachten, dass die fundamentale Analyse der technischen Analyse weit überlegen ist, konnte doch dargelegt werden, dass allein aufgrund der technischen Analyse keine überdurchschnittlichen Renditen erzielt werden können. Wer aufgrund der Informationsbeschaffung und -verarbeitung die beste *Prognosefähigkeit* besitzt, wird schliesslich den Wettlauf um die bessere Performance gewinnen.

*****

Literaturverzeichnis

Abken, P.: "Interest-Rate Caps, Collars, and Floors", in: Economic Review (Federal Reserve Bank of Atlanta), Nr. 11-12/1989, S. 2-24, [Abken 1989].

Adler, M./Simon, D.: "Exchange risk surprises in international portfolios", in: The Journal of Portfolio Management, Winter/1986, S. 44-53, [Adler/Simon 1986].

Alexander, G./Francis, J.: "Portfolio Analysis", 2. Aufl., Englewood Cliffs 1986, [Alexander/Francis 1986].

Altman, E.: "The Convertible Debt Market: Are Returns Worth the Risk?", in: Financial Analysts Journal, Nr. 7-8/1989, S. 23-31, [Altman 1989].

Ammann, D./Steinmann, S.: "Branchenfremd und im Ausland investieren - Einsatz der quantitativen Analyse in der Vermögensverwaltung von Pensionskassen", in: F&W vom 29. November 1989, Nr. 93, S. 20, [Ammann/Steinmann 1989 (3)].

Ammann, D./Steinmann, S.: "Mehr Risikotoleranz dank besserer Performance - Einsatz der quantitativen Analyse in der Vermögensverwaltung von Pensionskassen", in: F&W vom 15. November 1989, Nr. 89, S. 21, [Ammann/Steinmann 1989 (1)].

Ammann, D./Steinmann, S.: "Mehr Risikotoleranz dank Portefeuillediversifikation - Einsatz der quantitativen Analyse in der Vermögensverwaltung von Pensionskassen", in: F&W vom 22. November 1989, Nr. 91, S. 19, [Ammann/Steinmann 1989 (2)].

Anderson, M./Hertig, T./Hoesli, M.: "The Investment Policy of Swiss Institutional Investors: Survey Results", in: Finanzmarkt und Portfolio Management Nr. 4/1993, S. 432-441, [Aderson/Hertig/Hoesli 1993].

Ariel, R.: "A Monthly Effect in Stock Returns", in: Journal of Financial Economics, March/1987, S. 161-174, [Ariel 1987].

Arnott, R./Fabozzi, J.: "Asset Allocation - A Handbook of Portfolio Policies, Strategies and Tactics", Chicago 1988, [Arnott/Fabozzi 1988].

Asner, R./Dumont, P.: "Aspects récents de l'analyse des obligations", Heft Nr. 1 der Schweizerischen Vereinigung für Finanzanalyse, Genf 1984, [Asner/Dumont 1984].

Asner, R./Dumont, P.: "Evaluation des obligations structure des taux d'intérêt et risque systématique", Heft Nr. 2 der Schweizerischen Vereinigung für Finanzanalyse, Genf 1985, [Asner/Dumont 1985].

Auckenthaler, C.: "Finanzmathematische Grundlagen des Investment Banking", Bank- und finanzwirtschaftliche Schriftenreihe Bd. 184, Bern 1993, [Auckenthaler 1993].

Auckenthaler, C.: "Mathematische Grundlagen des modernen Portfolio-Managements", Bank- und finanzwirtschaftliche Schriftenreihe Bd. 142, Bern 1991, [Auckenthaler 1991].

Auckenthaler, C.: "Optionen oder Warrants?", in: Schweizer Bank, Nr. 6/1994, S. 34-35, [Auckenthaler 1994].

Bank Leu: "Leu-SMI-Futures und SMI-Optionen" (Broschüre), Zürich 1989, [Bank Leu 1989].

Bank Vontobel: "Technische Analyse - ein Bestandteil der Wertpapieranalyse" (Broschüre), (ohne Ort und Jahr), [Bank Vontobel].

Banz, R./Hawawini, G.: "Equity Pricing and Stock Market Anomalies", in: Finanzmarkt und Portfolio Management, Nr. 3/1986, S. 7-15, [Banz/Hawawini 1986].

Banz, R.: "The Relationship between Return and Market Value of Common Stocks", in: Journal of Financial Economics, June/1981, S. 3-18, [Banz 1981].

Baratta, J./Wummel, D.: "Der 19. Oktober 1987, Terminmärkte, Programmhandel und Portfolio-Versicherung", in: Die Bank, Nr. 3/1988, S. 141-149, [Baratta/Wummel 1988].

Barnett, G.: "The Best Portfolios are International", in: Euromoney, Nr. 4/1979, S. 165-171, [Barnett 1979].

Basu, S.: "Investment Performance of Common Stocks in Relation to their Price-Earnings Ratios: A Test of the Efficient Market Hypothesis", in: Journal of Finance, June/1977, S. 663-682, [Basu 1977].

Basu, S.: "The Information Content of Price-Earnings Ratios", in: Financial Management, Summer/1975, S. 53-63, [Basu 1975].

Basu, S.: "The Relationship between Earnings Yield, Market Value and the Return for NYSE Common Stocks: Further Evidence", in: Journal of Financial Economics, June/1983, S. 129-156, [Basu 1983].

Bauer, C.: "Volatilitäten und Betafaktoren - geeignete Risikomasse?", in: Die Bank, Nr. 3/1991, S. 172-175, [Bauer 1991].

Baumann, M.: "Anlageertrag ist nicht gleich Performance", in: F&W vom 22. Oktober 1986, Nr. 23, S. 23, [Baumann 1986].

Beckers, S./Cummins, P./Woods, C.: "The Estimation of Multiple Factor Models and their Applications: The Swiss Equity Market", in: Finanzmarkt und Portfolio Management, Nr. 1/1993, S. 24-45, [Beckers/Cummins/Woods 1993].

Beilner, T.: "Portfolio Insurance an der DTB", in: Die Bank, Nr. 8/1989, S. 415-424, [Beilner 1989].

Benelli, G./Wyttenbach, B.: "Der schweizerische Aktienmarkt in internationaler Perspektive", in: Aussenwirtschaft, Nr. II-III/1987, S. 305-333, [Benelli/Wyttenbach 1987].

Benelli, G.: "Aus der Praxis: Risikokontrolle bei Pensionskassenanlagen", in: Finanzmarkt und Portfolio Management, Nr. 2/1993, S. 226-235, [Benelli 1993].

Benninga, S./Blume, M.: "On the Optimality of Portfolio Insurance", in: Journal of Finance, December/1985, S. 1342-1352, [Benninga/Blume 1985].

Benninga, S.: "Comparing Portfolio Insurance Strategies", in: Finanzmarkt und Portfolio Management, Nr. 1/1990, S. 20-30, [Benninga 1990].

Bierwag, G./Kaufman, G./Khang, C.: "Duration and Bond Portfolio Analysis: An Overview", in: Journal of Financial and Quantitative Analysis, November/1978, S. 671-679, [Bierwag/Kaufman/Khang 1978].

Bierwag, G./Kaufman, G./Latta, C.: "Duration models: A taxonomy", in: The Journal of Portfolio Management, Fall/1988, S. 50-54, [Bierwag/Kaufman/Latta 1988].

Bierwag, G./Kaufman, G./Toevs, A.: "Duration: Its Development and Use in Bond Portfolio Management", in: Financial Analysts Journal, Nr. 7-8/1983, S. 15-35, [Bierwag/Kaufman/Toevs 1983].

Bierwag, G./Kaufman, G./Toevs, A.: "Single Factor Duration Models in a Discrete General Equilibrium Framework", in: Journal of Finance, May/1982, S. 325-338, [Bierwag/Kaufman/Toevs 1982].

Bierwag, G./Khang, C.: "An Immunization Strategy is a Minimax Strategy", in: Journal of Finance, May/1979, S. 389-399, [Bierwag/Khang 1979].

Bierwag, G.: "Duration Analysis - Managing Interest Rate Risk", Tucson (Arizona) 1986, [Bierwag 1986].

Bierwag, G.: "Immunization, Duration and the Term Structure of Interest Rate", in: Journal of Financial and Quantitative Analysis, December/1977, S. 725-742, [Bierwag 1977].

Bierwag, G.: "Measures of Duration", in: Economic Inquiry, October/1978, S. 497-507, [Bierwag 1978].

Bigler, M.: "Wann lohnt sich eine Währungsabsicherung?", in: F&W vom 8. Januar 1994, S. 35, [Bigler 1994].

Bill, M.: "«The Report by Presidential Task Force on Market Mechanisms»: Eine kritische Betrachtung", in: Finanzmarkt und Portfolio Management, Nr. 3/1988, S. 46-54, [Bill 1988].

Literaturverzeichnis

Bird, R./Dennis, D./Tippett, M.: "A stop loss approach to portfolio insurance", in: The Journal of Portfolio Management, Fall/1988, S. 35-40, [Bird/Dennis/Tippett 1988].

Black, F./Jensen, M./Scholes, M.: "The Capital Asset Pricing Model: Some Empirical Tests", in: **Jensen, M.:** "Studies in the Theory of Capital Markets", New York 1972, S. 79-124, [Black/Jensen/Scholes 1972].

Black, F./Jones, R.: "Simplifying portfolio insurance for corporate pension plans", in: The Journal of Portfolio Management, Summer/1988, S. 33-37, [Black/Jones 1988].

Black, F./Jones, R.: "Simplifying portfolio insurance", in: The Journal of Portfolio Management, Fall/1987, S. 48-51, [Black/Jones 1987].

Black, F./Litterman, R.: "Global Portfolio Optimization", in: Financial Analysts Journal, Nr. 9-10/1992, S. 28-43, [Black/Litterman 1992].

Black, F./Perold, A.: "Theory of constant proportion portfolio insurance", in: Journal of Economic Dynamics and Control, Nr. 16/1992, S. 403-426, [Black/Perold 1992].

Black, F./Scholes, M.: "The Pricing of Options and Corporate Liabilities", in: Journal of Political Economy, Nr. 5-6/1973, S. 637-659, [Black/Scholes 1973].

Black, F.: "Capital Market Equilibrium with Restricted Borrowing", in: Journal of Business, Nr. 3 (July)/1972, S. 444-455, [Black 1972].

Black, F.: "How we came up with the option formula", in: The Journal of Portfolio Management, Winter/1989, S. 4-8, [Black 1989].

Blanco, J./Müller, H.: "Put-Optionen als Instrumente der Portfolioinsurance: Investitionsstrategien für institutionelle Anleger?", in: Schweizerische Zeitschrift für Volkswirtschaft und Statistik, Nr. 3/1988, S. 391-404, [Blanco/Müller 1988].

Bleeke, J./Johnson, B.: "How to survive in the age of the global investor", in: The McKinsey Quarterly, Summer/1988, S. 39-47, [Bleeke/Johnson 1988].

Blume, M./Friend, I.: "A New Look at the Capital Asset Pricing Model", in: Journal of Finance, March/1973, S. 19-34, [Blume/Friend 1973].

Blumenstein, E./Locher, P.: "System des Steuerrechts", 4. Aufl., Zürich 1992, [Blumenstein/Locher 1992].

Bode, M./Jancar, S./Sievi, F.: "Richtiges Timing oder Risiko-Return-Analyse", in: Die Bank, Nr. 2/1989, S. 93-97, [Bode/Jancar/Sievi 1989].

Bodie, Z./Kane, A./Marcus, A.: "Investments", 2. Aufl., Homewood 1993, [Bodie/Kane/Marcus 1993].

Boemle, M.: "Wertpapiere des Zahlungs- und Kreditverkehrs sowie der Kapitalanlage", 8. Aufl., Zürich 1991, [Boemle 1991].

Bohley, P.: "Statistik - Einführendes Lehrbuch für Wirtschafts- und Sozialwissenschaftler", 5. überarb. Aufl., München 1992, [Bohley 1992].

Bollag, Ph.: "Grundstrategien mit den neuen SMI-Optionen", in: SOFFEX Extra, Nr. 1/1988, S. 10-13, [Bollag 1988].

Bookstaber, R./Clarke, R.: "Problems in Evaluating the Performance of Portfolios with Options", in: Financial Analysts Journal, Nr. 1-2/1985, S. 48-69, [Bookstaber/Clarke 1985].

Bopp, J./Cantaluppi, L.: "Modernes Portfolio-Management", Seminarunterlagen vom 13. Juni 1990, Zürich 1990, [Bopp/Cantaluppi 1990].

Bopp, J.: "Vergebene Diversifikationsvorteile im Anlagegeschäft", in: NZZ vom 13. Oktober 1992, S. 34, [Bopp 1992].

Botkin, D.: "Strategy setting and expectations", in: **Tapley, M.:** "International Portfolio Management", London 1986 (Euromoney Publication), S. 59-74, [Botkin 1986].

Brady, N.: "Report of the Presidential Task Force on Market Mechanisms", 1988, [Brady 1988].

Branch, B.: "A Tax Loss Trading Rule", in: "Journal of Business, Nr. 2 (April)/1977, S. 198-207, [Branch 1977].

Brealy, R.: "Portfolio theory versus portfolio practice", in: The Journal of Portfolio Management, Summer/1990, S. 6-10, [Brealy 1990].

Brennan, M./Schwartz, E.: "Time-Invariant Portfolio Insurance Strategies", in: Journal of Finance, June/1988, S. 283-299, [Brennan/Schwartz 1988].

Brennan, M.: "Taxes, Market Valuation, and Corporate Financial Policy", in: National Tax Journal, December/1970, S. 417-427, [Brennan 1970].

Brenner, M.: "Weshalb Indexoptionen?", in: SOFFEX Extra, Nr. 1/1989, S. 13-14, [Brenner 1989].

Breuer, R.: "Index-Portfolio der Deutschen Bank AG", in: Die Bank, Nr. 9/1987, S. 472-474, [Breuer 1987].

Brinson, G./Hood, R./Beebower, G.: "The Determinants of Portfolio Performance", in: Financial Analysts Journal, Nr. 7-8/1986, S. 39-44, [Brinson/Hood/Beebower 1986].

Broillet, P.: "Specification de Facteurs de l'arbitrage pricing theory sur le marché suisse des actions", in: Revue Suisse d'Economie politique et de Statistique, Nr. 3/1991, S. 491-510, [Broillet 1991].

Buchner, R.: "Die Planung von Gesamt-Kapitalanlagen (Portefeuilles) und der Effekt der Markowitz-Diversifikation", in: Wirtschaftswissenschaftliches Studium, Nr. 7/1981, S. 310-323, [Buchner 1981].

Buess, J.: "Anwendungsmöglichkeiten der Financial Futures", in: SOFFEX Extra, Nr. 2/1989, S. 10-15, [Buess 1989].

Bühler, W.: "Anlagestrategien zur Begrenzung des Zinsänderungsrisikos von Portefeuilles aus festverzinslichen Titeln", in: Zeitschrift für betriebswirtschaftliche Forschung, Sonderheft Nr. 16/1983, S. 82-138, [Bühler 1983].

Burger, W.: "Aus der Praxis: Internationale Diversifikation, Währungsrisiken und Absicherungskriterien: Ein Spezialfall Schweiz?", in: Finanzmarkt und Portfolio Management, Nr. 2/1993, S. 216-225, [Burger 1993].

Büschgen, H.: "Bankbetriebslehre: Bankgeschäfte und Bankmanagement", 2. Aufl., Wiesbaden 1989, [Büschgen 1989].

Bütler, T.: "Types of securities traded", in: **Meier, H.:** "The Swiss Equity Market", Zürich 1985, S. 44-61, [Bütler 1985].

Büttler, H./Hermann, W.: "International diversifizierte Portfolios unter flexiblen Wechselkursen", in: Finanzmarkt und Portfolio Management, Nr. 1/1989, S. 28-40, [Büttler/Hermann 1989].

Büttler, H.: "An expository note on the valuation of foreign exchange options", in: Journal of International Money and Finance, Nr. 8/1989, S. 295-304, [Büttler 1989].

Büttler, H.: "Die Bewertung der COTO der CS Holding", in: Finanzmarkt und Portfolio Management, Nr. 4/1990, S. 378-390, [Büttler 1990].

Cavaleri, O./Planta, R.: "Aus der Praxis: GROI, CLOU und IGLU - Strukturierte Produkte oder Zauberei?", in: Finanzmarkt und Portfolio Management, Nr. 1/1992, S. 118-126, [Cavaleri/Planta 1992].

Caytas, I.: "Moderne Finanzinstrumente", Stuttgart 1992, [Caytas 1992].

Celebuski, M./Hill, J./Kilgannon, J.: "Managing Currency Exposures in International Portfolios", in: Financial Analysts Journal, Nr. 1-2/1990, S. 16-23, [Celebuski/Hill/Kilgannon 1990].

Chambers, D./Carleton, W.: "Immunizing Default-Free Bond Portfolios with Duration Vector", in: Journal of Financial and Quantitative Analysis, January/1988, S. 89-104, [Chambers/Carleton 1988].

Chen, N./Copeland, T./Mayers, D.: "A Comparison of Single and Multifactor Portfolio Performance Methodologies", in: Journal of Financial and Quantitative Analysis, December/1987, S. 97-113, [Chen/Copeland/Mayers 1987].

Chen, N.: "Some empirical tests of the theory of arbitrage pricing", in: Journal of Finance, December/1983, S. 1393-1414, [Chen 1983].

Choie, K./Seff, E.: "TIPP: Insurance without complexity: Comment", in: The Journal of Portfolio Management, Fall 1989, S. 107-108, [Choie/Seff 1989].

Chorafas, D.: "The Globalization of Money and Securities", Chicago 1992, [Chorafas 1992].

Chua, J.: "A Closed-Form Formula for Calculating Bond Duration", in: Financial Analysts Journal, Nr. 5-6/1984, S. 76-78, [Chua 1984].

Churchill, G.: "Marketing Research - Methodological Foundations", 5. Aufl., Chicago 1991, [Churchill 1991].

Claussen, C.: "Zum Stellenwert der Aktienanalyse", in: Zeitschrift für das gesamte Kreditwesen, Nr. 11/1986, S. 8-14, [Claussen 1986].

Cohen, J./Zinbarg, E./Zeikel, A.: "Investment Analysis and Portfolio Management", 5. Aufl., Homewood 1987, [Cohen/Zinbarg/Zeikel 1987].

Cohen, K./Pogue, J.: "An Empirical Evaluation of Alternative Portfolio Selection Models", in: The Journal of Business, Nr. 2 (April)/1967, S. 166-193, [Cohen/Pogue 1967].

Cooper, I.: "Asset Values, Interest-Rate Changes and Duration", in: Journal of Financial and Quantitative Analysis, December/1977, S. 701-723, [Cooper 1977].

Cooper, S./Fraser, D.: "The Financial Marketplace", 4. Aufl., New York 1993, [Cooper/Fraser 1993].

Copeland, T./Mayers, D.: "The Value Line Enigma (1965-1978): A Case Study of Performance Evaluation Issues", in: Journal of Financial Economics, November/1982, S. 289-321, [Copeland/Mayers 1982].

Copeland, T./Weston, J.: "Financial Theory and Corporate Policy", 3. Aufl., New York 1988, [Copeland/Weston 1988].

Cordero, R.: "Der Financial Futures Markt", Bank- und finanzwirtschaftliche Forschungen Bd. 97, Bern 1986, [Cordero 1986].

Cordero, R.: "Risiko-Management mit Optionen", Bank- und finanzwirtschaftliche Forschungen Bd. 109, Bern 1989, [Cordero 1989].

Cornell, B.: "Asymmetric Information and Portfolio Performance Measurement", in: Journal of Financial Economics, December/1979, S. 381-391, [Cornell 1979].

Cox, J./Ingersoll, J./Ross, S.: "Duration and the Measurement of Basis Risk", in: Journal of Business, Nr. 1 (January)/1979, S. 51-61, [Cox/Ingersoll/Ross 1979].

Cox, J./Ross, S./Rubinstein, M.: "Option Pricing: A Simplified Approach", in: **Luskin, D.:** "Portfolio Insurance - A Guide to Dynamic Hedging", New York 1988, S. 244-277 (Abdruck aus Journal of Financial Economics, September/1979, S. 229-263), [Cox/Ross/Rubinstein 1979].

Cox, J./Rubinstein, M.: "Options Markets", Englewood Cliffs 1985, [Cox/Rubinstein 1985].

Cuenot, E./Reyes, C.: "Multi-Factor APT Model for the Swiss Equity Market" (Broschüre), Zürich 1992, [Cuenot/Reyes 1992].

Damant, D./Goodison, Q.: "The Efficient Market Model and the Stock Markets", in: The Investment Analyst, April/1986, S. 23-29, [Damant/Goodison 1986].

Denzler, M.: "Arbitrage-Preis-Theorie: Eine empirische Untersuchung für den schweizerischen Aktienmarkt", Zürich 1988, [Denzler 1988].

Denzler, M.: "Aus der Praxis: Die Duration kündbarer Obligationen", in: Finanzmarkt und Portfolio Management", Nr. 4/1993, S. 510-516, [Denzler 1993].

Dexheimer, P./Schubert, E./Ungnade, D.: "Leitfaden durch die Anlageberatung", 2. überarb. Aufl., Düsseldorf 1985, [Dexheimer/Schubert/Ungnade 1985].

Dhrymes, P./Friend, I./Gultekin, B.: "A Critical Reexamination of the Empirical Evidence on the Arbitrage Pricing Theory", in: Journal of Finance, June/1984, S. 323-346, [Dhrymes/Friend/Gultekin].

Dietz, P./Kirschman, J.: "Evaluating Portfolio Performance", in: **Maginn, J./Tuttle, D.:** "Managing Investment Portfolios", 2. Aufl., Boston 1991, S. 611-631, [Dietz/Kirschman 1991].

Dirks, A.: "Vermögensverwaltung mit internationaler Perspektive", in: Bank und Markt, Nr. 11/1989, S. 15-16, [Dirks 1989].

Drayss, E.: "Nutzen und Gefahren der Portfolio-Optimierung", in: Die Bank, Nr. 10/1990, S. 566-567, [Drayss 1990].

Dreher, W.: "Does portfolio insurance ever make sense?", in: The Journal of Portfolio Management, Summer/1988, S. 25-32, [Dreher 1988].

Drummen, M./Lips, T./Zimmermann, H.: "Finanzkolloquium: Bedeutung internationaler, nationaler und sektoraler Faktoren auf den europäischen Aktienmärkten", in: Finanzmarkt und Portfolio Management, Nr. 1/1992, S. 204-218, [Drummen/Lips/Zimmermann 1992].

Drummen, M./Zimmermann, H.: "Portfolioeffekte des Währungsrisikos", in: Finanzmarkt und Portfolio Management, Nr. 1/1992, S. 81-103, [Drummen/Zimmermann 1992].

Drummen, M.: "Europaweit diversifizierte Aktienportfolios", Bank- und finanzwirtschaftliche Schriftenreihe Bd. 164, Bern 1992, [Drummen 1992].

Dubacher, R./Fastrich, H./Hepp, S.: "Attraktive Währungsoptionen", in: Schweizer Bank, Nr. 2/1990, S. 46-48, [Dubacher/Fastrich/Hepp 1990].

Dubacher, R./Hepp, S.: "Internationale Anlagestrategien für institutionelle Investoren", in: Finanzmarkt und Portfolio Management", Nr. 2/1989, S. 151-160, [Dubacher/Hepp 1989].

Dubacher, R./Zimmermann, H.: "Optionen auf den Swiss Market Index (SMI)", in: Finanzmarkt und Portfolio Management, Nr. 1/1989, S. 54-65, [Dubacher/Zimmermann 1989 (1)].

Dubacher, R./Zimmermann, H.: "Risikoanalyse schweizerischer Aktien: Grundkonzept und Berechnungen", in: Finanzmarkt und Portfolio Management, Nr. 1/1989, S. 66-85, [Dubacher/Zimmermann 1989 (2)].

Dufey, G./Chung, T.: "International Financial Markets: A Survey", in: **Kuhn, R.:** "International Finance and Investing - Volume VI of the Library of Investment Banking", Homewood 1990, S. 3-29, [Dufey/Chung 1990].

Dumont, P./Gibson-Asner, R.: "Introduction à la théorie de l'immunisation", Heft Nr. 2 der Schweizerischen Vereinigung für Finanzanalyse, Genf 1985, [Dumont/Gibson-Asner 1985].

Dunetz, M./Mahoney, J.: "Using Duration and Convexity in the Analysis of Callable Bonds", in: Financial Analysts Journal, Nr. 5-6/1988, S. 53-72, [Dunetz/Mahoney 1988].

Dybvig, P.: "Inefficient Dynamic Portfolio Strategies or How to Throw Away a Million Dollars in the Stock Market", in: The Review of Financial Studies, Spring/1988, S. 67-88, [Dybvig 1988].

Dyl, E.: "Capital gains taxation and year-end stock market behavior", in: Journal of Finance, March/1977, S. 165-175, [Dyl 1977].

Eaker, M./Grant, D.: "Currency hedging strategies for internationally diversified equity portfolios", in: The Journal of Portfolio Management, Fall/1990, S. 30-32, [Eaker/Grant 1990].

Ebneter, A.: "Strategien mit Aktienoptionen", 2. Aufl., Zürich 1988, [Ebneter 1988].

Edwards, F./Ma, C.: "Futures and Options", New York 1992, [Edwards/Ma 1992].

Eggenberger, U.: "Geldmarktbuchforderungen", Zürich 1991, Publikationen der Swiss Banking School, [Eggenberger 1991].

Ehrhardt, M.: "A Mean-Variance Derivation of a Multi-Factor Equilibrium Model", in: Journal of Financial and Quantitative Analysis, June/1987, S. 227-236, [Ehrhardt 1987].

Eller, R./Karl, C.: "Total Return Management festverzinslicher Papiere", in: Die Bank, Nr. 4/1994, S. 245-250, [Eller/Karl 1994].

Literaturverzeichnis 395

Eller, R./Kempfle, W.: "Die Finanzkennzahl 'Duration' in der Anlageberatung", in: Die Bank, Nr. 12/1989, S. 675-679, [Eller/Kempfle 1989].

Elton, E./Gruber, M./Urich, T.: "Are Betas Best?", in: Journal of Finance, December 1978, S. 1375-1384, [Elton/Gruber/Urich 1978].

Elton, E./Gruber, M.: "Estimating the Dependence Structure of Share Prices, Implications for Portfolio Selection", in: Journal of Finance, December/1973, S. 1203-1232, [Elton/Gruber 1973].

Elton, E./Gruber, M.: "Modern Portfolio Theory and Investment Analysis", 4. Aufl., New York 1991, [Elton/Gruber 1991].

Elton, E./Gruber, M.: "Risk Reduction and Portfolio Size: An Analytical Solution", in: Journal of Business, Nr. 4 (October)/1977, S. 415-437, [Elton/Gruber 1977].

Estep, T./Kritzman, M.: "TIPP: Insurance without complexity", in: The Journal of Portfolio Management, Summer/1988, S. 38-42, [Estep/Kritzman 1988].

Eun, C./Resnick, B.: "Exchange Rate Uncertainty, Forward Contracts, and International Portfolio Selection", in: Journal of Finance, March/1988, S. 197-215, [Eun/Resnick 1988].

Evans, J./Archer, S.: "Diversification and the Reduction of Dispersion: An Empirical Analysis", in: Journal of Finance, December/1968, S. 761-767, [Evans/Archer 1968].

Fabozzi, F./Fabozzi, T.: "Treasury and Stripped Treasury Securities", in: **Fabozzi, F.:** "The Handbook of Fixed Income Securities", 3. Aufl., Homewood 1991, S. 173-207, [Fabozzi/Fabozzi 1991].

Fabozzi, F./Garlicki, T.: "Zero-Coupon Securities", in: **Kuhn, R.:** "Corporate and Municipal Securities - Volume III of the Library of Investment Banking", Homewood 1990, S. 133-143, [Fabozzi/Garlicki 1990].

Fabozzi, F./Modigliani, F.: "Capital Markets - Institutions and Instruments", Englewood Cliffs 1992, [Fabozzi/Modigliani 1992].

Fabozzi, F./Wilson, R./Sauvain, H./Ritchie, J.: "Corporate Bonds", in: **Fabozzi, F.:** "The Handbook of Fixed Income Securities", 3. Aufl., Homewood 1991, S. 253-287, [Fabozzi/Wilson/Sauvain/Ritchie 1991].

Fabozzi, F.: "Bond Markets, Analysis and Strategies", 2. Aufl., Englewood Cliffs 1993, [Fabozzi 1993].

Fabozzi, F.: "The Handbook of Fixed Income Securities", 3. Aufl., Homewood 1991, [Fabozzi 1991].

Fama, E./Fisher, L./Jensen, M./Roll, R.: "The Adjustment of Stock Prices to New Information", in: International Economic Review, February/1969, S. 1-21, [Fama/Fisher/Jensen/Roll 1969].

Fama, E./French, K.: "The Cross-Section of Expected Stock Returns", in: Journal of Finance, June/1992, S. 427-465, [Fama/French 1992].

Fama, E./MacBeth, J.: "Risk, Return and Equilibrium: Empirical Tests", in: Journal of Political Economy, May-June/1973, S. 607-636, [Fama/MacBeth 1973].

Fama, E.: "Components of Investment Performance", in: Journal of Finance, June/1972, S. 551-567, [Fama 1972].

Fama, E.: "Efficient Capital Markets: A Review of Theory and Empirical Work", in: Journal of Finance, March/1970, S. 383-417, [Fama 1970].

Fama, E.: "The Behavior of Stock-Market Prices", in: Journal of Business, Nr. 1 (January)/1965, S. 34-106, [Fama 1965].

Farrell, J.: "Analyzing covariation of returns to determinate homogeneous stock groupings", in: Journal of Business, Nr. 2 (April)/1974, S. 186-207, [Farrell 1974].

Farrell, J.: "Guide to Portfolio Management", New York 1983, [Farrell 1983].

Feldstein, S./Fabozzi, F.: "Municipal Bonds", in: **Fabozzi, F.:** "The Handbook of Fixed Income Securities", 3. Aufl., Homewood 1991, S. 413-441, [Feldstein/Fabozzi 1991].

Ferguson, R.: "The trouble with performance measurement - you can't do it, you never will, and who wants to?", in: The Journal of Portfolio Management, Spring/1986, S. 4-9, [Ferguson 1986].

Fiekers, H.: "Moderne Portfolio-Theorie", in: Beiträge zur Aktienanalyse, Nr. 20/1982, S. 5-27, [Fiekers 1982].

Figlewski, S./Silber, W./Subrahmanyam, M.: "Financial Options - From Theory to Practice", Homewood 1990, [Figlewsky/Silber/Subrahmanyam 1990].

Finnerty, D.: "An Overview of Corporate Securities Innovation", in: Journal of Applied Corporate Finance, Nr. 4 (Winter)/1991, S. 23-39, [Finnerty 1991].

Fisher, L./Weil, R.: "Coping with the Risk of Interest-Rate-Fluctuations: Returns to Bondholders from Naive and Optimal Strategies", in: Journal of Business, Nr. 4 (October)/1971, S. 408-431, [Fisher/Weil 1971].

Fong, H./Vasicek, O.: "A Risk Minimizing Strategy for Portfolio Immunization", in: Journal of Finance, December/1984, S. 1541-1546, [Fong/Vasicek 1984].

Fong, H.: "Bond Management: Past, Current, and Future", in: **Fabozzi, F.:** "The Handbook of Fixed Income Securities", 3. Aufl., Homewood 1991, S. 874-881, [Fong 1991].

Literaturverzeichnis 397

Forstmoser, P.: "Zum schweizerischen Anlagefondsgesetz", Bank- und finanzwirtschaftliche Forschungen Bd. 6, Bern 1972, [Forstmoser 1972].

French, K.: "Pricing Financial Futures Contracts: An Introduction", in: Finanzmarkt und Portfolio Management, Nr. 2/1988, S. 15-22, [French 1988].

French, K.: "Stock Returns and the Weekend Effect", in: Jorunal of Financial Economics, March/1980, S. 55-70, [French 1980].

Freund, J./Williams, F./Perles, B.: "Elementary Business Statistics - The Modern Approach", 6. Aufl., Englewood Cliffs 1993, [Freund/Williams/Perles 1993].

Friend, I./Bicksler, J.: "Risk and Return in Finance", Cambridge 1977, [Friend/ Bicksler 1977].

Fritschi, H.: "Absichern!", in: SHZ vom 5. Januar 1989, Nr. 1, S. 40, [Fritschi 1989 (1)].

Fritschi, H.: "Anlagephilosophie", Anlageinformation der ZKB, Zürich 1988, [Fritschi 1988 (1)].

Fritschi, H.: "Einführung in die Portefeuille-Analyse" (Broschüre der ZKB), Zürich 1989, [Fritschi 1989 (2)].

Fritschi, H.: "Nutzenoptimierer", in: SHZ vom 22. Dezember 1988, Nr. 51, S. 25, [Fritschi 1988 (2)].

Fritschi, H.: "Schutz vor Anlagerisiken", in: SHZ vom 12. Januar 1989, Nr. 2, S. 34, [Fritschi 1989 (3)].

Fritschi, H.: "Theorie der «Contrary Opinion»", Anlageinformation der ZKB, Zürich 1988, [Fritschi 1988 (3)].

Fritschi, H.: "Trends als Börsenführer", Anlageinformation der ZKB, Zürich 1988, [Fritschi 1988 (4)].

Frost, A./Prechter, R.: "Elliott Wave Principle - Key to Stock Market Profits", 5. Aufl., New York 1985, [Frost/Prechter 1985].

Fuller, R./Farrell, J.: "Modern Investments and Security Analysis", New York 1987, [Fuller/Farrell 1987].

Fuller, R./Settle, J.: "Determinants of duration and bond volatility", in: The Journal of Portfolio Management, Summer/1984, S. 66-72, [Fuller/Settle 1984].

Galai, D.: "Testing the Arbitrage Conditions for Option Pricing - A Survey", in: Finanzmarkt und Portfolio Management, Nr. 1/1989, S. 16-27, [Galai 1989].

Gallati, R.: "Basic Report - Empirical Application of APT Multi-Factor Models to the Swiss Equity Market" (Broschüre), Zürich 1993, [Gallati 1993].

Gallati, R.: "Multifaktor-Modell für den Schweizer Aktienmarkt", Bank- und finanzwirtschaftliche Schriftenreihe Bd. 181, Bern 1994, [Gallati 1994].

Gallatin, R.: "Preferred Stock: Concepts and Categories", in: **Kuhn, R.:** "Corporate and Municipal Securities - Volume III of the Library of Investment Banking", Homewood 1990, S. 467-506, [Gallatin 1990].

Gay, G./Kolb, R.: "Interest rate futures as a tool for immunization", in: The Journal of Portfolio Management, Fall/1983, S. 65-70, [Gay/Kolb 1983].

Gehrig, B.: "Die schweizerischen Finanzmärkte im Globalisierungsprozess", in: **Hirszowicz, C.:** "Internationale Wettbewerbsfähigkeit des Finanzplatzes Schweiz", Bank- und finanzwirtschaftliche Schriftenreihe Bd. 101, Bern 1987, S. 75-95, [Gehrig 1987].

Gerber, B.: "Der «Oktober-Crash» im Widerstreit der Meinungen", in: NZZ vom 15./16. Oktober 1988, Nr. 241, S. 33, [Gerber 1988 (1)].

Gerber, B.: "Die Rolle des Programmhandels", in: NZZ vom 18. Oktober 1988, Nr. 243, S. 39, [Gerber 1988 (2)].

Gerber, B.: "Portfoliomanagement - Wissenschaft oder Kunst?" (Broschüre der SBG), Zürich 1987, [Gerber 1987].

Gerig, L./Holz, A.: "Risikoanalyse schweizerischer und deutscher Aktien", in: Finanzmarkt und Portfolio Management, Nr. 1/1993, S. 108-116, [Gerig/Holz 1993].

Gerke, W./Philipp, F.: "Finanzierung", Stuttgart 1985, [Gerke/Philipp 1985].

Gibbons, M./Hess, P.: "Day of the Week Effects and Asset Returns", in: Journal of Business, Nr. 4 (October)/1981, S. 579-596, [Gibbons/Hess 1981].

Gibbons, M.: "Multivariate Tests of Financial Models: A New Approach", in: Journal of Financial Economics, March/1982, S. 3-28, [Gibbons 1982].

Gilg, J.: "Financial Futures unter dem Aspekt einer Einführung in der Schweiz", Spreitenbach 1989, [Gilg 1989].

Gilkeson, J./Smith, S.: "The Convexity Trap: Pitfalls in Financing Mortgage Portfolios and Related Securities", in: Economic Review, November-December/ 1992, S. 14-27, [Gilkeson/Smith 1992].

Goodman, L./Jonson, J./Silver, A.: "Federally Sponsored Agency Securities", in: **Fabozzi, F.:** "The Handbook of Fixed Income Securities", 3. Aufl., Homewood 1991, S. 208-222, [Goodman/Jonson/Silver 1991].

Graafhuis, H.: "Kapitalanlagen", in: Management-Zeitschrift io, Nr. 2/1983, S. 20-21, [Graafhuis 1983 (1)].

Graafhuis, H.: "Kapitalanlagen", in: Management-Zeitschrift io, Nr. 9/1982, S. 48-49, [Graafhuis 1982].

Graafhuis, H.: "Kapitalanlagen", in: Management-Zeitschrift io, Nr. 9/1983, S. 41-43, [Graafhuis 1983 (2)].

Graafhuis, H.: "So gut wie würfeln", in: SHZ vom 12. November 1987, Nr. 46, S. 69, [Graafhuis 1987].

Granziol, M.: "Mathematik für Anleger", in: SHZ vom 5. Mai 1988, Nr. 18, S. 77, [Granziol 1988].

Grauer, R./Hakansson, N.: "Gains from International Diversification: 1968-85 Returns on Portfolios of Stocks and Bonds", in: Journal of Finance, July/1987, S. 721-741, [Grauer/Hakansson 1987].

Gregory, D./Livingston, M.: "Development of the Market for U.S. Treasury STRIPS", in: Financial Analysts Journal, Nr. 3-4/1992, S. 68-74, [Gregory/Livingston 1992].

Grinblatt, M./Johnson, H.: "A Put Option Paradox", in: Journal of Financial and Quantitative Analysis, January/1988, S. 23-26, [Grinblatt/Johnson 1988].

Grinblatt, M./Titman, S.: "Performance Measurement without Benchmarks: An Examination of Mutual Fund Returns", in: The Journal of Business, Nr. 1 (January)/ 1993, S. 47-68, [Grinblatt/Titman 1993].

Grinblatt, M./Titman, S.: "Portfolio Performance Evaluation: Old Issues and New Insights", in: The Review of Financial Studies, Nr. 3/1989, S. 393-421, [Grinblatt/Titman 1989].

Grinblatt, M.: "How to Evaluate a Portfolio Manager", in: Finanzmarkt und Portfolio Management, Nr. 2/1986, S. 9-20, [Grinblatt 1986].

Group of Thirty: "Derivatives: Practices and Principles", Washington 1993, [Group of Thirty 1993].

Gultekin, N./Rogalski, R.: "Alternative Duration Specifications and the Measurement of Basis Risk: Empirical Tests", in: Journal of Business, Nr. 2 (April)/ 1984, S. 241-265, [Gultekin/Rogalski 1984].

Guy, J.: "The Behavior of Equity on the German Stock Exchange", in: Journal of Banking and Finance, Nr. 1/1977, S. 71-93, [Guy 1977].

Hafner, T.: "Besondere Merkmale von Financial Futures", in: SOFFEX Extra, Nr. 2/1989, S. 1-3, [Hafner 1989].

Haindl, A.: "The Euro Money Market - A Strategic Analysis of Bank Operations", Bank- und finanzwirtschaftliche Forschungen Bd. 139, Bern 1991, [Haindl 1991].

Hämmerli, H.: "Aspekte des schweizerischen Emissionsgeschäftes", Bank- und finanzwirtschaftliche Forschungen Bd. 100, Bern 1986, [Hämmerli 1986].

Hansmann, K.: "Dynamische Aktienanlage-Planung", Wiesbaden 1980, [Hansmann 1980].

Harrington, D.: "Modern Portfolio Theory, The Capital Asset Pricing Model and Arbitrage Pricing Theory, A User's Guide", 2. Aufl., Englewood Cliffs 1987, [Harrington 1987].

Hauck, W.: "Börsenmässig gehandelte Finanzoptionen", in: Beiträge zur Wertpapieranalyse, Nr. 26/1989, S. 7-30, [Hauck 1989].

Haugen, R.: "Modern Investment Theory", 3. Aufl., Englewood Cliffs 1993, [Haugen 1993].

Hauschild, K./Winkelmann, M.: "Kapitalmarkteffizienz und Point & Figure Analyse", in: Kredit und Kapital, Nr. 2/1985, S. 240-263, [Hauschild/Winkelmann 1985].

Hawawini, G.: "Controlling the Interest-Rate Risk of Bonds: An Introduction to Duration Analysis and Immunization Strategies", in: Finanzmarkt und Portfolio Management, Nr. 4/1986, S. 8-18, [Hawawini 1986].

Henrickson, R./Merton, R.: "On Market Timing and Investment Performance. II. Statistical Procedures for Evaluating Forecasting Skills", in: Journal of Business, Nr. 4 (October)/1981, S. 513-533, [Henrickson/Merton 1981].

Henrickson, R.: "Market Timing and Mutual Fund Performance: An Empirical Investigation", in: Journal of Business, Nr. 1 (January)/1984, S. 73-96, [Henrickson 1984].

Hepp, S.: "The Stability of the Estimated Risk-Structure of Asset Returns", in: Finanzmarkt und Portfolio Management, Nr. 1/1990, S. 43-49, [Hepp 1990 (2)].

Hepp, S.: "The Swiss Pension Funds - An Emerging New Investment Force", Bank- und finanzwirtschaftliche Forschungen Bd. 126, Bern 1990, [Hepp 1990 (1)].

Hepp, S.: "Vermögensanlage der 2. Säule: Komponenten einer strukturierten Anlagepolitik", in: Der Schweizer Treuhänder, Nr. 10/1990, S. 491-495, [Hepp 1990 (3)].

Heri, E.: "Glücklich mit Indexfonds?", in: F&W vom 11. Oktober 1989, Nr. 79, S. 27, [Heri 1989 (2)].

Heri, E.: "International investieren", in: Der Monat (SBV), Nr. 1-2/1989, S. 25-26, [Heri 1989 (1)].

Heri, E.: "Zinsdifferenz und Wechselkursrisiko", in: Der Monat (SBV), Nr. 4/1987, S. 21-23, [Heri 1987].

Heri, E.: "Zur 'Optimierungspsychose' in der Anlageberatung", in: NZZ vom 7. August 1991, Nr. 180, S. 33, [Heri 1991].

Hermann, M.: "Die Januar-Regel - empirisch geprüft", in: Die Bank, Nr. 3/1994, S. 173-177, [Hermann 1994].

Herzog, H.: "Options- und Wandelanleihen schweizerischer Gesellschaften", Bank- und finanzwirtschaftliche Forschungen Bd. 136, Bern 1991, [Herzog 1991].

Hicks, J.: "Value and Capital. An Inquiry into some Fundamental Principles of Economic Theory", 2. Aufl., Oxford 1946, [Hicks 1946].

Hielscher, U.: "Das optimale Aktienportefeuille", Darmstadt 1969, [Hielscher 1969].

Hielscher, U.: "Finanzmathematische Grundkonzepte der modernen Investmentanalyse", in: Beiträge zur Wertpapieranalyse, Nr. 25/1988, S. 7-18, [Hielscher 1988 (1)].

Hielscher, U.: "Probleme bei der Berechnung historischer (realisierter) Renditen", in: Beiträge zur Wertpapieranalyse, Nr. 26/1989, S. 41-45, [Hielscher 1989].

Hielscher, U.: "Technische Aktienanalyse versus Random-Walk-Hypothese", in: Zeitschrift für das gesamte Kreditwesen, Nr. 24/1975, S. 11-14, [Hielscher 1975].

Hielscher, U.: "Ursprünge und Grundgedanken der modernen Portfolio-Theorie", in: Beiträge zur Wertpapieranalyse, Nr. 25/1988, S. 19-43, [Hielscher 1988 (2)].

Hockmann, H.: "Performance und Risk Measurement", in: SHZ vom 15. September 1988, Nr. 37, S. 27-28, [Hockmann 1988].

Hockmann, H.: "Performance-Messung von Wertpapier-Portfolios", in: Die Bank, Nr. 3/1987, S. 132-137, [Hockmann 1987].

Hofmann, H.: "Neue Erkenntnisse der technischen Aktienanalyse - Empirische Ueberprüfungen verschiedener Anlagestrategien anhand deutscher Aktienkursverläufe", in: Beiträge zur Aktienanalyse Nr. 12/1974, S. 11-27, [Hofmann 1974].

Höhn, E./Athanas, P. (Hrsg.): "Das neue Bundesrecht über die direkten Steuern", Bern 1993, [Höhn/Athanas 1993].

Höhn, E.: "Steuerrecht", 7. Aufl., Bern 1993.

Honeygold, D.: "International Financial Markets", London 1989, [Honeygold 1989].

Hopewell, M./Kaufman, G.: "Bond Price Volatility to Maturity: A General Respecification", in: The American Economic Review, September/1973, S. 749-753, [Hopewell/Kaufman 1973].

Hotz, P.: "Das Capital Asset Pricing Model und die Markteffizienzhypothese unter besonderer Berücksichtigung der empirisch beobachteten «Anomalien» in den amerikanischen und anderen internationalen Aktienmärkten", St. Gallen 1989, [Hotz 1989].

Hull, J.: "Options, Futures, and other Derivative Securities", 2. Aufl., Englewood Cliffs 1993, [Hull 1993].

Hymans, C./Mulligan, J.: "The measurement of portfolio performance", London 1980, [Hymans/Mulligan 1980].

Ibbotson, R./Brinson, G.: "Investment Markets", New York 1987, [Ibbotson/Brinson 1987].

Ibbotson, R./Siegel, L./Love, K.: "World wealth: Market values and returns", in: The Journal of Portfolio Management, Fall/1985, S. 4-23, [Ibbotson/Siegel/Love 1985].

Ibbotson, R./Sinquefeld, R.: "Stocks, Bonds, Bills and Inflation: Historical Returns (1926-1978)", Financial Analysts Research Foundation, Charlottesville, 1979, [Ibbotson/Sinquefeld 1979].

Ingersoll, J./Skelton, J./Weil, R.: "Duration forty Years later", in: Journal of Financial and Quantitative Analysis, November/1978, S. 627-650, [Ingersoll/Skelton/Weil 1978].

International Monetary Fund (IMF): "International Capital Markets - Developments and Prospects", Washington 1988, [International Monetary Fund 1988].

ISSA: ISSA Handbook, 5. Aufl., Zürich 1994, [ISSA Handbook 1994].

Jacob, N./Pettit, R.: "Investments", 2. Aufl., Homewood 1988, [Jacob/Pettit 1988].

Jaffe, J.: "Special Information and Insider Trading", in: Journal of Business, Nr. 3 (July)/1974, S. 410-428, [Jaffe 1974].

Jensen, M.: "Studies in the Theory of Capital Markets", New York 1972, [Jensen 1972].

Jensen, M.: "The Performance of Mutual Funds in the Period 1945-1964", in: Journal of Finance, May/1968, S. 389-416, [Jensen 1968].

Joehnk, M.: "An Introduction to Fixed Income Security", in: **Fabozzi, F.:** "The Handbook of Fixed Income Securities", 3. Aufl., Homewood 1991, S. 3-9, [Joehnk 1991].

Jorion, P.: "Portfolio Optimization in Practice", in: Financial Analysts Journal, Nr. 1-2/1992, S. 68-74, [Jorion 1992].

Kall, P.: "Analysis für Oekonomen", Stuttgart 1982, [Kall 1982].

Kall, P.: "Lineare Algebra für Oekonomen", Stuttgart 1984, [Kall 1984].

Kall, P.: "Mathematische Methoden des Operations Research", Stuttgart 1976, [Kall 1976].

Kapner, K./Marshall, J.: "The Swaps Handbook: Swaps and Related Risk Management Instruments", New York 1990, [Kapner/Marshall 1990].

Kärki, J./Aubry, O.: "Term Structure of Interest Rates and Bond Valuation" (Broschüre), Zürich 1990, [Kärki/Aubry 1990].

Kaufman, G./Bierwag, G./Toevs A.: "Innovations in Bond Portfolio Management: Duration Analysis and Immunization", London 1983, [Kaufman/Bierwag/Toevs 1983].

Kawaller, I./Koch, T.: "Managing cash flow risk in stock index futures: The tail hedge", in: The Journal of Portfolio Management, Fall/1988, S. 41-44, [Kawaller/Koch 1988].

Keim, D.: "A New Look at the Effects of Firm Size and P/E Ratio on Stock Returns", in: Financial Analysts Journal, Nr. 3-4/1990, S. 56-67, [Keim 1990].

Keppler, M.: "Beta-Faktoren und CAPM - ein Nachruf", in: Die Bank, Nr. 5/1992, S. 268-269, [Keppler 1992].

Keppler, M.: "Portfolio-Theorie: Zweifelhafte Annahmen, suboptimale Ergebnisse", in: Die Bank, Nr. 7/1991, S. 382-385, [Keppler 1991].

Keppler, M.: "Risiko ist nicht gleich Volatilität", in: Die Bank, Nr. 11/1990, S. 610-614, [Keppler 1990].

Khaksari, S./Kamath, R./Grieves, R.: "A new approach to determining optimum portfolio mix", in: The Journal of Portfolio Management, Spring/1989, S. 43-49, [Khaksari/Kamath/Grieves 1989].

Khang, C.: "A Dynamic Global Portfolio Immunization Strategy in the World of Multiple Interest Rate Changes: A Dynamic Immunization and Minimax Theorem", in: Journal of Financial and Quantitative Analysis, September/1983, S. 355-363, [Khang 1983].

Khang, C.: "Bond Immunization when Short-Term Interest Rates Fluctuate more than Long-Term Rates", in: Journal of Financial and Quantitative Analysis, December/1979, S. 1085-1091, [Khang 1979].

Kiehling, H.: "Das Chaos auf dem Aktienmarkt", in: Die Bank, Nr. 3/1992, S. 146-150, [Kiehling 1992].

Kienast, R.: "Aktienanalyse - Möglichkeiten rationaler Anlageentscheidungen", Basel 1976, [Kienast 1976].

Knight, R.: "International Asset Allocation: A Swiss Perspective", in: Finanzmarkt und Portfolio Management, Nr. 2/1989, S. 41-53, [Knight 1989].

Knight, R.: "Optimal Currency Hedging and International Asset Allocation: An Integration", in: Finanzmarkt und Portfolio Management, Nr. 1/1991, S. 130-163, [Knight 1991].

Kohlas, J: "Stochastische Methoden des Operations Research", Stuttgart 1977, [Kohlas 1977].

Kollar, A.: "Internationale Anlageüberlegungen", in: Sparkasse, Nr. 10/1987, S. 422-426, [Kollar 1987].

Kritzman, M.: "Asset Allocation for Individual Investors", in: Financial Analysts Journal, Nr. 1-2/1992, S. 12-13, [Kritzman 1992 (1)].

Kritzman, M.: "Asset Allocation for Institutional Portfolios", Homewood 1990, [Kritzman 1990].

Kritzman, M.: "What Practitioners Need To Know About Commodity Futures Contracts", in: Financial Analysts Journal, Nr. 3-4/1993, S. 18-21, [Kritzman 1993].

Kritzman, M.: "What Practitioners Need To Know About Duration and Convexity", in: Financial Analysts Journal, Nr. 11-12/1992, S. 17-20, [Kritzman 1992 (2)].

Kruschwitz, L./Schöbel, R.: "Duration - Grundlagen und Anwendungen eines einfachen Risikomasses zur Beurteilung festverzinslicher Wertpapiere (I)", in: WISU, Nr. 11/1986, S. 198-202, [Kruschwitz/Schöbel 1986 (1)].

Kruschwitz, L./Schöbel, R.: "Duration - Grundlagen und Anwendungen eines einfachen Risikomasses zur Beurteilung festverzinslicher Wertpapiere (II)", in: WISU, Nr. 12/1986, S. 217-222, [Kruschwitz/Schöbel 1986 (2)].

Kuhn, R.: "Capital Raising and Financial Structure - Volume II of the Library of Investment Banking", Homewood 1990, [Kuhn 1990 (II)].

Kuhn, R.: "Corporate and Municipal Securities - Volume III of the Library of Investment Banking", Homewood 1990, [Kuhn 1990 (III)].

Kuhn, R.: "International Finance and Investing - Volume VI of the Library of Investment Banking", Homewood 1990, [Kuhn 1990 (VI)].

Kuhn, R.: "Investment Banking - The Art and Science of High-Stakes Dealmaking", New York 1990, [Kuhn 1990 (1)].

Kuhn, R.: "Mortgage and Asset Securitization - Volume V of the Library of Investment Banking", Homewood 1990, [Kuhn 1990 (V)].

Labuszewski, J./Nyhoff, J.: "Trading Financial Futures", New York 1988, [Labuszewski/Nyhoff 1988].

Latta, C.: "Duration-based Strategies: Time for Implementation", in: Finanzmarkt und Portfolio Management, Nr. 4/1986, S. 19-25, [Latta 1986].

Lefoll, J./Ormond, R./Velazquez, M: "Arbitrage Conditions for Option Pricing on the SOFFEX", in: Finanzmarkt und Portfolio Management, Nr. 2/1990, S. 129-143, [Lefoll/Ormond/Velazquez 1990].

Lehmann, B.: "Portfolio Manager Behaviour and Arbitrage Pricing Theory", in: Finanzmarkt und Portfolio Management, Nr. 2/1988, S. 35-44, [Lehmann 1988].

Leibacher, W.: "Verschieden und doch ähnlich", in: Schweizer Bank, Nr. 2/1988, S. 23-24, [Leibacher 1988].

Leibowitz, M./Henrickson, R.: "Portfolio Optimization Under Shortfall Constraints", in: **Arnott, R./Fabozzi, J.:** "Asset Allocation - A Handbook of Portfolio Policies, Strategies and Tactics", Chicago 1988, S. 257-281, [Leibowitz/Henrickson 1988].

Leibowitz, M./Kogelman, S.: "Asset allocation under shortfall constraints", in: The Journal of Portfolio Management, Winter/1991, S. 18-23, [Leibowitz/Kogelman 1991].

Leibowitz, M./Krasker, W.: "Persistence of Risk: Stocks versus Bonds over the Long Term", in: Financial Analysts Journal, Nr. 11-12/1988, S. 40-47, [Leibowitz/ Krasker 1988].

Leibowitz, M./Weinberger, A.: "Contingent Immunization - Part I: Risk Control Procedure", in: Financial Analysts Journal, Nr. 11-12/1982, S. 17-31, [Leibowitz/Weinberger 1982].

Leibowitz, M./Weinberger, A.: "Contingent Immunization - Part II: Problem Areas", in: Financial Analysts Journal, Nr. 1-2/1983, S. 35-50, [Leibowitz/Weinberger 1983].

Leibowitz, M.: "Analysis of Yield Curves", in: **Fabozzi, F.:** "The Handbook of Fixed Income Securities", 2. Aufl., Homewood 1987, S. 654-675, [Leibowitz 1987 (1)].

Leibowitz, M.: "Horizon Analysis: An Analytical Framework for Managed Bond Portfolios", in: **Fabozzi, F.:** "The Handbook of Fixed Income Securities", 2. Aufl., Homewood 1987, S. 633-645, [Leibowitz 1987 (2)].

Leland, H./Rubinstein, M.: "Replication Options with Positions in Stocks and Cash", in: Financial Analysts Journal, Nr. 7-8/1981, S. 3-12, [Leland/Rubinstein 1981].

Leland, H./Rubinstein, M.: "The Evolution of Portfolio Insurance", in: **Luskin, D.:** "Portfolio Insurance - A Guide to Dynamic Hedging", New York 1988, S. 3-10, [Leland/Rubinstein 1988].

Lerbinger, P./Berndt, H.: "Diversifikationsauswirkungen bei Aktienportefeuilles - Möglichkeiten und Strategien", in: Oesterreichisches Bankarchiv, Nr. 1/1983, S. 14-24, [Lerbinger/Berndt 1983].

Lerbinger, P.: "Kapitalmarkteffizienz und technische Aktienanalyse", in: Oesterreichisches Bankarchiv Nr. 2/1985, S. 42-52, [Lerbinger 1985].

Levy, H./Sarnat, M.: "Exchange Rate Risk and the Optimal Diversification of Foreign Currency Holdings", in: Journal of Money, Credit and Banking, Nr. 4/ 1978, S. 453-463, [Levy/Sarnat 1978].

Levy, H./Sarnat, M.: "Portfolio and Investment Selection: Theory and Practice", Englewood Cliffs 1984, [Levy/Sarnat 1984].

Levy, H./Yoder, J.: "Applying the Black-Scholes model after large market shocks", in: The Journal of Portfolio Management, Fall/1989, S. 103-106, [Levy/ Yoder 1989].

Lintner, J.: "Security Prices, Risk, and Maximal Gains from Diversification", in: Journal of Finance, December/1965, S. 587-615, [Lintner 1965 (2)].

Lintner, J.: "The Valuation of Risk Assets and the Selection of Risky Investments in Stock Portfolios and Capital Budgets", in: Review of Economics and Statistics, February/1965, S. 13-37, [Lintner 1965 (1)].

Lo, A./MacKinlay, A.: "Stock Market Prices Do Not Follow Random Walks: Evidence from a Simple Specification Test", in: The Review of Financial Studies, Nr. 1/1988, S. 41-66, [Lo/MacKinlay 1988].

Loderer, C./Trunz, R.: "Bewertungen und Anlagestrategien auf der Basis von P/E-Ratios im Vergleich mit alternativen Modellen", in: Finanzmarkt und Portfolio Management, Nr. 2/1993, S. 189-204, [Loderer/Trunz 1993].

Loderer, C./Zimmermann, H.: "Das Aktienpreisverhalten bei Kapitalerhöhungen: Eine Untersuchung schweizerischer Bezugsrechtsemissionen", in: Finanzmarkt und Portfolio Management Nr. 1/1986, S. 34-50, [Loderer/Zimmermann 1986].

Löffler, A.: "Anleihen - Nationale und internationale Anleihensformen als Finanzierungsinstrument und Kapitalanlage", Bank- und finanzwirtschaftliche Forschungen Band 103, Bern 1987, [Löffler 1987].

Löffler, A.: "Anleihen - Nationale und internationale Anleihensformen als Finanzierungsinstrument und Kapitalanlage", Bank- und finanzwirtschaftliche Forschungen Bd. 103, Bern 1987, [Löffler 1987].

Lörtscher, R.: "Indexfonds: unspektakulär investieren?", in: Der Monat (SBV), Nr. 6/1989, S. 16-17, [Lörtscher 1989].

Luskin, D.: "Portfolio Insurance - A Guide to Dynamic Hedging", New York 1988, [Luskin 1988].

Macaulay, F.: "Some Theoretical Problems Suggested by the Movements of Interest Rates, Bond Yields and Stock Prices in the United States since 1856", National Bureau of Economic Research, New York 1938, [Macaulay 1938].

MacQueen, J.: "Quantitative techniques", in: **Tapley, M.:** "International Portfolio Management", London 1986 (Euromoney Publication), S. 75-108, [MacQueen 1986].

Mäder, E./Planta, R.: "Zinsprognosen in der Praxis: Ein Ueberblick", in: Finanzmarkt und Portfolio Management, Nr. 3/1989, S. 233-247, [Mäder/Planta 1989].

Madura, J./Reiff, W.: "A hedge strategy for international portfolios", in: The Journal of Portfolio Management, Fall/1985, S. 70-74, [Madura/Reiff 1985].

Maginn, J./Tuttle, D.: "Managing Investment Portfolios", 2. Aufl., Boston 1991, [Maginn/Tuttle 1991].

Maier, K.: "Sparverhalten im Wandel", in: Bank und Markt, Nr. 11/1989, S. 5-10, [Maier 1989].

Malkiel, B.: "A Random Walk Down Wall Street", 5. Aufl., New York 1990, [Malkiel 1990].

Markowitz, H.: "Mean-Variance Analysis in Portfolio Choice and Capital Markets", Oxford 1987, [Markowitz 1987].

Markowitz, H.: "Portfolio Selection - Efficient Diversification of Investments", 2. Aufl., New York 1992, [Markowitz 1992].

Markowitz, H.: "Portfolio Selection", in: Journal of Finance, March/1952, S. 77-91, [Markowitz 1952].

Marshall, J./Bansal, V.: "Financial Engineering - A Complete Guide to Financial Innovation", New York 1992, [Marshall/Bansal 1992].

Martikainen, T./Perttunen, J./Ziemba, W.: "The Turn-of-the-Month Effect in the World's Stock Markets, January 1988 - January 1990", in: Finanzmarkt und Portfolio Management, Nr. 1/1994, S. 41-49, [Martikainen/Perttunen/Ziemba 1994].

Mason, R.: "Innovations in the Structure of International Securities" (Broschüre der CSFB), New York 1986, [Mason 1986].

Mayers, D.: "Non-Marketable Assets and the Capital Market Equilibrium under Uncertainty", in: **Jensen, M.:** "Studies in the Theory of Capital Markets", New York 1972, S. 223-248, [Mayers 1972].

Meier, H.: "The Swiss Equity Market", Zürich 1985, [Meier 1985].

Meier, P./Halbherr, P.: "Investitionsstrategien in der Vermögensverwaltung", in: NZZ vom 11. August 1992, S. 29, [Meier/Halbherr 1992].

Meier, P./Takushi, C.: "Asset Allocation mit prognostizierten Renditen und Risikomassen", in: Finanzmarkt und Portfolio Management, Nr. 4/1992, S. 414-428, [Meier/Takushi 1992].

Merton, R.: "On Market Timing and Investment Performance. I. An Equilibrium Theory of Value for Market Forecasts", in: Journal of Business, Nr. 3 (Juli)/1981, S. 363-406, [Merton 1981].

Michaud, R.: "The Markowitz Optimization Enigma: Is 'Optimized' Optimal?", in: Financial Analysts Journal, Nr. 1-2/1989, S. 31-42, [Michaud 1989].

Miller, M./Scholes, M.: "Rates of Return in Relation to Risk: A Re-examination of some recent Findings", in: **Jensen, M.:** "Studies in the Theory of Capital Markets", New York 1972, S. 47-78, [Miller/Scholes 1972].

Modigliani, F./Pogue, G.: "An Introduction to Risk and Return", in: Financial Analysts Journal, Nr. 5-6/1974, S. 68-86, [Modigliani/Pogue 1974].

Morgan Stanley: "Structured Securities in 1994", Präsentation vom 28. Januar 1994 in Zürich, [Morgan Stanley 1994].

Mossin, J.: "Equilibrium in a Capital Asset Market", in: Econometrica, October/ 1966, S. 768-783, [Mossin 1966].

Mühlbradt, F.: "Chancen und Risiken der Aktienanlage. Untersuchungen zur «Efficient-Market»-Theorie in Deutschland, 2. Aufl., Köln 1978, [Mühlbradt 1978].

Mühlbradt, F.: "Die Herausforderung der deutschen Aktienanalysten durch die Effizienzmarktthese - Sind die technische Analyse und die Fundamentalanalyse für die Aktienkursprognose wertlos?", in: Beiträge zur Aktienanalyse, Nr. 19/1980, S. 7-16, [Mühlbradt 1980].

Müller, B.: "Die Ertragserwartung aus einem international diversifizierten Wertpapierportefeuille", in: Zeitschrift für das gesamte Kreditwesen, Nr. 15/1985, S. 12-18, [Müller 1985].

Müller, H./Capitelli, R./Granziol, M.: "Optimale Portefeuilles für institutionelle Anleger", in: Zeitschrift für Operations Research, Nr. 28/1984, S. 163-176, [Müller/Capitelli/Granziol 1984].

Müller-Möhl, E.: "Optionen - Grundlagen und Strategien für das Optionsgeschäft in der Schweiz und in Deutschland", 2. Aufl., Zürich 1989, [Müller-Möhl 1989].

Nägeli, O.: "SOFFEX-Optionen auf dem Swiss Market Index (SMI)", in: SOFFEX Extra, Nr. 1/1988, S. 8-9, [Nägeli 1988].

Nagler, F.: "Ist Wertpapieranalyse nutzlos?", in: Beiträge zur Aktienanalyse, Nr. 19/1980, S. 17-22, [Nagler 1980].

Nawrocki, D.: "Portfolio Management Using Portfolio Theory Techniques and the PMSP Professional Software Package", in: Finanzmarkt und Portfolio Management, Nr. 2/1992, S. 219-235, [Nawrocki 1992].

Neumann, J./Morgenstern, O.: "Theory of Games and Economic Behavior", 2. Aufl., Princeton 1947, [Neumann/Morgenstern 1947].

Literaturverzeichnis 409

Neumann, M./Klein, M.: "Probleme der Theorie effizienter Märkte und ihrer empirischen Ueberprüfung", in: Kredit und Kapital, Nr. 2/1982, S. 165-186, [Neumann/Klein 1982].

Niederer, U./Laube, B.: "Der Bankverein-Aktienindex in neuem Gewand", in: Der Monat, Nr. 7-8/1987, S. 24-25, [Niederer/Laube 1987].

Nielsen, L.: "Positive Prices in CAPM", in: Journal of Finance, June/1992, S. 791-808, [Nielsen 1992].

O'Brien, T.: "The mechanics of portfolio insurance", in: The Journal of Portfolio Management, Spring/1988, S. 40-47, [O'Brien 1988].

o.V.: "Chronik des grossen Crash", in: Wertpapier, Nr. 2/1988, S. 154-155, [o.V. 1988].

o.V.: "Lancierung von Schweizer Aktienindex-Futures", in: NZZ vom 10. Januar 1989, Nr. 6, S. 38, [o.V. 1989].

Odier, P./Solnik, B./Mivelaz, J.: "International Diversification for Swiss Pension Funds", in: Finanzmarkt und Portfolio Management, Nr. 1/1991, S. 20-38, [Odier/Solnik/Mivelaz].

Odier, P./Solnik, B.: "Lessons for International Asset Allocation", in: Financial Analysts Journal, Nr. 3-4/1993, S. 63-77, [Odier/Solnik 1993].

Oehler, A.: "'Anomalien' im Anlegerverhalten", in: Die Bank, Nr. 11/1991, S. 600-607, [Oehler 1991].

Olsen, R.: "Echtzeitprognosen und modernes Portfolio-Management", in: Schweizer Bank, Nr. 8/1989, S. 20-24, [Olsen 1989].

Péclard, M.: "Zwischen Diversifikation und Konzentration - Der Balanceakt zum Anlageerfolg", in: Der Monat (SBV), Nr. 9/1980, S. 17-21, [Péclard 1980].

Peppi, M./Staub, W.: "Warum ein Börsenindex?", in: SOFFEX Extra, Nr. 1/1988, S. 1-4, [Peppi/Staub 1988].

Perold, A./Sharpe, W.: "Dynamic Strategies for Asset Allocation", in: Financial Analysts Journal, Nr. 1-2/1988, S. 16-27, [Perold/Sharpe 1988].

Perridon, L./Steiner, M.: "Finanzwirtschaft der Unternehmung", 7. Aufl., München 1993, [Perridon/Steiner 1993].

Peters, E.: "Chaos and Order in the Capital Markets", New York 1991, [Peters 1991].

Peters, H.-W.: "Kapitalmarkttheorie und Aktienmarktanalyse", Frankfurt a.M. 1987, [Peters 1987].

Peterson, D./Rice, M.: "A Note on Ambiguity in Portfolio Performance Measures", in: Journal of Finance, December/1980, S. 1251-1256, [Peterson/Rice 1980].

Petty, J./Keown, A./Scott, D./Martin, J.: "Basic Financial Management", 6. Aufl., Englewood Cliffs 1993, [Petty/Keown/Scott/Martin 1993].

Pictet & Cie: "Die Performance von Aktien und Obligationen in der Schweiz - Eine empirische Untersuchung von 1925 bis 1993", Genf 1994, [Pictet & Cie 1994].

Pieptea, D.: "Hedging with Multiple Interest Rate Futures", in: Finanzmarkt und Portfolio Management, Nr. 1/1990, S. 50-58, [Pieptea 1990].

Pindyck, R./Rubinfeld, D.: "Econometric Models & Economic Forecasts", 3. Aufl., New York 1991, [Pindyck/Rubinfeld 1991].

Rapp, H.: "Wie effizient sind die Kapitalmärkte wirklich?", in: F&W vom 27. Januar 1993, S. 21, [Rapp 1993].

Reilly, F.: "Investments", 3. Aufl., New York 1989, [Reilly 1989].

Reinganum, M.: "A direct test of Roll's conjecture of the firm size effect, in: Journal of Finance, March 1982, S. 27-35, [Reinganum 1982].

Reinganum, M.: "A misspecification of capital asset pricing: Empirical anomalies based on earnings' yields and market values", in: Journal of Financial Economics, June/1981, S. 19-46, [Reinganum 1981].

Rendleman, R./O'Brien, T.: "The Effects of Volatility Misestimation on Option-Replication Portfolio Insurance", in: Financial Analysts Journal, Nr. 5-6/1990, S. 61-70, [Rendleman/O'Brien 1990].

Riepl, R.: "Aktienindizes: Mehr als eine rein statistische Grösse", in: Der Monat (SBV), Nr. 7-8/1986, S. 32-34, [Riepl 1986].

Riepl, R.: "Global Asset Allocation", in: Economic and Financial Prospects (SBC), Nr. 6/1988, S. 1- 4, [Riepl 1988].

Riley, W./Chow, K.: "Asset Allocation and Individual Risk Aversion", in: Financial Analysts Journal, Nr. 11-12/1992, S. 32-37, [Riley/Chow 1992].

Rivett, P./Speak, P.: "The financial jungle - a guide to financial instruments", 2. Aufl., London 1991, [Rivett/Speak 1991].

Rodriguez, R.: "Default Risk, Yield Spreads, and Time to Maturity", in: Journal of Financial and Quantitative Analysis, January/1988, S. 111-117, [Rodriguez 1988].

Rogg, O.: "Repurchase Agreements", in: **Fabozzi, F.:** "The Handbook of Fixed Income Securities", 3. Aufl., Homewood 1991, S. 238-250, [Rogg 1991].

Roll, R./Ross, S.: "An Empirical Investigation of the Arbitrage Pricing Theory", in: Journal of Finance, December/1980, S. 1073-1103, [Roll/Ross 1980].

Roll, R./Ross, S.: "The Arbitrage Pricing Theory Approach to Strategic Portfolio Planning", in: Financial Analysts Journal, Nr. 5-6/1984, S. 14-26, [Roll/Ross 1984].

Roll, R.: "A Critique of the Asset Pricing Theory's Tests", in: Journal of Financial Economics, March/1977, S. 129-176, [Roll 1977].

Roll, R.: "A Mean/Variance Analysis of Tracking Error", in: The Journal of Portfolio Management, Summer/1992, S. 13-22, [Roll 1992].

Roll, R.: "Ambiguity when Performance is measured by the Security Market Line", in: Journal of Finance, September/1978, S. 1051-1070, [Roll 1978].

Roll, R.: "Performance Evaluation and Benchmark Error I", in: The Journal of Portfolio Management, Summer/1980, S. 5-12, [Roll 1980].

Roll, R.: "Performance Evaluation and Benchmark Error II", in: The Journal of Portfolio Management, Winter/1981, S. 17-22, [Roll 1981].

Ronn, E.: "A New Linear Programming Approach to Bond Portfolio Management", in: Journal of Financial and Quantitative Analysis, December/1987, S. 438-466, [Ronn 1987].

Rosenberg, B./Guy, J.: "Prediction of Beta from Investment Fundamentals - Part one", in: Financial Analysts Journal, Nr. 5-6/1976, S. 60-71, [Rosenberg/Guy 1976 (1)].

Rosenberg, B./Guy, J.: "Prediction of Beta from Investment Fundamentals - Part two", in: Financial Analysts Journal, Nr. 7-8/1976, S. 62-70, [Rosenberg/Guy 1976 (2)].

Ross, S./Westerfield, R./Jaffe, J.: "Corporate Finance", 3. Aufl., Homewood 1993, [Ross/Westerfield/Jaffe 1993].

Ross, S.: "Return, Risk, and Arbitrage", in: **Friend, I./Bicksler, J.:** "Risk and Return in Finance", Cambridge 1977, S. 189-218, [Ross 1977].

Ross, S.: "The Arbitrage Theory of Capital Asset Pricing", in: Journal of Economic Theory, December/1976, S. 341-360, [Ross 1976].

Roy, A.: "Safety-First and the Holding of Assets", in: Econometrics, July/1952, S. 431-449, [Roy 1952].

Rubinstein, M.: "Alternative Paths to Portfolio Insurance", in: Financial Analysts Journal, Nr. 7-8/1985, S. 42-52, [Rubinstein 1985].

Rubinstein, M.: "Derivative Asset Analysis", in: Economic Perspectives, Fall/1987, S. 73-93, [Rubinstein 1987].

Rubinstein, M.: "Portfolio Insurance and the Market Crash", Los Angeles 1988 (Broschüre), [Rubinstein 1988].

Rudolf, M.: "Efficient Frontier und Shortfall Risk", in: Finanzmarkt und Portfolio Management, Nr. 1/1994, S. 88-101, [Rudolf 1994].

Rudolph, B.: "Duration: Eine Kennzahl zur Beurteilung der Zinsempfindlichkeit von Vermögensanlagen", in: Zeitschrift für das gesamte Kreditwesen, Nr. 4/1981, S. 19-22, [Rudolph 1981 (1)].

Rudolph, B.: "Eine Strategie zur Immunisierung der Portefeuilleentnahmen gegen Zinsänderungsrisiken", in: Zeitschrift für betriebswirtschaftliche Forschung, Nr. 33/1981, S. 22-35, [Rudolph 1981 (2)].

Rudolph, B.: "Zinsänderungsrisiken und die Strategie der durchschnittlichen Selbstliquidationsperiode", in: Kredit und Kapital, Nr. 2/1979, S. 181-205, [Rudolph 1979].

Rump, S./Brestel, N.: "Zinsoptionen funktionieren anders", in: F&W vom 14. März 1990, Nr. 20, S. 23, Rump/Brestel 1990].

Salomon Brothers Inc: "Catalog of Corporate Securities", in: **Kuhn, R.:** "Corporate and Municipal Securities - Volume III of the Library of Investment Banking", Homewood 1990, S. 716-727, [Salomon Brothers Inc 1990].

Samuelson, P.: "The judgment of econimic science on rational portfolio management: Indexing, timing, and longhorizon effects", in: The Journal of Portfolio Management, Fall/1989, S. 4-12, [Samuelson 1989].

Saunders, A.: "Financial Institutions Management - A Modern Perspective", Homewood 1993, [Saunders 1993].

Schäfer, H.: "Systemorientierte Aktienportefeuilleplanung", Frankfurt a.M. 1983, [Schäfer 1983].

Scherrer, A.: "Gold und Goldaktien", in: Finanzmarkt und Portfolio Management, Nr. 1/1990, S. 59-65, [Scherrer 1990].

Schmid, H.: "Geld, Kredit und Banken", 2. Aufl., Bank- und finanzwirtschaftliche Forschungen Bd. 55, Bern 1988, [Schmid 1988].

Schmidt, R.: "Aktienkursprognose", Wiesbaden 1976, [Schmidt 1976].

Schmidt, R.: "Grundprobleme der Wertpapieranalyse und der Anlageberatung", in: Beiträge zur Aktienanalyse, Nr. 17/1978, S. 5-24, [Schmidt 1978].

Schnyder, T.: "Wertschriftenhandel und Brokerdealerbeziehungen", Bern 1992, [Schnyder 1992].

Schreyer, R./Thiessen, F.: "Arbitrage am Anleihemarkt", in: Die Bank, Nr. 8/1991, S. 446-452, [Schreyer/Thiessen 1991].

Schultz, J./Zimmermann, H.: "Risikoanalyse schweizerischer Aktien: Stabilität und Prognose von Betas", in: Finanzmarkt und Portfolio Management, Nr. 3/1989, S. 196-209, [Schultz/Zimmermann 1989].

Literaturverzeichnis

Schulz, T.: "Börsengehandelte Finanzmarktinstrumente mit Ausübungsrechten", in: Die Bank, Nr. 8/1993, S. 476-484, [Schulz 1993].

Schuster, J.: "Anlagefondsgesetz", 2. Aufl., Zürich 1975, [Schuster 1975].

Schwartz, E.: "Options and Portfolio Insurance", in: Finanzmarkt und Portfolio Management, Nr. 1/1986, S. 9-17, [Schwartz 1986].

Schwartz, R.: "Equity Markets: Structure, Trading and Performance", New York 1988, [Schwartz 1988].

Schwartz, R.: "Reshaping the Equity Markets - A Guide for the 1990s", New York 1991, [Schwartz 1991].

Schweizerische Bankgesellschaft: "Begriffserklärungen zur Modernen Portfolio-Theorie" (Broschüre), Zürich 1989, [Schweizerische Bankgesellschaft 1989].

Schweizerische Bankiervereinigung/Telekurs AG (Hrsg.): "Der Performance-Vergleich" (Broschüre), (ohne Ort und Jahr), [Schweizerische Bankiervereinigung/Telekurs AG].

Schweizerische Kreditanstalt: "Asset Management" - Ausbau einer modernen Dienstleistung durch die Schweizerische Kreditanstalt" (Broschüre), Zürich 1989, [Schweizerische Kreditanstalt 1989].

Schweizerische Kreditanstalt: "Das Emissionsgeschäft in Schweizerfranken" (Broschüre), Zürich 1985, [Schweizerische Kreditanstalt 1985].

Schweizerische Kreditanstalt: "Gold - Handbuch" (Broschüre), Zürich 1982, [Schweizerische Kreditanstalt 1982].

Schweizerische Kreditanstalt: "Technische Beurteilung von OBLIGATIONEN, insbesondere auch Wandel- und Optionsanleihen - Ein Leitfaden von Spezialisten für Spezialisten" (Broschüre), 2. Aufl., Zürich 1983, [Schweizerische Kreditanstalt 1983].

Schweizerischer Bankverein: "Der schweizerische Kapitalmarkt" (Broschüre), Basel 1989, [Schweizerischer Bankverein 1986].

Schweizerischer Bankverein: "Handel mit Optionen auf Schweizer Aktien" (Broschüre), Basel 1988, [Schweizerischer Bankverein 1988].

Seix, C.: "Bond Swaps", in: **Fabozzi, F.:** "The Handbook of Fixed Income Securities", 2. Aufl., Homewood 1987, S. 646-653, [Seix 1987].

Shackle, G.: "Expectation in Economics", 2. Aufl., Cambridge 1952, [Shackle 1952].

Sharpe, W./Alexander, G.: "Investments", 4. Aufl., Englewood Cliffs 1990, [Sharpe/Alexander 1990].

Sharpe, W.: "A Simplified Model for Portfolio Analysis", in: Management Science, January/1963, S. 277-293, [Sharpe 1963].

Sharpe, W.: "AAT Asset Allocation Tools", 2. Aufl., New York 1987, [Sharpe 1987].

Sharpe, W.: "Capital Asset Prices: A Theory of Market Equilibrium under Condition of Risk", in: Journal of Finance, September/1964, S. 425-442, [Sharpe 1964].

Sharpe, W.: "Mutual Fund Performance", in: Journal of Business, Nr. 1 (January)/1966, S. 119-138, [Sharpe 1966].

Sharpe. W.: "Investements", 3. Aufl., Englewood Cliffs 1985, [Sharpe 1985].

Shukla, R./Trzcinka, C.: "Performance Measurement of Managed Portfolios", Financial Markets, Institutions & Instruments, New York 1992/4, [Shukla/Trzcinka 1992].

Shukla, R./Trzcinka, C.: "Research on risk and return: Can measures of risk explain anything?", in: The Journal of Portfolio Management, Spring/1991, S. 15-21, [Shukla/Trzcinka 1991].

Siegel, A./Nelson, C.: "Long-Term Behavior of Yield Curves", in: Journal of Financial and Quantitative Analysis, January/1988, S. 105-110, [Siegel/Nelson 1988].

Smith, C./Smithson, C./Wakeman, L.: "The Market for Interest Rate Swaps", in: Financial Management, Winter/1988, S. 34-44, [Smith/Smithson/Wakeman 1988].

Smith, D.: "The Arithmetic of Financial Engineering", in: Journal of Applied Corporate Finance, Nr. 4/1989, S. 49-58, [Smith 1989].

Smith, K.: "Portfolio Management", New York 1971, [Smith 1971].

Smith, R./Walter, I.: "Global Financial Services", New York 1990, [Smith/Walter 1990].

SOFFEX: "Kontraktspezifikationen für SOFFEX-Optionen" (Broschüre), Zürich 1988, [SOFFEX 1988 (1)].

SOFFEX: "Merkmale und Risiken von Traded Options" (Broschüre), Zürich 1988, [SOFFEX 1988 (2)].

SOFFEX: SOFFEX Manual, Zürich 1990, [SOFFEX Manual 1990]

SOFFEX: "Swiss Market Index Optionskontrakte" (Broschüre), Zürich 1988, [SOFFEX 1988 (3)].

Solnik, B./Noetzlin, B.: "Optimal international asset allocation", in: The Journal of Portfolio Management, Fall/1982, S. 11-21, [Solnik/Noetzlin 1982].

Solnik, B.: "Currency Hedging and Siegel's Paradox: On Black's Universal Hedging Rule", in: Review of International Economics, June 1993, S. 180-187, [Solnik 1993 (1)].

Solnik, B.: "International Investments", 2. Aufl., New York 1991, [Solnik 1991].

Solnik, B.: "Note on the validity of the random walk for European stock prices", in: Journal of Finance, December/1973, S. 1151-1159, [Solnik 1973].

Solnik, B.: "The performance of international asset allocation strategies using conditioning information", in: Journal of Empirical Finance, Nr. 1/1993, S. 33-55, [Solnik 1993 (2)].

Solnik, B.: "Why not Diversify Internationally Rather than Domestically?", in: Financial Analysts Journal, Nr. 7-8/1974, S. 48-54, [Solnik 1974].

Sortino, F./Van der Meer, R.: "Downside Risk", in: The Journal of Portfolio Management, Summer/1991, S. 27-31, [Sortino/Van der Meer 1991].

Spahni, A.: "Entwicklungen und Zukunft der Anlagefonds in der Schweiz", Bank- und finanzwirtschaftliche Forschungen Bd. 111, Bern 1988, [Spahni 1988].

Spahni, A.: "Fondsgeschäft im weltweiten Umbruch", in: SKA bulletin, Nr. 1-2/1994, S. 37-39, [Spahni 1994].

Speidell, L./Miller, D./Ullmann, J.: "Portfolio Optimization: A Primer", in: Financial Analysts Journal, Nr. 1-2/1989, S. 22-30, [Speidell/Miller/Ullmann 1988].

Spremann, K.: "Abschied von Beta", in: Schweizer Bank, Nr. 12/1992, S. 54-57, [Spremann 1992 (1)].

Spremann, K.: "Probleme mit Risiken", in: Schweizer Bank, Nr. 10/1992, S. 87-89, [Spremann 1992 (3)].

Spremann, K.: "Zur Abhängigkeit der Rendite von Entnahmen und Einlagen", in: Finanzmarkt und Portfolio Management, Nr. 2/1992, S. 179-192, [Spremann 1992 (2)].

Statman, M.: "How Many Stocks Make a Diversified Portfolio", in: Journal of Financial and Quantitative Analysis, September/1987, S. 353-363, [Statman 1987].

Staub, W.: "Entwicklung von Financial Futures Märkten", in: SOFFEX Extra, Nr. 2/1989, S. 4-6, [Staub 1989].

Steiner, M./Wittkemper, H.: "Aktienrendite-Schätzungen mit Hilfe künstlicher neuronaler Netze", in: Finanzmarkt und Portfolio Management, Nr. 4/1993, S. 443-458, [Steiner/Wittkemper 1993].

Stigum, M.: "The Instruments in Brief", in: **Kuhn, R.:** "Corporate and Municipal Securities - Volume III of the Library of Investment Banking", Homewood 1990, S. 159-183, [Stigum 1990].

Stigum, M.: "The Money Market", 3. Aufl., Homewood 1990, [Stigum 1990].

Stockner, W.: "Die Bewertung des Länderrisikos als Entscheidungshilfe bei der Vergabe internationaler Bankkredite", Frankfurt a. Main 1984, [Stockner 1984].

Stone, C./Zissu, A./Lederman, J.: "The Global Asset Backed Securities Market", Chicago 1993, [Stone/Zissu/Lederman 1993].

Stucki, T.: "Eigenschaften der impliziten Volatilitäten der SOFFEX-Optionen", in: Finanzmarkt und Portfolio Management, Nr. 4/1992, S. 396-413, [Stucki 1992].

Stulz, R./Stucki, T./Wasserfallen, W.: "SMI Futures: Pricing and Hedging Performance", in: Finanzmarkt und Portfolio Management, Nr. 4/1989, S. 288-300, [Stulz/Stucki/Wasserfallen 1989].

Stulz, R./Wasserfallen, W./Stucki, T.: "Portfolio Insurance with Options and Futures on the SMI", in: Finanzmarkt und Portfolio Management, Nr. 2/1990, S. 99-115, [Stulz/Wasserfallen/Stucki 1990].

Stulz, R.: "Portfolio Management in International Capital Markets: A Swiss Perspective", in: Finanzmarkt und Portfolio Management, Nr. 1/1986, S. 18-23, [Stulz 1986].

Stulz, R.: "Program Trading, Portfolio Insurance and the Crash of 1987", in: Finanzmarkt und Portfolio Management, Nr. 1/1988, S. 11-22, [Stulz 1988].

Stützer, R.: "Aspekte der Anlageberatung", in: Beiträge zur Aktienanalyse Nr. 6/1968, S. 21-28, [Stützer 1968].

Sullivan, K./Collins, B./Smilow, D.: "Mortgage Pass-Through Securities", in: **Kuhn, R.:** "Mortgage and Asset Securitization - Volume V of the Library of Investment Banking", Homewood 1990, S. 128-151, [Sullivan/Collins/Smilow 1990].

Tanner, M./Zimmermann, H.: "Auswirkungen schweizerischer Stillhalteroptionen auf den Aktienmarkt", in: Finanzmarkt und Portfolio Management, Nr. 1/1993, S. 46-69, [Tanner/Zimmermann 1993].

Tapley, M.: "International Portfolio Management", London 1986 (Euromoney Publication), [Tapley 1986 (1)].

Tapley, M.: "The case for diversifying internationally", in: **Tapley, M.:** "International Portfolio Management", London 1986 (Euromoney Publication), S. 41-58, [Tapley 1986 (2)].

Teegen, K.: "Aktien-Rating-Modelle in der Anlageentscheidung", in: Oesterreichisches Bankarchiv, Nr. 10/1987, S. 710-721, [Teegen 1987].

Teweles, R./Bradley, E./Teweles, T.: "The Stock Market", 6. Aufl., New York 1992, [Teweles/Bradley/Teweles 1992].

Thurnes, G.: "Expertensystem unterstützt Aktienanalyse", in: Die Bank, Nr. 11/1988, S. 614-621, [Thurnes 1988].

Tobin, J.: "Liquidity Preference as Behavior Towards Risk", in: Review of Economic Studies, February/1958, S. 65-86, [Tobin 1958].

Tran, H./Anderson, L./Drayss, E.: "Eurocapital Markets", in: **Kuhn, R.:** "International Finance and Investing - Volume VI of the Library of Investment Banking", Homewood 1990, S. 129-160, [Tran/Anderson/Drayss 1990].

Trautmann, S.: "Aktienoptionspreise an der Frankfurter Optionsbörse im Lichte der Optionsbewertungstheorie", in: Finanzmarkt und Portfolio Management, Nr. 3/1989, S. 210-225, [Trautmann 1989].

Trenner, D.: "Aktienanalyse und Anlegerverhalten", Düsseldorf 1988, [Trenner 1988].

Treynor, J.: "How to Rate Mutual Fund Performance", in: Harvard Business Review, January-February/1965, S. 63-75, [Treynor 1965].

UBS Phillips & Drew: "Global Equity Derivatives" (intern), London 1992, [UBS Phillips & Drew 1992].

Uhlir, H./Steiner, P.: "Wertpapieranalyse", Heidelberg 1986, [Uhlir/Steiner 1986].

Uhlir, H.: "Ueberprüfung der Random-Walk-Hypothese auf dem österreichischen Aktienmarkt", Publikation der Kommission für Wirtschafts- und Sozialwissenschaften, Wien 1979, [Uhlir 1979].

Ulrich, H./Probst, G.: "Anleitung zum ganzheitlichen Denken und Handeln", St. Gallen und Genf 1988, [Ulrich/Probst 1988].

Van Horn, J.: "Financial Market Rates and Flows", 2. Aufl., Englewood Cliffs 1984, [Van Horn 1984].

Vandell, R./Stevens, J.: "Evidence of superior performance from timing", in: The Journal of Portfolio Management, Spring/1989, S. 38-42, [Vandell/Stevens 1989].

Veale, S.: "Bond Yield Analysis - A Guide to Predicting Bond Returns", New York 1988, [Veale 1988].

Vock, T./Zimmermann, H.: "Risiken und Renditen schweizerischer Aktien", in: Schweizerische Zeitschrift für Volkswirtschaft und Statistik, Nr. 4/1984, S. 547-576, [Vock/Zimmermann 1984].

Von Siebenthal, W.: "Aus der Praxis: Ist Risikomessung Kunst oder Wissenschaft?", in: Finanzmarkt und Portfolio Management, Nr. 4/1992, S. 442-447, [Von Siebenthal 1992].

Wadsworth, J.: "Dividend Policy and Equity Financing", in: **Kuhn, R.:** "Capital Raising and Financial Structure - Volume II of the Library of Investment Banking", Homewood 1990, S. 505-518, [Wadsworth 1990].

Wasserfallen, W.: "Die Finanzmarkttheorie - Eine Uebersicht", in: Finanzmarkt und Portfolio Management, Nr. 2/1986, S. 21-27, [Wasserfallen 1986].

Wasserfallen, W.: "Relationen zwischen Kassa- und Terminkursen", in: SOFFEX Extra, Nr. 2/1989, S. 16-17, [Wasserfallen 1989].

Watson, C./Billingsley, P./Croft, D./Huntsberger, D.: "Statistics for Management and Economics", 5. Aufl., Boston 1993, [Watson/Billingsley/Croft/Huntsberger 1993].

Weber, S.: "Schaukelpartie in den Abgrund", in: Wertpapier, Nr. 1/1988, S. 62-66, [Weber 1988].

Wertschulte, J./Meyer, T.: "Das Rentenmarktindexkonzept der BHF-Bank", in: Die Bank, Nr. 2/1984, S. 65-69, [Wertschulte/Meyer 1984].

Wertschulte, J./Meyer, T.: "Rentenmarktanalyse und Portfoliostrategie: Computermodell RENSYS der BHF-Bank", in: Die Bank, Nr. 5/1986, 236-242, [Wertschulte/Meyer 1986].

Wilde, M.: "Depotplanungsmodelle", Wien 1972, [Wilde 1972].

Wirth, W.: "Ein Jahr nach dem Kurssturz an den Aktienbörsen: Folgerungen für die Zukunft", in: SKA-Bulletin, Nr. 10/1988, S. 41-42, [Wirth 1988].

Wirth, W.: "Wertschriftenanalyse und Portefeuilleoptimierung", Heft 67 der Schriftenreihe der Schweizerischen Kreditanstalt, Zürich 1982, [Wirth 1982].

Wolter, H.: "Shortfall-Risiko und Zeithorizonteffekte", in: Finanzmarkt und Portfolio Management, Nr. 3/1993, S. 330-338, [Wolter 1993].

Wondrak, B.: "Management von Zinsänderungschancen und -risiken", Heidelberg 1986, [Wondrak 1986].

Wydler, D.: "Einige grundsätzliche Gedanken zu Schweizer Pensionskassen", in: Finanzmarkt und Portfolio Management, Nr. 2/1992, S. 169-178, [Wydler 1992].

Wydler, D.: "Leistungsvergleich von Aktien und Obligationen", in: NZZ vom 17. Februar 1988, Nr. 31, S. 37, [Wydler 1988 (1)].

Wydler, D.: "Portfolio Insurance mit Aktienindexfutures", in: Finanzmarkt und Portfolio Management, Nr. 1/1988, S. 23-32, [Wydler (2)].

Zapotocky, S.: "Portfolio-Management", Wien 1987, [Zapotocky 1987].

Zenger, C.: "Zeithorizont, Ausfallwahrscheinlichkeit und Risiko: Einige Bemerkungen aus der Sicht des Praktikers", in: Finanzmarkt und Portfolio Management, Nr. 1/1992, S. 104-113, [Zenger 1992].

Zhu, Y./Kavee, R.: "Performance of portfolio insurance strategies", in: The Journal of Portfolio Management, Spring/1988, S. 48-54, [Zhu/Kavee 1988].

Ziemer, N.: "Markt für Optionsscheine gewinnt weiter an Bedeutung", in: Die Bank, Nr. 9/1990, S. 507-517, [Ziemer 1990].

Zimmermann, H. (Hrsg.): "Finanzinnovationen / Financial Innovation", St. Gallen 1987, [Zimmermann 1987 (1)].

Zimmermann, H./Arce, C./Jaeger, S./Wolter, H.: "Pensionskassen Schweiz: Neue Strategien für wachsende Leistungsansprüche", St. Gallen 1992 (Hrsg. Zürcher Kantonalbank), [Zimmermann/Arce/Jaeger/Wolter 1992].

Zimmermann, H./Bill, M./Dubacher, R.: "Finanzmarkt Schweiz: Strukturen im Wandel", St. Gallen 1989 (Hrsg. Zürcher Kantonalbank), [Zimmermann/Bill/Dubacher 1989].

Zimmermann, H./Drummen, M.: "The Structure of European Stock Returns", in: Financial Analysts Journal, Nr. 7-8/1992, S. 15-26, [Zimmermann/Drummen 1992].

Zimmermann, H./Vock, T.: "Auch für Kleinanleger - Schon mit vier Titeln über die Hälfte des Risikos eliminiert - Kein Verlust an durchschnittlicher Rendite", in: SHZ vom 16. August 1984, Nr. 33, S. 28, [Zimmermann/Vock 1984].

Zimmermann, H.: "Der schweizerische Options- und Financial Futures-Markt: Die geplanten Instrumente", in: Finanzmarkt und Portfolio Management, Nr. 2/1986, S. 33-46, [Zimmermann 1986].

Zimmermann, H.: "Derivative Instrumente und Marktliquidität", in: NZZ vom 26. Oktober 1993, Nr. 249, S. B3, [Zimmermann 1993].

Zimmermann, H.: "Editorial: Reward-to-Risk", in: Finanzmarkt und Portfolio Management, Nr. 1/1994, S. 1-6, [Zimmermann 1994].

Zimmermann, H.: "Preisbildung und Risikoanalyse von Aktienoptionen", St. Gallen 1987, [Zimmermann 1987 (2)].

Zimmermann, H.: "Replik zum Thema 'Ausfall und Zeithorizont'", in: Finanzmarkt und Portfolio Management, Nr. 1/1992, S. 114-117, [Zimmermann 1992].

Zimmermann, H.: "Zeithorizont, Risiko und Performance: Eine Uebersicht", in: Finanzmarkt und Portfolio Management, Nr. 2/1991, S. 164-181, [Zimmermann 1991].

Zingg, W.: "Der neue Index der Schweizer Aktien", in: Oesterreichisches Bankarchiv, Nr. 11/1987, S. 811-818, [Zingg 1987].

Zingg, W.: "Indizes, Kenn- und Messziffern für kotierte Schweizeraktien", Bank- und finanzwirtschaftliche Forschungen Bd. 32, Bern 1976, [Zingg 1976].

Zuppinger, F.: "Steuerrecht I, Einführung in das Recht der direkten Steuern", Zürich 1986, [Zuppinger 1986].

Zürcher Kantonalbank (Hrsg.): "Strategie und Zufall an der Börse", Zürich 1988, [Zürcher Kantonalbank 1988].

Zürcher Kantonalbank: "Vermögensverwaltung bei der Zürcher Kantonalbank", Anlageinformation der ZKB, Zürich 1985, [Zürcher Kantonalbank 1985].

Zwyssig, M.: "Pricing von Options- und Wandelanleihen aus finanzwirtschaftlicher Sicht", Bank- und finanzwirtschaftliche Forschungen Bd. 168, Bern 1993, [Zwyssig 1993].

Zitierte Gesetze, Verordnungen und Erlasse

Bundesgesetz über das Obligationenrecht vom 30. März 1911, [OR].

Bundesgesetz über die Anlagefonds vom 1. Juli 1966, [AFG].

Bundesgesetz über die Banken und Sparkassen vom 8. November 1934, [BaG].

Bundesgesetz über die Erwerbsersatzordnung für Wehr- und Zivilschutzpflichtige vom 25. Juni 1952, [EOG].

Bundesgesetz über die Invalidenversicherung vom 19. Juni 1959, [IVG].

Bundesgesetz über die Kranken- und Unfallversicherung vom 13. Juni 1911, [KUVG].

Bundesgesetz über die obligatorische Arbeitslosenversicherung und die Insolvenzentschädigung vom 25. Juni 1982, [AVIG].

Bundesgesetz über die Stempelabgaben vom 27. Juni 1973, [StG].

Gesetz über die direkten Steuern im Kanton Zürich vom 8. Juli 1951.

Schweizerisches Zivilgesetzbuch vom 10. Dezember 1907, [ZGB].

Systematische Sammlung der Bundesgesetze, 672.201.1: Verordnung 1 des EFD über die pauschale Steueranrechnung vom 6. Dezember 1967.

Verordnung I über die Krankenkassenversicherung betreffend das Rechnungswesen und die Kontrolle der vom Bund anerkannten Krankenkassen und Rückversicherungsverbände sowie der Berechnung der Bundesbeiträge vom 22. Dezember 1964, [Verordnung I über die Krankenversicherung].

Verordnung über die berufliche Alters-, Hinterlassenen- und Invalidenvorsorge vom 18. April 1984 (BVV 2).

Literaturverzeichnis **421**

Verordnung über die Verwaltung des Ausgleichsfonds der AHV vom 27. September 1982.

Verordnung zum Bundesgesetz über die Verrechnungssteuer vom 19. Dezember 1966.

Verordnung zum Versicherungsaufsichtsgesetz (VAG) über die Beaufsichtigung von privaten Versicherungseinrichtungen (AVO) vom 11. September 1931 und die Aenderungen des Bundesrates vom 13. Juni 1983, [AVO].

Vollziehungsverordnung zum Bundesgesetz über die Anlagefonds vom 20. Januar 1967.

Stichwortverzeichnis

Absicherung
- dynamische Absicherung 210, 228, 229, 230, 233, 243
  (siehe auch dynamische Portfolio-Insurance)

Abtretbarkeit 21, 86
(siehe auch Marktgängigkeit)

Advance-and-Decline-Verfahren 74
(siehe auch Fortschritt-Rückschritt-Verfahren)

Agency Bond 40

Agency Cost 29, 50

Aktie 21
- Inhaberaktie 45, 46, 86
  (siehe auch Bearer Stock)
- kumulative Vorzugsaktie 47
  (siehe auch Cumulative Preferred Stock)
- Namenaktie 45, 46, 86
  (siehe auch Registered Stock)
- Stammaktie 45, 46
  (siehe auch Common Stock, Ordinary Share)
- Stimmrechtsaktie 45
- stimmrechtslose Aktie 45
  (siehe auch Non Voting Stock)
- vinkulierte Namenaktie 45
- Vorzugsaktie 46
  (siehe auch Preferred Stock)

Analyse
- Aktienanalyse 65, 66
- Analyse verzinslicher Anlagen 76
- Branchenanalyse 66, 70
- Chartanalyse 73
- Einzelwertanalyse 66, 70, 73
  (siehe auch Unternehmensanalyse)
- Finanzanalyse 63, 65
- Fundamentalanalyse 66, 67, 69, 76, 112, 103, 269, 271, 272
- Gesamtmarktanalyse 66, 72, 73
- Globalanalyse 66, 69, 70
- monetäre Analyse 69
- politische Analyse 66, 69
- qualitative Analyse 66, 70, 79
- quantitative Analyse 66, 70
- realwirtschaftliche Analyse 69
- technische Analyse 66, 71, 72, 73, 76, 103, 112, 269, 272, 273
- Unternehmensanalyse 70, 71
  (siehe auch Einzelwertanalyse)
- volkswirtschaftliche Analyse 66, 69

Anlage
- nicht marktfähige Anlage 194

Anlagefonds 48, 82

Anlagehorizont 87, 252
(siehe auch Anlagezeithorizont)

Anlagekonzept 63, 83, 87, 94

Anlagephilosophie 94

Anlagepolitik 63, 83, 94, 270
- strategische Anlagepolitik 94
- taktische Anlagepolitik 94

Anlagerichtlinie 92, 333
(siehe auch Anlagevorschrift)

Anlagevolumen 87

Anlagevorschrift 87, 93
(siehe auch Anlagerichtlinie)

Anlagevorschrift 345

Anlagezeithorizont 303, 307, 308
(siehe auch Anlagehorizont)

Anlageziel 83, 94, 95
(siehe auch Investorenziel)

Anleihe 21, 28, 30, 76, 78
(siehe auch Bond)
- Auslandanleihe 43
  (siehe auch Foreign Bond)
- eigenkapitalbezogene Anleihe 38
- Inlandanleihe 43
  (siehe auch Domestic Bond)
- nachrangige Anleihe 41
  (siehe auch Subordinated Bond)

Anleihe mit vorzeitigem Kündigungsrecht 80

Anleihe mit Währungsoption 35
(siehe auch Multiple Currency Clause Bond)

Annuity Bond 34

Anomalie 287, 288

Arbitrage 20, 155, 197, 214, 238, 260, 262
- Cash-and-Carry-Arbitrage 239

Stichwortverzeichnis

- Inter-Market Arbitrage 238
- Intra-Market Arbitrage 238
- Reverse-Cash-and-Carry-Arbitrage 239

Arbitrage Pricing Theory 153, 196, 198, 203, 292, 299, 301
Arbitrage-Preis-Beziehung 198, 199
Arbitrage-Preis-Linie 199
Arbitrageprogramm 245
Arbitrageprozess 199, 201
Arbitrageur 19
Asset Allocation 316, 327, 328, 343
- globale Asset Allocation 334
  (siehe auch internationale Asset Allocation)
- internationale Asset Allocation 322, 334, 337, 338, 339
  (siehe auch globale Asset Allocation)
- strategische Asset Allocation 331, 319
- taktische Asset Allocation 319, 332

Asset Allocation-Matrix 332
Asset Allocation-Prozess 331, 334
Asset-Backed Security 21, 42, 43
at-the-money 212, 224
Ausfallwahrscheinlichkeit 304, 307
(siehe auch Shortfall Probability)
Auslosung 36
Ausübungspreis 51, 212
(siehe auch Exercise Price, Strike Price)
Automatic Dividend Reinvestment Plan 45

Bank Discount Basis 24
Bankers' Acceptance 26, 27
Barausgleich 40, 237
(siehe auch Cash Settlement)
Barausschüttung 45
Basket 40
Bear-Market 74
Benchmark 361, 364, 371, 373
Bestimmtheitsmass 179
(siehe auch R^2-Wert)
Beta 144, 174, 178, 179, 189, 301
Beta-Faktor 144
Bezugsrecht 212
Bid-Ask-Spread 14
Binomial-Modell 221
Black-Scholes-Modell 212, 221, 223

Blue Chip 46
Bond
- Domestic Bond 43
  (siehe auch Inlandanleihe)
- Eurobond 44
- Foreign Bond 43
  (siehe auch Auslandanleihe)
- Registered Bond 28

Bond with Warrant 19, 38
(siehe auch Optionsanleihe)
Bondswap 105, 107
- Ertragsswap 105, 107
- Intermarktdifferenzenswap 105, 106
- Steuerswap 105, 107
- Substitutionsswap 105, 107

Bondswapping 101, 105
Bonität 17, 20, 22, 37, 50, 80, 130
Book Equity 299
Börsen-Crash 74, 235
Börsenzyklus 73
Bottom-Up-Ansatz 94, 96, 270
Broker 14
Bull-Market 74
Bullet Bond 34
Bundling 6
(siehe auch Replicating)
Bürgschaft 41
buy-and-hold 100, 278, 282

Call 38, 51, 212, 213, 220
(siehe auch Call-Option)
Call Money 16
(siehe auch tägliches Geld)
Call-Put-Theorem 218
Callable Bond 36, 37
Capital Allocation Line 170, 185
Capital Asset Pricing Model 153, 173, 182, 183, 191, 195, 292, 295, 301
Capital Market Line 184, 185, 362
(siehe auch Kapitalmarktlinie)
Cash Flow 120
(siehe auch Zahlungsstrom)
Cash Settlement 40
(siehe auch Barausgleich)
Certificate of Deposit 26, 27

Chaos-Theorie 383
Chart 72
- Barchart 72
- Equivolume Chart 72
- Linienchart 72
- Point & Figure Chart 72
Clearing House 20, 50
Cluster Analysis 100, 340
Collateral Trust Bond 42
Collateralized Mortgage Obligation 43
Collectible 21
(siehe auch Sammelwert)
Commercial Paper 26, 27, 28
Confidence Region 376, 377, 378
Consol Bond 248, 263
Constant Proportion Portfolio-Insurance 232, 233
Continuously Offered Longer-Term Security 24
Continuously Offered Payment Rights 24
Contrary Opinion 97, 98, 274
Controlled Transition 348
Convertible Bond 19, 35
(siehe auch Wandelanleihe)
Convexity 263
(siehe auch Konvexität)
Cost of Carry 237
Coupon 32
Coupon Bond 28
Couponzahlung 80
Covenant 41
(siehe auch Sicherstellung)
Credit Analysis
Credit Enhancement 5, 6
(siehe auch Kreditbesicherung)
Critical Line 156, 160, 161
Currency Linked Bond 35
Cushion 232

Datenbeschaffung 271
(siehe auch Datenermittlung)
Datenermittlung 317
(siehe auch Datenbeschaffung)
Day-to-Day Money 16
(siehe auch Tagesgeld, Overnight Money)
Debt with Kicker 35

Deep Discount Bond 32
deep in-the-money 228
deep out of-the-money 228
Default Clause 41
(siehe auch Verzugsklausel)
Deferred-Interest Bond 32
Deportgeschäft 17
Deregulierung 5
Derivat 6, 19, 50, 82, 211
- Derivat der ersten Generation 6
- Derivat der zweiten Generation 6
Diagonal-Variante 180
Differential Return-Kennzahl 362, 368, 370
Direct Search Market 13
Discount Bond 32, 37
Diskont 17, 23, 24
Diskontsatz 68
Diversifikation 49, 96, 137, 138, 142, 143, 144, 291, 316
- internationale Diversifikation 146
- naive Diversifikation 145, 270
Dividende 45, 67
- Alternativdividende 45
- Optionsdividende 45
- Stockdividende 45
Dividendenwachstumsmodell 68, 69, 71, 111
Doppelbesteuerungsabkommen 89, 90
Doppelwährungsanleihe 32, 34, 37
(siehe auch Dual Currency Bond)
Dow-Theorie 72, 73
Drop-Lock Bond 33
Dual Coupon Bond 32
Dual Currency Bond 32, 34
(siehe auch Doppelwährungsanleihe)
Duplikation 210
Duration 248, 250, 263
- Duration-Kennzahl 248, 249
- Durationanalyse 246, 255
- modifizierte Duration 264
Durbin-Watson-Test 313

Ecart 46
Economies of Scale 14
Edelmetall 21, 82

Stichwortverzeichnis **425**

Efficient Frontier 155, 156, 162, 163, 165, 166, 167, 185, 193, 333, 347
- ex ante Efficient Frontier 375
- ex post Efficient Frontier 375

Eigenkapital
- Buchwert des Eigenkapitals 299
  (siehe auch Book Equity)
- Marktwert des Eigenkapitals 299
  (siehe auch Market Equity)

Eigenwechsel 23, 27
Ein-Index-Modell 172, 173, 174, 176, 293
(siehe auch Einfaktor-Modell, Single-Index-Model)
Einfaktor-Modell 172
(siehe auch Ein-Index-Modell, Single-Index-Model)
Einschussmarge 20, 50, 245
(siehe auch Initial Margin)
Eintretenswahrscheinlichkeit 122, 322, 324
Elliot-Wave-Theorie 73
Emission 75
Emissionspreis 29, 30, 37
Emittent 18, 21
Entscheidungsparameter 154
Equity-Linked Bond 39
Ertrag 84
Erwartung
- heterogene Erwartung 190, 193
- homogene Erwartung 183, 196, 214, 222, 298
- sichere Erwartung 122

Euronote 44
Euronote Facility 44
Event Study Measure 372
ewige Anleihe 37
(siehe auch Perpetual Bond)
Exchangeable Bond 35
Exercise Price 51
(siehe auch Ausübungspreis, Strike Price)
Exposure 225, 226, 232
Extendible Bond 36

Faktor-Modell 171
(siehe auch Index-Modell)
Federal Agency Security 25, 26

Festgeld 16
(siehe auch Termingeld)
Filter-Technik 278, 280
Final Value 97, 247
Financial Engineering 5, 6, 384
Finanzaktivum 9
(siehe auch Finanzanlage)
Finanzanlage 9
(siehe auch Finanzaktivum)
Finanzfluss 10
Finanzinstitution 10, 56, 57
(siehe auch Finanzintermediär)
Finanzintermediär 57
(siehe auch Finanzinstitution)
Finanzsystem 10, 56, 57
Firm-Size-Effect 300
(siehe auch Small-Firm-Effekt)
Floater 32
(siehe auch Floating Rate Bond)
- Capped Floater 33
- Floored Floater 33
- Minimax Floater 33
- Mismatch Floater 33

Floating Rate Bond 32, 33
Floating Rate Note 15, 32
Floor 225, 226, 232
Fondszertifikat 45, 48
(siehe auch Mutual Fund Certificate, Investment Fund Certificate)
Foreign Interest Payment Security 32, 35
Formula Plan 99, 274
Fortschritt-Rückschritt-Verfahren 74
(siehe auch Advance-and-Decline-Verfahren)
Forward-Agreement 50, 53
Fristigkeit einer Anlage 15, 21, 86
(siehe auch Laufzeit einer Anlage)
Fully Paid Bond 37
Fund
- Closed-End Fund 49
- Cumulative Fund 49
- Distributive Fund 49
- Open-End Fund 49

Future 19, 211, 236, 237, 239
- Commodity Future 50
- Financial Future 50

- Futures-Kontrakt 53, 240
- Futurespreis 237, 241
- Futureswert 240

Gambling 132
Garantie 41
Gegenwartswert 119
   (siehe auch Present Value)
Geldmarktanlage 15
Geldmarktbuchforderung 16, 23, 24
Geldmarktkredit 16
Geldmarktpapier 16, 76
Genussschein 45
Gilt 40
Gleichgewichtsmodell 182, 221, 292
Gleichgewichtstheorie 173, 196
gleitender Durchschnitt 73, 76, 278
Globalisierung 5, 50
Gruppenrotation 97, 100, 274
Gruppenselektion 327, 328
Guaranteed Bond 41
Güterfluss 10

Handelsregel 278, 280, 281
Hedge
- Delta-neutraler Hedge 225, 226
- Fixed Hedge 225, 226

Hedge-Ratio 242, 262
Hedger 19
Horizon Analysis 107
Human Capital 9, 194
Hypothekaranleihe 41, 42
   (siehe auch Mortgage Bond)

Income Bond 33, 34
in-the-money 212, 223, 224
Increasing Rate Bond 32
   (siehe auch Staffelanleihe)
Index 33, 320
- Index-Replikation 330
- Indexfehler 330, 331
   (siehe auch Tracking Error)
- Marktindex 179, 330

Index Bond 33, 34

Index-Modell 171
   (siehe auch Faktor-Modell)
Indifferenzkurve 128, 129, 150, 168, 303
Inflationsrate 80
Informationseffizienz 183
Inhaberpapier 44
Initial Margin 238, 261
   (siehe auch Einschussmarge)
innerer Wert 67, 68, 71, 84, 269, 271
   (siehe auch Intrinsic Value)
Instrument
- Absicherungsinstrument 239
   (siehe auch Hedgeinstrument)
- Basisinstrument 19
- Finanzinstrument 10, 21
- Fremdkapitalinstrument 35
- Geldmarktinstrument 18, 22, 23, 26, 77
- Hedgeinstrument 34, 239
   (siehe auch Absicherungsinstrument)
- Kapitalmarktinstrument 18, 28, 40, 41, 77
   - eigenkapitalbezogenes 44
   - fremdkapitalbezogenes 44
- Spekulationsinstrument 34

Internal Rate of Return 190, 381
Intrinsic Value 67
   (siehe auch innerer Wert)
Investment Fonds 45
Investment Fund Certificate 48
   *(siehe auch Fondszertifikat,
   Mutual Fund Certificate)*
Investor 18, 19, 21, 72, 168
- institutioneller Investor 74, 87, 89
- privater Investor 87

Investorenziel 63, 345
   (siehe auch Anlageziel)
Iso-Rendite-Linie 161
Iso-Varianz-Kurve 160, 161
Iteration 225, 357

January-Effekt 287, 300

Kapital 18
- Eigenkapital 18
- Fremdkapital 18
- Risikokapital 18

Kapitalmarktlinie
 (siehe auch Capital Market Line)
 - hypothetische Kapitalmarktlinie 191, 192
Kapitalzuwachs 82, 84
Kassenobligation 28, 29
 (siehe auch Medium Term Note)
Kataoka-Kriterium 306, 307
Konvexität 256, 263
 (siehe auch Convexity)
Korrelation 138, 140, 150, 156
 - Autokorrelation 313
 - Korrelationskoeffizient 70, 139
 - Korrelationsmatrix 339
 - Korrelationstest 278
Kovarianz 138, 139, 140, 150, 156, 175, 180
 - Autokovarianz 277, 312
 (siehe auch Serial Covariance)
 - Kreuzkovarianz 337
Kovarianz-Variante 180
Kreditbesicherung 6
 (siehe auch Credit Enhancement)
Kurs/Gewinnverhältnis 71
 (siehe auch P/E-Ratio)
Kurs/Umsatzbild 73, 75, 76, 273

Lagrangefunktion 164, 167
Laufzeit einer Anlage 22, 29, 30, 36, 78, 80
 (siehe auch Fristigkeit einer Anlage)
Leerverkauf 74, 140, 155, 163
Leverage-Effekt 238
Leverage-Faktor 224
Liberalisierung 5, 6
Liberierung 34
LIBID 32
LIBOR 15, 32
LIMEAN 32
Limited Purpose Finance Corporation 42
Liquidität 11, 15, 21, 29, 50, 83, 86
Liquiditätspräferenz 103
Long-Position 200, 222

Makler 14
Mandatory Specific Sinking Fund Bond 36
Marchzins 81, 112
mark-to-market-Bewertung 237

Market Equity 299
Markowitz-Modell 153, 293, 303
Markt 10, 43
 - Auktionsmarkt 14
 - Auslandmarkt 13
 - Basismarkt 14, 15, 20
 - Dealermarkt 14
 - Devisenmarkt 16
 - effizienter Markt 221
 - Eurobond Markt 44
 - Eurogeldmarkt 16, 26
 - Euromarkt 13, 89
 - externer Markt 43
 (siehe auch internationaler Markt)
 - Finanzmarkt 10, 11, 12, 13
 - freier Markt 13
 (siehe auch Direct Search Market)
 - friktionsloser Markt 154, 182, 196, 294
 - Markt für Derivate 12, 13, 14, 19
 - Futuresmarkt 20, 237
 - Geldmarkt 12, 13, 15, 16, 17
 - heterogener Markt 28, 77
 - homogener Markt 22, 77
 - Inlandmarkt 13
 - internationaler Markt 43
 (siehe auch externer Markt)
 - interner Markt 43
 (siehe auch nationaler Markt)
 - Kapitalmarkt 12, 13, 15, 18
 - nationaler Markt 43
 (siehe auch interner Markt)
 - Off-Shore Markt 44
 - Optionenmarkt 20
 - Primärmarkt 12, 13
 - Sekundärmarkt 12, 13, 23
 - Swapmarkt 53
 - Vermittlermarkt 14
 - vollkommener Markt 214, 222, 241
Marktbreite 74
Markteffizienz 11, 269, 275, 290, 291, 301
 - halbstarke Form der Markteffizienz 275, 276, 283, 284, 286, 288
 - Near-Strong-Form der Markteffizienz 288, 289

- schwache Form der Markteffizienz 275, 276, 278, 282
- starke Form der Markteffizienz 276, 288
- Superstrong-Form der Markteffizienz 288, 289

Marktenge 86, 295
(siehe auch Marktgängigkeit)
Marktgängigkeit 22, 78, 81, 86
Marktgleichgewicht 182, 183, 198, 201, 214, 222
Marktliquidität 11, 19, 45, 51, 235
Marktmodell 173
Marktpreis des Risikos 185, 188, 208
Marktregulierung 5
Markttransparenz 19, 20
Martingalmodell 277
Medium Term Note 28
(siehe auch Kassenobligation)
Momentum-Indikator 73, 76
Monthly-Effekt 287
Mortgage Bond 41, 42
(siehe auch Hypothekaranleihe)
Mortgage-Backed Security 42, 43
Multi-Index-Modell 179, 181, 293
(siehe auch Multifaktor-Modell, Multi-Sektor-Modell)
Multi-Sektor-Modell 179
(siehe auch Multi-Index-Modell, Multifaktor-Modell)
Multifaktor-Modell 179, 293, 303
(siehe auch Multi-Index-Modell, Multi-Sektor-Modell)
Multiple Currency Clause Bond 35
(siehe auch Anleihe mit Währungsoption)
Municipal Bond 40
Mutual Fund Certificate 48
(siehe auch Fondszertifikat, Investment Fund Certificate)

Negative Pledge-Klausel 41
Nennwert 28
neuronales Netz 327
Nominalbetrag 21, 23
Noncall Life Bond 35
Nonrefundable Bond 36

Normalverteilung 134, 135, 136, 295
Note 25, 28
Nutzen 3, 4, 118, 124, 127, 150
- Nutzenanalyse 117
- Nutzenfunktion 124, 125, 126, 127
- Nutzenmaximierung 154, 182, 196

Obligation 35
Odd-Lot Short Sales Index 74
Opportunitätskosten 3, 89, 237, 241
Option 19, 20, 38, 211, 212
- Aktionärs-Option 40
- amerikanische Option 213
- Call-Option 51
- Commodity Option 51
- europäische Option 212, 222
- Exotic Option 51, 212
- Financial Option 51
- innerer Wert einer Option 217, 223
- Mehrperioden-Option 51
  (siehe auch Multiperiod-Option)
- Multiperiod-Option 51
  (siehe auch Mehrperioden-Option)
- Options-Delta 224, 230
- Options-Eta 224
- Options-Kontrakt 227
- Options-Omega 224
- Options-Theta 224
- Options-Vega 224
- Optionsprämie 51
- Optionspreis 38, 51, 212, 216, 219
- Optionsrecht 38, 212
- Optionsschein 38
- Optionstyp 212
- Optionswert 212, 213, 214, 216, 217, 218, 221, 223
- OTC-Option 39, 51
- Put-Option 51
- Stillhalteroption 38, 40
  (siehe auch Covered Warrant)
- Traded Option 39
- unverbriefte Option 38
- verbriefte Option 38
- Zeitwert einer Option 217

Stichwortverzeichnis

Optionsanleihe 19, 38, 39, 40, 77
 (siehe auch Bond with Warrant)
Optionsbewertungstheorie 228
 (siehe auch Optionspreisbildungstheorie)
Optionspreisbildung 211
Optionspreisbildungstheorie 218
 (siehe auch Optionsbewertungstheorie)
Ordinary Share 45
 (siehe auch Common Stock, Stammaktie)
Originator 42
out of-the-money 212, 223, 224
Over the Counter 12, 14, 19, 23, 51, 212
Overnight Money 16
 (siehe auch Tagesgeld, Day-to-Day Money)

P/E-Effekt 287
P/E-Ratio 71, 111
 (siehe auch Kurs/Gewinnverhältnis)
Paretoverteilung 134
Pari Passu-Klausel 41
Participation Bond 33, 34, 37
Partizipationsschein 45
Partly Paid Bond 37
Pass-Through Security 42, 43
Pay in Kind Bond 34
Pay-Through Security 43
Performance 343, 357, 362, 366
 - selektionsbedingte Performance 372
 - timingbedingte Performance 372
Performance-Kennzahl 355, 361
 - Jensen's Differential Return-Kennzahl 369
 - Sharpe's Performance-Kennzahl 362
 - Treynor's Performance-Kennzahl 365
Performance-Messung 354, 355, 360, 370, 372, 374, 379
 - eindimensionale Performance-Messung 355, 356
 - zweidimensionale Performance-Messung 355, 360
Perpetual Bond 37
 (siehe auch ewige Anleihe)
Plain Vanilla Fixed Bond 28, 34
 (siehe auch Anleihe, Bond)
Plazierung
 - kommissionsweise Plazierung 14

 - öffentliche Plazierung 28
 - Privatplazierung 41
Plowback Ratio 111
 (siehe auch Thesaurierungsquote)
Poison Put Bond 37
Portfolio 96
 - Arbitrage-Portfolio 200, 201, 202
 - effizientes Portfolio 153, 155, 161, 162, 164, 292
 - individual-optimales Portfolio 347
 - Marktportfolio 166, 184, 298
 - Minimum Standard Deviation Portfolio 161, 308
  (siehe auch risikominimales Portfolio)
 - optimales Portfolio 168, 169, 291, 305, 307, 347
 - risikominimales Portfolio 157, 159
  (siehe auch Minimum Standard Deviation Portfolio)
 - Zero-Beta-Portfolio 191, 197, 297
Portfolio Opportunity Set 157
Portfolio Selection Model 162
Portfolio-Insurance 86, 210, 211, 220, 227, 236, 240, 242, 245
 - dynamische Portfolio-Insurance 235, 236
  (siehe auch dynamische Absicherung)
 - rollende Portfolio-Insurance 228
Portfolio-Management 4, 7, 49, 57, 64, 211, 344, 354, 384
 - aktives Portfolio-Management 96, 97, 101, 329, 330, 293, 314
 - modernes Portfolio-Management 270, 291, 316
 - passives Portfolio-Management 96, 100, 293, 314, 329, 330
 - traditionelles Portfolio-Management 63, 108, 269, 316
Portfolio-Optimierung 384
Portfolio-Theorie 3, 117, 132
Portfolioanalyse 96
Portfoliobildung 96
Portfoliogestaltung 152
Portfoliorevision 65, 108, 294, 344, 346
Portfolioüberwachung 65, 108, 344
Portfolioumschichtung 108

Präferenz 4, 56, 87, 184
Premium Bond 37
Present Value 111, 119, 247, 249
   (siehe auch Gegenwartswert)
Price-/Earnings Ratio 46
   (siehe auch P/E-Ratio)
Prognose 65, 85, 118, 273, 317, 321
 - Prognosefähigkeit 329, 385
 - Prognoseintervall 135, 137, 150
 - Prognoseverfahren 318, 320, 326
 - Zinsprognose 103, 104
Programm
 - quadratisches Programm 162
Programmhandel 241
Programmierung
 - dynamische Programmierung 294
Protected Bull Spread 54
Protected Long Call 54
Proxy 298, 364
Purchase Fund Bond 36
Put 38, 51, 217, 220
   (siehe auch Put-Option)
Putable Bond 36
Quasi Equity 39

Random Walk-Hypothese 273, 277, 67
R^2-Wert 179
   (siehe auch Bestimmtheitsmass)
Rating 17, 79, 106
Ratingagentur 79
Realaktivum 9
   (siehe auch Realanlage)
Realanlage 9
   (siehe auch Realaktivum)
Regressionsanalyse 178
Regressionsgerade 178
relative Stärke 73, 75, 278
Rendite 24, 26, 49, 78, 80, 84, 119, 120, 121, 180, 197, 267, 335
 - Rendite auf Kündigung 81
 - Rendite auf Verfall 81
   (siehe auch Yield to Maturity)
 - Einperiodenrendite 120, 149
 - erwartete Rendite 122, 127, 132, 180, 193, 301, 321

 - Jahresrendite 66
 - kapitalgewichtete Rendite 356, 357, 359, 360
   (siehe auch Capital Weighted Return, Money Weighted Return)
 - marktbedingte Rendite 176
 - Rendite nach Steuern 113
 - Portfoliorendite 140, 142, 158, 159, 177
 - risikoadjustierte Rendite 287, 289, 329, 361
 - stetige Rendite 120, 134
 - titelspezifische Rendite 176
 - Ueberschussrendite 189, 190, 208, 362
 - verkettete Rendite 359
 - zeitgewichtete Rendite 356, 358, 359, 360
   (siehe auch Time Weighted Return)
Rendite-Risiko-Profil 22, 51
Renditegenerierungsprozess 197
Renditekurve 102, 103, 104
Renditemaximierung 121
Rentabilität 83, 84
Replicating 6
Reportgeschäft 17
Repurchase Agreement 16, 17
Reskription 23
Restriktion 63
Retractable Bond 36
Return
 - Abnormal Return 284
 - Average Abnormal Return 284
 - Capital Weighted Return 357
   (siehe auch kapitalgewichtete Rendite, Money Weighted Return)
 - Cumulative Average Abnormal Return 285
 - Money Weighted Return 357
   (siehe auch kapitalgewichtete Rendite, Capital Weighted Return)
 - Threshold Return 304, 306
 - Time Weighted Return 358
   (siehe auch zeitgewichtete Rendite)
Return on Equity 111
Reward-to-Variability-Verhältnis 362, 363, 364, 367
Reward-to-Volatility-Verhältnis 362, 364, 365, 367

Risiko 20, 49, 51, 79, 85, 102, 122, 130, 132, 133, 292, 303, 307
- Ausfallrisiko 303, 308
  (siehe auch Shortfall Risk)
- Bonitätsrisiko 83
- Branchenrisiko 130
- diversifizierbares Risiko 143, 144
  (siehe auch unsystematisches Risiko, titelspezifisches Risiko)
- Firmenrisiko 130
- Gegenparteirisiko 20
- Kaufkraftrisiko 130
- Konjunkturrisiko 65, 130
- Kreditrisiko 17, 26, 29, 40
- Liquiditätsrisiko 130
- Marktliquiditätsrisiko 65
- Marktrisiko 20, 130, 144, 196, 267
  (siehe auch systematisches Risiko, nichtdiversifizierbares Risiko)
- nichtdiversifizierbares Risiko 143, 144
  (siehe auch systematisches Risiko, Marktrisiko)
- Paritätsänderungsrisiko 334, 335, 336
- politisches Risiko 65, 342
- Portfoliorisiko 140, 141, 142, 144, 156, 157, 158, 207, 337
- Preisrisiko 55
- Sektorrisiko 267, 268
- systematisches Risiko 144, 172, 175, 189, 196
  (siehe auch nichtdiversifizierbares Risiko, Marktrisiko)
- titelspezifisches Risiko 174, 267, 268
  (siehe auch diversifizierbares Risiko, unsystematisches Risiko)
- Transferrisiko 130, 342
- unsystematisches Risiko 143, 144, 174
  (siehe auch diversifizierbares Risiko, titelspezifisches Risiko)
- Verlustrisiko 27, 53, 55
- Währungsrisiko 65, 130, 334, 336
- Wechselkursrisiko 29, 335, 336
- Zinsänderungsrisiko 33, 65, 211, 246

Risiko-Rendite Trade-off 4, 355
Risikoanalyse 129
Risikofaktoren 196, 203, 292
risikolose Anlage 3, 25, 132, 155, 163, 189
  (siehe auch risikoloser Zinssatz)
Risikomanagement 210
Risikonutzen 124
Risikoprämie 80, 128, 132, 188, 292, 369
Risikopreis 198, 297
Risikotoleranz 85, 86
Roy-Kriterium 305, 306
Runtest 278, 281

Safty-First-Kriterium 306
Sammelwert 21
  (siehe auch Collectible 21)
Scap 46
Schatzanweisung 23
Schuldnerqualität 78
Schuldverschreibung 28
Securities Lending and Borrowing
Securitization 5, 6
Security Market Line 186, 188, 189, 204, 297, 365, 368
Selbstliquidationsperiode 248
Selektion 97, 100, 274
Serial Covariance 277
Short Interest Ratio 74
Short-Position 200, 222
Shortfall Probability 304
  (siehe auch Ausfallwahrscheinlichkeit)
Shortfall Risk 303, 304
  (siehe auch Ausfallrisiko)
Shortfall-Gerade 305, 306
Shortfall-Konzept 308
Sicherheit 40, 83, 84, 85, 118
- Personalsicherheit 41
- Realsicherheit 41
Sicherstellung 29, 30, 40
  (siehe auch Covenant)
- negative Sicherstellung 41
- positive Sicherstellung 41
Single-Index-Model 172
  (siehe auch Ein-Index-Modell, Einfaktor-Modell)
Sinking Fund Bond 36

Small-Firm-Effekt 287, 300
  (siehe auch Firm-Size-Effect)
Spannweite 133
Special Purpose Vehicle 42
Spekulation 132, 238
Spekulationspapier 78
Spreading 238
Staffelanleihe 32
  (siehe auch Increasing Rate Bond)
Standardabweichung 133, 150, 335
  - Semistandardabweichung 134
Steuer
  - Quellensteuer 88, 90
  - Stempelsteuer 23, 26
  - Verrechnungssteuer 88, 89
Stillhalter 51
stochastische Dominanz 123
Stock
  - Adjustable-Rate Preferred Stock 47
  - Auction-Rate Preferred Stock 47
  - Bearer Stock 45
    (siehe auch Inhaberaktie)
  - Callable Preferred Stock 47
  - Common Stock 45
    (siehe auch Stammaktie, Ordinary Share)
  - Cumulative Preferred Stock 47
    (siehe auch kumulative Vorzugsaktie)
  - Cumulative Voting Stock 45
  - Fixed-Rate Stock 47
  - Non Voting Stock 45
    (siehe auch stimmrechtslose Aktie)
  - Preferred Stock 19, 46
    (siehe auch Vorzugsaktie)
  - Redeemable Preferred Stock 47
  - Registered Stock 45
    (siehe auch Namenaktie)
  - Small Stock 46
Stockpicking 94
Straight Bond 28, 37, 78
  (siehe auch Anleihe, Bond)
Strike Price 51
  (siehe auch Ausübungspreis, Exercise Price)
Stripped Treasury Security 31
Stripping 6, 31
STRIPS-Programm 31

Structured Asset 19, 54
Subordinated Bond 41
  (siehe auch nachrangige Anleihe)
Swap 19, 20, 53
  - Currency Swap 53
    (siehe auch Währungs-Swap)
  - Interest Rate Swap 53
    (siehe auch Zinssatz-Swap)
  - Währungs-Swap 53
    (siehe auch Currency Swap)
  - Zinssatz-Swap 53
    (siehe auch Interest Rate Swap)
Syndikat 44
synthetischer Put-Approach 228, 230
  (siehe auch dynamische Absicherung)
Szenario 322, 324
Szenario-Technik 322, 326

Tagesgeld 16
  *(siehe auch Overnight Money,
  Day-to-Day Money)*
t-Test 369
tägliches Geld 16
  (siehe auch Call Money)
Tax-Effekt 287
Technologie 5, 50
Telser-Kriterium 306, 307
Tenderverfahren 23, 25, 40, 48
Termingeld 16
  (siehe auch Festgeld)
Termingeschäft 14, 236
Thesaurierungsquote 111
  (siehe auch Plowback Ratio)
Tilgung 29, 30, 34
Tilgungsanleihe 80
Time Value of Money 3
Timing 97, 274
Titelselektion 101, 105, 327, 328
Top-Down-Ansatz 94, 96, 270
Tracking Error 330, 331, 351
  (siehe auch Indexfehler)
Transaktionskosten 12, 50, 108, 342
Treasury Bill 21, 24, 25
Treasury Bond 31, 40
Trend 72, 74, 97, 98, 272, 273, 274

Stichwortverzeichnis 433

- Primärtrend 72
- Sekundärtrend 72
- Tertiärtrend 72

Trendextrapolation 317, 320, 322
Treuhandanlagen 16
Trigger Rate 33

Unbundling 6
(siehe auch Stripping)
Unsicherheit 122, 130

Variabilität 133
Varianz 133, 175, 180
- marktbedingte Varianz 175
- Portfoliovarianz 143, 159, 177
  (siehe auch Portfoliorisiko)
- Semivarianz 134
- titelspezifische Varianz 175

Variation Margin 261
Venture Capital 21, 46
Verpfändung 42
Verteilung 135
Verzugsklausel 41
(siehe auch Default Clause)
Volatilität 18, 31, 50, 216, 235

Wachstumsrate 68
Wahrscheinlichkeit 133, 223
- objektive Wahrscheinlichkeit 122
- subjektive Wahrscheinlichkeit 122

Wahrscheinlichkeitsverteilung 122, 154, 295
Wandelanleihe 19, 21, 35, 77
(siehe auch Convertible Bond)
Warrant 29, 30, 38
- Covered Warrant 38, 39, 40
  (siehe auch Stillhalteroption)
- Gratis Warrant 40
- Harmful Warrant 39
- Harmless Warrant 39
- Naked Warrant 38, 39
  (siehe auch Snow White Warrant)
- Snow White Warrant 39
  (siehe auch Naked Warrant)

Weekend-Effekt 287
Wertpapier 28

Wettbewerb 5, 50

Yield
- Bond Equivalent Yield 24, 25
- CD Equivalent Yield 24, 25
  (siehe auch Money Market Equivalent Yield)
- Money Market Equivalent Yield 24
  (siehe auch CD Equivalent Yield)
- Yield to Maturity 8
  (siehe auch Rendite auf Verfall)

Zahlungsstrom 121, 357
(siehe auch Cash Flow)
Zero Bond 30, 31, 248
- synthetischer Zero Bond 31

Zero-to-Full Bond 32
Zession 23
Zins 17, 29, 30, 80
Zinsänderung
- additive Zinsänderung 249, 254
- mehrfache Zinsänderung 254, 255
- multiplikative Zinsänderung 249, 256

Zinsimmunisierung 210, 211, 246, 250, 251
- bedingte Zinsimmunisierung 252, 254, 255
- unbedingte Zinsimmunisierung 252, 253

Zinskurve
- flache Zinskurve 249, 256

Zinslage
- inverse Zinslage 83

Zinsreagibilität 250
Zinssatz 33, 78, 80
- fixer Zinssatz 53
- Geldmarktzinssatz 18
- Kapitalmarktzinssatz 18
- Referenzzinssatz 33
- risikoloser Zinssatz 80, 128, 132, 183, 197, 297
  (siehe auch risikolose Anlage)
- variabler Zinssatz 53

Zinssatzantizipation 101, 103
Zinszahlung 34
Zufallsvariable 122, 174

Dr. Christoph Auckenthaler

Mathematische Grundlagen des modernen Portfolio-Managements

«Bank- und finanzwirtschaftliche Forschungen» Band 142

125 Seiten, 31 Abbildungen
kartoniert Fr. 28.– / DM 34.– / öS 265.–
ISBN 3-258-04510-0

Verlag Paul Haupt Bern · Stuttgart · Wien